Manual de
Direito Empresarial

MARCELO BARBOSA SACRAMONE

6ª edição
2025

Manual de
Direito
Empresarial

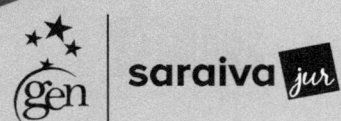

- O autor deste livro e a editora empenharam seus melhores esforços para assegurar que as informações e os procedimentos apresentados no texto estejam em acordo com os padrões aceitos à época da publicação, e todos os dados foram atualizados pelo autor até a data de fechamento do livro. Entretanto, tendo em conta a evolução das ciências, as atualizações legislativas, as mudanças regulamentares governamentais e o constante fluxo de novas informações sobre os temas que constam do livro, recomendamos enfaticamente que os leitores consultem sempre outras fontes fidedignas, de modo a se certificarem de que as informações contidas no texto estão corretas e de que não houve alterações nas recomendações ou na legislação regulamentadora.

- Data do fechamento do livro: 10.02.2025

- O autor e a editora se empenharam para citar adequadamente e dar o devido crédito a todos os detentores de direitos autorais de qualquer material utilizado neste livro, dispondo-se a possíveis acertos posteriores caso, inadvertida e involuntariamente, a identificação de algum deles tenha sido omitida.

- Direitos exclusivos para a língua portuguesa
  Copyright ©2025 by
  Saraiva Jur, um selo da SRV Editora Ltda.
  Uma editora integrante do GEN | Grupo Editorial Nacional
  Travessa do Ouvidor, 11
  Rio de Janeiro – RJ – 20040-040

- Atendimento ao cliente: https://www.editoradodireito.com.br/contato

- Reservados todos os direitos. É proibida a duplicação ou reprodução deste volume, no todo ou em parte, em quaisquer formas ou por quaisquer meios (eletrônico, mecânico, gravação, fotocópia, distribuição pela Internet ou outros), sem permissão, por escrito, da **SRV Editora Ltda.**

- Capa: Tiago Dela Rosa
  Diagramação: Fabricando Ideias Design Editorial

- **DADOS INTERNACIONAIS DE CATALOGAÇÃO NA PUBLICAÇÃO (CIP)**
  VAGNER RODOLFO DA SILVA – CRB-8/9410

S123m   Sacramone, Marcelo Barbosa
Manual de Direito Empresarial / Marcelo Barbosa Sacramone. – 6. ed. – São Paulo: Saraiva Jur, 2025.

584 p.
ISBN 978-85-5362-529-1

1. Direito. 2. Direito Empresarial. I. Título. II. Série.

                    CDD 344.01
2025-670   CDU 347.7

Índices para catálogo sistemático:
1. Direito Empresarial   344.01
2. Direito Empresarial   347.7

Ao Otávio, nova razão para tudo.

AGRADECIMENTOS

Aos meus pais, exemplos de retidão pessoal e profissional, pela força nos momentos de angústia e pela compreensão nos de dificuldade.

À Sílvia, pelo constante incentivo e pela paciência nos momentos de privação.

Sumário

Agradecimentos VII

Introdução 1
1. Evolução histórica 1
   1.1 A empresa e a unificação do direito privado 6
   1.2 Da empresa ao mercado 9
2. Autonomia do direito empresarial 11
3. Conceito de direito empresarial e nomenclatura 12
4. Características do direito empresarial 13
5. Princípios do direito empresarial 13
   a) Princípio da livre-iniciativa 14
   b) Princípio da livre concorrência 15
   c) Princípio da função social da empresa 15
   d) Princípio da intervenção mínima nos contratos ... 18
   e) Princípio da boa-fé objetiva 18
6. Fontes formais do direito empresarial 20

Capítulo 1
Empresa e Empresário 21

1. A teoria da empresa 21
2. O conceito de empresário 23
3. Excluídos do conceito de empresário 26
   3.1 Profissionais intelectuais 26
   3.2 Produtores rurais 28
   3.3 Sociedades simples 29
   3.4 Sociedades cooperativas 30
4. Capacidade para ser empresário individual 30

5. Impedimentos aos empresários individuais 33
6. Espécies de empresários 34
   6.1 Empresário individual de responsabilidade ilimitada 34
   6.2 Sociedades empresárias 35
   6.3 Empresa individual de responsabilidade limitada 35
   6.4 Microempresa (ME) e Empresa de Pequeno Porte (EPP) 37
7. Elementos de identificação do empresário 40
   7.1 O nome empresarial 40
   7.2 Proteção ao nome empresarial 44
8. Obrigações dos empresários 47
   8.1 Inscrição no Registro Público de Empresas Mercantis 47
      8.1.1 Registro Público de Empresas Mercantis 49
         8.1.1.1 DREI 49
         8.1.1.2 Juntas Comerciais 50
            8.1.1.2.1 Estrutura das Juntas Comerciais 52
   8.2 Escrituração dos livros empresariais 53
   8.3 Dever de levantar anualmente balanços patrimonial e de resultado econômico 55
   8.4 A escrituração dos livros e o levantamento dos balanços patrimonial e de resultado econômico pelos Microempresários e Empresários de Pequeno Porte 55
   8.5 O sigilo dos livros comerciais 56
9. Empresário inativo 56
Quadro mnemônico 57

Capítulo 2
O Estabelecimento Empresarial 59

1. Conceito de estabelecimento empresarial 59
2. Atributos do estabelecimento empresarial 64
   2.1 O aviamento 64
   2.2 Clientela 65
3. O contrato de trespasse 66
   3.1 Cláusula de não concorrência 69

4. Penhora de estabelecimento empresarial 71
5. Elementos de composição do estabelecimento empresarial 71
   5.1 O ponto comercial 73
       5.1.1 O ponto comercial no *shopping center* 76
   5.2 O título do estabelecimento 77
   5.3 Propriedade industrial 78
       5.3.1 Patente 82
       5.3.2 Invenção e modelo de utilidade 83
       5.3.3 Legitimidade para o pedido de patente 87
       5.3.4 Processamento do pedido de patente 89
       5.3.5 Vigência e direitos 90
       5.3.6 Cessão e licença voluntária 92
       5.3.7 Licença compulsória 93
       5.3.8 Extinção do direito de patente 95
             5.3.8.1 Patentes *pipeline* e *mailbox* 95
   5.4 Registro de desenho industrial 96
       5.4.1 Requisitos para o registro 97
       5.4.2 Legitimidade e procedimento 98
       5.4.3 Proteção e vigência do registro de desenho industrial 99
   5.5 Marcas 100
       5.5.1 Espécies de marcas 101
       5.5.2 Legitimados para o pedido de registro 103
       5.5.3 Requisitos para a concessão do registro 104
       5.5.4 Procedimento para o registro 106
       5.5.5 Proteção à marca 107
       5.5.6 Vigência e extinção 109
       5.5.7 Reconhecimento da nulidade do registro da marca 110
             5.5.7.1 *Secondary meaning* e vulgarização 111
             5.5.7.2 Teoria da distância 112
   5.6 Indicação geográfica 113
       5.6.1 Concorrência desleal 115
       5.6.2 *Trade dress* 117
Quadro mnemônico 118

Capítulo 3
Sociedades 121

1. Conceito de sociedade.. 121
2. Evolução histórica da sociedade..................................... 122
3. Ato constitutivo de sociedades....................................... 124
4. Elementos do contrato de sociedade.............................. 127
   - 4.1 Elementos gerais do contrato................................. 127
     - 4.1.1 Agente capaz e a possibilidade de sócio incapaz.......... 128
     - 4.1.2 Sociedade entre cônjuges............................ 129
     - 4.1.3 Objeto lícito, possível e determinado ou determinável... 130
     - 4.1.4 Forma prescrita ou não defesa em lei............. 130
   - 4.2 Elementos específicos do contrato de sociedade..... 131
     - 4.2.1 Pluralidade de sócios................................... 131
     - 4.2.2 Constituição do capital social....................... 132
     - 4.2.3 Participação nos lucros e nas perdas............ 133
     - 4.2.4 *Affectio societatis*..................................... 134
5. Personalidade jurídica.. 135
   - 5.1 Desconsideração da personalidade jurídica............ 137
6. Tipos de sociedades... 140
   - 6.1 Classificação das sociedades.................................. 140
     - 6.1.1 Quanto à personificação............................... 140
     - 6.1.2 Quanto ao modo de desenvolvimento da atividade....... 141
     - 6.1.3 Quanto à responsabilidade dos sócios.......... 142
     - 6.1.4 Quanto à forma do capital............................ 143
     - 6.1.5 Quanto à estrutura econômica..................... 144
   - 6.2 Espécies de sociedades... 145
     - 6.2.1 Sociedade em comum................................... 145
     - 6.2.2 Sociedade em conta de participação............ 147
     - 6.2.3 Sociedade simples (sociedade simples pura)........ 149
       - 6.2.3.1 Formação da sociedade.................. 150
       - 6.2.3.2 Direitos e deveres dos sócios.......... 151
       - 6.2.3.3 Responsabilidade dos sócios.......... 153
       - 6.2.3.4 Cessão das quotas sociais............. 154

6.2.3.5	Deliberações sociais	155
6.2.3.6	Administração da sociedade	157
6.2.3.6.1	Nomeação e destituição	158
6.2.3.6.2	Poderes atribuídos	159
6.2.3.6.3	Vinculação da sociedade e responsabilidade dos administradores	160
6.2.3.7	Dissolução da sociedade	162
6.2.3.7.1	Dissolução parcial	163
6.2.3.7.1.1	Exclusão dos sócios	164
6.2.3.7.2	Dissolução total da sociedade	166
6.2.3.8	Liquidação	167
6.2.4	Sociedade em nome coletivo	170
6.2.4.1	Evolução histórica da sociedade em nome coletivo..	170
6.2.4.2	Elementos da sociedade em nome coletivo	171
6.2.5	Sociedade em comandita simples	173
6.2.5.1	O surgimento histórico das sociedades em comandita	173
6.2.5.2	Elementos da sociedade em comandita simples.....	176
6.2.6	Sociedades limitadas	178
6.2.6.1	Disciplina jurídica	178
6.2.6.2	Natureza	179
6.2.6.3	Constituição	180
6.2.6.4	Sócios da sociedade limitada	181
6.2.6.4.1	Direitos dos sócios	182
6.2.6.5	Nome empresarial	184
6.2.6.6	Capital social	184
6.2.6.7	Quotas sociais	186
6.2.6.8	Órgãos sociais	187
6.2.6.8.1	Administradores	187
6.2.6.8.2	O Conselho Fiscal	191
6.2.6.8.3	Deliberações sociais	193
6.2.6.9	Dissolução	196
6.2.7	Sociedade anônima	198
6.2.7.1	Evolução histórica	198
6.2.7.2	Características	199

6.2.7.3	Objeto social	200
6.2.7.4	Nome empresarial	201
6.2.7.5	Sociedades anônimas fechadas e abertas	202
6.2.7.6	Mercado de valores mobiliários	202
6.2.7.7	A Comissão de Valores Mobiliários	204
6.2.7.8	Constituição da companhia	204
6.2.7.8.1	Subscrição pública	205
6.2.7.8.2	Subscrição particular	207
6.2.7.8.3	Formalidades complementares à constituição	208
6.2.7.9	Capital social	208
6.2.7.10	Integralização das ações subscritas	210
6.2.7.11	Valores mobiliários	212
6.2.7.11.1	Ações	212
6.2.7.11.1.1	Valor da ação	216
6.2.7.11.2	Partes beneficiárias	217
6.2.7.11.3	Debêntures	218
6.2.7.11.3.1	Espécies de debêntures	219
6.2.7.11.3.2	Emissão das debêntures	220
6.2.7.11.4	Bônus de subscrição	222
6.2.7.11.5	Nota comercial	222
6.2.7.12	Acionistas	223
6.2.7.12.1	Deveres	223
6.2.7.12.2	Direitos	224
6.2.7.12.2.1	Direito de voto	226
6.2.7.12.2.2	Voto abusivo	227
6.2.7.13	Acionista controlador	228
6.2.7.13.1	Alienação do controle	230
6.2.7.13.2	Ofertas públicas para a aquisição (OPA)	232
6.2.7.14	Acordo de acionistas	233
6.2.7.14.1	Natureza do acordo de acionistas	234
6.2.7.14.2	Espécies de acordo de acionistas e efeitos	235
6.2.7.15	Órgãos sociais	237
6.2.7.15.1	A assembleia geral	237
6.2.7.15.1.1	Convocação da assembleia geral	238
6.2.7.15.1.2	Quórum de instalação e quórum de votação	240

6.2.7.15.1.3 Espécies de assembleias	241
6.2.7.15.2 Administradores	243
6.2.7.15.2.1 Conselho de administração	244
6.2.7.15.2.2 Diretoria	246
6.2.7.15.2.3 Requisitos e impedimentos à nomeação dos administradores	247
6.2.7.15.2.4 Deveres dos administradores	248
6.2.7.15.2.5 Responsabilização dos administradores	252
6.2.7.15.2.6 Ação de responsabilização dos administradores	254
6.2.7.15.3 Conselho Fiscal	256
6.2.7.16 Demonstrações financeiras	258
6.2.7.17 Lucros, reservas e dividendos	258
6.2.7.18 Dissolução, liquidação e extinção da companhia	260
6.2.7.18.1 Dissolução parcial de sociedade anônima	262
6.2.7.19 Incorporação, fusão e cisão	262
6.2.7.20 Transformação	264
6.2.8 Sociedade em comandita por ações	264
6.2.9 Sociedade cooperativa	265
Quadro mnemônico	267

Capítulo 4
Falência e Recuperação Judicial 269

1. Aspectos gerais	269
1.1 Decreto-lei n. 7.661/45 e a nova Lei de Falência	270
1.2 Competência jurisdicional para a falência e a recuperação	272
1.3 Juízo universal e indivisível	275
2. Falência	276
2.1 Pressupostos da falência	278
2.1.1 Sujeitos submetidos à Lei de Falência – sujeitos passivos	278
2.1.2 Sujeitos excluídos da falência e da recuperação	280
2.1.3 Insolvência	282
2.1.3.1 Impontualidade injustificada	283

2.1.3.2	Execução frustrada	284
2.1.3.3	Atos de falência	285
2.1.4	Sujeitos ativos	286
2.2	Procedimento do pedido de falência	287
2.2.1	Impontualidade injustificada e execução frustrada	287
2.2.2	Prática de ato de falência	288
2.2.3	Pedido de autofalência	290
2.3	Sentença denegatória da falência	290
2.4	Sentença declaratória da falência	292
2.5	Efeitos jurídicos da falência	295
2.5.1	Efeitos em relação aos direitos dos credores	295
2.5.1.1	Vencimento antecipado de todas as obrigações do falido	295
2.5.1.2	Conversão dos créditos em moeda estrangeira	296
2.5.1.3	Formação da massa de credores	296
2.5.1.4	Suspensão das ações e execuções individuais	297
2.5.1.4.1	Reclamações trabalhistas	297
2.5.1.4.2	Execuções fiscais	298
2.5.1.4.3	Ações que demandam quantia ilíquida	298
2.5.1.5	Suspensão do curso da prescrição	299
2.5.1.6	Suspensão da fluência dos juros contra a massa falida	300
2.5.1.7	Disciplina dos direitos e deveres dos coobrigados solidários	300
2.5.1.8	Direitos dos credores na falência	302
2.5.2	Efeitos da falência em relação ao representante do falido	302
2.5.2.1	Obrigações impostas ao falido ou ao representante da pessoa jurídica falida	303
2.5.2.2	Restrições impostas ao falido	303
2.5.2.2.1	Proibição para o exercício da atividade empresarial	304
2.5.2.2.2	Perda do direito de administrar e dispor de seus bens	304
2.5.2.2.3	Perda da legitimação *ad causam*	305
2.5.2.2.4	Suspensão do direito ao sigilo de correspondência	305

2.5.2.2.5	Restrição ao direito de ausentar-se da comarca	306
2.5.3	Efeitos da falência em relação aos sócios da sociedade falida	306
2.5.4	Efeitos da falência em relação aos contratos do falido....	307
2.5.4.1	Regras especiais impostas a determinados contratos do falido	309
2.5.4.1.1	Contrato de compra e venda de coisa em trânsito	309
2.5.4.1.2	Contrato de compra e venda de coisas compostas	310
2.5.4.1.3	Contrato de compra e venda de bens móveis a prestação	310
2.5.4.1.4	Contrato de compra e venda com reserva de domínio	311
2.5.4.1.5	Compra e venda de coisas vendidas a termo com cotação em bolsa ou mercado	311
2.5.4.1.6	Promessa de compra e venda de imóveis	312
2.5.4.1.7	Contrato de locação	312
2.5.4.1.8	Compensação e liquidação de obrigações do Sistema Financeiro Nacional	313
2.5.4.1.9	Contrato de mandato	313
2.5.4.1.10	Contrato de conta-corrente	314
2.5.4.1.11	Contrato de trabalho	314
2.5.4.1.12	Contratos de sociedade	314
2.5.4.2	Compensação das dívidas do falido	315
2.5.5	Efeitos da falência em relação aos atos do falido	316
2.5.5.1	Ineficácia objetiva	316
2.5.5.1.1	Atos praticados no período do termo legal	317
2.5.5.1.2	Atos praticados no período de dois anos anteriores à decretação da falência	319
2.5.5.1.3	Alienação ou transferência de estabelecimento empresarial independentemente do período	319
2.5.5.1.4	Atos praticados após a sentença declaratória de falência	320
2.5.5.2	Ineficácia subjetiva	320
2.5.5.3	Ação revocatória	321
2.6	Administração da falência	323

2.6.1	O juiz	323
2.6.2	O Ministério Público	323
2.6.3	O administrador judicial	324
2.6.3.1	Nomeação	324
2.6.3.2	Impedimentos	325
2.6.3.3	Funções do administrador	326
2.6.3.4	Remuneração do administrador judicial	329
2.6.3.5	Substituição e destituição do administrador judicial..	330
2.6.3.6	Responsabilidade do administrador judicial	331
2.6.4	Assembleia geral de credores	332
2.6.4.1	Composição	332
2.6.4.2	Atribuições	334
2.6.4.3	Convocação e deliberação	335
2.6.5	Comitê de credores	336
2.6.5.1	Constituição	336
2.6.5.2	Composição	337
2.6.5.3	Atribuições	338
2.6.5.4	Remuneração	339
2.6.5.5	Substituição, destituição e responsabilidade	340
2.7	Fase falimentar	340
2.7.1	Verificação de crédito	341
2.7.1.1	Impugnação ao crédito trabalhista	343
2.7.1.2	Habilitações retardatárias	344
2.7.1.3	Retificação do quadro geral de credores	345
2.7.1.4	Incidente de classificação de crédito público	345
2.7.2	A apuração do ativo	346
2.7.2.1	Arrecadação dos bens	346
2.7.2.2	Inventário e avaliação	347
2.7.2.3	Bens que não serão arrecadados	348
2.7.2.4	Suspensão do direito de retenção	350
2.7.2.5	Venda antecipada dos bens	350
2.7.2.6	Bens arrecadados e contratos para a produção de renda	351
2.7.3	Pedido de restituição	352
2.7.3.1	Pedido de restituição da coisa	352

2.7.3.2	Pedido de restituição da mercadoria	353
2.7.3.3	Pedido de restituição em dinheiro	354
2.7.3.4	Procedimento do pedido de restituição	355
2.7.4	Embargos de terceiro	356
2.7.5	Realização do ativo	357
2.7.5.1	Formas de liquidação	357
2.7.5.2	Sucessão das obrigações na liquidação	358
2.7.5.3	Modalidades de realização do ativo	359
2.7.5.3.1	Modalidades ordinárias	359
2.7.5.3.2	Modalidades extraordinárias	361
2.7.5.3.2.1	Constituição de sociedade de credores.....	361
2.7.5.4	Aquisição e adjudicação imediatas	362
2.7.6	Pagamento dos credores	363
2.7.6.1	Classificação dos créditos	363
2.7.6.1.1	Créditos extraconcursais	364
2.7.6.1.1.1	Despesas indispensáveis à administração da falência	364
2.7.6.1.1.2	Créditos trabalhistas prioritários	364
2.7.6.1.1.3	Crédito do financiador do devedor em recuperação judicial	365
2.7.6.1.1.4	Pedido de restituição em dinheiro	366
2.7.6.1.1.5	Remuneração do administrador judicial, dos auxiliares e dos empregados da massa	366
2.7.6.1.1.6	Débitos contraídos durante a recuperação judicial ou após a decretação da falência..	367
2.7.6.1.1.7	Quantias fornecidas à massa pelos credores	367
2.7.6.1.1.8	Despesas do procedimento falimentar e custas do processo de falência	368
2.7.6.1.1.9	Custas judiciais relativas às ações e às execuções em que a massa falida tenha sido vencida	368
2.7.6.1.1.10	Tributos relativos a fatos geradores ocorridos após a decretação da falência	368
2.7.6.1.2	Créditos concursais	369
2.7.6.1.2.1	Créditos trabalhistas e decorrentes de acidentes de trabalho	369

2.7.6.1.2.2	Créditos com garantia real............................	370
2.7.6.1.2.3	Créditos tributários......................................	370
2.7.6.1.2.4	Créditos quirografários...............................	371
2.7.6.1.2.5	Multas contratuais e penas pecuniárias.....	371
2.7.6.1.2.6	Créditos subordinados.................................	372
2.7.6.1.2.7	Juros vencidos após a decretação de falência...	372

2.7.6.2 Rateios suplementares.. 372
2.7.6.3 Valores remanescentes da liquidação do ativo 373
2.7.7 Encerramento da falência... 374
2.7.8 Prestação de contas.. 374
2.7.9 Relatório final e sentença de encerramento................... 374
2.8 Extinção das obrigações.. 375
3. Recuperação judicial.. 376
3.1 Aspectos gerais.. 376
3.2 Legitimidade para requerer a recuperação judicial................. 377
    3.2.1 Litisconsórcio ativo... 379
3.3 Créditos sujeitos à recuperação judicial.................................. 380
3.4 Pedido de recuperação judicial.. 381
3.5 Processamento da recuperação judicial.................................. 383
3.6 Verificação de créditos... 385
3.7 O plano de recuperação judicial... 386
3.8 Meios da recuperação judicial.. 387
    3.8.1 Limitações aos meios de recuperação........................... 388
3.9 Apreciação do plano de recuperação...................................... 389
    3.9.1 Apreciação do plano pela assembleia geral de credores.. 390
    3.9.2 Forma alternativa de concessão da recuperação judicial .. 392
    3.9.3 Termo de adesão... 393
3.10 Plano de recuperação judicial apresentado pelos credores...... 393
3.11 Concessão da recuperação judicial.. 393
    3.11.1 Efeitos da concessão da recuperação judicial............... 394
3.12 Administração da empresa pelo devedor ou seu afastamento.. 395
3.13 Sentença de encerramento da recuperação judicial................ 397
3.14 Convolação da recuperação judicial em falência..................... 398
3.15 Recuperação judicial de microempresas e empresas de pequeno porte.. 399

4. Recuperação extrajudicial 402
   4.1 Legitimidades ativa e passiva 402
   4.2 Homologação facultativa 404
   4.3 Homologação obrigatória 404
   4.4 Plano de recuperação extrajudicial 405
   4.5 Pedido de homologação do plano de recuperação 406
   4.6 Efeitos da homologação do plano de recuperação extrajudicial 407
5. Insolvência transnacional 408
6. Disposições penais na falência e recuperação 410
   6.1 Disposições comuns 410
      6.1.1 Sujeitos ativos 410
      6.1.2 Condição objetiva de punibilidade 411
      6.1.3 Prescrição 412
      6.1.4 Princípio da unicidade 412
      6.1.5 Efeitos da sentença condenatória 413
   6.2 Crimes em espécie 414
      6.2.1 Fraude a credores 414
      6.2.2 Violação de sigilo empresarial 415
      6.2.3 Divulgação de informações falsas 416
      6.2.4 Indução a erro 417
      6.2.5 Favorecimento de credores 417
      6.2.6 Desvio, ocultação ou apropriação de bens 418
      6.2.7 Aquisição, recebimento ou uso ilegal de bens 418
      6.2.8 Habilitação ilegal de crédito 419
      6.2.9 Exercício ilegal de atividade 419
      6.2.10 Violação de impedimento 420
      6.2.11 Omissão dos documentos contábeis obrigatórios 420
   6.3 Procedimento penal 421
      6.3.1 Apuração do crime 421
      6.3.2 Ação penal 422
      6.3.3 Competência 422
      6.3.4 Procedimento sumário 423
Quadro mnemônico 424
Tabela de prazos 433

Capítulo 5
Títulos de Crédito 435

1. Origem histórica 435
2. Fontes legislativas 436
3. Conceito 436
4. Características 437
   - 4.1 Literalidade 438
   - 4.2 Cartularidade 438
   - 4.3 Autonomia 439
   - 4.4 Abstração 439
   - 4.5 Inoponibilidade das exceções pessoais 440
5. Classificação dos títulos de crédito 441
   - 5.1 Quanto à natureza 442
   - 5.2 Quanto à tipicidade 442
   - 5.3 Quanto ao modo de circulação 442
   - 5.4 Quanto ao emissor 444
   - 5.5 Quanto à estrutura jurídica 444
6. Elementos do título 444
7. Letra de câmbio 445
   - 7.1 Conceito 445
   - 7.2 Formação 445
   - 7.3 Requisitos essenciais 446
   - 7.4 Requisitos não essenciais 447
   - 7.5 Vencimento 448
   - 7.6 Aceite 449
   - 7.7 Endosso 450
     - 7.7.1 Espécies de endosso 451
     - 7.7.2 Cessão de créditos e o endosso 454
   - 7.8 Aval 454
     - 7.8.1 Fiança e aval 456
   - 7.9 Pagamento 456
   - 7.10 Protesto 459
   - 7.11 Ressaque 460

7.12 Ação cambial	461
7.13 Prescrição	462
8. Nota promissória	462
8.1 Conceito	462
8.2 Disciplina jurídica	463
8.3 Requisitos essenciais	463
8.4 Vencimento	464
8.5 Endosso, aval, pagamento, ressaque, ação cambial e prescrição	465
9. Cheque	465
9.1 Conceito	465
9.2 Disciplina jurídica	466
9.3 Requisitos essenciais	466
9.4 Transmissão do cheque. Endosso e cessão de crédito	468
9.5 Aval	470
9.6 Pagamento	470
9.7 Sustação de pagamento	472
9.8 Protesto	472
9.9 Prescrição	473
9.10 Tipos de cheque	474
9.10.1 Cheque pós-datado	474
9.10.2 Cheque cruzado	474
9.10.3 Cheque para ser creditado em conta	475
9.10.4 Cheque visado	475
9.10.5 Cheque administrativo	476
9.10.6 Cheque de viagem	476
10. Duplicata	476
10.1 Conceito	476
10.2 Disciplina jurídica	478
10.3 Requisitos essenciais	478
10.4 Aceite	478
10.5 Pagamento	479
10.6 Aval e endosso	479
10.7 Protesto	480
10.8 Ação cambial	480

10.9 Prescrição	481
10.10 Duplicata escritural, eletrônica ou virtual	481
Quadro mnemônico	482
Tabela de prazos	484

Capítulo 6
Contratos Empresariais ... 487

1. Teoria geral do contrato empresarial	487
1.1 Princípios gerais	488
1.2 Interpretação dos contratos mercantis	490
2. Espécies de contratos	492
2.1 Contrato de compra e venda mercantil	492
2.1.1 Classificação	493
2.1.2 Elementos do contrato	494
2.1.2.1 O consentimento	494
2.1.2.2 A coisa	495
2.1.2.2.1 Venda *ad corpus* e *ad mensuram*	496
2.1.2.2.2 Venda sob amostras	497
2.1.2.3 O preço	497
2.1.3 Obrigações do vendedor e do comprador	498
2.1.4 Despesas com a tradição	499
2.1.5 Partes	500
2.1.6 Cláusulas especiais	501
2.1.6.1 Cláusula de retrovenda	501
2.1.6.2 Cláusula de venda a contento e sujeita à prova	502
2.1.6.3 Cláusula de preferência ou preempção	502
2.1.6.4 Cláusula de reserva de domínio	503
2.2 Contratos de colaboração	504
2.2.1 Contrato de agência, distribuição ou representação comercial	505
2.2.2 Contrato de concessão mercantil	508
2.2.3 Contrato de comissão mercantil	512
2.2.4 Contrato de mandato mercantil	513
2.2.5 Contrato de franquia	515

2.2.5.1	Classificação do contrato de franquia	517
2.2.5.2	Obrigações dos contratantes	519
2.2.5.3	Circular de Oferta de Franquia (COF)	520
2.2.5.4	Extinção do contrato	521
2.3 Contratos bancários		521
2.3.1	Depósito bancário	523
2.3.2	Mútuo bancário	523
2.3.3	Desconto bancário	524
2.3.4	Abertura de crédito	525
2.4 Contrato de *factoring*		526
2.5 Contrato de arrendamento mercantil ou *leasing*		527
2.5.1	Espécies de contrato de *leasing*	528
2.5.2	O valor residual garantido (VRG)	529
2.6 Alienação e cessão fiduciária em garantia		530
2.6.1	Alienação fiduciária em garantia de coisas móveis infungíveis	531
2.6.2	Alienação fiduciária em garantia de imóveis	533
2.6.3	Alienação fiduciária em garantia de coisas fungíveis e direitos	534
2.6.3.1	Requisitos para a constituição	536
2.7 Contrato de seguro		539
2.7.1	Sistema Nacional de Seguros Privados	540
2.7.2	Classificação do contrato de seguro	540
2.7.3	Elementos do contrato de seguro	541
2.7.3.1	A proposta e a aceitação	541
2.7.3.2	O interesse segurado	543
2.7.3.3	O risco	543
2.7.3.4	O prêmio	544
2.7.3.5	Indenização pela ocorrência do sinistro	545
2.7.4	Espécies de contratos de seguro	545
2.7.4.1	Seguro de dano	545
2.7.4.2	Seguro de pessoas	547
2.7.4.2.1	Seguro de vida	548
2.7.4.2.2	Seguro de acidentes pessoais	550
Referências		551

Introdução

1. Evolução histórica

O comércio remonta à Antiguidade. Inicialmente, consistia na permuta entre produtores e consumidores do excedente produzido pelo trabalho individual, as mercadorias. Com o surgimento de uma unidade comum de valor, a moeda, as trocas foram intensificadas ao permitirem a negociação entre pessoas que não possuíam as mercadorias necessariamente a serem trocadas. É desse período o surgimento das primeiras normas para regular essas relações de troca. Na civilização babilônica, o Código de Hamurabi, de 2083 a.C., disciplinava a comercialização de mercadorias. Os fenícios, por meio da *Lex Rhodia de lactu*, regulavam o comércio marítimo e asseguravam a repartição do prejuízo entre o proprietário do carregamento e o da embarcação na hipótese de o comandante do navio ter que se livrar da carga diante de um perigo iminente.

Os romanos, ainda, por sua jurisprudência, procuravam dirimir os conflitos de interesses com a regulamentação de algumas relações comerciais. As relações comerciais, entretanto, "eram disciplinadas pelo próprio direito comum, e só excepcionalmente por textos, que, não obstante isolados, nele se fundiam. Não havia um direito particular para a classe dos comerciantes; não faltavam, porém, regras e institutos que hoje se compreendem no direito empresarial"[1].

As referidas normas, contudo, não formavam um corpo sistematizado, informado por princípios próprios. O sistema de direito mercantil somente surgiu na Baixa Idade Média, com a ascensão da burguesia como nova classe social a partir do "renascimento da vida medieval nas comunas italianas no século XII[2].

Com a queda do Império Romano e as invasões bárbaras, marco do início da Idade Média, houve a fragmentação não somente do território como também do direito e o surgimento de múltiplas regulamentações jurídicas locais. O bloqueio das vias para o comércio marítimo mediterrâneo isolou comunidades,

---

1 CARVALHO DE MENDONÇA, José Xavier. *Tratado de direito comercial*. São Paulo: Freitas Bastos, 1945, v. 1. p. 16.
2 ASCARELLI, Tullio. *O desenvolvimento histórico do direito comercial e o significado da unificação do direito privado* (trad. Fábio Konder Comparato, in Saggi di Diritto Commerciale, Milão, Giuffrè), in RDM, 114, São Paulo, Malheiros, abril-junho de 1999, p. 238.

reduziu as trocas e obrigou a população a buscar proteção junto aos proprietários de terras, os senhores feudais. Iniciava-se a fase feudal.

Após anos de dominação, as vitórias dos cruzados sobre os árabes permitiram a reabertura do mar Mediterrâneo à navegação e o desenvolvimento das cidades ao redor dos feudos. O reflorescimento do comércio marítimo permitiu o surgimento de uma nova fase de desenvolvimento econômico, com a intensificação da circulação de riquezas e o aumento de produção, e destacou os comerciantes e artesãos em detrimento dos senhores feudais.

A atividade comercial diferenciava-se das atividades agrícola e de prestação de serviços preponderantes da época.

A nova classe social que a desempenhava, outrossim, reclamava disciplina adequada para os seus interesses. Os remanescentes direito romano e direito canônico, assentados na proteção do devedor, na proibição da usura e no formalismo exacerbado, eram inadequados a regular a nova ordem econômica surgida e caracterizada pela celeridade e pela dinâmica das relações.

Era imprescindível um sistema contratual que permitisse maior liberdade aos tipos contratuais, menos formalista e com possibilidade de arranjos mais complexos para que as partes pudessem se obrigar conforme exigia a vida econômica[3].

Para poder defender seus próprios interesses, desprotegidos diante da ausência de um poder estatal centralizado, os comerciantes passaram a se reunir em organizações de classe, as associações ou corporações. As corporações de ofício se equiparavam a pequenos Estados, com poder legislativo e um poder judiciário formado pelos cônsules. As primeiras corporações de mercadores remontam ao século XII e permitiam aos comerciantes dirimir conflitos entre si, mediante a aplicação dos estatutos, que eram assim conhecidos por serem formados pelas decisões dos cônsules, pelas deliberações da assembleia geral dos comerciantes matriculados e pelas normas escritas e usos e costumes assentados da época.

Como as cidades gozavam de relativa autonomia política, foi possível acolher as corporações de ofício e assegurar a autonomia de suas normas e de sua jurisdição.

Algumas corporações obtiveram tamanho sucesso que conquistaram autonomia para os centros comerciais, a ponto de seus estatutos passarem a se confundir com os da própria cidade.

É nesse contexto que começa a surgir, historicamente, o direito comercial. Surge dos estatutos corporativos e dos assentos jurisprudenciais das decisões dos cônsules. Trata-se de um direito especial, criado pelos mercadores

---

3 ASCARELLI, Tullio. *Panorama do direito comercial*, 2. ed., Sorocaba: Minelli. p. 10.

e sem a mediação da sociedade política. Um direito especial inicialmente dirigido a uma classe de pessoas ligadas entre si pelo desenvolvimento de uma atividade comercial[4].

Para J. X. Carvalho de Mendonça: "pelos usos e costumes, adotados para disciplinarem as transações comerciais desconhecidas do direito escrito, então existente, pelas leis inspiradas por influência daquelas corporações (estatutos) e pela jurisprudência dos seus tribunais, se constituiu um complexo de normas reguladoras tão somente de pessoas de determinada classe e dos institutos especiais que as interessavam, e por isso um direito profissional, os *statuta mercatorum*, o *jus mercatorum*"[5].

Essa primeira fase, que remonta ao início do século XII e perdurou até a segunda metade do século XVI, foi caracterizada como fase subjetiva do direito comercial. Sua natureza subjetiva foi decorrente de o direito caracterizar-se essencialmente como de classe, profissional, corporativo. Os Tribunais Consulares somente tinham competência para dirimir as disputas entre comerciantes, e os estatutos aplicavam-se aos comerciantes-membros das corporações de ofício, apenas.

Assentadas nos costumes e nos estatutos das corporações de ofício, as normas versavam principalmente sobre o mercado e o câmbio. Por isso o direito era chamado, e continua até hoje, de direito mercantil.

Essa primeira fase subjetiva logo seria sucedida pela segunda fase objetiva do direito comercial.

A delimitação da competência dos Tribunais Consulares às relações dos comerciantes entre si passou a ser entendida como insuficiente. Nem todas as relações do comerciante seriam em decorrência do exercício de sua atividade econômica. A competência dos Tribunais deveria limitar-se às relações profissionais do comerciante matriculado na corporação, e a jurisdição comum incidiria sobre as demais relações.

Esse princípio de delimitação do ato mercantil foi posteriormente intensificado. O precário direito estatal, submetido a interferências políticas, aliado à grande divulgação dos Tribunais Consulares realizada pelas feiras medievais, que das cidades italianas generalizaram-se por toda a Europa, fez com que a jurisdição das corporações se estendesse aos que exercessem o comércio, independentemente de sua matrícula nas corporações. A grande confiança depositada pela população, outrossim, aumentava a competência dos cônsules, que passavam a apreciar questões relacionadas à contratação entre um comerciante e um não comerciante.

---

[4] GALGANO, Francesco. *Lex Mercatoria*, in: *Revista de Direito Mercantil, Industrial, Econômico e Financeiro*, v. 129, São Paulo: Malheiros, 2003, p. 224.
[5] CARVALHO DE MENDONÇA, José Xavier. Op. cit. p. 59.

O assento na qualidade do comerciante para a incidência das normas substitui-se, progressivamente, pela relevância atribuída à atividade mercantil. Não mais importava a inscrição nas corporações ou a qualificação profissional do sujeito. Relevante era a característica do ato praticado.

A confiança depositada pela população nos cônsules e a ampliação da autoridade das corporações fizeram com que a jurisdição fosse estendida aos não comerciantes, mas que estavam envolvidos de alguma forma em um negócio comercial. O elemento subjetivo indissociável da figura do comerciante matriculado na corporação começava a se fundir com o elemento objetivo que exigia a consideração do ato como comercial, independentemente de seu agente.

Por outro lado, houve o fortalecimento do Estado Nacional, com o surgimento das monarquias europeias a partir, principalmente, do século XVI. As monarquias europeias, como Portugal, Espanha, França, Holanda e Inglaterra protagonizaram o movimento colonialista. Fundamentadas na concentração do poder político nas mãos do soberano, as monarquias nacionais impunham a centralização da regulação da atividade mercantil, cuja importância despontava à época.

O Estado passa a editar normas para regular a atividade comercial, como as Ordenações Francesas de Savary, que regularam o comércio terrestre em 1673 (*Ordonnance du Commerce*) e o comércio marítimo em 1681 (*Ordonnance de la Marine*). As ordenações consistiam em compilado das regras estatutárias de origem italiana e holandesa, bem como dos costumes comerciais, de modo que asseguraram que o direito mercantil permanecesse como um corpo autônomo, distinto do Direito Civil.

Por seu turno, os ideais da Revolução Francesa tornavam inconsistentes as restrições à livre-iniciativa, bem como a intervenção estatal nas relações privadas. Os princípios da liberdade e da igualdade de todos perante a Lei exigiam que não houvesse mais o controle do agente econômico por meio do ingresso nas Corporações de Ofício, assim como tornavam inconsistente uma jurisdição especial apenas para determinadas pessoas. Nesse âmbito, a Lei *Le Chapelier*, de 1791, proibiu todas as corporações de ofício na França e estabeleceu a liberdade de comércio.

Essa tendência objetiva que caracteriza a segunda fase do direito comercial, foi consagrada pelo Código Comercial francês de 1807. Em substituição aos Tribunais Consulares, o Código Napoleônico criou Tribunais de Comércio, cuja jurisdição abrangia todas as controvérsias que envolviam o *ato de comércio*. Não mais importava a qualidade da pessoa submetida à jurisdição, mas o ato objetivo de comércio praticado, cuja enumeração era realizada pela própria lei e envolvia atos de compra e venda de móveis, atos de intermediação, operações de câmbio e seguro, transporte de mercadorias, atividades relacionadas ao comércio marítimo, entre outros.

Os atos de comércio eram os atos que, pela própria natureza, caracterizavam aqueles que os exerciam habitualmente como comerciantes. Eram atos relacionados notadamente às trocas de coisas móveis.

Nessa segunda fase, o movimento de abolição das restrições à livre-iniciativa, com o fim do controle pela obrigação de filiação às corporações de ofício, em conjunto com a igualdade de todos perante o Estado, fez com que a burguesia se libertasse das amarras e tomasse conta do ambiente econômico. Como esclarece Cavalli, "a Revolução francesa, contudo, não constituiu uma revolução contra um direito de classe, mas sim a Revolução de uma classe que tomava conta de uma cena econômica"[6].

Dessa forma, mesmo com a extinção das corporações de ofício e dos Tribunais Consulares, o direito comercial não perdeu sua autonomia. Ainda que todas as demais classes profissionais tenham tido a disciplina absorvida pelo direito civil, o comerciante continuava a ser regulado pelo Código Comercial por meio do conceito de atos de comércio e, principalmente, em virtude das exigências de normas peculiares e condizentes com a realidade econômica e com o tráfego. Os conflitos envolvendo a atividade comercial, outrossim, permaneciam sob a jurisdição de um Tribunal Especial, o Tribunal do Comércio.

Apesar da tipificação dos atos de comércio, a crítica realizada ao sistema francês era a indefinição dos referidos atos. Embora Rocco sustentasse que os atos de comércio evidenciavam uma intermediação para a troca, Requião sustentava a falta de critério da tipificação[7].

O Código Comercial francês, com seu objetivismo, irradiou-se para as diversas codificações posteriores, inclusive a brasileira. No Brasil, após a proclamação da independência, exigia-se a criação de um direito próprio e em conformidade com a realidade e com o desenvolvimento local. Editado em 1850, o Código Comercial substituía as Ordenações Filipinas de 1603 e a Lei da Boa Razão de 1769, que vigoravam no Brasil até então, e inspirava-se na teoria dos atos de comércio.

A inspiração, contudo, não implicou um sistema puramente objetivo, como o francês. O Código brasileiro possuía um caráter misto. Assentava-se no caráter subjetivo ao definir o comerciante, submetido à sua disciplina, como o matriculado nos Tribunais do Comércio do Império, posteriormente substituídos pelo sistema de Registro Público de Empresas Mercantis e Atividades Afins, e que fizesse da mercancia profissão habitual, mas não a caracterizou.

---
6 CAVALLI, Cássio. *Direito Comercial, passado presente e futuro.* Rio de Janeiro: Elsevier, FGV, 2012.
7 REQUIÃO, Rubens. *Curso de direito comercial.* 33. ed. São Paulo: Saraiva, v. 1. p. 37.

Conforme o art. 4°, revogado, do Código Comercial de 1850, ninguém é reputado comerciante para efeito de gozar da proteção que este Código liberaliza em favor do comércio sem que se tenha matriculado em algum dos Tribunais do Comércio do Império e faça da mercancia profissão habitual.

A regulamentação do Código foi realizada no mesmo ano pelo Regulamento n. 737, o qual caracterizou o perfil objetivo do direito comercial brasileiro de então. Pelo Regulamento, foram discriminados os atos de mercancia como a compra e venda de móveis ou semoventes; as operações de câmbio, banco ou corretagem; a atividade industrial, de transporte de mercadorias, espetáculos públicos; os seguros, fretamentos, riscos e atos relativos ao comércio marítimo; a armação e expedição de navios. Tal qual na codificação francesa, a prestação de serviços e a atividade imobiliária[8] não foram incluídas entre os tipos de atos de comércio.

A teoria objetiva dos atos de comércio, porém, sofreu diversas críticas. O sistema não conseguia definir satisfatoriamente o seu conceito principal. Ainda que entendida a enumeração legal de forma exemplificativa, como era a interpretação do Regulamento n. 737, não havia nenhum critério lógico para a identificação dos atos de comércio, o que gerava insegurança nos operadores. Outrossim, o desenvolvimento da economia provocava o surgimento de novas modalidades negociais, cada vez mais complexas, e a crescente mercantilização do direito civil. Por um lado, atividades tipicamente regidas pelo direito civil passaram a adotar nova configuração quando concorriam para a realização de operações mercantis e exigiam disciplina específica pelo direito comercial, como os contratos de mútuo ou de fiança, bem como as prestações de serviços, negociações de imóveis e atividades rurais. Por outro, o direito comercial se expandia e diversos de seus institutos passaram a ser utilizados nas relações de direito civil.

Nesse novo contexto social, o sistema objetivo, estático, baseado nos atos de comércio, era insuficiente para disciplinar adequadamente e com segurança as relações comerciais. Questionava-se, ademais, a separação formal, legislativa, entre o direito civil e o direito comercial.

1.1 A empresa e a unificação do direito privado

As críticas ao sistema objetivo e à dicotomia entre o direito comercial e o direito civil provocaram a unificação legislativa do direito das obrigações, inicialmente realizada pelo Código Único das Obrigações, na Suíça, em 1881.

---
8 A construção civil somente foi considerada como comercial em 1962, por meio da Lei n. 4.068. A incorporação imobiliária, por seu turno, apenas pela Lei n. 4.591/1964.

A maior parte dos institutos de direito privado, além dos direitos das obrigações, contudo, somente foi unificada em um único Código na metade do século XX. A unificação formal do direito privado foi realizada a partir do Código Civil italiano de 1942, o qual consagrou a terceira fase do direito empresarial, baseada na teoria da empresa.

A unificação do direito privado, contudo, deveu-se mais à necessidade de intervenção e controle estatal das relações privadas do que às razões de falta de justificativa para a dicotomia formal entre o direito civil e o comercial. A teoria da empresa do *Codice Civile* de 1942 advinha inicialmente do crescimento do fascismo e tinha como sua exposição de motivos a *Carta del Lavoro*. Pela ideologia fascista, a atividade produtiva deveria ser controlada para atender ao interesse nacional. Dentre as suas diretrizes, "o complexo de produção é unitário, do ponto de vista nacional, seus objetivos são unitários e se resumem no bem estar dos indivíduos e no desenvolvimento da potência nacional"[9].

Para essa concepção, o foco da legislação deveria ser deslocado para a organização dos fatores de produção e que permitiria a intervenção do Estado. Os diversos interesses envolvidos na empresa deveriam ser harmonizados em atenção à ordem pública. Ao empresário, embora fosse atribuído o papel de organizar esses fatores de produção para o desenvolvimento da atividade, deveria assim o fazê-lo em atenção aos interesses do Estado[10].

A unificação do direito das obrigações pelo *Codice Civile Italiano* de 1942 decorre, nesse aspecto, da necessidade de colocar a empresa em evidência e como forma de permitir o controle estatal dos diversos interesses nela envolvidos. A partir do Código, as obrigações civis e comerciais são disciplinadas em uma única legislação.

Para esse novo sistema, independia para a aplicação da disciplina do direito empresarial se o negócio jurídico era considerado em si como tipicamente mercantil ou civil. Relevante para a incidência do direito empresarial e de seus princípios era a organização profissional e habitual de trabalho e de capital tendo como fim a produção de bens ou serviços para troca: a existência da empresa.

A despeito de sua origem como intervenção estatal e controle das relações privadas, a unificação "realizou-se, porém, não por via de supressão, mas de triunfo dos princípios comercialistas, praticamente reconhecidos no Código de 1942 como princípios gerais de todo o direito (em matéria de solidariedade; de juros; de resolução e execução compulsória de venda; de prescrição etc.), sancionando quanto já (dada a largueza da categoria dos atos de comér-

---

9 Carta del Lavoro, art. 2º.
10 Cf. FORGIONI, Paula A. *A evolução do direito comercial brasileiro. Da mercancia ao mercado*, 2. ed., São Paulo: Revista dos Tribunais, 2012. p.57 e s.

cio no Código de 1882 e a realizada unificação jurisdicional) havia ocorrido espontaneamente"[11].

Para Ascarelli, o fenômeno da unificação do direito privado é decorrente da evolução histórica da própria especialidade do direito comercial. Para o autor, "do ponto de vista histórico, com efeito, podemos falar em direito especial com respeito a normas e princípios que, embora de início aplicados apenas em um âmbito particular e em contraste com o direito comum, são, entretanto, em tese, aplicáveis a um âmbito mais vasto e suscetíveis de aplicação geral e que, com efeito, no desenvolvimento histórico sucessivo, acabam, em correspondência com o desenvolvimento das relações econômicas e sociais, por serem aplicados em âmbito sempre mais vasto, até fundir-se no direito comum"[12].

A teoria da empresa, consagrada pelo Código Civil italiano de 1942, caracteriza a terceira fase do direito empresarial. Despida dos contextos histórico e ideológico em que foi concebida, a empresa caracteriza o deslocamento do direito comercial do eixo de análise do ato comercial praticado para a organização dos fatores de produção.

É a teoria adotada pelo Código Civil brasileiro de 2002 e que permanece em vigor até os dias atuais.

Surge essa terceira fase do direito empresarial da ausência de diferenciação material entre o ato praticado pelos agentes, civis ou comerciantes. Ao legislador, a diferenciação não se concentraria no ato propriamente dito, mas na forma pela qual os diversos fatores de produção são organizados para o desenvolvimento reiterado do conjunto de atos: a atividade.

Por seu turno, a diferenciação quanto à jurisdição especial aplicável ao comerciante e ao não comerciante, assegurada pelo Regulamento 737/1850, havia já sido extinta. Os Tribunais do Comércio foram extintos em 1875, embora as varas privativas de comércio somente desapareceram, definitivamente, 1939, com a promulgação do Código de Processo Civil.

O Código Civil de 2002 revogou parcialmente o Código Comercial e passou a unificar o tratamento do direito privado, não apenas com a unificação dos direitos das obrigações, mas também de grande parte dos outros institutos civis e empresariais, em um texto único. Permaneceu em vigência no Código Comercial de 1850 somente a disciplina do comércio marítimo, contemplada na sua Parte Segunda.

---

11 ASCARELLI, Tullio. *O desenvolvimento histórico do direito comercial e o significado da unificação do direito privado* (trad. Fábio Konder Comparato, in Saggi di Diritto Commerciale, Milão, Giuffrè), in RDM, 114, São Paulo, Malheiros, abril-junho de 1999, p.248.
12 ASCARELLI, Tullio. *Panorama do direito comercial*, 2. ed., Minelli, Sorocaba. p. 3.

1.2 Da empresa ao mercado

O Código Civil consagrou a teoria da empresa no Livro II, de sua Parte Especial, ao unificar formalmente o direito privado, ao menos em sua maior parte. A tentativa de unificação formal do direito privado foi apenas parcialmente realizada. Como visto, subsistiram diversos outros dispositivos legais aplicáveis exclusivamente ao direito empresarial por consagrarem institutos típicos, que exigiriam disciplina especial autônoma, como a falência, as letras de câmbio e o direito concorrencial.

Ainda que tenha ocorrido a unificação formal, mesmo que apenas parcialmente, conservou-se substancialmente a autonomia do direito empresarial. A despeito da mesma fonte normativa formal em relação às obrigações, o direito empresarial mantinha sua distinção do direito civil, em razão dos princípios peculiares, de características próprias e institutos típicos.

O Código Civil é resultante de trabalho de comissão de juristas, presidida por Miguel Reale, que foi incumbida, em 1969, de realizar um anteprojeto. Esse foi apresentado em 1972 e foi convertido, após longa tramitação legislativa, na Lei 10.406/2002.

Sylvio Marcondes, um dos integrantes da Comissão a quem foi confiada a disciplina do Direito das Empresas, trouxe a empresa como foco da matéria comercial dando relevo à atividade produtiva. Em sua redação original, o título do Livro II da Parte Especial do Código Civil era atribuído à Atividade Negocial.

Pelo Código Civil, o exercício reiterado de negócios jurídicos, organizado e direcionado a uma determinada finalidade, o transubstancia em atividade negocial, a qual é "erigida no Código em categoria jurídica diferenciada, sujeita a um regime legal distinto, no que concerne, desde a capacidade para a sua prática, até o sistema de validade e de efeitos jurídicos que presidem o seu exercício"[13]. Sobre o gênero atividade negocial, poderiam ser desenvolvidas atividades empresariais, mas também atividades negociais organizadas por profissionais não empresários, nos termos do art. 966, parágrafo único, e que não as caracterizariam como tal.

A atividade negocial, nesses termos, envolveria a atividade empresarial, mas não seria restrita a essa. Por conta disso, o livro disciplinava, além das atividades empresariais, as atividades do profissional intelectual (art. 966, parágrafo único), do empresário rural (art. 971) e da sociedade simples (art. 997).

A despeito da redação original do título do Livro II, no Congresso Nacional, o título do livro foi substituído para "Do Direito da Empresa" em virtude de tratar das atividades empresariais preponderantemente, embora não exclusivamente.

---

13 LEÃES, Luiz Gastão Paes de Barros. *A disciplina do direito de empresa no novo Código Civil Brasileiro*, in RDM, 128, São Paulo, Malheiros, 2002, p. 12.

Malgrado influenciado pelo *Codice Civile italiano* de 1942, no conceito de empresa foram neutralizadas a influência do fascismo e a intervenção estatal no ambiente privado, assim como ocorreu na própria Itália após o fim da Segunda Guerra Mundial. Pelo contrário, asseguraram-se a liberdade econômica, a livre-iniciativa e a livre concorrência para o regular desenvolvimento das atividades empresariais.

Em seu conceito econômico, a empresa é caracterizada como organização de trabalho e de capital, tendo como fim produzir ou fazer circular bens ou serviços. Por essa nova fase do direito empresarial, desloca-se o foco das trocas e intermediação para a organização da atividade produtiva.

Na definição de Forgioni, contudo, essa terceira fase, focada na empresa como ente estático, forma de organização, começou a ser superada a partir dos anos 1980[14]. Sua relevância como diferenciadora de outros agentes econômicos é atenuada, pois o tratamento especial, peculiar ao empresário em face de outros não empresários se circunscreveria à falência e à recuperação e às locações comerciais[15].

A caracterização do direito empresarial como focado na organização empreendida pelo empresário seria insuficiente para compreender a nova realidade existente. Pouco importaria se não há a distribuição de dividendos nas associações civis ou mesmo a existência de apenas um conjunto de ativos a serem personalizados na fundação. O desenvolvimento de uma atividade econômica voltada ao mercado, independentemente da constituição ou estruturação do agente econômico que a desenvolve, demandaria a incidência de um direito peculiar e atento à dinâmica exigida pelo mercado.

Nesse novo contexto, o conceito de empresa alcança importância não mais pela forma de organização interna, mas pela interação criada com os demais agentes econômicos e que exigiria a disciplina pelo direito empresarial.

Pela nova realidade social, marcada pela desmaterialização do estabelecimento empresarial, pela ausência dos limites geográficos às trocas e pela distribuição de produtos e prestação de serviços em massa, cresce a importância da disciplina das relações jurídicas celebradas entre os empresários e os diversos outros agentes econômicos. Menos focado na organização interna dos fatores de produção e mais dedicado a investigar o contexto em que se desenvolve externamente essa atividade empresarial e em que são construídas as diversas relações jurídicas que a afetam, o direito empresarial voltar-se-ia ao mercado[16].

---

14 FORGIONI, Paula A. *A evolução do direito comercial brasileiro*. Da mercancia ao mercado, cit. p. 80 e s.
15 Idem. p.103.
16 Idem. p. 80 e s.

2. Autonomia do direito empresarial

Embora ambos os sistemas, civil e empresarial, tenham sido agrupados em uma mesma fonte formal, diversas leis especiais permaneceram regulando institutos tradicionalmente pertencentes ao direito empresarial. A unificação legislativa realizada pelo Código Civil, entretanto, e que determina a aplicação da mesma legislação sobre as relações jurídicas, quer empresariais, quer não empresariais, suscitou a controvérsia sobre a permanência do direito empresarial como ramo autônomo do direito privado.

Para uma primeira concepção, a distinção entre o direito empresarial e o direito civil seria um fenômeno histórico, o qual teria sido superado pela unificação do direito privado. Não haveria qualquer peculiaridade nesse ramo do direito a ponto de lhe garantir autonomia científica.

Essa concepção foi prontamente superada. A despeito da unificação legislativa, haveria institutos típicos e princípios específicos que regulariam o desenvolvimento de uma atividade econômica, profissional e organizada para a produção e circulação de bens e serviços. Essa atividade econômica, cada vez mais dinâmica, complexa e ágil em um ambiente permanentemente em evolução, torna o formalismo inerente ao direito civil inadequado a regulá-la.

Somente um sistema com princípios próprios e normas específicas de atuação, condizentes com a realidade do processo produtivo, poderia disciplinar adequadamente a empresa.

Por seu turno, não houve a unificação de todas as normas do direito privado, embora de grande parte. Além de o empresário continuar sendo distinguido de um não empresário, há institutos específicos, a exemplo da falência e da recuperação, dos títulos de crédito, das sociedades empresárias, marcas e patentes, cuja regulamentação é peculiar ante os demais institutos previstos no Código. Tais institutos são tidos como essencialmente empresariais, pois se relacionam diretamente com o desenvolvimento da atividade econômica organizada pelo empresário.

A unificação legislativa do direito privado, em que pese reúna as normas tanto de direito empresarial quanto de direito civil em um único diploma, não elimina a diferença exigida no tratamento pelas normas. As relações decorrentes da atividade organizada para produção e circulação de bens no mercado não se confundem com as demais relações e exigem a construção de um sistema próprio, peculiar.

O direito empresarial, a despeito da unificação formal do direito privado, conserva suas peculiaridades e autonomia substancial em relação aos demais ramos do direito privado.

3. Conceito de direito empresarial e nomenclatura

A própria evolução do direito empresarial exigiu uma constante alteração em sua nomenclatura ao longo da história. Seus sinônimos direito mercantil e direito comercial revelam a extensão do seu objeto ao longo das diversas fases de sua evolução.

Em sua primeira fase, ligada à atividade realizada pelos mercadores na Idade Média, o direito se identificava como mercantil. Caracterizava-se pelo conjunto de usos e costumes, estatutos das corporações de ofício e decisões dos Tribunais Consulares e tinha a aplicação restrita, ao menos inicialmente, aos mercadores inscritos nas corporações. Suas normas versavam principalmente sobre o mercado e o câmbio, razão pela qual a disciplina era denominada de direito mercantil.

A partir do Código Comercial Francês de 1807 e do surgimento da fase objetiva, a criação dos atos de comércio permitiu a incidência de um regramento específico àqueles que o praticavam. Esse conjunto de leis, a partir de então promulgadas pelo Estado, não mais condicionava sua aplicação à qualidade de determinadas pessoas, como os mercadores vinculados às corporações de ofício, mas impunha sua disciplina àqueles que praticassem os atos de comércio. O conjunto dessas regras passou a denominar-se, então, direito comercial.

À época, J.X. Carvalho de Mendonça definia o direito comercial como "a disciplina jurídica reguladora dos atos de comércio e, ao mesmo tempo, dos direitos e obrigações das pessoas que os exercem profissionalmente e dos seus auxiliares"[17].

Por fim, a insuficiência da tipificação dos atos de comércio a regular todos os negócios praticados de forma organizada, profissional e com o intuito de circular riquezas e serviços ao mercado, exigiu a definição do conceito jurídico de empresa. Com a expansão do seu objeto para toda a atividade econômica organizada e profissional, voltada à produção e circulação de bens ou serviços, a antiga denominação direito comercial não mais se mostrava atualizada. O conjunto dessas regras passou a denominar-se direito empresarial.

Embora contenha algumas normas de direito público, notadamente regras que proíbem o desenvolvimento de atividades por determinadas pessoas, o direito empresarial é ramo do direito privado.

Caracteriza-se como conjunto de normas destinado à regulação da atividade econômica, exercida profissionalmente e destinada à criação e circulação de bens e serviços: a empresa. Mas não só. O direito empresarial abarca institutos que podem não se relacionar diretamente com a empresa, mas que possuem características peculiares e típicas, que exigem sua regulação pelo

---

17 CARVALHO DE MENDONÇA, José Xavier. Op. cit. p. 16.

direito específico. São exemplos os títulos de crédito, os quais, ainda que não emitidos por empresários, são disciplinados pelo direito empresarial.

4. Características do direito empresarial

A especialidade de seu objeto impõe características peculiares ante os demais ramos do direito privado e que permitem ao direito empresarial conservar sua autonomia.

A primeira das características destacada é o *informalismo*. Surgido da necessidade de os comerciantes regularem suas atividades, as normas não poderiam impor formas rígidas, solenes ou exigências excessivas para a realização dos negócios jurídicos. A disciplina deveria acompanhar a dinâmica das trocas no mercado, o que impõe a preponderância da boa-fé e a facilitação dos meios de prova.

Suas normas se caracterizam, também, pelo *cosmopolitismo*. As relações comerciais não se limitam às fronteiras nacionais, e suas regulamentações são feitas, em diversos casos, por convenções internacionais. Com base nessas convenções internacionais, leis uniformes como a da letra de câmbio, do cheque e da nota promissória foram criadas e imprimiram ao direito empresarial uma abordagem universalista.

A *onerosidade* também é característica do direito empresarial. Ao desenvolver atividade econômica profissionalmente, pressupõe-se que o empresário busque a aferição de lucros com o seu comportamento. Presume-se, assim, que os contratos realizados no âmbito da atividade comercial sejam onerosos.

5. Princípios do direito empresarial

Além das características próprias e que tornam o direito empresarial autônomo em relação aos demais ramos do direito privado, a dinâmica da atividade empresarial revela a existência de princípios próprios. A despeito da unificação formal da legislação sobre o direito privado, esses princípios próprios orientam e particularizam a aplicação dos diversos institutos jurídicos às relações empresariais.

Quanto à abrangência, os princípios podem ser gerais ou especiais. Caracterizados como gerais, encontram-se todos os princípios aplicáveis às relações jurídicas empresariais. Especiais, por seu turno, são os princípios aplicáveis a determinados setores do direito empresarial, como os princípios aplicáveis ao direito societário, aos contratos etc.[18]

---

18 A classificação foi apresentada por COELHO, Fábio Ulhoa. *Princípios do direito comercial*. São Paulo: Saraiva, 2012. p. 26.

Dentre os princípios gerais, destacam-se o princípio da livre-iniciativa, da livre concorrência, da função social da empresa e da intervenção mínima nos contratos.

a) Princípio da livre-iniciativa

O princípio da livre-iniciativa é consagrado pelo sistema jurídico brasileiro como princípio fundamental da República no art. 1º, IV, e, mais especificamente, da Ordem Econômica, no art. 170, *caput*, da Constituição Federal[19], em que se determina que "a ordem econômica, fundada na valorização do trabalho humano e na *livre-iniciativa*, tem por fim assegurar a todos existência digna, conforme os ditames da justiça social, observados os seguintes princípios etc.".

A livre-iniciativa é entendida como um desdobramento necessário do direito de liberdade, significando a ampla possibilidade de realização de condutas diversas, podendo somente esse âmbito de atuação ser restrito por lei[20].

Uma das múltiplas faces da livre-iniciativa é a liberdade de iniciativa econômica, que consiste basicamente na "faculdade de criar e explorar uma atividade econômica a título privado"[21]. A liberdade de exploração da atividade empresarial é decorrência imediata desse princípio, garantindo aos particulares e às sociedades a livre atuação dentro do mercado.

Para Fábio Ulhoa Coelho, há dois vetores de entendimento do princípio da liberdade de iniciativa. No primeiro deles, antepõe-se um freio à intervenção estatal na economia. No segundo, coíbem-se práticas entre os agentes econômicos que possam restringir a liberdade dos demais agentes[22].

Em suas palavras, "ao assegurar a liberdade de iniciativa, a Constituição Federal atribui a todos os brasileiros e residentes um direito, o de se estabelecer como empresário. A todo direito atribuído a alguém correspondem obrigações impostas a outros sujeitos. No primeiro vetor, a liberdade de iniciativa é garantida pela obrigação imposta ao Estado de não interferir na economia, dificultando ou impedindo a formação e desenvolvimento de empresas privadas; no segundo, é garantida pela obrigação imposta aos demais empresários, no sentido de concorrerem licitamente"[23].

O livre exercício da atividade empresarial, todavia, não é absoluto. O princípio é restringido se necessário para preservar os ditames da justiça social.

---

19 GRAU, Eros Roberto. *A ordem econômica na Constituição de 1988*. 7. ed. São Paulo: Malheiros, 2002. p. 242.
20 Idem. p. 245.
21 Idem. p. 246.
22 COELHO, Fábio Ulhoa. Op. cit. p. 29.
23 Idem. p. 30.

b) Princípio da livre concorrência

A livre concorrência foi estabelecida como princípio da atividade econômica no art. 170, IV, da Constituição Federal. Pela livre concorrência, assegura-se a proteção aos interesses diversos relacionados à atividade empresarial por meio do sistema de preços.

Com a lei da oferta e procura, a demanda por produtos e serviços regulará o preço dos bens disponibilizados. Desde que os agentes econômicos possam livremente concorrer no mercado, esse sistema de preços permitiria a melhoria dos bens ofertados e a redução dos preços dos bens, na medida em que o empresário procurará tornar mais eficiente sua atividade para a obtenção de maior clientela e a aferição de maiores lucros.

Conforme lição de Fábio Ulhoa Coelho, "a liberdade de concorrência é que garante o fornecimento, ao mercado, de produtos ou serviços com qualidade crescente e preços decrescentes. Ao competirem pela preferência do consumidor, os empresários se empenham em aparelhar suas empresas visando à melhoria da qualidade dos produtos ou serviços, bem como em ajustá-las com o objetivo de economizar nos custos e possibilitar redução dos preços; tudo com vistas a potencializar o volume de vendas e obter mais lucros. (...)"[24].

O princípio da livre concorrência exige a coibição de determinadas práticas que poderão impedir a incidência do sistema de preços entre os diversos empresários do mercado. Nesse aspecto, proíbem-se as práticas de concorrência desleal e de abuso de poder econômico.

Tanto a prática da concorrência desleal quanto a prática do abuso de poder econômico ferem o princípio da livre concorrência. Enquanto os atos de concorrência desleal prejudicam determinado concorrente do agente econômico, os atos de abuso de poder econômico atingem o mercado como um todo e são disciplinados pela Lei n. 12.529/2011.

c) Princípio da função social da empresa

O princípio da função social da empresa tem sua discussão originada por ocasião do surgimento da função social do próprio direito de propriedade.

De universalidade de bens da família (*universitas rerum*) como era concebida na realidade germânica da época medieval, englobando todos os aspectos materiais dos quais era dependente a família para o seu desenvolvimento, a propriedade tornou-se fragmentada e social[25]. Aos bens, até en-

---

24 COELHO, Fábio Ulhoa. Op. cit. p. 34.
25 RENNER, Karl. *Gli istituti del diritto privato e la loro funzione sociale* – un contributo alla critica del diritto civile. Trad. Cornelia Mittendorfer. Bologna: Il Mulino, 1981. p. 69.

tão familiares, são atribuídas novas funções: de instrumento à mera subsistência, os bens passam a assumir funções ligadas às atividades produtivas; funções que somente podem ser satisfeitas com a interferência de terceiros. É o caso, por exemplo, de máquinas industriais que, para cumprirem sua função de desenvolvimento do processo produtivo, devem ser operadas por trabalhadores.

Com a interferência de terceiros na relação de propriedade, o domínio sobre o bem rapidamente projeta-se como direito de direção e fiscalização das atividades exercidas sobre o mesmo, como o trabalho dos operários. De poder sobre as coisas, assim, a propriedade transmuta-se em um poder sobre pessoas. É nesse sentido que a propriedade influencia diretamente o bem-estar da comunidade.

O primeiro normativo a restringir o livre exercício do direito de propriedade foi a Constituição de Weimar, que em seu art. 153 determinou: "A propriedade obriga. Seu uso deve igualmente ser um serviço ao bem comum"[26].

Segundo nos traz Comparato, na língua latina, o substantivo *functio* é derivado do verbo depoente *fungor*, cujo significado é o de cumprir algo ou desempenhar-se de um dever ou de uma tarefa[27]. Função "significa um poder, mais especificamente, o poder de dar ao objeto da propriedade destino determinado, de vinculá-lo a certo objetivo".

Por outro lado, o adjetivo *social* restringe esse fim a um interesse coletivo, e não a qualquer interesse de julgamento do proprietário[28]. A função social da propriedade emerge, assim, como "o dever do proprietário de exercer o seu direito de propriedade de modo a satisfazer determinados interesses da sociedade"[29].

Com a função social há a relativização do direito de propriedade tido até então como absoluto e irrestrito. Nas palavras de Del Nero, o direito de propriedade "é contido em nome do interesse geral, despedaçado em favor dos usuários da coisa, atacado por todos os lados, e, portanto, destrona-se o proprietário, que deixa de ser o que parecia – monarca absoluto e inviolável – segundo a Declaração de 1789 e o Código de Napoleão. A decadência da propriedade ocorre em todos os aspectos; mas não só da propriedade, senão

---

26 COMPARATO, Fábio Konder. Estado, Empresa e Função Social. In: *Revista dos Tribunais*, ano 85, v. 732, 1996, p. 41.
27 COMPARATO, Fábio Konder. Op. cit. p. 40.
28 COMPARATO, Fábio Konder. Função Social da Propriedade dos Bens de Produção. In: *Direito empresarial*. São Paulo: Saraiva, 1990. p. 32.
29 SZTERLING, Fernando. *A Função Social da Empresa no Direito Societário*, dissertação apresentada para a obtenção do título de mestre em direito comercial na Faculdade de Direito da Universidade de São Paulo, São Paulo, 2003, p. 45.

também do contrato e da responsabilidade por danos – as duas outras colunas da ordem liberal e individualista do século XIX"[30].

O direito subjetivo de propriedade como a faculdade de o proprietário exigir que todos os demais se abstenham de perturbar seu uso e sua fruição restringiu-se com o imperativo da função social. A busca pelo bem-estar da comunidade condiciona a autonomia de tomada de ações do indivíduo dentro de um certo campo, delimitado pelos objetivos traçados pelo ordenamento jurídico[31].

A função social da empresa surge exatamente desse contexto. Isso porque os bens de produção são parte integrante do complexo de bens (estabelecimento empresarial) organizados pelo empresário visando ao desenvolvimento de uma atividade lucrativa de produção ou circulação de mercadorias ou serviços – a *empresa*[32]. Em síntese, preserva-se o direito subjetivo do empresário somente enquanto o desenvolvimento da atividade empresarial não for contrário à função social. Ressalta-se, entretanto, que a função social não significa proteção à parte economicamente mais vulnerável da relação jurídica celebrada ou a exigência de distribuição dos resultados ou dos prejuízos de forma equânime[33].

Como os empresários, em suas relações jurídicas, procuram satisfazer as necessidades próprias com as alternativas menos custosas, de forma a obterem o lucro almejado, suas relações jurídicas permitem que os recursos sejam aproveitados de forma mais eficiente por toda a sociedade, na medida em que os ativos escassos são direcionados aos agentes econômicos que mais os valorizam. Ademais, as relações jurídicas empresariais permitem a circulação de riqueza entre os agentes e permitem a celebração de diversas outras relações dela decorrentes.

Diante da previsibilidade e segurança jurídica imprescindíveis para que as relações jurídicas empresariais se desenvolvam e beneficiem todo o conjunto de cidadãos, a função social da empresa, que deve nortear a interpretação de todas as regras e institutos do direito empresarial, deve ser identificada como o melhor funcionamento possível desse mercado.

---

30 DEL NERO, João Alberto Schützer. O Significado Jurídico da Expressão "Função Social da Propriedade". In: *Revista da Faculdade de Direito de São Bernardo do Campo*, São Bernardo do Campo, 1997, n. 3, p. 85.

31 GRAU, Eros Roberto. Função Social da Propriedade (Direito Econômico). In: *Enciclopédia Saraiva do Direito*. São Paulo: Saraiva, v. 39. p. 1.

32 Dentre os bens que constituem o estabelecimento empresarial e que integram a classificação de bens produtivos, há os bens materiais como as coisas corpóreas, que podem ser objeto de domínio, e os bens imateriais como os que têm existência somente ideal, independentemente da forma concreta sobre a qual se exteriorizam. BARRETO FILHO, O. *Teoria do estabelecimento empresarial* – fundo de comércio ou fazenda mercantil. São Paulo: Max Limonad, 1969. p. 154.

33 No sentido da função social do contrato como característica de um solidarismo social e que envolveria uma justiça distributiva. GODOY, Cláudio Luiz Bueno de. *Função social do contrato*. 4. ed. São Paulo: Saraiva, 2012. p. 142.

Na definição de Irti, o mercado é o conjunto de regras que permitem aos agentes econômicos prever os comportamentos dos contratantes e orientar os seus próprios atos com base nessa previsão[34].

Ao contrário de um caráter distributivista ou de equalização das prestações ou de resultados ou prejuízos, a função social da empresa será aplicável como princípio jurídico do direito empresarial para assegurar o fortalecimento desse mercado.

d) Princípio da intervenção mínima nos contratos

Nas relações contratuais entre empresários, presume-se que, por desempenharem atividade econômica de forma reiterada, os empresários tinham absoluta informação sobre o que estavam contratando e consideraram a prestação e a contraprestação o melhor para satisfazer uma necessidade que possuíam em razão de sua atividade.

A prática reiterada dos diversos atos pelo desenvolvimento da atividade empresarial exige a obtenção de informações necessárias para a negociação e a análise de todos os riscos do negócio.

Nesse sentido, nos termos do art. 421-A do Código Civil, os contratos empresariais presumem-se paritários e simétricos. Dessa forma, a alocação de riscos definida pelas partes deve ser respeitada.

As partes negociantes poderão estabelecer parâmetros objetivos para a interpretação das cláusulas negociais e de seus pressupostos de revisão ou de resolução. Como se deve respeitar a alocação de riscos definida pelos contratantes, a revisão contratual somente ocorrerá de maneira excepcional e limitada. A intervenção judicial nos contratos empresariais deve ser mínima para garantir-se que a paridade dos contratantes e a alocação dos riscos sejam efetivamente respeitadas.

e) Princípio da boa-fé objetiva

A boa-fé subjetiva caracteriza-se pela ignorância ou falta de conhecimento do agente acerca de determinado ponto.

O princípio que norteia a interpretação dos contratos é a boa-fé objetiva. Essa não é elemento psicológico como a boa-fé subjetiva, mas uma regra de conduta. A boa-fé objetiva é o "dever de agir de acordo com determinados

---

34 IRTI, Natalino. Concetto giuridico di mercato e doveri di solidarietà. In: *L'ordine giuridico del mercato*. 4. ed. Roma: Laterza, 2001. p. 81.

padrões, socialmente recomendados, de correção, lisura, honestidade, para (...) não frustrar a confiança legítima da outra parte"[35].

Trata-se de legítima expectativa gerada na parte adversa e que orienta um comportamento probo esperado em todas as fases do negócio jurídico para não frustrar a confiança depositada, seja em sua preparação, concepção ou implementação. A boa-fé objetiva assegura que a confiança da outra parte deva ser tutelada no comportamento do contratante, que deverá agir de forma a não desrespeitar a confiança legitimamente gerada na parte adversa.

A boa-fé objetiva já era prevista no Código Comercial de 1850. Em seu art. 131, determinava-se que o contrato deveria ser interpretado conforme o legitimamente esperado pelas partes. "A inteligência simples e adequada, que for mais conforme à boa-fé, e ao verdadeiro espírito e natureza do contrato, deverá sempre prevalecer à rigorosa e restrita significação das palavras" (art. 131)[36].

No Código Civil atual, sua previsão encontra-se no art. 422. Segundo o dispositivo legal, os contratantes são obrigados a guardar, tanto na conclusão do contrato quanto em sua execução, os princípios de probidade e boa-fé.

A boa-fé objetiva pode ser decomposta na função de interpretação dos contratos, na integração de suas lacunas e no controle de seu cumprimento.

Diante de estipulações dúbias, a boa-fé objetiva exige que o contrato seja interpretado conforme a redação disposta em seus termos, a menos que haja o conhecimento da vontade real dos declarantes.

Nas lacunas contratuais, a boa-fé deverá integrar seus termos. As partes deverão agir de modo que os efeitos pretendidos pela convenção sejam alcançados.

Por fim, o controle poderá ser realizado pelo credor de modo a exigir os comportamentos legitimamente esperados do devedor em todos os momentos contratuais.

Trata-se de princípio de ordem pública e que poderá ser reconhecido pelo julgado, inclusive sem a provocação da parte e como forma de reordenar o contrato para que possa atingir os objetivos pretendidos pelas partes. É a conclusão do Enunciado 363 da IV Jornada de Direito Civil: "Os princípios da probidade e da confiança são de ordem pública, sendo obrigação da parte lesada apenas demonstrar a existência da violação". Cabe ao juiz sua aplicação, mesmo de ofício.

---

35 NORONHA, Fernando. *O direito dos contratos e seus princípios fundamentais (autonomia privada, boa-fé, justiça contratual)*. São Paulo: Saraiva, 1994. p. 136.
36 THEODORO JÚNIOR, Humberto. *1938 – O contrato e sua função social*. 4. ed. rev., atual. e ampl. Rio de Janeiro: Forense, 2014. p. 205.

6. Fontes formais do direito empresarial

Fontes formais do direito empresarial são os elementos dos quais as normas jurídicas de natureza comercial podem ser extraídas. Podem ser divididas em primárias e secundárias. As primeiras são de aplicação primordial a determinada situação e possuem preferência em face das demais. As fontes secundárias, por seu turno, somente são aplicáveis na hipótese de lacunas das fontes primárias.

A fonte primária é constituída pelas leis. O Código Civil é regulamento básico do direito empresarial ao estabelecer a regulação da empresa, em sua Parte Especial, Livro II, e dos títulos de crédito, em sua Parte Especial, Livro I. Sua regulamentação, contudo, não esgota as referidas fontes. Há diversas legislações esparsas, dentre as quais o Código Comercial de 1850, em sua Segunda Parte, ao regular o comércio marítimo; a Lei n. 6.404/76, que disciplina as Sociedades por Ações; a Lei de Falência e Recuperações, Lei n. 11.101/2005; a Lei do Cheque, Lei n. 7.357/85, dentre diversas outras.

Na omissão legislativa sobre a matéria, o intérprete e o aplicador podem se valer da analogia, dos usos e costumes comerciais e dos princípios gerais de direito, conforme art. 4º, da Lei de Introdução às Normas do Direito Brasileiro. A aplicação das fontes secundárias, contudo, somente pode ser realizada depois de esgotadas as fontes primárias e conforme a ordem de preferência estabelecida na própria lei.

A analogia, primeira das fontes secundárias, é a aplicação de uma norma a um caso concreto semelhante. Aplica-se a disposição legal a uma hipótese similar, mas não prevista na lei.

Os usos e costumes sempre se destacaram, desde a origem do direito empresarial. Historicamente, como vimos, o direito empresarial surgiu com a aplicação pelos cônsules das práticas consagradas nas relações comerciais. Sua importância decorre da prática reiterada e uniforme de determinados comportamentos a ponto de serem entendidos como vinculantes. Para tanto, devem ser assentados no Registro Público de Empresas Mercantis e Atividades Afins, conforme art. 8º, VI, da Lei n. 8.934/94.

Tais costumes não podem ser, entretanto, contrários à lei. Os usos e costumes são fontes secundárias que, subsidiariamente, integram a norma. Não podem, portanto, contrariar o seu preceito normativo.

Por fim, os princípios gerais de direito são os fundamentos do próprio sistema vigente, que mantêm a coesão entre as diversas normas jurídicas.

Capítulo 1

Empresa e Empresário

1. A teoria da empresa

O conceito econômico de empresa pode ser apreendido como o de organização de trabalho e de capital, tendo como fim produzir ou fazer circular bens ou serviços. Esse conceito econômico se harmoniza com a definição de Coase. Para ele, a empresa surge nos casos em que "contratos de termos muito curtos seriam insatisfatórios", tendo em vista os maiores custos em decorrência de necessárias futuras contratações, e, principalmente, em virtude do risco assumido de talvez não conseguir no futuro contratar. A empresa surge, para a teoria coaseniana, como um instrumento através do qual um fator de produção submete-se às direções e ao poder autoritário e organizador do empregador, sem reger-se mais pelo sistema de preços do mercado, como a dinâmica da oferta e da procura[1].

Desse conceito econômico, contudo, não poderia ser diretamente deduzido um único conceito jurídico. Nesse sentido, esclarece Requião: "o conceito jurídico de empresa se assenta nesse conceito econômico. Em vão os juristas têm procurado construir um conceito jurídico próprio para tal organização. Sente-se em suas lições certo constrangimento, uma verdadeira frustração por não lhes haver sido possível compor uma síntese jurídica para empresa, tendo o comercialista de se valer da ideia formulada pelos economistas. (...)"[2]. Empresa seria um fenômeno econômico, mas juridicamente poliédrico.

No âmbito jurídico, não poderia ser compreendido por um único conceito. Por essa razão, foi decomposto por Asquini em quatro perfis, que retratariam, cada qual, diferentes elementos que concorrem para a sua definição jurídica[3]. Todos os diversos perfis foram consagrados pelo Código Civil.

---
1 COASE, Ronald. The Nature of the Firm. In: *The firm, the market and the law*. Chicago: The University of Chicago Press, 1990. p. 39-40.
2 REQUIÃO, Rubens. *Curso de direito comercial*. 33. ed. São Paulo: Saraiva, 2014, v. I. p. 76.
3 ASQUINI, Alberto. Profili dell'imprese. In: *Rivista del Diritto Commerciale*, Milão, 1943, v. 43, primeira parte, p. 1.

No perfil subjetivo, a empresa é caracterizada como empresário. O Código Civil consagra tal conceito no art. 931. Nesses termos, o art. 931 determina que "os empresários individuais e as *empresas* respondem independentemente de culpa pelos danos causados pelos produtos postos em circulação".

No perfil objetivo, a empresa é caracterizada sob o seu aspecto patrimonial. Trata-se do complexo de bens utilizados para o exercício da atividade: o estabelecimento empresarial (art. 978 do Código Civil). Referido dispositivo legal determina, por exemplo, que "o empresário casado pode, sem necessidade de outorga conjugal, qualquer que seja o regime de bens, alienar os imóveis que integrem o patrimônio da empresa ou gravá-los de ônus real".

No perfil funcional, a empresa é caracterizada como atividade econômica organizada para a produção ou para a circulação de bens ou de serviços (arts. 974, 1.085, 1.155, 1.172, 1.178 e 1.184 do Código Civil). Nesse sentido, determina o art. 974 que "poderá o incapaz, por meio de representante ou devidamente assistido, continuar a *empresa* antes exercida por ele enquanto capaz, por seus pais ou pelo autor de herança".

Por fim, no perfil corporativo, a empresa é juridicamente conceituada como instituição, como organização de pessoas e de bens (art. 966, parágrafo único, do Código Civil). Nesse dispositivo, "não se considera empresário quem exerce profissão intelectual, de natureza científica, literária ou artística, ainda com o concurso de auxiliares ou colaboradores, salvo se o exercício da profissão constituir elemento de empresa".

Todos os perfis já haviam sido adotados inclusive pela legislação esparsa brasileira. A Lei n. 8.934/94, ao se referir, no art. 1º, ao Registro Público de Empresas Mercantis e Atividades Afins e às finalidades de registro das empresas nacionais e estrangeiras, faz referência à empresa como empresário.

Na Lei n. 6.404/76, em seu art. 2º, ao definir o objeto da companhia, há a possibilidade da adoção de qualquer empresa de fim lucrativo, não contrário à lei. Empresa, nesse dispositivo, faz referência à atividade exercida.

O Código de Processo Civil, por seu turno, nos arts. 862 e seguintes, garante aos credores a penhora de empresa. A referência ao termo "empresa", nesse âmbito, é feita no sentido de complexo de bens para o exercício da atividade.

Por fim, o art. 116, parágrafo único, da Lei n. 6.404/76, ao determinar que o acionista controlador deve usar o poder com o fim de fazer a companhia realizar o seu objeto e cumprir sua função social e que tem deveres e responsabilidades para com os demais acionistas da empresa, para com os que nela trabalham e para com a comunidade em que atua, caracteriza a empresa como organização de pessoas e de bens, como instituição.

O Código Civil, especificamente, também não define empresa. Seu conceito pode ser depreendido da definição de empresário e de estabelecimento. Nesses termos, estabelece o art. 966 do Código Civil que se considera empresário quem exerce profissionalmente atividade econômica organizada para a produção ou a circulação de bens ou de serviços. Por seu turno, considera-se estabelecimento todo complexo de bens organizado, para o exercício da empresa, por empresário ou sociedade empresária. O estabelecimento, como complexo de bens, não se confunde com o local onde se exerce a atividade empresarial, que poderá ser físico ou virtual, conforme art. 1.142, § 1º, do Código Civil.

Sob a análise dos dispositivos legais, o conceito *stricto sensu*, ou majoritário, de empresa adotado pelo Código Civil pode ser apreendido como o de atividade econômica organizada.

Sob esse perfil funcional de atividade, sua consagração assenta-se não mais em atos específicos discriminados pela lei, mas em sua concatenação a ponto de formar uma atividade. Esse é um conjunto de atos coordenados em razão de determinada finalidade. É a finalidade de produzir ou fazer circular bens ou serviços que coordena os diversos atos necessários, constituindo uma atividade.

O exercício dessa atividade sujeita o seu agente, o empresário, a um regime próprio, peculiar, que não se confunde com o regime a que se submetem os que praticam os atos isolados.

No negócio jurídico isolado, o legislador tenta proteger o agente, como quando comina a prática de uma compra e venda por um absolutamente incapaz como negócio jurídico nulo. Na atividade, entretanto, o ente protegido é a própria coletividade dos interessados pelo desenvolvimento da atividade.

A diferença entre os atos isolados e a atividade quanto à finalidade de proteção das normas é que motiva a inscrição apenas dos empresários no Registro Público de Empresas Mercantis e Atividades Afins. Isso porque, para proteger a coletividade do desenvolvimento de uma atividade ilícita ou irregular, ao poder público cumpre verificar a legitimidade para o agente exercer tal prática.

Sob essa concepção, impõe-se aos empresários a manutenção de livros empresariais para o controle e fiscalização de sua atividade, assegura-se a possibilidade de decretação de sua falência ou a submissão à recuperação judicial ou extrajudicial, assim como se protege o ponto comercial em que a atividade empresarial é desenvolvida.

2. O conceito de empresário

O agente que desenvolve a empresa, nesse seu sentido estrito de atividade, e organiza os diversos fatores de produção é o empresário. Pela definição estrita, ele não se confunde com a empresa, que é a atividade econômica organizada por ele desenvolvida profissionalmente. Tampouco se confundirá com o estabelecimento, que se caracteriza como o complexo de bens que será organizado pelo empresário para desenvolver sua atividade.

Caracteriza-se como empresário o sujeito da atividade, que detém a iniciativa e o risco do seu exercício[4]. É ao empresário atribuído o poder de determinar o destino da empresa e o objeto dessa atividade. Deve ele suportar, também, os prejuízos da atividade ou aferir os lucros de seus resultados.

Empresário é definido no art. 966 do Código Civil, que estabelece: "Considera-se empresário quem exerce profissionalmente atividade econômica organizada para a produção ou a circulação de bens ou de serviços".

O primeiro dos elementos que desponta da definição é a **atividade econômica**. Os atos devem ser concatenados em razão de um fim de produção ou circulação de bens ou serviços. A atividade deve ser dirigida a essa finalidade; deve gerar uma riqueza, a produção ou circulação, e não simplesmente o gozo de bens já existentes.

A **economicidade** da atividade, outrossim, implica que a produção de bens ou serviços deve ser destinada ao mercado. Não é econômica a atividade desenvolvida para, exclusivamente, o uso próprio dos bens produzidos. Os bens ou serviços devem ser destinados à troca, em seu sentido amplo, com terceiros.

A atividade deve visar à apreensão dos resultados produtivos, o lucro. O fim da atividade não é altruísta. Embora o lucro possa ser reinvestido na própria atividade, os atos são praticados com o objetivo de satisfazer uma necessidade econômica do agente.

A atividade, além de econômica, deve ser desenvolvida com caráter **profissional**. O art. 4º do Código Comercial de 1850, revogado, já apontava o comerciante como o agente que desenvolvia a mercancia como profissão habitual. O profissionalismo impõe dois elementos a essa atividade: o tempo e o monopólio das informações.

Para a caracterização do empresário, o exercício da atividade deve ser contínuo, habitual. O exercício da atividade pelo agente deve se protrair no tempo. Não há mera atividade eventual, mas exercício reiterado de conjunto de atos especializados e com o objetivo de produzir bens ou serviços.

O profissionalismo implica, ainda, que o agente detenha as informações necessárias. Para o desenvolvimento profissional da atividade, imprescindível o conhecimento técnico para a produção ou circulação dos produtos ou ser-

---

4 REQUIÃO, Rubens. *Curso de direito comercial.* 24. ed. São Paulo: Saraiva, 2000, v. 1. p. 75.

viços, o conhecimento do mercado em que atua, a qualidade dos produtos que disponibiliza, entre outras.

Para Fábio Ulhoa Coelho, "como o empresário é um profissional, as informações sobre os bens ou serviços que oferece ao mercado – especialmente as que dizem respeito às suas condições de uso, qualidade, insumos empregados, defeitos de fabricação, riscos potenciais à saúde ou vida dos consumidores – costumam ser de seu inteiro conhecimento. Porque profissional, o empresário tem o dever de conhecer estes e outros aspectos dos bens ou serviços por ele fornecidos, bem como o de informar amplamente os consumidores e usuários"[5].

Outrossim, a atividade deve ser **organizada**. A organização é da essência do conceito de empresário. Cabe ao sujeito da atividade congregar os bens necessários ao seu desenvolvimento. O empresário deve organizar os diversos fatores de produção para o exercício da empresa.

Essa organização, por seu turno, não exige o concurso do trabalho de terceiros. A atividade desenvolvida pode ser totalmente automatizada, com o concurso de maquinário que produza exclusivamente o produto pretendido e sem necessidade de auxílio de qualquer empregado.

De modo contrário, minoritário, para Rios Gonçalves, seria imprescindível à organização a concorrência de empregados. "A mão de obra envolve o auxílio de prepostos do empresário para a consecução de sua atividade. O empresário desenvolve pessoalmente a atividade econômica, entretanto, conforme ressaltado, não o faz sozinho. Ele contrata pessoal para atuação na empresa. (...) Se uma pessoa resolve, por exemplo, vender doces que fabrica sozinha em casa para sua vizinhança, estará desenvolvendo atividade empresarial? Vejamos: ela desenvolve atividade econômica, porque visa à obtenção de lucro; há profissionalidade no exercício da atividade, porque ela o faz com habitualidade, pessoalmente, e detém o conhecimento técnico necessário à produção dos doces. Entretanto, como não há contratação de pessoal, não é uma atividade organizada empresarial, logo, a vendedora de doces não é empresária; o que ela exerce é uma atividade civil"[6].

De modo a esclarecer a desnecessidade, disserta H. Verçosa que "não é elemento essencial da organização da atividade que ela seja feita com o concurso do trabalho de outras pessoas além do empresário. Suponha-se um caso-limite: um empresário individual ou uma sociedade empresária formada por dois únicos sócios exerce atividade inteiramente automatizada, seja por recor-

---
5 COELHO, Fábio Ulhoa. *Manual de direito comercial*. 28. ed. São Paulo: Revista dos Tribunais, 2016. p. 34-35.
6 RIOS GONÇALVES, M. G. V. P.; RIOS GONÇALVES, V. E. *Direito comercial*. São Paulo: Saraiva, 2012, v. 21. p. 18-19.

rer integralmente a robôs, seja pela utilização exclusiva de computadores, sem contar com qualquer empregado ou prestador de serviços. Mesmo assim deve ser reconhecida a existência da empresa, desde que presentes os demais elementos essenciais"[7].

Dessa forma, ainda que, entre os diversos fatores de produção a mão de obra de terceiros seja um fator comumente importante, não é imprescindível. Os diversos outros fatores de produção, como a matéria-prima, o maquinário, as informações sobre o mercado, podem ser organizados pelo empresário para o desenvolvimento de uma atividade econômica, habitual, profissional e com o intuito de produzir ou circular bens ou serviços ao mercado.

Cumpre ressaltar, ainda, que, antes da unificação do direito privado realizada pelo Código Civil, a prestação de serviços era atividade considerada tipicamente civil. Com o advento do Código Civil, incluiu-se na definição de empresário também a prestação de serviços, exceto se realizada por aqueles que desempenhem profissão intelectual, de natureza científica, literária ou artística, a menos que constitua elemento de empresa (art. 966, parágrafo único, do Código Civil).

3. Excluídos do conceito de empresário

A despeito de desempenharem profissionalmente atividade econômica organizada para a produção ou a circulação de bens ou de serviços, nos termos do art.966 do Código Civil, alguns agentes econômicos, sejam pessoas físicas ou jurídicas, não se caracterizam como empresários por expressa determinação legal. São eles os profissionais intelectuais, os produtores rurais, as sociedades simples e as sociedades cooperativas.

3.1 Profissionais intelectuais

Além daqueles que não desenvolvem atividade econômica, profissional, habitual, organizada e com o fim de produzir ou circular bens ou serviços, do conceito de empresário, e que, portanto, não se caracterizam como empresários, excetua o Código Civil os profissionais que exercem profissão intelectual, de natureza científica, literária ou artística, ainda que com o concurso de auxiliares ou colaboradores, salvo se o exercício da profissão constituir elemento de empresa (art. 966, parágrafo único, do Código Civil). São exemplos desses profissionais intelectuais o advogado, o médico, arquiteto, o escritor, o pintor etc.

Os profissionais intelectuais, apesar de produzirem produtos e serviços, foram excluídos da conceituação de empresários porque, em regra, o desen-

---
7 VERÇOSA, H. M. D. *Curso de direito comercial*. São Paulo: Malheiros, 2008, v. I. p. 134.

volvimento da atividade não se faria com a organização dos diversos fatores de produção. Os sujeitos de profissão intelectual, de natureza científica, literária ou artística normalmente não dependem de outros fatores externos para produzir o bem pretendido, de forma que essa organização é considerada, ainda que existente, secundária.

A atividade é desenvolvida pelo próprio agente, que, individualmente, realiza todo o processo criativo. Ainda que com a colaboração de terceiros, não haveria interferência significativa de elementos externos de produção na atividade desenvolvida, de forma que a profissão intelectual seria desenvolvida basicamente mediante uma atuação pessoal do agente.

A exclusão é explicada por Sylvio Marcondes. Para o redator do projeto que veio a se converter no Código, exclui-se "quem exerce profissão intelectual, mesmo com o concurso de auxiliares ou colaboradores, por entender que, não obstante produzir serviços, como fazem os chamados profissionais liberais, ou bens, como fazem os artistas, o esforço criador se implanta na própria mente do autor, de onde resultam, exclusiva e diretamente, o bem ou o serviço, sem interferência exterior de fatores de produção, cuja eventual ocorrência é, dada a natureza do objeto alcançado, meramente acidental"[8].

O profissional intelectual, todavia, será considerado empresário se presente o elemento de empresa em seu desenvolvimento.

Para H. M. D. Verçosa, o elemento de empresa indicaria que a atividade científica, literária ou artística seria apenas parte do objeto da empresa. "A atividade intelectual leva seu titular a ser considerado empresário se ela estiver integrada em um objeto mais complexo, próprio da atividade empresarial"[9]. Exemplo desse elemento ocorreria, para o autor, na "hipótese do departamento de pesquisa científica, dentro de uma fábrica de automóveis, que tivesse interesse em desenvolvimento tecnológico"[10].

A referida interpretação é baseada no art. 2.238 do Código Civil italiano, que estabelece que se o exercício da profissão constitui elemento de uma atividade organizada sob a forma de empresa se lhe aplicam as disposições quanto ao empresário.

Em sentido oposto, F. B. Gomes sustenta que "aquelas atividades de prestação de serviços de natureza intelectual, científica, artística ou literária, ainda que sejam desenvolvidas com o concurso de outras pessoas, somente poderão ser classificadas como atividades empresariais à medida que seu titular – o empresário – efetivamente discipline o trabalho de terceiros, em uma

---

8   MARCONDES, Sylvio. *Problemas de direito mercantil*. São Paulo: Max Limonad, 1971. p. 141.
9   VERÇOSA, H. M. D. Op. cit. p. 150.
10 Idem. p. 149.

clara organização dos meios de produção, que nada mais é do que o elemento de empresa também chamado de empresarialidade"[11].

A despeito de uma falta de clareza do termo e da controvérsia doutrinária, a atividade econômica do profissional intelectual será considerada empresária se, organizados os meios de produção, como capital, equipamentos e, inclusive, a prestação de terceiros, a atividade perder o seu caráter pessoal.

Nesse sentido, Enunciados 194 e 195 da III Jornada de Direito Civil do Conselho da Justiça Federal, os quais dispõem que "os profissionais liberais não são considerados empresários, salvo se a organização dos fatores de produção for mais importante que a atividade pessoal desenvolvida"; e que "a expressão elemento de empresa demanda interpretação econômica, devendo ser analisada sob a égide da absorção da atividade intelectual, de natureza científica, literária ou artística, como um dos fatores da organização empresarial".

É o exemplo de um médico que, ao realizar um diagnóstico ou uma cirurgia, desenvolve atividade intelectual e, portanto, não se caracteriza como empresa. Entretanto, se incorpora à sua prestação a organização dos fatores de produção como capital, trabalho e equipamentos em um hospital, sua prestação perde o caráter de pessoalidade, a ponto de o hospital ou a pessoa física que o organiza ser considerado como empresária[12].

3.2 Produtores rurais

Não são considerados como empresários pela lei também os produtores rurais não registrados no Registro Público de Empresas Mercantis.

O Código Civil atentou-se à vastidão territorial do Brasil e às diferenças entre as regiões para conceber o produtor rural como organizado em economia familiar e cuja atividade não possui qualquer organização, mas também o grande produtor rurícola, cuja produção é desempenhada por diversos empregados. Diante de tão diversas concepções, facultou ao ruralista, que desenvolve atividade profissional e habitual agrícola, pecuária ou extrativista vegetal, optar pelo tratamento como empresário.

Para tanto, determinou, no art. 971, que o empresário cuja atividade rural constitua sua principal profissão pode requerer inscrição no Registro Público de Empresas Mercantis da respectiva sede, caso em que, depois de inscrito, ficará equiparado, para todos os feitos, aos demais empresários sujeitos ao registro.

Excepcionalmente, portanto, para o produtor rural, a inscrição no Registro Público de Empresas Mercantis tem a natureza constitutiva para a caracterização do

---

11 GOMES, Fábio Bellote. *Manual de direito empresarial*. São Paulo: Revista dos Tribunais, 2012. p. 42.
12 O exemplo é de MARCONDES, Sylvio (*Questões de direito mercantil*. São Paulo: Saraiva, 1977. p. 11).

produtor como empresário. Ao contrário dos demais, cuja empresarialidade será aferida conforme a natureza da atividade econômica desenvolvida, o produtor rural, ainda que desenvolva atividade econômica complexa de organização dos fatores de produção, somente será considerado empresário após a voluntária inscrição na Junta Comercial.

Nesses termos, o Enunciado 202 das Jornadas de Direito Civil do Conselho da Justiça Federal estipulou que "o registro do empresário ou sociedade rural na Junta Comercial é facultativo e de natureza constitutiva, sujeitando-o ao regime jurídico empresarial. É inaplicável esse regime ao empresário ou sociedade rural que não exercer tal opção".

3.3 Sociedades simples

As sociedades que tenham por objeto o desenvolvimento de atividade dos profissionais intelectuais ou dos produtores rurais também não serão consideradas empresárias, exceto se essa atividade estiver envolvida como elemento de empresa ou, no caso dos produtores rurais, for registrada no Registro Público de Empresas Mercantis.

Nos termos do art. 982 do Código Civil, considera-se empresária a sociedade que tenha por objeto o exercício de atividade própria de empresário sujeito a registro, e simples as demais. Se diversos profissionais intelectuais decidirem celebrar contrato de sociedade para explorarem como objeto social justamente a profissão intelectual de seus sócios, a sociedade por eles formada não será considerada empresarial, mas sim terá a forma simples ou não empresária.

A forma empresarial apenas será exigida para essas sociedades se explorarem a atividade como elemento de empresa, nos termos do art. 966, parágrafo único. Apenas quando organizarem os diversos fatores de produção a ponto de tornarem o desenvolvimento da atividade impessoal e desvinculado das características pessoais dos sócios que a integram, a sociedade profissional se tornará empresarial.

Nesse ponto, ressalta-se que os advogados, ainda que organizem os fatores de produção para o desempenho de uma atividade organizada, não desempenham atividade empresarial por expressa disposição de lei, conforme art. 5º do Código de Ética Profissional. Da mesma forma, ainda que se associem e celebrem contrato de sociedade, com estrutura complexa para exploração da atividade, os atos constitutivos das sociedades de advogados deverão ser arquivados na Ordem dos Advogados do Brasil, conforme art. 15, § 1º, da Lei n. 8.906/94, e essas sociedades serão consideradas sempre como sociedades simples de prestação de serviço de advocacia.

Exceção às características da exploração do objeto social para definir a empresarialidade ou não das sociedades é a sociedade formada para a exploração da atividade rural. Conforme o art. 984 do Código Civil, na hipótese de produtor rural e da sociedade por ele constituída para explorar essa atividade, ainda que haja a produção de produtos ou a circulação de serviços de forma objetiva e em larga escala, a sociedade somente será considerada empresária se houver o requerimento de inscrição no Registro Público de Empresas mercantis de sua sede, caso em que, depois de inscrita, ficará equiparada para todos os efeitos à sociedade empresária.

O tipo de sociedade simples será detalhado no capítulo referente às sociedades.

3.4 Sociedades cooperativas

Nos termos do art. 966 do Código Civil, o exercício profissional de atividade econômica organizada para a produção ou a circulação de bens ou de serviços caracteriza o agente econômico como empresário.

O parágrafo único do art. 982 do Código Civil cria exceção legal a essa regra. Determina-se que, a despeito da natureza da atividade explorada, considera-se empresária a sociedade por ações e, simples, a cooperativa.

Como visto, a atividade empresária deve visar ao lucro. A cooperativa, contudo, não possui essa finalidade. Conforme art. 4º, da Lei n. 5.764/71, que disciplina o instituto da cooperativa na omissão do Código Civil, as cooperativas são sociedades constituídas para prestar serviços aos associados.

A atividade econômica desenvolvida pela cooperativa visa ao proveito comum dos cooperados e não à obtenção do lucro. Caso esse excepcionalmente ocorra, o lucro será dividido proporcionalmente entre os cooperados em razão das operações realizadas. Deverá ocorrer o retorno das sobras líquidas do exercício, proporcionalmente às operações realizadas pelo associado, salvo deliberação em contrário da assembleia geral.

A apreciação de sua estrutura e peculiaridades será realizada ao abordar as formas societárias.

4. Capacidade para ser empresário individual

A atividade de empresário pode ser exercida *pessoalmente*, como empresário individual, apenas por aqueles que estiverem em pleno gozo da capacidade civil. Nos termos do art. 972 do Código Civil, podem exercer a atividade de empresário os que estiverem em pleno gozo da capacidade civil e não forem legalmente impedidos. A norma legal, nesse caso, exige a capacidade plena àqueles que pretendem exercer a atividade pessoalmente, ou seja, como empresários individuais de responsabilidade ilimitada. Nada impede o ingresso do incapaz como sócio de uma sociedade que desenvolverá atividade empresarial, já que o sócio não é, por si só, empresário.

Ainda que todas as pessoas possuam capacidade de direito, a capacidade de exercício é limitada absolutamente nas hipóteses dos menores impúberes, ou seja, os menores de 16 anos (art. 3º do Código Civil). É limitada relativamente nos casos dos menores púberes, maiores de 16 anos e menores de 18 anos, dos ébrios habituais e viciados em tóxico, dos que, mesmo por causa transitória, não conseguem exprimir sua vontade e dos pródigos (art. 4º do Código Civil).

Aos absoluta e relativamente incapazes, a lei confere, para o exercício de atos, a representação e a assistência, respectivamente. A representação e assistência não suprem a carência para a realização da atividade empresarial, entretanto. O exercício da empresa pressupõe que o empresário seja plenamente capaz. O desenvolvimento da atividade pressupõe o completo discernimento do agente, além de a responsabilidade do incapaz ser inadequada aos riscos do negócio.

O próprio Código Civil, entretanto, prevê a hipótese de emancipação se o menor púbere possuir estabelecimento empresarial, desde que este lhe forneça economia própria. Logo, ainda que se exija a plena capacidade civil para iniciar a atividade empresarial, o maior de 16 e menor de 18 anos que a exercer, desde que em função desse exercício tenha economia própria, será emancipado e, portanto, considerado plenamente capaz perante a lei.

Nos termos do art. 5º, parágrafo único, V, a incapacidade para o menor púbere cessará com a emancipação pelo estabelecimento civil ou comercial desde que, em função deles, o menor tenha economia própria.

Excepcionalmente, todavia, permite-se a continuidade da empresa pelo absoluta ou relativamente incapaz. Não é permitido a estes o desenvolvimento de uma atividade empresarial inicial, mas apenas, excepcionalmente, o desenvolvimento de uma empresa anteriormente existente.

Os incapazes, desde que representados ou assistidos, poderão continuar a empresa exercida por eles enquanto capazes. Poderão, também, prosseguir na atividade se esta era desenvolvida por seus pais ou por autor de herança que os beneficiou, conforme art. 974 do Código Civil.

Essa continuidade do exercício da empresa pelo incapaz somente será possível, todavia, mediante autorização judicial, após a análise das circunstâncias, dos riscos e da conveniência do desenvolvimento da atividade. Para Galizzi e Chaves, "se, por um lado, uma decisão favorável ao prosseguimento da atividade empresarial pelo menor poderá significar a continuidade do seu êxito, por outro poderá acarretar, ainda que indiretamente, a ruína do empreendimento, caso os resultados previstos não venham a se concretizar no futuro. É preciso, pois, ao magistrado bem sopesar os elementos fáticos que identificarão a situação do negócio à época da sucessão de seu titular, de modo a somente autorizar o prosseguimento quando puder ser formada, ainda que serenamente, a convicção de que aquele será bem sucedido mesmo sob direção diversa"[13].

Se os representantes ou assistentes do incapaz forem impedidos de exercer atividade de empresário, estes nomearão, com a aprovação do juiz, um ou mais gerentes para conduzir a atividade. Ainda que haja a nomeação desse gerente, permanecem os representantes ou assistentes do incapaz como responsáveis pelos atos do gerente nomeado (art. 975). Diante do risco do desenvolvimento da atividade empresarial, os bens do incapaz existentes antes do prosseguimento da atividade, desde que estranhos ao objeto, ficam protegidos em relação ao resultado da empresa e, para tanto, deverão ser relacionados pelo juiz no alvará que conceder a autorização para a continuidade da atividade.

O patrimônio do empresário individual é único e, portanto, não se diferencia em relação aos atos empresariais ou não empresariais praticados. Desse modo, ordinariamente, o empresário individual responde com seus bens pessoais pelas obrigações contraídas enquanto empresário, sem que haja qualquer limitação. Contudo, na hipótese do incapaz, a lei criou distinção para fins de proteger o incapaz que continua o desenvolvimento de atividade empresarial. Se a atividade for fracassada ou gerar prejuízo a terceiros, os bens que o incapaz já possuía ao tempo da sucessão ou da interdição e que deverão constar no alvará de autorização, desde que estranhos ao desenvolvimento da atividade, são destacados do restante do seu patrimônio. Tais bens não poderão ser constritos pelos terceiros prejudicados e ficarão resguardados em benefício do incapaz.

Nesse sentido, o art. 974, § 2º, determina que não ficam sujeitos ao resultado da empresa os bens que o incapaz já possuía, ao tempo da sucessão ou da interdição, desde que estranhos ao acervo daquela, devendo tais fatos constar do alvará que conceder a autorização.

A autorização judicial poderá ser revogada pelo juiz, ouvido os pais, tutores ou representantes legais do menor ou do interdito, sem prejuízo dos direitos adquiridos por terceiros.

---

13 GALIZZI, Gustavo Oliva; CHAVES, Natália Cristina. O menor empresário. In: *Direito de empresa no novo Código Civil*. Frederico Rodrigues Viana (Coord.). Rio de Janeiro: Forense, 2004. p. 86.

5. Impedimentos aos empresários individuais

Embora plenamente capazes, em função de circunstâncias pessoais, algumas pessoas são proibidas de exercer atividade empresarial como empresários individuais de responsabilidade ilimitada. Nada impede, contudo, que ocupem a posição de sócios ou acionistas de sociedades empresárias, haja vista que o exercício da atividade empresarial seria desempenhado pelas sociedades.

Não podem atuar como empresários individuais os falidos, desde a decretação da falência, até a sentença que extingue suas obrigações (art. 102 da Lei n. 11.101/2005). Enquanto as obrigações anteriores não forem extintas e o falido não for reabilitado, não permite o legislador que possa desenvolver atividade empresarial em nome próprio.

Também não poderão exercer atividade empresarial aqueles condenados por crimes falimentares, sejam falidos ou não. Desde que haja a imposição desse efeito especificamente na sentença condenatória, porque a inabilitação não é automática, o condenado ficará impedido de exercer atividade empresarial até cinco anos após a extinção da punibilidade ou até a reabilitação penal (art. 181, § 1º, da Lei n. 11.101/2005).

Tampouco podem exercer atividade empresarial os magistrados e membros do Ministério Público. Conforme art. 95, parágrafo único, I, e art. 128, II, c, ambos da Constituição Federal, é vedado aos juízes e promotores exercerem outras funções que não de magistério. Além de serem proibidos de atuarem como empresários individuais, os magistrados e membros do Ministério Público, apesar de poderem ser sócios ou acionistas de sociedades, não poderão, em razão da exclusividade, exercerem cargo na administração dessas.

Além disso, os servidores públicos, de forma geral, não podem, nos termos do art. 117, X, da Lei n. 8.112/90, exercer o comércio. Por exercício do comércio, entende-se o desenvolvimento de atividade empresarial em nome próprio, individualmente. Aos servidores, a Lei n. 8.112/90 permitiu expressamente a titularidade de ações ou quotas de sociedades. Entretanto, em razão da exclusividade na atuação, impediu que os servidores públicos exercessem cargo de administração nas sociedades.

Apesar de não existir restrição quanto ao exercício de atividade empresarial, os deputados e senadores sofrem restrições em razão do cargo. Não podem ser proprietários, controladores ou diretores de empresa que goze de favor decorrente de contrato com pessoa jurídica de direito público ou nela exercer função remunerada, conforme art. 54, II, a, da Constituição Federal.

O desrespeito ao impedimento, entretanto, não isenta o agente das obrigações contraídas. A pessoa legalmente impedida de exercer atividade empresarial, caso a exerça, responderá pelas obrigações decorrentes de sua atividade, além de eventuais sanções administrativas e penais pelo exercício.

6. Espécies de empresários

A empresa pode ser desenvolvida individualmente pela pessoa física, por pessoas jurídicas que se constituam como sociedades e por sociedades sem personalidade jurídica.

6.1 Empresário individual de responsabilidade ilimitada

A pessoa física que exerce profissionalmente atividade econômica organizada para a produção ou para a circulação de bens ou de serviços, ainda que com o auxílio de empregados, é considerada empresário individual.

O referido empresário é titular da empresa individual e, apesar de inscrito no Cadastro Nacional de Pessoas Jurídicas do Ministério da Fazenda (CNPJ/MF), para que possa se beneficiar de alíquotas diferenciadas em relação ao recolhimento de tributos, não é pessoa jurídica, mas sim pessoa física, que atua em nome próprio e sem qualquer diferenciação com a pessoa natural. Caso venha a admitir sócios, o empresário individual poderá solicitar ao Registro Público de Empresas Mercantis que transforme seu registro de empresário para sociedade empresária.

Como empresário individual, não há distinção do patrimônio pessoal em relação ao desenvolvimento de sua atividade. A responsabilidade do empresário individual é ilimitada às obrigações contraídas. Ainda que tenha que se inscrever obrigatoriamente no Registro Público de Empresas Mercantis, não há separação patrimonial. As obrigações contraídas como empresário individual vincularão seu patrimônio pessoal ao adimplemento das obrigações contraídas.

Nesse aspecto, o Enunciado 5 da I Jornada de Direito Comercial do Conselho da Justiça Federal e que afeta o patrimônio à atividade desenvolvida, gerando especialidade, não encontra previsão normativa e parece contrariar a lógica do sistema. Segundo o Enunciado, "quanto às obrigações decorrentes de sua atividade, o empresário individual tipificado no art. 966 do Código Civil responderá primeiro com os bens vinculados à exploração de sua atividade econômica, nos termos do art. 1.024 do Código Civil".

A despeito do Enunciado, não há qualquer especificação legal a respeito das relações jurídicas celebradas pelo empresário individual e que as distinga das demais relações dessa pessoa natural. O patrimônio do empresário individual é único, sem qualquer especialidade, de modo que os bens pessoais deverão responder diretamente pelas dívidas contraídas pelo agente, ainda que na condição de empresário individual.

Ainda que atue pessoalmente e tenha responsabilidade direta e ilimitada pelas obrigações contraídas, o Código Civil conferiu regime especial ao empresário individual quanto à alienação dos bens. Conforme art. 978 do Código

Civil, o empresário individual casado pode, sem necessidade de outorga conjugal, qualquer que seja o regime de bens, alienar os imóveis que integrem o patrimônio da empresa ou gravá-los de ônus real. Essa dispensa de outorga conjugal visa a permitir a celeridade necessária à dinâmica da atividade pelo empresário.

Contudo, para que se assegure a disponibilização de informações, notadamente em razão de efeitos relacionados ao seu patrimônio e que possam afetar a segurança dos terceiros que com o empresário individual possam se relacionar juridicamente, determinou-se que no Registro Civil e no Registro Público de Empresas Mercantis, a cargo das Juntas Comerciais, serão arquivados e averbados os pactos e declarações antenupciais do empresário, o título de doação, herança, ou legado, de bens clausulados de incomunicabilidade ou inalienabilidade (art. 979 do CC). Também deverão ser arquivados e averbados no Registro Público de Empresas Mercantis a sentença que decretar ou homologar a separação judicial do empresário e o ato de reconciliação, sob pena de não poderem ser opostos a terceiros (art. 980 do CC).

6.2 Sociedades empresárias

Por seu turno, a empresa poderá ser desempenhada por sociedades empresárias, quer tenham ou não personalidade jurídica.

A sociedade que tiver por objeto o exercício de atividade própria de empresário sujeito a registro é considerada sociedade empresária e deve ter seus atos inscritos no Registro Público de Empresas Mercantis. Como visto, independentemente de seu objeto, contudo, as sociedades anônimas são consideradas sempre sociedades empresariais, enquanto as sociedades cooperativas são consideradas sempre não empresárias ou simples (art. 982, parágrafo único, do Código Civil). O estudo das sociedades, diante de suas peculiaridades, será feito em capítulo próprio.

6.3 Empresa individual de responsabilidade limitada

Além das sociedades empresárias, as quais podem ou não ter personalidade jurídica, também podiam ser considerados como empresários a pessoa jurídica não constituída na forma de sociedade, chamada de empresa individual de responsabilidade limitada (Eireli), que foi revogada. A Eireli foi criada pela Lei n. 12.441/2011, que inseriu Título I-A no Livro do Direito de Empresa e a disciplina estabelecida no art. 980-A do Código Civil, mas foi extinta pela Lei n. 14.195/21, em seu art. 41.

Pelo dispositivo legal que a revogou, "as empresas individuais de responsabilidade limitada existentes na data da entrada em vigor desta Lei serão transformadas em sociedades limitadas unipessoais independentemente de qualquer alteração em seu ato constitutivo".

A concepção da Eireli, originalmente, foi realizada para evitar prática comum até então de se constituir sociedade limitada para mitigar a responsabilidade dos sócios durante o desenvolvimento da atividade. Com esse propósito, e de forma a se assegurar a pluralidade de pessoas necessárias para a constituição da sociedade, o sócio celebrava contrato de sociedade com terceiro sem qualquer interferência na sociedade e, em regra, com montante desprezível de participação no capital social, o chamado "homem de palha" ou, vulgarmente, "laranja".

Outrossim, também foi criada a Eireli como forma de permitir a continuidade da empresa em razão de eventual unipessoalidade superveniente na sociedade, o que motivaria sua dissolução, o que tampouco continua a existir, diante da revogação do art. 1.033, IV, do Código Civil pela Lei n. 14.195/2021. Em virtude disso, estabelecia o revogado art. 980-A, § 3º, que a Eireli podia ser formada como resultado da concentração das quotas de outra modalidade societária em um único sócio, independentemente das razões que motivaram tal concentração.

A atividade era desenvolvida pela pessoa jurídica constituída pelo titular, cujo patrimônio era autônomo em relação ao patrimônio do seu titular. Esse não responderia pelas dívidas sociais, exceto aplicação da desconsideração da personalidade jurídica nas hipóteses de confusão patrimonial ou desvio de finalidade (art. 50 do Código Civil). Sua responsabilidade restringia-se à integralização do capital social, a qual é condição necessária para o desenvolvimento da atividade da Eireli.

A constituição da Eireli não era irrestrita. Essa forma de pessoa jurídica ficava restrita aos capitais sociais superiores a cem vezes o maior salário mínimo vigente no país, montante que precisa ser integralizado. A Eireli, nesse aspecto, rompia a tradição de não se exigir capital mínimo para a constituição de pessoas jurídicas ou sociedades.

Segunda limitação era a quantidade de Eirelis do titular. Pelo revogado art. 980-A, § 2º, a pessoa natural que a constituir somente podia figurar em uma única empresa dessa modalidade. A regra da limitação à pessoa natural para que constitua uma única Eireli procurou evitar que a Eireli fosse utilizada para mitigar a responsabilidade do seu sócio nas diversas áreas de atuação.

Com a possibilidade da sociedade limitada unipessoal e das demais sociedades sem a pluralidade de sócios posterior, a Eireli perdeu muito de seu fundamento. A justificativa da criação de pessoa jurídica com um único instituidor justamente para evitar a utilização de "homens de palha" para o preenchimento da pluralidade de sócios na constituição da sociedade ou durante o seu desenvolvimento deixou de existir com a alteração do art. 1.052, § 1º, do Código Civil pela Lei n. 13.874/2019, que permitiu que a sociedade limitada fosse constituída por um ou mais sócios, bem como diante da revogação do art. 1.033, IV, que exigia que a pluralidade de sócios às sociedades em geral fosse reconstituída no prazo de 180 dias, pela Lei n. 14.195/2021.

Dessa forma, a Lei n. 14.382/2022 revogou todo o art. 980-A do Código Civil, que disciplinava o instituto da Eireli, e todas as Eirelis existentes até então se converteram em sociedades limitadas unipessoais.

6.4 Microempresa (ME) e Empresa de Pequeno Porte (EPP)

As Microempresa e Empresa de Pequeno Porte foram protegidas pela Constituição Federal. Em seu art. 179, conferiu-se a obrigação aos entes federativos de dispensarem tratamento jurídico diferenciado visando a incentivá-las pela simplificação de suas obrigações administrativas, tributárias, previdenciárias e creditícias, ou pela eliminação ou redução destas por meio de lei. O mandamento constitucional foi regulado pela Lei Complementar n. 123/2006, que garantiu o tratamento diferenciado à ME e à EPP.

Ressalte-se que a Microempresa e a Empresa de Pequeno Porte não são formas de uma pessoa jurídica ou do empresário individual e sequer exigem a constituição de um tipo empresarial. Trata-se de um benefício tributário concedido a alguns agentes econômicos, os quais preservam sua forma jurídica, como sociedade limitada, empresário individual etc. Sequer a inclusão ao nome empresarial da expressão ME ou EPP é mais necessária, após a revogação do art. 72 da Lei Complementar n. 123/2006 pela Lei Complementar n. 155/2016.

Nos termos da Lei Complementar n. 123/2006, que institui o Estatuto Nacional de Microempresa e da Empresa de Pequeno Porte, em seu art. 3º, consideram-se microempresas a sociedade empresária, a sociedade simples e o empresário individual, desde que devidamente registrados no Registro de Empresas Mercantis ou no Registro Civil de Pessoas Jurídicas e possua receita bruta anual igual ou inferior a R$ 360.000,00. A empresa de pequeno porte deve ter receita bruta anual superior a R$ 360.000,00 e inferior a R$ 4.800.000,00 (Lei Complementar n. 155/2016).

São excluídas da caracterização de microempresa ou empresa de pequeno porte as pessoas jurídicas de cujo capital participe outra pessoa jurídica; que seja filial, sucursal, agência ou representação, no país, de pessoa jurídica com sede no exterior; de cujo capital participe pessoa física que seja inscrita como empresário ou seja sócia de outra empresa que receba tratamento jurídico diferenciado, desde que a receita bruta global ultrapasse o limite de receita bruta previsto para as empresas de pequeno porte; cujo titular ou sócio participe com mais de 10% (dez por cento) do capital de outra empresa e a receita bruta global ultrapasse o limite da empresa de pequeno porte; cujo sócio ou titular seja administrador ou equiparado de outra pessoa jurídica com fins lucrativos, desde que a receita bruta global ultrapasse o limite da empresa de pequeno porte; constituída sob a forma de cooperativas, salvo as de consumo; que participe do capital de outra pessoa jurídica; que exerça atividade de banco comercial, de investimentos e de desenvolvimento, de caixa econômica, de sociedade de crédito, financiamento e investimento ou de crédito imobiliário, de corretora ou de distribuidora de títulos, valores mobiliários e câmbio, de empresa de arrendamento mercantil, de seguros privados e de capitalização ou de previdência complementar; resultante ou remanescente de cisão ou qualquer outra forma de desmembramento de pessoa jurídica que tenha ocorrido em um dos 5 (cinco) anos calendário anteriores; constituída sob a forma de sociedade por ações (art. 3° da Lei Complementar n. 123/2006).

As MEs e EPPs recebem da legislação tratamento privilegiado em relação principalmente a uma tributação diferenciada, com um regime especial de arrecadação de tributos e de contribuições devidas. Como Microempresa e Empresa de Pequeno Porte, caso lhes seja vantajoso e não lhes seja impedido (art. 17 da LC n. 123/2006), poderão ainda optar pelo regime do Simples Nacional.

O Regime Especial Unificado de Arrecadação de Tributos e Contribuições, Simples Nacional, disciplinado pelo art. 12 e seguintes da LC n. 123/2006, permite o recolhimento mensal em um único documento de arrecadação dos seguintes impostos e contribuições: I – Imposto sobre a Renda da Pessoa Jurídica – IRPJ; II – Imposto sobre Produtos Industrializados – IPI, III – Contribuição Social sobre o Lucro Líquido – CSLL; IV – Contribuição para o Financiamento da Seguridade Social – COFINS; V – Contribuição para o PIS/Pasep; VI – Contribuição Patronal Previdenciária – CPP para a Seguridade Social, a cargo da pessoa jurídica; VII – Imposto sobre Operações Relativas à Circulação de Mercadorias e Sobre Prestações de Serviços de Transporte Interestadual e Intermunicipal e de Comunicação – ICMS; VIII – Imposto sobre Serviços de Qualquer Natureza – ISS.

A Microempresa e a Empresa de Pequeno Porte não se confundem com o MEI. Esse é o Microempreendedor Individual.

Embora não se confunda, o MEI é espécie de microempresa. Caracterizam-se, nos termos do art. 18-A da LC n. 123/2006, como Microempreendedor Individual – MEI os empresários individuais, os produtores rurais, que exerçam as atividades de industrialização, comercialização e prestação de serviços extrativistas ou no âmbito rural ou os demais definidos pelo Comitê Gestor do Simples Nacional (art. 18-A, § 4°-B, da Lei n. 123/2006). Além dessa legitimidade, somente poderá se caracterizar como MEI esses agentes econômicos referidos e que tenham auferido receita bruta no ano-calendário anterior de até R$ 81.000,00, que sejam optantes pelo Simples Nacional e que não estejam impedidos.

Seu tratamento como MEI lhe permite optar pelo recolhimento dos impostos e contribuições abrangidos pelo Simples Nacional em valores fixos mensais, independentemente da receita bruta por ele auferida no mês, na forma prevista neste artigo.

Em relação às suas obrigações empresariais, as microempresas e as empresas de pequeno porte são desobrigadas da realização de reuniões e assembleias, as quais serão substituídas por deliberação representativa do primeiro número inteiro superior à metade do capital social, exceto se houver disposição contratual em contrário ou ocorra hipótese de justa causa que enseje a exclusão de sócio ou caso um ou mais sócios ponham em risco a continuidade da empresa em virtude de atos de inegável gravidade (art. 70 da LC n. 123/2006). Basta, para tanto, que a maioria do capital social se manifeste, mesmo sem que haja assembleia geral ou reunião, para que se forme a vontade social.

As MEs e EPPs ficam dispensadas da publicação de quaisquer atos societários. Dispensam-se as publicações de atas de assembleia ou dos editais de convocação para a realização de eventual assembleia ou reunião.

Por seu turno, o registro dos atos constitutivos, de suas alterações e extinções (baixas), em qualquer órgão dos 3 (três) âmbitos de governo, ocorrerá independentemente da regularidade de obrigações tributárias, previdenciárias ou trabalhistas, principais ou acessórias, do empresário, da sociedade, dos sócios, dos administradores ou de empresas de que participem, sem prejuízo das responsabilidades do empresário, dos titulares, dos sócios ou dos administradores por tais obrigações, apuradas antes ou após o ato de extinção (art. 9º da LC n. 123/2006). Tampouco se poderá exigir prova de quitação, regularidade ou inexistência de débito referente a tributo ou contribuição de qualquer natureza para o arquivamento, nos órgãos de registro, dos atos constitutivos de empresários, de sociedades empresárias e de demais equiparados que se enquadrarem como microempresa ou empresa de pequeno porte.

Por fim, nos termos do art. 26 da Lei Complementar n. 123/2006, as microempresas e as empresas de pequeno porte optantes pelo Simples Nacional ficam obrigadas a emitir documento fiscal de venda ou prestação de serviço e a manter em boa ordem e guarda os documentos que fundamentaram a apuração dos impostos e contribuições devidos e o cumprimento das obrigações acessórias. Pelo dispositivo legal, ficam dispensadas da escrituração dos livros contábeis.

As demais microempresas e as empresas de pequeno porte, não optantes do Simples Nacional, além das obrigações acessórias referidas, deverão escriturar livro-caixa, em que serão escrituradas suas movimentações financeira e bancária.

7. Elementos de identificação do empresário

Para que a organização desses fatores de produção para o desenvolvimento da empresa possa ser tutelada pelo ordenamento jurídico e também possa ser reconhecida pela clientela dentre as demais empresas que dispõem de serviços ou produtos no mercado, foi atribuída proteção ao nome adotado pelo empresário para o exercício da empresa, bem como ao título distintivo do local em que sediado o ponto comercial.

7.1 O nome empresarial

O nome empresarial caracteriza-se pela denominação que identifica o empresário no exercício de sua atividade. Denomina-se nome empresarial a firma ou a denominação adotada pelo empresário ou sociedade empresária para distinguir-lhes dos demais prestadores de serviços ou fornecedores de produtos do mercado.

Pela inserção da Lei n. 14.195, de 2021, na Lei n. 8934/94, o empresário ou a pessoa jurídica poderão optar, ainda, pela utilização do número de inscrição no Cadastro Nacional da Pessoa Jurídica (CNPJ) como nome empresarial, seguido da partícula identificadora do tipo societário ou jurídico, quando exigida por lei (art. 35-A da Lei n. 8.934/94).

A firma se diferencia da denominação tanto na estrutura quanto em sua função.

Na formação da firma, emprega-se o nome civil do empresário. Na hipótese de empresário individual, a firma será obrigatoriamente constituída por seu nome civil, completo ou abreviado, e poderá ser complementado por outro elemento específico para designá-lo ou pelo gênero da atividade (art. 1.156 do CC). Por exemplo, João da Silva (nome civil), ao atuar como empresário individual, pode adotar a firma J. Silva Comércio de Veículos (nome empresarial).

No caso de microempreendedor individual (MEI), o seu nome empresarial era composto pelo CPF e nome do empresário até dezembro de 2022. Contudo, a Receita Federal, em conjunto com a Secretaria Especial da Micro e Pequena Empresa (SEMPE), promoveu uma mudança no padrão de nome empresarial do MEI. A mudança visava a adequar o nome empresarial às diretrizes da Lei Geral de Proteção de Dados (LGPD) e promover segurança para os microempreendedores individuais, haja vista que o padrão antigo incluía o CPF do empresário, o que colocava em risco seus dados pessoais, que poderiam ser divulgados.

O nome empresarial do MEI passou a ser formado pelos oitos dígitos do seu CNPJ, seguido pelo nome civil ou social (conforme o contribuinte optar) que consta no CPF do empresário. Desse modo, o novo padrão será utilizado nas novas inscrições de MEI e os microempreendedores individuais inscritos antes de 12 de dezembro de 2022 terão seu nome empresarial atualizado automaticamente ao acessarem o formulário de alteração cadastral.

Além da firma individual empregada pelo empresário individual, há a firma social, também denominada razão social. Esta pode ser utilizada para designar sociedades empresárias e consiste, da mesma forma, no emprego de um ou mais nomes civis das pessoas sócias da sociedade empresária. A diferença com a firma individual é que a firma ou razão social pode ser composta pelo nome de mais de um sócio. Entretanto, não necessariamente será composta pelo nome de todos os sócios, mas poderá ser acrescida da expressão "e companhia" ou sua abreviatura caso algum nome seja omitido da firma.

Previu a lei que a sociedade em que houver sócios de responsabilidade ilimitada operará sob firma social, em que constarão apenas os nomes dos sócios ilimitadamente responsáveis, ou pelo nome de um deles e da designação "e companhia" (art. 1.157). Nesses termos, utilizarão firma ou razão social obrigatoriamente a sociedade em nome coletivo e a sociedade em comandita simples.

Como somente poderão constar na firma os sócios solidariamente responsáveis, o art. 1.157 determina que serão solidária e ilimitadamente responsáveis pelas obrigações contraídas sob a firma social aqueles que, por seus nomes, figurarem na firma da sociedade.

Na sociedade em nome coletivo, em que todos os sócios respondem ilimitadamente pelas dívidas sociais, o nome civil de todos os sócios ou de apenas alguns deles será acompanhado da expressão "e companhia" ou "& Cia.", bem como, se assim o desejar, de outro sinal distintivo da pessoa ou do ramo de atividade. Como exemplos, a sociedade em nome coletivo integrada pelos sócios João da Silva e Maria de Jesus poderá ter o nome empresarial de "J. Silva e M. de Jesus", ou "J. Silva e M. de Jesus Comércio de Veículos", ou "J. Silva & Cia. Comércio de Veículos".

Na sociedade em comandita simples deve figurar apenas o nome dos sócios comanditados na firma social. Isso porque integram a sociedade em comandita simples dois tipos de sócios: os comanditados, pessoas físicas responsáveis solidária e ilimitadamente pelas obrigações sociais; e os comanditários, obrigados somente pelo valor de suas quotas.

Como os sócios comanditados possuem responsabilidade ilimitada, a sociedade em comandita simples deve adotar obrigatoriamente a firma social. Seu nome empresarial deve incluir apenas o nome dos (ou de alguns dos) sócios comanditados e, como os sócios comanditários não terão o nome incluído na firma social, os nomes devem ser acrescidos da expressão "& Cia." ou "&

Companhia" e podem ser complementados pelo gênero da atividade exercida. É exemplo, na sociedade em comandita composta pelo sócio comanditário João da Silva e pela sócia comanditada Maria de Jesus, o nome empresarial "Maria de Jesus & Cia." ou "M. de Jesus & Cia. Comércio de Veículos".

Na sociedade simples, não há restrição à utilização exclusiva da denominação social. Ainda que o art. 997 do Código Civil, ao indicar os elementos do contrato social das sociedades simples, indique que precisa constar expressamente a denominação, a utilização do termo não foi técnica (art. 997, II, do Código Civil). Diante da falta de restrição expressa, o entendimento dominante é o de que a sociedade simples pode usar tanto a firma quanto a denominação. Nesses termos o Enunciado 213 das Jornadas de Direito Civil do Conselho da Justiça Federal esclareceu: "o art. 997, II, não exclui a possibilidade de sociedade simples utilizar firma ou razão social".

A denominação difere estruturalmente da firma individual ou social, pois não é composta necessariamente pelo nome civil. Baseia-se na adoção de um elemento fantasia, o qual, entretanto, não exclui necessariamente a adoção do nome de sócio ou mesmo terceiro alheio à sociedade. O fundador, acionista ou pessoa que haja concorrido para o bom êxito da formação da empresa podem ter o nome civil incluído na denominação como forma de homenagem pelos serviços prestados à sociedade. Tal nome civil, nessa hipótese, será considerado elemento fantasia. Por seu turno, na denominação, ao contrário da firma, o objeto da sociedade obrigatoriamente deve ser incluído no nome empresarial.

Da conceituação resulta a dificuldade de diferenciação, em situações limites, entre a firma e a denominação. Se não houver menção ao ramo de atividade desenvolvida, trata-se de firma, pois na denominação essa menção é obrigatória. Se houver o emprego de elemento fantasia, trata-se de denominação, pois na firma somente há o emprego de nome civil. Caso haja o emprego de nome civil apenas, entretanto, não é possível diferenciar a firma da denominação, já que em ambas a adoção do nome é possível.

As sociedades limitadas poderão adotar como nome empresarial tanto a firma quanto a denominação. Sua diferenciação para os demais tipos sociais decorre da obrigação de inclusão da palavra "limitada" ou sua abreviação "ltda." ao final do nome empresarial.

A expressão "limitada" permite aos credores, por ocasião da contratação, terem conhecimento de que os sócios não responderão ilimitadamente pelas obrigações sociais na hipótese de inadimplemento da sociedade. Desse modo, caso a denominação ou a firma não forem acompanhadas da expressão "limitada", os administradores que empregarem o nome empresarial responderão ilimitada e solidariamente pelas obrigações sociais.

O nome empresarial da sociedade limitada, portanto, pode ser formado pela firma, a qual será composta pelo nome de todos ou de alguns dos sócios, acompanhada da expressão "& companhia", em que a menção do ramo da atividade é facultativa. Poderá, por outro lado, ser composta por denominação, consistente em emprego de nome fantasia ou de um nome civil de homenageado, acompanhado necessariamente do ramo da atividade desenvolvida. Como exemplo de nome de sociedade formada pelos sócios João da Silva e Maria de Jesus, o nome empresarial poderá ser "Maria de Jesus & Cia. Ltda.", "J. da Silva e M. de Jesus Ltda." ou, mediante a utilização de elemento de fantasia, como "Mundo dos Automóveis, Comércio de Veículos Ltda.".

A possibilidade de adoção como nome empresarial tanto da firma como da denominação é estendida às sociedades em comandita por ações.

As sociedades em comandita por ações possuem sócios que, por serem diretores, respondem ilimitadamente pelas obrigações da sociedade. Na hipótese de adotarem firma, os nomes civis dos sócios diretores ou de alguns deles devem ser incluídos no nome empresarial, acompanhado da expressão "e companhia" ou de forma abreviada "& Cia.". Caso adotada denominação, essa não precisa ter menção ao nome dos sócios e poderá ser acompanhada da indicação do objeto da atividade, que, entretanto, não lhe é obrigatória. A indicação do objeto social é apenas faculdade legal (art. 1.161 do CC). Na hipótese de adotar denominação, na comandita por ações, ao nome empresarial deve ser incluída a expressão "comandita por ações", por extenso ou abreviada. Como exemplo, "Mundo dos Automóveis, Comandita por ações", ou "Mundo dos Automóveis, Comércio de Veículos, Comandita por ações".

A denominação é adotada como forma exclusiva de nome empresarial para a sociedade anônima e para as sociedades cooperativas, cuja denominação será integrada pelo vocábulo cooperativa (art. 1.159).

Na sociedade anônima, o nome empresarial deve obrigatoriamente formar-se pelo elemento de fantasia e pela expressão "sociedade anônima" ou "companhia", por extenso, ou abreviadamente na forma S.A. e "cia.", respectivamente. A indicação do objeto social é apenas uma faculdade (art. 1.160 do Código Civil, alterado pela Lei n. 14.382/22).

A Lei n. 6.404/76, em seu art. 3º, estabeleceu a forma do emprego de tais expressões. A expressão "companhia" não pode ser utilizada no final do nome empresarial, embora a indicação "sociedade anônima" possa ser empregada no início, meio ou fim do nome empresarial.

Na referida denominação, pode incluir-se também, como já referido, como elemento fantasia, o nome civil de acionista ou terceiro homenageado, como o nome do fundador, acionista ou pessoa que haja concorrido para o bom êxito da formação da empresa (art. 1.160, parágrafo único).

Dessa forma, são exemplos de nomes empresariais de sociedades anônimas, "Mundo dos Automóveis, Comércio de Veículos, Sociedade Anônima", "Companhia Mundo dos Automóveis", "J. da Silva, Comércio de Veículos, S.A." e "Cia. J. da Silva".

A Instrução Normativa n. 15 do Departamento de Registro Empresarial e Integração (DREI) bem sumariza a utilização da firma ou da denominação. Em seu art. 2º, esclarece que a firma é o nome empresarial utilizado pelo empresário individual e pela sociedade em que houver sócio de responsabilidade ilimitada. De forma facultativa, é utilizada pela sociedade limitada.

Por seu turno, a denominação é utilizada pela sociedade anônima, pela cooperativa e, em caráter facultativo, pela sociedade em comandita por ações (art. 3º da IN n. 15 do DREI).

Além da diferenciação quanto à estrutura, a firma diferencia-se da denominação pela sua função. Embora ambas identifiquem o empresário, a firma individual ou social também é empregada como assinatura do empresário, quer seja este pessoa física ou jurídica. Dessa forma, o empresário individual ou órgão representativo da sociedade assinaria, na hipótese de utilizar firma, o próprio nome empresarial, e não o seu nome civil. O diretor de uma sociedade limitada que utilize firma, por exemplo, assinaria "J. da Silva & Cia. Ltda.".

A denominação, por seu turno, embora também identifique o empresário, não lhe serve como assinatura. O empresário não assina a denominação, mas assina seu nome civil sob a denominação da empresa. Sob a denominação de uma sociedade anônima "Cia. J. da Silva, Comércio de Veículos", o diretor com poderes de representação assinará seu próprio nome civil.

A sociedade em conta de participação não pode ter firma ou denominação. Ela atua no nome do sócio ostensivo, já que a sociedade somente tem efeito interno ou entre os sócios contratantes.

7.2 Proteção ao nome empresarial

A lei garante a proteção ao nome empresarial mediante a garantia de seu uso exclusivo pelo respectivo titular em determinado ramo de atividade. Sua proteção, contudo, depende da inscrição do empresário ou dos atos constitutivos das pessoas jurídicas, na Junta Comercial.

O uso exclusivo é garantido nos limites do respectivo estado em que inscrito o empresário, pois a Junta Comercial tem atribuição estadual. Prevê a lei a extensão dessa proteção a todo o território nacional, se o nome empresarial for registrado na forma de lei especial. Referida lei, entretanto, não foi até o momento promulgada.

De modo a suprir a lacuna legal, a Instrução Normativa n. 15 do DREI disciplinou a matéria, após revogar a Instrução Normativa n. 116 do DNRC.

Na hipótese de filial, a proteção ao nome empresarial também é estendida à jurisdição de outra Junta Comercial, automaticamente, se houver registro de abertura de filial nesta. Outrossim, caso o empresário pretenda a proteção de seu nome empresarial em todo o território nacional, deverá arquivar pedido específico de proteção de nome empresarial em todas as demais Juntas Comerciais do país, mediante certidão da Junta Comercial da unidade federativa de sua sede.

O uso exclusivo é garantido pelo *princípio da novidade*. A prioridade do registro garante seu uso exclusivo pelo titular e deve se distinguir de qualquer outro já inscrito no mesmo registro, o que deve ser apreciado pela Junta Comercial. O titular pode requerer a anulação da inscrição de qualquer nome empresarial idêntico (homógrafo) ou semelhante (homófono) ao seu, o que poderia provocar desvio de clientela e concorrência desleal; pode requerer, ainda, o ressarcimento das perdas e danos causados por tal inscrição.

Todavia, nomes idênticos ou semelhantes, em atividades diversas, não provocariam o desvio da clientela, que, apesar da semelhança, continuaria identificando o empresário do ramo de atividade que procura. Nesse ponto, o impedimento ou a anulação de inscrição de nome empresarial homógrafo ou homófono restringe-se a empresários que exploram atividades empresariais idênticas ou da mesma classe.

Se o empresário tiver nome idêntico ao de outros já inscritos, deverá acrescentar designação que o distinga (art. 1.163, parágrafo único).

Por nome idêntico ou semelhante, a Instrução Normativa n. 15 do DREI determinou que será realizada a comparação entre o núcleo do nome empresarial se forem denominações com elementos fantasia incomuns. Nessa hipótese, desprezam-se os demais elementos, como os indicativos do tipo societário e o ramo de atividade. Considera-se apenas a expressão que torna o titular conhecido no mercado. São exemplos os nomes empresariais "Cia. Cochabamba Comércio de Veículos", "Coxa bamba Sociedade Anônima", em que o núcleo será Cochabamba e Coxa bamba, respectivamente. Analisado o núcleo do nome empresarial, ocorre a identidade, se homógrafas, e a semelhança, se homófonas.

A comparação entre os núcleos não ocorre na hipótese de firmas ou denominações com elemento fantasia comum ou de uso generalizado. Nesses casos, consideram-se os nomes por inteiro, sua composição total, para estabelecer a identidade, se homógrafos, ou a semelhança, se homófonos. Como exemplos, "Mundo dos Automóveis, Comércio de Veículos, Sociedade Anônima" e "Companhia Mundo dos Brinquedos, Indústria de Brinquedos".

Não são consideradas como elementos de proteção para uso exclusivo as denominações genéricas de atividades; gênero, espécie, natureza, lugar ou procedência; termos técnicos, científicos, literários e artísticos; nomes civis; ou letras ou conjunto de letras, desde que não configurem siglas.

Tampouco podem ser registráveis os nomes empresariais que incluam ou reproduzam, em sua composição, siglas ou denominações de órgãos públicos da administração direta ou indireta e de organismos internacionais e aquelas consagradas em lei e atos regulamentares emanados do Poder Público (art. 7º da IN n. 15 do DREI).

Além do princípio da novidade, a proteção ao nome empresarial orienta-se também pelo princípio da veracidade. O princípio procura evitar o registro de nomes empresariais que não correspondam à realidade. Para tanto, a firma deverá ser composta efetivamente pelo nome civil do empresário individual, do sócio com responsabilidade ilimitada ou, caso adote a forma de firma, o nome do próprio titular da empresa de responsabilidade limitada, e não de qualquer terceiro.

Pela veracidade, ainda, o nome empresarial não poderá conter palavras ou expressões que indiquem atividade não prevista no objeto da sociedade ou empresa individual de responsabilidade limitada.

A veracidade do nome empresarial implica sua alteração compulsória caso a situação em que baseada a empresa seja alterada. Caso o sócio venha a falecer, seja excluído ou se retire da sociedade, não pode ser conservado seu nome civil na firma social (art. 1.165). Na denominação, entretanto, como não há qualquer vedação legal e, ademais, como podem ser homenageados terceiros, o falecimento de sócio não implica a alteração do nome empresarial.

A mesma alteração é necessária se, ainda que permaneça na sociedade, a responsabilidade do sócio venha a ser alterada. O comanditado, na sociedade em comandita simples, e o acionista diretor, que passam a ser sócio comanditário e acionista sem poderes administrativos, respectivamente, não poderão mais figurar na firma social, sob pena de responderem ilimitadamente pelas obrigações contraídas enquanto permanecerem.

Diante do princípio da veracidade, ainda, caso haja modificação do nome civil de empresário ou de titular de empresa individual de responsabilidade limitada, deverá ser modificado o nome empresarial para se adequar ao novo nome civil. A mesma alteração será compulsória na hipótese de, em vez de o nome civil ser alterado, ser alterado o ramo de atividade constante no nome empresarial ou de ocorrer a transformação do tipo societário.

A modificação também deve ocorrer na hipótese de alienação do estabelecimento empresarial. O nome empresarial, especificamente, não pode ser alienado (art. 1.164 do Código Civil), pois identificaria o empresário e permitiria à clientela o seu reconhecimento. Contudo, em um contrato de trespasse, o adquirente de estabelecimento pode, desde que o contrato permita, usar o nome do alienante, precedido de seu próprio, com a qualificação de sucessor.

O nome comercial será preservado pelo tempo que durar a empresa. Extingue-se apenas quando cessar o exercício da atividade e quando a sociedade empresária for liquidada (art. 1.168).

Até 2021, presumia-se a cessação da atividade se o empresário ou sociedade empresária não procedesse a qualquer arquivamento no período de 10 anos consecutivos ou não comunicasse à Junta Comercial que desejava manter-se em funcionamento, desde que não respondesse à prévia notificação da Junta Comercial. A consideração do empresário ou sociedade empresária como inativo provocava o cancelamento do registro e, por consequência, o fim da proteção ao nome empresarial.

A obrigação de realizar arquivamento no período de dez anos, sob pena de cancelamento do registro e perda automática da proteção ao nome empresarial, era prevista no art. 60 da Lei n. 8.934/94 e foi revogada pela Lei n. 14.195/2021. Com o intuito de reduzir a burocracia na determinação de arquivamento de atos obrigatoriamente na Junta Comercial, a revogação acabou com a consideração de inatividade dos empresários perante a Junta Comercial.

8. Obrigações dos empresários

Para que possam se beneficiar do regime favorável a eles disposto pela legislação, como a possibilidade de requerer a falência de outro empresário ou beneficiar-se da recuperação de empresas, os empresários individuais, as empresas individuais de responsabilidade limitada e as sociedades empresárias devem atender a uma série de obrigações.

Cumpre aos empresários a inscrição no Registro Público de Empresas Mercantis, a manutenção dos livros obrigatórios, a escrituração dos livros mercantis e a realização anual do balanço patrimonial.

8.1 Inscrição no Registro Público de Empresas Mercantis

A primeira dessas obrigações consiste no registro. Antes de iniciar sua atividade, para que não atue irregularmente, o empresário e a sociedade empresária devem inscrever-se obrigatoriamente no Registro Público de Empresas Mercantis da respectiva sede (art. 967 do Código Civil).

A inscrição é realizada nas Juntas Comerciais do estado da sede do empresário. Para as sociedades simples ou não empresárias, por seu turno, os atos constitutivos devem ser registrados no Registro Civil das Pessoas Jurídicas.

Como veremos, embora a sociedade não empresária possa adotar um dos tipos das sociedades empresárias, como sociedade limitada ou em nome coletivo, conforme art. 983 do Código Civil, essa sociedade não deve inscrever seus atos no Registro Público de Empresas Mercantis. Seus atos devem continuar a ser inscritos no Registro Civil das Pessoas Jurídicas, por não serem empresárias. Todavia, essas pessoas se submetem à disciplina do tipo societário empresarial escolhido e, nesses termos, devem obedecer às normas fixadas para o registro como se fosse realizado em uma Junta Comercial.

O Código Civil não reproduziu o art. 4º, do Código Comercial de 1850, que estabelecia que ninguém era reputado comerciante para gozar da proteção do Código sem que se tenha matriculado em algum dos Tribunais do Comércio de então. Pelo Código Civil atual, o registro não é elemento constitutivo da caracterização do empresário. Ainda que o empresário possa desenvolver sua atividade sem que esteja efetivamente registrado, de modo que não perderá sua qualificação como empresário em razão da falta do registro, a previsão de obrigatoriedade do registro para o início do desenvolvimento da atividade implica a consideração da situação como de irregularidade.

Nesses termos, o Enunciado 199 da III Jornada de Direito Civil esclarece que "a inscrição do empresário ou sociedade empresária é requisito delineador de sua regularidade, e não da sua caracterização".

Como empresário irregular ou de fato, o empresário sem registro se sujeitará normalmente às normas do Código Civil que não forem incompatíveis com a sua condição. Sofrerá, contudo, alguns efeitos em virtude da irregularidade. Ficará impedido de requerer a decretação da falência de outro empresário, embora possa ter a própria falência decretada, inclusive mediante pedido de autofalência. Não poderá demonstrar que exerce regularmente suas atividades há mais de 2 anos, de modo que também não poderá requerer sua recuperação judicial. Por seu turno, a falta de inscrição provocará a impossibilidade de registro ou autenticação dos livros comerciais, os quais, portanto, ficarão desprovidos de eficácia probatória.

Quanto às sociedades empresárias, embora a falta de registro não as descaracterize como empresárias, torna-as sociedades em comum. Por consequência, os sócios possuirão responsabilidade solidária e ilimitada pelas obrigações sociais e somente poderão provar as relações entre si e com terceiros por escrito, embora o terceiro possa prová-las de qualquer modo (art. 986 e seguintes do Código Civil).

Os documentos necessários ao registro deverão ser apresentados no prazo de 30 dias, contados da lavratura dos atos respectivos. Apresentado no referido prazo, ao registro são atribuídos efeitos *ex tunc*, os quais retroagem à data da lavratura do ato constitutivo. Apresentado fora do prazo estipulado, o registro somente produzirá efeito a partir da data de sua concessão; seus efeitos somente serão *ex nunc* e ocorrerão a partir da data do arquivamento na Junta.

Conforme art. 968 do Código Civil, a inscrição do empresário será feita mediante requerimento à Junta Comercial e que contenha: I – o seu nome, nacionalidade, domicílio, estado civil e, se casado, o regime de bens; II – a firma, com a respectiva assinatura autógrafa que poderá ser substituída pela assinatura autenticada com certificação digital ou meio equivalente que comprove a sua autenticidade; III – o capital; IV – o objeto e a sede da empresa. Quaisquer modificações serão averbadas à margem da inscrição do empresário.

Por seu turno, se o empresário instituir sucursal, filial ou agência, em lugar sujeito à jurisdição de outro Registro Público de Empresas Mercantis, deverá também inscrevê-la nesse Registro, com a prova da inscrição originária (art. 969 do Código Civil). Filial é pessoa jurídica que, mesmo que conserve seu patrimônio próprio e sua autonomia, submete-se à direção de outra sociedade, a matriz. Agência é a pessoa jurídica que atua como intermediária em relação aos negócios jurídicos da outra, Sucursal, por fim, não possui personalidade jurídica, e se caracteriza como estabelecimento empresarial secundário, distinto do estabelecimento principal, mas que desenvolve atividade empresarial ligada a esse.

8.1.1 Registro Público de Empresas Mercantis

O Registro Público de Empresas Mercantis foi disciplinado pela Lei n. 8.934/94. Tem por finalidade dar garantia, publicidade, autenticidade, segurança e eficácia aos atos jurídicos das empresas mercantis, bem como cadastrar e manter atualizadas as informações pertinentes às empresas atuantes no país e às matrículas dos agentes auxiliares do comércio.

Por conta dessa finalidade, os registros não podem ser secretos, mas devem garantir a publicidade a todos. Conforme art. 29 da Lei n. 8.934/94, "qualquer pessoa, sem necessidade de provar interesse, poderá consultar os assentamentos existentes nas juntas comerciais e obter certidões, mediante o pagamento do preço devido". Outrossim, os atos decisões da Junta Comercial serão publicados no Diário Oficial do respectivo ente federativo.

Mediante a criação de um Sistema Nacional de Registro de Empresas Mercantis (Sinrem), a lei procurou estabelecer os serviços de registro em todo o território nacional, de maneira uniforme e harmônica. Para tanto, integraram o Sinrem dois órgãos; o DREI e as Juntas Comerciais.

8.1.1.1 DREI

O Departamento de Registro Empresarial e Integração (DREI), sucessor do antigo Departamento de Registro Empresarial e Departamento Nacional de Registro do Comércio (DNRC), com funções de supervisão, orientação, coordenação e normatização. As Juntas Comerciais, com funções de execução e administração dos serviços de registro.

O DREI é autarquia vinculada ao Ministério da Indústria, Comércio Exterior e Serviços (art. 4º da Lei n. 8.934/94, alterado pela Medida Provisória n. 861 de dezembro de 2018) e tem por finalidade, dentre as mais importantes, supervisionar e coordenar as Juntas Comerciais; estabelecer e consolidar as normas e diretrizes gerais do Registro Público de Empresas Mercantis; solucionar dúvidas na interpretação das leis, regulamentos e demais normas relacionadas ao registro, baixando instruções para tanto; prestar orientação às Juntas Comerciais; exercer fiscalização jurídica sobre as Juntas Comerciais, com a representação às autoridades administrativas para apuração de infrações; estabelecer normas procedimentais de arquivamento de atos de firmas mercantis individuais e de firmas de sociedades; promover, supletivamente, medidas tendentes a suprir ou corrigir ausências ou falhas dos serviços das Juntas; prestar colaboração técnica e financeira para a melhoria dos serviços das Juntas Comerciais; organizar e manter atualizado o cadastro nacional de empresas mercantis em funcionamento no país.

8.1.1.2 Juntas Comerciais

As Juntas Comerciais são órgãos estaduais e sofrem dupla subordinação. No âmbito administrativo, as Juntas subordinam-se ao governo estadual e, no âmbito técnico, ao DREI (art. 6º da Lei n. 8.934/94). Por conta dessa dupla subordinação, as ações judiciais em face da Junta Comercial deverão ser de competência da justiça comum estadual quando versarem sobre matéria administrativa ou apenas sobre conflitos societários, ainda que reflitam no registro praticado pela Junta Comercial. Todavia, sempre que versarem sobre matéria técnica referente ao registro, as ações em face da Junta Comercial serão da competência da Justiça Federal, desde que versem sobre a lisura do ato praticado pelo órgão, o que propiciaria o interesse da causa do DREI como autarquia federal.

Haverá uma Junta Comercial em cada Estado, com sede na capital e jurisdição na área da circunscrição territorial respectiva. Sua função é executiva. Cabe às Juntas Comerciais a prática dos atos de registro consistentes nas matrículas, nos arquivamentos, nas autenticações e nos assentamentos.

As matrículas referem-se aos atos de registro dos auxiliares do comércio, como leiloeiros, tradutores públicos e intérpretes comerciais, trapicheiros e administradores de armazéns gerais.

Os atos de arquivamento referem-se aos documentos relativos à constituição, alteração, dissolução e extinção de firmas mercantis individuais e sociedades mercantis e cooperativas. Nesse particular, todo ato, documento ou instrumento apresentado a arquivamento será objeto de exame do cumprimento das formalidades legais pela Junta Comercial. Esse poder de polícia exercido pela Junta, entretanto, atém-se apenas aos aspectos formais dos requisitos exigidos para o arquivamento do documento e não ao mérito do documento.

Ressalta-se, nesse ponto, que as cooperativas, a despeito de se caracterizarem como sociedades simples, têm o arquivamento de seus atos constitutivos realizado pelas Juntas Comerciais, nos termos do art. 18 da Lei n. 5.764/71. Nestes termos, o Enunciado 69 das Jornadas de Direito Civil do Conselho da Justiça Federal esclarecem que "as sociedades cooperativas são sociedades simples sujeitas à inscrição nas Juntas Comerciais".

Devem ser arquivados e averbados na Junta Comercial também os pactos e as declarações antenupciais do empresário, o título de doação, herança ou legado, de bens clausulados de incomunicabilidade ou inalienabilidade. Devem ser arquivados, também, a sentença que decretar ou homologar a separação judicial do empresário e o ato de reconciliação. Tais atos não podem ser opostos a terceiros antes de arquivados e averbados no Registro Público de Empresas Mercantis (art. 980 do CC).

Não podem ser arquivados: i) os documentos que não obedecerem às prescrições legais ou regulamentares ou que contiverem matéria contrária aos bons costumes ou à ordem pública, bem como os que colidirem com o respectivo estatuto ou contrato não modificado anteriormente; ii) os documentos de constituição ou alteração de empresas mercantis em que figure como titular ou administrador pessoa que esteja condenada pela prática de crime cuja pena vede o acesso à atividade mercantil; iii) os atos constitutivos de empresas mercantis que, além das cláusulas exigidas em lei, não designarem o respectivo capital, bem como a declaração precisa de seu objeto; iv) os atos de empresas mercantis com nome idêntico ou semelhante a outro já existente; v) a alteração contratual, por deliberação majoritária do capital social, quando houver cláusula restritiva; vi) os contratos sociais ou suas alterações em que haja incorporação de imóveis à sociedade, por instrumento particular, quando do instrumento não constarem a descrição do imóvel e a outorga uxória ou marital, quando necessárias; vii) os contratos ou estatutos de sociedades mercantis que dependam de aprovação governamental, quando esta ainda não tenha ocorrido.

No tocante ao item vi, ressalta-se, nesse ponto, que o Código Civil determinou, no art. 978, que o empresário casado pode, sem necessidade de outorga conjugal, qualquer que seja o regime de bens, alienar os imóveis que integrem o patrimônio da empresa ou gravá-los de ônus real.

Previa, ainda, o art. 35 da Lei n. 8.934/94, a proibição de arquivamento da prorrogação do contrato social, depois de findo o prazo nele fixado. Entretanto, estabeleceu o Código Civil, em seu art. 1.033, I, que a sociedade simples de prazo determinado que, vencido o prazo e, sem oposição de sócio, não entrar em liquidação, prorrogar-se-á por tempo indeterminado. Por esse motivo, houve a revogação da impossibilidade de arquivamento da prorrogação do contrato social depois de findo o prazo nele fixado pela Lei n. 14.195/2021.

Devem as Juntas Comerciais promover, ainda, as autenticações dos instrumentos de escrituração das empresas mercantis registradas, dos agentes auxiliares do comércio e das cópias dos documentos assentados. São instrumentos de escrituração os livros comerciais, os quais necessitam de autenticação para possuírem valor probatório.

Por fim, compete às Juntas Comerciais o assentamento dos usos ou práticas mercantis, conforme art. 87 do Decreto-lei n. 1.800/96, que regulamentou a Lei n. 8.934/94. Pelo dispositivo legal, compete à Junta Comercial o registro dos usos e costumes mercantis praticados na sua área de atuação. O assentamento facilita a demonstração dos usos e costumes, fontes formais secundárias do Direito Empresarial, embora o assentamento não seja modo imprescindível para demonstrá-los.

8.1.1.2.1 Estrutura das Juntas Comerciais

Os atos de competência da Junta Comercial poderão ser realizados por decisão singular proferida pelo Presidente da Junta, por Vogal ou servidor habilitado e por duas espécies de órgãos deliberativos: o Plenário e as Turmas.

Aos Vogais e ao servidor que possuam comprovado conhecimento de direito empresarial e de registro de empresas mercantis competirão os atos próprios do Registro Público de Empresas Mercantis. São os membros da Junta Comercial. Nos termos do art. 42 da Lei n. 8.934/94, tais atos de competência da Junta Comercial serão objetos de decisão singular pelo Presidente da Junta Comercial, por vogal ou servidor que possua comprovados conhecimentos de direito comercial e mediante designação do presidente da Junta Comercial. Sua atribuição é restrita pela atribuição privativa das Turmas.

As Turmas são órgãos deliberativos inferiores, compostos por três vogais, a quem compete a apreciação de matérias mais complexas, em regra. Os atos não previstos para decisão colegiada serão objeto de decisão proferida pelo presidente da Junta Comercial, por vogal ou servidor que possua comprovado conhecimento de Direito Comercial e de Registro de Empresas Mercantis.

Conforme o art. 41 da Lei n. 8.934/94, compete às Turmas, em decisão colegiada, o arquivamento dos atos de constituição de sociedades anônimas; os atos referentes à transformação, incorporação, fusão e cisão de empresas mercantis; e os atos de constituição e alterações de consórcio e de grupo de sociedades. O Plenário, concebido como órgão deliberativo superior, é integrado por no mínimo 11 Vogais e no máximo 23. Ao Plenário compete o julgamento dos processos em grau de recurso. Das decisões singulares ou da Turma, cabe recurso ao Plenário.

As decisões do Plenário, por seu turno, são recorríveis ao Departamento Nacional de Registro Empresarial e Integração, como última instância administrativa (art. 44 da Lei n. 8.934/94, alterado pela Lei n. 13.874/2019).

Os recursos, quaisquer deles, deverão ser interpostos no prazo de 10 dias úteis, cuja fluência começa na data da intimação da parte ou da publicação do ato no órgão oficial de publicidade da Junta Comercial. Não terão efeito suspensivo (art. 49 da Lei n. 8.934/94).

8.2 Escrituração dos livros empresariais

Além dos registros dos atos constitutivos, os empresários e as sociedades empresárias devem manter um sistema de contabilidade, com base em uma escrituração uniforme de seus livros, em correspondência com a documentação respectiva (art. 1.179 do Código Civil). Os livros podem tomar a força de fichas, na hipótese de escrituração mecânica ou eletrônica.

A importância dos livros para o controle do desenvolvimento da atividade empresarial implica a consideração como crime falimentar, na hipótese de decretação da falência ou de concessão de recuperação judicial ou homologação da recuperação extrajudicial, a omissão da elaboração, escrituração ou autenticação dos livros, conforme art. 178 da Lei n. 11.101/2005.

Os livros e fichas dos empresários e sociedades provam contra as pessoas a que pertencem, e, em seu favor, quando, escriturados sem vício extrínseco ou intrínseco, e forem confirmados por outros subsídios (art. 226 do CC). Nos termos do Código de Processo Civil, art. 417: "os livros empresariais provam contra o seu autor, sendo lícito ao empresário, todavia, demonstrar, por todos os meios permitidos em direito, que os lançamentos não correspondem à verdade dos fatos". Por seu turno, conforme art. 418 do Código de Processo Civil, "os livros empresariais que preencham os requisitos exigidos por lei provam a favor de seu autor no litígio entre empresários".

De modo a serem intrinsecamente regulares, os livros devem ser escriturados em idioma e moeda corrente nacionais, em forma contábil, por ordem cronológica de dia, mês e ano, sem intervalos em branco, nem entrelinhas, borrões, rasuras, emendas ou transportes para as margens (art. 1.183). Devem, ainda, ser escriturados por contabilista regularmente habilitado, exceto se não houver nenhum na localidade (art. 1.182 do Código Civil),

Extrínsecas são as formalidades exigidas antes do início da escrituração. É formalidade extrínseca a necessidade de autenticação do livro pelo Registro Público de Empresas Mercantis a cargo das Juntas Comerciais, antes do início de seu uso, bem como termo de abertura e termo de encerramento.

Os livros comerciais ou fichas podem ser divididos em obrigatórios e facultativos. Obrigatórios são os livros que devem ser escriturados necessariamente pelos empresários, sob pena de incorrerem em sanções. Os livros facultativos auxiliam o empresário no registro de sua atividade, mas não são compulsórios, de modo que a falta de escrituração não causa ao empresário qualquer penalidade.

Os livros obrigatórios dividem-se em obrigatórios comuns e obrigatórios especiais. Obrigatórios comuns são os livros exigidos de todos os empresários, sem qualquer distinção no tocante à atividade desenvolvida. Obrigatórios especiais são os exigidos apenas em determinadas condições.

O único livro obrigatório comum imposto pela legislação é o **Livro Diário**. Neste, devem ser lançadas, diariamente, com individuação, clareza e caracterização do documento respectivo, todas as operações relativas ao exercício da empresa. Devem também ser lançados no Livro Diário o balanço patrimonial e o de resultado econômico, ambos assinados por técnico em ciências contábeis legalmente habilitado e pelo empresário ou sociedade empresária.

Na hipótese de adoção de fichas, caso a escrituração seja mecanizada ou eletrônica, o Livro Diário poderá ser substituído pelo livro de Balancetes Diários e Balanços, o qual deve observar as mesmas formalidades do Livro Diário e ser escriturado de modo que contenha a posição diária de cada uma das contas ou títulos contábeis, pelo respectivo saldo, em forma de balancetes diários. Deve conter, ainda, o balanço patrimonial e o de resultado econômico, no encerramento do exercício, conforme art. 1.186 do Código Civil.

Os livros obrigatórios especiais, exigidos pela legislação apenas em hipóteses específicas de desenvolvimento da atividade empresarial, são os Livros de Registro de Ações Nominativas, Livro de Transferência de Ações Nominativas, Livro de Registro de Partes Beneficiárias, Livro de Atas das Assembleias Gerais, dentre outros impostos às Sociedades Anônimas, além do Livro de Registro de Duplicata, exigido dos empresários emitentes de duplicatas, e do Livro de Entrada e Saída de mercadorias, para os proprietários de armazéns gerais etc.

Por fim, os livros facultativos são os criados livremente pelos empresários para auxiliarem no registro de sua atividade. Como exemplos dos mais frequentes, podem ser apontados os Livros Caixa, Estoque, Contas.

Os livros são protegidos contra a divulgação de informações e da observância ou não pelos empresários das formalidades prescritas para sua escrituração. Para tanto, prevê o art. 1.190 que, ressalvados os casos previstos em lei, nenhuma autoridade, juiz ou tribunal, sob qualquer pretexto, poderá fazer ou ordenar diligência para verificar se o empresário ou a sociedade empresária observam, ou não, em seus livros e fichas, as formalidades prescritas em lei.

O princípio do sigilo é atenuado diante da autoridade fazendária no exercício da fiscalização do pagamento de impostos, nos termos estritos das respectivas leis especiais. Pode ainda ser atenuado diante de determinação judicial de exibição integral, na hipótese de ser necessária para resolver questões relativas à sucessão, comunhão ou sociedade, administração ou gestão à conta de outrem, ou em caso de falência ou, ainda, de determinação judicial de exibição parcial, em que o livro deve ser examinado na presença do empresário ou de sociedade empresária a que pertencer, para dele ser extraído apenas o que interessa à questão submetida à apreciação judicial.

8.3 Dever de levantar anualmente balanços patrimonial e de resultado econômico

Cumpre aos empresários levantar, anualmente, o balanço patrimonial e o de resultado econômico, exceto microempresas e empresas de pequeno porte, as quais estão dispensadas da obrigatoriedade.

Os balanços correspondem a um retrato da situação da empresa. Devem exprimir, com fidelidade e clareza, a situação real da empresa. Sua elaboração permite aos interessados o conhecimento da situação da empresa no momento de sua confecção.

O balanço patrimonial indica os bens ativos e as dívidas. Referido balanço compreende todos os bens, créditos e débitos para o desenvolvimento da atividade empresarial. O balanço de resultado econômico ou demonstração da conta de lucros e perdas, por seu turno, acompanhará o balanço patrimonial e indicará o montante de crédito e débito.

8.4 A escrituração dos livros e o levantamento dos balanços patrimonial e de resultado econômico pelos Microempresários e Empresários de Pequeno Porte

A despeito da exigência do Livro Diário como obrigatório a todos os empresários e da exigência de levantamento anual do balanço patrimonial e de resultado econômico, a lei cria privilégio ao microempresário e empresário de pequeno porte para reduzir seus custos no desenvolvimento da atividade empresarial (art. 170 da Constituição Federal e art. 970 do Código Civil).

Nos termos do art. 1.179, § 2º, do Código Civil, os *pequenos empresários* ficam dispensados da escrituração dos livros. A Lei Complementar n. 123/2006 interpretou o "pequeno empresário" como o Microempreendedor Individual (MEI), em seu art. 68, para dispensá-lo da escrituração.

A despeito da interpretação restritiva ao MEI feita pela Lei Complementar n. 123/2006, as microempresas e as empresas de pequeno porte optantes pelo Simples Nacional ficam obrigadas a emitir apenas documento fiscal de venda ou prestação de serviço e a manter em boa ordem e guarda os documentos que fundamentaram a apuração dos impostos e contribuições devidos e o cumprimento das obrigações (art. 26 da LC n. 123/2006).

Às demais microempresas e as empresas de pequeno porte não optantes do Simples Nacional, além dos documentos fiscais acima, fica imposta a obrigação apenas de escriturar o **livro-caixa** em que será inserida sua movimentação financeira e bancária.

8.5 O sigilo dos livros comerciais

Historicamente, atribuía-se proteção aos livros empresariais como forma de preservar as estratégias do empresário na condução de sua atividade.

No Código Comercial de 1850, que, em seu art. 17, os livros empresariais eram protegidos inclusive diante do papel fiscalizatório do Estado. O dispositivo legal estabelecia que "nenhuma autoridade, Juízo ou Tribunal, debaixo de pretexto algum, por mais especioso que seja, pode praticar ou ordenar alguma diligência para examinar se o comerciante arruma ou não devidamente seus livros de escrituração mercantil, ou neles tem cometido algum vício".

O Código Civil de 2002 sopesou a regra, notadamente diante de interesses públicos ou de conflitos societários existentes entre os sócios, ainda que se preserve da publicidade o seu conteúdo. Nos termos do art. 1.191 do Código Civil, o juiz só poderá autorizar a exibição integral dos livros e papéis de escrituração quando necessária para resolver questões relativas à sucessão, comunhão ou sociedade, administração ou gestão à conta de outrem, ou em caso de falência.

As restrições para exame da escrituração também deixaram de ser aplicadas às autoridades fazendárias. No exercício da fiscalização do pagamento de impostos, o Fisco poderá apreciar a escrituração contábil do devedor, até para que possa avaliar a correção dos recolhimentos.

9. Empresário inativo

A caracterização como empresário inativo foi revogada pela Lei n. 14.195/2021, com o intuito de desburocratizar as Juntas Comerciais.

Nos termos do revogado art. 60 da Lei n. 8.934/94, o empresário ou sociedade empresária que não procedesse a qualquer arquivamento no período de 10 anos consecutivos deveria comunicar à Junta Comercial que desejava manter-se em funcionamento, sob pena de ser considerado inativo pela Junta Comercial.

De modo a evitar essa inatividade, os empresários precisavam arquivar atos completamente inúteis ou sem sentido na Junta Comercial, ou comunicá-la do desejo de se manterem ativos. O procedimento não gerava nenhuma utilidade, na medida em que a consideração de inatividade não implicava a dissolução da sociedade empresária ou sua extinção, mas a mera falta de proteção ao nome empresarial e à regularidade do desenvolvimento da atividade empresarial.

A partir da revogação do dispositivo legal, não há mais que se falar em empresário inativo.

Quadro mnemônico

CARACTERIZAÇÃO DO EMPRESÁRIO	
<ul><li>Detém a iniciativa e o risco do exercício da empresa.</li><li>Exerce atividade econômica, de busca de produção de lucro.</li><li>A atividade é profissional. Deve ser habitual e com conhecimento técnico.</li><li>A atividade deve ser organizada. A organização não exige necessariamente o concurso do trabalho de terceiros.</li></ul>	
LEGITIMIDADE PARA EXERCER ATIVIDADE EMPRESÁRIA	
A atividade de empresário pode ser exercida pessoalmente por aqueles que estiverem em pleno gozo da capacidade civil.	
Excepcionalmente, mediante autorização judicial, poderá ser permitida a continuidade da empresa pelo absoluta ou relativamente incapaz.	
PROIBIDOS DE EXERCER ATIVIDADE EMPRESARIAL	
<ul><li>Os falidos (desde a decretação da falência até a sentença que extingue suas obrigações).</li><li>O condenado em crime falimentar (até cinco anos após a extinção da punibilidade ou reabilitação penal).</li><li>Os magistrados e membros do Ministério Público.</li><li>Os deputados e senadores (não podem ser proprietários, controladores ou diretores de empresa que goze de favor decorrente de contrato com pessoa jurídica de direito público ou nela exercer função remunerada).</li><li>Os servidores públicos (não podem participar de gerência ou administração de sociedade privada, personificada ou não personificada, exercer o comércio, exceto na qualidade de acionista, cotista ou comanditário).</li></ul>	Não isenta o agente das obrigações contraídas. A pessoa legalmente impedida de exercer atividade empresarial, caso a exerça, responderá pelas obrigações decorrentes de sua atividade, além de eventuais sanções administrativas e penais pelo exercício.
ESPÉCIES DE EMPRESÁRIOS	
Empresário individual	Pessoa física que exerce profissionalmente atividade econômica organizada para a produção ou para a circulação de bens ou de serviços, ainda que com o auxílio de empregados.
Sociedades empresárias	A sociedade que tiver por objeto o exercício de atividade própria de empresário sujeito a registro e que deve ter seus atos inscritos no Registro Público de Empresas Mercantis.
Sujeitos excluídos do conceito de empresário:<ul><li>Profissionais liberais e artistas (salvo se o exercício da profissão constituir elemento de empresa).</li><li>Produtores rurais não registrados no Registro Público de Empresas Mercantis (possuem a faculdade de se inscrever e de se equiparar ao empresário sujeito a registro).</li><li>Cooperativas.</li></ul>	

OBRIGAÇÕES DOS EMPRESÁRIOS	
Inscrição obrigatória, antes de iniciar a atividade, no Registro Público de Empresas Mercantis da respectiva sede.	**Empresário com registro irregular:** • ficará impedido de requerer a decretação da falência de outro empresário, embora possa ter a própria falência decretada, inclusive mediante pedido de autofalência; • não poderá requerer sua recuperação judicial; • impossibilidade de os livros comerciais terem eficácia probatória. **Sociedade empresária sem registro:** • a sociedade empresária será considerada sociedade em comum e, por consequência, os sócios possuirão responsabilidade solidária e ilimitada pelas obrigações sociais.
Manutenção dos livros obrigatórios e a escrituração dos livros mercantis.	Sua falta é prevista como crime falimentar na hipótese de ser decretada a falência do empresário.
Dever de levantar anualmente balanço patrimonial e de resultado.	Indica os bens ativos e as dívidas e compreende todos os bens, créditos e débitos para o desenvolvimento da atividade empresarial.

Capítulo 2

O Estabelecimento Empresarial

1. Conceito de estabelecimento empresarial

Para exercer profissionalmente atividade econômica organizada para a produção ou para a circulação de bens ou de serviços, conforme definido no art. 966 do Código Civil, o empresário necessita aparelhar-se de um complexo de bens.

O estabelecimento empresarial não é a empresa, caracterizada preponderantemente como atividade. Tampouco se confunde com o empresário, sujeito da atividade e titular dos direitos e obrigações dela decorrentes. Estabelecimento é o objeto, a base econômica, o instrumento utilizado pelo empresário para o desenvolvimento da empresa.

Denominado anteriormente fundo de comércio, o Código Civil conceituou, em título próprio, como estabelecimento empresarial, o complexo de bens organizado pelo empresário ou sociedade empresária para o desenvolvimento da atividade (art. 1.142). O conceito reproduz a definição de Oscar Barreto Filho, de estabelecimento como "o complexo de bens, materiais e imateriais, que constituem o instrumento utilizado pelo comerciante para a exploração de determinada atividade mercantil"[1].

Embora vulgarmente caracterizado o estabelecimento como o local em que a atividade é realizada, a definição vulgar está incorreta. O estabelecimento empresarial é composto por todos os bens, materiais e imateriais, que permitem o desenvolvimento da atividade. Entre esses bens, o ponto comercial é apenas um dos elementos integrantes do estabelecimento.

Nesse sentido, a Lei n. 14.195/21 consagrou essa posição. O estabelecimento empresarial não se confunde com o local onde se exerce a atividade empresarial, que poderá ser físico ou virtual.

---

[1] BARRETO FILHO, O. *Teoria do estabelecimento empresarial*. São Paulo: Max Limonad, 1969. p. 77.

Se o local onde se exerce a atividade empresarial for exclusivamente virtual, o endereço informado para fins de registro poderá ser o do empresário individual ou de um dos sócios da sociedade empresária.

Se o local onde se exerce a atividade empresarial for físico, a fixação do horário de funcionamento competirá ao Município.

Sobre o estabelecimento virtual, não existe uma legislação que trate especificamente sobre o estabelecimento empresarial virtual. Assim sendo, aplicam-se as regras do Código Civil, pois ele possui a mesma natureza jurídica que o estabelecimento empresarial físico. O estabelecimento será virtual quando a atividade empresarial for desenvolvida em um local eletrônico (*site*) que tenha as funções de um estabelecimento, ou seja, quando ele possibilitar o desenvolvimento da atividade empresarial, através da venda de produtos ou de serviços para a clientela.

Dentre os elementos que compõem o estabelecimento virtual podem ser apontados a aparência do site, o nome do domínio, os softwares utilizados, eventual sonoridade etc.

O estabelecimento virtual tem como principais vantagens: a) a redução de custos, b) a oferta de múltiplos bens, o que torna o vínculo do consumidor com o estabelecimento mais forte e c) um maior controle sobre os bens utilizados e os serviços acessados.

Ressalta-se que os estabelecimentos podem possuir diferentes graus de virtualidade, podendo ser integralmente virtual, parcialmente, ou até mesmo ter uma virtualidade acessória. Outra característica desse tipo de estabelecimento é que o consumidor também poderá gerar receitas para além da aquisição dos produtos ou serviços, uma vez que a publicidade nos sites constitui uma importante fonte de recursos do estabelecimento virtual.

A virtualidade do estabelecimento empresarial é caracterizada pelo comércio eletrônico, o formato digital de compras, que pode ter as modalidades B2C, B2B e C2C. A modalidade B2C é quando o fornecedor oferta um produto ou serviço para o consumidor. A B2B (fornecedor para fornecedor) visa a viabilizar a atividade econômica; são "negócios-meio". Por fim, na modalidade C2C (consumidor para consumidor), o empresário organiza o ambiente digital para a negociação, sendo a publicidade sua principal fonte de renda. São exemplos as plataformas OLX e Webmotors.

O estabelecimento virtual pode ser classificado como originário ou derivado. Será originário quando a atividade empresarial for exercida sem suporte físico, sendo o *site* utilizado exclusivamente como estabelecimento. Não há vínculo com a atividade empresarial preexistente e o estabelecimento originário pode ser objeto de trespasse. Ainda, por mais que esse tipo de estabelecimento eventualmente possua bases físicas, elas são meros apoios para o estabelecimento.

Por seu turno, o estabelecimento virtual será derivado quando estiver associado a uma atividade empresarial preexistente, sendo uma extensão ou um complemento do estabelecimento empresarial convencional ou físico. Assim como o estabelecimento empresarial físico, o virtual possui os atributos do aviamento e da clientela. O aviamento do estabelecimento virtual tem como peculiaridades a fluidez, a celeridade e a dinamicidade. Para que o aviamento de fato exista, é essencial o bom uso de cores, a organização das informações úteis e a identificação de signos distintivos para reconhecimento do estabelecimento. Ainda, como a virtualidade despersonaliza a relação entre consumidor e fornecedor, o aviamento nesse tipo de estabelecimento é predominantemente objetivo, sendo subjetivo em poucos casos, como nos blogs. Por se tratar de um domínio que pode ser acessado em qualquer localidade, o estabelecimento virtual permite a construção de freguesia e clientela de diferentes localidades.

O domínio do site, que é seu endereço virtual (ex. www.site.com.br), constitui um bem incorpóreo do estabelecimento comercial conforme o Enunciado 7 da 1ª Jornada de Direito Comercial[2]. Ressalta-se que o domínio do *site* não se confunde com o estabelecimento virtual, ele não exaure a compreensão da azienda. Inclusive, nem todo domínio resulta de um estabelecimento virtual, visto que existem diversos *sites* que não possuem uma atividade empresarial subjacente.

No estabelecimento virtual, o domínio do *site* é análogo ao ponto comercial do estabelecimento físico, gozando de proteção. Não há consenso na doutrina, mas se entende que a ação renovatória pode ter uma aplicação analógica para a locação de domínio, visto que é através do domínio que o consumidor identifica e acessa determinado estabelecimento virtual e os produtos ou serviços que busca. A falta de proteção desse ponto comercial poderia prejudicar o resultado da empresa e gerar locupletamento indevido de terceiro que utilizasse o domínio. Além disso, se o ponto comercial do domínio não estiver devidamente protegido e for utilizado por terceiros, isso poderia levar o consumidor ao erro, visto que ele associa diretamente o domínio do *site* a determinado estabelecimento e aos produtos e serviços oferecidos por ele.

Não é, entretanto, qualquer conjunto de bens que caracteriza o estabelecimento. Estabelecimento só ocorre quando o conjunto de bens foi organizado para o exercício de uma empresa. Dentre os diversos bens titularizados pelo empresário, apenas compõem o estabelecimento aqueles relacionados ao desenvolvimento da atividade empresarial.

Apesar de não perderem a individualidade própria, esses bens componentes do estabelecimento se unem para compor uma nova unidade. Como

---

2 Enunciado 7 da 1ª Jornada de Direito Comercial: "O nome de domínio integra o estabelecimento empresarial como bem incorpóreo para todos os fins de direito."

conjunto orientado, os bens formam uma universalidade. Nesse particular, o estabelecimento constitui uma universalidade de fato, em que a pluralidade de bens singulares, pertinentes à mesma pessoa, tem destinação unitária.

Sobre a natureza do estabelecimento, historicamente a doutrina controvertia. Dentre as doutrinas clássicas sobre essa natureza, sustentava-se que o estabelecimento possuiria personalidade jurídica e figuraria como sujeito de direito. No direito pátrio, essa teoria não comporta guarida, já que o ordenamento não atribuiu personalidade jurídica ao estabelecimento. Pela legislação, o estabelecimento empresarial não é sujeito de direitos, mas sim objeto de direito de titularidade do empresário.

Por seu turno, a teoria que pugnava pelo estabelecimento como patrimônio separado, em virtude do qual os credores da atividade mercantil teriam preferência sobre os bens do estabelecimento em relação aos credores do empresário, também deve ser rejeitada. O ordenamento jurídico exige lei para a caracterização da universalidade de direito. No estabelecimento, a unidade é criada não pela lei, mas pela organização dos bens pelo empresário.

A unidade dos bens não poderia ser conceituada como universalidade de direito ou *universitas iuri,* por falta da imprescindível atribuição legal. Ao contrário do patrimônio, que se caracteriza como universalidade de direito, conjunto de relações jurídicas de determinada pessoa estabelecida pela própria lei, as características do estabelecimento não são impostas pela lei. A destinação única dos bens é realizada pelo próprio empresário e conforme a necessidade da empresa, o que forma uma universalidade de fato. Desta forma, o estabelecimento não se caracteriza por todas as relações jurídicas de uma pessoa, mas apenas pelo conjunto de bens e relações jurídicas restritos àqueles que são diretamente vinculados ao desenvolvimento da atividade empresarial.

Um terceiro grupo de teorias sustentava o estabelecimento empresarial como universalidade de fato. Para tanto, consistiria em um "conjunto de bens que se mantêm unidos, destinados a um fim, por vontade e determinação de seu proprietário"[3]. É a corrente sustentada majoritariamente pelos autores brasileiros e que foi acolhida pelo Código Civil.

Oscar Barreto Filho, em obra específica sobre o tema, caracteriza o estabelecimento empresarial como "complexo de bens, materiais e imateriais, que constituem o instrumento utilizado pelo comerciante para a exploração de determinada atividade mercantil". Segundo o autor, "1º – é um complexo de bens, corpóreos e incorpóreos, que constituem os instrumentos de trabalho do comerciante, no exercício de sua atividade produtiva; 2º – não se configura como o complexo de relações jurídicas do comerciante, no exercício do comércio, e, portanto, não constitui um patrimônio comercial distinto do patri-

---

3 REQUIÃO, Rubens. *Curso de direito empresarial.* 24. ed. São Paulo: Saraiva, 2000, v. 1. p. 249.

mônio civil; 3º – é formado por bens econômicos, ou seja, por elementos patrimoniais, sendo duvidoso se compreende elementos pessoais; 4º – é uma reunião de bens ligados por uma destinação unitária que lhe é dada pela vontade do comerciante; 5º – apresenta um caráter instrumental em relação à atividade econômica exercida pelo comerciante"[4].

Para Vera Helena de Mello Franco, o estabelecimento empresarial seria conceituado como universalidade de fato, em razão de a unidade ser concebida pela destinação que lhes deu o empresário, e não em virtude da lei. Universalidade de direito seria apenas aquela que a lei assim declarou, como são o patrimônio e a herança[5].

Para Rubens Requião, "na impossibilidade legal de conceituá-lo como *universitas juris*, pois esta depende de criação da lei, e mesmo como patrimônio separado, pois o direito brasileiro consagra o princípio da unidade patrimonial como objeto de direito, resta aos comercialistas a classificação compulsória como universalidade de fato. Somos da opinião que o estabelecimento empresarial pertence à categoria dos bens móveis, transcendendo às unidades de coisas que o compõem e são mantidas unidas pela destinação que lhes dá o empresário, formando em decorrência dessa unidade um patrimônio comercial, que deve ser classificado como incorpóreo. O estabelecimento empresarial constitui, em nosso sentir, um bem incorpóreo, constituído de um complexo de bens que não se fundem, mas mantêm unitariamente sua individualidade própria"[6].

Embora entendido como complexo de bens organizado pelo empresário, o conceito de estabelecimento também foi atrelado às relações jurídicas ativas e passivas contraídas no desempenho da atividade. Nesse ponto, o adquirente do estabelecimento responde pelo pagamento dos débitos anteriores à transferência, desde que regularmente contabilizados, continuando o devedor primitivo solidariamente obrigado pelo prazo de um ano, a partir, quanto aos créditos vencidos, da publicação na imprensa oficial, e, quanto aos outros vincendos, da data do vencimento (art. 1.146), desde que o contrato tenha sido, ainda, averbado à margem da inscrição do empresário, ou da sociedade empresária, no Registro Público de Empresas Mercantis (art. 1.146).

Ao complexo de bens, portanto, atrelam-se também as relações jurídicas surgidas em decorrência da atividade, inclusive elementos do passivo. Dessa forma, como definição de H. M. D. Verçosa, "considera-se estabelecimento todo complexo de bens organizado para o exercício da empresa, por

---

4 BARRETO FILHO, O. Op. cit. p. 75.
5 FRANCO, V. H. M. *Manual de direito empresarial*. São Paulo: Revista dos Tribunais, 2001, v. I. p. 122.
6 REQUIÃO, Rubens. Op. cit. p. 254.

empresário ou sociedade empresária, juntamente com os débitos àqueles referidos, estes desde que devidamente contabilizados"[7].

2. Atributos do estabelecimento empresarial

2.1 O aviamento

Como definido, o estabelecimento não é qualquer complexo de bens, mas a unidade de bens organizados pelo empresário para o desenvolvimento de determinada atividade. Assim, o valor desse estabelecimento não é revelado pela simples somatória do valor de seus bens individualizados. Sobre o valor individual de cada bem, acresce-se a organização promovida pelo empresário para que aquele complexo de bens seja apto a desenvolver a atividade e a produzir lucros.

A capacidade de produzir lucros pelo estabelecimento é chamada de aviamento. É a qualidade do estabelecimento, um modo de ser resultante da organização dos bens a determinada finalidade.

No conceito de Requião, "sendo um fato evidente que a *empresa* constitui uma atividade organizada contendo vários elementos, ou o estabelecimento comercial vários bens, o valor decorrente desse complexo é *maior* do que a *soma* dos elementos isolados. Essa *mais valia* constitui, precisamente, o que o direito denomina *aviamento*"[8].

Como atributo imanente à organização, o aviamento não tem existência independente e separada do estabelecimento, de modo que não pode ser objeto de direitos e relações autônomas e deverá compor o preço nas hipóteses de venda do estabelecimento ou na de desapropriação de imóvel em que se desenvolve a atividade.

O aviamento pode ser objetivo, quando deriva de condições objetivas, como o local do estabelecimento ou das instalações. Pode também ser subjetivo, em considerações às qualidades pessoais do titular na organização dos bens.

As duas hipóteses podem ocorrer, por exemplo, no caso de um restaurante. Ainda que não possua serviços totalmente satisfatórios, um restaurante pode ter grandes lucros em razão do enorme fluxo de clientes que transitam nas redondezas, caso localizado em um grande centro de compras ou em uma área específica, em que não possua outra concorrência. Nesse ponto, relevante para a produção de lucro é o local do estabelecimento, o que caracteriza, portanto, o aviamento objetivo.

Entretanto, é possível que grandes lucros sejam gerados por um restaurante localizado em uma área remota da cidade. Os clientes podem procurá-lo

---

7 VERÇOSA, H. M. D. *Curso de direito comercial*. São Paulo: Malheiros, 2008, v. I. p. 279.
8 REQUIÃO, Rubens. Op. cit. p. 430.

em razão do ótimo serviço disponibilizado pelo chef, o que compensa a dificuldade para alcançá-lo. Nessa hipótese, está-se diante de um aviamento subjetivo, pois o que se realça é a capacidade do empresário na organização dos diversos fatos para a produção da atividade.

Em razão do aviamento, o estabelecimento empresarial poderá ser alienado ou negociado por valor muito superior à soma dos diversos elementos materiais e imateriais que o compõem.

2.2 Clientela

Embora seja intrinsecamente ligado ao conceito de clientela, já que a capacidade de produzir lucros é diretamente proporcional à quantidade de clientes dos produtos ou serviços disponibilizados, o aviamento não se confunde com esta.

A clientela é o resultado, não necessário, do aviamento. É definida como "conjunto de pessoas que, de fato, mantêm com o estabelecimento relações continuadas de procura de bens e de serviços"[9]. A clientela se expressa pela ideia de estabilização. Expressa uma ideia de habitualidade na contratação dos serviços e produtos.

Essa noção difere do conceito de freguesia. Esta última representa o grupo de pessoas, passageiro, que adquire com eventualidade os produtos em razão de circunstâncias particulares do próprio adquirente, como a proximidade do estabelecimento ou a comodidade momentânea da aquisição. Não há, na freguesia, a noção de permanência e de fidelidade adquirida pela qualidade do estabelecimento. A aquisição é eventual e decorre das circunstâncias transitórias do adquirente, e não das qualidades do estabelecimento.

A clientela não é elemento do estabelecimento, não pertence ao empresário e não pode ser objeto de apropriação, o que não implica a falta de sua tutela. A despeito do princípio da livre-iniciativa e da liberdade de concorrência, que vedam a apropriação dos clientes, sua proteção é feita no campo da concorrência desleal e em relação à disciplina de diversos negócios jurídicos empresariais. Apesar de não exigir um direito ao cliente, há um direito a que terceiros, em determinadas circunstâncias, não desviem a clientela pretendida.

Na hipótese de venda do estabelecimento empresarial, não havendo autorização expressa, o alienante do estabelecimento não pode fazer concorrência ao adquirente, nos cinco anos subsequentes à transferência. Tal concorrência ocorreria caso o alienante passasse a desenvolver atividade no mesmo ramo de negócio, na mesma região do estabelecimento alienado. A hipótese ocorreria também no caso do arrendamento ou usufruto do estabelecimento,

---
9 BARRETO FILHO, O. Op. cit. p. 283.

em que a proibição de concorrência, na falta de autorização expressa, persistirá durante o prazo do contrato (art. 1.147).

Outrossim, há proteção à clientela na renovação compulsória do contrato de locação de imóvel comercial na hipótese de o contrato ter sido celebrado por escrito, com prazo determinado mínimo ou somatória de prazos ininterruptos de cinco anos, e o locatário esteja explorando seu comércio, no mesmo ramo, pelo prazo mínimo e ininterrupto de três anos (art. 51 da Lei n. 8.245/91).

3. O contrato de trespasse

Como complexo de bens organizado pelo empresário para determinada atividade, o estabelecimento empresarial forma uma unidade abstrata, incorpórea, que transcende a unidade dos bens, materiais ou imateriais, que o compõem. Trata-se de universalidade de fato, definida pelo art. 1.142 do Código Civil, como "todo complexo de bens organizado, para exercício da empresa, por empresário, ou por sociedade empresária".

Em decorrência dessa unidade, o estabelecimento pode ser objeto de negócios jurídicos, translativos ou constitutivos, que sejam compatíveis com a sua natureza. Pode, assim, o estabelecimento empresarial ser alienado, onerado com usufruto, arrendado.

De modo a preservar os terceiros, esses contratos, contudo, somente produzirão efeitos, quanto a terceiros, depois de averbados à margem da inscrição do empresário ou da sociedade empresária no Registro Público de Empresas Mercantis e de publicados na imprensa oficial (art. 1.144). A falta de averbação e de publicidade na imprensa oficial não acarreta a invalidade do negócio jurídico de alienação. Exige-se a averbação e a publicidade apenas como condição de eficácia perante terceiros.

Para tanto, a averbação deverá ocorrer no prazo de 30 dias da realização do ato, sob pena de não retroagir os efeitos à data da celebração (art. 1.151 do Código Civil).

A alienação do estabelecimento empresarial é conhecida por trespasse. Consiste na transferência, mediante o pagamento de um preço, do direito de propriedade sobre todos os bens organizados pelo alienante para que a atividade empresarial possa ser explorada pelo adquirente.

De modo a permitir o prosseguimento dessa atividade pelo adquirente como era exercida pelo alienante, a lei determina que, exceto disposições em contrário, a transferência importa a sub-rogação do adquirente nos contratos estipulados para exploração do estabelecimento, desde que não tenham caráter pessoal. Garante-se aos terceiros, contudo, rescindirem o contrato em noventa dias a contar da publicação da transferência, se ocorrer justa causa, ressalvada, nesse caso, a responsabilidade do alienante (art. 1.148 do Código Civil).

Nesses termos, inclusive a posição de locatário é sub-rogada pelo adquirente do estabelecimento empresarial, desde que não haja caráter pessoal em sua contratação. Conforme Enunciado 8 da I Jornada de Direito Comercial (2012), "a sub-rogação do adquirente nos contratos de exploração atinentes ao estabelecimento adquirido, desde que não possuam caráter pessoal, é a regra geral, incluindo o contrato de locação".

É importante ressaltar que há um entendimento diverso de que a transferência do contrato de locação depende do consentimento do locador, nos termos do art. 13 da Lei n. 8.245/91. Nesse sentido, há o Enunciado 234 da III Jornada de Direito Civil (2004): "Quando do trespasse do estabelecimento empresarial, o contrato de locação do respectivo ponto não se transmite automaticamente ao adquirente". Trata-se de uma posição que prioriza o direito do locador e a Lei n. 8.245/91, entendendo que o locador deve anuir no contrato pois terá que lidar com aluguéis e encargos locatícios (em caso de atraso ou inadimplemento) do adquirente.

No sentido contrário, a posição do Enunciado mais recente (Enunciado 8 da I Jornada de Direito Comercial) sustenta um entendimento compatível com o art. 1.148 do Código Civil. Dessa forma, entende-se que não há racionalidade econômica no contrato de trespasse se o adquirente precisar da anuência do locador para a sua permanência no ponto comercial. Se o locador não permitir a continuidade do contrato de locação, o contrato de trespasse e os investimentos feitos pelo adquirente perdem sentido, uma vez que o ponto comercial é extremamente relevante para o desenvolvimento da empresa.

Além de preservar a atividade com o adquirente, procurou a lei proteger também os credores. O trespasse somente será eficaz se, na hipótese de não existirem bens suficientes para solver os débitos do alienante, houver o pagamento de todos os credores ou se estes manifestarem seu consentimento ou anuírem tacitamente ao não se manifestarem em 30 dias após serem regularmente notificados (art. 1.145 do Código Civil). Referida hipótese, outrossim, caracteriza ato de falência, conforme art. 94, III, c, da Lei n. 11.101/2005.

Ainda que o alienante não seja insolvente, para que os credores sejam efetivamente pagos, atribui a lei a este responsabilidade solidária pelos débitos da atividade empresarial antes da alienação, além de assegurar a responsabilidade também do adquirente. O alienante é responsável solidário pelas referidas dívidas pelo prazo de um ano. O referido prazo se inicia, quanto aos débitos já vencidos, da publicação do trespasse na imprensa oficial e, quanto aos débitos vincendos, de seu vencimento.

Nos termos do art. 1.146 do Código Civil, o adquirente será responsável pelos débitos anteriores à transferência, desde que regularmente contabilizados. A obrigação de contabilização dos débitos evita que o adquirente do estabelecimento seja surpreendido por dívidas que desconhecia. Pelo trespasse, nesses termos, haverá sucessão nas obrigações ao adquirente, mas apenas das regularmente contabilizadas.

Por conta dessa responsabilidade, a análise do adquirente é detalhada. A *due diligence*, ou diligência prévia, é um procedimento que analisa e investiga aspectos de determinado empresário ou sociedade empresária que o contratante deseja saber. Trata-se de questões financeiras, contábeis e jurídicas, como contratos e documentos. Desse modo, o contratante visa confirmar suas premissas sobre aquela empresa e avaliar eventuais riscos, aferindo o valor da empresa, o *valuation*.

Existem diversos métodos para a avaliação do valor do estabelecimento empresarial. Um dos mais utilizados é o fluxo de caixa descontado. Nele, avalia-se os fluxos de caixa futuros do empresário ou da sociedade empresária e, através de uma taxa de desconto, chega-se ao valor presente desses fluxos de caixa.

Em relação às obrigações decorrentes do trespasse, destaca-se o Enunciado 233 do Conselho da Justiça Federal: "A sistemática do contrato de trespasse delineada pelo Código Civil nos arts. 1.142 e ss., especialmente seus efeitos obrigacionais, aplica-se somente quando o conjunto de bens transferidos importar a transmissão da funcionalidade do estabelecimento empresarial." No tocante aos débitos, o Código Tributário Nacional submete a responsabilidade pelos tributos em razão do trespasse a regras especiais. O adquirente de estabelecimento empresarial que continuar a respectiva exploração, sob a mesma ou sob outra razão social ou sob firma ou nome individual, responde pelos tributos, relativos ao estabelecimento adquirido, devidos até a data do contrato. A responsabilidade será integral, se o alienante cessar a exploração da atividade, ou será subsidiária com o alienante, se este prosseguir na exploração ou iniciar dentro de seis meses, a contar da data da alienação, nova atividade no mesmo ou em outro ramo (art. 133 do CTN).

Sobre questões trabalhistas, o adquirente e o alienante serão solidariamente responsáveis pelas obrigações decorrentes da relação de emprego (art. 2º, § 2º, da CLT). Ou seja, ambos poderão responder pelas dívidas trabalhistas. Conforme o art. 448 da CLT, os contratos de trabalho serão mantidos mesmo com a mudança do estabelecimento.

No caso de alienação do estabelecimento em processo de falência ou recuperação judicial, o adquirente não assumirá nenhum ônus, desde que a venda seja realizada em processo competitivo. Desse modo, ele não assume as dívidas do alienante, mesmo sendo de natureza tributária ou trabalhista, conforme os artigos 141, II, § 2º, e 60 da Lei n. 11.101/2005 estabelecem.

Esse dispositivo incentiva a aquisição de estabelecimentos em processo de falência ou recuperação judicial, visando a preservar a atividade econômica e de modo que não haveria qualquer sucessão do adquirente nas obrigações do devedor ou que recaiam sobre o estabelecimento empresarial.

Por fim, a cessão dos créditos referentes ao estabelecimento transferido produzirá efeito em relação aos respectivos devedores, desde o momento da publicação da transferência, mas o devedor ficará exonerado se de boa-fé pagar ao cedente (art. 1.149).

3.1 Cláusula de não concorrência

O Código Civil positivou a cláusula de não concorrência no trespasse. Pelo art. 1.147 do Código Civil, "não havendo autorização expressa, o alienante do estabelecimento não pode fazer concorrência ao adquirente, nos cinco anos subsequentes à transferência".

A existência da cláusula de não concorrência se justifica pela racionalidade econômica do contrato de trespasse, visto que há a legítima expectativa do adquirente de lucrar com o estabelecimento cedido. Se o alienante concorre com o adquirente, ele promove uma concorrência qualificada, visto que ele detém um conhecimento excepcional do estabelecimento. Desse modo, o adquirente não obteria lucro com o estabelecimento empresarial e, consequentemente, o trespasse perderia sua racionalidade econômica.

A positivação da cláusula consagra o posicionamento jurisprudencial consolidado a respeito do contrato de trespasse e reflete a aplicação do princípio da boa-fé objetiva às relações contratuais empresariais.

Historicamente, o primeiro caso rumoroso a tratar da questão envolveu o litígio entre a Companhia de Tecidos de Juta e a Companhia Paulista de Aniagem, do Conde Álvares Penteado, e que culminou no julgamento pelo Supremo Tribunal Federal a respeito da proteção à clientela nos contratos de trespasse. No caso, o Conde Álvares Penteado havia alienado sua participação societária na Companhia de Tecidos de Juta a terceiros e, após a alienação, restabeleceu-se com a constituição da Companhia Paulista de Aniagem, que explorava a mesma atividade econômica e passou a concorrer com a primeira. Em 1914, o Supremo Tribunal Federal decidiu que a renúncia do direito ao exercício da atividade não poderia ser presumida e deveria resultar de modo inequívoco do contrato para que não se prejudicasse o princípio da livre concorrência. Nesses termos, julgou que a clientela não era integrante da alienação do estabelecimento empresarial e, desse modo, não poderia ser assegurada.

A despeito do precedente, a jurisprudência posteriormente consolidou-se em sentido contrário. Entendeu-se que o alienante do estabelecimento contratual, a menos que exista cláusula em contrário expressa, assegura ao adquirente a legítima expectativa de que com esse não voltaria a concorrer. Ainda que a clientela não seja elemento do estabelecimento contratual e sujeita à negociação entre os empresários, a aquisição do estabelecimento empresarial visa a manter os lucros obtidos com a manutenção da clientela, de modo que o empresário alienante não poderia desviá-la em detrimento da boa-fé objetiva do empresário adquirente.

Pelo art. 1.147 do Código Civil, a expectativa do adquirente ficaria limitada legitimamente a cinco anos. Passados os cinco anos, o alienante poderia concorrer com o adquirente, assim como também poderia fazê-lo desde que estabelecida expressamente no contrato essa possibilidade ou a alteração do referido prazo.

Além do contrato de trespasse, a vedação à concorrência é assegurada também nos contratos de arrendamento e de usufruto do estabelecimento empresarial. Nesses contratos, enquanto perdurar sua vigência, e não haja cláusula contratual dispondo sobre a questão, o arrendador e o nu proprietário não poderão concorrer com o arrendatário ou com o usufrutuário.

Contudo, existem limites de incidência da cláusula de não concorrência, uma vez que ela deve estar diretamente relacionada aos bens e serviços produzidos pelo estabelecimento cedido.

Em primeiro, apontamos o limite material. O objeto da atividade empresarial (e eventualmente produtos substitutos) é o limite de incidência da cláusula. No caso de produtos substitutos, a concorrência é determinada pela substitutibilidade, ou seja, se os produtos ou serviços podem ser adquiridos conjuntamente sem prejuízo substancial. Por exemplo, se o alienante vende um estabelecimento que produz manteiga e depois passa a produzir margarina em outro, configura-se como concorrência, visto que são produtos substitutos que interferem na demanda um do outro.

Também, há o limite geográfico para a aplicação da cláusula de não concorrência. Esse limite varia de acordo com natureza da atividade empresarial e do alcance da oferta da produção em relação ao consumidor. Ao analisar o âmbito territorial, é imprescindível avaliar os fatores envolvidos em cada caso concreto para determinar se há ou não concorrência. A título de exemplo, não cabe dizer que o alienante de uma padaria de bairro, ao estabelecer uma padaria em outra cidade, estaria competindo com o adquirente do estabelecimento. Não há concorrência em razão do alcance territorial da padaria alienada, uma vez que sua clientela é restrita ao bairro. Aliás, através de atos de concentração, o CADE pode determinar limites geográficos para cada atividade empresarial, tal como determinou que a exploração, produção, refino e distribuição de petróleo e derivados possui proteção com alcance mundial. Esse limite especial, nesses termos, deverá ser aferido conforme o respectivo estabelecimento e a concorrência empreendida.

Como já mencionado, o Código Civil estabelece no art. 1.147 um limite temporal, que pode ser alterado de acordo com a vontade das partes. Esse limite visa a proteger o adquirente, sendo a estimativa de tempo necessário para ele se estabelecer no mercado sem que o alienante o prejudique. Ainda, deve-se também considerar o Enunciado 490 do Conselho de Justiça Federal: "A ampliação do prazo de 5 (cinco) anos de proibição de concorrência pelo alienante ao adquirente do estabelecimento, ainda que convencionada no exercício da autonomia da vontade, pode ser revista judicialmente, se abusiva".

Entretanto, o CADE impõe restrições aos limites temporal e geográfico das cláusulas de não concorrência, visando a proteger a livre-iniciativa e a livre concorrência. Segundo a jurisprudência da autarquia, deve ser rejeitada a cláusula de não concorrência que ultrapasse os limites geográficos do mercado. É necessário ter em vista que a cláusula de não concorrência é um acessório da operação e deve se limitar ao mercado específico que a operação se delimita.

4. Penhora de estabelecimento empresarial

Como complexo de bens e que pode ser objeto de negócios jurídicos, o estabelecimento empresarial também poderá ser sujeito à penhora. Conforme art. 862 do Código de Processo Civil, a penhora no processo de execução poderá recair sobre estabelecimento empresarial, o que exigirá a nomeação pelo juiz de administrador depositário, que deverá apresentar, em dez dias, o plano de administração.

A jurisprudência já permitia sua realização por meio da Súmula 451 do Superior Tribunal de Justiça: "é legítima a penhora da sede do estabelecimento comercial".

A penhora de estabelecimento, entretanto, deverá ser excepcional. A penhora somente poderá ser determinada se não houver outro meio eficaz para a efetivação do crédito (art. 865 do Código de Processo Civil).

5. Elementos de composição do estabelecimento empresarial

Entre o complexo de bens organizado para o desenvolvimento da atividade, compõe-se o estabelecimento por bens materiais e imateriais. No tocante aos bens materiais, compõe-se o estabelecimento tanto de bens imóveis, como o terreno onde se localiza a sede da empresa, quanto de móveis, como as matérias-primas utilizadas na produção dos produtos a serem comercializados.

O complexo de bens é composto, também, por bens imateriais, como direitos, marcas e patentes, o ponto comercial etc.

Nesse ponto, deve ser ressaltada a controvérsia suscitada por R. Requião, que não inclui os imóveis entre os elementos do estabelecimento, por considerar o estabelecimento, em sua unidade, uma coisa móvel. Para o autor, "se considerarmos o estabelecimento, na sua unidade, uma coisa móvel, claro está, desde logo, que o elemento imóvel não o pode constituir. É preciso, e é de bom aviso aqui frisar, que não se deve confundir fundo de comércio com patrimônio. O fundo de comércio não constitui todo o patrimônio, mas é parte ou parcela do patrimônio do empresário. A empresa, que é o exercício da atividade organizada pelo empresário, conta com vários outros elementos patrimoniais, por este organizados, para a produção ou troca de bens ou serviços que não integram o estabelecimento empresarial. O imóvel pode ser elemento da empresa, mas não o é do fundo de comércio"[10].

No mesmo sentido, H. D. M. Verçosa. Para o autor, "não pode ser superada a crítica contrária a tal inclusão, na medida em que a tutela do estabelecimento não abrange a tutela do imóvel no qual se localiza, mesmo que ele pertença ao empresário e não seja alugado. Nesse caso, por exemplo, a venda do estabelecimento não pode ser objeto de um único instrumento contratual, devendo a transferência do imóvel ser feita por meio de contrato de compra e venda específico, reconhecendo-se a mudança do titular da propriedade imobiliária tão somente quando obedecidas as solenidades legais (escritura pública e registro em Cartório de Imóveis)"[11].

Em sentido diverso, com o qual concordamos, O. Barreto Filho se manifesta pela inclusão do imóvel como elemento do estabelecimento. O autor, inclusive, ao versar sobre a estrutura material do estabelecimento e sua variação conforme o ramo de atividade, destaca que "nos estabelecimentos industriais predominam os imóveis: terrenos, edifícios e construções destinados às fábricas, usinas e armazéns, com tudo neles intencionalmente empregado em sua exploração, com as máquinas e equipamentos"[12].

Ao definir estabelecimento empresarial como complexo de bens, a lei assegurou que todos os bens organizados para o desenvolvimento da empresa seriam compreendidos como elementos do estabelecimento. O bem imóvel, na medida em que permite a estruturação da atividade, estaria incluído na definição.

---

10 REQUIÃO, Rubens. Op. cit. p. 259.
11 VERÇOSA, H. M. D. Op. cit. p. 278.
12 BARRETO FILHO, O. Op. cit. p. 155.

5.10 ponto comercial

Espécie de bem imaterial integrante do estabelecimento, o ponto comercial é o local em que o empresário desenvolve a empresa, lugar em que está fixado o estabelecimento empresarial. Pode ter existência real ou virtual, como o endereço de um sítio na rede mundial de computadores.

O ponto comercial possui proteção pela legislação, pois, desenvolvido pelo esforço de organização dos elementos pelo empresário, assegura o reconhecimento pela clientela da qualidade do serviço prestado e dos produtos fornecidos e do local em que pode adquiri-los. Influi, assim, diretamente no resultado da empresa, o qual seria desviado caso o ponto, desprotegido, fosse apreendido injustamente por terceiro, que se locupletaria indevidamente.

Sua proteção é realizada, notadamente, pelo direito de renovar compulsoriamente o contrato de locação com o locador para a manutenção de desenvolvimento da atividade empresarial pelo locatário. Nessa hipótese de locação do imóvel, o ponto se destaca da propriedade do imóvel de terceiro, porque é pertencente ao empresário locatário do imóvel, possui valor econômico que se acresce ao valor do imóvel e constitui bem imaterial do estabelecimento empresarial.

Tratando-se de imóvel alugado, a lei confere ao locatário que desenvolveu no local sua atividade empresarial a renovação compulsória de seu contrato de locação não residencial, mediante ação renovatória. O art. 51 da Lei n. 8.245/91 estabeleceu a possibilidade de se renovar o contrato, por igual prazo, mesmo sem a anuência do locador, desde que, cumulativamente, fossem preenchidas as seguintes condições:

a) O contrato de locação tenha sido celebrado por escrito e tenha prazo determinado.

b) O prazo mínimo do contrato a renovar seja de cinco anos. Na hipótese de contratos sucessivos de locação, com prazo inferior a esse, admite-se a renovação desde que a soma dos prazos ininterruptos, sem intervalo entre os contratos, seja de cinco anos[13].

c) O locatário empresário ou sociedade empresária esteja explorando no local, pelo prazo mínimo e ininterrupto de três anos, o mesmo ramo de atividade empresarial.

d) O locatário promova a ação renovatória no prazo de um ano e mínimo de seis meses antes da data de finalização do prazo do contrato em vigor, sob pena de decadência.

---

13 Súmula 482 do STF: "O locatário, que não for sucessor ou cessionário do que o precedeu na locação, não pode somar os prazos concedidos a este, para pedir a renovação do contrato".

Na hipótese de sublocação total do imóvel, como foi o próprio sublocatário que desenvolveu o ponto comercial, o direito à renovação somente poderá ser exercido por este, e não pelo locatário. Esse princípio de que o direito de renovação segue a sorte do estabelecimento, independentemente da pessoa que o titulariza, é aplicável também no caso de cessionários ou sucessores na locação, os quais poderão promover a ação renovatória.

Poderá promover a ação renovatória, ainda, o sócio sobrevivente de sociedade empresária que se dissolveu por morte de um dos sócios, desde que continue a desenvolver atividade empresarial no mesmo ramo. Nesses casos, a ação renovatória é conferida ao empresário que efetivamente agregou valor ao local em que desenvolvida a atividade e que, caso alterada de localização, poderá ter o faturamento afetado em razão de desvio da clientela conquistada legitimamente.

Caso presentes todos os requisitos legais supra referidos, o contrato de aluguel poderá ser, mesmo contra a vontade do locador, renovado. A renovação ocorrerá pelo período do último contrato de locação e no máximo pelo período de cinco anos, conforme jurisprudência do Superior Tribunal de Justiça[14]. Ainda, a petição inicial da ação renovatória deverá conter as exigências dispostas no art. 71 da Lei n. 8.245/91. O locatário é responsável por tomar as medidas necessárias para ingressar com a ação renovatória, caso contrário, poderá haver decadência do seu direito.

A proteção ao ponto comercial, contudo, não é irrestrita. O direito de propriedade do locador, constitucionalmente assegurado (art. 5°, XXII da CF/88), não pode sofrer restrição desmensurada, de modo que a renovação do contrato de locação não será obrigatória nas hipóteses em que o locador possa opor "exceção de retomada do imóvel". São elas as previstas nos arts. 52 e 72 da Lei n. 8.245/91:

a) O poder público tiver imposto obrigação ao proprietário de realizar no imóvel obras que gerem radical transformação. Ainda que não tenham sido determinadas pelo poder público, mas sejam feitas na conveniência do proprietário, desde que as obras aumentem o valor do negócio ou da propriedade (art. 52, I, da Lei n. 8.245/91).

Na exceção de retomada do imóvel motivada por obra, o locador deverá, em sua contestação, demonstrar que houve a determinação do Poder Público ou relatório pormenorizado das obras a serem realizadas ou da estimativa de valorização que sofrerá o imóvel, o qual precisa ser assinado por engenheiro habilitado (art. 72, § 3°, da Lei n. 8.245/91).

---

14 STJ, REsp 1.216.537-MT, 4ª Turma, rel. Min. Marco Buzzi, j. 03.09.2015; STJ, AgRg no REsp 1.342.090-SP, 4ª Turma, rel. Min. Maria Isabel Gallotti, j. 14.05.2013; STJ, REsp 1.003.816-MG, 6ª Turma, rel. Min. Og Fernandes, j. 09.08.2011; STJ, REsp 693.729-MG, 6ª Turma, rel. Min. Nilson Naves, j. 22.08.2006.

b) O locador pretender utilizar o imóvel para si próprio ou para transferir estabelecimento comercial de que é majoritariamente titular, ou de que seja titular seu cônjuge, ascendente ou descendente, e exista há mais de um ano (art. 52, II, da Lei n. 8.245/91).

Nessa hipótese, não pode o locador transferir estabelecimento empresarial no mesmo ramo de atividade do locatário, a menos que a locação tenha envolvido o fundo de comércio (art. 52, § 1º, da Lei n. 8.245/91), ou seja, o imóvel com as instalações e demais pertences para o desenvolvimento de uma atividade específica, como ocorre em regra com a locação de postos de gasolina.

Caso as referidas obras determinadas pelo poder público ou feitas na conveniência do locador não se iniciarem em três meses da entrega do imóvel, ou o locador não se utilizar do imóvel ou transferir o estabelecimento, o locatário terá direito à indenização para ressarcimento dos prejuízos e dos lucros cessantes em decorrência da perda do ponto e das despesas com a mudança, salvo caso fortuito ou força maior.

c) Se o locatário oferecer valor não condizente com o valor locativo real do imóvel por ocasião da renovação, excluída a valorização trazida ao imóvel pelo desenvolvimento do ponto comercial no local (art. 72, II, da Lei n. 8.245/91).

Na referida hipótese, o locatário poderá complementar o valor da proposta realizada, conforme as condições que o locador repute compatíveis com o valor locativo real e atual do imóvel, mas, caso não o faça, não é obrigado o locador a renovar o contrato.

d) Caso haja proposta mais vantajosa realizada por terceiro ao locador, e o locatário não aceite a renovatória nas condições oferecidas por essa proposta (art. 72, III, da Lei n. 8.245/91).

Desde que demonstrada documentalmente a proposta realizada pelo terceiro, subscrita além de pelo proponente por duas testemunhas e com a indicação precisa do ramo de atividade a ser explorado, que não poderá ser o mesmo do explorado pelo locatário em sua empresa, será garantido ao locatário o direito de preferência para renovar a locação do imóvel nas mesmas condições ofertadas. Não coberto o valor oferecido pelo terceiro, a renovação não poderá ser imposta ao locador.

Entretanto, terá o locatário o direito a uma indenização consistente no ressarcimento tanto dos prejuízos causados como dos lucros cessantes pela perda do ponto comercial em decorrência da proposta mais vantajosa de terceiro (art. 52, § 3º, da Lei n. 8.245/91). A obrigação indenizatória em decorrência da não prorrogação da locação será imposta por sentença tanto ao locador quanto ao proponente, os quais responderão solidariamente pelos danos ao locatário (art. 75 da Lei n. 8.245/91).

A indenização será imposta ao locador, também, caso impeça a renovação do contrato de aluguel em razão a reforma substancial do bem, de transferência de seu estabelecimento empresarial ou de sua utilização para uso próprio, se, no prazo de três meses (salvo caso fortuito ou força maior), depois da entrega do imóvel, não realizou as obras, passou a utilizar o bem ou transferiu o estabelecimento. A indenização compreenderá os danos emergentes sofridos pelo locatário em razão da mudança de local, perda do local e desvalorização do fundo de comércio, assim como todos os lucros cessantes (art. 52, § 3°, da Lei n. 8.245/91). De acordo com a jurisprudência do Superior Tribunal de Justiça (STJ), o locatário também possui o direito de receber indenização caso o locador atribua ao bem uma finalidade distinta daquela declarada na ação renovatória[15].

5.1.1 O ponto comercial no *shopping center*

O *shopping center* se caracteriza por ser empreendimento destinado à locação de espaços por diversos empresários para o desenvolvimento de atividade econômica diversificada e que procure atender amplamente as necessidades dos consumidores.

Ainda que majoritariamente a doutrina o caracterize como contrato de locação, o contrato de *shopping center* possui peculiaridades em virtude da necessidade de se manter a maior diversidade de atividades empresariais para suprir as diferentes necessidades dos consumidores, atraindo-os, bem como para evitar a concorrência de empresários dentro do próprio empreendimento.

Por disposição expressa do art. 54 da Lei n. 8.245/91, nas locações para *shopping center* deverão prevalecer entre os lojistas e os empreendedores as condições livremente pactuadas nos contratos de locação respectivos.

Por forma da livre disposição das partes para atender aos legítimos interesses, permite-se jurisprudencialmente a convenção sobre cláusulas de raio nos contratos de *shopping center*. Pela disposição contratual celebrada entre empresários com plena consciência de seus interesses e do que efetivamente estão contratando, permite-se regularem que o locatário não poderá explorar atividade concorrente à desenvolvida no *shopping center* em área delimitada pelo contrato.

Considerando que os espaços comerciais são disponibilizados justamente para a contratação com os terceiros empresários, lojistas, no *shopping center*, a Lei n. 8.245/91 impediu que houvesse a oposição de exceção de retomada do imóvel baseada na alegação de utilização do imóvel

---
15 STJ, REsp 594.637/SP, rel. Min. Arnaldo Esteves Lima, 5.ª Turma, j. 09.05.2006, *DJ* 29.05.2006, p. 286.

para si ou para transferir o estabelecimento majoritariamente de sua titularidade ou de cônjuge, ascendente ou descente (art. 52, § 2º, da Lei n. 8.245/91). A ação renovatória, bem como as demais exceções de retomada do imóvel são aplicáveis normalmente aos contratos de locação de *shopping center*, a menos que haja disposição expressa em contrário nos contratos celebrados entre os empresários.

5.2 O título do estabelecimento

Elemento imaterial do estabelecimento, o título do estabelecimento é a denominação que serve para distinguir o estabelecimento, assim como a insígnia é o emblema ou qualquer outro sinal que sirva para identificá-lo.

O título não se confunde com a denominação indicativa do empresário ou sociedade empresária, com o nome empresarial, nem com a identificação dos produtos disponibilizados, a marca. Título do estabelecimento é a denominação do local em que a atividade é desenvolvida e passa a ser conhecida pela clientela.

O registro do título de estabelecimento não é disciplinado por norma legal. Sua proteção, contudo, apesar da omissão legislativa, decorreria da proibição de concorrência desleal e da preservação da própria empresa pelo ordenamento jurídico.

A defesa de seu uso exclusivo fundamentar-se-ia na tipificação legal do crime de concorrência desleal a quem utiliza, indevidamente, título de estabelecimento ou insígnia alheios, conforme art. 195, V, da Lei n. 9.279/96, bem como pela conduta de empregar meio fraudulento para desviar, em proveito próprio ou alheio, clientela de outrem (art. 195, III, da Lei n. 9.279/96), o que ocorreria caso fosse empregado o título de terceira pessoa para se beneficiar. No âmbito civil, a responsabilização assentar-se-ia na regra prevista no art. 209 da Lei n. 9.279/96, que estabelece que fica ressalvado ao prejudicado o direito de se ressarcir dos prejuízos causados pelos atos de violação de direitos de propriedade industrial e atos de concorrência desleal tendentes a criar confusão entre estabelecimentos.

O direito ao uso exclusivo do título surgiria com sua menção no registro do ato constitutivo do empresário ou em posterior averbação na Junta Comercial, o que faria prova de que sua utilização antecederia a de qualquer outro.

Detentor de valor econômico autônomo, o título do estabelecimento pode ser alienado ou transferido independentemente da transferência concomitante dos demais bens formadores do estabelecimento. Transfere-se a denominação do estabelecimento a terceiro, mesmo que o conjunto dos demais bens formadores do estabelecimento permaneça na propriedade do empresário alienante.

5.3 Propriedade industrial

A propriedade industrial está inserida no gênero propriedade intelectual. Este último caracteriza toda a atividade realizada pelo intelecto humano e é composto, além da propriedade industrial, pelas obras literárias, artísticas e científicas, regidas pela disciplina do direito autoral.

A propriedade intelectual tem como princípios genéricos: a) a especificidade das proteções: os bens incorpóreos devem ser protegidos adequadamente levando em conta sua funcionalidade específica; b) a inderrogabilidade do domínio público subsequente: sendo o domínio público uma decorrência necessária, visto que ele é a regra e a proteção pela propriedade intelectual é a exceção; c) a novidade: o bem não pode estar no domínio público, o seu uso será o inaugural, ao contrário, a proteção invadiria as liberdades da sociedade; e d) o contributo mínimo: o bem protegido deve acrescentar ao conhecimento comum.

As obras literárias, artísticas e científicas se diferenciam das demais em razão da originalidade. Em sua realização, o autor apresenta obra nova, fruto de seu intelecto e imaginação, o que garante à obra uma exclusividade pelo seu pensamento. Seu objetivo pode ou não ser a divulgação da obra ou sua reprodução.

A propriedade industrial, por seu turno, também se origina do intelecto de seu criador e exige a novidade. A obra deverá ser não apenas desconhecida pelo criador, mas desconhecida para o público em geral. Seu objetivo, outrossim, é ser destinada à produção em série, em escala industrial, para a comercialização.

Embora ambas sejam criadas pelo intelecto humano, o direito autoral protege a identidade da obra ou da criação, independentemente do registro. O registro do direito autoral, facultativo, não tem a natureza constitutiva, mas apenas de assegurar a anterioridade de sua criação (art. 18 da Lei n. 9.610/98). Para a segurança da autenticidade da obra protegida, o registro poderá ser realizado, a depender da natureza da obra, na Biblioteca Nacional, na Escola de Música, na Escola de Belas-Artes da Universidade Federal do Rio de Janeiro, no Instituto Nacional do Cinema, ou no Conselho Federal de Engenharia, Arquitetura e Agronomia (art. 17 da Lei n. 5.988/73).

O direito da propriedade industrial protege a reprodução da criação ou da obra com base no registro, cuja natureza é constitutiva e será realizada no Instituto Nacional de Propriedade Industrial (INPI), autarquia federal vinculada ao Ministério do Desenvolvimento, Indústria, Comércio e Serviços.

Dentro do gênero propriedade intelectual, a propriedade industrial pode ser conceituada, assim, como as normas legais que visam a disciplinar e proteger a utilização de obras criadas pelo intelecto humano e destinadas à produção em série. Esse segmento trata da indústria de transformação e do comércio. Nessa indústria, é essencial que o Estado proteja os bens incorpóreos e industriais, proporcionando um ambiente seguro para investimentos em inovação, onde os inventores não precisem temer que seus esforços sejam explorados por concorrentes no mercado. Sem essa intervenção, outros competidores poderiam facilmente se apropriar do trabalho dispendioso e inventivo do criador, o que desestimularia a inovação e o investimento ao longo prazo. Desse modo, cria-se um ambiente onde os detentores da propriedade industrial desfrutam de uma exclusividade legal que, por sua vez, incentiva o progresso tecnológico e o crescimento econômico.

Contudo, são necessários limites para que não haja abusos desse direito. No caso, o detentor do direito não pode exceder sua utilidade social e prejudicar a sociedade e a economia como um todo. A exclusividade deve ser entendida de maneira restrita, sempre visando o público. No próprio artigo 5º, inciso XXIX da Constituição Federal é estabelecido que a propriedade industrial deverá atender a uma finalidade, que é proteger o interesse social e desenvolvimento econômico e tecnológico do País e deverá atender também a uma funcionalidade: a propriedade deverá atender às necessidades e propósitos nacionais, ela deverá solucionar problemas brasileiros. Tal norma estabelece: "XXIX – a lei assegurará aos autores de inventos industriais privilégio temporário para sua utilização, bem como proteção às criações industriais, à propriedade das marcas, aos nomes de empresas e a outros signos distintivos, tendo em vista o interesse social e o desenvolvimento tecnológico e econômico do País".

Ainda, outra limitação constitucional que se aplica à propriedade industrial é decorrente da própria denominação de "propriedade", visto que o inciso XXIII também do art. 5º da Constituição estabelece que: "XXIII – a propriedade atenderá a sua função social". Logo, o titular da propriedade industrial terá de atender aos interesses sociais. Também, essa designação é benéfica visto que o regime da propriedade é um dos mais estáveis do sistema legal, além do fato de o detentor ter *plena in re potestas* (pleno poder sobre a coisa), podendo controlar o bem e excluí-lo do uso de terceiros.

Como é dito no art. 5º, inciso XXIX da CF, a propriedade industrial trata de inventos industriais (como modelos de utilidade e invenções), criações industriais (como desenhos industriais, cultivares e topografias de semicondutores) e signos distintivos (como marcas e indicações geográficas).

As criações e os inventos não são descobertas, mas sim um produto da atividade intelectual, possuindo caráter econômico e industrial. Ambos, como todos os bens da propriedade industrial, se submetem ao interesse social e ao desenvolvimento tecnológico, econômico e social do país, conforme é estabelecido na cláusula finalística do art. 5°, inciso XXIX. A grande diferença entre a criação industrial e o invento industrial é que a primeira possui caráter abstrato por não alterar o estado de natureza.

Os direitos decorrentes dessas normas são concedidos e regulados pelo Estado, mediante autarquia federal denominada Instituto Nacional de Propriedade Industrial (INPI). Compete ao INPI a concessão de patentes e registros, o reconhecimento de indicações geográficas, bem como a apreciação administrativa dos conflitos decorrentes de sua utilização e proteção. Dentre as funções do INPI, incluem-se ainda a averbação de contratos de transferência de tecnologia e a averbação de contratos de franquia para produzirem efeitos em relação a terceiros (art. 211 da Lei n. 9.279/96).

Por ser autarquia federal, eventual ação judicial em face de decisão do INPI ou para anular patente ou registro é de competência da Justiça Federal, ainda que em litisconsórcio com terceiro. Pedidos condenatórios à indenização por infração de direito de propriedade industrial, entretanto, em face de terceiros, são de competência da Justiça Estadual. Considerando que somente é possível a cumulação de pedido quando o mesmo juízo for competente para conhecer de todos (art. 292, § 1°, II, do CPC), não cabe no mesmo processo requerer a anulação de registro ou patente em face do INPI e a condenação de terceiro em razão da utilização indevida, por não se confundirem as jurisdições[16].

Com a crescente globalização do comércio e da indústria, houve a necessidade de internacionalização da propriedade industrial devido à desarmonia dessa legislação entre os países. Tal disparidade resultava em situações nas quais os países que ofereciam monopólios aos detentores de propriedade intelectual se encontravam em desvantagem em relação àqueles que não o faziam. Esse desequilíbrio tinha implicações significativas tanto para as economias quanto para os consumidores.

Assim, em 1883 houve a Convenção da União de Paris para a Proteção da Propriedade Industrial (CUP), que estabeleceu padrões mínimos de proteção internacional à propriedade industrial, por exemplo, o reconhecimento extraterritorial das marcas notórias. A CUP não busca uniformizar as leis nacionais; ela possibilita que cada país tenha liberdade legislativa. O objetivo da Convenção é proporcionar paridade entre o tratamento dado ao nacional e ao estrangeiro. Desse modo, o estrangeiro terá os mesmos direitos e privilégios concedidos a um nacional no país signatário da Convenção (princípio do tratamento nacional). Também, deve haver prevalência da Convenção em relação à lei nacional caso ela seja mais benéfica para o estrangeiro. Ainda, o estrangeiro que depositar um pedido de patente no exterior possui o prazo de

---

16 STJ, REsp 1.281.448-SP, 3ª Turma, rel. Min. Nancy Andrighi, j. 05.06.2014; STJ, REsp 1.132.449-PR, 3ª Turma, rel. Min. Nancy Andrighi, j. 13.03.2012.

um ano para solicitá-lo em um dos países membros (princípio da prioridade). Para pedidos relativos a desenhos, modelos industriais e marcas, o prazo para solicitá-los nos países signatários é de seis meses (art. 4º C da CUP).

Outro acordo firmado internacionalmente foi o TRIPS (Trade-Related Aspects of Intellectual Property Rights) no âmbito do GATT (General Agreement on Tariffs and Trade). O acordo, mais detalhado que a CUP, elevou o padrão mínimo de proteção judicial e administrativa exigido para a propriedade intelectual. Ele permite que os países signatários legislem livremente desde que respeitem esse piso mínimo. Inclusive, os países membros podem fornecer uma proteção maior do que está disposto no acordo. Ainda, o TRIPS leva em consideração as diferenças legislativas entre os países signatários e os objetivos básicos da política pública dos sistemas nacionais (como desenvolvimento e tecnologia). O objetivo do acordo é a uniformização e previsibilidade dos parâmetros de propriedade intelectual.

Há ainda a OMPI, Organização Mundial de Propriedade Intelectual, que foi criada em 1967. Atualmente, ela faz parte da Organização das Nações Unidas (ONU). A OMPI visa a proteger a propriedade intelectual em uma escala global com a cooperação dos Estados. Essa proteção é essencial pois a propriedade intelectual não é um fim em si mesmo, mas um meio de desenvolvimento tecnológico, econômico e cultural dos países da organização.

Diante do relevante interesse social e do desenvolvimento tecnológico e econômico do país, foi promulgada a Lei n. 9.279/96, conhecida como Código de Propriedade Industrial (CPI), para proteger a atividade inventiva e a utilização pelo empresário das obras produzidas. A importância do Código de Propriedade Industrial é crescente conforme se acirra a concorrência entre os agentes econômicos na disputa pelo mercado de consumo e se procura estimular o investimento em inovação tecnológica para o desenvolvimento econômico.

Ressalta-se, entretanto, que a concessão de patentes e registro não atribui propriamente um direito de propriedade das obras ou invenções. A propriedade industrial protege a exteriorização da invenção, ou seja, a técnica de sua reprodução. O que o direito de propriedade industrial determina é a proibição do exercício dessa técnica pelas pessoas, o que assegura um direito exclusivo, mas não de propriedade, de seu titular em relação à técnica. Assegura-se um direito de reprodução exclusivo pelo titular, como um privilégio estatal em detrimento da livre-iniciativa e livre concorrência de todos os demais particulares. Sua constitucionalidade é, entretanto, assegurada, pois se fundamenta em um estímulo conferido pelo Estado para que o inventor possa ser incentiva0do a despender recursos em inovação tecnológica e pesquisa para criar determinado novo objeto, pois poderá obter os lucros monopolísticos, durante determinado período de vigência, da exploração exclusiva de sua criação. Nos termos do art. 5º, XXIX, da Constituição Federal, asseguram-se os direitos de patente e registros "tendo em vista o interesse social e o desenvolvimento tecnológico e econômico do país".

Quatro foram os bens imateriais componentes do estabelecimento empresarial protegidos pelo direito industrial por meio do art. 2º da Lei n. 9.279/96:

a) concessão de patentes de invenção;

b) concessão de patentes de modelo de utilidade;

c) concessão de registro de desenho industrial; e

d) concessão de registro de marca.

O art. 2º do Código de Propriedade Industrial também protege a propriedade industrial através da repressão às falsas indicações geográficas e à concorrência desleal. É importante ressaltar que os objetos da propriedade industrial destacados no art. 2º não compreendem a totalidade de seus objetos, indo muito além, como é o caso dos cultivares e das topografias de semicondutores.

Em 2024, por meio da Lei n. 14.852, foi inserida como direto protegido pela propriedade industrial, no art. 2º, VI, da Lei n. 9.279/96, a concessão de registro para jogos eletrônicos.

5.3.1 Patente

Ao autor de invenção ou modelo de utilidade é assegurado o direito de obter a patente. Patente é o direito atribuído pelo Estado que garante um privilégio ao titular para a utilização exclusiva da invenção ou do modelo de utilidade. Trata-se de um direito imaterial que exclui uma tecnologia do domínio público temporariamente.

A concessão da patente constitui o direito de exploração do titular, e não apenas o reconhece. Somente após sua concessão é que se garante ao titular que terceiros não reproduzirão, sem sua autorização, sua invenção ou modelo de utilidade. A falta de registro, ademais, pode provocar o conhecimento da informação sobre as obras pelo público, de modo que a inovação passaria a ser compreendida no estado da técnica.

Como direito da propriedade industrial, a patente é considerada bem móvel (art. 5º da Lei n. 9.279/96). Bem com conteúdo patrimonial, pode ser objeto de transmissão *inter vivos* ou *causa mortis*, ou ainda ser objeto de licença de exploração. Consiste, em suma, em um dos elementos do estabelecimento empresarial à disposição da organização do empresário para o desenvolvimento da empresa.

A concessão da patente pelo Estado ao titular garante a este o direito de impedir que terceiro, sem o seu consentimento, produza, use, coloque à venda, venda ou importe o produto objeto de patente ou o processo ou produto obtido diretamente por processo patenteado (art. 42 do CPI).

A violação à patente, entretanto, é afastada em caso de: I – atos praticados por terceiros, não autorizados, em caráter privado e sem finalidade comercial, desde que não acarretem prejuízo ao interesse econômico do titular da patente; II – atos praticados por terceiros não autorizados, com finalidade experimental, relacionados a estudos ou pesquisas científicas ou tecnológicas; III – preparação de medicamento de acordo com prescrição médica para casos individuais, executada por profissional habilitado, bem como medicamento assim preparado; IV – produto fabricado de acordo com patente de processo ou de produto que tiver sido colocado no mercado interno diretamente pelo titular da patente ou com seu consentimento; V – no caso de patentes relacionadas com matéria viva, que utilizem, ponham em circulação ou comercializem um produto patenteado que haja sido introduzido licitamente no comércio pelo detentor da patente ou por detentor de licença, desde que o produto patenteado não seja utilizado para multiplicação ou propagação comercial da matéria viva em causa; VI – atos praticados por terceiros não autorizados, relacionados à invenção protegida por patente, destinados exclusivamente à produção de informações, dados e resultados de testes, visando à obtenção do registro de comercialização, no Brasil ou em outro país, para a exploração e comercialização do produto objeto da patente, após a expiração do prazo da patente.

A violação à patente terá consequências civis ou penais, de acordo com o que estiver previsto no CPI. Ela confere ao titular o direito de obter indenização pelas perdas e danos decorrentes da exploração indevida. O montante de indenização será calculado inclusive em relação à exploração ocorrida entre a data da publicação do pedido e a da concessão da patente ou, se o infrator teve conhecimento do conteúdo do pedido depositado antes de sua publicação, desde a data de início da exploração. Se a patente versar sobre material biológico, contudo, o direito à indenização será conferido somente quando este se tiver tornado acessível ao público.

5.3.2 Invenção e modelo de utilidade

São patenteáveis a invenção e o modelo de utilidade.

Invenção é a obra fruto do intelecto humano, cujas características não existiam até então e que possa ser produzida industrialmente. Pelo art. 8º, a Lei n. 9.279/96 esclarece que é patenteável a invenção que atenda aos requisitos de novidade, atividade inventiva e aplicação industrial.

Modelo de utilidade, por seu turno, é o objeto de uso prático, ou parte dele, suscetível de produção industrial, que consiste em aperfeiçoamento de invenções para lhes aumentar a utilidade ou facilitar sua fabricação industrial. Trata-se de melhorias funcionais, que facilitem ou aumentem a praticidade e a eficiência de determinado objeto. Nos termos do art. 9º da Lei n. 9.279/96, "é patenteável como modelo de utilidade o objeto de uso prático, ou parte deste, suscetível de aplicação industrial, que apresente nova forma ou disposição, envolvendo ato inventivo, que resulte em melhoria funcional no seu uso ou em sua fabricação". A patente de modelo de utilidade possui um prazo de proteção menor do que a patente de invenção, mas o conteúdo da proteção é igual para ambas. Esse tipo de patente visa proteger avanços mínimos e muitas vezes alcançados pelo pequeno inventor, artesão ou pelo operário na linha de produção.

Podem ser apontados quatro requisitos para a existência da invenção e do modelo de utilidade: novidade, atividade inventiva, aplicação industrial e não serem proibidos por Lei.

a) *Novidade:* a novidade exige que a obra concebida não seja compreendida no estado da técnica. Por estado da técnica compreende-se tudo aquilo que já é de conhecimento do público.

Pela novidade, exige-se que a invenção e o modelo de utilidade sejam desconhecidos pelo público antes de sua concepção. Seu conhecimento não pode estar vulgarizado, disseminado entre todos a ponto de não existir qualquer novidade. Para tanto, considera-se tudo aquilo tornado acessível ao público antes da data de depósito do pedido de patente, por descrição escrita ou oral, por uso ou qualquer outro meio, no Brasil ou no exterior (art. 11, § 1º, da Lei n. 9.279/96). A novidade é absoluta em matéria de patente, não havendo limites espaciais ou temporais para aferi-la.

Considera-se estado da técnica, ainda que a informação não tenha sido disponibilizada ao público, o conteúdo do pedido de patente depois do depósito no Brasil, ou após a prioridade reivindicada, desde que venha a ser publicado, mesmo que subsequentemente.

O direito de prioridade procura estender a proteção à patente concedida por outro país. Para tanto, o art. 16 da Lei n. 9.279/96 determinou que ao pedido de patente depositado em país que mantenha acordo com o Brasil, ou em organização internacional, que produza efeito de depósito nacional, será assegurado o direito de prioridade, nos prazos estabelecidos no acordo, não sendo o depósito invalidado nem prejudicado por fatos ocorridos nesses prazos. Nesse sentido, a Convenção da União de Paris determina em seu art. 4º o prazo de 12 meses para o titular da patente ingressar com o pedido em outros países. A reivindicação da prioridade deve ser demonstrada por documento hábil por ocasião do depósito ou em até 180 dias deste, sob pena de perda.

Caso as informações sobre a invenção ou sobre o modelo de utilidade sejam divulgadas pelo próprio inventor, pelo INPI, ou por terceiros, no período de 12 meses que antecede a data de depósito ou da prioridade do pedido de patente, não serão excepcionalmente considerados como compreendidos no estado da técnica. Trata-se do período de graça (art. 12 do CPI).

No período de graça de 12 meses antecedentes do pedido, o conhecimento pelo público não obsta a concessão da patente de modo a proteger o inventor que divulgou sua invenção para terceiros, testou seu invento ou ainda da tentativa de aproveitamento indevido por esses.

O período de graça procura proteger principalmente o inventor individual e as pequenas empresas, que acabam explorando ou divulgando seus inventos antes de pedir a patente.

b) *Atividade inventiva:* a atividade inventiva é imprescindível tanto para a invenção propriamente dita, quanto para o modelo de utilidade, ainda que em menor grau para esse.

Atividade inventiva é a que não é decorrência evidente do estado da técnica. A atividade inventiva exige que a técnica ou o produto seja concebido pelo intelecto humano, pela imaginação do homem. Não pode resultar de uma consequência de algo já existente, de uma mera descoberta, pois do contrário não haveria qualquer raciocínio em sua concepção. É imprescindível a atividade criativa.

Para a invenção, criou-se nova regra até então inexistente. O art. 13 do CPI determina que "é dotada de atividade inventiva sempre que, para um técnico no assunto, não decorra de maneira evidente ou óbvia do estado da técnica". Ou seja, o técnico no assunto não pode simplesmente produzir a invenção com o uso de seus conhecimentos; deve haver um avanço tecnológico, uma contribuição mínima.

O modelo de utilidade também exige a inventividade, mas em um grau menor. Exige-se o ato inventivo ao invés da atividade inventiva. Sua concepção não pode resultar, pela análise de um técnico no assunto, de uma decorrência comum e vulgar das informações já conhecidas pelo público (art. 14 do CPI). A maior utilidade ou facilidade na fabricação industrial não podem caracterizar um modelo de utilidade se a obra for mera justaposição de invenções, sem qualquer aperfeiçoamento, sem qualquer atividade intelectual de criação.

c) *Aplicação industrial:* a invenção e o modelo de utilidade exigem, ainda, aplicação industrial. São considerados suscetíveis de aplicação industrial quando um de dois requisitos estiverem presentes.

O primeiro é a exigência de que a obra possa resolver um problema prático existente, ou seja, possa ser utilizada em qualquer indústria. Pelo requisito, não se admite a patente de algo inútil aos agentes. A solução técnica deverá ser útil e concreta, contribuindo minimamente para o estado da técnica.

O segundo requisito refere-se à possibilidade de ser produzido pela indústria. O invento deve ser suscetível de aplicação concreta, em escala e forma industrial. Ainda, deverá ser dotado de repetibilidade, ou seja, a solução técnica poderá ser repetida sem intervenção pessoal. Não se protege pela patente inventos impossíveis de se fabricar em razão da insuficiência tecnológica atual. Isso para assegurar que não haja a patente de uma mera ideia abstrata (art. 15 do CPI). A patente só protege aquilo que tem efeito técnico, que altere ou controle as forças da natureza, não sendo protegidas descobertas ou concepções puramente abstratas. O objeto da patente deverá ser posto na utilização da indústria (seja um novo meio, processo, aplicação ou aplicação de meios conhecidos) ou na produção da indústria (isto é, um produto ou dispositivo).

d) *Licitude:* as obras novas, fruto da atividade inventiva e que permitam aplicação industrial, para serem patenteáveis, por fim, não podem ser proibidas por lei. O art. 18 da Lei n. 9.279/96 estipula diversos requisitos incidentais, apontando proibições para as patentes. Determina o art. 18, I, que não é patenteável o que for contrário à moral, aos bons costumes e à segurança, à ordem e à saúde públicas. Isso porque a proteção à patente exige que o objeto patenteável seja lícito.

São proibidas também, pelo art. 18, II, do CPI, as substâncias, matérias, misturas, elementos ou produtos de qualquer espécie, bem como a modificação de suas propriedades físico-químicas e os respectivos processos de obtenção ou modificação, quando resultantes de transformação do núcleo atômico. A proibição procura tutelar o interesse estatal e a segurança nacional ao conservar o monopólio da União na interferência em minérios nucleares.

Por fim, não são patenteáveis, conforme art. 18, III, do CPI, também, o todo ou parte dos seres vivos. Isso porque o ser vivo não possui qualquer atividade intelectual do homem, mas é objeto de simples descoberta. A proibição não inclui, entretanto, os micro-organismos transgênicos que atendam aos requisitos de novidade, atividade inventiva e aplicação industrial. Quanto a esses, o homem passa a intervir nos organismos para obter uma composição genética diversa, com características normalmente não alcançáveis pela espécie em condições naturais. Caso tais micro-organismos, os quais não incluem o todo ou parte de plantas ou de animais, possuam características inovadoras, sejam frutos da atividade inventiva humana e possuam aplicação industrial, serão patenteáveis.

Outrossim, nos termos do art. 10 da Lei n. 9.279/96, não são considerados nem invenção nem modelo de utilidade: descobertas, teorias científicas e métodos matemáticos; concepções puramente abstratas; esquemas, planos, princípios ou métodos comerciais, contábeis, financeiros, educativos, publicitários, de sorteio e de fiscalização; as obras literárias, arquitetônicas, artísticas e científicas ou qualquer criação estética; programas de computador em si; apresentação de informações; regras de jogo; técnicas e métodos operatórios ou cirúrgicos, bem como métodos terapêuticos ou de diagnóstico, para aplicação no corpo humano ou animal; e o todo ou parte de seres vivos naturais e materiais biológicos encontrados na natureza, ou ainda que dela isolados, inclusive o genoma ou germoplasma de qualquer ser vivo natural e os processos biológicos naturais. Em suma, o artigo 10 estipula requisitos estruturais, estabelecendo índices, não sendo patenteáveis soluções que não são úteis ou concretas.

Ainda, considerando o art. 5°, XXIX da Constituição Federal de 1988, o sistema de patentes não pode ser utilizado para manutenção das relações internacionais ou favorecer interesses de outros países. Isso se justifica pelo fato de o dispositivo constitucional estabelecer que a proteção dos inventos industriais terá em vista o interesse social e o desenvolvimento tecnológico e econômico do País.

Ademais, o art. 24 do CPI estabelece que o relatório deverá ter suficiência descritiva, visando a permitir a reprodução do invento na indústria e pesquisas. Caso contrário, o pedido de patente será indeferido.

Ressalta-se que, por uma questão de política pública, o duplo patenteamento não é permitido. Não é possível estender o prazo de proteção para o mesmo invento, concedendo múltiplas patentes baseadas em fundamentos idênticos.

5.3.3 Legitimidade para o pedido de patente

O direito de obter a patente é assegurado ao autor de invenção ou modelo de utilidade (art. 2° do CPI). Além do autor, seus herdeiros ou sucessores e cessionários poderão realizar o requerimento de patente (art. 6, § 2°, do CPI).

A patente poderá ser requerida tanto por pessoa natural quanto por pessoa jurídica. O pedido de patente reconhecerá a autoria do titular, que terá seu nome, como inventor, vinculado à invenção.

Se a invenção ou modelo de utilidade for resultante de processo coletivo de criação, todos os inventores, em conjunto, poderão formular o pedido. Caso este seja realizado por uma única pessoa, deverão ser nomeados e qualificados os demais para a ressalva quanto aos seus direitos (art. 6°, § 3°, do CPI).

Essa situação, conhecida por patente coletiva, não se confunde com a hipótese de dois inventores, sem conhecimento recíproco e de forma independente, tiverem criado invenção ou modelo de utilidade. Na hipótese de a mesma invenção ou modelo de utilidade ter sido criada por duas ou mais pessoas, de modo independente, e não conjuntamente, garante-se o direito de patente ao titular que provar o pedido de depósito mais antigo, ainda que sua invenção somente tenha sido realizada posteriormente à de outro (art. 7° do CPI).

Pela redação do referido dispositivo legal, "se dois ou mais autores tiverem realizado a mesma invenção ou modelo de utilidade, de forma independente, o direito de obter patente será assegurado àquele que provar o depósito mais antigo, independentemente das datas de invenção ou criação".

Relevante para a aferição do requisito da novidade, nesse caso, para a concessão da patente e a consequente proteção ao direito dela decorrente, é a data em que foi realizado o referido depósito pelo titular.

A criação poderá ser realizada pelo próprio autor legitimado, conforme art. 2º do CPI, mas a autoria pode resultar também de determinação da lei, do contrato de trabalho ou de prestação de serviço. Ressalta-se que as regras de prestação de serviço também englobam prestadores de serviços autônomos ou que não tenham contratos associativos (art. 92 do CPI). Presume a lei que o requerente, salvo prova em contrário, é o legitimado a obter a patente.

Nesse aspecto, a invenção e o modelo de utilidade são de exploração exclusiva, por meio do direito de patente, do empregador, se decorrerem do contrato de emprego, prestação de serviço ou estágio, cuja execução ocorra no Brasil e que consista na pesquisa ou na atividade inventiva, mesmo que esta última não seja o objeto específico do contrato, mas resulte da natureza dos serviços para os quais o prestador foi contratado (art. 88 do CPI). Se o prestador de serviço aufere rendimentos, conforme o contrato, para inventar coisas novas ou aperfeiçoar as coisas já existentes, a invenção ou o modelo de utilidade concebido durante o seu trabalho pertencerá exclusivamente ao empregador.

De modo a evitar a usurpação do direito de patente, consideram-se desenvolvidos na vigência do contrato a invenção ou o modelo de utilidade cuja patente seja requerida pelo empregado ou prestador no prazo de até um ano após a extinção do contrato. Essa presunção, contudo, é *juris tantum*. Caso o prestador demonstre que, mesmo durante o contrato ou no período de um ano após sua extinção, concebeu a invenção ou o modelo de utilidade sem qualquer vinculação com o contrato e que tais obras não foram decorrentes da utilização de recursos, meios, dados, materiais, instalações ou equipamentos do empregador, terá o direito exclusivo da patente (art. 90 do CPI).

Caso a invenção ou o modelo de utilidade resulte da contribuição pessoal do empregado ou prestador, cujo objeto do contrato não seja a atividade inventiva, mas com a utilização de recursos, dados, meios, materiais, instalações ou equipamentos do empregador, a menos que haja expressa disposição em contrário, a titularidade do direito de patente será comum entre o prestador e o adquirente do serviço (art. 91 do CPI). Caso concebida dessa forma por mais de um trabalhador, a titularidade será metade do empregador e metade dividida em quantos trabalhadores tiverem desenvolvido a atividade inventiva.

Nessa hipótese de titularidade comum entre o empregador e o trabalhador, o direito à exploração da patente é atribuído exclusivamente ao empregador. Ao prestador é assegurada simplesmente a justa remuneração pela exploração.

No intuito de assegurar o proveito econômico para seus titulares, bem como o próprio interesse nacional no desenvolvimento tecnológico e econômico do país, a exploração da patente, apesar de competir ao empregador, na falta de ajustes em contrário, deve ser realizada no prazo de um ano a partir da data da concessão, salvo razões legítimas, sob pena de a titularidade ser transferida exclusivamente ao empregado, prestador ou estagiário.

5.3.4 Processamento do pedido de patente

O pedido de depósito deve ser realizado no INPI e ser munido com todos os elementos necessários à descrição da invenção ou do modelo de utilidade. Pelo art. 19 do CPI, são necessários, além do requerimento, o relatório descritivo, reivindicações da matéria objeto da proteção a ser concedida, desenhos, resumo e comprovante de pagamento da taxa de depósito.

O relatório descritivo a ser apresentado deve indicar clara e suficientemente o objeto, de modo a possibilitar sua realização por técnico no assunto e indicar, quando for o caso, a melhor forma de execução (art. 24 do CPI). Ele deverá permitir que, após a expiração da patente, o técnico consiga reproduzir o invento.

Já as reivindicações fixam o objeto da invenção, reunindo todas as características técnicas e particularidades do invento.

Ressalta-se que nem sempre a totalidade do pedido de patente poderá ser acolhida pelo INPI. Assim, a autarquia poderá limitar e adequar o pedido, dentro do limite do que foi requerido, para que a patente seja concedida.

Munido de todos os documentos necessários, o pedido de depósito será submetido à análise da autarquia e será considerada data de depósito, relevante para a aferição do requisito da novidade, a data da apresentação do pedido.

Referido pedido será mantido sob sigilo durante 18 meses depois do depósito ou da prioridade mais antiga e, decorrido o prazo, será submetido à publicação na *Revista da Propriedade Industrial*, publicação oficial do INPI, exceto se o seu objetivo possui interesse à defesa nacional, hipótese em que será processado em caráter sigiloso (art. 75 do CPI). Na "publicação deverão constar dados identificadores do pedido de patente, ficando cópia do relatório descritivo, das reivindicações, do resumo e dos desenhos à disposição do público no INPI" (art. 24 do CPI). Através da publicação do pedido, torna-se pública a solução técnica protegida pela patente. Ele permite que os interessados tenham conhecimento e possam eventualmente contestar o pedido de patente, garantindo a novidade da invenção ou do modelo de utilidade.

O prazo de sigilo é conferido em benefício do próprio requerente para que possa, caso concedida a patente, organizar-se para o seu desenvolvimento. Em razão desse benefício, o requerente poderá dispensar o período de sigilo e requerer a antecipação da publicação (art. 30 do CPI).

A publicação tornará de conhecimento de todos o pedido de patente, bem como os elementos imprescindíveis para desenvolver a invenção ou o modelo de utilidade. Ainda que sua utilização exclusiva pelo titular possa ser assegurada por meio da concessão da patente, o direito de exploração exclusiva perdurará apenas enquanto durar a vigência da patente. Decorrido o prazo, terceiros poderão explorar o invento sem qualquer exigência de remuneração ou retribuição ao inventor titular, o que, por vezes, desmotiva o titular do invento de requerer a proteção pela patente.

Diante da publicidade necessária e da obrigação de depósito detalhado de todos os elementos descritivos da invenção, o titular poderá optar por explorar sua invenção ou modelo de utilidade sem a proteção da exclusividade assegurada pela patente, visando a guardar eventuais segredos. É o segredo de empresa, o qual, entretanto, poderá permitir que terceiro requeira posteriormente a proteção da criação por meio da patente e, como se garante o direito àquele que requereu o primeiro depósito, poderá resultar na proibição do inventor originário em explorar sua invenção ou modelo de utilidade.

Uma vez publicado o pedido de patente, qualquer interessado, seja o próprio requerente original ou terceiro que questiona a presença dos requisitos para o pedido, deverá requerer o exame de seus requisitos no prazo de 36 meses contados da data do depósito, sob pena de arquivamento (art. 33 do CPI). A exigência de novo requerimento, agora para o exame dos requisitos, permite que o INPI avalie apenas os pedidos de patente em que ainda haveria interesse do próprio requerente. Isso porque, depois do decurso do prazo até a publicação do pedido de patente, o requerente poderá ter perdido o interesse na proteção da invenção ou modelo de utilidade, por múltiplos motivos, como pela invenção ter sido superada por outra mais atual etc.

O exame do pedido de patente será realizado após, ao menos, 60 dias da publicação e serão verificados todos os requisitos para que a invenção ou o modelo de utilidade sejam patenteáveis.

5.3.5 Vigência e direitos

Caso não estejam presentes os requisitos da patenteabilidade, o INPI conferirá ao requerente o prazo de 90 dias para cumprir a exigência ou contestar sua formulação para o exame em definitivo do pedido. Caso não presentes os requisitos legais ou não cumpridas as exigências, o pedido será definitivamente arquivado (art. 36 do CPI).

Por outro lado, deferido o pedido, o titular deverá pagar a retribuição ao INPI no prazo de 60 dias (art. 38 do CPI). Caso o pagamento seja demonstrado, o INPI concede a patente ao requerente por meio da expedição da carta patente.

A partir da concessão da patente, nascem tanto obrigações quanto direitos para o titular. Nasce a obrigação de pagar anuidades, fazer bom uso do privilégio, não abusar da patente etc. O titular também terá direito de haver indenizações (art. 44 do CPI), de ceder a patente, de impedir que terceiro (sem o seu consentimento) produza o objeto de patente (art. 42 do CPI), entre outros.

Ainda que a patente conceda o direito de exclusividade sobre a invenção ou modelo de utilidade, a lei assegurou o direito de terceiro de boa-fé a continuar a explorar seu objeto no país, se já o explorava anteriormente à data de depósito ou de prioridade de pedido. Nos termos do art. 45 do CPI, "à pessoa de boa-fé que, antes da data de depósito ou de prioridade de pedido de patente, explorava seu objeto no país, será assegurado o direito de continuar a exploração, sem ônus, na forma e condição anteriores". Esse pedido não será assegurado ao terceiro que tenha tido conhecimento do objeto da patente pelo inventor, INPI ou por terceiros, se o pedido for depositado no prazo de 12 meses da divulgação.

Da decisão administrativa do INPI a respeito dos requisitos para a patenteabilidade da invenção ou do modelo de utilidade, não caberá recurso administrativo (arts. 212 e seguintes do CPI). Administrativamente, poderá ocorrer requerimento de nulidade administrativa da patente em razão da contrariedade das disposições legais (arts. 46 e 51 do CPI), além de eventual ação judicial com pedido de nulidade, a qual poderá ser proposta por qualquer interessado ou pelo próprio INPI, enquanto a patente estiver vigente (art. 56 do CPI). Nos termos do art. 57 do CPI, "a ação de nulidade de patente será ajuizada no foro da Justiça Federal e o INPI, quando não for autor, intervirá no feito".

A patente terá vigência pelo prazo de 20 anos, se referente à invenção, ou de 15 anos, se a modelo de utilidade. O prazo de vigência, contudo, não é contado depois da concessão, mas sim da data do depósito (art. 40 do CPI). Findo esse prazo, a solução técnica pertencerá ao domínio público.

O prazo mínimo de vigência foi revogado. Como a análise pelo INPI podia se protelar no tempo até a concessão da patente, garantia-se ao titular que o prazo de vigência não seria inferior a 10 anos para a patente de invenção e a 7 anos para a patente de modelo de utilidade, a contar da data de concessão. Concedia-se, assim, um prazo mínimo de proteção pela vigência da patente, em razão de demora para apreciação do pedido que não lhe pode ser imputada, exceto se o INPI estiver impedido de proceder ao exame de mérito do pedido por pendência judicial comprovada ou por motivo de força maior (art. 40, parágrafo único, do CPI).

Referido dispositivo, entretanto, foi julgado inconstitucional pelo Supremo Tribunal Federal, na ADI 5.554, diante do entendimento de que o interesse nacional seria prejudicado pela extensão do prazo de proteção ao investidor, de modo que, posteriormente, o dispositivo legal fora revogado pela Lei n. 14.195/2021.

Pela concessão do INPI, o titular da patente terá o direito exclusivo de explorar sua invenção ou seu modelo de utilidade pelo prazo de sua vigência, inclusive com o direito de impedir que terceiros realizem processo ou se utilizem, produzam, comercializem ou importem produto obtido diretamente por processo patenteado (art. 42 do CPI).

Ressalte-se, entretanto, que, apesar de se procurar assegurar um prazo mínimo de proteção depois da concessão, o titular da patente tem direito à indenização pela exploração indevida, não apenas posteriormente à concessão, como também entre a data da publicação do pedido e a da concessão da patente ou, ainda, se o infrator teve conhecimento do conteúdo do pedido depositado antes de sua publicação, desde a data de início da exploração (art. 44 do CPI).

5.3.6 Cessão e licença voluntária

A patente ou o próprio pedido podem ser objetos de cessão. Embora ambos possuam conteúdo indivisível, podem ser cedidos total ou parcialmente (art. 58 do CPI). Parcial é a que confere apenas parte dos direitos pleiteados ou concedidos ou que os concede apenas durante determinado lapso temporal.

A cessão deverá ser anotada no INPI e somente produzirá efeito em relação a terceiro a partir da data de sua publicação, conforme art. 60 da Lei n. 9.279/96. Essa cessão não se confunde, entretanto, com a licença, a qual pode ser voluntária ou compulsória.

Licença voluntária é a concessão de exploração da patente por terceiro, quer a patente já tenha sido concedida, quer apenas o requerimento tenha sido depositado. Nos termos do art. 61 do CPI, "o titular de patente ou o depositante poderá celebrar contrato de licença para exploração".

Mediante a manifestação de vontade das partes, por meio da celebração de um contrato, portanto, confere-se o direito de terceiro explorar a patente ou o pedido de patente. Esse contrato é suficiente para a concessão do direito entre as partes, mas, para passar a produzir efeitos perante terceiros, exigem-se sua averbação no INPI e sua publicação.

Prevê a lei, para a concessão da licença voluntária, a possibilidade de o próprio INPI promover a publicação da oferta de exploração da patente por terceiros. Mediante requerimento voluntário, o titular pode solicitar ao INPI que coloque a patente em oferta para fins de exploração, ou seja, promova a chamada *oferta de licença, mediante a publicação da oferta na Revista da Propriedade Industrial (art. 64 do CPI).*

A oferta de licença obsta que seja averbado no INPI qualquer contrato de licença voluntária que garante a exclusividade da exploração da patente, assim como não é admitida a oferta de patente já licenciada voluntariamente com caráter de exclusividade. A exploração exclusiva da patente pelo licenciado ou seu oferecimento a tanto tornam incompatível sua exploração ou oferecimento a terceiro.

Embora confira o direito ao licenciado de explorar a patente, esse deverá pagar ao titular, em razão da exploração, os *royalties*. Royalties são o pagamento ao proprietário de determinado bem por alguém que deseja ter o direito de usá-lo, explorá-lo ou comercializá-lo. Os *royalties* são livremente convencionados entre as partes na licença voluntária. Na oferta de licença, "na falta de acordo entre o titular e o licenciado, as partes poderão requerer ao INPI o arbitramento da remuneração", a qual poderá ser revista pelo INPI decorrido um ano de sua fixação (art. 65 do CPI).

Como modo de garantir o interesse público ao desenvolvimento tecnológico e econômico do país, procurou-se incentivar a exploração. Para tanto, estimulou-se a colocação de patentes em oferta pelos titulares, com a redução de sua anuidade pela metade no período compreendido entre o oferecimento e a concessão da primeira licença.

Com o mesmo objetivo, além de assegurar ao titular do direito de propriedade da patente a satisfação dos *royalties* convencionados em razão da exploração, também se garantiu ao titular da patente o direito de requerer o cancelamento da licença caso haja descumprimento do contrato de licença. O cancelamento pode ocorrer se: a) o licenciado não der início à exploração efetiva da patente dentro de um ano da concessão; b) o licenciado interromper a exploração por prazo superior a um ano; c) houver o descumprimento de quaisquer condições impostas para a exploração (art. 67 do CPI).

5.3.7 Licença compulsória

A licença compulsória é diversa da cessão e da licença voluntária. Não há qualquer manifestação de vontade do seu titular em transferir a patente ou o direito de exploração. Pelo contrário, a licença compulsória é realizada ainda que em detrimento da vontade de seu titular.

A licença compulsória decorre da intervenção estatal fundamentada na proteção do interesse público ao impor uma restrição obrigatória à titularidade do direito sobre a invenção ou modelo de utilidade protegido. A licença tem como finalidade desenvolver e atender às demandas do mercado interno. Ela transfere, por decisão administrativa ou judicial, a exploração da patente a terceiro, independentemente da vontade do titular, se ocorrer comportamento do titular que exija a transferência a terceiro de sua exploração, como sanção ao comportamento indevido, ou se o interesse público o exigir. São as seguintes hipóteses, previstas nos arts. 68 e seguintes do CPI:

a) Abuso de direito: caso o titular exerça seu direito em desconformidade aos fins previstos para o instituto da patente. Nesse caso, o abuso de direito pode ocorrer de duas maneiras: pelo excesso de poder, ultrapassando os limites legais, ou pelo desvio de finalidade da patente, o que não excederá necessariamente os limites legais.

b) Abuso de poder econômico: caracteriza-se nas infrações tipificadas na Lei n. 12.529/2011, entre as quais as hipóteses de o titular exercer seus direitos para prejudicar a livre concorrência ou a livre-iniciativa, dominar mercados, aumentar arbitrariamente os lucros ou exercer de forma abusiva posição dominante.

c) Falta de exploração: a não exploração do objeto da patente no território nacional por falta de fabricação ou utilização, exceto se a falta de exploração for justificada pelo titular por razões legítimas, se comprovar a realização de sérios e efetivos preparativos para a exploração ou justificar a falta de fabricação ou comercialização por obstáculo de ordem legal (art. 69 do CPI). O Estado confere a exclusividade da patente visando a beneficiar a sociedade com a exploração da solução técnica. Portanto, é obrigatória a exploração da patente.

d) Comercialização não satisfatória: caso a oferta da invenção ou do modelo de utilidade não satisfaça as necessidades e a demanda do mercado.

e) Patente dependente de outra: caso a patente exija obrigatoriamente, para sua exploração, a utilização de outra patente, que constitua substancial progresso técnico em relação à patente anterior e não haja acordo entre os titulares para a exploração da patente anterior, o titular da patente licenciada terá direito a licença compulsória cruzada da patente dependente (art. 70 do CPI).

f) Emergência nacional, internacional ou interesse público: nessas hipóteses, desde que declaradas por lei ou por ato do Poder Executivo Federal, ou de reconhecimento de estado de calamidade pública de âmbito nacional pelo Congresso Nacional, poderá ser concedida a licença compulsória, temporária, da patente que não estiver sendo explorada conforme as necessidades nacionais pelo seu titular (art. 71 do CPI). Referida licença não prejudicará os direitos do respetivo titular e deverá ter estabelecido seu prazo de vigência e a possibilidade de sua prorrogação.

g) Razões humanitárias e nos termos de tratado internacional: por ocasião da pandemia de covid-19, pelo art. 71-A do CPI, incluído pela Lei n. 14.200/2021, foi permitida também a licença compulsória de patentes de produtos destinados à exportação a países com insuficiente ou nenhuma capacidade de fabricação no setor farmacêutico para atendimento de sua população.

Com exceção da licença decorrente da emergência nacional e interesse público, a qual será de atribuição do Presidente da República, e da calamidade pública, a qual é reconhecida pelo Congresso Nacional, a licença compulsória será conferida pelo INPI, após contraditório e ampla defesa pelo titular em procedimento administrativo instaurado a tanto. Em razão da licença, o licenciado deverá remunerar o titular com os *royalties* decorrentes dessa exploração, os quais serão arbitrados pelo INPI.

O licenciado terá que explorar a patente pessoalmente, pois não se admite o sublicenciamento. Somente poderá ceder a exploração com a cessão, alienação ou arrendamento do estabelecimento.

A licença compulsória, também, será realizada sem exclusividade ao licenciado (art. 72). Esse deverá iniciar a exploração no prazo de um ano da concessão da licença, admitida a interrupção também por um ano, sob pena de ficar submetido ao pedido de cassação da licença pelo titular (art. 74 do CPI).

5.3.8 Extinção do direito de patente

São diversas as causas de extinção da patente, conforme art. 78 do CPI. A patente se extingue: pela expiração do prazo de vigência; pela renúncia de seu titular, ressalvado o direito de terceiros; pela caducidade; pela falta de pagamento da retribuição; pela falta de constituição e manutenção, pela pessoa domiciliada no exterior, de procurador devidamente qualificado e domiciliado no país, com poderes para representá-la administrativa e judicialmente, inclusive para receber citações.

A caducidade ocorre se, decorridos dois anos da concessão da primeira licença compulsória, a situação que motivou a licença persistir (art. 80 do CPI). Caso após dois anos da concessão da licença o decurso do prazo não tenha sido suficiente para sanar o abuso ou desuso, a menos que haja motivo justificável, a patente caducará, de ofício ou mediante requerimento de qualquer legitimado. A decisão da caducidade produzirá efeitos a partir da data do requerimento ou da publicação da instauração de ofício do processo.

Extinta a patente, a invenção e o modelo de utilidade passam a ser de domínio público e podem ser explorados por qualquer pessoa, sem óbice pelo antigo titular.

5.3.8.1 Patentes *pipeline* e *mailbox*

As patentes *pipeline* e *mailbox* são situações excepcionais, de caráter temporário, que estão previstas nas disposições finais e transitórias da Lei n. 9.279/96.

A patente *pipeline* é estabelecida nos arts. 230 e 231 do CPI/96. Ela permite o patenteamento de produtos farmacêuticos e alimentícios anteriores à sua vigência, visto que essas patentes eram proibidas pelo Código de Propriedade Industrial antecedente (Lei n. 5.772/71). Assim sendo, o CPI atual

(Lei n. 9.276/96) criou as patentes *pipeline* para aqueles produtos que não puderam fazer o pedido de patente sob a lei anterior.

O art. 230, § 4°, do CPI/96 estabelece que as patentes *pipeline* serão protegidas no Brasil pelo prazo remanescente de proteção no país onde foi depositado o primeiro pedido, contado da data do depósito no Brasil. Entretanto, o prazo máximo de proteção será de 20 anos para patentes de invenção e de 15 anos para patentes de modelo de utilidade, conforme o art. 40 do CPI. Ainda, conforme a jurisprudência brasileira[17], os pressupostos para concessão da patente *pipeline* estão previstos no art. 230 e seguintes do CPI, não sendo necessária a comprovação dos requisitos de novidade, atividade inventiva e aplicação industrial (art. 8°).

Trata-se de um instituto muito polêmico, havendo, inclusive, pedido para declaração de inconstitucionalidade das patentes *pipeline* (ADI 4234). Contudo, a ADI ainda não foi decidida pelo STF.

Ademais, o CPI previu em seu art. 229, parágrafo único, o instituto das patentes *mailbox*. Esse tipo de patente atende aos pedidos formulados entre 01/01/1995 (data em que o acordo TRIPS entrou em vigor) e 14/05/1997 (data em que o CPI/96 entrou em vigor). O TRIPS passou a permitir patentes relativas a farmacêuticos e produtos químicos para a agricultura, enquanto o CPI anterior (Lei n. 5.772/71) não admitia. Assim, esses pedidos de patentes, feitos no período entre o início da vigência do TRIPS e do CPI/96 (que passou a permitir essas patentes), serão protegidos a partir da data da concessão da patente, pelo prazo remanescente a contar do dia do depósito no Brasil, limitado ao prazo no art. 40.

5.4 Registro de desenho industrial

O desenho industrial é protegido pelo sistema de registro. Enquanto a titularidade e proteção da invenção e do modelo de utilidade são asseguradas pela patente, o registro é que confere a titularidade do direito e assegura a proteção do desenho industrial, assim como da marca.

Desenho industrial é, conforme definição do art. 95 da Lei n. 9.279/96, "a forma plástica ornamental de um objeto ou o conjunto ornamental de linhas e cores que possa ser aplicado a um produto, proporcionando resultado visual novo e original na sua configuração externa e que possa servir de tipo de fabricação industrial". Extrai-se desse dispositivo que o desenho industrial deverá ter uma função ornamental, acessória à criação. Ou seja, um bem que tenha o ornamento como elemento principal e não como acessório não poderá ser protegido por esse instituto. Ainda, por mais que o desenho industrial

---

17 STJ, REsp 1.753.535/RJ, 3ª Turma, rel. Min. Nancy Andrighi, j. em 04.06.2019, *DJe* 07.06.2019.

seja preponderantemente utilizado no âmbito comercial, ele deverá ser suscetível de industrialização.

Não se confunde com a invenção ou com o modelo de utilidade. Não há aumento da utilidade ou aperfeiçoamento de fabricação de uma obra já existente, como no modelo de utilidade, ou a criação de uma obra cujas características e utilidade não existiam, como na invenção. Também, não se confunde com a marca, que identifica e distingue um produto ou serviço, nem com o *trade dress*, que é conjunto de elementos identificadores de um produto, serviço ou estabelecimento empresarial. O desenho industrial tem uma função ornamental e não identificadora ou distintiva.

No desenho industrial, a transformação ocorre sobre a forma do produto apenas. Não há incremento em sua funcionalidade ou aperfeiçoamento de fabricação. O incremento é apenas estético e não se relaciona à funcionalidade do bem.

Não se identifica, porém, com as obras de arte, protegidas pelo direito autoral (Lei n. 9.610/98). No desenho industrial, o objeto sob o qual a nova forma plástica recai é destinado a suprir uma determinada função prática, não exclusivamente estética como nas obras de arte.

5.4.1 Requisitos para o registro

O desenho industrial caracteriza-se pela nova estética do objeto. Para que possa ser registrado, é necessário que a forma do objeto seja nova, original, permita a aplicação industrial e seja lícita.

A novidade exige que o resultado visual do objeto não seja compreendido no estado da técnica (art. 96 do CPI). Como já referido para a obtenção da patente, o estado da técnica é constituído pelo que se tornou de conhecimento do público antes da data de depósito do pedido. Considera-se estado da técnica, também, o pedido de registro depositado no Brasil, ainda que não publicado, também é considerado como incluído no estado da técnica a partir da data de depósito ou da prioridade reivindicada, se for publicado posteriormente. Não se trata da novidade do desenho em si, mas de uma nova aplicação ou de uma concepção inovadora.

A lei excepciona, entretanto, a divulgação ao público do resultado visual nos 180 dias anteriores à data do depósito ou da prioridade. Na hipótese de a divulgação ao público ter ocorrido nesse prazo, pelo autor do desenho, pelo INPI, por meio de publicação oficial do pedido de registro sem o consentimento do autor, ou por terceiros, com base em informações obtidas direta ou indiretamente do autor do desenho ou em decorrência de atos por este realizados, conserva o desenho industrial sua novidade.

O desenho industrial, além de não ter sua aplicação industrial compreendida no estado da técnica, precisa ser original. Ele não deve ser parecido com nenhum modelo ou padrão conhecido; deve haver um elemento significativo de criação. Como original, compreende-se o desenho industrial de que resulte uma configuração visual peculiar, que diferencie o objeto dos demais, ainda que essa configuração visual distintiva resulte da combinação de elementos conhecidos (art. 97 do CPI).

Essa exigência de peculiaridade na aparência do objeto não significa, contudo, que qualquer obra de caráter puramente artístico possa ser registrada como desenho industrial. A própria Lei n. 9.279/96 no art. 98 veda as obras puramente artísticas, pois o caráter artístico, estético ou expressivo deve ser característica acessória do desenho industrial e não principal. O registro só é admitido aos desenhos industriais que possam recair sobre objetos destinados a suprir uma determinada utilidade que não exclusivamente estética ou decorativa. Ainda que novo, original e de aplicação industrial, não é registrável como desenho industrial o que for contrário à moral e aos bons costumes ou que ofenda a honra ou imagem de pessoas, ou atente contra liberdade de consciência, crença, culto religioso ou ideia e sentimentos dignos de respeito e veneração. Tampouco será registrável a forma necessária comum ou vulgar do objeto ou, ainda, aquela determinada essencialmente por considerações técnicas ou funcionais (art. 100 da Lei n. 9.279/96).

5.4.2 Legitimidade e procedimento

O direito de obter o registro é assegurado ao autor do desenho industrial e ao procedimento aplica-se a mesma disciplina do processo de concessão das patentes, conforme art. 94, parágrafo único, do CPI.

Da mesma forma que para o direito de obtenção da patente, essa autoria pode resultar de determinação da lei, do contrato de trabalho ou de prestação de serviço, e presume a lei que o requerente, salvo prova em contrário, é o legitimado a obter o registro.

Ao pedido de registro também incide o direito de prioridade, como disciplinado para a concessão da patente. Nesses termos, ao pedido de patente depositado em país que mantenha acordo com o Brasil, ou em organização internacional, que produza efeito de depósito nacional, será assegurado o direito de prioridade, nos prazos estabelecidos no acordo, não sendo o depósito invalidado nem prejudicado por fatos ocorridos nesses prazos. A reivindicação da prioridade deve ser demonstrada por documento hábil por ocasião do depósito ou em até 90 dias deste, prazo considerado pela metade em relação à patente.

Nos termos do art. 101 do CPI, o pedido de registro deverá conter o requerimento; relatório descritivo, se for o caso; reivindicações, se for o caso;

desenhos ou fotografias; campo de aplicação do objeto; e comprovante do pagamento da retribuição relativa ao depósito. O desenho deverá representar clara e suficiente o objeto e suas variações, se houver, de modo a possibilitar sua reprodução por técnico no assunto (art. 104, parágrafo único, do CPI).

Há algumas peculiaridades ao processamento do pedido de registro, entretanto. Ao contrário do pedido de patente, em que o objeto ficará mantido em sigilo para, somente após 180 dias, ser publicado e, ainda posteriormente, ser realizado o exame de sua concessão, no pedido de registro do desenho industrial será automaticamente publicado e simultaneamente concedido o registro, com a expedição do respectivo certificado.

Nos termos do art. 102 do CPI, apresentado o pedido, será ele submetido a exame formal preliminar e, se devidamente instruído, será protocolizado, considerada a data do depósito a da sua apresentação. Caso não esteja devidamente instruído, mas contenha dados suficientes relativos ao depositante, ao desenho industrial e ao autor, poderá o pedido ser entregue ao INPI, o qual estabelecerá as exigências para cumprimento no prazo de cinco dias, de modo que, se cumpridas, será considerado o depósito como efetuado na data da apresentação do pedido (art. 103 do CPI). Caso não tenha os elementos necessários, antes de ser arquivado em definitivo o pedido, o requerente poderá atender as exigências no prazo de 60 dias (art. 106, § 3º, da Lei n. 9.279/96).

Depositado o pedido de registro de desenho industrial, desde que esteja devidamente instruído conforme o exame formal preliminar, o pedido será automaticamente publicado e simultaneamente concedido o registro, expedindo-se o respectivo certificado (art. 106 do CPI).

O pedido somente ficará em sigilo caso o requeira o depositante. Nessa hipótese, ficará mantido em sigilo por 180 dias da data do depósito, após o que será processado (art. 106, § 1º, da Lei n. 9.279/96).

5.4.3 Proteção e vigência do registro de desenho industrial

A concessão do registro atribui ao autor a propriedade do desenho industrial e lhe assegura o direito de impedir que terceiro, sem o seu consentimento, utilize, produza, importe ou comercialize produto objeto de seu desenho industrial. A proibição, todavia, não se estende aos atos praticados por terceiro em caráter privado e sem finalidade comercial, desde que não acarretem prejuízo ao interesse econômico do titular; aos atos praticados com finalidade experimental, relacionados a estudos ou pesquisas científicas ou tecnológicas; e aos produtos que tiverem sido colocados no mercado interno diretamente pelo autor do desenho ou com o seu consentimento.

Ressalta-se, da mesma forma que para as patentes, o direito de usuário anterior. Nos termos do art. 110 do CPI, "à pessoa que, de boa-fé, antes da data do depósito ou da prioridade do pedido de registro explorava seu objeto no país, será assegurado o direito de continuar a exploração, se ônus, na forma e condição anteriores". Seu direito somente não será reconhecido na hipótese de ter conhecimento do objeto do registro através de divulgação pelo autor do pedido, pelo INPI ou por terceiro, desde que o pedido tenha sido depositado no prazo de seis meses contados da divulgação.

Essa proteção perdurará pelo prazo da vigência do registro, que é de 10 anos contados da data do depósito, prorrogável por três períodos sucessivos de cinco anos cada (art. 108 do CPI). A prorrogação deverá ser requerida no último ano de vigência do registro, com o comprovante de pagamento da retribuição, ou até 180 dias do termo final de vigência do registro, com o pagamento de retribuição adicional ao INPI.

Expirado o referido prazo de vigência, extingue-se o registro. Esse registro do desenho industrial, ainda, extingue-se pela renúncia de seu titular, ressalvado o direito de terceiros; pela falta de pagamento das retribuições exigidas para a prorrogação do registro e da retribuição quinquenal para manutenção desse registro; e pela não constituição ou manutenção, pela pessoa domiciliada no exterior, de procurador devidamente qualificado e domiciliado no país, com poderes para representá-la administrativa e judicialmente, inclusive com poderes para receber citações.

A nulidade do registro de desenho industrial poderá ser requerida mediante procedimento administrativo até cinco anos após a concessão do registro pelo INPI ou por quem tenha legítimo interesse. Ainda, poderão requerer a nulidade judicialmente durante a duração do direito.

5.5 Marcas

A marca é o sinal distintivo, visualmente perceptível, de determinado produto ou serviço (art. 122 do CPI). Sua função tradicional era permitir aos consumidores a identificação de específico produto ou serviço dentre os diversos do mesmo tipo disponibilizados no mercado.

Atualmente, a função da marca foi estendida. Além de identificar os produtos ou serviços entre outros idênticos, semelhantes ou afins, de origem diversa, a função da marca de produto ou serviço, passou a identificar sua qualidade, assim como se o produtor pertencesse a determinada entidade ou associação.

Além de resguardar a clientela do empresário, que poderá identificar seu produto ante os demais semelhantes, passou a marca a conferir proteção aos consumidores, que possuirão informações sobre o atendimento de determinados padrões de produção ou qualidade pelo fornecedor de produtos e serviços. Ela é a reputação do empresário, podendo afastar ou preservar sua clientela.

De toda forma, a função essencial da marca é distinguir determinado produto ou serviço. Ela tem como objetivo proteger tanto o investimento empresarial quanto o consumidor. Sua importância é tanta que muitos dispositivos legais decorrem da distintividade, como o art. 124, VI, XIX, XXIII do CPI.

É relevante ressaltar que a marca não se confunde com o produto ou serviço que ela identifica. A marca é um bem incorpóreo, enquanto o produto é um bem material ofertado pelo empresário ao mercado consumidor.

5.5.1 Espécies de marcas

As marcas podem ser classificadas quanto à função e quanto à forma.

Quanto à função, nos termos do art. 123 do CPI, as marcas podem ser:

a) *marca de produto ou serviço:* são os sinais que desempenham a função tradicional da marca. Os sinais procuram identificar um produto ou serviço e distingui-lo dos demais semelhantes dispostos no mercado de consumo;

(i) marca notoriamente conhecida: subespécie de marcas de produtos ou serviço, as marcas notórias são previstas no art. 126 da Lei n. 9.279/96, e se constituem pelos sinais designativos de produtos ou serviços tradicionalmente conhecidos em determinado ramo de atividade.

Ainda que não registradas no Brasil, gozam as marcas notoriamente conhecidas de proteção especial quanto ao seu ramo de atuação, de modo que o órgão responsável pelo registro, o INPI poderá indeferir de ofício pedido de registro de marca que a reproduza ou imite, no todo ou em parte, de modo a evitar a confusão entre produto ou serviço idêntico, semelhante ou afim. São exemplos a Chandon, a Skechers e Ryder.

(ii) marca de alto renome: subespécie de marcas de produtos ou serviço, possui máximo reconhecimento pelo mercado consumidor tanto nacional quanto internacional, mas precisa estar registrada no INPI. A marca de alto renome é exceção ao princípio da especificidade, que confere ao seu titular a utilização exclusiva, mas restrita à classe da atividade. Em razão desse reconhecimento, a lei confere-lhe proteção especial não somente em relação aos produtos de seu ramo de atividade, mas em relação a todas as classes de atividades.

Nos termos do art. 125 do CPI, "à marca registrada no Brasil considerada de alto renome será assegurada proteção especial, em todos os ramos de atividade". Pela Resolução n. 107/2013 do INPI, ela foi definida como "a marca registrada cujo desempenho em distinguir os produtos ou serviços por ela designados e cuja eficácia simbólica levam-na a extrapolar seu escopo primitivo, exorbitando, assim, o chamado princípio da especialidade, em função de sua distintividade, de seu reconhecimento por ampla parcela do público, da qualidade, reputação e prestígio a ela associados e de sua flagrante capacidade de atrair os consumidores em razão de sua simples presença.

Não se confunde com a marca notoriamente conhecida, restrita ao ramo de atividade ou aos produtos idênticos ou semelhantes, e que independe do registro.

Cabe ao INPI a definição das marcas de alto renome. Sua definição poderá ser realizada mediante a oposição ao registro da marca por terceiro, diante de processo administrativo de nulidade de registro da marca por terceiro interessado e, além de incidentalmente nesses processos, mediante pedido autônomo de reconhecimento.

São exemplos de marca de alto renome: Honda, Toyota, Faber-Castell, Petrobras, Ferrari, Nike, BMW, Adidas, Rolex, Bic etc.[18].

b) *marca de certificação:* tem a função de atestar a qualidade e modo de produção ou fabricação do produto ou serviço. Esta é utilizada para atestar a conformidade de um produto ou serviço com determinadas normas ou especificações técnicas. Como exemplo a certificação – International Organization for Standardization, para análise de materiais, certificações diversas e publicações.

c) *marca coletiva:* identifica produtos ou serviços provindos de membros de determinada coletividade. Garante-se, com a marca coletiva, que determinado produto ou serviço seja conforme regulamentos de uma entidade ou de uma associação a que pertença o produtor. Sua função é assegurar ao consumidor, em razão de pertencer à associação ou entidade, que os padrões de qualidade esperados estariam sendo atendidos. São exemplos de marca coletiva a Unimed, a Fiesp.

d) Quanto à forma, a marca pode ser classificada em nominativa, figurativa, mista ou tridimensional.

Nominativa é a marca formada apenas por letras ou algarismos que formam palavras ou palavras e números. São exemplos Vasp, Itaú, Sony. Ainda, a marca nominativa será complexa quando for composta por dois ou mais elementos nominativos. A marca complexa pode ser composta por elementos que sejam genéricos, gozando apenas de distintividade em relação ao conjunto. Com isso, os elementos nominativos não são protegidos de maneira autônoma; somente o conjunto é protegido.

Figurativa é a marca formada apenas por desenhos ou símbolos. Esses sinais devem permitir a distinção do produto ou serviço dos demais no mercado. São exemplos Lacoste, Mercedes-Benz, Rede Globo.

---

18 Disponível em: <http://www.inpi.gov.br/menu-servicos/marcas/arquivos/inpi-marcas_-marcas--de-alto-renome-em-vigencia_-06-08-2019_padrao.pdf>. Acesso em: 17 nov. 2019.

Por fim, *mista* é a marca constituída tanto por palavras quanto por símbolos ou figuras. Ela tem tanto a referência simbólica como palavras. São exemplos McDonald's, Nestlé, Natura.

Tridimensional é a marca que se caracteriza pela sua distinção do produto, com forma plástica peculiar, sem relevância na utilidade do bem. A forma distingue o produto dos demais, mas sem atenção a qualquer utilidade do bem, para não se confundir com o desenho industrial. Exemplo é o caso do chocolate Toblerone, da garrafa de Coca-Cola, do Yakult.

Ademais, as marcas podem ser classificadas de acordo com seu grau de distintividade. As marcas podem ser: a) marcas de fantasia, b) marcas não distintivas e c) marcas evocativas.

As marcas de fantasia são formadas por sinais que não tenham relação com os produtos ou serviços que distinguem. Podem ser compostas por palavras inventadas ou não, desde que não tenham relação com o produto ou serviço.

As marcas não distintivas são formadas por sinais genéricos que tenham relação com os produtos os serviços. Em regra, elas não podem ser registradas, não são o nome do produto, mas carecem de distintividade.

As marcas evocativas são formadas por sinais genéricos que possuem distintividade suficiente e, desse modo, podem ser registradas. A distintividade pode se dar, por exemplo, através da aglutinação de palavras ou sílabas, como é o caso da marca Petrobras. Devido à sua menor distintividade, as marcas evocativas gozam de uma proteção menor, sendo possível que os concorrentes utilizem elementos parecidos. Ainda assim, possuem uma margem de defesa quando houver risco de confusão ou associação indevida de marcas.

Por mais que as marcas evocativas possuam uma proteção mais debilitada, elas são adotadas por diversos empresários. Isso se deve ao fato de elas serem compostas por elementos que demonstrem a finalidade da marca ou as utilidades e características dos produtos ou serviços, facilitando a divulgação dos bens ofertados.

5.5.2 Legitimados para o pedido de registro

Os legitimados para requerer a proteção à marca, mediante o registro no INPI, diferem conforme o tipo de marca pretendida.

Quanto à marca de produto ou serviço, podem requerer seu registro as pessoas físicas ou jurídicas de direito público ou de direito privado (art. 128 do CPI). As pessoas de direito privado, contudo, somente podem requerer registro de marca relativa à atividade que exerçam efetivamente, de modo direto ou por intermédio de empresas que controlem direta ou indiretamente.

Os registros de marca coletiva, por seu turno, somente podem ser requeridos por pessoa jurídica representativa de coletividade, a qual não necessita exercer atividades iguais às dos seus membros.

Os registros de marca de certificação, por fim, somente podem ser requeridos por pessoa que não tenha interesse comercial ou industrial direto no produto ou serviço atestado. Ela é sempre registrada pelo ente certificador. Trata-se de uma identificação indireta, visto que ela não é utilizada pelo seu requerente.

5.5.3 Requisitos para a concessão do registro

Todos os sinais distintivos visualmente perceptíveis são passíveis de registro (sinais sonoros, olfativos ou gustativos não podem ser registrados como marca), desde que não compreendidos nas proibições legais. Da longa lista de proibições prevista no art. 124 da Lei n. 9.279/96, podem se extrair os requisitos para o registro, com a exemplificação de algumas das proibições.

a) *Originalidade:* a marca não pode reproduzir sinais de uso comum, que não permitam identificar produtos no mercado de consumo. Não são registráveis como marca, por exemplo, brasão, arma, bandeira, emblema, monumentos oficiais, públicos, nacionais, estrangeiros ou internacionais, bem como a respectiva designação, figura ou imitação; letra, algarismo ou data isoladamente, a menos que revestidos de forma distintiva; sinal de caráter genérico, comum ou simplesmente descritivo, quando tiver relação com o produto ou serviço a distinguir ou aquele empregado comumente para designar uma de suas características, a menos que revestidos de forma suficientemente distintiva; cores, exceto se combinadas de modo peculiar e distintivo; nome, prêmio ou símbolo de evento esportivo, artístico, cultural, social, político, econômico ou técnico, oficial ou oficialmente reconhecido, bem como a imitação suscetível de criar confusão, salvo quando autorizados pela autoridade competente ou entidade promotora do evento; reprodução ou imitação de título, apólice, moeda e cédula da União, Estados ou Municípios; a forma necessária, comum ou vulgar do produto ou de acondicionamento, ou, ainda, aquela que não possa ser dissociada de efeito técnico.

Ainda, as palavras estrangeiras que tenham um significado banal podem ser utilizadas como marca, desde que seu significado não seja conhecido no país de registro. Assim, palavras estrangeiras conhecidas (como *shampoo, croissant* etc.) não podem ser utilizadas como marca para designar produto ou serviço que tenham relação, por serem sinais do uso comum.

Ademais, a marca não pode consistir exclusivamente em sinal de indicação geográfica, pois, além de não permitir a indicação de um produto específico, ocorreria em detrimento dos demais empresários da mesma região, que não poderiam utilizá-la.

b) *Novidade relativa:* não pode o sinal para distinguir um produto ou serviço referir-se a uma marca já registrada ou a um sinal referente a diverso agente. Nesses termos, vedou a lei o registro de designação ou sigla de entidade ou órgão público, exceto quando requerido pela própria entidade; de elemento característico de título de estabelecimento ou nome empresarial de terceiros, suscetível de causar confusão; de sinal que tenha sido registrado como marca coletiva ou de certificação por terceiro; de nome civil ou sua assinatura, nome de família ou patronímico e imagem de terceiros, salvo com consentimento do titular, herdeiros ou sucessores; de pseudônimo ou apelido notoriamente conhecidos, nome artístico singular ou coletivo, salvo com consentimento do titular, herdeiros ou sucessores; obra literária, artística ou científica, assim como os títulos que estejam protegidos pelo direito autoral e sejam suscetíveis de causar confusão ou associação, salvo com consentimento do autor ou titular; de objeto que esteja protegido por registro de desenho industrial de terceiro. Ainda, é vedada a reprodução, ainda que em parte, de marca alheia ou qualquer imitação ideológica que cause associação indevida entre marcas.

A inovação, entretanto, não precisa ser absoluta. A novidade deve referir-se aos produtos ou serviços de uma mesma classe. Por classe se compreendem os produtos ou serviços de ramos de atividades afins, os quais são agrupados conforme o Ato Normativo n. 150/99 do INPI. Trata-se de divisões burocráticas que buscam facilitar a resolução de eventuais conflitos entre marcas. Em regra, entre classes diversas, a marca pode reproduzir ou ser semelhante a outro sinal distintivo e mesmo a nome empresarial de terceiros. Isso porque, sob distintos ramos de atividade, a marca não induz confusão nos consumidores, que podem facilmente distinguir os produtos e identificar seus fabricantes. Contudo, as classes são meros indícios de possível colisão (ou não) entre marcas. Pode haver um risco de confusão entre marcas de diferentes classes quando existir afinidade entre seus produtos ou serviços, como complementariedade, substituição ou acessoriedade.

Nesse sentido, o Enunciado 2 da I Jornada de Direito Comercial do CJF: "a vedação de registro de marca que reproduza ou imite elemento característico ou diferenciador de nome empresarial de terceiros, suscetível de causar confusão ou associação (art. 124, V, da Lei n. 9.279/96), deve ser interpretada restritivamente e em consonância com o art. 1.166 do Código Civil".

Exceção ao requisito da novidade relativa é a marca de alto renome. Desde que registrada no INPI e reconhecida amplamente pelo público consumidor, a marca de alto renome goza de proteção em todos os ramos de atividades e impede que sinal distintivo idêntico ou semelhante, ainda que em ramo de atividade diverso, seja passível de registro.

c) *Licitude:* o direito somente protege com o registro da marca sinais que não afrontem valores importantes para a sociedade. Nesses termos, não são registráveis como marca os sinais contrários à moral e aos bons costumes. Tampouco podem ser considerados os que ofendam a honra ou imagem de pessoas ou atentem contra a liberdade de consciência, crença, culto religioso ou ideia e sentimento dignos de respeito e veneração.

d) *Veracidade:* o sinal distintivo da marca deve ser verdadeiro e não pode causar engano no consumidor com indicações de qualidades ou de origens diversas das características efetivas do produto ou do serviço.

A indicação de origem, procedência, natureza, qualidade ou utilidade, desde que não seja sinal exclusivo, não poderá ser registrada se não corresponder corretamente às características do produto ou serviço, assim como a imitação de indicação geográfica ou sinal que possa falsamente induzi-la. Essa proibição procura tutelar o consumidor, que poderia ser enganado sobre as qualidades do produto a ser adquirido.

5.5.4 Procedimento para o registro

Nos termos do art. 155 da Lei n. 9.279/96, o pedido de registro deverá referir-se a um único sinal distintivo e conterá o requerimento; etiquetas, quando for o caso; e o comprovante do pagamento da retribuição relativa ao depósito. Tratando-se de marca coletiva, o pedido de registro deverá conter o regulamento da utilização, com as condições e proibições de uso da marca (art. 147 do CPI).

Se marca de certificação, o pedido deverá conter as características do produto ou serviço objeto de certificação e as medidas de controle que serão adotadas pelo titular (art. 148 do CPI).

Conforme art. 156 do CPI, apresentado o pedido, ele será submetido a exame formal preliminar e, se devidamente instruído, será protocolizado. Será considerada a data de depósito a da sua apresentação.

Se o pedido contiver todos os dados suficientes relativos ao depositante, ao sinal marcário e classe, ainda que não atenda a todos os requisitos, poderá ser entregue ao INPI, que estabelecerá as exigências a serem cumpridas pelo depositante em cinco dias. Caso as exigências sejam cumpridas, o depósito será considerado como efetuado na data da apresentação do pedido. Do contrário, será considerado inexistente.

O INPI, ainda, poderá incluir apostilas ao conceder o registro da marca. O apostilamento é uma praxe administrativa da autarquia, que anota observações no ato de concessão para determinados esclarecimentos. As apostilas visam informar quais elementos são protegidos pelo registro e quais não são.

Por exemplo, pode haver apostilas para definir que determinada palavra não distintiva não integra uma marca.

Diante do pedido protocolizado, haverá a publicação do pedido para eventual apresentação de oposições no prazo de 60 dias. Caso haja oposição, o depositante será intimado para exercer sua defesa no mesmo período.

Se a oposição for fundamentada nos arts. 124, XXIII ou 126, ou seja, fundamentada em sinal que imite ou reproduza marca que o requerente não poderia desconhecer em razão de sua atividade, cujo titular seja sediado ou domiciliado em território nacional ou em país que o Brasil mantenha acordo ou que assegure reciprocidade de tratamento, ou ainda marca notoriamente conhecida em seu ramo de atividade, ela exigirá para seu conhecimento que o oponente comprove, no prazo de 60 dias após a interposição, o depósito de pedido de registro da marca.

Decorrido o prazo para contraditório, caso a oposição tenha sido realizada, será feito o exame do pedido, sem prejuízo da realização de exigências. O exame será concluído com a decisão de deferimento ou de indeferimento do pedido de registro pelo INPI (art. 159 do CPI).

5.5.5 Proteção à marca

O certificado de registro será concedido depois de deferido o pedido e comprovado o pagamento das retribuições correspondentes. Com sua concessão, garante-se ao seu titular a utilização exclusiva da marca em todo o território nacional.

Essa proteção, contudo, não é irrestrita. A proteção à utilização exclusiva ocorre apenas na classe de atividade registrada, o que é identificado como princípio da especialidade. A princípio, em classes de atividades diversas, a reprodução da marca não poderia gerar a possibilidade de os consumidores serem induzidos a erro em relação ao produto ou ao serviço disponibilizado no mercado.

Apenas a marca de alto renome registrada conferirá ao seu titular a proteção em todos os ramos de atividade, conforme já destacado anteriormente.

Alterou a lei vigente, quanto à marca, o sistema até então em vigor no Brasil pelo Código de Propriedade Industrial de 1969.

Pelo ato normativo anterior, adotava-se o sistema declarativo de registro da marca. O registro apenas declarava um direito de propriedade já existente, e que passava a existir depois da primeira utilização do sinal distintivo pelo agente, a ponto de não ser admitido o registro de marca, ainda que não registrada, com utilização anterior demonstrada.

A Lei n. 9.279/96 não reproduziu esse sistema. Como determinou seu art. 129, o registro validamente expedido é constitutivo do direito de propriedade sobre a marca. Excepcionalmente, contudo, confere-se direito à proteção da marca ainda que esta não tenha sido registrada.

Tradicionalmente conhecidas em determinado ramo de atividade, as marcas notórias gozam de proteção especial quanto ao seu ramo de atuação, ainda que não registradas. Desse modo, não é registrável como marca sinal que imite ou reproduza, no todo ou em parte, marca que o requerente evidentemente não poderia desconhecer em razão de sua atividade, se a marca se destinar a distinguir produto ou serviço idêntico, semelhante ou afim, suscetível de causar confusão ou associação com aquela marca alheia (art. 124, XXIII, da Lei n. 9.279/96).

O registro validamente expedido assegura ao titular o direito de utilização exclusiva da marca em todo o país. Entretanto, garante-se ao terceiro de boa-fé que usava, havia pelo menos seis meses antes da data da prioridade ou do pedido de registro, marca idêntica ou semelhante, para distinguir ou certificar produto ou serviço idêntico, semelhante ou afim, direito de precedência ao registro (art. 129, § 1º, do CPI). Conforme esse dispositivo legal, "toda pessoa que, de boa-fé, na data da prioridade ou depósito, usava no país, há pelo menos seis meses, marca idêntica ou semelhante, para distinguir ou certificar produto ou serviço idêntico, semelhante ou afim, terá direito de precedência ao registro". Esse direito de precedência, ressalta-se, somente poderá ser cedido juntamente com o negócio da empresa, ou parte deste, que tenha direta relação com o uso da marca, por alienação ou arrendamento.

A prioridade, por outro lado, é o direito assegurado pela lei de preferência ao pedido de registro de marca depositado em país que mantenha acordo com o Brasil ou em organização internacional, que produza efeito de depósito nacional, conforme requisitos do acordo. O direito de prioridade deve ser demonstrado por documento hábil na data do depósito ou em até quatro meses, contados do depósito, sob pena de perda da prioridade (art. 127, § 3º, do CPI).

Garante-se ao titular o direito de zelar pela integridade material e reputação da marca. É direito contra todos os demais assegurar a integridade da marca de modo a manter confiança do consumidor e conservar o valor econômico imanente ao sinal distintivo. Essa proteção abrange o uso da marca em papéis, impressos, propaganda e documentos relativos à sua atividade.

Tais direitos, todavia, não impedem que comerciantes ou distribuidores utilizem seus sinais distintivos juntamente com a marca do produto por ocasião da venda ou promoção deste; ou que fabricantes de acessórios façam referência à marca para indicar a destinação dos acessórios; ou que ocorra a livre circulação de produto colocado no mercado interno por si ou por terceiros com o seu consentimento; ou que a marca seja citada em discurso, obra científica, literária ou qualquer outra publicação, desde que sem conotação comercial e sem prejuízo para seu caráter distintivo (art. 132 do CPI). Esses limites ao direito do titular se justificam pelo fato da marca, nesses casos, estar sendo utilizada de maneira atípica, como referência ou citação, um uso não marcário. Trata-se do equilíbrio entre o direito de propriedade industrial e de liberdade de expressão.

Além de utilização exclusiva da marca em todo o território nacional, o registro validamente expedido confere ao titular o direito de ceder o registro ou o pedido de registro. Essa cessão envolve todos os registros ou pedidos, em nome do cedente, de marcas iguais ou semelhantes, relativas a produto ou serviço idêntico, semelhante ou afim (art. 130 do CPI).

Evita-se, com isso, que o titular, ao ceder a marca, conserve para si outra semelhante que possa induzir o consumidor a erro e gerar concorrência desleal com o cessionário. Seu desrespeito permitirá o cancelamento dos registros ou o arquivamento dos pedidos não cedidos.

A cessão deverá ser anotada pelo INPI, que constará a qualificação do cessionário. As anotações são documentações feitas pela autarquia que indicam as mudanças objetivas e subjetivas no registro. Conforme o art. 136 do CPI, o INPI fará anotações da cessão, de qualquer limitação ou ônus que recaia sobre o pedido de registro e das alterações de nome, sede ou endereço do depositante ou titular. Seus efeitos perante terceiros somente serão produzidos a partir da data da publicação (art. 137 do CPI).

O registro também confere ao titular o direito de licenciar o uso da marca. Pode ele conferir ao licenciado o direito de utilizar a marca por determinado período. A licença do uso da marca, contudo, não impede o titular de exercer controle efetivo sobre as especificações, natureza e qualidade dos respectivos produtos ou serviços. Para produzir efeito em face de terceiros, além de assegurar a possibilidade de remessa de royalties para o exterior e a dedução fiscal pelo licenciado dos valores pagos, o contrato de licença deverá ser averbado no INPI (art. 140 do CPI).

5.5.6 Vigência e extinção

O registro da marca tem prazo de dez anos, contados da data de concessão do registro. Esse prazo é prorrogável indefinidamente por períodos iguais e sucessivos, desde que requerida a prorrogação durante o último ano de vigência do registro ou no período de seis meses após o termo final (art. 133 do CPI). Nota-se que, ao contrário do registro de marca, as patentes e o registro de desenho industrial têm o início de sua vigência a partir da data do depósito e não da concessão.

O direito se extingue pela expiração do prazo de vigência do registro, pela renúncia total ou parcial em relação aos produtos ou serviços assinalados pela marca, e pela falta de constituição e manutenção, pela pessoa domiciliada no exterior, de procurador devidamente qualificado e domiciliado no país, com poderes para representá-la administrativa e judicialmente, inclusive para receber citações.

Extingue-se também pela caducidade. Caducará o registro a pedido de qualquer interessado se, decorridos cinco anos da sua concessão, o uso da marca não tiver sido iniciado no Brasil, o uso da marca tiver sido interrompido por mais de cinco anos consecutivos, ou se, no mesmo prazo, a marca tiver sido usada com modificação que implica alteração de seu caráter distintivo original, como constante do certificado de registro. Intimado para se manifestar, caso não justifique o desuso por razões legítimas ou demonstre que utilizou efetivamente a marca, será declarada a caducidade.

As marcas coletivas ou de certificação extinguem-se, ainda, se a entidade deixar de existir ou se a marca for utilizada em condições outras que não aquelas previstas no regulamento de utilização (art. 151 do CPI). Caso sejam extintas, as marcas coletivas e de certificação não poderão ser registradas em nome de terceiro antes de expirado o prazo de cinco anos depois da extinção.

5.5.7 Reconhecimento da nulidade do registro da marca

A falta dos requisitos da *originalidade*, novidade relativa, licitude, veracidade provoca a nulidade do registro da marca (art. 165 do CPI).

A nulidade do registro da marca poderá ser total ou parcial. Nulidade parcial ocorre nos casos em que haja parte subsistente que pode ser considerada registrável. Seu reconhecimento implica efeitos *ex tunc*, que retroagem à data do depósito do pedido e afetam todos os efeitos por ele produzidos (art. 167 do CPI).

A nulidade poderá ter seu reconhecimento pleiteado administrativamente perante o INPI por qualquer pessoa com legítimo interesse no prazo de 180 dias da expedição do certificado de registro, ou, ainda, poderá ser feita de ofício pelo próprio INPI. O processo poderá prosseguir ainda que extinto o registro, pois sua produção de efeitos retroage à data do depósito e, dessa forma, poderá afetar todos os efeitos regularmente produzidos durante sua vigência.

Instaurado o processo administrativo, o titular será intimado para se manifestar no prazo de 60 dias, findo o qual será decidido pelo Presidente do INPI.

Além de administrativamente, a nulidade poderá ser pleiteada por meio de ação judicial pelo próprio INPI ou por qualquer interessado, conforme art. 173 do CPI, de competência da Justiça Federal. Caso não seja autor da demanda, o INPI será parte interessada e deverá intervir necessariamente no feito. As ações ajuizadas contra o INPI devem ser propostas no Rio de Janeiro, sede da autarquia.

A ação terá o prazo prescricional de cinco anos (Súmula 143 do STJ) contados da data da concessão do registro da marca e poderão ser concedidas medidas liminares pelo juízo para a suspensão dos efeitos do registro e do uso da marca, desde que presentes os requisitos do *fumus boni iuris* e do *periculum in mora*.

O réu, titular do registro da marca, será citado para se defender no prazo de 60 dias (art. 175 do CPI). Transitada em julgado a decisão de nulidade, o INPI publicará anotação para ciência de terceiros.

Ainda que possa se restringir ao simples pedido de reconhecimento da nulidade em virtude de registro de marca em país signatário da Convenção da União de Paris para a Proteção da Propriedade Industrial, o titular da marca registrada anteriormente poderá pleitear, judicialmente, também a adjudicação do registro (art. 166 do CPI).

5.5.7.1 Secondary meaning e vulgarização

Secondary meaning é um processo de individualização, no qual um signo comum adquire um segundo significado, passando a ser uma marca distintiva. O uso empresarial prolongado do signo faz com que ele ganhe distintividade na identificação de determinado produto ou serviço, viabilizando o registro do signo como marca. O que muda é a percepção do signo (principalmente pelo consumidor). Ele passa a ser notoriamente conhecido em seu ramo.

O signo genérico passa a identificar uma marca, mas não perde seu significado primário. Dependendo do contexto, o mesmo signo pode apresentar um significado descritivo ou marcário. O signo apenas é protegido como marca quando for utilizado como tal. Não é possível vedar o seu uso em diferentes contextos por violar o princípio da liberdade de expressão. Afinal, antes mesmo de se tornar marca, o signo já pertencia ao uso comum. Exemplos de marcas que sofreram esse fenômeno são: Vale Refeição, Polvilho Antisséptico e A Casa do Pão de Queijo. Ademais, o *secondary meaning* é reconhecido pela jurisprudência brasileira. Inclusive o STJ já reconheceu Leite de Rosas como marca, visto que o signo adquiriu notoriedade e se consolidou no mercado brasileiro.[19]

A vulgarização é o processo oposto do *secondary meaning*. As marcas se degeneram até perderem sua capacidade distintiva. Através de um uso genérico, os signos distintivos se transformam em nomes comuns. Há uma mutação semântica: o que antes era percebido como uma marca passa a ser percebido como um signo descritivo de um produto ou serviço, sendo utilizado na comunicação. Por perder sua distintividade, o signo não pode mais ser considerado como marca, visto que a distintividade é um elemento essencial da marca, afetando sua proteção jurídica.

---
19 STJ, REsp 929.604, rel. Min. Sidnei Beneti, j. 22.03.2011.

O processo de vulgarização deve ser analisado considerando a comunicação dos consumidores e dos concorrentes. Caso o signo só seja utilizado com uso genérico pelos consumidores, há uma vulgarização incompleta, o titular tem seus direitos preservados (de acordo com a teoria mista). Para haver de fato a vulgarização, o signo deve ser utilizado de maneira genérica tanto pelos consumidores quanto pelos concorrentes. Contudo, a contrafação insignificante da marca não deve ser vista como vulgarização, visto que muitas vezes a inação do titular se justifica pelo ilícito ser de pouca expressão ou para evitar custas judiciais. Apenas a inércia do titular em relação a uma contrafação generalizada pode ser encarada como vulgarização.

Por mais que a legislação brasileira não trate expressamente sobre a vulgarização, a maioria da doutrina considera esse processo como uma causa de extinção do registro da marca. Entende-se que há perda do objeto e as normas gerais de propriedade determinam que, nesse caso, há extinção da propriedade. A perda do objeto ocorre pois o sinal distintivo se transforma em um signo comum e o registro perde a sua finalidade: a distintividade.

5.5.7.2 Teoria da distância

A teoria da distância avalia a relação entre marcas conflitantes como contrafação, anterioridade ou colidência. Ela estabelece que uma marca precisa ser tão distintiva quanto as outras daquele segmento, evitando exigências excessivas e impraticáveis. Conforme é dito na jurisprudência brasileira: "(...) em casos de conflitos de marcas, é possível utilizar como parâmetro a Teoria da Distância, segundo a qual não se pode exigir que a marca examinada guarde distância desproporcional em relação ao grupo de marcas semelhantes já registradas e em uso no respectivo mercado".[20]

Ao analisar a colisão entre as marcas de um determinado setor, a teoria da distância leva em consideração não apenas os elementos específicos de cada marca, mas também a comparação com o panorama geral das marcas existentes. A distintividade é avaliada pelos atributos intrínsecos e extrínsecos da marca.

Ademais, a teoria da distância classifica as marcas em fortes e fracas. Para determinar a força de uma marca, é essencial examinar as circunstâncias específicas e o contexto em que a marca é utilizada. Sua força é determinada pela sua distintividade, sendo fraca quando não for tão distintiva (marca evocativa) e forte quando a marca se diferenciar bastante das outras. Essa análise aprofundada permite concluir se uma marca é considerada for-

---

20 STJ, REsp 1.845.508/RJ, 3ª Turma, rel. Min. Paulo de Tarso Sanseverino, j. em 07.06.2022, DJe 13.06.2022.

te, garantindo um escopo maior de proteção, ou fraca, o que resulta em uma proteção mais limitada.

5.6 Indicação geográfica

Constitui indicação geográfica o sinal designativo de procedência ou de origem. A indicação geográfica individualiza, identifica e distingue os produtos, especificando suas qualidades e peculiaridades. Sua proteção é decorrente da relação entre o produto ou serviço e o meio. Ainda, busca-se evitar que o consumidor seja levado a erro em virtude de uma falsa indicação de procedência ou de origem de determinado produto ou serviço. Conforme art. 182 da Lei n. 9.279/96, o uso da indicação geográfica é restrito aos produtores e prestadores de serviço estabelecidos no local. Esse signo possui um caráter coletivo, visto que um grupo divide direitos dessa propriedade industrial. Fazem parte desse grupo todos aqueles que prestam o serviço ou o produto protegido pela indicação geográfica. Todos são titulares do direito; contudo, o direito de um produtor ou prestador de serviço não limita o direito do outro. Desse modo, não existe prioridade ou exclusividade em relação ao direito à indicação geográfica.

A repressão às falsas indicações geográficas pode ser contra o uso direto ou indireto. O uso direto de falsas indicações geográficas ocorre quando o infrator utiliza o nome geográfico para um determinado produto ou serviço, mas este vem de outro. Já o uso indireto ocorre quando o infrator não menciona de maneira expressa o nome do local ou da região, mas dá a entender que o produto ou serviço possui certa procedência quando não tem, enganando o consumidor.

A indicação geográfica é de interesse público, pois esse signo distintivo protege os direitos do consumidor, potencializa o desenvolvimento de pequenos produtores e ainda preserva o patrimônio cultural da região. Ele tem como função distinguir e indicar a procedência, atribuir qualidades peculiares e típicas do produto ou serviço e reconhecer a cultura tradicional e práticas geracionais, que é um patrimônio cultural imaterial. Ainda, através do regulamento de uso (que é a descrição detalhada dos procedimentos e técnicas), a indicação geográfica possibilita a reunião de diversos dados de tradições da cultura local. Também, esse signo distintivo valoriza o produto pela sua distintividade, possibilitando maior ganho econômico. A indicação geográfica pode ser dividida em duas espécies: a indicação de procedência e a denominação de origem.

Indicação de procedência é o nome geográfico de país, cidade, região ou localidade de seu território, que se tenha tornado conhecido como centro de extração, produção ou fabricação de determinado produto ou de prestação de determinado serviço (art. 177 do CPI).

A Instrução Normativa n. 25/2013 do INPI regula a questão e exige, para o registro da indicação de procedência, que o requerente comprove ter "o nome geográfico se tornado conhecido como centro de extração, produção ou fabricação do produto ou de prestação de serviço"; comprovação da "existência de uma estrutura de controle sobre os produtores ou prestações de serviços que tenham o direito ao uso exclusivo da indicação de procedência, bem como sobre o produto ou a prestação do serviço distinguido com a indicação de procedência"; e comprovação de estarem "os produtores ou prestadores de serviços estabelecidos na área geográfica demarcada e exercendo, efetivamente, as atividades de produção ou prestação de serviço".

São exemplos de indicação de procedência Vinhos do Vale dos Vinhedos; Calçados de Franca; Café da Região do Cerrado Mineiro; Queijo da Canastra; Aguardente de Salinas[21].

Denominação de origem, por seu turno, é o nome geográfico de país, cidade, região ou localidade de seu território, que designe produto ou serviço cujas qualidades ou características se devam exclusiva ou essencialmente ao meio geográfico, incluídos fatores naturais e humanos (art. 178 do CPI).

Para o pedido de registro de denominação de origem, o INPI exigiu, em sua Instrução Normativa n. 25/2013, que o pedido deverá conter "elementos que identifiquem a influência do meio geográfico na qualidade ou características do produto ou serviço, que se devam exclusivamente ou essencialmente ao meio geográfico, incluindo fatores naturais e humanos"; "descrição do processo ou método de obtenção do produto ou serviço, que devem ser locais, leais e constantes"; "documento que comprove a existência de uma estrutura de controle sobre os produtores ou prestações de serviços que tenham o direito ao uso exclusivo da denominação de origem, bem como sobre o produto ou prestação do serviço distinguido com a denominação de origem"; e "documento que comprove estar os produtores ou prestadores de serviços estabelecidos na área geográfica demarcada e exercendo, efetivamente, as atividades de produção ou de prestação de serviços".

Como exemplo, pode-se apontar a procedência de determinados vinhos, o que os identifica e diferencia suas características de outros produtos de regiões diversas. São exemplos os vinhos de Champagne, queijo de Roquefort, os vinhos do Porto.

A proteção será estendida à representação gráfica ou figurativa da indicação geográfica, bem como à representação geográfica de país, cidade, região ou localidade de seu território cujo nome seja indicação geográfica (art. 179).

---

21 Disponível em: <http://www.inpi.gov.br/menu-servicos/indicacao-geografica/pedidos-de-indicacao-geografica-no-brasil>. Acesso em: 17 nov. 2019.

Em virtude de sua proteção, a utilização da procedência e da denominação de origem é exclusiva dos produtores e prestadores de serviços estabelecidos no local. O pedido de registro é usualmente feito por uma entidade, como uma associação, que representa os produtores de determinado produto ou serviço. Para a denominação de origem, ademais, a lei determina que sejam atendidos os requisitos de qualidade (art. 182 do CPI). Para evitar também que os consumidores não sejam levados a engano, o nome geográfico somente poderá ser registrado como marca se não constituir indicação de procedência ou denominação de origem e não induza falsa procedência (art. 181 do CPI). A indicação geográfica tem como limitação o registro do regulamento de uso. O titular do signo deverá respeitar os processos de fabricação do produto ou prestação do serviço descritos no regulamento.

Não haverá mais proteção à indicação geográfica, contudo, se o nome geográfico vier a se tornar de uso comum para identificar espécie de produto ou serviço (art. 180 do CPI). Foi o que ocorreu, por exemplo, com o champanha na França, que de vinho produzido numa região específica, Champagne, passou a ser designativo de um tipo de vinho espumante. Haverá também o fim da titularidade quando o titular deixar de produzir ou prestar serviço ou quando este mudar de local.

5.6.1 Concorrência desleal

A repressão à concorrência desleal está prevista nos artigos 195 e 209 da Lei n. 9.279/96. Ela protege todos os outros dispositivos da propriedade industrial (além da matéria específica de cada bem).

A concorrência desleal está propriamente no ramo do direito concorrencial. O direito concorrencial é fundamental para garantir a livre concorrência, que é natural e benéfica para a sociedade, visto que ela garante menores preços para o mercado consumidor e estimula a inovação e criatividade dos empresários e sociedades empresárias. Dentro desse ramo, é possível defender a livre concorrência através da repressão à concorrência desleal e à infração concorrencial. Elas se diferenciam na medida em que a primeira é reprimida civil e criminalmente pelo Código de Propriedade Industrial e atinge um concorrente *in concreto* e a segunda é reprimida pelo Conselho Administrativo de Defesa Econômica (CADE) e pela Lei Antitruste, atingindo um concorrente *in abstrato*. É importante ressaltar que o CADE pode atuar em matéria de concorrência desleal, verificando o exercício do direito em relação à concorrência, enquanto o INPI é responsável pelo processo de obtenção dos direitos de propriedade industrial e eventuais nulidades de patente ou registro.

Concorrência desleal é uma prática industrial ou comercial ilícita contra um concorrente efetivo, que ultrapassa o limite do razoável com vistas à captação de clientela alheia. Os atos da concorrência desleal são desonestos e contrários às práticas e usos comerciais. Para configurar-se como concorrência desleal, deve haver concorrência efetiva, ou seja, é preciso que a concorrência seja simultânea, na mesma área de atuação e na mesma área geográfica. Deve haver uma clientela a se captar e a prática independe de dolo ou culpa.

Ainda, a concorrência desleal pode ser classificada como específica ou genérica. A concorrência desleal específica trata dos atos descritos no art. 195 do CPI, configurados como crimes. São atos que induzem o consumidor ao erro, violam segredo de empresa, aliciam empregados do concorrente etc.

Já a concorrência desleal genérica trata de todas as outras condutas referentes a esta matéria que não se enquadram perfeitamente no art. 195, sendo uma proibição civil ampla. Proíbe-se genericamente os atos que podem prejudicar reputação ou negócios alheios e aqueles que criem confusão entre produtos, serviços ou estabelecimentos. Esse tipo de concorrência desleal é matéria de direito civil; o art. 209 determina que: "Fica ressalvado ao prejudicado o direito de haver perdas e danos em ressarcimento de prejuízos causados por atos de violação de direitos de propriedade industrial e atos de concorrência desleal não previstos nesta Lei, tendentes a prejudicar a reputação ou os negócios alheios, a criar confusão entre estabelecimentos comerciais, industriais ou prestadores de serviço, ou entre os produtos e serviços postos no comércio".

Ressalta-se que todo ato de concorrência desleal poderá ser reparado civilmente, inclusive os ilícitos penais, contudo apenas os descritos como crimes podem ser sancionados penalmente mediante ação penal privada (art. 199 do CPI).

O art. 195 estabelece que comete crime de concorrência desleal quem: I – publica, por qualquer meio, falsa afirmação, em detrimento de concorrente, com o fim de obter vantagem; II – presta ou divulga, acerca de concorrente, falsa informação, com o fim de obter vantagem; III – emprega meio fraudulento, para desviar, em proveito próprio ou alheio, clientela de outrem; IV – usa expressão ou sinal de propaganda alheios, ou os imita, de modo a criar confusão entre os produtos ou estabelecimentos; V – usa, indevidamente, nome comercial, título de estabelecimento ou insígnia alheios ou vende, expõe ou oferece à venda ou tem em estoque produto com essas referências; VI – substitui, pelo seu próprio nome ou razão social, em produto de outrem, o nome ou razão social deste, sem o seu consentimento; VII – atribui-se, como meio de propaganda, recompensa ou distinção que não obteve; VIII – vende ou expõe ou oferece à venda, em recipiente ou invólucro de outrem, produto adulterado ou falsificado, ou dele se utiliza para negociar com produto da mesma espécie, embora não adulterado ou falsificado, se o fato não constitui crime mais grave; IX – dá ou promete dinheiro ou outra utilidade a empregado de concorrente, para que o empregado, faltando ao dever do emprego, lhe proporcione vantagem; X – recebe dinheiro ou outra utilidade, ou aceita promessa de paga ou recompensa, para, faltando ao dever de empregado, proporcionar vantagem a concorrente do empregador; XI – divulga, explora ou utiliza-se, sem autorização, de conhecimentos, informações ou dados confidenciais, utilizáveis na indústria, comércio ou prestação de serviços, excluídos aqueles que sejam de conhecimento público ou que sejam evidentes para um técnico no assunto, a que teve acesso mediante relação contratual ou empregatícia, mesmo após o término do contrato; XII – divulga, explora ou utiliza-se, sem autorização, de conhecimentos ou informações a que se refere o inciso anterior, obtidos por meios ilícitos ou a que teve acesso mediante fraude; ou XIII – vende, expõe ou oferece à venda produto, declarando ser objeto de patente depositada, ou concedida, ou de desenho industrial registrado, que não o seja, ou menciona-o, em anúncio ou papel comercial, como depositado ou patenteado, ou registrado, sem o ser; XIV – divulga, explora ou utiliza-se, sem autorização, de resultados de testes ou outros dados não divulgados, cuja elaboração envolva esforço considerável e que tenham sido apresentados a entidades governamentais como condição para aprovar a comercialização de produtos.

Ademais, a ação cível independe da criminal (art. 207 do CPI) e uma eventual indenização será determinada pelos benefícios que o prejudicado teria auferido se a violação não tivesse ocorrido (art. 208). Além disso, o art. 210 ainda estabelece que os lucros cessantes serão determinados dentre os seguintes critérios, considerando-se o mais favorável para o prejudicado: I – os benefícios que o prejudicado teria auferido se a violação não tivesse ocorrido; ou II – os benefícios que foram auferidos pelo autor da violação do direito; ou III – a remuneração que o autor da violação teria pago ao titular do direito violado pela concessão de uma licença que lhe permitisse legalmente explorar o bem.

Por fim, é necessário diferenciar o parasitismo da concorrência desleal. O parasitismo ocorre quando não há concorrência efetiva e direta, não havendo desvio de clientela, apenas *freedriding*, quando alguém "pega carona" no sucesso de produto, serviço ou estabelecimento alheio. Contudo, alguns doutrinadores defendem que o parasitismo seria uma forma de concorrência desleal, por mais que careça de concorrência efetiva e captação de clientela alheia.

5.6.2 *Trade dress*

Trade dress (ou conjunto-imagem) é o conjunto de elementos que identificam e distinguem determinado produto, serviço ou estabelecimento empresarial, criando uma identidade visual. Ele é reconhecido judicialmente;

o próprio STJ estabelece que o *trade dress* "constitui a soma de elementos visuais e sensitivos que traduzem uma forma peculiar e suficientemente distintiva, vinculando-se à sua identidade visual, de apresentação do produto ou serviço no mercado consumidor" (REsp 1.527.232/SP, 2ª Seção, rel. Min. Luis Felipe Salomão, j. 13.12.2017, *DJe* 05.02.2018). O *trade dress* pode ser identificado como a combinação de cores, disposição e a apresentação daquele bem.

A sua proteção se justifica pelo fato de o consumidor carecer de informação na hora da compra (assimetria de informação) e os signos distintivos (marca, *trade dress* etc.) fazem com que ele identifique a qualidade, origem e atributos de determinado produto ou serviço. Por mais que não haja disposição expressa no CPI em relação ao *trade dress*, ele é protegido por meio do instituto da concorrência desleal, visto que a utilização de um *trade dress* similar se configura como concorrência desleal[22]. No caso, a concorrência não imita descaradamente seu concorrente, mas copia uma série de elementos distintivos ou o *modus operandi* de um serviço. Para analisar se de fato há uma imitação, deve-se verificar a originalidade e a distintividade daquele *trade dress* e se há um padrão estético predominante do mercado (de modo que não haveria cópia se o concorrente variasse poucos elementos). Ainda, o concorrente tem que gerar confusão ou associação indevida com o produto, serviço ou estabelecimento que imitou, prejudicando o consumidor.

Quadro mnemônico

TABELA DE PRAZOS	
Prazo em que o alienante de estabelecimento empresarial, sem autorização expressa, não pode fazer concorrência ao adquirente:	5 anos da transferência.
Prazo em que o alienante do estabelecimento é responsável solidário com o adquirente:	1 ano da publicação do trespasse para os débitos já vencidos ou 1 ano do seu vencimento para os vincendos.
Prazo para a renovação compulsória da locação comercial com contrato escrito:	5 anos de contrato escrito; 3 anos de exploração do ponto; entre 6 meses e um ano antes do vencimento para a propositura.
Prazo de proteção da patente de invenção:	20 anos do depósito.

---

22 "A despeito da ausência de expressa previsão no ordenamento jurídico pátrio acerca da proteção ao *trade dress*, é inegável que o arcabouço legal brasileiro confere amparo ao conjunto-imagem, sobretudo porque sua usurpação encontra óbice na repressão da concorrência desleal. Incidência de normas de direito de propriedade industrial, de direito do consumidor e do Código Civil. (...)" (STJ, REsp 1.677.787/SC, 3ª Turma, rel. Min. Nancy Andrighi, j. 26.09.2017).

TABELA DE PRAZOS	
Prazo de proteção da patente de modelo de utilidade:	15 anos do depósito.
Prazo de proteção do registro de desenho industrial:	10 anos contados da data do depósito, prorrogável por três períodos sucessivos de 5 anos cada.
Prazo de proteção do registro de marca:	10 anos, contados da data de concessão do registro, prorrogável indefinidamente por períodos iguais e sucessivos.

NOME EMPRESARIAL: IDENTIFICA O EMPRESÁRIO NO EXERCÍCIO DA SUA ATIVIDADE		
TIPO SOCIETÁRIO	NOME EMPRESARIAL	
Em nome coletivo	Firma/razão social	Nome dos sócios de responsabilidade ilimitada, ou nome de um deles + '& CIA.' + atividade exercida (opcional).
Em comandita simples	Firma/razão social	Nome dos sócios comanditados de responsabilidade ilimitada, ou nome de um deles +'& CIA.' + atividade exercida (opcional).
Empresário individual	Firma	Nome civil do empresário + atividade desenvolvida.
Sociedade limitada	Firma ou denominação	Nome civil de todos ou de alguns sócios + '& CIA.'+ atividade exercida (opcional) + LTDA. Nome fantasia ou nome civil de homenageado + atividade exercida (obrigatoriamente) + LTDA.
Comandita por ação	Firma ou denominação	Nome civil de todos ou de alguns sócios + '& CIA.'+ atividade exercida (opcional) + comandita por ação. Nome fantasia ou nome civil de homenageado + atividade exercida (obrigatoriamente) + comandita por ação.
Sociedade anônima	Denominação	Nome fantasia ou nome civil de homenageado + atividade exercida + sociedade anônima (S.A.) ou companhia (CIA., no início do nome).

CAPÍTULO 3

Sociedades

1. Conceito de sociedade

Como vimos anteriormente, a empresa pode ser desenvolvida individualmente pela pessoa física, por pessoas jurídicas ou por sociedades, quer tenham ou não personalidade jurídica.

A pessoa física que exerce profissionalmente atividade econômica organizada para a produção ou para a circulação de bens ou de serviços, ainda que com o auxílio de empregados, é considerada empresário individual (art. 966 do Código Civil).

A empresa desempenhada por pessoa jurídica, por outro lado, pode ser desenvolvida por empresas individuais de responsabilidade limitada (art. 980 – A do Código Civil), como já visto. Pode também ser desempenhada por sociedades, as quais poderão ou não ter personalidade jurídica.

Conforme art. 44 do Código Civil, entre as pessoas jurídicas de direito privado figuram as sociedades. Essas, entretanto, apenas adquirem personalidade jurídica de direito privado após a inscrição de seus atos constitutivos no respectivo registro (art. 45 do Código Civil).

O art. 981 do Código Civil estabelece que celebram contrato de sociedade as pessoas que reciprocamente se obrigam a contribuir, com bens ou serviços, para o exercício de atividade econômica e para a partilha, entre si, dos resultados. Pela definição legal, compreende-se que a sociedade se constitui por um conjunto de pessoas que se organizam para o desenvolvimento de uma atividade econômica com o intuito de obter lucros.

Como conjunto de pessoas, a sociedade se diferencia da fundação. Esta última é a pessoa jurídica formada por um conjunto de bens, destinado, por escritura pública ou testamento, a uma finalidade religiosa, moral, cultural ou de assistência.

Embora compartilhe o traço comum de ser composta por um conjunto de pessoas, que se organizam para o desenvolvimento de uma atividade, a sociedade também não se confunde com a associação. A associação identifica a união de pessoas que se organizam para fins não econômicos, como os esportivos, recreativos, sociais.

Na associação, não busca o associado a partilha dos resultados do exercício entre os membros que a compõem. Essa característica, todavia, é essencial à sociedade. Nesta, a atividade desenvolvida pela organização de pessoas criada é necessariamente econômica. Os sócios contratam a sociedade para que do resultado da atividade possam auferir dividendos.

2. Evolução histórica da sociedade

A existência de sociedades, em sua forma mais arcaica e rudimentar, remonta aos primórdios da civilização. A sociedade é formada como solução a uma carência humana, como meio de suprir a deficiência de um indivíduo, o qual não possuiria isoladamente todas as condições e possibilidades para realizar determinada atividade ou alcançar um específico objetivo. Por essa razão, associa-se a outros indivíduos para que, da comunhão de seus esforços e recursos, consiga obter o fim almejado: satisfazer o interesse comum.

Já na Antiguidade romana, as sociedades ocupavam relevância no contexto social. As *societates publicanorum*, como exemplo, eram constituídas à época para explorarem atividades ligadas ao poder público, como a arrecadação de impostos e a execução de serviços e obras públicas.

A constituição de patrimônio próprio separado do patrimônio dos sócios, entretanto, somente começou a se delinear a partir da Idade Média. A concepção de entes coletivos aos quais a lei atribui personalidade jurídica, autônoma em relação à de seus membros, possibilitando-lhes tornarem-se titulares de direitos e sujeitos de obrigações na ordem jurídica, é uma conquista do direito medieval italiano. O direito romano somente regulou os efeitos do contrato de sociedade, não formando um conceito geral de patrimônio separado administrado pelos sócios.

As sociedades medievais eram baseadas no vínculo sanguíneo, com o escopo de possibilitar aos herdeiros prosseguirem com os negócios do falecido, viabilizando à coletividade familiar a exploração em comum dos bens hereditários, que eram indivisíveis. Estruturavam-se na comunhão dos que moravam na mesma casa, dos que se sentavam ao redor da mesma mesa e comiam do mesmo pão – por isso companhia, *cum panem* –, como símbolos da filiação de um indivíduo a uma família.

A partir do ano 1000, o fim das invasões bárbaras proporcionou a retomada do crescimento demográfico, o que, aliado ao retorno do tráfico marítimo e do comércio de bens com o Oriente, que reintroduziu o uso do dinheiro como forma de negociação, provocou a migração de colonos feudais para os novos centros de trocas, as cidades. Visando ao auxílio recíproco e ao aumento de poder para contrapor-se ao bispo ou conde que regia a cidade, esses novos cidadãos passaram a se associar, formando as denominadas *societates, conjurationes* ou *fraternitates*. A pouca disseminação da cultura na estrutura feudal, no entanto, fez com que as associações dos antigos servos da gleba se estruturassem nos mesmos princípios consuetudinários vigentes até então.

O vínculo volitivo sucede assim o sanguíneo, mas as sociedades formadas entre artesãos e mercadores continuaram a se basear na forma consagrada das associações familiares ou parentais. A solidariedade pelos atos realizados por um sócio, logo, não podia se fundar mais na indivisibilidade do patrimônio, passando a se basear na utilidade comum a que eram endereçados os atos. Em outras palavras, qualquer pessoa que frequentasse o mesmo local de trabalho e dividisse as mesmas ferramentas deveria responder pelas obrigações contratadas no interesse do grupo.

Apesar de sua origem primitiva poder voltar-se à corresponsabilidade do núcleo familiar, é com o pacto social que a solidariedade se afirma. A solidariedade pressupõe um sujeito unificado e, assim, um vínculo único, não obstante a pluralidade de devedores. Ela decorre da unicidade do vínculo garantido pela destinação do patrimônio.

Prevaleceria, então, o vínculo familiar como origem, mas juridicamente passa a ser o contrato de sociedade, com os elementos característicos de manifestação volitiva, o fundamento dos limites dos direitos e das obrigações dos sócios-membros.

Com essas características básicas, as Ordenações Francesas de Luiz XIV regularam inicialmente o tipo da sociedade em nome coletivo e, a partir de então, este se difundiu pelo ordenamento jurídico de inúmeros países.

Em paralelo ao desenvolvimento histórico das sociedades em nome coletivo, a origem da sociedade em comandita remonta à Idade Média e relaciona-se à proibição canônica à usura, consistente na vedação de empréstimo mediante o pagamento de juros.

Ainda que parte dos doutrinadores sustente que a sociedade em comandita teria surgido de alterações na sociedade coletiva, outra parcela sustenta que sua origem pode ser localizada no contrato de *commenda*. A comenda originalmente era empregada no comércio marítimo e consistia em um contrato em que uma pessoa entregava mercadorias ou dinheiro a um comerciante, que realizaria uma viagem marítima, mediante a partilha dos resultados da expedição. Na viagem marítima, o comerciante realizava negócios em seu nome, empregando o capital ou a mercadoria do capitalista e, no retorno, entregava parte dos lucros obtidos a este.

O contrato de *commenda* passou a se difundir e se desenvolveu inclusive na via terrestre, pois, como quem comercializava não era o capitalista, permitia-se obter lucros pelo emprego do capital a risco, o que não se confundia com a usura e, portanto, não era proibido pela Igreja.

A necessidade dos credores sociais de proteger o capital contra os credores particulares dos sócios e de impedir que o sócio capitalista alterasse sua posição como sócio e passasse a ser credor, de modo a excluir sua responsabilidade, impôs a exigência de publicação dos contratos e da indicação das características sociais. Formou-se, assim, o substrato para o desenvolvimento da sociedade em comandita.

3. Ato constitutivo de sociedades

A sociedade é constituída como meio de suprir a deficiência de um indivíduo, o qual, por não possuir isoladamente todas as condições e possibilidades para realizar determinada atividade, associa-se a outros indivíduos. Compõe-se por um conjunto de pessoas que se organizam para o desenvolvimento de uma atividade econômica e para a partilha, entre si, dos resultados.

Esse vínculo estabelecido entre as partes para o surgimento da sociedade não foi identificado de maneira incontroversa pela doutrina.

Diversas foram as teorias construídas para elucidar a natureza do ato constitutivo de sociedade. Podem ser apontadas a teoria do contrato bilateral, a teoria do ato coletivo ou complexo, a teoria do ato de fundação e a teoria eclética.

A primeira teoria a explicar o ato constitutivo de sociedade foi a que se propugnava como contrato bilateral. Ainda hoje a teoria é defendida majoritariamente na França, embora rechaçada nos demais países[1].

A teoria baseava-se no fato de o contrato bilateral ser, historicamente, o modo tradicional de imposição de obrigações e de atribuição de direitos subjetivos entre os particulares.

As críticas decorrentes da limitação a duas partes contratantes, bem como da inadequação da aplicação da teoria geral do contrato ao ato constitutivo, como anulabilidade da relação, *exceptio inadimpleti contractus*, dentre outros, fizeram a teoria ser substituída por diversas outras.

---
1 RIPERT, G.; ROBLOT, R. *Traité de droit commercial*. 17. ed. Paris: Librairie Générale de Droit et de Jurisprudence, 1998, t. I. p. 790.

Uma segunda teoria é a teoria do ato constitutivo de sociedade como ato coletivo ou complexo. No Brasil, a teoria foi defendida por Valverde, que sustentava que o contrato pressupunha contraposição de interesses, o que não ocorria na constituição da sociedade, cujo objetivo seria harmônico e único entre os sócios. Para o autor, "há uma pluralidade de declarações de vontades paralelas, um concurso de vontades sem dúvida, porém, não um contrato. Trata-se de um ato coletivo unilateral, ou mais corretamente, de um ato complexo"[2].

A constituição da sociedade seria realizada por um conjunto de manifestações de vontade direcionado ao mesmo propósito, a realização de um interesse comum. Para parte de seus adeptos, as diversas manifestações dos sócios declarantes se fundiriam, formando um único ato complexo. Para uma segunda parte, o ato seria coletivo, pois as vontades dos diversos sócios, apesar de agrupadas, permaneceriam distintas.

A teoria foi criticada, pois as vontades dos sócios não seriam harmônicas durante o desenvolvimento da atividade. Em crítica à teoria, sustenta-se que os sócios, ao constituírem a sociedade, e mesmo durante o desenvolvimento da atividade corporativa, não apresentam vontades harmônicas. O interesse em receber maiores dividendos da atividade ou obter maior quantidade de poder contraporia os sócios entre si.

Uma terceira corrente sustentava o ato constitutivo de sociedade como ato de fundação. Seus postulados eram sustentados por O. Gierke, para quem o ato constitutivo seria um negócio jurídico unilateral que fundaria uma pessoa jurídica.

Para a teoria, o ato constitutivo não poderia ser um contrato, pois não haveria a típica criação de direitos e obrigações entre os contratantes. O surgimento de um ente coletivo seria inadequado a ser realizado por um contrato. A pessoa jurídica surgiria como um processo histórico e social, em que o direito apenas a reconheceria. O ato de fundação conceberia uma união organizada de indivíduos, que agiria por meio de seus órgãos sociais e se transformaria em um organismo social. Como o homem, a pessoa jurídica atuaria na sociedade e deveria ser reconhecida pelo direito. Na definição de Mossa, "empresa é o organismo gerado do trabalho e das coisas materiais e imateriais destinada, na comunhão de homens e de capitais, aos escopos da economia social"[3].

A teoria foi criticada, pois equiparava a pessoa jurídica, organismo social, a uma pessoa natural.

---
2 VALVERDE, T. M. *Sociedades por ações*. 3. ed. Rio de Janeiro: Forense, 1959, v. I. p. 249.
3 MOSSA, L. *Trattato del nuovo diritto commerciale*. Milano: Società Editrice, 1942, v. I. p. 165.

Por fim, Soprano[4] e Vivante[5] sustentaram uma corrente intermediária, que procurava conciliar as anteriores. A teoria ficou conhecida como corrente eclética.

Apregoavam seus adeptos que o ato constitutivo deveria ser concebido como um ato misto. Revestiria a forma de um contrato, na medida em que os sócios figurariam em polos opostos "um de frente ao outro, como em cada outro contrato bilateral e comutativo"[6]. A contraposição seria decorrente de seus interesses não serem harmônicos, na medida em que cada parte deseja auferir maiores benefícios em detrimento das demais.

A harmonia, entretanto, ocorreria em razão da cooperação para a busca do lucro individual. Desse modo, os sócios "assumem uma promessa unilateral". Os sócios realizariam um ato coletivo para a constituição de um ente coletivo.

A corrente, entretanto, foi criticada por ser contraditória, ao sustentar que o ato constitutivo seria tanto um contrato como um ato coletivo. O ato constitutivo não poderia ser, ao mesmo tempo, declarações contrapostas de interesses que convergiriam, como o é um contrato, ou um ato coletivo, em que as declarações seriam paralelas e se fundiriam em uma única declaração de vontade.

Apesar da controvérsia doutrinária, a doutrina brasileira majoritariamente caracteriza a natureza do ato constitutivo como contrato plurilateral. Defendida primordialmente por T. Ascarelli[7], essa teoria surge como um aperfeiçoamento da concepção que vislumbrava o ato constitutivo da sociedade como um simples contrato bilateral.

No contrato bilateral, cujo exemplo típico é a compra e venda, a relação se restringe a duas partes contratantes, uma em cada polo da relação jurídica. Tal relação linear, entre dois sujeitos que adquirem direitos subjetivos e obrigações recíprocas, acabava por não se coadunar com a realidade atual das sociedades. Na sociedade, os diversos sócios não ocupam dois polos opostos de uma relação. A sociedade é constituída por inúmeros sócios, todos os quais figuram como partes da relação.

No contrato plurilateral a relação formada é circular, e não linear. As múltiplas partes dessa relação seriam titulares de direitos e sujeitos de obrigações. Os indivíduos não seriam "agrupados" em um dos dois polos de uma

---

4 SOPRANO, E. Natura Giuridica dell'Atto Costitutivo delle Società Commerciale. In: *Studi in onore di Federico Cammeo*. Padova: CEDAM, 1933, v. II. p. 529-530.
5 VIVANTE, Cesare. *Trattato di diritto commerciale*. 5. ed. Milano: Dottor Francesco Vallardi, 1935, v. 2. p. 26.
6 Idem. p. 26.
7 ASCARELLI, Tullio. O Contrato Plurilateral. In: *Problemas das sociedades anônimas e direito comparado*. São Paulo: Saraiva, 1969.

relação linear. Cada sócio seria parte de uma mesma relação e seria interligado com todas as outras partes.

A relação, desse modo, seria circular. As partes se obrigariam para com todas as outras e perante todas essas adquiririam direitos.

Como consequência da pluralidade de partes, em uma mesma relação circular, a anulabilidade de uma declaração de vontade não invalida toda a relação jurídica. Embora a adesão do membro fique afetada por um vício em seu consentimento, os demais participantes do contrato não são atingidos. O contrato plurilateral é um contrato aberto, em que é permitida a entrada ou saída de partes sem que o contrato seja desconfigurado.

Além da quantidade de partes, peculiar no contrato plurilateral é a finalidade instrumental. O fim almejado pelo contrato não se esgota na realização do próprio objeto do contrato, por exemplo a consumação da troca. Na sociedade, o fim almejado pelas partes não se limita à constituição da sociedade, mas também envolve o desenvolvimento da atividade econômica e a busca e repartição de dividendos.

Embora, pela teoria, cada sócio tenha um interesse contraposto ao interesse dos demais, como o da maior avaliação dos bens contribuídos, distribuição de maior montante de dividendos e constituições de reservas, a relação se forma em razão de um fim comum que não se identifica com a função típica do contrato. Os sócios se reúnem em decorrência de um interesse comum na obtenção de lucros a serem alcançados mediante o desenvolvimento da atividade econômica pela sociedade.

A função do contrato plurilateral, nesses termos, é meramente instrumental. O contrato não se extingue com a realização das obrigações dos contraentes e com a constituição da sociedade. A execução das obrigações é apenas a premissa para o desenvolvimento de uma atividade ulterior, verdadeira finalidade do contrato plurilateral.

4. Elementos do contrato de sociedade

Como contrato, o ato constitutivo de sociedade está subordinado aos requisitos gerais de validade exigidos pelo Código Civil a todos os negócios jurídicos. Além desses requisitos gerais, a tipicidade do contrato de sociedade exige elementos específicos, que o diferenciam dos demais tipos contratuais.

4.1 Elementos gerais do contrato

A validade do negócio jurídico requer agente capaz, objeto lícito, possível, determinado ou determinável e forma prescrita ou não defesa em lei, conforme art. 104 do Código Civil.

4.1.1 Agente capaz e a possibilidade de sócio incapaz

Como já vimos anteriormente no tocante à capacidade do empresário, exige-se deste o pleno gozo da capacidade civil.

A impossibilidade de o incapaz ser empresário não o impede de ser sócio de sociedade empresária, desde que devidamente representado ou assistido. Detentora de personalidade jurídica, a sociedade empresária é sujeito de direitos e a pessoa que exerce a própria atividade. A própria pessoa jurídica é a empresária, e não seus sócios.

Em razão da responsabilidade, a doutrina sustentava, anteriormente ao Código Civil, que o menor não poderia sequer participar de sociedade limitada como cotista, ainda que o capital social estivesse totalmente integralizado, embora pudesse ser acionista de sociedade anônima, desde que a ação fosse integralizada. Isso porque, com a ação, nenhuma obrigação patrimonial poder-lhe-ia ser imposta. Não ocorreria o mesmo com a quota, já que, ainda que integralizada, o cotista menor poderia ser responsabilizado solidariamente em razão do descumprimento de obrigações por outros cotistas.

Para E. L. Teixeira, "há, todavia, uma circunstância que fala em desfavor do ingresso de menores nas sociedades por quotas embora integralmente realizado o capital social. É que na hipótese de os sócios, em maioria, votarem o aumento do capital social sem integralizá-lo imediatamente, o menor encontrar-se-ia em situação insegura, visto como ficaria, em caso de falência, responsável pela integralização das quotas não liberadas. Existindo sempre esse risco, eis que a lei brasileira ao contrário da francesa e da espanhola, por exemplo, não exige a realização imediata de todo o capital social no ato da subscrição ou do aumento, é de rigor afastar os menores das sociedades por quotas, prescrevendo a anulabilidade da sua subscrição. Risco igual existiria na hipótese de o valor atribuído à contribuição *in natura* de alguns dos sócios não corresponder à realidade e dessa circunstância resultar prejuízo para terceiros"[8].

Contrário ao referido entendimento, J. Eunápio Borges. Para esse autor, "se o capital da sociedade foi integralizado, não vemos motivo para que os menores sejam impedidos de adquirir cotas, seja na qualidade de herdeiros, seja como cessionários. Sua situação é absolutamente a mesma do acionista menor de uma sociedade anônima. E, pelos mesmos motivos já explanados, consideramos arbitrária a pretensão de afastar o menor da sociedade por cotas, limitada, com fundamento nos arts. 308 e 335, n. 4, do Código Comercial"[9].

---

8 TEIXEIRA, Egberto Lacerda. *Das sociedades por quotas de responsabilidade limitada*. São Paulo: Quartier Latin, 2006. p. 47.
9 BORGES, J. Eunápio. Sociedades de pessoas e sociedades de capital: a sociedade por cotas de responsabilidade limitada. In: *Revista Forense*, Rio de Janeiro, n. 128, 1950, p. 355.

O Supremo Tribunal Federal, no julgamento do RE 82.433/SP, Relator Ministro Xavier de Albuquerque, *DCJ* 08/07/1976, não acolheu a tese exposta, embora tenha excluído os menores de participarem da administração da sociedade, conforme a ementa: "Sociedade por cotas de responsabilidade limitada. Participação de menores, com capital integralizado e sem poderes de gerência e administração como cotistas – Admissibilidade reconhecida, sem ofensa ao art. 1º do Código Comercial".

Com base no entendimento expresso no Acórdão, o antigo Departamento Nacional de Registro de Comércio (DNRC) emitiu o Ofício Circular n. 22, de 1976, que determinou que "tendo em vista que a jurisprudência é fonte de lei e, como as decisões do STF a tornam exigível em casos análogos, entende o DNRC que, doravante, as Juntas Comerciais devem aceitar e definir os contratos sociais onde figurem menores impúberes, desde que as suas cotas estejam integralizadas e não constem nos contratos sociais atribuições aos mesmos, relativas à gerência e administrações".

Passou a ser permitido, assim, que incapazes figurassem como sócios de sociedade, embora continuasse restrita a possibilidade de lhes serem atribuídos poderes de administração.

Esse posicionamento foi mantido pelo Código Civil. Nos termos do art. 974, § 3º, do Código Civil, acrescido pela Lei n. 12.399/2011, o Registro Público de Empresas Mercantis a cargo das Juntas Comerciais deverá registrar contratos ou alterações contratuais de sociedade que envolva sócio incapaz, desde que o sócio incapaz não exerça a administração da sociedade, o capital social esteja totalmente integralizado e o incapaz esteja assistido ou representado por seus representantes legais.

4.1.2 Sociedade entre cônjuges

Antes do Código Civil, controvertia a doutrina sobre a admissibilidade da sociedade entre cônjuges. A controvérsia existia em razão da confusão patrimonial entre os cônjuges. A sociedade entre os cônjuges era admitida "desde que não constitua ela um instrumento de fraude ou de alteração do regime matrimonial visando excluir do marido a direção da sociedade conjugal"[10].

A sociedade entre marido e mulher passou a ser sustentada com o advento da Lei n. 4.121/62, que possibilitou que a responsabilidade pelas obrigações contraídas por apenas um dos cônjuges recaísse apenas sobre os bens particulares do contratante e sobre os comuns até o limite de sua meação. Tornou a lei o patrimônio dos cônjuges separado, ainda que sob o regime da comunhão universal de bens.

---

10 REQUIÃO, Rubens. *Curso de direito empresarial*. 24. ed. São Paulo: Saraiva, 2000, v. 1. p. 416.

O Código Civil de 2002, em seu art. 977, reavivou a discussão. Determinou o dispositivo que se faculta aos cônjuges contratar sociedade, entre si ou com terceiros, desde que não tenham casado no regime da comunhão universal de bens, ou no da separação obrigatória.

A proibição legal faz revigorar a interpretação anterior ao estatuto da mulher casada. Procurou garantir o regime de bens do casamento, na hipótese da separação obrigatória, por impedir a confusão de bens que poderia ocorrer por meio da sociedade entre os cônjuges. Outrossim, impediu a sociedade na hipótese da comunhão universal diante da inexistência efetiva de dois patrimônios separados dos sócios, o que parecer ser criticável e irrelevante tanto para a garantia de terceiros, quanto para a própria celebração do contrato de sociedade.

4.1.3 Objeto lícito, possível e determinado ou determinável

A atividade ulterior a ser desempenhada pela sociedade deve ter conteúdo lícito. Todos os objetos sociais que não contrariem a lei podem ser convencionados no contrato de sociedade.

Nesse ponto, determina o art. 35, I, da Lei n. 8.934/94, que as Juntas Comerciais não arquivarão documentos que contenham matéria contrária aos bons costumes ou à ordem pública.

Algumas atividades, entretanto, para serem exploradas, necessitam de autorização governamental em razão do interesse público ou da soberania nacional. Embora a Constituição Federal assegure a livre-iniciativa e a liberdade de concorrência entre os agentes econômicos no art. 170, ressalva a possibilidade de autorização de órgãos públicos excepcionalmente para a exploração de determinadas atividades.

O Código Civil, em seu art. 1.123, atribui a competência para autorizar a exploração sempre ao Poder Executivo Federal, o qual poderá cassar a autorização concedida a qualquer tempo, se a sociedade infringir disposição de ordem pública ou praticar atos contrários aos fins declarados em seu estatuto.

É exemplo de sociedade dependente de autorização as instituições financeiras, que dependerão de prévia autorização do Banco Central do Brasil (art. 18 da Lei n. 4.595/64); as sociedades operadoras de planos privados de assistência à saúde, que dependem de autorização da Agência Nacional de Saúde (ANS); as concessionárias de serviço telefônico, que dependem de autorização da Agência Nacional de Telecomunicações (Anatel).

4.1.4 Forma prescrita ou não defesa em lei

O ato constitutivo da sociedade não possui forma prescrita em lei. A forma não é essencial ao ato, mas tem função probatória. Na sociedade em comum, os sócios, nas relações entre si ou com terceiros, somente por escrito podem provar a existência da sociedade. Os terceiros podem prová-la por qualquer modo (art. 987 do CC). Nesse ponto, outrossim, a constituição das sociedades em conta de participação independe de qualquer formalidade e pode provar-se por todos os meios de direito (art. 992 do CC).

Apenas para obter determinados benefícios legais é que formas solenes são exigidas. Como para a aquisição de personalidade jurídica é necessária a inscrição do ato constitutivo no registro, o contrato de sociedade deve ser celebrado por escrito.

4.2 Elementos específicos do contrato de sociedade

O contrato de sociedade, além dos elementos comuns, possui elementos peculiares que o diferenciam dos demais contratos. Dentre os elementos específicos do ato constitutivo figuram a pluralidade de sócios, a constituição do capital social, participação nos lucros e perdas e a *affectio societatis*.

4.2.1 Pluralidade de sócios

O contrato de sociedade é celebrado entre dois ou mais sócios, quer sejam eles pessoas físicas ou pessoas jurídicas. Como contrato aberto, em que podem ingressar novos sócios na relação jurídica originária, bem como outros se retirarem, deve-se preservar, contudo, ao menos dois sócios na sociedade.

Essa pluralidade é requisito do contrato de sociedade, a ponto de o art. 981 do Código Civil estabelecer que o contrato de sociedade é celebrado por *pessoas* que se obrigam a contribuir para o exercício da atividade e para a partilha dos resultados.

A sociedade unipessoal, constituída por apenas um sócio, não era admitida no direito brasileiro como regra, mas apenas excepcionalmente. A exceção era a sociedade subsidiária integral. Prevista no art. 251 da Lei n. 6.404/76, a subsidiária integral será necessariamente sociedade anônima e pode ter como acionista apenas uma sociedade brasileira e desde que seja constituída mediante escritura pública.

Segunda exceção, acrescentada pela Lei n. 13.247/2016 e que alterou os arts. 15 a 17 da Lei n. 8.906/94, o Estatuto da Advocacia, permitiu a constituição de sociedade unipessoal de advocacia.

Fora dessas exceções, a unipessoalidade, contudo, poderia ser apenas temporária. Caso fosse incidental, ou seja, na hipótese de a sociedade ter sido constituída por dois ou mais sócios, porém, durante o desenvolvimento de sua atividade, teve a pluralidade de sócios reduzida a apenas um, em razão de morte e liquidação de quota, retirada ou exclusão, a unipessoalidade era exclusivamente admitida durante determinado prazo.

A sociedade anônima se dissolve de pleno direito pela existência de um único acionista, verificada em assembleia geral ordinária, se o mínimo de dois não for reconstituído até a do ano seguinte. Essa disposição do art. 206 da Lei n. 6.404/76 garante que, reconhecida a unipessoalidade na assembleia geral ordinária, haverá o prazo até a próxima assembleia geral ordinária para ocorrer o ingresso de novo acionista, sob pena de extinção.

Pela Lei n. 13.874/2019, entretanto, foi permitida a constituição da sociedade unipessoal no direito brasileiro desde o momento inicial. No art. 1.052, § 1º, do Código Civil, permitiu-se a constituição da sociedade limitada com apenas um único sócio. Nestes termos, determina o dispositivo legal que: "a sociedade limitada pode ser constituída por uma ou mais pessoas".

Por seu turno, a partir da Lei n. 14.195/2021, foi revogado o art. 1.033, IV, do Código Civil, e que determinava que as sociedades se dissolveriam se, diante da falta de pluralidade dos sócios, essa não fosse reconstituída no prazo de 180 dias. Nesse sentido, a menos que haja norma expressa em contrário, como ocorre com a Sociedade Anônima, a falta de pluralidade de sócios não é mais motivo para a dissolução das sociedades, que podem continuar a desenvolver sua atividade com um único sócio no quadro social.

4.2.2 Constituição do capital social

Para o desenvolvimento da atividade prevista no objeto social, é necessário que o empresário organize os bens e os recursos disponíveis. Esses bens materiais e imateriais compõem o capital da sociedade e são imprescindíveis à persecução do interesse social, consistente na distribuição dos lucros obtidos pelo exercício da atividade econômica.

Além de permitir o desenvolvimento do objeto social, o capital social é garantia, ainda que relativa, aos credores da satisfação das obrigações contraídas pela sociedade. Por conta dessa garantia, estabelece o art. 1.055, § 1º, do Código Civil, que, na sociedade limitada, todos os sócios respondem solidariamente, até o prazo de cinco anos da data do registro da sociedade, pela exata estimação de bens conferidos ao capital social.

A veracidade do capital, que deve exprimir o correto valor dos bens conferidos, é tutelada pela lei, na sociedade anônima, pela obrigação de avaliação dos bens por três peritos ou por empresa especializada. Nessa hipótese, a responsabilidade pela avaliação incorreta é dos peritos e do subscritor das ações, os quais são responsáveis pelos danos causados por culpa ou dolo, sem prejuízo da responsabilidade penal em que tenham incorrido.

O capital não se confunde, todavia, com o patrimônio da sociedade. O capital forma o patrimônio inicial da sociedade e advém das contribuições dos sócios. Caracteriza-se por ser fixo, intangível, o que significa que possui um valor nominal que somente será alterado nas hipóteses legais.

O patrimônio, por seu turno, é o conjunto de relações jurídicas, variável conforme os lucros obtidos ou prejuízos suportados pela sociedade.

Imprescindível para a constituição da companhia, o capital não possui montante mínimo ou máximo determinado, em regra. Excepcionalmente, é estabelecida exigência de montante mínimo de capital para sociedades que expõem terceiros a maior risco, como instituições financeiras e seguradoras. Na Eireli, regulada pelo art. 980-A do Código Civil, estabeleceu-se que o capital social não poderá ser inferior a 100 vezes o maior salário mínimo vigente no país.

O valor e a quantidade de contribuições pelos sócios para formar o capital social devem ser determinados conforme a necessidade para o desenvolvimento do objeto social. Sua insuficiência acarreta a inexequibilidade do fim social, consistente no exercício da atividade e partilha dos resultados, o que provoca a dissolução da sociedade (art. 1.034 do CC).

Essa medida fixa do capital social define, também, a participação de cada sócio conforme a contribuição realizada para constituí-lo. Tais contribuições podem ser realizadas diretamente em bens, em dinheiro ou em serviços.

Desde que possua valor patrimonial e possa constituir a base econômica imprescindível ao exercício da atividade social, qualquer bem ou serviço pode ser conferido. Sequer há a necessidade de o domínio do bem ser transferido. Basta como contribuição, eventualmente, a atribuição do uso ou da posse do referido bem.

A contribuição em bens e não em dinheiro, contudo, atribui ao sócio que transmitiu o domínio, a posse ou o uso, a responsabilidade pela evicção e, na hipótese de transferência de crédito, atribui ao sócio a responsabilidade pela solvência do devedor (art. 1.005 do Código Civil).

4.2.3 Participação nos lucros e nas perdas

A sociedade é constituída para a partilha do resultado da exploração da atividade econômica entre os sócios. Esse resultado não precisa ser integralmente partilhado; pode ser revertido em benefício da própria atividade ao integrar reservas da sociedade.

Do resultado distribuído ou das perdas suportadas, entretanto, não pode ser excluída a participação de qualquer sócio. A chamada sociedade leonina foi proibida pelo direito pátrio, que determinou a nulidade de cláusula que exclua qualquer sócio de participar dos lucros e das perdas (art. 1.008 do Código Civil).

A impossibilidade de exclusão da participação nos lucros e nas perdas não implica a igualdade de sua distribuição. Os lucros podem ser partilhados de maneira desigual, assim como as perdas podem ser suportadas em uma quantidade maior por alguns sócios do que por outros. Ressalta-se, nesse ponto, que as perdas não obrigam o sócio a realizar novas contribuições à sociedade, mas seu aporte à formação do capital social será utilizado para solver a obrigação.

Essa participação é determinada pelo contrato social. No silêncio do ato constitutivo, o sócio participa dos lucros e das perdas, na proporção das respectivas quotas. Caso a contribuição tenha sido feita em serviços e não em bens, a participação nos lucros não é realizada na proporção das quotas adquiridas, mas na proporção da média do valor das quotas (art. 1.007 do Código Civil).

4.2.4 Affectio societatis

A *affectio societatis* é a vontade dos sócios de se associarem e de se manterem associados para a realização de um propósito comum. Expressão latina, cunhada por Ulpiano, caracteriza a vontade dos sócios de se auxiliarem mutuamente, de participarem ativamente no desenvolvimento do objeto social para partilharem os lucros da atividade.

A *affectio* identifica a vontade dos contratantes do ato constitutivo de sociedade. É causa subjetiva do contrato e caracteriza o ânimo não apenas de se atribuírem direitos subjetivos e obrigações aos participantes, mas de colaborarem na formação de uma organização. Essa organização é compreendida como a coordenação de influência recíproca entre atos, a atividade.

Em crítica ao conceito, parte da doutrina entende que a *affectio*, diante de um conceito pouco delimitado, tem sido utilizada indevidamente pela jurisprudência para fundamentar decisões díspares a respeito da dissolução parcial da sociedade. De modo a disciplinar sua utilização, apregoa parte da doutrina a aproximação do conceito de *affectio* ao conceito de fim comum.

O fim comum, contudo, não é elemento distintivo do ato constitutivo de sociedade, pois presente em todos os demais contratos. O consenso imprescindível à caracterização de qualquer negócio jurídico bilateral somente pode ser explicado pela existência de uma finalidade comum entre os contratantes, que consistiria em regular suas relações privadas mediante a convenção do negócio.

Diretamente relacionada aos efeitos pretendidos, a *affectio societatis* identifica a vontade dos contratantes de colaborarem para o exercício de uma atividade organizada com o fim de partilharem os resultados advindos dessa colaboração.

Elemento essencial do contrato, a identificação da vontade dos agentes permite a diferenciação do contrato de sociedade em relação aos demais tipos contratuais. É essa vontade de colaboração, de formação de uma organização como valor prevalente, em vista da qual serão atribuídos os direitos subjetivos e as obrigações, que distingue o contrato de sociedade dos demais.

5. Personalidade jurídica

A personalidade jurídica não é elemento essencial à sociedade. No direito brasileiro, a sociedade em comum e a sociedade em conta de participação não possuem personalidade jurídica.

Apesar de não ser essencial, a personalidade jurídica é atributo da sociedade simples, sociedade em nome coletivo, sociedade em comandita simples, sociedade limitada, sociedade anônima, sociedade em comandita por ações e sociedade cooperativa, o que demonstra sua relevância. Mas não só. São consideradas pessoas jurídicas de direito privado as associações, as sociedades, as fundações, as organizações religiosas, os partidos políticos e as empresas individuais de responsabilidade limitada, conforme art. 44 do Código Civil.

Ao contrário das pessoas naturais, cuja personalidade é atribuída baseada no nascimento com vida, o início dessa personalidade jurídica não ocorre com a constituição da sociedade, simplesmente. Nos termos do art. 45 do Código Civil, a pessoa jurídica de direito privado passa a existir com a inscrição de seu ato constitutivo na Junta Comercial, se sociedade empresária, ou no Registro Civil das Pessoas Jurídicas, no caso de sociedades simples. A inscrição deverá ser precedida, quando necessário, de autorização ou aprovação do Poder Executivo, averbando-se no registro todas as alterações por que passar o ato constitutivo.

A personalidade é a aptidão para o ente ser titular de direitos e sujeito de obrigações na ordem jurídica. A atribuição de personalidade jurídica distingue a sociedade dos sócios que a formaram e permite o surgimento de um novo sujeito jurídico, que possui capacidade de direito, vontade e responsabilidades próprias.

Com base na personalidade, o ente coletivo passa a ser titular de direitos, além de patrimoniais, da personalidade. Possui a proteção jurídica à honra objetiva, como a tutela de sua reputação perante terceiros, ao seu direito à imagem, ao nome etc.

Sujeito de direitos, a pessoa jurídica expressa por si mesma uma vontade própria. Mediante centros institucionalizados de poder, os órgãos sociais, a pessoa jurídica forma sua vontade e a manifesta a terceiros. Tais órgãos não são pessoas estranhas à sociedade, que representam a pessoa jurídica.

Os centros institucionalizados de poder, como a assembleia, os administradores, o conselho fiscal, são integrantes da própria pessoa jurídica e imanentes ao seu aparelhamento. O órgão é parte do todo e permite que a pessoa jurídica se faça presente nas relações jurídicas em face de terceiros e manifeste e forme a vontade social.

Nesse aspecto, F. C. Pontes de Miranda ressalta que, "quando o órgão da pessoa jurídica pratica o ato, que há de entrar no mundo jurídico como ato da pessoa jurídica, não há representação, mas *presentação*. O ato do órgão não entra, no mundo jurídico, como ato da pessoa, que é órgão, ou das pessoas que compõem o órgão. Entra no mundo jurídico como ato da pessoa jurídica, porque o ato do órgão é ato seu"[11].

Desse modo, além dos requisitos para identificar a pessoa jurídica, o registro deverá indicar o modo de administração da pessoa jurídica. Se a pessoa jurídica tiver administração coletiva, as decisões serão tomadas pela maioria de votos dos presentes, salvo se o ato constitutivo dispuser de modo diverso. O direito de anular tais deliberações decai em três anos.

Ressalta-se que a atribuição da personalidade com base na inscrição do ato constitutivo no respectivo registro garante-lhe a proteção ao nome empresarial, para as sociedades empresárias, ou à denominação, para as sociedades simples. A identificação da pessoa jurídica no exercício de sua atividade, a qual não se confunde com o nome civil dos sócios, ainda que esse possa ser utilizado como um de seus elementos formadores, é protegida pelo ordenamento jurídico, que lhe garante o uso exclusivo nos limites do Estado em que inscritos os atos constitutivos.

Além da capacidade de direito, a pessoa jurídica passa a ter patrimônio autônomo ao dos sócios que a integram. As obrigações sociais serão satisfeitas com os bens pertencentes à sociedade e, apenas subsidiariamente, a depender da responsabilidade dos sócios, os credores sociais poderão voltar-se contra os bens particulares dos sócios.

Essa autonomia patrimonial, na medida em que garante os bens particulares dos sócios, também assegura que os bens sociais, destinados ao exercício da atividade compreendida no objeto social, não sejam executados por obrigações particulares dos sócios.

A constituição da pessoa jurídica de direito privado poderá ser anulada, por meio de ação própria, em razão de defeito do ato de constituição. O direito de anular a constituição decai em três anos, contados da publicação de sua inscrição no registro (art. 48, parágrafo único, do Código Civil).

---

11 PONTES DE MIRANDA, F. C. *Tratado de direito privado*. 4. ed. São Paulo: Revista dos Tribunais, 1974, t. III. p. 233.

5.1 Desconsideração da personalidade jurídica

Com a personalidade jurídica, o ente passa a ser titular de direitos e sujeito de obrigações na ordem jurídica. A personalidade distingue a sociedade dos sócios e permite o surgimento de um novo sujeito jurídico, que possui capacidade de direito, vontade, responsabilidades e patrimônios próprios, autônomos em relação aos sócios que a integram.

A autonomia patrimonial aliada à responsabilidade limitada de alguns tipos societários permitiu a redução dos riscos do desenvolvimento da atividade econômica pelos agentes. O patrimônio dos sócios não se confunde com o patrimônio da sociedade, o qual responderá pelas obrigações sociais contraídas com primazia, se não exclusivamente nas sociedades com responsabilidade limitada, em relação ao patrimônio dos sócios que compõem o ente coletivo.

A personalidade jurídica como realidade técnica, concedida em prol do desenvolvimento das relações negociais, pode ser utilizada, contudo, para abusar do direito. A limitação aos prejuízos pessoais dos sócios em razão da atuação por meio da pessoa jurídica pode gerar o uso inadequado desse privilégio. O abuso da personalidade jurídica acarreta o prejuízo dos contratantes, os quais podem não ser satisfeitos diante da insuficiência do patrimônio social, embora os lucros da atividade tenham sido apreendidos pelos sócios.

Diante do desvio na pessoa jurídica, os efeitos da personalidade podem ser desconsiderados para garantir a responsabilidade dos sócios. Não há vício em sua constituição ou invalidação da personalidade jurídica. Apenas ineficácia em relação a determinados atos patrimoniais para garantir a responsabilidade dos sócios. Preconizada inicialmente pela jurisprudência inglesa e norte-americana como doutrina da "*disregard of legal entity*", a desconsideração não torna nula a concessão da personalidade jurídica, mas a torna ineficaz em relação à prática de determinados atos.

A desconsideração da personalidade jurídica não é realizada, entretanto, apenas se demonstrada a insolvência da pessoa jurídica. Essa corrente que exige exclusivamente a insolvência do ente coletivo para a desconsideração da autonomia é conhecida por teoria menor da desconsideração.

A teoria menor é sustentada como a adotada pelo legislador pátrio no Código de Defesa do Consumidor. Em seu art. 28, § 5º, o Código de Defesa do Consumidor determina que o juiz poderá desconsiderar a personalidade jurídica da sociedade sempre que ela for, de alguma forma, obstáculo ao ressarcimento de prejuízos causados aos consumidores.

Contudo, para o direito empresarial, não se pode adotar a teoria menor da desconsideração, sob pena de se extinguirem os fundamentos da própria concessão da personalidade. A autonomia patrimonial da pessoa jurídica procura garantir o sócio do risco do desenvolvimento de uma atividade negocial. A insolvência, nesse contexto, pode ser uma consequência do desenvolvimento legítimo de uma atividade que, todavia, não gerou mais lucros do que obrigações. Igualar a crise da atividade à fraude é aniquilar todo o incentivo ao desenvolvimento da atividade negocial.

A autonomia patrimonial e a responsabilidade limitada atribuídas pela concessão da personalidade jurídica apenas deverão ser ineficazes diante da prática de determinados atos se houver demonstração de que a personalidade jurídica foi utilizada com o fim de causar prejuízo a terceiros fraudulentamente. Apenas com a demonstração do abuso de direito pelos sócios ou administradores é que a personalidade jurídica pode ser desconsiderada.

Essa teoria maior da desconsideração da personalidade jurídica exige que a autonomia tenha sido utilizada para limitar a responsabilidade dos sócios diante da prática de atos em detrimento dos terceiros. Por esses fundamentos, a desconsideração será aplicada caso a caso, diante da situação fática apresentada.

A autonomia patrimonial é ineficaz exclusivamente em relação a determinado ato de fraude praticado. Em relação a um específico ato de abuso da personalidade jurídica, esta é desconsiderada para garantir a responsabilidade direta dos sócios ou administradores.

A sociedade não será dissolvida e a personalidade do ente coletivo não será extinta. Os atos permanecem, perante os demais envolvidos, válidos, e a empresa continua a se desenvolver. Apenas quanto ao agente praticante do ato fraudatório, por meio da pessoa jurídica, os efeitos desta são desconsiderados para atingir o patrimônio individual deste, responsabilizando-o pela obrigação contraída.

O Código Civil consagrou essa teoria maior da desconsideração que pressupõe a demonstração da fraude. O art. 50 do Código Civil determinou que em caso de abuso da personalidade jurídica, caracterizado pelo desvio de finalidade, ou pela confusão patrimonial, pode o juiz decidir, a requerimento da parte, ou do Ministério Público quando lhe couber intervir no processo, que os efeitos de certas e determinadas relações de obrigações sejam estendidos aos bens particulares dos administradores ou sócios da pessoa jurídica beneficiados direta ou indiretamente pelo abuso.

Pela própria alteração do art. 50, § 1º, desvio de finalidade é a utilização da pessoa jurídica com o propósito de lesar credores e para a prática de atos ilícitos de qualquer natureza.

A confusão patrimonial, por seu turno, não se apresenta pela mera existência do grupo societário. Confusão patrimonial é a ausência da separação de fato entre os patrimônios, que se caracteriza pelo cumprimento repetitivo pela sociedade de obrigações dos sócios ou do administrador, transferência de ativos ou passivos sem contraprestação ou atos de descumprimento da autonomia patrimonial.

A desconsideração da personalidade jurídica, entretanto, pode ser inversa. A desconsideração ordinária torna sem efeito a autonomia patrimonial da pessoa jurídica, seja ela uma sociedade ou uma empresa individual de responsabilidade limitada, para que, por obrigações contraídas pela própria sociedade, utilizada fraudulentamente, possa ser responsabilizado o sócio ou administrador. Na desconsideração inversa, a autonomia da pessoa jurídica é tornada ineficaz para responsabilizá-la por uma dívida contraída pelo sócio ou administrador, pessoalmente.

Nessa hipótese de desconsideração inversa, também ocorre fraude da pessoa jurídica. Para sua desconsideração inversa, a autonomia patrimonial da pessoa jurídica deve ter sido utilizada não para proteger os sócios do risco do desenvolvimento da atividade da companhia, fundamento da atribuição da personalidade jurídica. A autonomia patrimonial do ente coletivo pode ser desviada para proteger bens do sócio, os quais teriam sido utilizados para a integralização e formação do capital social para que não pudessem ser utilizados ou apreendidos para a satisfação de credores de obrigações individuais do próprio sócio.

A autonomia do ente coletivo pode ser desviada de sua finalidade, de modo a obstar a execução de bens individuais do patrimônio do sócio devedor por obrigações contraídas diretamente por este. Demonstrada a fraude ou o abuso do direito, a pessoa jurídica pode ser desconsiderada para que o patrimônio social responda por obrigações individuais do sócio.

O Código de Processo Civil disciplinou o procedimento para o requerimento da desconsideração da personalidade jurídica nos arts. 133 a 137. A desconsideração deverá ser requerida mediante a instauração de um incidente próprio, o qual poderá ser instaurado em todas as fases do processo de conhecimento, no cumprimento de sentença ou na execução fundada em título executivo extrajudicial e suspenderá o feito principal.

A instauração do incidente será desnecessária se o pedido de desconsideração for feito na própria petição inicial, o que exigirá a citação do sócio, caso pedido de desconsideração ordinário da personalidade jurídica, ou exigirá a citação da pessoa jurídica, na hipótese de pedido de desconsideração inversa da personalidade.

Se acolhido o pedido de desconsideração, a alienação ou a oneração de bens, havida em fraude de execução, será ineficaz em relação ao requerente.

6. Tipos de sociedades

O Código Civil previu nove tipos de sociedades: sociedade em comum; sociedade em conta de participação; sociedade simples; sociedade em nome coletivo; sociedade em comandita simples; sociedade limitada; sociedade anônima; sociedade em comandita por ações; e sociedade cooperativa.

A sociedade de capital e indústria, prevista no Código Comercial de 1850, há décadas em desuso, não foi reproduzida no Código Civil vigente. A sociedade de capital e indústria possuía um sócio que apenas colaborava com o seu trabalho, o chamado sócio de indústria, enquanto o sócio de capital colaborava com os recursos necessários para o desenvolvimento da atividade.

Nesse tipo social, o sócio de indústria não era responsável pelas obrigações sociais em face de terceiros. Essa responsabilidade era adstrita aos sócios de capital, os quais eram solidária e ilimitadamente responsáveis pelas obrigações sociais.

6.1 Classificação das sociedades

Os referidos tipos diferenciam-se entre si em relação à personificação, ao modo de desenvolvimento da atividade, à responsabilidade dos sócios, à forma de capital e à estrutura econômica. As diversas formas de classificação permitem compreender as peculiaridades de cada tipo societário, bem como seus pontos comuns.

6.1.1 Quanto à personificação

As sociedades podem ser titulares de direitos e sujeitos de obrigação, com a atribuição de personalidade jurídica ou caracterizar como mero conjunto de pessoas que se obrigam reciprocamente a contribuir, com bens ou serviços, para o exercício de atividade econômica e para a partilha, entre si, dos resultados.

No Código Civil, a sociedade em comum e a sociedade em conta de participação são sociedades sem personalidade jurídica. A sociedade em comum caracteriza-se pela falta de inscrição de seus atos constitutivos no registro próprio, que pode ser a Junta Comercial ou o Cartório de Registro de Pessoas Jurídicas.

A sociedade em conta de participação, por seu turno, possui contrato social que produz efeito somente entre os sócios. Ainda que possua inscrição no Registro, impede a lei que lhe seja conferida personalidade jurídica.

As sociedades privadas com personalidade jurídica, por seu turno, adquirem esta pela inscrição dos seus atos constitutivos no respectivo registro, que pode ser a Junta Comercial, órgão responsável pelo Registro Público das Empresas Mercantis, caso sociedades empresárias, ou o Registro Civil das Pessoas Jurídicas, caso sociedades não empresárias.

As sociedades com personalidade jurídica são todos os demais tipos societários, como a sociedade simples, a sociedade em nome coletivo, a sociedade em comandita simples, a sociedade limitada, a sociedade anônima, a sociedade em comandita por ações e a sociedade cooperativa.

6.1.2 Quanto ao modo de desenvolvimento da atividade

A disciplina anterior ao Código Civil dividia as sociedades em comerciais e civis, conforme o objeto social desenvolvido por estas. As sociedades civis caracterizavam-se pela atividade de prestação de serviços, de exploração de imóveis, agricultura. As sociedades comerciais, por seu turno, eram as que praticavam atos de comércio.

O Código Civil substitui a referida classificação pela *forma* de sociedades empresariais e sociedades simples ou não empresariais, ainda que a distinção não se ajuste perfeitamente à antiga diferença entre as sociedades comercial e civil.

Considera-se sociedade empresária a sociedade que tenha por objeto o exercício de atividade própria do empresário sujeito a registro (art. 982, *caput*, do Código Civil). Nesses termos, exceto as proibições legais, são sociedades empresárias as que desenvolvem profissionalmente atividade econômica organizada para a produção ou para a circulação de bens ou de serviços.

Independentemente do seu objeto, entretanto, as sociedades por ações são sempre sociedades empresárias e as cooperativas são sempre sociedades simples (art. 982, parágrafo único, do Código Civil). São também sempre empresárias as sociedades em comandita por ações, pois o art. 281 da Lei n. 6.404/76 determina que as sociedades em comandita por ações se submetem às normas relativas às companhias ou sociedades anônimas.

A forma empresária, portanto, passou a envolver parte das anteriores sociedades civis cujo objeto era a prestação de serviços ou a exploração de imóveis, desde que preenchidos os requisitos do art. 966 do Código Civil, e exceto se a prestação de serviço for realizada no âmbito do exercício de uma profissão intelectual, científica, literária e artística.

As sociedades simples são exatamente essas sociedades constituídas para o desenvolvimento de profissão intelectual, de natureza científica, literária ou artística, a menos que o exercício dessa atividade constitua elemento de empresa (art. 966, parágrafo único, do Código Civil). Caracterizam-se também como simples as sociedades que tenham por objeto o exercício de atividade própria de empresário rural, a menos que este adote um dos tipos de sociedades empresariais, o que lhe faculta requerer inscrição no Registro Público de Empresas Mercantis (art. 971 do Código Civil).

A sociedade de forma empresária deve se constituir conforme o tipo de sociedade em nome coletivo, sociedade em comandita simples, sociedade limitada, sociedade anônima ou sociedade em comandita por ações (art. 983 do Código Civil).

A sociedade simples, como forma de sociedade não empresária, pode constituir-se conforme os tipos previstos às sociedades empresárias. Caso o faça, contudo, deverá seguir a disciplina dos respectivos tipos societários escolhido, mas não se tornará empresária por isso. Como consequência, mesmo que adote um dos tipos societários empresariais, o registro do ato constitutivo continuará a ser feito no Registro Civil de Pessoas Jurídicas.

Entretanto, como a sociedade por ações e a sociedade anônima são sempre sociedades empresárias, a sociedade que desenvolve atividade não empresária poderia constituir-se apenas como sociedade em nome coletivo, em comandita simples ou sociedade limitada. Caso o faça, ficará submetida às regras do tipo adotado. Caso não se constitua conforme esses tipos, ficará regida pelas regras que são próprias ao tipo sociedade simples.

Ressalta-se, portanto, que a sociedade simples transparece como *forma* de desenvolvimento da atividade, em contraposição à sociedade empresária. Também aparece como tipo societário, distinta dos demais tipos com personalidade jurídica, como da sociedade em nome coletivo, da sociedade em comandita simples, da sociedade limitada, da sociedade anônima, da sociedade em comandita por ações. Possível, assim, que uma sociedade simples (ou não empresária) se constitua conforme o tipo de sociedade limitada, em comandita simples ou em nome coletivo e, caso não o faça, será regulada pelo tipo de sociedade simples.

6.1.3 Quanto à responsabilidade dos sócios

No tocante à responsabilidade, os sócios podem ser de responsabilidade ilimitada, limitada ou mista.

Os sócios de responsabilidade ilimitada respondem pelas obrigações sociais desde que o patrimônio da sociedade não tenha sido suficiente para satisfazê-las. Não pode o credor demandar diretamente contra o sócio, senão depois de executados os bens da sociedade e estes tiverem se exaurido.

Entre si, os sócios de responsabilidade ilimitada são solidariamente responsáveis pela obrigação da sociedade. Ao sócio que satisfez integralmente a obrigação social é conferido o direito de promover seu ressarcimento em relação à proporção do capital dos demais. Pode este, portanto, voltar-se em ação regressiva contra os demais sócios.

Os sócios de responsabilidade ilimitada são os integrantes de sociedade em nome coletivo, de sociedades em comum e de sociedades simples.

A responsabilidade dos sócios, entretanto, pode ser limitada. Limita-se sua responsabilidade pelas obrigações sociais ao valor de suas contribuições em ações, na sociedade anônima, ou ao valor não integralizado do capital social, na hipótese de sociedade limitada.

Os sócios de responsabilidade mista são os integrantes de sociedades em que o contrato social prevê responsabilidade limitada para parte de seus sócios e responsabilidade ilimitada e solidária para a parte dos sócios restante. São exemplos desse tipo as sociedades em comandita simples, a sociedade em comandita por ações e a sociedade em conta de participação.

Na sociedade em comandita simples, os sócios comanditários respondem limitadamente, apenas são obrigados ao valor de sua quota, enquanto os sócios comanditados são responsáveis solidários e ilimitados pelas obrigações sociais.

Na sociedade em comandita por ações, o acionista diretor responde subsidiária e ilimitadamente pelas obrigações da sociedade. Os acionistas que não possuem o cargo de diretor somente respondem pela integralização de suas ações.

Por fim, na sociedade em conta de participação, o sócio ostensivo exerce a atividade em nome próprio e responde ilimitadamente pelas obrigações contraídas. O sócio participante não é responsável diante de terceiros, mas apenas do sócio ostensivo, que pode lhe exigir apenas nos termos do contrato social.

6.1.4 Quanto à forma do capital

As sociedades podem ter capital fixo ou variável. As sociedades, em geral, possuem capital determinado no contrato social. Essa estipulação visa a assegurar os credores, que podem avaliar o risco de determinada operação conforme a quantidade de capital para eventualmente serem ressarcidos. Nas sociedades de capital fixo, qualquer alteração deste depende de alteração do contrato social, com a aprovação dos sócios.

O art. 997, III, do Código Civil, ao regular a sociedade simples e ser norma supletiva para todos os demais tipos societários, determinou que o contrato de constituição da sociedade mencionará o capital desta, expresso em moeda corrente, podendo compreender qualquer espécie de bens, suscetíveis de avaliação pecuniária. São exemplos de sociedades de capital fixo os tipos de sociedades empresárias e as sociedades simples.

As sociedades cooperativas, entretanto, não possuem capital fixo. Seu capital varia sem a necessidade de alteração do contrato social, e sua existência sequer é imposta como obrigatória, nos termos do art. 1.094, I, do Código Civil.

6.1.5 Quanto à estrutura econômica

A estrutura econômica difere as sociedades nas quais as qualidades pessoais dos sócios possuem maior importância em relação ao capital investido. Diferem-se, assim, sociedades de pessoas das sociedades de capitais.

Nas sociedades de pessoas, os sócios possuem um vínculo de confiança entre si e as qualidades individuais de cada sócio são relevantes para o desenvolvimento da atividade. Nessas, os sócios podem proibir o ingresso de terceiro ou condicionar o seu ingresso, inclusive de herdeiro de sócio falecido, à autorização dos demais, sob pena de dissolução parcial por morte de sócio. A cessão da posição de sócio a terceiro, outrossim, também depende da autorização dos demais sócios da companhia.

Em decorrência da importância das características individuais dos sócios, nas sociedades de pessoas as quotas sociais são impenhoráveis. Como a penhora provocará a alienação em hasta pública e o ingresso do arrematante como sócio, a penhora da quota pelo credor particular do sócio não é admitida. Entretanto, é possível que a penhora recaia sobre os direitos patrimoniais resultantes da participação societária do sócio devedor.

A sociedade de capitais, por seu turno, identifica os tipos societários em que é mais relevante a contribuição dos sócios que suas qualidades pessoais. Nesta, o ingresso e a transferência de ações são livres entre os sócios, os quais não precisam submeter a eficácia do negócio perante a companhia à prévia autorização dos demais. Na hipótese de falecimento, é possível o ingresso dos herdeiros como acionistas, sem a necessidade de dissolução parcial, como nas sociedades de pessoas, assim como a penhora das ações também é livremente admitida.

Como exemplo de sociedades de pessoas, figura a sociedade em conta de participação, em que, salvo estipulação em contrário, o sócio ostensivo não pode admitir novo sócio sem o consentimento expresso dos demais. Também são sociedades de pessoas a sociedade simples e a sociedade em nome coletivo, pois o sócio não pode ser substituído no exercício de suas funções ou ceder total ou parcialmente suas quotas sem o consentimento dos demais sócios, expresso em modificação do contrato social.

As sociedades em comandita simples caracterizam-se, em princípio, como sociedades de pessoas, já que sua regência se faz, na hipótese de omissão, pelas normas da sociedade em nome coletivo. Entretanto, estabelece o art. 1.050 do Código Civil, que, no caso de morte de sócio comanditário, a sociedade, salvo disposição do contrato, continuará com os seus sucessores, que designarão quem os represente.

Por seu turno, são exemplos das sociedades de capitais as sociedades anônimas e as sociedades em comandita por ações.

Nas sociedades anônimas, os acionistas podem livremente dispor de suas ações a terceiros. As limitações à circulação das ações podem ser impostas aos acionistas, excepcionalmente, desde que a companhia seja fechada, ou seja, seus valores mobiliários não possam ser negociados no mercado de capitais, o estatuto regule minuciosamente tais limitações e não impeça a negociação nem sujeite o acionista ao arbítrio dos órgãos de administração da companhia ou da maioria dos acionistas (art. 36 da Lei n. 6.404/76).

Além da livre transmissibilidade das ações, como regra, também a ação pode ser penhorada ou dada em caução, desde que mediante averbação no livro respectivo.

As sociedades limitadas, entretanto, não podem ser incluídas exclusivamente dentre as sociedades de pessoas ou exclusivamente dentre as sociedades de capital. Sua natureza é mista e depende das cláusulas do contrato social. Este pode prever que a sociedade limitada se regerá supletivamente pelas normas da sociedade anônima ou, em sua omissão, pelas normas da sociedade simples (art. 1.053 do Código Civil). Pode prever também que o sócio possa ceder sua quota, total ou parcialmente, a quem seja sócio ou a terceiro, independentemente da autorização dos demais, ou, caso não haja tal menção no contrato, o sócio poderá ceder sua quota, total ou parcialmente, a quem seja sócio, independentemente de audiência dos outros, ou a estranho, desde que não haja oposição de titulares de mais de 1/4 do capital social (art. 1.057 do Código Civil).

Essa flexibilidade conferida por lei ao contrato social na sociedade limitada permite que esta se caracterize como sociedade de pessoas ou sociedade de capitais, a depender do melhor interesse dos sócios.

6.2 Espécies de sociedades

6.2.1 Sociedade em comum

Antes do Código Civil de 2002, as sociedades cujos atos constitutivos escritos não estavam inscritos no Registro Público eram consideradas sociedades irregulares. A doutrina diferenciava das sociedades irregulares a sociedade de fato. Esta, embora também não tivesse os atos constitutivos inscritos no Registro, sequer possuía atos constitutivos reduzidos a instrumento escrito.

A distinção doutrinária entre sociedade irregular e sociedade de fato não foi acolhida pelo Código Civil, que as unificou sob a conceituação de sociedade em comum. Sociedade em comum é a sociedade cujos atos constitutivos, existentes ou não, não estão inscritos no Registro Público competente.

Como a existência legal das pessoas jurídicas de direito privado inicia-se com a inscrição dos atos no respectivo registro, a sociedade em comum não possui personalidade jurídica. À míngua da personalidade, a sociedade não se constitui como titular de direitos e sujeito de obrigações.

Embora não possa ser considerada sujeito, por carecer de personalidade, a sociedade em comum efetivamente existe no plano das obrigações. O contrato social produz efeitos em relação aos sócios, que podem ser obrigados pela atividade desenvolvida, e em relação a eventuais terceiros, de modo que a sociedade, ainda que não personificada, realmente existe. Sua existência, entretanto, já estabelecida com o contrato, ainda que verbal, não se confunde com a qualidade de pessoa, que somente passa a existir depois da inscrição do ato constitutivo.

Por não possuir personalidade jurídica, a sociedade não é titular de direitos e sujeito de obrigações. Os bens e dívidas contraídos em decorrência da atividade desenvolvida não pertencem a um ente coletivo diverso, mas aos próprios sócios que integram a sociedade e que se obrigam perante os terceiros. Entretanto, referidos bens e dívidas podem vincular-se à atividade desenvolvida pela sociedade e caracterizar-se como patrimônio especial. É o que resulta da redação do art. 988 do Código Civil, que estabelece que os bens e dívidas sociais são de titularidade em comum dos sócios, embora constituam patrimônio especial.

A caracterização desse conjunto determinado de bens e dívidas como patrimônio especial vincula-o a determinada atividade, embora não a ponto de assegurar sua autonomia em relação aos demais bens integrantes do patrimônio dos sócios. O patrimônio especial implica que os credores sociais, ou seja, os decorrentes de atividade desenvolvida pela sociedade, somente poderão executar os bens particulares dos sócios depois de executados os bens sociais.

A falta de autonomia patrimonial acarreta aos sócios responderem solidária e ilimitadamente pelas obrigações sociais, após serem executados os bens sociais. Esse benefício de ordem é excluído apenas em face daquele que contratou pela sociedade. O sócio contratante responde direta e ilimitadamente em face do terceiro com quem contratou. Ainda que haja bens componentes do patrimônio especial, seus bens particulares podem ser diretamente executados para satisfazer a obrigação social (art. 990 do Código Civil).

Na sociedade em comum, qualquer dos sócios pode vincular os bens sociais. Não se trata de órgãos de uma pessoa coletiva. Sem personalidade jurídica, a sociedade não é sujeito de direito e, portanto, não pode se fazer presente por órgãos sociais.

Os sócios podem, pela prática de atos a desenvolverem a atividade da sociedade para alcançar um objetivo comum, vincular todos os demais sócios integrantes da sociedade em comum. Não age esse sócio na qualidade de administrador de um sujeito coletivo, mas com poderes para representar a pluralidade dos sócios contratantes.

Os bens sociais respondem pelas obrigações sociais contraídas por qualquer dos sócios da sociedade em comum. Nada impede, todavia, que os sócios convencionem entre si a limitação dos poderes representativos da coletividade. Caso assim seja feito, ou seja, na hipótese de serem restringidos os poderes de representação da pluralidade de sócios, atribuindo-os somente a alguns e em determinadas condições, os bens sociais não se vincularão à satisfação das obrigações contraídas caso o terceiro conheça a referida convenção limitativa ou devesse conhecê-la. É o que determina o art. 989 do Código Civil: "os bens sociais respondem pelos atos de gestão praticados por qualquer dos sócios, salvo pacto expresso limitativo de poderes, que somente terá eficácia contra o terceiro que o conheça ou deva conhecer".

Embora não seja sujeito de direito e, por consequência, não possua capacidade jurídica para ser titular de direitos e sujeito de obrigações, a sociedade em comum possui capacidade processual. Pode figurar a sociedade em comum em Juízo, ativa ou passivamente. Nos termos do art. 75, IX, do Código de Processo Civil, as sociedades sem personalidade jurídica podem ser representadas em Juízo pela pessoa a quem couber a administração dos seus bens.

Para que possam ter satisfeitas as obrigações com os bens sociais, integrantes, portanto, de patrimônio de sócios que não contrataram diretamente com eles, os terceiros devem provar a existência da sociedade. A demonstração da sociedade pelo terceiro pode ser realizada por qualquer meio de prova.

Entre os próprios sócios, contudo, a sociedade somente se prova por escrito. A limitação probatória é penalidade pela irregularidade registrária da sociedade, cujos atos constitutivos não foram inscritos no Registro Público (art. 987 do Código Civil).

A falta de inscrição acarreta, ainda, a impossibilidade de a sociedade em comum ser submetida à recuperação judicial, pois o devedor não poderá demonstrar que exerce regularmente suas atividades há mais de dois anos (art. 48 da LF). Entretanto, como pode exercer atividade econômica profissionalmente, organizada para a produção ou para a circulação de bens ou de serviços, poderá ser submetida à falência. Outrossim, seus livros sociais, sem autenticação na falta do registro da sociedade, não possuem valor probatório. Tampouco terá proteção seu nome empresarial, cuja utilização exclusiva pelo titular em determinado ramo de atividade não será assegurada pela lei.

Supletivamente, as omissões legais da disciplina da sociedade em comum serão supridas, desde que compatíveis, pelas normas das sociedades simples.

6.2.2 Sociedade em conta de participação

A sociedade em conta de participação também se caracteriza por ser sociedade sem personalidade jurídica. Consiste em sociedade oculta à vista de terceiros contratantes.

Sua formação pode ser realizada independentemente de qualquer formalidade, com um contrato social que pode ser verbal ou escrito, que pode ser provado por todos os meios de direito admitidos (art. 992 do Código Civil). Ainda que esse contrato social seja registrado, a inscrição no Registro Público não confere à sociedade personalidade jurídica. A sociedade em conta de participação é concebida para ser sociedade oculta e realiza sua atividade em nome do sócio ostensivo, de modo que a sociedade não é titular de quaisquer direitos e obrigações. O contrato social produz efeito somente entre os sócios (art. 993 do Código Civil).

Na sociedade em conta de participação, uma ou mais pessoas convencionam desenvolver atividade para a obtenção da satisfação de um interesse comum. A especificidade dessa sociedade consiste em que a atividade constitutiva do objeto social é exercida unicamente por um sócio ou grupo de sócios. Esses sócios, chamados sócios ostensivos, exercem a atividade em seus nomes individuais e sob a própria e exclusiva responsabilidade.

Os demais sócios não exercem diretamente a atividade. Os sócios participantes, como são chamados os sócios que não exercem a atividade, apenas auferem o resultado da atividade. Referidos sócios não contraem diretamente obrigações perante terceiros, as quais são contraídas apenas pelos sócios ostensivos.

No desenvolvimento da atividade, é o sócio ostensivo quem contrai as obrigações e torna-se titular de direitos. A sociedade não possui personalidade jurídica e sequer é exposta ao conhecimento dos terceiros contratantes. O sócio ostensivo, ao contrair a obrigação em nome próprio, responsabiliza-se direta e ilimitadamente pela sua satisfação.

O sócio participante apenas se obriga em face do sócio ostensivo, nos termos do contrato social. Referido sócio não contrai a obrigação diretamente com o terceiro e não se responsabiliza pelo cumprimento desta perante o terceiro contratante. Sua responsabilidade restringe-se ao convencionado no contrato social com o sócio ostensivo.

Nesses termos, ainda que registrado, o contrato social produz efeitos somente entre os sócios. A sociedade permanece oculta em face dos terceiros, assim como os sócios participantes. A estes, cabe apenas a fiscalização da gestão dos negócios sociais desempenhada pelos sócios ostensivos. A intervenção no desenvolvimento da atividade pelo sócio participante implica a atribuição de responsabilidade solidária entre os sócios ostensivos e o sócio participante em relação às obrigações em que este intervier. Nesse sentido, determina expressamente o art. 993, parágrafo único, do Código Civil, que "sem prejuízo do direito de fiscalizar a gestão dos negócios sociais, o sócio participante não pode tomar parte nas relações do sócio ostensivo com terceiros, sob pena de responder solidariamente com este pelas obrigações em que intervier".

Trata-se de sociedade de pessoas, em que a qualidade dos sócios é relevante para a sociedade. A admissão de novos sócios participantes pelo sócio ostensivo não pode ser feita sem o consentimento expresso de todos art. 995 do Código Civil).

As contribuições dos sócios constituem patrimônio especial, objeto da conta de participação relativa aos negócios sociais. Os bens objetos da contribuição são de propriedade em comum de todos os sócios, mas vinculados ao desenvolvimento da atividade da sociedade.

O patrimônio especial, todavia, somente produz efeitos entre os sócios. Embora vincule os bens à atividade, não pode o patrimônio especial ser oposto aos terceiros. O terceiro pode responsabilizar o sócio ostensivo pelas obrigações contraídas. Este, por seu turno, não pode obstar a execução de seus bens individuais sob o fundamento do benefício de ordem do patrimônio especial em relação aos seus bens individuais.

A falência do sócio ostensivo acarreta a dissolução da sociedade (art. 994, § 1º, do Código Civil). Eventuais créditos e débitos dos sócios participantes serão apurados. O saldo, caso positivo em favor do sócio participante, constituirá crédito quirografário a ser habilitado na falência do sócio ostensivo.

A liquidação da sociedade, entretanto, não ocorrerá como nas demais formas societárias. A liquidação ocorrerá por meio da prestação de contas pelo sócio ostensivo (art. 996 do Código Civil). Caso haja mais de um sócio ostensivo, as contas serão prestadas e julgadas no mesmo processo. A liquidação será realizada conforme as normas relativas à prestação de contas, na forma da lei processual.

Na hipótese de falir o sócio participante, e não o sócio ostensivo, o contrato social fica sujeito às normas que regulam os efeitos da falência nos contratos bilaterais do falido. Tal determinação significa que o contrato de sociedade não se resolverá e poderá ser cumprido pelo administrador judicial se o cumprimento reduzir ou evitar o aumento do passivo da massa falida ou for necessário à manutenção e preservação de seus ativos, mediante autorização do Comitê de Credores (art. 177 da Lei n. 11.101/2005).

Supletivamente, aplicam-se às sociedades em conta de participação as normas das sociedades simples que lhes forem compatíveis.

6.2.3 Sociedade simples (sociedade simples pura)

As sociedades simples foram, no Código Civil, concebidas como forma de sociedade que se contrapõe à empresarial. São sociedades constituídas para o desenvolvimento de profissão intelectual, de natureza científica, literária ou artística, a menos que o exercício dessa atividade constitua elemento de empresa, bem como sociedades que tenham por objeto o exercício de atividade própria de empresário rural que não requerer a inscrição facultativa no Registro Público de Empresas Mercantis.

A sociedade simples como forma de desenvolvimento da atividade pode se constituir de acordo com os tipos de sociedade em nome coletivo, em comandita simples ou sociedade limitada (art. 983 do Código Civil) para a obtenção da personalidade jurídica. Sua não submissão à disciplina desses tipos determina que ela será regida pelas regras do próprio tipo sociedade simples, chamada também de sociedade simples pura para fazer referência ao tipo societário e não à forma não empresarial, se pretender a inscrição dos seus atos constitutivos para a obtenção da personalidade jurídica.

Embora o tipo de sociedade simples acabe sendo um tipo subsidiário, aplicável apenas se as sociedades que desenvolvem atividade não empresarial não adotarem um dos tipos empresariais, suas regras foram estabelecidas como disciplina geral e supletiva dos demais tipos societários, o que garante a pertinência de seu estudo.

6.2.3.1 Formação da sociedade

A sociedade simples constitui-se mediante contrato escrito, particular ou público, que deverá indicar, necessariamente, o nome e demais qualificações dos sócios; sua denominação, objeto, sede e prazo; seu capital social; a quota de cada sócio no capital social e o modo de realizá-la; as prestações a que se obriga o sócio, caso a contribuição consista em serviços; as pessoas naturais incumbidas da administração, seus poderes e atribuições; a participação de cada sócio nos lucros e nas perdas; e se os sócios respondem, ou não, subsidiariamente, pelas obrigações sociais (art. 997 do CC).

Integrantes do contrato social, o sócio pode ser pessoa jurídica ou pessoa física. (art. 997 do Código Civil) e deverão ser devidamente qualificados.

O contrato deve fazer expressa referência, também, à denominação, objeto, sede e prazo da sociedade. Nesse aspecto, como já abordado anteriormente, a despeito da utilização no art. 997, II, da palavra "denominação", a sociedade simples poderá ter o nome formado tanto por firma social, integrante do nome civil dos sócios que lhe compõe, ou por denominação social. Isso porque não há qualquer dispositivo legal que restrinja a sua utilização.

No tocante ao objeto social, o tipo de sociedade simples exige que o objeto social seja delimitado. Por ser forma necessariamente não empresarial, o objeto social da sociedade simples deverá ser atividade decorrente do exercício de profissão intelectual, de natureza científica, literária ou artística, desde que não seja elemento constitutivo de empresa (art. 966, parágrafo único, do Código Civil) ou atividade rural em que não tenha ocorrido a opção por se registrar no Registro Público de Empresas Mercantis (art. 971).

No contrato social deverá, ainda, estar estabelecido o montante do capital social. O capital social é o montante expresso em moeda corrente, podendo compreender qualquer espécie de bens, suscetíveis de avaliação pecuniária, sejam materiais ou imateriais, móveis ou imóveis. Ele é expresso no contrato social e é equivalente à soma da contribuição dos sócios. Seu montante precisa estar delimitado, fixo, no contrato social e revela o montante necessário de recursos, ao menos iniciais, para que a sociedade consiga desenvolver seu objeto social.

Qualquer outro pacto entre os sócios, em separado ao contrato social, será ineficaz em relação aos terceiros se contrário ao contrato social.

O contrato de sociedade, além de escrito, deve ser inscrito no Registro Civil das Pessoas Jurídicas do local de sua sede no prazo de 30 dias da sua lavratura. Isso porque, nos termos do art. 1.150 do Código Civil, "o empresário e a sociedade empresária vinculam-se ao registro Público de Empresas mercantis a cargo das Juntas Comerciais, e a sociedade simples ao Registro Civil das Pessoas Jurídicas, o qual deverá obedecer às normas fixadas para aquele registro, se a sociedade simples adotar um dos tipos de sociedade empresária".

A inscrição dos atos constitutivos deve ser realizada no prazo de 30 dias de sua constituição para retroagir à data da constituição (art. 998 do Código Civil). Se a sociedade foi constituída anteriormente, de modo que o prazo expirou, a inscrição no Registro não retroage à constituição, de modo que a sociedade atuará como sociedade em comum até a data do efetivo registro. Nessa hipótese, o registro produz apenas efeitos *ex nunc*.

Na hipótese de instituir sucursal, filial ou agência na circunscrição de outro Registro Civil das Pessoas Jurídicas, neste deverá também inscrevê-la, com a prova da inscrição originária, além de averbá-la no Registro Civil da respectiva sede.

6.2.3.2 Direitos e deveres dos sócios

Sócio é toda pessoa integrante do contrato de sociedade, que subscreveu capital social e passa a ser titular de quotas da sociedade. O sócio pode ser pessoa física ou jurídica. Enquanto pessoa física, pode o sócio, inclusive, não ter plena capacidade jurídica. Embora o art. 974, § 3º, do Código Civil, com redação dada pela Lei n. 12.399/2011, apenas se refira a sociedades inscritas no Registro Público de Empresas Mercantis, as sociedades simples, registradas no Registro Civil das Pessoas Jurídicas, também devem ser abrangidas pela permissão.

A interpretação deve incluir as sociedades simples, pois a diferença de atividade para as sociedades empresárias consiste simplesmente no objeto social desenvolvido.

Não há qualquer restrição quanto aos tipos societários com responsabilidade limitada dos sócios pelas obrigações sociais. Ainda que sociedades empresárias, como a sociedade em nome coletivo, os sócios poderiam ser responsabilizados subsidiariamente pelas obrigações sociais, de modo que não haveria sentido em proibir incapazes de figurarem como sócios de sociedade simples.

Entretanto, as demais condições devem ser exigidas. Nesses termos, apenas pode ser sócio de sociedade simples o incapaz, que não poderá exercer a administração da sociedade, desde que o capital social esteja totalmente integralizado e o sócio esteja assistido, se relativamente incapaz, ou representado, se absolutamente incapaz.

Ainda assim, entretanto, para que o incapaz seja garantido, deve ter aplicação o art. 974, § 2º, do Código Civil, que estabelece que não ficam sujeitos ao resultado da atividade os bens que o incapaz já possuía e desde que estranhos ao objeto social[12].

Quanto aos deveres, o principal dever dos sócios é o de realizar as contribuições sociais. É o contrato de sociedade que deve estabelecer o montante de capital com que devem contribuir os sócios para a formação da sociedade.

O capital social será, portanto, dividido em quotas sociais, que representam parcelas desse capital social. Referidas quotas deverão ser subscritas pelos sócios, os quais deverão integralizá-las. Por integralização, compreende-se a contribuição que se obrigou o sócio a realizar em razão da subscrição da referida quota.

Além de a contribuição poder ser realizada em bens, ou em dinheiro, também pode o sócio contribuir para a formação do capital social com serviços prestados à sociedade, o que não é permitido na sociedade limitada (art. 1.055, § 2º, do Código Civil). Nos termos do art. 997, V, do Código Civil, o contrato deve indicar "as prestações a que se obriga os sócios, cuja contribuição consista em servidos". De acordo com o Enunciado 206 das jornadas de Direito Civil do CJF, "a contribuição do sócio exclusivamente em prestação de serviços é permitida nas sociedades cooperativas (art. 1.094, I) e nas sociedades simples propriamente ditas (art. 983, 2ª parte)".

---

12   Em sentido contrário, Marlon Tomazette. Para o autor, "tal dispositivo menciona expressamente juntas comerciais, logo, não deve ser utilizado para as sociedades simples que não são registradas na Junta. Ainda que não fosse assim, é certo que tal dispositivo deve ser compatibilizado com a proteção ao patrimônio dos incapazes, de modo que ele não seja estendido para sociedades de responsabilidade ilimitada" (TOMAZETTE, Marlon. *Curso de direito empresarial*. 4. ed. São Paulo: Atlas, 2012, v. 1. p. 294).

A contribuição em créditos exige que o sócio se responsabilize pela existência do crédito e pela solvência do devedor. Consistindo sua contribuição em bens, esses devem ser suscetíveis de avaliação pecuniária. Nesse caso, o sócio responde perante a sociedade pela evicção dos bens entregues. Por fim, caso consista a contribuição em serviços, o sócio não pode, salvo convenção em contrário, empregar-se em atividade estranha à sociedade. Caso desenvolva atividade estranha à sociedade, poderá o sócio ser privado de seus lucros e ser excluído da pessoa jurídica (art. 1.006 do Código Civil).

As contribuições para a formação do capital social devem ser realizadas por todos os sócios e em prazo determinado no contrato social. A inércia do sócio exigirá notificação pela sociedade para que este realize as contribuições no prazo de 30 dias. Decorrido o prazo sem que o sócio tenha feito a contribuição, o sócio será considerado remisso.

O sócio remisso responderá pelos danos causados à sociedade. Alternativamente, poderá a sociedade, mediante manifestação da maioria dos sócios, preferir a exclusão do sócio remisso ou a redução das quotas ao montante já realizado ao invés da indenização pelos danos emergentes por sua mora (art. 1.004 do CC). A exclusão do sócio remisso é deliberada pela maioria dos demais sócios, de modo que implica hipótese de exclusão extrajudicial.

Além da contribuição, o sócio possui o dever de participar das perdas e o direito de participar dos lucros. A participação nos lucros e nas perdas também deve ser disciplinada no contrato social. Nula será qualquer estipulação que exclua o sócio de participar dos lucros e das perdas. A chamada sociedade leonina não foi admitida no direito pátrio (art. 1.008 do Código Civil).

O silêncio do contrato sobre a participação dos sócios nos lucros e nas perdas não implica sua invalidade. À míngua de qualquer disposição em contrário, o sócio participa dos lucros e das perdas sociais na proporção das respectivas quotas. A lei prevê, contudo, uma exceção a essa regra. O sócio cuja contribuição tiver sido realizada em serviços não participará dos lucros na proporção das respectivas quotas, mas na proporção da média do valor das quotas (art. 1.007 do Código Civil).

6.2.3.3 Responsabilidade dos sócios

O dever de o sócio participar das perdas sociais deve ser disciplinado no contrato social, conforme art. 997, VII, do Código Civil. O dispositivo, entretanto, deve ser interpretado em conjunto com os arts. 1.023 e 1.024 do Código Civil, de modo que a disposição no contrato social não se refere à responsabilidade ilimitada ou não dos sócios pelos débitos sociais, mas apenas à forma pela qual essa responsabilidade será apurada entre eles.

Na sociedade simples, os sócios respondem com seus bens individuais, ilimitadamente, pelas dívidas sociais. A responsabilidade ilimitada é subsidiária e exige que os bens particulares dos sócios somente sejam executados por dívidas da sociedade depois de executados os bens sociais (art. 1.024 do Código Civil).

Se os bens da sociedade não forem suficientes a satisfazer as dívidas, os sócios respondem com os seus próprios bens pelo saldo. A responsabilidade dos sócios ocorre na proporção em que participem das perdas sociais, de modo que não há solidariedade entre eles, em regra. Nesses termos, estabelece o art. 1.023 do Código Civil, que "se os bens da sociedade não lhe cobrirem as dívidas, respondem os sócios pelo saldo, na proporção em que participem das perdas sociais (...)".

Entretanto, poderá ser estabelecida no contrato de sociedade cláusula de responsabilidade solidária, pela qual os sócios respondem entre si solidariamente, independentemente de qualquer proporção (art. 1.023 do Código Civil). Tal responsabilidade ocorre entre os sócios. Perante a sociedade, os sócios respondem sempre subsidiariamente, ou seja, seus bens somente poderão ser executados depois de exauridos os bens sociais.

Os sócios admitidos na sociedade simples já constituída serão responsáveis também pelas dívidas sociais anteriores a sua admissão. Não há limitação da responsabilidade do novo sócio apenas às dívidas posteriores ao seu ingresso. Ainda que anteriores, o sócio responde ilimitadamente (art. 1.025 do Código Civil).

Por seu turno, o sócio que se retira da sociedade ou é por esta excluído permanece, até dois anos depois de averbada a modificação do contrato, responsável pelas obrigações anteriores à alteração contratual. O cedente responderá solidariamente com o cessionário, perante a sociedade e terceiros, pelas obrigações que tinha como sócio, até dois anos depois de averbada a modificação do contrato.

6.2.3.4 Cessão das quotas sociais

Além da responsabilidade, a retirada por cessão das quotas deve ser aprovada pelos demais sócios. Diante da importância dos sócios na realização dos objetivos sociais, a cessão exige que haja concordância dos demais sócios e será realizada por meio de alteração contratual.

Como sociedade de pessoas, o cessionário deverá contar com a anuência de todos os demais sócios para ingressar na sociedade. A cessão total ou parcial de quota, sem a correspondente modificação do contrato social com o consentimento dos demais sócios, não terá eficácia perante os sócios e a sociedade (art. 1.003 do Código Civil).

A sociedade simples é formada não apenas com a contribuição dos recursos dos sócios, mas em atenção às suas características pessoais para a condução da atividade prevista no objeto social. A qualidade dos sócios, fundamento de sua consideração como sociedade de pessoas, exige que terceiros estranhos à comunhão não possam livremente ingressar nos seus quadros de sócios sem a anuência dos demais.

Por essa mesma razão, o credor particular do sócio não poderá ingressar no quadro de sócios e participar do desenvolvimento da atividade, com a execução da quota social deste. O credor particular, na insuficiência de outros bens do devedor, pode executar apenas a proporção que lhe caberia dos lucros da sociedade ou o montante decorrente da liquidação dessa quota (art. 1.026 do Código Civil).

Da mesma forma, os herdeiros, ou o cônjuge do que se separou judicialmente, não podem exigir desde logo a parte que lhes couber na quota social, mas concorrer à divisão periódica dos lucros, até que se liquide a sociedade (art. 1.027 do Código Civil).

Nesses termos, não ocorre a alienação ou adjudicação de todos os direitos, inclusive políticos, decorrentes da quota social. Apenas os direitos patrimoniais consistentes no montante de lucros sociais referentes àquela quota ou o montante referente ao patrimônio social na hipótese de liquidação poderiam ser executados. Nesta última hipótese, ocorrerá a dissolução parcial da sociedade em relação ao sócio devedor, com a apuração do montante devido a este, o qual será depositado em Juízo para a satisfação do credor.

Além do direito de participar dos lucros, os sócios também possuem o direito de participar nas deliberações sociais. Possuem, outrossim, direito de fiscalizar a administração da sociedade, com a análise das contas justificadas, inventário anual e balanço patrimonial e de resultado econômico apresentados pelos administradores. Em razão desse direito, podem, salvo cláusula contratual que determine época própria, examinar os livros e documentos, e o estado da caixa e da carteira da sociedade, em qualquer momento.

6.2.3.5 Deliberações sociais

Como contrato de execução continuada e de longa duração, o contrato de sociedade incorreria em demasiados custos para prever todas as situações futuras que interfeririam na atividade a ser desenvolvida pela pessoa jurídica. As diversas contingências futuras não poderiam ser totalmente previstas ou, ainda que pudessem, seriam custosas demais para serem descritas no contrato social.

A incompletude do contrato de sociedade é preenchida por regras descritas na lei ou no próprio contrato social para organizar a posição das pessoas no grupo e integrar o contrato social. Tal integração garante ao ente coletivo, diante das diversas situações surgidas, o desenvolvimento regular da atividade.

São previstos no contrato ou na lei órgãos, como centros institucionalizados de poder, para formar a vontade do ente coletivo e para manifestá-la a terceiros.

Para a formação da vontade da pessoa jurídica, os sócios deverão manifestar seu interesse. Na sociedade simples, as deliberações dos sócios deverão ser tomadas por maioria absoluta de votos, representativa de mais da metade do capital, segundo o valor das quotas de cada um. Nesse sentido, estabelece o art. 1.010 do Código Civil: "quando, por lei ou pelo contrato social, competir aos sócios decidir sobre os negócios da sociedade, as deliberações serão tomadas por maioria de votos, contados segundo o valor das quotas de cada um".

A maioria, em regra, e na omissão do contrato social e da lei, é de maioria absoluta. O contrato social ou a lei podem estabelecer a necessidade de deliberação por quóruns qualificados ou unânime dos sócios. Em regra, assim, a vontade será formada pela maioria do valor das quotas da sociedade. Apenas na hipótese de empate dos votos representantes do capital da sociedade será computado o maior número de sócios e, se ainda o empate persistir, decidirá o juiz.

Prevê o Código Civil os quóruns de unanimidade para as modificações do contrato social que alterem denominação, objeto, sede e prazo de sociedade, bem como para as que alterem o capital da sociedade, a participação dos sócios nos lucros e nas perdas e em relação a todas as cláusulas previstas no art. 997 do Código Civil, que consistem nos elementos essenciais do contrato social, como nomes dos sócios, denominação, objeto, sede e prazo, capital social, quota de cada sócio, administradores, participação nos lucros e nas perdas.

As demais alterações contratuais não dependem de unanimidade. Basta a tanto o quórum de maioria absoluta de votos, a menos que o contrato determine a deliberação unânime. É o que determina o art. 999 do Código Civil: "as modificações do contrato social, que tenham por objeto matéria indicada no art. 997, dependem do consentimento de todos os sócios; as demais podem ser decididas por maioria absoluta de votos, se o contrato não determinar a necessidade de deliberação unânime".

Nesse sentido, Enunciado 385 das Jornadas de Direito Privado do Conselho da Justiça Federal determina: "a unanimidade exigida para a modificação do contrato social somente alcança as matérias referidas no art. 997, prevalecendo, nos demais casos de deliberação dos sócios, a maioria absoluta, se outra mais qualificada não for prevista no contrato".

Os sócios que estiverem em posição de conflito de interesses com a companhia, entretanto, não podem votar. O interesse social deve espelhar a soma da vontade dos sócios, como sócios. Os interesses particulares dos sócios, em detrimento do desenvolvimento da sociedade, não podem interferir na formação da vontade da sociedade e da preservação do melhor interesse desta. Responde por perdas e danos o sócio que, tendo em alguma operação interesse contrário ao da sociedade, participe de deliberação que a aprove graças a seu voto (art. 1.010, § 3º, do Código Civil).

As modificações do contrato social deverão ser averbadas no Registro Civil de Pessoas Jurídicas para que possam produzir efeitos perante terceiros.

6.2.3.6 Administração da sociedade

Além das deliberações dos sócios, a vontade da sociedade pode ser formada pelos seus administradores. Cabe aos administradores da sociedade, como órgãos, a prática dos atos de gestão e de *presentação* da sociedade.

Como vimos, a pessoa jurídica é uma realidade técnica. A personalidade incide sobre uma coletividade já estruturada, de modo que se unificam, com a constituição de um novo sujeito, os direitos e obrigações contraídos mediante o desempenho da atividade social.

Os indivíduos subjacentes a essa unificação integram o ente coletivo e permitem seu regular desenvolvimento. O administrador, como órgão, centro institucionalizado de poder do ente coletivo, integra-o. O desempenho dos poderes pelo administrador faz com que a pessoa jurídica constitua sua vontade social e possa expressá-la a terceiros.

Os atos de gestão atribuídos aos administradores são os atos de formação da vontade social e de organização interna da pessoa. Tais atos indicam os processos de iniciativa, decisão, execução da decisão tomada, desde que não haja manifestação desta perante terceiros, e fiscalização.

A função administrativa pode exigir, também, a prática de atos externos. Os atos de "presentação" são as manifestações da vontade social a terceiros, como na hipótese de celebração pela companhia de um contrato, no pagamento de determinada obrigação etc.

A presentação não se confunde com a representação. Integrante da pessoa jurídica, o administrador não expressa vontade própria, mas do próprio ente, que se faz presente nos seus atos. Não há alteridade entre as vontades. O administrador não é representante da pessoa jurídica, mas seu órgão social.

Com seus atos, o administrador faz presente a pessoa jurídica. Não há representação, pois não há manifestação de vontade em nome de terceiro. A própria pessoa jurídica manifesta sua vontade por meio do administrador. Não há representação, mas verdadeira presentação pelo órgão administrativo.

Na acepção de Pontes de Miranda, "quando o órgão da pessoa jurídica pratica o ato, que há de entrar no mundo jurídico como ato da pessoa jurídica, não há representação, mas *presentação*. O ato do órgão não entra, no mundo jurídico, como ato da pessoa, que é órgão, ou das pessoas que compõem o órgão. Entra no mundo jurídico como ato da pessoa jurídica, porque o ato do órgão é ato seu"[13].

À atividade dos administradores aplica-se, supletivamente e no que couber, a disciplina do instituto que foi entendido como a sede material da representação, o contrato de mandato (art. 1.011, § 3°, do Código Civil).

Conforme art. 1.022 do Código Civil, "a sociedade adquire direitos, assume obrigações e procede judicialmente, por meio de administradores com poderes especiais, ou, não os havendo, por intermédio de qualquer administrador".

6.2.3.6.1 Nomeação e destituição

Os administradores das sociedades simples somente podem ser pessoas físicas ou naturais (art. 997, IV, do Código Civil). À falta de qualquer restrição, admite-se que sejam nomeados como administradores sócios ou terceiros estranhos ao quadro social.

Não permitiu a lei, contudo, a nomeação como administrador da pessoa jurídica. A restrição às pessoas jurídicas visou proteger terceiros e a própria sociedade, a qual mais facilmente poderia responsabilizar o condutor de sua atividade.

Além de pessoa física, a pessoa deve ser idônea a administrar a sociedade. Não podem ser nomeados como administradores os condenados à pena que vede, ainda que temporariamente, o acesso a cargos públicos; ou por crime falimentar, de prevaricação, corrupção ativa ou passiva, concussão, peculato; ou contra a economia popular, contra o sistema financeiro nacional, contra as normas de defesa da concorrência, contra as relações de consumo, a fé pública ou a propriedade, enquanto perdurarem os efeitos da condenação (art. 1.011, § 1°, do Código Civil).

A nomeação dos administradores pode acontecer no próprio contrato social ou também por instrumento em separado, o qual deve ser averbado à margem da inscrição da sociedade. No silêncio do contrato social, que pode nem nomear o administrador nem estabelecer modo de sua escolha, a administração da sociedade compete separadamente a cada um dos sócios (art. 1.013 do Código Civil).

---
13 PONTES DE MIRANDA. Op. cit. p. 233.

O desempenho da função é pessoal, e a nomeação pode ser decorrente das características pessoais do eleito. Por esse motivo, ao administrador é vedado fazer-se substituir no exercício de suas funções. O administrador, contudo, pode, nos limites de seus poderes, constituir mandatários da sociedade para determinados atos, especificados no instrumento os atos e operações que poderão praticar (art. 1.018 do Código Civil).

Os meios em que nomeados os administradores têm pertinência quanto à destituição. Os sócios nomeados no contrato social não poderão ser destituídos por simples manifestação dos sócios. A alteração do contrato social exige a unanimidade dos sócios, a qual não seria obtida nessa hipótese. Por esse motivo, o art. 1.019 determina que são irrevogáveis os poderes atribuídos a esse sócio investido na administração por cláusula expressa no contrato social. O sócio somente poderá ser destituído se for reconhecida, judicialmente, justa causa para sua destituição, mediante pedido de qualquer dos sócios.

Caso o administrador tenha sido nomeado por instrumento separado do contrato social, ou não seja sócio, pode ser destituído pelos próprios sócios a qualquer momento. A destituição far-se-á por votos dos sócios representantes da maioria absoluta do capital social.

De modo a ficar claro, o art. 1.019 do Código Civil estabelece: "são irrevogáveis os poderes do sócio investido na administração por cláusula expressa do contrato social, salvo justa causa, reconhecida judicialmente, a pedido de qualquer dos sócios. Parágrafo único. São revogáveis, a qualquer tempo, os poderes conferidos a sócio por ato separado, ou a quem não seja sócio".

6.2.3.6.2 Poderes atribuídos

No contrato social, a princípio, também devem ser regulados os poderes e as atribuições conferidos a cada administrador. A falta de indicação das pessoas naturais responsáveis pela administração e a falta de regulação dos poderes atribuídos implicam que os sócios podem, como administradores, praticar todos os atos pertinentes à gestão da sociedade.

Como ato de administração da sociedade, estão incluídos todos os atos de desenvolvimento de seu objeto social. Dentre esses atos, excetuam-se a oneração ou a venda de bens imóveis, as quais exigem a prévia manifestação da maioria dos sócios, a menos que estejam incluídas no objeto da sociedade (art. 1.015 do Código Civil), bem como qualquer operação ou decisão que exija a alteração do contrato social, o que deverá ser deliberado pelos sócios conforme quórum de maioria absoluta, computado segundo o valor das quotas de cada um em relação ao capital social (art. 1.010 do Código Civil).

Essa atribuição de poderes pelo contrato social pode conferir poderes administrativos a cada administrador para atuar separadamente em relação aos demais ou em conjunto. Caso atribuição para atuar em conjunto, todos os administradores deverão concorrer para a prática do ato, a menos que se trate de urgência. Nos casos urgentes, em que a omissão ou retardo das providências possa ocasionar dano irreparável ou grave, o ato pode ser realizado pelo administrador separadamente.

Se a administração competir separadamente a vários administradores, cada um pode impugnar operação pretendida por outro. A impugnação ocorre para preservar o melhor interesse da sociedade, o qual consiste na comunhão dos interesses dos sócios, enquanto sócios. Na hipótese de impugnação, a decisão será tomada pela maioria dos sócios.

Caso o administrador realize operações, sabendo ou devendo saber que estava agindo em desacordo com a vontade da maioria, responderá pelas perdas e danos causados pela sua conduta (art. 1.013, § 2º, do Código Civil).

6.2.3.6.3 Vinculação da sociedade e responsabilidade dos administradores

Na prática dos atos cujos poderes lhes foram atribuídos, como órgãos, os administradores vinculam a sociedade perante terceiros. O ato é praticado pela própria pessoa jurídica, por meio do seu administrador, o qual, diante da prática de ato regular de suas funções, não se vincula às obrigações contraídas. O administrador não tem qualquer responsabilidade por atos regulares de gestão.

A manifestação da vontade pelos representantes da pessoa jurídica vincula o ente coletivo, mas apenas na medida dos poderes que foram atribuídos aos administradores. Praticados atos que excedam os poderes atribuídos, não haveria manifestação do órgão do ente coletivo. A pessoa não agiria como administrador da sociedade, mas como pessoa física e, portanto, não haveria a obrigação do ente coletivo.

Conhecida por teoria *ultra vires societatis*, a pessoa jurídica não se responsabiliza por atos do seu administrador praticados com excesso de poder. A teoria preconiza a responsabilização perante terceiros apenas do administrador por atos que violem a lei e os poderes conferidos pelo contrato social, mas não da pessoa jurídica.

A teoria, entretanto, foi atenuada no direito pátrio. Constatou-se, na prática, a dificuldade de identificar alguns atos como praticados fora dos poderes e funções atribuídos aos administradores. Outrossim, a proteção de terceiros de boa-fé exigia a responsabilidade da pessoa jurídica por obrigações contraídas pelo administrador caso as limitações aos poderes conferidos não fossem ou devessem ser de conhecimento desse terceiro contratante.

Privilegiou-se, assim, a vinculação da sociedade pelos administradores, mesmo diante do excesso de poderes, diante da teoria da aparência.

Nesse sentido, houve a revogação pela Lei n. 14.195/2021 do art. 1.015, parágrafo único, do Código Civil, que excluía a responsabilização das pessoas jurídicas na hipótese de excesso de poderes pelo administrador para se assegurar a maior proteção aos terceiros que com a pessoa jurídica contratassem.

A partir da revogação, a ausência de responsabilização da sociedade somente poderá ser reconhecida se efetivamente se demonstrar que era de conhecimento do terceiro que o administrador estava extrapolando os limites dos seus poderes, e desde que não tenha ocorrido a ratificação dos seus atos administrativos pela sociedade. A teoria da aparência pressupõe a boa-fé do terceiro contratante, a qual cederá diante da demonstração da ciência deste em relação à limitação dos poderes do administrador.

Nesses termos, Enunciado 219 da jornada de Direito Civil do Conselho da Justiça Federal: a) o ato *ultra vires* não produz efeito apenas em relação à sociedade; b) sem embargo, a sociedade poderá, por meio de seu órgão deliberativo, ratificá-lo; c) o Código Civil amenizou o rigor da teoria *ultra vires*, admitindo os poderes implícitos dos administradores para realizar negócios acessórios ou conexos ao objeto social, os quais não constituem operações evidentemente estranhas aos negócios da sociedade; d) não se aplica o art. 1.015 às sociedades por ações; em virtude da existência de regra especial de responsabilidade dos administradores (art. 158, II, Lei n. 6.404/76)".

O administrador deve atuar para desenvolver o objeto social da sociedade e buscar o interesse social, interesse da maioria dos sócios, enquanto sócios. É esse interesse social que motivou a contratação da sociedade e que unificou o interesse dos diversos sócios em razão de uma finalidade comum.

Na persecução do escopo da sociedade, o administrador não responde pelo seu insucesso. Os prejuízos decorrentes da atividade não são de responsabilidade do administrador, necessariamente. O administrador tem uma obrigação de meio, consistente em realizar todos os atos imprescindíveis para obter o interesse social.

O resultado negativo, com a constatação de prejuízo à sociedade pela atividade desenvolvida, não lhe pode ser imposto. Perante a sociedade e terceiros prejudicados, os administradores respondem solidariamente, mas apenas pelos atos culposos praticados no desempenho de suas funções. Conforme art. 1.016 do Código Civil, "os administradores respondem solidariamente perante a sociedade e os terceiros prejudicados, por culpa no desempenho de suas funções".

A culpa do administrador será aferida com base no padrão de diligência que todo homem ativo e probo costuma empregar na administração de seus próprios negócios. É o padrão de culpa do homem médio ou do *bonus pater familias*.

A obrigação de meio consiste em empregar todos os esforços para a obtenção do interesse social. O administrador, portanto, que, sem consentimento escrito dos sócios, aplicar créditos ou bens sociais em proveito próprio ou de terceiros, terá de restituí-los à sociedade ou pagar o equivalente, com todos os lucros resultantes, e, se houver prejuízo, por ele também responderá. Da mesma forma, responde por perdas e danos perante a sociedade o administrador que realizar operações sabendo ou devendo saber que estava agindo em desacordo com a maioria, pois desse modo contrariaria o interesse social.

Por fim, para evitar esse conflito de interesses entre o interesse particular, do administrador enquanto indivíduo, e o interesse social, do administrador enquanto órgão da pessoa jurídica, a lei responsabiliza a mera participação desse administrador em deliberações em que possua interesse contrário ao da sociedade. Nos termos do parágrafo único do art. 1.017 do Código Civil, "fica sujeito às sanções o administrador que, tendo em qualquer operação interesse contrário ao da sociedade, some parte na correspondente deliberação".

Para que seus atos de administração possam ser verificados, os administradores são obrigados a prestar aos sócios contas justificadas de sua administração, e apresentar-lhes o inventário anualmente, bem como o balanço patrimonial e o de resultado econômico (art. 1.020 do Código Civil).

6.2.3.7 Dissolução da sociedade

A dissolução visa a extinguir a participação dos sócios no ente coletivo, com a apuração dos respectivos haveres.

A dissolução pode ser total ou parcial. Dissolução parcial ocorre se um ou alguns dos sócios se retiram ou são excluídos da sociedade, com a manutenção do desenvolvimento da atividade pela pessoa jurídica e a continuidade de outros como sócios desta. Na dissolução parcial, apenas a participação de algum ou alguns sócios é extinta, com a liquidação da proporção que detinham do capital social. A atividade continua a ser desenvolvida pela pessoa jurídica, que permanece integrada pelos sócios remanescentes.

Na dissolução total da sociedade, a atividade não é preservada. O intuito da dissolução é extinguir a personalidade jurídica e apurar o montante a ser distribuído entre todos os sócios. A dissolução total, contudo, não acarreta automaticamente a extinção da pessoa jurídica, mas inicia o processo para que esta seja extinta.

A dissolução da sociedade provoca o fim do desenvolvimento da atividade. Apenas os atos referentes a negócios inadiáveis podem ser praticados, sendo vedadas novas operações pela sociedade, pelas quais responderão os administradores solidária e ilimitadamente.

Com a dissolução da sociedade, inicia-se a fase de liquidação, na qual os ativos da sociedade são alienados para satisfazerem os credores. Na hipótese de existência de saldo remanescente, será distribuído aos sócios cotistas, proporcionalmente à participação destes no capital social. Apenas com o fim da fase de liquidação dos bens é que a personalidade jurídica poderá ser extinta.

6.2.3.7.1 Dissolução parcial

A dissolução parcial da sociedade é conhecida também por resolução da sociedade em relação a um sócio.

O contrato associativo de sociedade é um contrato aberto. As diversas partes contratantes contrairiam obrigações e adquiririam direitos em face de todas as demais, de modo que as partes integrariam uma relação circular. Essa relação não linear permitiria que a nulidade de adesão de um contratante ou sua retirada ou exclusão da sociedade não extinguissem, necessariamente, as demais relações envolvendo os outros contratantes entre si.

A retirada ou a exclusão do sócio não afeta, em regra, a persecução da atividade ulterior. Podem os sócios remanescentes optar pela manutenção dos vínculos entre si e pela conservação da sociedade ou podem, diante da retirada do sócio, decidir dissolver a sociedade. Caso optem pela conservação da atividade, apenas a quota do sócio retirante será liquidada, para a apuração do montante do capital social que a este é de direito.

Na resolução parcial, o valor da quota do sócio que se retirou da sociedade será liquidado pelo montante efetivamente apurado que, salvo disposição em contrário do contrato social, terá como base a situação patrimonial da sociedade à data da resolução, verificada em balanço especialmente levantado a tanto (art. 1.031 do Código Civil). Apura-se o montante devido a sócio retirante, com base no percentual detido por este em relação ao capital social e diante da situação patrimonial da sociedade por ocasião da resolução, desde que não haja disposição no contrato que estabeleça modo diverso de avaliação.

Nos termos do art. 1.031, § 2º, do Código Civil, a quota liquidada deverá ser paga em dinheiro, no prazo de 90 dias, depois da liquidação, salvo estipulação em contrário no contrato social ou acordo entre as partes.

O falecimento do sócio é a primeira hipótese de resolução parcial. A morte do sócio somente não implicará a liquidação de sua quota social, se o contrato dispuser diferentemente, se os sócios remanescentes optarem pela dissolução total da sociedade ou se, por acordo com os herdeiros, regular-se a substituição do sócio falecido (art. 1.028 do Código Civil).

A resolução parcial pode ocorrer, ainda, por retirada dos sócios (art. 1.029 do Código Civil). As hipóteses podem ser estabelecidas no contrato social ou na lei. Além das hipóteses convencionadas entre os próprios sócios, qualquer sócio pode retirar-se da sociedade de prazo indeterminado, mediante notificação aos demais sócios, com antecedência mínima de 60 dias.

O direito de retirada é também conhecido por recesso e é decorrente do direito de qualquer pessoa de não permanecer vinculada a contrato. Os demais sócios, contudo, no prazo de 30 dias da notificação, podem decidir dissolver totalmente a sociedade. Tal hipótese ocorre diante da impossibilidade de desenvolvimento do objeto social, diante das características pessoais do sócio retirante, ou do aumento da dificuldade para a persecução do fim social, em razão da redução do capital social.

Se a sociedade for de prazo determinado, por outro lado, a vinculação do contratante aos termos do contrato social impede a retirada sem motivação. O sócio apenas pode denunciar o contrato de sociedade se provar, judicialmente, justa causa para sua exclusão.

Nos termos do art. 1.029, "(...) qualquer sócio pode retirar-se da sociedade; se de prazo indeterminado, mediante notificação aos demais sócios, com antecedência mínima de sessenta dias; se de prazo determinado, provando judicialmente justa causa".

A lei não define o que seja justa causa para o direito de recesso nas sociedades com prazo determinado. Na lacuna legal, a doutrina interpreta justa causa como todo acontecimento que justifique o rompimento do vínculo contratual, como a quebra de confiança nos outros contratantes.

6.2.3.7.1.1 Exclusão dos sócios

Dentro das hipóteses de dissolução parcial, pode ocorrera exclusão de sócios da sociedade.

Sua exclusão poderá ser de pleno direito ou mediante iniciativa da sociedade.

O sócio pode ser excluído de pleno direito em duas hipóteses: se for declarado falido; ou em razão da liquidação da sua quota por credores particulares (art. 1.030, parágrafo único). O credor particular do sócio poderá requerer a liquidação da quota do devedor, o que implicará, de pleno direito, a dissolução parcial da sociedade para a apuração dos haveres e o depósito em dinheiro, no juízo da execução, até 90 dias após aquela liquidação (art. 1.026, parágrafo único).

Além da exclusão de pleno direito, há algumas hipóteses de exclusão dependentes da iniciativa da sociedade. Tais hipóteses têm em consideração a preservação do interesse social da sociedade em detrimento de um comportamento prejudicial do sócio, o qual poderia comprometer a regularidade do desenvolvimento social.

São motivos de exclusão do sócio por iniciativa da maioria dos demais sócios: a falta grave no cumprimento de suas obrigações, a incapacidade superveniente e o inadimplemento da contribuição social (art. 1.030 do Código Civil). A falta grave é o comportamento prejudicial à sociedade que impede o regular desenvolvimento de sua atividade ou a persecução do interesse social. Diante do conceito aberto, não definido pela legislação, Spinelli esclarece que se deve "sempre analisar o caso concreto para verificar quais os reais deveres dos sócios e a extensão deles, bem como se eventual descumprimento é grave o suficiente a ensejar a exclusão do sócio"[14]. A exclusão do sócio é admitida pela lei com o intuito de preservar todos os interesses envolvidos pelo desenvolvimento da atividade e que poderiam ser comprometidos caso o sócio mantivesse esse comportamento em detrimento da sociedade.

A incapacidade superveniente também é motivo para a exclusão do sócio. Como sociedade de pessoas, em que as características individuais de cada sócio são pertinentes ao exercício da atividade descrita no objeto social, a perda da capacidade de agir por algum dos sócios impede que este colabore com os demais para a obtenção da finalidade que os motivou a contratarem a sociedade.

Em ambas essas hipóteses, a exclusão exige ação judicial para a demonstração do fundamento da exclusão e tem como requisito para admissibilidade a deliberação da maioria dos demais sócios em Assembleia Geral. A ação judicial deverá ser promovida pela própria pessoa jurídica, conforme procedimento estabelecido nos art. 599 a 609 do Código de Processo Civil.

Por fim, o sócio pode ser excluído da sociedade, independentemente de procedimento judicial, se for considerado remisso. O sócio que esteja em mora com as contribuições estabelecidas no contrato social deverá ser notificado a adimplir suas obrigações em trinta dias. Decorrido o prazo e não satisfeita a obrigação, o sócio poderá ter que responder perante a sociedade pelo dano emergente da mora. Ao invés de responsabilizar o sócio remisso pela mora, a maioria dos sócios poderá reduzir a quota do sócio ao montante já realizado ou poderá excluí-lo, extrajudicialmente, do quadro de sócios da sociedade (art. 1.004 do Código Civil).

A resolução parcial, entretanto, embora exclua o sócio, não o exime, ou a seus herdeiros na hipótese de falecido, da responsabilidade pelas obrigações sociais anteriores, até dois anos depois de averbada a resolução da sociedade. Na hipótese de resolução por retirada ou exclusão, o sócio permanece responsável inclusive pelas obrigações sociais posteriores à retirada ou exclusão, enquanto não se requerer a averbação, e até dois anos depois de averbada (art. 1.032 do Código Civil).

---

14 SPINELLI, Luis Felipe. *Exclusão de sócio por falta grave na sociedade limitada*. São Paulo: Quartier Latin, 2015. p. 88.

O Código de Processo Civil, em seu art. 599 e seguintes, regulou a ação de dissolução parcial de sociedade, em disciplina conjunta com a ação de apuração dos haveres. No art. 600 do Código de Processo Civil é disciplinada a legitimidade ativa para a referida ação. A ação pode ser proposta: I – pelo espólio do sócio falecido, quando a totalidade dos sucessores não ingressar na sociedade; II – pelos sucessores, após concluída a partilha do sócio falecido; III – pela sociedade, se os sócios sobreviventes não admitirem o ingresso do espólio ou dos sucessores do falecido na sociedade, quando esse direito decorrer do contrato social; IV – pelo sócio que exerceu o direito de retirada ou recesso, se não tiver sido providenciada, pelos demais sócios, a alteração contratual consensual formalizando o desligamento, depois de transcorridos 10 (dez) dias do exercício do direito; V – pela sociedade, nos casos em que a lei não autoriza a exclusão extrajudicial; VI – pelo sócio excluído; ou, ainda, pelo cônjuge ou companheiro do sócio cujo casamento, união estável ou convivência terminou poderá requerer a apuração de seus haveres na sociedade, que serão pagos à conta da quota social titulada por este sócio.

No polo passivo, deverão figurar tanto os sócios quanto a sociedade, os quais serão citados para, no prazo de 15 dias, poderem apresentar contestação. A sociedade será citada apenas se todos os sócios não tiverem sido citados. Caso contrário, independentemente da citação, ficará sujeita aos efeitos da decisão e à coisa julgada.

6.2.3.7.2 Dissolução total da sociedade

A dissolução total da sociedade pode ocorrer de pleno direito ou mediante apreciação judicial.

As causas de pleno direito são as descritas no art. 1.033 do Código Civil, e, se presentes, acarretam a imediata dissolução da sociedade. Presente uma das causas, o administrador deve providenciar imediatamente a investidura de um liquidante. Por outro lado, os sócios têm a faculdade de requerer, desde logo, que a liquidação ocorra judicialmente, com a nomeação do liquidante pelo juiz.

São causas de dissolução de pleno direito:

I – o vencimento do prazo de duração, salvo se, vencido este e sem oposição de sócio, não entrar a sociedade em liquidação, caso em que se prorrogará por tempo indeterminado;

II – o consenso unânime dos sócios;

III – a deliberação dos sócios, por maioria absoluta, na sociedade de prazo indeterminado;

V – a extinção, na forma da lei, da autorização para funcionar.

O art. 1.033, inciso IV, do Código Civil, determinava que era motivo de extinção a falta de pluralidade de sócios não reconstituída no prazo de 180 dias. A previsão foi revogada nos termos da Lei n. 14.195/2021, de modo que a sociedade poderá prosseguir mesmo com a existência de apenas um sócio durante o desenvolvimento de sua atividade empresarial.

Na hipótese do inciso V, de extinção da autorização para funcionar, a dissolução de pleno direito da sociedade permite ao Ministério Público promover a liquidação judicial da sociedade, se os administradores não o tiverem feito nos 30 dias seguintes à perda da autorização ou se o sócio não houver requerido a liquidação judicial. Se o Ministério Público não promover a liquidação judicial da sociedade nos 15 dias subsequentes ao recebimento da comunicação do fim da autorização, a autoridade competente para conceder a autorização nomeará interventor com poderes para requerer a medida e administrar a sociedade até que seja nomeado o liquidante (art. 1.037 do Código Civil).

A dissolução de pleno direito não necessita ser apreciada pelo Poder Judiciário e ocorre a partir do momento em que presente uma das causas descritas no art. 1.033 do Código Civil. Acarretam a dissolução, sem necessitar do crivo do Poder Judiciário, as hipóteses de morte de sócio e de decisão de os sócios remanescentes optarem pela dissolução da sociedade, conforme descrito no art. 1.028 do Código Civil.

A dissolução, entretanto, pode ser judicial. À análise do Poder Judiciário devem ser submetidos os pedidos de qualquer dos sócios de anulação do ato constitutivo da sociedade e do exaurimento do fim social ou da verificação da inexequibilidade deste, além de outras causas de dissolução, desde que previstas no contrato social.

6.2.3.8 Liquidação

Depois da dissolução da sociedade, inicia-se a liquidação para, ao final, a personalidade jurídica ser extinta.

A liquidação será extrajudicial nas hipóteses em que ocorrer a morte do sócio e os sócios remanescentes optarem por dissolver a sociedade, bem como nas hipóteses de dissolução de pleno direito, desde que os sócios não requeiram a liquidação judicial.

Na liquidação extrajudicial, os administradores devem providenciar imediatamente a investidura do liquidante, que estiver designado no contrato social. Se não estiver designado no contrato social, o liquidante será eleito por deliberação dos sócios, podendo a escolha recair em um sócio ou em terceiro estranho ao quadro social.

O liquidante eleito por deliberação dos sócios poderá ser destituído mediante nova deliberação dos sócios. Caso indicado no próprio contrato social, a destituição poderá ocorrer apenas pela via judicial, a qual também se aplica ao caso de eleição por deliberação, de modo a evitar que o liquidante, que conte com o apoio da maioria dos sócios, possa cometer atos em detrimento da sociedade. A destituição judicial exige requerimento de um ou mais sócios e a demonstração de justa causa para a destituição do liquidante.

Na liquidação extrajudicial, constituem deveres principais do liquidante (art. 1.103 do Código Civil) averbar e publicar a ata, sentença ou instrumento de dissolução da sociedade; arrecadar os bens, livros e documentos da sociedade, onde quer que estejam; proceder, nos 15 dias seguintes ao de sua investidura e com a assistência, sempre que possível, dos administradores, à elaboração do inventário e do balanço geral do ativo e do passivo; ultimar os negócios da sociedade, realizar o ativo, pagar o passivo e partilhar o remanescente entre os sócios ou acionistas; exigir dos quotistas, quando insuficiente o ativo à solução do passivo, a integralização de suas quotas e, se for o caso, as quantias necessárias, nos limites da responsabilidade de cada um e proporcionalmente à respectiva participação nas perdas, repartindo-se, entre os sócios solventes e na mesma proporção, o devido pelo insolvente; convocar a assembleia dos quotistas, a cada seis meses, para apresentar relatório e balanço do estado da liquidação, prestando conta dos atos praticados durante o semestre, ou sempre que necessário; confessar a falência da sociedade e pedir recuperação; finda a liquidação, apresentar aos sócios o relatório da liquidação e as suas contas finais; averbar a ata da reunião ou da assembleia ou o instrumento firmado pelos sócios, que considerar encerrada a liquidação.

O liquidante deve ainda representar a sociedade. Deve este praticar todos os atos necessários à liquidação da sociedade, inclusive alienar bens móveis, imóveis, transigir, receber e dar quitação. Para gravar de ônus reais os móveis e imóveis, contrair empréstimos, salvo quando indispensáveis ao pagamento de obrigações inadiáveis, ou prosseguir na atividade social, deverá estar expressamente autorizado pelo contrato social ou pelo voto da maioria dos sócios (art. 1.105 do Código Civil).

O liquidante deverá efetuar o pagamento dos créditos preferenciais e, com o montante excedente, efetuará o pagamento das dívidas sociais proporcionalmente, sem distinção entre vencidas e vincendas, mas em relação a estas com desconto. Após a satisfação das dívidas sociais, o remanescente será partilhado entre os sócios, na proporção de suas quotas sociais. Caso os sócios deliberem, por maioria de votos, o liquidante, após o pagamento dos credores, poderá realizar a antecipação dessa partilha, ainda que os ativos não tenham sido totalmente liquidados, à medida que forem apurados os haveres sociais.

Após o pagamento do passivo e a partilha do montante remanescente entre os sócios, o liquidante deverá convocar a assembleia e prestar as contas da liquidação. Aprovadas as contas, encerra-se a liquidação, e a sociedade se extingue, com a averbação no registro própria da ata da assembleia.

Caso haja algum credor não satisfeito, depois de encerrada a liquidação o credor somente pode exigir dos sócios, individualmente, a satisfação de seu crédito limitado ao montante recebido pelo sócio na partilha, e propor em face do liquidante ação de perdas e danos. A responsabilidade do liquidante rege-se pelos preceitos impostos aos administradores da sociedade liquidanda.

Além de extrajudicial, a liquidação também pode ser judicial. A liquidação judicial ocorrerá nas dissoluções judiciais, em que o juiz, por ocasião da sentença que decretar a dissolução, nomeará o liquidante. A nomeação será do liquidante indicado no contrato social ou, na omissão, por assembleia dos sócios.

Poderá a liquidação judicial ocorrer também nas hipóteses de dissolução de pleno direito, em que os sócios requererem, desde logo, a liquidação judicial.

A liquidação judicial é disciplinada pelos arts. 599 e seguintes do Código de Processo Civil, e não difere substancialmente da disciplina da liquidação extrajudicial. Mediante ação judicial promovida pelos legitimados ativos do art. 600 em face dos sócios e da sociedade, dispensada a citação dessa se todos os sócios foram citados, o juiz fixará a data da resolução da sociedade, definirá o critério de apuração dos haveres em relação ao definido no contrato social e nomeará eventual perito para a avaliação.

A data da resolução da sociedade será: no caso de falecimento do sócio, a do óbito; na retirada imotivada, o sexagésimo dia seguinte ao do recebimento, pela sociedade, da notificação do sócio retirante; no recesso, o dia do recebimento, pela sociedade, da notificação do sócio dissidente; na retirada por justa causa de sociedade por prazo determinado e na exclusão judicial de sócio, a do trânsito em julgado da decisão que dissolver a sociedade; e na exclusão extrajudicial, a data da assembleia ou da reunião de sócios que a tiver deliberado (art. 605).

Por seu turno, o critério de apuração de haveres é o fixado no contrato. Em sua omissão, o critério será o valor patrimonial apurado em balanço de determinação, tomando-se por referência a data da resolução e avaliando-se bens e direitos do ativo, tangíveis e intangíveis, a preço de saída, assim como todo o passivo.

Os sócios que permanecerem na sociedade deverão depositar em juízo a parte incontroversa dos haveres devidos, a qual poderá ser levantada pelo ex-sócio ou por seus sucessores.

Uma vez apurados os haveres do sócio retirando, eles serão pagos no prazo de até 90 dias da data da liquidação, a menos que haja acordo ou estipulação diversa no contrato social (art. 1.031, § 2º, do Código Civil).

6.2.4 Sociedade em nome coletivo

As sociedades em nome coletivo, apesar de seu desuso, foram tratadas no Código Civil nos arts. 1.039 a 1.044. Supletivamente, aplica-se às sociedades em nome coletivo a disciplina da sociedade simples.

6.2.4.1 Evolução histórica da sociedade em nome coletivo

O primeiro normativo a regular os direitos dos sócios e sua responsabilidade pelas obrigações comuns foi o *Editto di Rotari*, baseado no direito consuetudinário e instituído em 643 durante a invasão dos lombardos à Itália[15].

O normativo explicita o papel das sociedades fraternais como germe das sociedades em nome coletivo modernas. As sociedades medievais eram baseadas no vínculo sanguíneo, com o escopo de possibilitar aos herdeiros prosseguir com os negócios do falecido, viabilizando à coletividade familiar a exploração em comum dos bens hereditários indivisos[16]. Estruturavam-se na comunhão dos que moravam na mesma casa, dos que se sentavam ao redor da mesma mesa e comiam do mesmo pão – *ad unum panem et vinum* –, como símbolos da filiação de um indivíduo a uma família[17].

Com fulcro no vínculo real da indivisibilidade do patrimônio, o normativo regulava, no § 167, a solidariedade ativa entre os diversos membros ao disciplinar o regime dos bens na sociedade de irmãos após a morte do genitor e a passiva, no § 247, ao obrigar os herdeiros a responder solidária e ilimitadamente pelas obrigações contraídas pelo chefe da família[18].

A partir do ano 1000, o fim das invasões bárbaras proporcionou a retomada do crescimento demográfico, o que, aliado ao retorno do tráfico marítimo e do comércio de bens com o Oriente que reintroduziu o uso do dinheiro como forma de negociação, provocou a migração de colonos feudais para os novos centros de trocas, as cidades.

Visando ao auxílio recíproco e ao aumento de poder para contrapor-se ao bispo ou conde que regia a cidade, esses novos cidadãos passam a se associar, formando as denominadas *societates, conjurationes* ou *fraternitates*. A pouca disseminação da cultura na estrutura feudal, no entanto, fez com que as associações dos antigos servos da gleba se estruturassem nos mesmos princípios consuetudinários vigentes até então[19].

---

15 MONTANARI, M. Medioevo del diritto: all'origine delle società personali. In: *Rivista delle Società*. Milano: Giuffrè, f. 5-6, 1988, p. 1286.
16 COTTINO, Gastone. *Diritto commerciale*. Padova: Cedam, 1976, v. 1. p. 327.
17 FERREIRA, Waldemar. *Tratado de direito empresarial*. São Paulo: Saraiva, 1961, v. 3. p. 338.
18 MONTANARI, M. Op. cit. p. 1291.
19 Idem. p. 1299.

O vínculo volitivo sucede assim o sanguíneo, mas as sociedades formadas entre artesãos e mercadores continuam a se basear na forma consagrada das associações familiares ou parentais.

A solidariedade pelos atos realizados por um sócio, logo, não poderia se fundar mais na indivisibilidade do patrimônio, passando a se basear na utilidade comum a que eram endereçados os atos[20]. Em outras palavras, qualquer pessoa que frequentasse o mesmo local de trabalho e dividisse as mesmas ferramentas deveria responder pelas obrigações contratadas no interesse do grupo[21].

Apesar de sua origem primitiva poder voltar-se à corresponsabilidade do núcleo familiar, é com o pacto social que a solidariedade se afirma. A solidariedade pressupõe um sujeito unificado e, assim, um vínculo único, não obstante a pluralidade de devedores. Ela decorre da unicidade do vínculo garantido pela destinação do patrimônio[22].

Prevaleceria então o vínculo familiar como origem, mas juridicamente passa a ser sobre o contrato de sociedade, com os elementos característicos de manifestação volitiva, em que se fundamentam os limites dos direitos e das obrigações[23].

Com essas características básicas, as Ordenações Francesas de Luiz XIV regularam inicialmente o tipo da sociedade em nome coletivo, que a partir de então, difundiu-se pelo ordenamento jurídico de inúmeros países.

6.2.4.2 Elementos da sociedade em nome coletivo

As sociedades em nome coletivo constituem-se por contrato social, que deverá descrever todos os requisitos já apontados para o contrato social das sociedades simples, além da firma social. Referido contrato será celebrado apenas por pessoas físicas. As pessoas jurídicas não são admitidas como sócias da sociedade em nome coletivo (art. 1.039 do Código Civil).

A sociedade possui como traço peculiar a responsabilidade ilimitada e solidária de seus sócios. Os sócios respondem, após o exaurimento dos bens da sociedade, com seus bens particulares pelas obrigações contraídas pela sociedade. A responsabilidade entre os sócios é solidária, de modo que cada sócio será responsável pelo adimplemento da dívida toda.

---

20 SCIALOJA, A. Sull'origine delle società commerciali. In: *Saggi di vario diritto*. Roma, Società Editrice del Foro Italiano, 1927. p. 229-230.
21 MONTANARI, M. Op. cit. p. 1303.
22 BRUNETTI, Antonio. *Trattato del diritto delle società*. Milano: Giuffrè, 1946. p. 432-433.
23 GOLDSCHMIDT, Levin. *Storia universale del diritto commerciale*. Torino: Editrice Torinese, 1913. p. 225.

O montante dessa responsabilidade, outrossim, não se restringe ao valor de capital social subscrito pelo sócio. A responsabilidade é por toda a dívida social, ilimitadamente, ainda que ultrapasse o montante de capital social subscrito. Nos termos do art. 1.039 do Código Civil, "somente pessoas físicas podem tomar parte na sociedade em nome coletivo, respondendo todos os sócios, solidária e ilimitadamente, pelas obrigações sociais".

No ato constitutivo ou em convenção unânime posterior, os sócios podem limitar entre si a responsabilidade de cada um. A limitação de responsabilidade, contudo, não terá efeito em face de terceiros, mas apenas entre os sócios contratantes.

A administração da sociedade em nome coletivo é realizada por administradores, os quais devem ser eleitos entre os sócios. Não é possível a eleição de terceiros estranhos ao quadro social como administradores da sociedade. Os poderes para a presentação da sociedade, pela utilização da firma social, são privativos dos que, nos limites do contrato, possuam os necessários poderes (art. 1.042 do Código Civil).

Interessante se notar que, na sociedade em nome coletivo, os credores particulares do sócio não possuem os mesmos direitos dos credores do sócio de sociedade simples. Nas sociedades simples, embora o credor não possa ingressar na sociedade pela adjudicação da quota social, poderá o credor fazer recair a execução sobre o que a este coubesse nos lucros da sociedade ou na parte lhe tocasse em liquidação, com a consequente resolução da sociedade em relação ao sócio devedor.

Na sociedade em nome coletivo, o credor não tem o direito de executar o montante partilhado em decorrência da dissolução parcial. Poderá apenas executar os lucros sociais a que o devedor teria direito. Antes de se dissolver totalmente a sociedade, o credor não poderá pretender a liquidação da quota do devedor.

A dissolução parcial motivada pelo credor somente poderá ser pretendida se a sociedade for de prazo determinado e este houver sido prorrogado tacitamente ou se, tendo ocorrido prorrogação contratual, for acolhida judicialmente oposição do credor, levantada no prazo de 90 dias, contado da publicação do ato dilatório. Isso porque não poderia se autorizar a prorrogação do contrato incessantemente com o fim de o credor do sócio devedor permanecer insatisfeito.

Nesses termos, determina o art. 1.043 do Código Civil que o credor particular de sócio não pode, antes de dissolver-se a sociedade, pretender a liquidação da quota do devedor. Apenas poderá fazê-lo quando: I – a sociedade houver sido prorrogada tacitamente; II – tendo ocorrido prorrogação contratual, for acolhida judicialmente oposição do credor, levantada no prazo de noventa dias, contado da publicação do ato dilatório.

A sociedade em nome coletivo dissolve-se por todas as condições de dissolução de pleno direito das sociedades simples, como o vencimento do prazo de duração, salvo se, vencido este e sem oposição de sócio, não entrar a sociedade em liquidação, caso em que se prorrogará por tempo indeterminado; o consenso unânime dos sócios; a deliberação dos sócios, por maioria absoluta, na sociedade de prazo indeterminado; e a extinção de autorização para funcionar. Além dessas cláusulas, caso a sociedade em nome coletivo seja sociedade empresária, dissolver-se-á pela decretação da sua falência.

6.2.5 Sociedade em comandita simples

A sociedade em comandita caracteriza-se por ser uma sociedade com dois tipos de sócios. Alguns de seus sócios respondem ilimitada e solidariamente pelas obrigações sociais, enquanto outros respondem pessoal e limitadamente ao montante conferido.

A essencialidade dos dois tipos de sócios como característica da sociedade em comandita simples determina que a falta de uma das categorias de sócio, por mais de 180 dias, ainda que haja diversos sócios da outra categoria, acarreta a dissolução de pleno direito da sociedade (art. 1.051, II, do Código Civil).

Trata-se de um dos tipos mais antigos de sociedade, embora seu surgimento histórico seja controvertido.

6.2.5.1 O surgimento histórico das sociedades em comandita

A doutrina diverge quanto ao surgimento histórico dessa forma de sociedade.

Parte majoritária da doutrina, baseada principalmente nos argumentos de Vivante, Goldschmidt, Rehme[24], e no Brasil nos de Carvalho de Mendonça e Requião, acredita que a comandita teria origem direta no antigo contrato de *commenda*. Inicialmente utilizado para a prática comercial marítima, mormente pelas cidades italianas dos séculos XII e XIII, por meio do contrato o *commendator* confiava dinheiro ou mercadorias ao *tractator* para que este negociasse em nome próprio, mediante participação do *commendator* nos lucros obtidos. Independentemente do êxito do comércio negociado, o *commendator* se responsabilizava somente pelo capital empreendido[25].

---

24 VIVANTE, Cesare. Op. cit. p. 125-126; GOLDSCHMIDT, Levin. Op. cit. p. 212; REHME, Paul. *Historia universal de derecho mercantil*. Trad. Gomes Orboneja. Madrid: Editorial Revista de Derecho Privado, 1941. p. 178; CARVALHO DE MENDONÇA, José X. *Tratado de direito comercial brasileiro*. 4. ed. São Paulo: Freitas Bastos, 1945, v. III, L. II. p. 173; REQUIÃO, Rubens. Op. cit. p. 333-335.
25 CARVALHO DE MENDONÇA, José X. Op. cit. v. III, L. I. p. 232-233.

De contrato para a prática comercial marítima, o contrato de comenda expandiu-se para o comércio terrestre, difundindo-se amplamente em virtude dos seus benefícios. O contrato proporcionava ao detentor do capital investido não figurar como comerciante, o que era, à época, considerado aviltante pelas práticas eclesiásticas, e atribuía ao *commendator* benefícios, tangenciando o dogma canônico que condenava a usura.

A *commenda*, entretanto, não poderia ser considerada inicialmente uma sociedade. Não havia, ao menos originalmente, o exercício *em comum* de uma atividade econômica. O dinheiro ou os bens confiados a financiar a comercialização passavam à propriedade do *tractator*, que os administrava e os restituía acrescidos dos lucros da negociação caso houvesse[26]. Não havia qualquer fundo ou razão social, agindo o *tractator* em nome próprio ou pelo menos não em nome de uma sociedade.

Para os autores que advogam a origem da comandita remontando ao contrato de *commenda*, a estrutura social somente começou a se firmar na Baixa Idade Média, a partir do momento em que todos os sócios figuraram como sujeitos do negócio e tornaram-se responsáveis perante os credores, com a diferença de que o sócio administrador respondia ilimitadamente, enquanto os demais respondiam de maneira limitada ao montante investido na sociedade[27].

Segundo Goldschmidt, a estrutura social começou a se firmar no tempo em que, no interesse daqueles que aportavam dinheiro e dos credores contra as obrigações particulares que oneravam o patrimônio dos participantes, firmou-se de maneira acentuada a separação do fundo social dos bens particulares, gerando obrigações como a prática do registro e a adoção de uma firma social[28].

Parte contrária dos doutrinadores, composta mormente por Bosco e Arcangeli[29], nega sua concepção atrelada ao contrato de *commenda* e apregoa a origem do instituto à transformação da sociedade em nome coletivo.

Segundo Bosco, somente de maneira indireta a sociedade em comandita poderia voltar-se ao contrato de *commenda*. Para o autor, com o fim de

---

26 COTTINO, Gastone. Op. cit. p. 328. VIVANTE, Cesare. Op. cit. p. 125.
27 REHME, Paul. Op. cit. p. 178.
28 GOLDSCHMIDT, Levin. Op. cit. p. 212. No mesmo sentido manifesta-se Vivante, para quem "la necessità di proteggere questo capitale come garanzia esclusiva dei creditori sociale contro gli attachi dei creditori particolari dei soci, d'impedire che questi, colla compiacenza del gerente, mutassero, quando sopraggiugeva una crisi, la loro condizione di soci responsabili in quella più comoda di creditori, fece sentire la convenienza di fare conoscere colle pubblicazioni nei registri della Corporazione o del Comune l'esistenza della società, la misura delle quote conferite dai soci, la ragione sociale, e di prescrivere una contabilità distinta delle operazioni sociali" (VIVANTE, Cesare. Op. cit. p. 125-126).
29 BOSCO, Gennaro. Rivista critica bibliografica a A. Arcangeli. La società in Accomandita Semplice. *Rivista di Diritto Commerciale*, Milano, Francesco Vallardi, v. 1, 1903. p. 156; ARCANGELI, Ageo. *La società in accomandita semplice*. Torino: Fratelli Bocca Editori, 1903. p. 29.

contornar a proibição da usura, o contrato de *commenda* transformou-se em sociedade, adequando-se à estrutura já estipulada para as sociedades em nome coletivo, de maneira que a responsabilidade de ambos os tipos de sócios era ilimitada e solidária. Como os que aportavam capital geralmente eram pessoas estranhas ao comércio e que simplesmente buscavam rendas do investimento do capital, para protegê-los de uma sanção excessivamente severa em decorrência da responsabilidade ilimitada, a Lei de Firenze de 1408, como primeiro normativo, restringiu a responsabilidade à quota investida, caracterizando o surgimento da sociedade em comandita[30].

Corrobora o argumento exposto a visão de Arcangeli, para o qual já existia, antes da comandita, o vínculo social que liga os sócios entre si e perante terceiros. Sobre a forma da sociedade em nome coletivo, em que todos os sócios são solidária e ilimitadamente responsáveis, surge uma nova, a comandita, no momento em que alguns dos sócios vêm a limitar sua responsabilidade a uma quota determinada[31-32].

Como ambas as teses possuem numerosos documentos que as sustentam, e como não se excluem de maneira absoluta, Scialoja acaba aceitando uma corrente intermediária. Segundo o autor, "não me parece improvável que a sociedade em comandita seja o resultado da fusão da estrutura social da coletiva, com o princípio da responsabilidade limitada à quota, surgido na prática mediante a difusão de toda uma variedade de negócios, dos quais a *commenda* (em sentido próprio) representou o expoente mais típico"[33].

A despeito da teoria adotada, o contrato de *commenda*, senão instituto que se transformou na sociedade em comandita, influenciou essencialmente as características dessa sociedade ao divulgar a responsabilidade limitada dos financiadores de capital. Uma característica, no entanto, era desconhecida ao contrato de *commenda*: a proibição de o comodatário realizar atos de gestão.

A introdução da nova forma associativa da comandita provocou a consideração de sócios que não figuravam na típica posição condominial dos membros de família. Apesar de serem considerados sócios, os prestadores de capital, quanto aos terceiros, eram considerados para tanto como simples credores. Para caracterizar as posições ocupadas pelos sócios, o *Statuti*

---

30 BOSCO, Gennaro. Op. cit. p. 156.
31 ARCANGELI, Ageo. Op. cit. p. 30.
32 O pensamento de Arcangeli se diferencia do de Bosco na medida em que Bosco acredita que a sociedade em comandita surgiu como reação à responsabilidade ilimitada pelo legislador de Firenze. Já Arcangeli sustenta que, como reação à responsabilidade limitada, na forma da sociedade em nome coletivo, foi se formando espontaneamente a sociedade em comandita (ARCANGELI, Ageo. Op. cit. p. 30).
33 SCIALOJA, A. Op. cit. p. 236. É do mesmo entendimento BRUNETTI, Antonio. Op. cit. p. 548-549.

recentiora di Piacenza de 1323 presumia que todos aqueles que interferiam nos negócios sociais possuíam uma posição condominial, culminando-os com a responsabilidade ilimitada, pois a faculdade de administrar seria indício da propriedade dos bens geridos[34].

Distinguem-se assim os sócios comanditados dos sócios comanditários pela expressa qualificação como tal ou pela prática de atos de gestão. Nesse sentido, a responsabilidade ilimitada ante terceiros seria decorrência direta da posição condominial e somente de maneira aparente do poder de realizar atos de gerência[35].

Segundo Vivante, essa característica de exclusão do sócio capitalista de participação nos negócios sociais foi reintroduzida em tempos mais recentes com o Código de Comércio Francês para impedir que o comanditário administrasse o fundo social sem a prudência que derivaria de uma responsabilidade ilimitada. A participação do comanditário na administração acarretaria a perda do benefício da responsabilidade limitada, haja vista o perigo de o sócio menos interessado e, portanto, com menos prudência prejudicar o nome e o inteiro patrimônio dos sócios responsáveis ilimitadamente[36].

6.2.5.2 Elementos da sociedade em comandita simples

A sociedade em comandita é composta por sócio de duas categorias.

A primeira categoria é a dos sócios comanditados, os quais necessariamente devem ser pessoas físicas (art. 1.045 do Código Civil). Tais sócios possuem responsabilidade solidária e ilimitada pelas obrigações sociais.

A semelhança de responsabilidade assegura que sejam atribuídos aos sócios comanditados os mesmos direitos e obrigações dos sócios da sociedade em nome coletivo. Dentre os direitos, compreende-se o de administrar a sociedade.

Na sociedade em comandita simples, a gerência da sociedade compete a todos os sócios comanditados ou exclusivamente aos sócios comanditados que forem designados no contrato social. Na omissão do contrato, todos os comanditados podem ser administradores e possuem poderes para representar a pessoa jurídica, utilizando-se da firma social, à semelhança do que ocorre nas sociedades em nome coletivo.

A segunda categoria de sócios é a dos sócios comanditários. Estes não precisam ser necessariamente pessoas físicas, compreendendo também as pessoas jurídicas. Os sócios comanditários apenas contribuem para a formação do capital social e não participam da administração da sociedade. Podem

---

34 MONTANARI, M. OP. cit. p. 1332-1333.
35 Idem. p. 1334.
36 VIVANTE, Cesare. Op. cit. p. 126-127.

participar das deliberações da sociedade e fiscalizar os atos dos administradores, embora fiquem afastados dos atos de administração da sociedade e não possam ter incluído na firma social seu nome.

Sua responsabilidade, outrossim, é diversa da responsabilidade dos sócios comanditados. Os sócios comanditários somente possuem responsabilidade limitada ao valor de sua quota.

Em decorrência dessa limitação de responsabilidade, o montante de quota do comanditário é relevante para o terceiro aferir o risco da operação. Nesses termos, somente após averbada a modificação do contrato, a diminuição da quota do comanditário produz efeitos quanto a terceiros. A redução do capital social com a diminuição da quota do comanditário poderia prejudicar os terceiros contratantes, de modo que somente terá eficácia quanto a terceiros após a averbação, momento a partir do qual se presume que estes estarão cientes. Ademais, a redução não poderá causar qualquer prejuízo aos credores preexistentes, que contraíram suas obrigações em ocasião em que o montante detido pelos sócios comanditários era maior.

Referida responsabilidade, entretanto, será ilimitada e solidária caso os sócios comanditários intervenham na prática de qualquer ato de administração ou tenham o nome incluído na firma social.

A intervenção dos comanditários na gerência da sociedade, na sociedade em comandita simples, é incompatível com a sua responsabilidade limitada. A sanção da responsabilidade ilimitada é atribuída para evitar o prejuízo a terceiro por acreditar na responsabilidade ilimitada do sócio que tratasse em nome da sociedade, não obstante a publicidade de seu registro, que obrigatoriamente deve discriminar os dois tipos de sócios. Em suma, impede-se que terceiro seja induzido a erro por contratar com sócio comanditário, acreditando falsamente ter a garantia de sua responsabilidade ilimitada.

A impossibilidade de administrar a sociedade não impede o comanditário de ser constituído procurador da sociedade. A procuração é restrita, todavia, a negócio determinado, para que não simule a administração da companhia por sócio que não detenha responsabilidade ilimitada, e deverá estar munida dos poderes especiais para praticar o ato (art. 1.045, parágrafo único).

Além de poder ser constituído procurador, o sócio comanditário possui direito a participar do lucro social. Seu direito, entretanto, não poderá ser exercido na hipótese de redução do capital social por perdas supervenientes, antes da reintegração do valor do capital social. Caso a sociedade possua prejuízos, os quais acarretarão a redução do capital social, o sócio comanditário não poderá se beneficiar com a distribuição de lucros enquanto o capital social não for integralmente restabelecido. Os lucros recebidos de boa-fé e de acordo com o balanço, contudo, não precisam ser repostos.

A diferença entre as duas categorias de sócios, embora não seja suficiente para caracterizar a sociedade em comandita simples como uma sociedade mista, entre a sociedade de pessoas e a sociedade de capital, torna peculiar alguns aspectos das sucessões dos sócios. Na sociedade em comandita, são relevantes as características pessoais dos sócios comanditados, pois estas podem influir na condução da atividade social para a persecução do interesse social. As qualidades pessoais dos sócios comanditários, por outro lado, não possuem maior relevância. Os sócios comanditários não participam da administração da sociedade e sua importância restringe-se à contribuição para a formação do capital social.

Atento a essa diferença, o legislador pátrio determinou que, no caso de morte de sócio comanditário, a sociedade, salvo disposição do contrato, não se dissolverá ou ocorrerá a resolução parcial. A sociedade continuará com os sucessores do sócio comanditário falecido, os quais devem designar quem os represente (art. 1.050 do Código Civil).

Por fim, a sociedade em comandita simples dissolve-se nas hipóteses de dissolução de pleno direito, consistentes no vencimento do prazo de duração, salvo se, vencido este e sem oposição de sócio, não entrar a sociedade em liquidação, caso em que se prorrogará por tempo indeterminado; no consenso unânime dos sócios; na deliberação dos sócios, por maioria absoluta, na sociedade de prazo indeterminado; na extinção de autorização para funcionar e, caso sociedade empresária, dissolver-se-á pela decretação da sua falência (art. 1.051 do Código Civil).

Como já ressaltado, na sociedade em comandita simples acresce-se uma causa de dissolução referente à falta de pluralidade de sócios de categorias diversas, não reconstituída no prazo de 180 dias. A falta de sócio comanditário ou a falta de sócio comanditado, ainda que haja pluralidade na outra categoria, deve ser reconstituída no prazo de 180 dias, sob pena de dissolução de pleno direito da sociedade.

6.2.6 Sociedades limitadas

A sociedade limitada é caracterizada pela responsabilidade dos sócios restrita ao valor de suas quotas desde que o capital social esteja integralizado. O sócio responde apenas pelo valor de sua quota, embora todos os sócios respondam solidariamente pela integralização do capital social.

6.2.6.1 Disciplina jurídica

Historicamente, as Sociedades Limitadas surgiram no Brasil pelo Decreto n. 3.708/19, que as disciplinava como sociedades por quotas de responsabilidade limitada. O decreto, entretanto, restringia-se a regular a matéria em apenas 18 artigos, o que conferia ampla autonomia aos contratantes para regularem seus interesses no contrato social da sociedade.

Na omissão legal e diante do silêncio do contrato social, o art. 18 do Decreto n. 3.708/2019 assegurava a aplicação das normas das sociedades anônimas, no que fosse aplicável.

Com o Código Civil, a sociedade limitada foi disciplinada nos arts. 1.052 a 1.087. As disposições referentes à sociedade limitada continuam a ser suplementadas pela Lei de Sociedades Anônimas, mas, com base no Código Civil, apenas se houver estipulação contratual nesse sentido. Caso o contrato social seja omisso, aplica-se às sociedades limitadas a regulação da sociedade simples.

Nesses termos, o art. 1.053 do Código Civil determina que as sociedades limitadas regem-se, nas omissões da disciplina da sociedade limitada, pelas normas da sociedade simples. Essa aplicação supletiva ocorrerá a menos que o contrato social preveja a regência supletiva da sociedade limitada pelas normas da sociedade anônima, Lei n. 6.404/76, e desde que as regras sejam compatíveis ao regime contratual da sociedade limitada diante do caso específico em que houve sua omissão legislativa.

6.2.6.2 Natureza

A classificação da sociedade limitada como sociedade de pessoa ou sociedade de capital sempre foi controversa, desde o Decreto n. 3.708/19 e que permanece no Código Civil.

Os que pugnam pelo enquadramento da sociedade limitada como sociedade de pessoas sustentam a solidariedade da responsabilidade dos sócios para a integralização do capital social e a impossibilidade de transferência da quota social a terceiro estranho ao quadro social, se houver oposição de titulares de mais de 1/4 do capital social.

Os que sustentam a natureza de sociedade de capital, por outro lado, apegam-se ao fato de que não há responsabilidade ilimitada, a ponto de o patrimônio pessoal do sócio não poder sofrer execução por obrigações sociais em uma sociedade limitada com capital integralizado. Outrossim, o sócio poderia ceder sua quota total ou parcialmente a quem seja sócio.

Majoritariamente, entretanto, entende-se que a sociedade limitada deve ser considerada uma sociedade híbrida. A liberdade assegurada aos sócios para disciplinar as relações entre si e com terceiros, desde que não haja contrariedade às estipulações legais, permite a eles contratar sociedade limitada tanto com a natureza de sociedade de pessoas quanto de sociedade de capitais.

Nesses termos, embora o art. 1.057 do Código Civil, permita a transferência direta das quotas a outros sócios e a possibilidade de 1/4 dos sócios obstarem a transferência dessas quotas se for convencionada com terceiros, garante a lei que a disposição é apenas dispositiva e que o contrato social poderá regular a transferência de quotas e impor maiores ou menores limitações.

A liberdade aos sócios é também garantida para a escolha da disciplina supletiva aplicada à sociedade limitada. Podem os sócios convencionar, nesses termos, a regência supletiva pelas normas das sociedades anônimas, típica sociedade de capital, em vez de pelas normas das sociedades simples.

Não obstante, podem os sócios prever, no contrato social, a resolução parcial da sociedade em relação a um sócio, por decisão da maioria do capital social, na hipótese de quebra da *affectio societatis*. Outrossim, se ocorrer aplicação supletiva da disciplina das sociedades simples, os sócios podem estipular no contrato social a dissolução da sociedade na hipótese de morte de algum dos sócios ou a substituição do sócio falecido pelos herdeiros.

6.2.6.3 Constituição

A sociedade limitada constitui-se mediante contrato escrito, na forma de instrumento público ou particular, o qual deve ser inscrito no Registro Público de Empresas Mercantis, caso desenvolva atividade empresarial, ou no Registro Civil de Pessoas Jurídicas, caso não. O registro deverá ser realizado no prazo de 30 dias para que seus efeitos retroajam à assinatura (art. 36 da Lei n. 8.934/94). Fora do prazo, a inscrição terá efeito *ex nunc* somente depois do registro.

Como contrato, pressupunha o ato constitutivo de sociedade a pluralidade de partes contratantes. Referido ato necessariamente é um negócio jurídico plurilateral, em que os diversos sócios contratantes resolvem associar-se e unificar recursos para o desenvolvimento de uma finalidade comum.

A Lei n. 13.874/2019, contudo, alterou essa necessidade de pluralidade na contratação. Permitiu, em nova redação do art. 1.052, parágrafo único, que a sociedade limitada pudesse ser constituída por uma ou mais pessoas. Nessa hipótese, determinou-se que se aplicam ao documento de constituição da sociedade pelo sócio único as disposições relativas ao contrato social, no que couber.

Característica essencial do contrato de sociedade é a criação de uma organização. O ato constitutivo, além de gerar o surgimento de direitos subjetivos e obrigações, como qualquer outro típico contrato de troca, deverá promover a coordenação entre os atos, de modo a constituir uma atividade. É essa organização o pressuposto essencial do contrato de sociedade.

Além dos pressupostos a todos os atos constitutivos de sociedade, o contrato social de sociedade limitada deve conter como cláusulas essenciais:

I – nome, nacionalidade, estado civil, profissão e residência dos sócios, se pessoas naturais, e a firma ou a denominação, nacionalidade e a sede dos sócios, se pessoas jurídicas;
II – nome empresarial, objeto, sede e prazo da sociedade;
III – capital social;
IV – a quota de cada sócio no capital social, e o modo de realizá-la;
V – os administradores da sociedade, seus poderes e atribuições;
VI – a participação de cada sócio nos lucros e nas perdas.

Ressalta-se, nesse aspecto, que o art. 1.054 do Código Civil determina que o contrato social deva indicar os elementos do contrato social da sociedade simples, previstos no art. 997 do Código Civil, mas apenas no que couber. Nesse aspecto, não há a possibilidade de indicação das prestações em serviço a serem realizadas pelo sócio, já que, na sociedade limitada os sócios não podem contribuir com serviços para a integralização do capital (art. 1.055, § 2º, do Código Civil).

Sobre a questão, o Enunciado 222 das Jornadas de Direito Civil do Conselho da Justiça Federal, ao versar sobre a prestação dos sócios e que consistiria em serviços, dispõe: "não se aplica o art. 997, V, à sociedade limitada na hipótese de regência supletiva pelas regras da sociedade simples".

Passaremos a analisar cada um dos elementos do contrato de sociedade limitada.

6.2.6.4 Sócios da sociedade limitada

Os sócios da sociedade limitada podem ser pessoas físicas ou pessoas jurídicas. Os sócios são os subscritores do capital social e devem contribuir à sociedade com o valor das quotas subscritas.

A contribuição não poderá ser realizada em prestação de serviços, mas apenas na entrega de bens, direitos ou em moeda (art. 1.055, § 2º, do Código Civil). Pela exata estimação de bens conferidos ao capital social respondem solidariamente todos os sócios, até o prazo de cinco anos da data do registro da sociedade.

A falta de contribuição do sócio torna-o remisso. O sócio inadimplente, entretanto, deverá ser notificado para, no prazo de 30 dias, realizar a contribuição à qual se obrigou. Sua inércia poderá implicar responsabilidade perante a sociedade pelos danos emergentes da mora. Os demais sócios poderão, por maioria, em vez de pleitear a indenização, decidir pela exclusão do sócio remisso ou pela redução do capital ao montante efetivamente integralizado por este.

Na sociedade limitada, ademais, a sociedade poderá tomar para si as quotas subscritas pelo sócio remisso ou transferi-las a terceiros, com a exclusão do primitivo titular. Nessa hipótese, não há apuração de haveres, mas a sociedade deve devolver-lhe o que houver pago, deduzidos os juros da mora. Devem ser devolvidas, ainda, as prestações estabelecidas no contrato mais as despesas (art. 1.058 do Código Civil).

Além da contribuição, obriga-se o sócio a cooperar com o desenvolvimento do objeto social e de não atuar com conflito de interesse, perseguindo o interesse individual em detrimento do interesse social. Deve, também, repor os lucros e quantias retiradas, a qualquer título, ainda que autorizados pelo contrato, quando tais lucros ou quantia se distribuírem com prejuízo do capital (art. 1.059 do Código Civil).

6.2.6.4.1 Direitos dos sócios

Os sócios quotistas adquirem também direitos ao contratarem a sociedade. A sociedade é contratada para que, da comunhão de esforços, seja obtido o fim comum. O principal direito do sócio quotista refere-se, assim, ao direito patrimonial de participar dos lucros sociais e, na hipótese de dissolução da sociedade, da partilha dos ativos e da apuração de haveres.

Mas não somente direitos patrimoniais são de propriedade dos sócios. Estes também possuem direitos pessoais, como o de fiscalizar o exercício da atividade social, a qual pode ser realizada por meio do Conselho Fiscal, caso instituído, ou diretamente pelo sócio, cuja amplitude dependerá da aplicação como norma supletiva das normas da sociedade simples ou da sociedade anônima. Possuem, ainda, o direito de participar da administração da sociedade, seja mediante a nomeação pelos demais sócios como administrador, seja pelo exercício de seu direito de voto nas deliberações sociais.

Os sócios possuem o direito de preferência. Consiste tal direito no privilégio garantido aos sócios para, no prazo de 30 dias após a deliberação de aumento do capital social, participarem na proporção das quotas de que são titulares (art. 1.081 do Código Civil).

Após a integralização das quotas, o capital social pode ser aumentado e exige, para tanto, alteração do contrato de sociedade. A lei garante, no art. 1.081 do Código Civil, que os sócios possuirão prioridade em relação aos demais para subscrever as quotas referentes ao aumento de capital, na proporção das quotas de sua respectiva titularidade.

O direito de preferência pode ser inclusive cedido. A cessão, da mesma forma que a cessão de quotas, salvo estipulação contratual diversa, é livre aos sócios cessionários. A terceiros, a cessão somente poderá ocorrer se não houver oposição de titulares de mais de 1/4 do capital social (art. 1.057 do Código Civil).

Como direito, os sócios possuem também o direito de recesso. O direito de recesso consiste na retirada do sócio, com a apuração de haveres e eventual pagamento pela pessoa jurídica.

Na sociedade de prazo indeterminado, o sócio pode retirar-se da sociedade a qualquer momento e sem justa causa. Tal solução é decorrente do princípio de que ninguém é obrigado a permanecer vinculado a um contrato contra a sua vontade e é corroborada pelo art. 1.029 do Código Civil, que, apesar de aplicável às sociedades simples, rege supletivamente as sociedades limitadas.

Na sociedade limitada de prazo determinado, o direito de recesso pode ser exercido desde motivado (art. 1.077 do Código Civil). Se houver modificação do contrato, fusão da sociedade, incorporação de outra, ou dela por outra, terá o sócio que dissentiu da deliberação direito de se retirar da sociedade nos 30 dias seguintes à deliberação.

O direito de recesso exigirá a apuração do valor de sua quota com base na situação patrimonial da sociedade na data da retirada, verificada em balanço especial levantado, salvo se houver estipulação contratual em contrário. O montante apurado deverá ser pago em dinheiro, no prazo de 90 dias a contar da liquidação, salvo estipulação contratual diversa, conforme art. 1.031 do Código Civil.

Por fim, os sócios são responsáveis limitadamente pelas dívidas sociais, característica essencial da sociedade limitada e que motivou sua dispersão. A responsabilidade de cada sócio é restrita ao valor de suas quotas, mas todos respondem solidariamente pela integralização do capital social (art. 1.052 do Código Civil).

O sócio será responsável pelo valor por ele detido do capital social, embora possa ser responsabilizado solidariamente perante terceiros pela parcela detida pelos demais sócios. Todavia, a responsabilização ocorre apenas se o montante de capital subscrito pelos sócios não estiver totalmente integralizado. Se o capital estiver totalmente integralizado, os sócios não poderão ser executados individualmente por obrigações sociais depois de esgotado o patrimônio da sociedade.

Apenas excepcionalmente os sócios serão responsáveis por dívidas sociais após a integralização do capital social. A responsabilização ocorrerá em caso de abuso da personalidade jurídica, caracterizado pelo desvio de finalidade, ou pela confusão patrimonial, situações que exigirão a desconsideração da personalidade jurídica (art. 50 do Código Civil). Também será responsabilizado o sócio pela exata estimação de bens conferidos ao capital social, no prazo de cinco anos da data de registro da sociedade (art. 1.055, § 1º, do Código Civil); pela distribuição ou quantias com prejuízo do capital, ainda que autorizadas pelo contrato (art. 1.059 do Código Civil); pelas deliberações infringentes do contrato ou da lei aos sócios que expressamente as aprovaram (art. 1.080 do Código Civil).

6.2.6.5 Nome empresarial

Já fizemos referência ao nome empresarial das sociedades limitadas anteriormente, ao nos referirmos aos elementos de identificação da empresa, aos quais remetemos o leitor para maiores detalhes. De modo a simplesmente facilitar a compreensão, breves recordações são necessárias.

O nome empresarial permite a distinção do empresário em face dos demais prestadores de serviços ou fornecedores de produtos do mercado. Na sociedade limitada essa identificação pode ser realizada por firma ou pela denominação.

A firma será composta pelo nome de todos ou de alguns dos sócios, acompanhado da expressão "& companhia". A menção da atividade será facultativa.

A denominação será composta por nome fantasia ou de um nome civil de homenageado, acompanhado necessariamente do ramo da atividade desenvolvida.

Independentemente da composição por firma ou denominação, o nome empresarial da sociedade limitada deve ser integrado da palavra "limitada" ou sua abreviação "ltda.", ao final. A inclusão da palavra "limitada" permite aos credores a ciência de que os sócios responderão apenas limitadamente pelas obrigações sociais. A falta da expressão "limitada" tornará os administradores que empregarem o nome empresarial ilimitada e solidariamente responsáveis pelas obrigações sociais contraídas com o credor.

6.2.6.6 Capital social

O capital social é constituído pela soma das contribuições dos sócios e consiste no conjunto de bens destinado ao exercício da atividade descrita no objeto social. As contribuições, nas sociedades limitadas, podem se realizar em coisas, direitos ou moeda. Não é admissível a contribuição em serviços, pois o capital social garante os credores do cumprimento das obrigações sociais (art. 1.055, § 2º, do Código Civil).

O capital social não se confunde com o patrimônio da sociedade. O capital social é o montante inicial do patrimônio, o qual deverá ser incluído no contrato social. Ao longo do desenvolvimento da atividade, entretanto, o patrimônio social sofrerá constante alteração, embora o capital social permaneça inalterado no contrato.

O valor do capital social, como procura garantir os credores do pagamento das obrigações sociais, apenas pode ser alterado segundo determinados requisitos legais. O aumento do capital social deve vir acompanhado de aumento de patrimônio, quer por meio de novas contribuições, quer pela conversão dos lucros em capital social, para que a garantia dos credores não seja ilusória.

Para que o aumento do capital ocorra, imprescindível que se faça a correspondente modificação do contrato social. Sua realização, outrossim, exige que o capital social já esteja integralizado (art. 1.081 do Código Civil).

Caso sejam emitidas novas quotas em razão do aumento de capital e não simplesmente majorado o valor de todas elas, os sócios terão preferência para subscrever as quotas decorrentes do aumento do capital, na proporção das quotas de que sejam titulares. Para que não haja diluição da participação dos sócios, em até 30 dias após a deliberação do aumento, os sócios poderão indicar seu interesse na aquisição das novas quotas, na medida das quotas de que sejam titulares, mas esse direito de preferência poderá ser cedido a outros sócios ou terceiros, desde que não haja oposição de ¼ dos sócios.

Decorrido o prazo da preferência e assumida pelos sócios ou por terceiros a totalidade do aumento, haverá reunião ou assembleia dos sócios para que seja aprovada a modificação do contrato.

Sua diminuição, por outro lado, poderá ocasionar a redução da segurança dos credores de terem satisfeitos seus créditos contraídos perante a sociedade. A redução do capital social, desse modo, é condicionada à modificação do contrato de sociedade, mas não apenas isso. Nos termos do art. 1.082 do Código Civil, pode a sociedade reduzir o capital, mediante a correspondente modificação do contrato em duas hipóteses: I – depois de integralizado, se houver perdas irreparáveis; II – se excessivo em relação ao objeto da sociedade (art. 1.082 do Código Civil).

Na primeira hipótese, a redução do capital somente poderá ocorrer depois de integralizadas as quotas, se houver perdas irreparáveis. Nessa modalidade de redução, o valor nominal das quotas deve ser reduzido na proporção da redução do capital social. A redução torna-se efetiva perante terceiros depois da averbação no Registro Público de Empresas Mercantis da ata da assembleia que tenha aprovado a redução.

Fundamenta a redução de capital, também, a consideração por deliberação social de que o capital social é excessivo em relação ao objeto da sociedade (art. 1.082, II, do Código Civil). Na referida hipótese, o valor das quotas também deverá ser reduzido proporcionalmente, mas haverá a restituição de parte do valor das quotas aos sócios ou serão dispensadas as contribuições ainda devidas. Referida redução somente se tornará eficaz se não houver impugnação de credor quirografário, no prazo de 90 dias da publicação da assembleia que deliberar a redução do capital, ou desde que provado o pagamento da dívida ou realizado o depósito judicial do valor do crédito do impugnante. A ata de redução, satisfeitas essas exigências, deverá ser averbada no Registro Público.

6.2.6.7 Quotas sociais

As quotas são frações nas quais se divide o capital social. Sua propriedade confere aos sócios não apenas os direitos decorrentes da partilha do referido capital, na hipótese de dissolução da sociedade e apuração de haveres, como todos os demais direitos e deveres decorrentes da qualidade de sócio.

O contrato social deverá indicar a quota social de cada sócio no capital social e o modo de realizá-la (art. 997, IV, do Código Civil).

As quotas sociais não precisam ter valores idênticos, mas podem ser desiguais. Cada sócio pode ser proprietário de uma única quota ou de diversas, assim como uma quota pode ser de propriedade de mais de um sócio.

A quota, em relação à sociedade, é indivisível (art. 1.056 do Código Civil). Na hipótese de copropriedade da quota, os direitos somente serão exercidos pelo condômino representante ou pelo inventariante do sócio falecido. A responsabilidade dos titulares, por seu turno, é solidária pelas prestações necessárias à sua integralização, as quais, como dito anteriormente, não podem ser realizadas em serviços e geram a responsabilidade solidária dos sócios pelo prazo de cinco anos pela exata estimação.

Para a integralização da quota com bens patrimoniais, não há necessidade de apresentação de laudo de avaliação. De forma a garantir terceiros, contudo, o art. 1.055, § 1º, do Código Civil determina que "pela exata estimação de bens conferidos ao capital social respondem solidariamente todos os sócios, até o prazo de cinco anos da data do registro da sociedade".

A quota apenas não é indivisível em relação à sociedade para efeito de transferência. O sócio pode transferir a quota total ou somente parte da quota. A venda de parte da quota exige os mesmos requisitos da transferência da quota integral. Na omissão do contrato social, a transferência pode ocorrer livremente entre sócios. A transferência a terceiros, todavia, somente pode ocorrer se não houver oposição de titulares de mais de 1/4 do capital social. A eficácia da transferência perante terceiros e quanto à sociedade somente ocorrerá depois da averbação do respectivo instrumento, subscrito pelos sócios anuentes.

Por fim, como a quota é representativa de direitos patrimoniais e de direitos pessoais dos sócios, muito se discutiu acerca da penhora da referida quota pelo credor do sócio por dívidas deste. O Código de Processo Civil pacificou a questão. Assegurou que a quota social é bem penhorável. Ressalvou em seu art. 861 entretanto, o direito de preferência aos sócios no caso de penhora de quota, assim como o direito de a sociedade adquiri-las sem redução do capital social e com utilização de reservas, para manutenção em tesouraria. Nos termos do art. 876, § 7º, do Código de Processo Civil, no caso de penhora de quota social ou de ação de sociedade anônima fechada realizada em favor de exequente alheio à sociedade, esta será intimada, ficando responsável por informar aos sócios a ocorrência da penhora, assegurando-se a estes a preferência.

6.2.6.8 Órgãos sociais

Os órgãos sociais são centros institucionalizados de poderes, criados e disciplinados pela lei e pelo contrato social. Diante da incompletude do contrato celebrado entre os sócios, ao quais não poderiam prever todas as contingências futuras pelas quais passaria a pessoa jurídica, a lei e o contrato social estipulam regras que organizam as pessoas integrantes da pessoa jurídica e lhes atribuem determinadas funções para assegurar a formação da vontade social e a sua execução no caso concreto, com a possibilidade de vinculação do patrimônio social.

São disciplinados como órgãos da sociedade limitada os administradores, o conselho fiscal e a assembleia geral de quotistas.

6.2.6.8.1 Administradores

Os administradores são imprescindíveis ao regular exercício da atividade compreendida no objeto social pela sociedade. Centros institucionalizados de poder, os administradores são órgãos integrantes da pessoa jurídica que lhe permitem organizar os fatores de produção para o desenvolvimento da atividade e manifestar externamente sua vontade social.

A sociedade limitada será administrada por uma ou mais pessoas designadas no contrato social ou em separado. Os administradores serão sempre pessoa física, vedada a nomeação de pessoas jurídicas (art. 997, VI, do Código Civil).

Além de não ser pessoa jurídica, o administrador não poderá ser impedido. Nos termos do art. 1.011 do Código Civil, além das pessoas impedidas por lei especial, como os servidores públicos, os magistrados e membros do ministério público, não podem ser administradores de sociedade os condenados à pena que vede, ainda que temporariamente, o acesso a cargos públicos; ou por crime falimentar, de prevaricação, peita ou suborno, concussão, peculato; ou contra a economia popular, contra o sistema financeiro nacional, contra as normas de defesa da concorrência, contra as relações de consumo, a fé pública ou a propriedade, enquanto perdurarem os efeitos da condenação.

Por seu turno, não é ínsita à qualidade de sócio da sociedade limitada a administração. Ainda que o contrato social atribua a administração a todos os sócios, a administração não se estende de pleno direito aos que posteriormente se tornaram sócios (art. 1.060, parágrafo único). Os administradores podem ser sócios ou não sócios. A nomeação de terceiros estranhos ao quadro social procurou garantir a especialização de funções na sociedade limitada. Diante da grande proliferação dessa forma societária, que foi consagrada por sociedades inclusive de grande porte em razão da limitação de responsabilidade, a lei permitiu a profissionalização dos administradores, o que até então era proibido pelo Decreto n. 3.708/19.

A possibilidade de nomeação de terceiros não dependerá de cláusula expressa no contrato social, diante da alteração da redação originária do art. 1.061 do Código Civil e que confere essa possibilidade pela própria Lei. A designação dos administradores não sócios exigirá quórum qualificado. A nomeação de administradores não sócios dependerá de aprovação de 2/3 do capital social, enquanto o capital social não estiver integralizado, e de maioria absoluta após a integralização (art. 1.061 do Código Civil, alterado pela Lei n. 14.451/2022).

Os administradores podem ser eleitos no contrato social ou em ato separado. Nomeados em ato separado, os sócios deverão ser eleitos administradores por votos de mais da metade do capital social, por meio de deliberação social (arts. 1.071, II, c.c. 1.076, II, do Código Civil). Referido administrador será investido no cargo mediante termo de posse no livro de atos da administração, o qual deverá ser assinado no prazo de 30 dias da designação, sob pena de tornar-se sem efeito. Sua nomeação deve ser averbada no Registro Público para ter eficácia quanto a terceiros, no prazo de dez dias seguintes da investidura.

No contrato social, o sócio nomeado administrador inicialmente na constituição da sociedade contou com o quórum unânime de todos os sócios, pois imprescindível para a contratação da sociedade. Para ser nomeado posteriormente, no próprio contrato social, o sócio deverá ser nomeado por deliberação dos sócios, com voto correspondente a, ao menos, maioria absoluta do capital social. O quórum é previsto diante da necessidade de alteração do contrato social (art. 1.076, I, do Código Civil).

Nomeado, o administrador deve exercer as funções que lhe foram atribuídas. A disciplina dos poderes dos administradores deve ser feita no contrato social. Na omissão do contrato, os poderes de administração são atribuídos a cada administrador, que pode agir isoladamente e terá poderes para obrigar a sociedade perante terceiros.

Suas funções podem ser agrupadas em dois grandes grupos: os atos de gestão e os atos de presentação.

Os atos de gestão ou administração em sentido estrito compreendem os referentes ao processo decisório interno da sociedade. Tais atos podem ser divididos em proposta de decisão, formação da vontade social, caso a matéria não seja reservada à deliberação dos sócios, execução dessa vontade e fiscalização.

Os atos de gestão não são conferidos de forma exclusiva aos administradores. Foi reservada à deliberação dos sócios a formação da vontade social em matérias estruturais da sociedade. Assim como foi permitida a criação do Conselho Fiscal para a fiscalização da atividade da companhia.

Os atos de presentação, por outro lado, compreendem a manifestação de vontade da companhia a terceiros. Na prática desses atos, o administrador não representa a pessoa jurídica. Como órgão social, não há alteridade entre o administrador e a pessoa jurídica. O administrador faz presente o ente coletivo, e a vontade por ele expressa é a vontade da própria pessoa jurídica.

Na sociedade limitada, a presentação é exercida pela possibilidade de emprego da firma ou da denominação social. A presentação é privativa dos administradores que tenham os necessários poderes. Caso não haja especificação contratual, todos eles possuem poderes para fazer presente, perante terceiros, a pessoa jurídica, vinculando o ente coletivo pelas obrigações contraídas.

Nesses termos, estabelece o art. 1.064 do Código Civil que "o uso da firma ou denominação social é privativo dos administradores que tenham os necessários poderes". Aplicando supletivamente o art. 1.013 do Código Civil, "a administração da sociedade, nada dispondo o contrato social, compete separadamente a cada um dos sócios".

O exercício de suas funções ocorre até o momento de sua destituição, término do prazo ou renúncia,

A destituição do sócio administrador nomeado em ato separado possui o mesmo quórum de sua nomeação. Bastam, para sua destituição, votos de sócios titulares de mais da metade do capital social na deliberação. O mesmo quórum aplica-se à destituição dos terceiros nomeados como administradores (art. 1.071, III, c.c. art. 1.076, II, do Código Civil).

No caso de sócio nomeado no contrato social, o quórum de destituição era diverso do quórum exigido pelo sócio administrador nomeado em separado ou pelos terceiros estranhos ao quadro social e consistia na exigência de voto de sócios titulares de quotas correspondentes, no mínimo, a 2/3 do capital social. O art. 1.063 do Código Civil, todavia, teve a redação alterada pela Lei n. 13.792/2019, de forma a que o quórum para destituição do sócio nomeado administrador no contrato passou a ser de mais da metade do capital social, a menos que haja disposição contratual diversa, equiparando-se às demais hipóteses de destituição.

A destituição é *ad nutum*. Ela pode ocorrer sem justificativa, sem qualquer aviso prévio, a qualquer tempo durante o exercício das funções, e sem qualquer direito de indenização ao antigo administrador em razão da interrupção do exercício de suas funções. A cessação das funções do administrador deve ser averbada no registro competente, mediante requerimento apresentado nos dez dias seguintes ao da ocorrência.

Além da destituição, o exercício do cargo de administrador cessa pelo término do prazo se, fixado no contrato ou em ato separado, não houver recondução.

Também cessa o exercício pela renúncia do administrador. A renúncia torna-se eficaz, em relação à sociedade, desde o momento em que esta toma conhecimento da comunicação escrita do renunciante; e, em relação a terceiros, após a averbação e publicação.

Os administradores respondem solidariamente perante a sociedade e os terceiros prejudicados, por culpa no desempenho de suas funções. Nesse ponto, incidente toda a disciplina já exposta para os administradores de sociedade simples, a qual, no art. 1.015, determina que no silêncio do contrato, os administradores podem praticar todos os atos pertinentes à gestão da sociedade; não constituindo objeto social, a oneração ou a venda de bens imóveis depende do que a maioria dos sócios decidir. Com a revogação do parágrafo único do art. 1.015, prevaleceu a teoria da aparência, com a mitigação da teoria *ultra vires societatis*. Desse modo, a sociedade será vinculada pelos atos de seus administradores, a menos que o excesso de poderes destes seja conhecido pelo terceiro contratante, de modo que este não poderá alegar ser terceiro de boa-fé.

Como regra geral, portanto, a menos que reconhecida a limitação de poderes pelo terceiro contratante, a sociedade se obriga pelos atos de seus administradores no exercício regular de suas funções. Entretanto, em regresso, os administradores respondem solidariamente perante a sociedade ou, caso extrapolem seus poderes e isso seja reconhecido pelos terceiros contratantes, a responsabilidade não será da sociedade, mas diretamente dos administradores perante os terceiros prejudicados, por culpa no desempenho de suas funções.

Para que possa ter suas funções fiscalizadas, bem como ser responsabilizado, o administrador tem a obrigação, ao término de cada exercício social, de proceder à elaboração do inventário, do balanço patrimonial e do balanço de resultado econômico (art. 1.065 do Código Civil). Sem prejuízo, salvo estipulação que determine época própria, o sócio pode, a qualquer tempo, examinar os livros e documentos, e o estado do caixa da sociedade como forma de acompanhar o desenvolvimento das atividades dos administradores (art. 1.021 do Código Civil).

6.2.6.8.2 O Conselho Fiscal

O Conselho Fiscal, na sociedade limitada, não possui existência obrigatória, como ocorre na sociedade anônima.

A facultatividade de sua existência é decorrente da tentativa do legislador de fornecer os instrumentos necessários a todas as sociedades limitadas, sem impor-lhes custos demasiados para seu funcionamento. Sua facultatividade assegura que as pequenas e grandes empresas não se onerem com a manutenção do referido órgão, se jugarem que não lhes é conveniente.

Nas sociedades de pequenas dimensões, os próprios sócios podem fiscalizar a atividade social sem incorrer em maiores custos. O ganho de eficiência com a instituição de novo órgão social para supervisionar a atividade administrativa pode não ser suficiente diante dos custos que a manutenção desse órgão geraria.

Nas grandes sociedades limitadas, por seu turno, a supervisão dos atos dos administradores seria demasiadamente custosa, notadamente diante da complexidade da atividade a ser controlada. A especialidade de funções pode ser uma necessidade, portanto, e os custos decorrentes da criação de novo órgão podem ser inferiores aos ganhos advindos de uma supervisão mais efetiva da atividade.

O Conselho Fiscal, concebido pelo contrato social, poderá ser composto por três ou mais membros e respectivos suplentes. Seus integrantes poderão ser sócios ou terceiros fora do quadro social, todos residentes no país. Seus membros deverão ser eleitos pela Assembleia Geral anual, que deverá ocorrer até quatro meses ao término do exercício social, e que também deverá fixar a remuneração dos conselheiros eleitos.

A eleição na Assembleia Geral dos membros do Conselho Fiscal ocorre pelo quórum ordinário de maioria dos votos dos presentes, por titularidade do capital social. Para que o sócio minoritário seja também representado, a lei assegura aos sócios minoritários, que representem pelo menos 1/5 do capital social, o direito de eleger, separadamente, um dos membros e o respectivo suplente.

Como exercerão funções de supervisão, os membros, para serem eleitos, devem ser pessoas idôneas, que não integrem outros órgãos sociais ou tenham condenação por crimes que comprometem o exercício da função de fiscalização. Não podem ser membros do Conselho Fiscal, portanto:

I – impedidos por lei especial;

II – condenados à pena que vede, ainda que temporariamente, o acesso a cargos públicos;

III – condenados por crime falimentar, de prevaricação, corrupção passiva e ativa, concussão, peculato;

IV – condenados por crime contra a economia popular, contra o sistema financeiro nacional, contra as normas de defesa da concorrência, contra as relações de consumo, a fé pública ou a propriedade, enquanto perdurarem os efeitos da condenação;

V – os membros dos demais órgãos da sociedade ou de outra por ela controlada;

VI – os empregados de quaisquer das sociedades controladas ou os respectivos administradores, o cônjuge ou parente destes até o terceiro grau.

Os eleitos devem assinar termo de posse lavrado no livro de atas e pareceres do Conselho Fiscal, nos 30 dias subsequentes à eleição, para ficarem investidos de suas funções. A falta de assinatura tempestiva torna sem efeito a nomeação.

Suas funções serão exercidas até a próxima assembleia anual, a menos que haja cessação anterior.

Ao Conselho Fiscal foram atribuídas funções exclusivas de fiscalização dos atos de administração da sociedade. Tais atribuições não podem ser outorgadas a outro órgão da sociedade (art. 1.070 do Código Civil). Dentre as funções de fiscalização, destacam-se os seguintes deveres (art. 1.069 do Código Civil):

I – examinar, pelo menos trimestralmente, os livros e papéis da sociedade e o estado da caixa e da carteira, devendo os administradores e liquidantes prestar-lhe as informações solicitadas;

II – lavrar no livro de atas e pareceres do Conselho Fiscal o resultado dos exames referidos;

III – exarar no mesmo livro e apresentar à assembleia anual dos sócios parecer sobre os negócios e as operações sociais do exercício em que servirem, tomando por base o balanço patrimonial e o de resultado econômico;

IV – denunciar os erros, fraudes ou crimes que descobrirem, sugerindo providências úteis à sociedade;

V – convocar a assembleia dos sócios se a diretoria retardar por mais de 30 dias a sua convocação anual ou sempre que ocorram motivos graves e urgentes.

Assim como os administradores, os conselheiros respondem solidariamente perante a sociedade e os terceiros prejudicados, por culpa no desempenho de suas funções.

6.2.6.8.3 Deliberações sociais

Aos sócios foram atribuídas as decisões mais relevantes e organizativas da sociedade. A deliberação dos sócios permite a formação da vontade social, especificando o interesse social, interesse dos sócios enquanto sócios, diante do caso concreto. As decisões corriqueiras da sociedade, para o regular desenvolvimento da atividade social, são tomadas pelos administradores. As decisões mais relevantes à organização da sociedade e à persecução do interesse social são reservadas à deliberação dos sócios.

Os sócios devem deliberar sobre as seguintes matérias, além das expressamente previstas no contrato social e na lei (arts. 1.071 e 1.068):

I – a aprovação das contas da administração;

II – a designação dos administradores, quando feita em ato separado;

III – a destituição dos administradores;

IV – o modo de sua remuneração, quando não estabelecido no contrato;

V – a modificação do contrato social;

VI – a incorporação, a fusão e a dissolução da sociedade ou a cessação do estado de liquidação;

VII – a nomeação e destituição dos liquidantes;

VIII – o pedido de recuperação;

IX – a remuneração dos membros do Conselho Fiscal.

As deliberações dos sócios na sociedade limitada podem ocorrer sob a forma de assembleia ou de reunião, conforme disponha o contrato social (art. 1.072 do Código Civil). A deliberação em assembleia será obrigatória se o número dos sócios for superior a dez. Se a quantidade de sócios for igual a 10 ou inferior a esse número, o contrato poderá disciplinar a forma em que as deliberações deverão se realizar.

A assembleia deve ser convocada conforme as formalidades previstas na lei. A reunião, por outro lado, deve respeitar a disciplina prevista no contrato social, a qual, outrossim, deve regular todo o seu desenvolvimento. Nas omissões do contrato social, aplicam-se às reuniões as normas sobre a assembleia.

As deliberações tomadas em reunião ou assembleia permitem formar a vontade social. Assegura-se aos sócios, mediante o exercício do voto na deliberação, expressarem o interesse social. Tomadas em conformidade com a lei e com o contrato social, essas deliberações vinculam todos os sócios, ainda que ausentes ou dissidentes, pois se submetem a orientação da maioria, simples ou qualificada, a depender da matéria.

Caso contrárias à lei ou ao contrato social, as deliberações infringentes tornarão ilimitadamente responsáveis os sócios que expressamente as aprovaram (art. 1.079 do Código Civil).

As reuniões e assembleias tornam-se dispensáveis quando todos os sócios decidirem, por escrito, sobre a matéria que seria objeto delas. Isso porque as reuniões e assembleias visam a propiciar a deliberação entre os sócios, mediante o exercício do voto. Caso a expressão da vontade do sócio sobre determinada matéria seja feita por escrito, a união desses para debaterem é desnecessária (art. 1.072, § 3º, do Código Civil).

Embora ambas as formas permitam a deliberação dos sócios, as reuniões possuem menores formalidades para sua instalação, diante de um número reduzido de sócios. Cumpre ao contrato social fixar suas formas de convocação, quórum de instalação e sua disciplina, embora os quóruns de votação estabelecidos pela lei devam ser seguidos. Em sua omissão, a reunião deverá cumprir as formalidades previstas à Assembleia Geral.

A assembleia geral dos quotistas possui formalidades descritas na lei para sua convocação.

Nos casos previstos na lei ou no contrato social, a assembleia ou a reunião dos sócios devem ser convocadas pelos administradores. Podem também ser convocadas por qualquer sócio, na hipótese em que o administrador retardar a convocação por mais de 60 dias, nos casos previstos em lei ou no contrato. Se não for atendido pelo administrador pedido fundamentado de convocação, com a indicação da matéria a ser tratada, no prazo de oito dias, os sócios titulares de mais de 1/5 do capital social podem convocar a deliberação. Por fim, o próprio Conselho Fiscal tem poder de convocar a deliberação se houver retardo dos administradores por mais de 30 dias na realização da deliberação anual, ou sempre que ocorram motivos graves e urgentes (art. 1.073 do Código Civil).

A forma de sua convocação exige a publicação do anúncio por três vezes, no mínimo, com ao menos oito dias entre a data da assembleia e a data da primeira publicação, e de cinco dias para a segunda convocação ou convocações posteriores. A publicação será realizada no órgão oficial e em jornal de grande circulação.

As formas de convocação, previstas no contrato social para a reunião ou previstas em lei para a Assembleia Geral, contudo, serão dispensáveis quando todos os sócios comparecerem ou se declararem, por escrito, cientes do local, data, hora e ordem do dia (art. 1.072, § 2º, do Código Civil). As formas de convocação pretendem dar ciência aos sócios do conteúdo da matéria submetida à deliberação, horário e local em que será realizada. A manifestação dos sócios por escrito, ainda que tenha ocorrido falha nas formas de convocação, indica que houve prévia ciência do sócio sobre a deliberação, de modo que falha na convocação não causou qualquer prejuízo.

A reunião ou a assembleia poderá ser realizada de forma presencial ou digital, e o sócio poderá participar e votar à distância.

Regularmente convocada, a Assembleia instala-se com a presença, em primeira convocação, de titulares de no mínimo 3/4 do capital social, e, nas convocações posteriores, com qualquer número. É o chamado quórum de instalação da Assembleia Geral, o qual não se confunde com o quórum de votação

Na assembleia, os sócios podem ser representados por outro sócio, ou por advogado, mediante outorga de procuração com especificação dos atos autorizados, devendo o instrumento ser levado a registro, juntamente com a ata (art. 1.074 do Código Civil).

Todos os sócios, ou representantes destes, votam na assembleia. É excluído da votação apenas o sócio que, por si ou na condição de representante, seja diretamente relacionado à matéria submetida à votação (art. 1.074, § 2°, do Código Civil).

O quórum ordinário de votação é de maioria de votos dos sócios presentes na assembleia, a menos que o contrato social exija quórum qualificado.

Alguns quóruns qualificados são definidos na lei. A modificação do contrato social e a incorporação, fusão, dissolução da sociedade ou a cessação do estado de liquidação exigiam votos correspondentes, no mínimo, a três quartos do capital social. Entretanto, a disposição legal fora alterada pela Lei n. 14.451/2022. A modificação do contrato social e as operações societárias de incorporação, fusão, dissolução da sociedade ou a cessação do estado de liquidação passaram a exigir quórum de maioria absoluta, ou seja, mais da metade do capital social (art. 1.076, II, do Código Civil).

A nomeação de administradores não sócios dependerá de aprovação de 2/3 do capital social, enquanto o capital social não estiver integralizado, e de maioria absoluta após a integralização (art. 1.061 do Código Civil).

Também é qualificado o quórum necessário à designação de sócios como administradores em ato separado, o qual passou a ser idêntico ao quórum para sua nomeação pelo contrato social. Ambas as hipóteses são de maioria absoluta.

É também de maioria absoluta a destituição dos sócios administradores nomeados em ato separado ou de terceiros estranhos ao quadro social, o modo de sua remuneração, quando não estabelecido no contrato, e o pedido de recuperação judicial, os quais exigem votos favoráveis de mais da metade do capital social (art. 1.076 do Código Civil).

A assembleia dos sócios deve realizar-se ao menos uma vez por ano, nos quatro meses seguintes ao término do exercício social. A assembleia anual tem o objetivo de tomar as contas dos administradores e deliberar sobre o balanço patrimonial e o de resultado econômico; designar administradores, quando for o caso; e tratar de qualquer outro assunto constante da ordem do dia (art. 1.078 do Código Civil).

Para que essa deliberação possa ser tomada, os documentos a que faz referência devem estar à disposição dos sócios, que não exerçam a administração, a até 30 dias da assembleia. Seu prévio conhecimento é imprescindível, pois a aprovação, sem reserva, do balanço patrimonial e do resultado econômico, salvo erro, dolo ou simulação, exonera de responsabilidade os membros da administração e, se houver, do Conselho Fiscal.

É o que determina expressamente o art. 1.078, § 3º, do Código Civil: "a aprovação, sem reserva, do balanço patrimonial e do de resultado econômico, salvo erro, dolo ou simulação, exonera de responsabilidade os membros da administração e, se houver, os do conselho fiscal.

O direito de anular a aprovação do balanço patrimonial e de resultado econômico extingue-se em dois anos (art. 1.078, § 4º, do Código Civil).

Dos trabalhos e deliberações será lavrada ata assinada por todos os participantes ou por todos quantos bastem à validade das deliberações. Cópia da referida ata será arquivada e averbada pelo Registro Público de Empresas Mercantis, mediante apresentação em até 20 dias de sua realização.

Ressalte-se, por fim, o direito de retirada ou de recesso dos sócios nas hipóteses de sociedades por prazo determinado e que, portanto, exigiria motivação. Conforme art. 1.077 do Código Civil, já referido por ocasião dos direitos dos sócios, quando houver modificação do contrato, fusão da sociedade, incorporação de outra, ou dela por outra, terá o sócio que dissentiu o direito de retirar-se da sociedade, nos 30 dias subsequentes à reunião, com a apuração de seus haveres.

6.2.6.9 Dissolução

A dissolução da sociedade limitada ocorre, de pleno direito, nas mesmas hipóteses previstas para a sociedade simples (art. 1.033 do Código Civil): o vencimento do prazo de duração, salvo se, sem oposição de sócio, não entrar a sociedade em liquidação; o consenso unânime dos sócios; a deliberação dos sócios, por maioria absoluta, na sociedade de prazo indeterminado; a extinção, na forma da lei, da autorização para funcionar. Todas essas hipóteses acarretam a dissolução de pleno direito da sociedade.

A dissolução pode, ainda, ser parcial. Além do direito de recesso ou retirada (art. 1.077 do Código Civil se prazo determinado, ou art. 1.029 do Código Civil, se prazo indeterminado), a resolução quanto ao sócio pode se dar por exclusão, a qual pode ocorrer judicial ou extrajudicialmente.

A exclusão judicial é prevista no art. 1.030 do Código Civil, e exige a demonstração de falta grave do sócio no cumprimento de suas obrigações ou demonstração de sua incapacidade superveniente. O pedido é submetido à apreciação judicial mediante a iniciativa da maioria dos demais sócios e é decorrente da busca do interesse social e da preservação da atividade. Para que a sociedade não tenha que se dissolver totalmente em virtude de um ato de um sócio em detrimento da realização do escopo que motivou todos os sócios a contratarem a sociedade, garantiu-se a possibilidade de resolução parcial, desde que demonstrada judicialmente a falta grave.

A exclusão pode ser extrajudicial nas sociedades limitadas. A exclusão extrajudicial, sem prejuízo da exclusão judicial, poderá ocorrer apenas se houver previsão no contrato social. Nessa hipótese, por deliberação da maioria dos sócios, representativa de mais da metade do capital social, um ou mais sócios podem ser excluídos por praticarem atos de inegável gravidade. O quórum de maioria absoluta do capital social permite apenas que o sócio majoritário exclua o sócio minoritário, mas não o contrário. É o oposto do que pode ocorrer na exclusão judicial, cujo art. 1.030 exige a maioria dos "demais sócios", de forma que o minoritário poderia excluir o majoritário.

Além da previsão expressa no contrato social e da deliberação pela maioria absoluta do capital social, a exclusão exige justa causa, consistente em o comportamento do sócio estar pondo em risco a continuidade da empresa (art. 1.085 do Código Civil).

Diante do caráter de sanção a um comportamento, ao sócio deve ser assegurado o direito de exercer o contraditório. O sócio deverá ser cientificado da reunião ou assembleia especialmente convocada para esse fim. A ciência deverá ocorrer com tempo hábil para que o sócio possa comparecer e, inclusive, exercer seu direito de defesa na reunião ou assembleia, com a exposição de sua versão sobre os fatos.

A alteração realizada no parágrafo único do art. 1.085 do Código Civil ressalvou a hipótese de a sociedade ser composta por apenas dois sócios. Nesse caso, e desde que o sócio que decida pela exclusão do outro tenha a maioria do capital social, bem como que os demais requisitos estejam preenchidos, como a previsão em contrato e a prática do ato de inegável gravidade que ponha em risco a continuidade da empresa, o sócio minoritário poderá ser excluído. Na hipótese de apenas dois sócios, dispensa-se a convocação da assembleia especial ou reunião para que o sócio possa se defender.

Quer seja judicial ou extrajudicial, o sócio excluído possuirá direito à apuração de seus haveres, com base na situação patrimonial da sociedade à data da resolução, exceto disposição em contrário, verificada em balanço especialmente levantado (art. 1.031 do Código Civil). Sua responsabilidade, apesar da exclusão, persistirá por dois anos após a averbação da resolução, pelas dívidas contraídas até o momento da averbação, ainda que posteriores à sua exclusão.

6.2.7 Sociedade anônima

A sociedade anônima é regulada pela Lei n. 6.404/76. Caracteriza-se como forma de sociedade, dotada de personalidade jurídica, de natureza necessariamente empresária e cujo capital social está dividido em ações, de livre negociação por seus titulares, os quais respondem apenas pelo preço de emissão das ações por eles subscritas.

6.2.7.1 Evolução histórica

Os primeiros antecedentes da sociedade anônima moderna podem ser encontrados em empresas moageiras francesas do fim do século XII, nas associações mineiras germânicas e italianas do século XIII, e nas sociedades de armadores tanto do Mediterrâneo quanto dos Mares do Norte da Europa. De seus precursores, o mais famoso foi o Banco de São Jorge, constituído em Gênova em 1407[37].

A Casa de San Giorgio foi o mais famoso antecedente a possuir os elementos principais que vieram a caracterizar a sociedade anônima moderna. O Banco era composto por credores da República Genovesa, os quais eram portadores de títulos da dívida pública, facilmente circuláveis. Referidos credores se reuniram em uma associação, que obteve a administração dos bens destinados a garantir o adimplemento dos títulos. A associação permitia aos credores mais facilmente exercerem seus direitos e tinha o seu capital social formado pelos títulos obrigacionais perante o Estado. Os títulos, assim, ainda que de natureza obrigacional, permitiam a participação em uma gestão comercial e limitavam a responsabilidade dos participantes[38].

Embora o Banco de São Jorge possa ser entendido como o principal precursor, a divulgação das sociedades anônimas ocorreu pelas sociedades coloniais holandesas. A Companhia Holandesa das Índias Orientais, fundada em 1602, e a Companhia Holandesa das Índias Ocidentais, fundada em 1621, alcançaram destaque no desenvolvimento da atividade, consagrando a forma de exercício por sociedade composta de membros com responsabilidade limitada.

As companhias tinham por objeto social a atividade de exploração e colonização do Oriente e do Novo Mundo. Sua constituição era baseada em uma autorização governamental. O Estado enfraquecido do período, entretanto, diante da magnitude da atividade a ser exercida pelas companhias, dependia da captação de vultosos recursos.

---

37 FERREIRA, W. M. *Instituições de direito empresarial*. 5. ed. São Paulo: Max Limonad, 1957, v. I, t. II. p. 646-647.
38 ASCARELLI, T. *Princípios e problemas das sociedades anônimas*. Problemas das sociedades anônimas e direito comparado. Campinas: Bookseller, 2001. p. 452-454 e BULGARELLI, W. *Manual das sociedades anônimas*. 12. ed. São Paulo: Atlas, 2001. p. 61.

Para obter os recursos da burguesia, garantiram-se a responsabilidade limitada dos sócios e a divisão do capital em frações facilmente circuláveis, de igual valor, as ações. As ações asseguravam a participação nos lucros do empreendimento e a divisão dos riscos nas mesmas condições. Sua origem remonta, portanto, a um privilégio concedido pelo Estado aos particulares, para que estes pudessem atuar junto a monarquias absolutas nas grandes navegações.

Com o enorme sucesso gerado pelas companhias coloniais, a forma da sociedade anônima se estendeu a outros campos de atividade, como o bancário, o industrial e o comercial de modo geral.

O sistema de privilégio foi substituído, em 1807, com o Código Comercial Francês, pelo sistema da autorização governamental. Os ideais da Revolução Francesa apregoavam a liberdade de associação, incompatível com um sistema de privilégios. O novo sistema preconizava a liberdade de constituição das sociedades, embora ainda submetesse a constituição à autorização governamental para a aferição dos requisitos necessários à regularidade da atuação.

Em decorrência da limitação da responsabilidade de todos os sócios e da livre transferência dessa participação, a sociedade anônima tornou possível a captação de grande volume de recursos, sendo considerada como a estrutura societária de organização das grandes empresas econômicas.

A proliferação das companhias só ocorreu, definitivamente, quando, a partir de 1867, a lei francesa de 24 de julho revogou o Código Francês de 1807 e determinou que as sociedades anônimas poderiam ser livremente constituídas, não exigindo mais a autorização do poder público.

6.2.7.2 Características

A sociedade anônima, também conhecida por companhia, caracteriza-se por ser sociedade cujo capital é dividido em ações e cuja responsabilidade dos acionistas é limitada ao preço de emissão das ações subscritas.

Sua definição consta no art. 1º da Lei n. 6.404/76, que determina: "a companhia ou sociedade anônima terá o capital dividido em ações, e a responsabilidade dos sócios ou acionistas será limitada ao preço de emissão das ações subscritas ou adquiridas".

As ações são de titularidade de seus sócios, os acionistas. Representam frações idênticas do capital social, que atribuem aos seus titulares direitos patrimoniais e políticos.

As ações são livremente circuláveis, podendo ser penhoradas por credores pessoais dos acionistas, transferidas a terceiros por transmissão *inter vivos* ou *mortis causa*. Não há a possibilidade de qualquer restrição à livre circulação, como o condicionamento de aprovação pelos demais sócios das transferências ou obrigação de anuência para a sucessão *mortis causa*, restrições essas imanentes às sociedades de pessoas.

A liberdade de transmissão das ações identifica a sociedade anônima como sociedade de capital. As qualificações pessoais dos sócios são menos importantes que a efetiva contribuição ao capital social para a realização da finalidade da sociedade. Nesse sentido, o estatuto social sequer identifica quem é o acionista, apenas fixa o número de ações emitidas pela companhia. A transferência das ações não exige, ao contrário das quotas emitidas pelas sociedades de pessoas, a alteração do estatuto social.

Elemento característico da sociedade é também a responsabilidade limitada de seus sócios. Os acionistas da sociedade anônima apenas são responsáveis pelo preço da emissão das ações subscritas ou adquiridas. Ainda que o capital não esteja totalmente integralizado, o acionista apenas responde pelo valor de sua contribuição social. Seu patrimônio pessoal, exceto nos casos de fraude ou confusão patrimonial, não responde pelas obrigações sociais.

A natureza também é peculiar. Independentemente da atividade desenvolvida, as sociedades anônimas são sempre sociedades empresárias. Isso porque a sociedade anônima foi estruturada como a forma adotada pela Grande Empresa, em que recursos da poupança da população são captados para o desenvolvimento de uma atividade com fim lucrativo. Nesse sentido, determina o art. 982, parágrafo único, do Código Civil, que, independentemente de seu objeto, considera-se empresária a sociedade por ações. Da mesma forma, o art. 2º, § 1º, da Lei n. 6.404/76, determina que "qualquer que seja o objeto, a companhia é mercantil e se rege pelas leis e usos do comércio".

6.2.7.3 Objeto social

Ainda que seja sempre considerada sociedade empresária, independentemente da atividade social desenvolvida, o objeto social deve ser definido de modo preciso e completo.

O objeto social é a especificação estatutária da empresa. Ele define a atividade econômica, de fim lucrativo, não contrária à lei, à ordem pública e aos bons costumes, a qual deve ser desenvolvida pela companhia (art. 2º da Lei n. 6.404/76).

Seu objeto social pode ser, inclusive, a participação em outras sociedades. Se exclusivamente, a sociedade é conhecida por *holding*, e consiste basicamente em sociedade que detém participação em outras sociedades do grupo societário. Ainda que não haja a previsão no estatuto da participação em outras sociedades, a participação será facultada como meio de realizar o objeto social ou para beneficiar-se de incentivos fiscais (art. 2º, § 3º, da Lei n. 6.404/76).

Sua delimitação é realizada pelos sócios no próprio ato constitutivo. São os sócios que fixam a atividade ulterior a ser exercida pela companhia para a persecução do escopo final que os motivou a contratarem.

A função do objeto social é limitar a responsabilidade da companhia e restringir os poderes dos administradores para vinculá-la perante terceiros. A delimitação da atividade impede que os administradores empreguem o capital social em atividades econômicas de sua livre escolha.

A delimitação do que é conforme o objeto social ou de ato que por sua própria natureza seja estranho à atividade descrita no contrato social, entretanto, não pode ser realizada automaticamente pelo contraste do ato com o objeto social. Definido o objeto social como atividade, esta se caracteriza como uma série de atos coordenados em razão de um fim único, que transcende o fim isolado do ato.

O conceito de atividade evidencia, portanto, uma realidade dinâmica. Por conta dessa elasticidade, ainda que aparentemente não previsto no objeto social, um ato pode ser realizado em coordenação com os demais atos para implementar a atividade da companhia e propiciar a persecução de seu interesse social. Apenas o ato que não seja apto à realização desse fim social, ainda que indiretamente, será considerado incompatível com o objeto social e, portanto, ato estranho à companhia.

6.2.7.4 Nome empresarial

A sociedade anônima será identificada necessariamente por uma denominação (art. 3º da Lei n. 6.404/76).

O nome empresarial da sociedade anônima será formado por um elemento fantasia, o qual não exclui a utilização do nome de sócio ou mesmo de terceiro alheio à sociedade. Como já vimos anteriormente, o fundador, acionista ou pessoa importante para o sucesso da empresa podem ser homenageados, de modo a terem o nome civil incluído na denominação da sociedade.

A denominação deverá obrigatoriamente ser acompanhada do objeto da sociedade. Nas sociedades anônimas, à denominação, seguida da descrição do objeto social, devem ser incluídas as expressões "sociedade anônima" ou "companhia", por extenso, ou abreviadamente na forma S.A. e "cia.", respectivamente. A única restrição legal à formação desse nome empresarial é a vedação da utilização da expressão "companhia" no final do nome empresarial, embora possa ser utilizada no início e no meio do nome empresarial (art. 3º da Lei n. 6.404/76). A vedação ocorre para que a expressão "companhia" não induza à confusão de haver outro sócio, como nos tipos societários que usam da firma social. A expressão "sociedade anônima", por seu turno, pode ser empregada no início, meio ou fim do nome empresarial, pois não existe nenhum impedimento legal.

6.2.7.5 Sociedades anônimas fechadas e abertas

As sociedades anônimas podem ser classificadas em sociedades anônimas fechadas e em sociedades anônimas abertas, conforme seus valores mobiliários sejam ou não admitidos à negociação no mercado de valores mobiliários (art. 4º da LSA).

Embora toda a disciplina da sociedade anônima seja construída sobre sociedades de grande porte, cujos títulos sejam negociados no mercado de valores mobiliários, a sociedade anônima fechada é a forma utilizada por sociedades de pequeno e médio porte, em regra. As sociedades anônimas fechadas não possuem os seus valores mobiliários negociados no mercado de capitais.

Referida sociedade é constituída muitas vezes com base nas características pessoais dos sócios, possuindo *affectio societatis*. Desse modo, inclusive, o estatuto da companhia fechada poderá impor limitações à circulação das ações nominativas, contanto que regule minuciosamente tais limitações. As restrições, todavia, não podem impedir a negociação das ações nem sujeitar o acionista ao arbítrio dos órgãos de administração da companhia ou da maioria dos acionistas. Referida limitação, entretanto, se criada por alteração estatutária, somente poderá se aplicar às ações cujos titulares com ela expressamente concordarem, mediante averbação no livro de registro das ações nominativas (art. 36 da LSA).

Nas sociedades anônimas fechadas, os valores mobiliários emitidos pela companhia não são negociados no mercado de valores mobiliários. Os títulos são diretamente ofertados pelos titulares aos demais interessados, sem a presença de um intermediário.

Nas sociedades anônimas abertas, por outro lado, a característica de sociedade de capital é marcante. Tais sociedades são caracterizadas por possuírem os valores mobiliários de sua emissão admitidos à negociação no mercado de valores mobiliários. As sociedades anônimas abertas emitem títulos para serem disponibilizados ao público e negociados em Bolsa de Valores e no mercado de balcão.

6.2.7.6 Mercado de valores mobiliários

O mercado de valores mobiliários é formado pelas Bolsas de Valores e pelo mercado de balcão.

Bolsa de Valores é entidade privada que reveste a forma de associação ou de sociedade anônima. A Bolsa é composta por sociedades de corretores e tem a função de ser um mercado secundário. Na Bolsa, os corretores intermediam a compra e venda de valores mobiliários já titularizados por terceiros, que não a companhia. Não há a negociação de valores mobiliários novos, mas apenas de valores mobiliários já de titularidade de terceiros e que pretendem alienar para outros interessados. Por envolver operações de compra e venda já por titulares, a bolsa de valores é chamada de mercado secundário.

A colocação pela companhia dos títulos para sua subscrição pelos interessados é realizada exclusivamente pelo mercado de balcão. A abertura de capital da companhia é conhecida como IPO, *Initial Public Offer*, e consiste na oferta de valores mobiliários diretamente aos particulares para permitir sua subscrição e, posterior, integralização, com o objetivo de capitalizar a companhia.

O mercado de balcão é tanto mercado primário quanto mercado secundário. Consideram-se mercado de balcão todas as operações com valores mobiliários realizadas fora da Bolsa de Valores e por meio de intermediários do sistema de distribuição, sejam sociedades corretoras ou instituições financeiras autorizadas, por meio do mercado de balcão não organizado, seja por meio de um mercado de balcão organizado, o qual é no Brasil integrado pela Sociedade Operadora do mercado de Acesso (Soma). A Soma, no Brasil, é a companhia criada para manter um sistema que permita as operações de compra e venda de valores mobiliários, conforme autorização da CVM.

A Bolsa de Valores apenas intermedia a compra e venda de títulos já de propriedade de acionistas. No mercado de balcão, a sociedade anônima emissora deverá contratar instituições para a negociação de seus papéis. Poderá, entretanto, operar também como mercado secundário, com a negociação dos títulos já de propriedade dos acionistas.

A captação da poupança popular, propósito direto da emissão desses títulos para a capitalização da companhia, exige que a negociação, primária e secundária, dos valores mobiliários seja acompanhada pelo Estado, que submete a negociação ao registro e autorização prévia das companhias na Comissão de Valores Mobiliários (CVM). Por conta desse controle, somente os valores mobiliários de emissão de companhia registrada na CVM podem ser negociados no mercado de valores mobiliários. Outrossim, nenhuma distribuição pública de valores mobiliários será efetivada no mercado sem prévio registro na CVM.

A abertura de capital da companhia, entretanto, pode não ser mais necessária. A companhia poderá pretender fechar o seu capital e, para tanto, cancelar o seu registro como companhia aberta. Para que possa fechar seu capital, a companhia emissora de ações, o acionista controlador ou a sociedade que a controle, direta ou indiretamente, pode formular oferta pública para adquirir a totalidade das ações em circulação no mercado, por preço justo, ao menos igual ao valor da avaliação a companhia, apurado com base nos critérios de patrimônio líquido avaliado a preço de mercado, de fluxo de caixa descontado, de comparação por múltiplos, de cotação das ações no mercado de valores mobiliários, ou com base em outro critério aceito pela CVM, assegurada a revisão do valor da oferta.

A oferta aos acionistas procura garantir aos acionistas o preço de mercado das ações antes do fechamento do capital da companhia e de modo a protegê-los de eventual iliquidez futura que pode ser do fechamento decorrente.

6.2.7.7 A Comissão de Valores Mobiliários

A Comissão de Valores Mobiliários é disciplinada pela Lei n. 6.385/76 e é responsável pela supervisão das negociações e dos agentes do mercado de valores mobiliários. A CVM é uma autarquia federal, vinculada ao Ministério da Fazenda. Pela redação do art. 5º da Lei n. 6.385/76, "é instituída a Comissão de Valores Mobiliários, entidade autárquica em regime especial, vinculada ao Ministério da Fazenda, com personalidade jurídica e patrimônio próprios, dotada de autoridade administrativa independente, ausência de subordinação hierárquica, mandato fixo e estabilidade de seus dirigentes, e autonomia financeira e orçamentária".

À CVM são atribuídos poderes fiscalizatórios, os quais são exercidos para prevenir abuso por parte das companhias ou de investidores, que podem se utilizar de informações privilegiadas ou praticar atos de modo a comprometer a higidez do mercado e prejudicar a poupança popular.

Nesse aspecto, cabe à autarquia a fiscalização das atividades de emissão e distribuição de valores no mercado; a negociação e intermedia-ção no mercado de valores mobiliários; a negociação e intermediação no mercado de derivativos; a organização, o funcionamento e as opera-ções das Bolsas de valores; a organização, o funcionamento e as operações das Bolsas de Mercadorias e Futuros; a administração de carteiras e a custódia de valores mobiliários; a auditoria das companhias abertas e os serviços de consultor e analista de valores mobiliários (art. 1º da Lei n. 6.385/76).

Além do poder fiscalizatório, a Comissão de Valores Mobiliários possui poder regulamentar e poder autorizante. Cabe à CVM, por meio de instruções normativas, regulamentar os dispositivos legais de funcionamento regular do mercado de valores mobiliários. Por seu turno, à CVM compete o poder de autorizar a constituição de companhias abertas e a possibilidade de emissão de valores mobiliários.

6.2.7.8 Constituição da companhia

A sociedade anônima, independentemente se aberta ou fechada, deverá preencher os seguintes requisitos para ser constituída (art. 80 da Lei n. 6.404/76):

I – subscrição, pelo menos por duas pessoas, de todas as ações em que se divide o capital social fixado no estatuto;

Exceto em relação à sociedade subsidiária integral, disciplinada pelo art. 251 da Lei n. 6.404/76, a sociedade precisa ser formada por pelo menos dois acionistas.

II – realização, como entrada, de 10% (dez por cento), no mínimo, do preço de emissão das ações subscritas em dinheiro;

Embora a entrada, em regra, seja de 10% do preço de emissão as ações subscritas em dinheiro, a lei poderá exigir realização inicial de parte maior do capital social. É o que ocorre com as instituições financeiras, que exigem o pagamento de 50% do montante subscrito no ato, conforme art. 27 da Lei n. 4.595/64.

III – depósito, no Banco do Brasil S.A., ou em outro estabelecimento bancário autorizado pela Comissão de Valores Mobiliários, da parte do capital realizado em dinheiro. Referido depósito deve ser feito pelo fundador no prazo de cinco dias contados do recebimento das quantias em nome do subscritor e a favor da sociedade em organização, que somente poderá levantá-lo após ter adquirido personalidade jurídica.

Se, após 6 meses da data do depósito, a companhia não for constituída, o banco restituirá as quantias depositadas diretamente aos subscritores.

6.2.7.8.1 Subscrição pública

A subscrição para a constituição da companhia pode ser realizada por subscrição pública, para a constituição de companhia aberta, ou por subscrição particular, para a constituição de companhia fechada.

A subscrição pública, para que os valores mobiliários possam ser negociados no mercado de capitais, exige o prévio registro da emissão na Comissão de Valores Mobiliários e a subscrição pública das ações deverá ser realizada por intermédio de instituição financeira (art. 82 da LSA).

A instituição financeira é contratada para a preservação de serviços de *underwriting*. Trata-se de serviços a serem prestados para a disponibilização das ações ao público investidor para serem subscritas, com a garantia de responsabilidade solidária com os fundadores pelos prejuízos resultantes da inobservância dos preceitos legais (art. 92 da LSA).

Referida subscrição visa à captação da poupança popular, com a disponibilização ao público da subscrição das ações, e é exigência para as sociedades anônimas abertas. Esse apelo popular na subscrição pública impõe que o pedido de registro de emissão à CVM seja instruído com o estudo de viabilidade econômica e financeira do empreendimento; o projeto de estatuto social; o prospecto, organizado e assinado pelos fundadores e pela instituição financeira intermediária, com todas as informações sobre as bases da companhia e os motivos que justifiquem a expectativa de bom êxito do empreendimento. Para tanto, nos termos do art. 84 da LSA, o prospecto deverá conter o valor do capital social a ser subscrito, o modo de sua realização e a existência ou não de autorização para aumento futuro; a parte do capital a ser formada com bens, a discriminação desses bens e o valor a eles atribuídos pelos fundadores; o número, as espécies e classes de ações em que se dividirá o capital; o valor nominal das ações, e o preço da emissão das ações; a importância da entrada a ser realizada no ato da subscrição; as obrigações assumidas pelos fundadores, os contratos assinados no interesse da futura companhia e as quantias já despendidas e por despender; as vantagens particulares, a que terão direito os fundadores ou terceiros, e o dispositivo do projeto do estatuto que as regula; a autorização governamental para constituir-se a companhia, se necessária; as datas de início e término da subscrição e as instituições autorizadas a receber as entradas; a solução prevista para o caso de excesso de subscrição; o prazo dentro do qual deverá realizar-se a assembleia de constituição da companhia, ou a preliminar para avaliação dos bens, se for o caso; o nome, nacionalidade, estado civil, profissão e residência dos fundadores, ou, se pessoa jurídica, a firma ou denominação, nacionalidade e sede, bem como o número e espécie de ações que cada um houver subscrito; a instituição financeira intermediária do lançamento, em cujo poder ficarão depositados os originais do prospecto e do projeto de estatuto, com os documentos a que fizerem menção, para exame de qualquer interessado.

Munida de tais documentos, a CVM poderá condicionar o registro a modificações no estatuto ou no prospecto e denegá-lo por inviabilidade ou temeridade do empreendimento, ou inidoneidade dos fundadores.

Deferido o registro pela CVM, as ações serão disponibilizadas pela instituição financeira *underwriter* aos investidores interessados na subscrição.

No ato de subscrição, o subscritor pagará o montante de entrada de, no mínimo, 10% do preço de emissão das ações subscritas em dinheiro à instituição intermediária autorizada. Deverá também assinar a lista ou o boletim individual autenticado pela instituição autorizada, com suas qualificações, o montante de ações subscritas e o total da entrada (art. 85 da LSA). Referida subscrição poderá ser realizada, ainda, por carta endereçada à instituição, munida das declarações exigidas e do pagamento da entrada.

Ocorrida a subscrição de todo o capital social, condição indispensável sob pena de cancelamento do registro de emissão pela CVM, os fundadores convocarão a assembleia geral, que promoverá a avaliação dos bens eventualmente utilizados para a integralização das ações subscritas e para deliberar sobre a constituição da companhia (art. 86 da LSA).

A assembleia de constituição será instalada, em primeira convocação, com a presença de subscritores que representem, no mínimo, metade do capital social. Em segunda convocação, com qualquer número.

Na assembleia, cada ação, independentemente de sua espécie ou classe, dará direito a um voto. Serão lidos o recibo de depósito das entradas, bem como discutido e votado o projeto de estatuto. A maioria não poderá alterar o projeto de estatuto, conforme expressamente previsto no art. 87, § 2º, da LSA. Exige-se, a tanto, unanimidade dos subscritores.

A constituição ocorrerá desde que não haja oposição de subscritores que representem mais da metade do capital social, ocasião em que serão eleitos os administradores e os fiscais.

A ata da Assembleia de constituição deverá ser assinada por todos os subscritores presentes ou por quantos bastem à validade das deliberações. A inscrição desse ato constitutivo deverá ser realizada no Registro Público de Empresas Mercantis, a cargo da Junta Comercial, no prazo de 30 dias, para que seus efeitos retroajam à data da constituição (art. 36 da Lei n. 8.934/94).

6.2.7.8.2 Subscrição particular

A subscrição particular não implica captação popular e, por tal razão, não se exige intermediação de instituição financeira ou o prévio registro na Comissão de Valores Mobiliários. A subscrição particular é utilizada pelas sociedades anônimas fechadas e é realizada sem maiores formalidades.

A constituição por subscrição particular do capital pode fazer-se por deliberação dos subscritores em assembleia geral ou por escritura pública. Todos os subscritores são considerados fundadores (art. 88 da LSA).

Na forma de assembleia geral, a subscrição particular exige que seja entregue à assembleia projeto de estatuto assinado por todos os subscritores do capital e as listas ou boletins de subscrição de todas as ações. A assembleia de constituição ocorrerá da mesma forma que a assembleia de constituição da subscrição pública prevista no art. 87 da LSA. Instalada a assembleia, verificada a observância das formalidades legais e não havendo oposição de subscritores que representem mais da metade do capital social, o presidente declarará constituída a companhia.

Na forma de escritura pública, o estatuto da companhia, a relação de ações e a qualificação dos subscritores, além da nomeação dos primeiros administradores, dos fiscais, transcrição do laudo de avaliação dos peritos sobre os bens utilizados na integralização e o recibo de depósito da parte do capital realizado em dinheiro integrarão a escritura pública, a qual deverá ser assinada por todos os subscritores.

6.2.7.8.3 Formalidades complementares à constituição

Independentemente da forma de subscrição, pública ou privada, para que possa funcionar, os atos constitutivos deverão ser arquivados no Registro Público de Empresas Mercantis.

Se constituída por assembleia, deverão ser arquivados no Registro Público o estatuto social, assinado por todos os subscritores, se subscrição particular; ou os estatutos e o prospecto, assinados pelos fundadores, acompanhados do jornal em que tiverem sido publicados, se subscrição pública. Devem ainda ser arquivados a relação completa dos subscritores do capital social, com a qualificação, o número das ações e o total da entrada; o recibo de depósito das entradas; as atas das assembleias realizadas para a avaliação de bens e a ata da assembleia geral dos subscritores que houver deliberado a constituição da companhia (art. 95 da LSA).

Se constituída por escritura pública, basta o arquivamento de certidão do instrumento (art. 96 da LSA).

Deferido o arquivamento pela Junta Comercial à vista da regularidade da documentação, os atos constitutivos da companhia deverão ser publicados pelos administradores nos 30 dias subsequentes, juntamente com a certidão do arquivamento dos atos. A publicação ocorrerá em órgão oficial do local da sede da companhia.

Não realizada o arquivamento dos atos constitutivos ou da publicação no prazo legal, caso a companhia passe a exercer sua atividade irregularmente, a companhia não responde pelos atos ou operações praticados pelos primeiros administradores antes de cumpridas as formalidades, exceto se a assembleia geral deliberar em contrário (art. 99 da LSA). Se o atraso no cumprimento das providências resultar em prejuízo à companhia, por outro lado, os primeiros administradores serão solidariamente responsáveis perante a companhia.

Os bens conferidos à integralização das ações subscritas devem ser transferidos à companhia. Nesse ponto, a incorporação de imóveis para a formação do capital social não exige escritura pública. A certidão dos atos constitutivos como arquivados no Registro Público de Empresas Mercantis será documento hábil para a transferência dos bens imóveis no Cartório de Registro de Imóveis em relação aos bens com que o subscritor tiver contribuído para a formação do capital social.

6.2.7.9 Capital social

O capital social é o valor, expresso no estatuto social, e referente à soma das contribuições dos acionistas necessárias para o desenvolvimento da atividade econômica da sociedade.

O valor do capital social é fixo no estatuto social e revela montante em moeda nacional, que apenas será corrigido anualmente (art. 5° da Lei n. 6.404/76), por ocasião da assembleia geral ordinária da companhia. Sua função não é garantir os credores. Isso porque o capital social não se confunde com o patrimônio. O patrimônio social é o conjunto de bens, direitos e obrigações, o qual varia constantemente conforme o exercício da empresa. O capital social, estático, não reflete necessariamente a existência de ativos no montante descrito, mas apenas o montante das contribuições originárias dos sócios, o que pode ter se proliferado ou sido consumido durante a atividade empresarial.

O capital social permite a determinação da posição do sócio na sociedade. O capital social será dividido em ações, as quais conferirão aos acionistas determinados direitos e deveres na sociedade. Além de eventual cômputo quanto ao voto em Assembleia Geral, participação na distribuição de dividendos ou na apuração de haveres, depender da quantidade de ações de titularidade de específico acionista, este poderá exercer alguns direitos na sociedade, como, aos acionistas que detenham ações que representem ao menos 0,5% do capital social, o direito de solicitar relação de endereços dos acionistas para fim de representação (art. 126, § 3°, da LSA).

O capital social é intangível. Para que possa assegurar os credores do cumprimento das obrigações sociais, bem como para verificação dos resultados do desenvolvimento da atividade, não se permite a distribuição pelos sócios de valores que reduzam o montante fixado desse capital.

Embora seja, em regra, fixo, o capital social pode ser reduzido ou aumentado nas hipóteses descritas na lei.

Será aumentado o capital social nas seguintes hipóteses, previstas nos arts. 166 e 169 da LSA:

I – por deliberação da Assembleia Geral Ordinária para a correção da expressão monetária do seu valor;

II – por deliberação da Assembleia Geral ou do Conselho de Administração nos casos de emissão de ações dentro do limite autorizado no estatuto. Tal situação ocorre se o estatuto contiver autorização para aumento do capital social independentemente de reforma estatutária (art. 168 da LSA). São chamadas sociedades de capital autorizado;

III – por conversão, em ações, de debêntures ou partes beneficiárias e pelo exercício de direitos conferidos por bônus de subscrição, ou de opção de compra de ações;

IV – por deliberação da Assembleia Geral Extraordinária convocada para decidir sobre reforma do estatuto social. O aumento será realizado por subscrição pública ou particular de ações, desde que depois de realizados 3/4, no mínimo, do capital social. Nessa hipótese, os acionistas terão direito de preferência para a subscrição do aumento de capital na proporção do número de ações que possuírem;

V – por capitalização dos lucros e das reservas. Essa hipótese de aumento importará alteração do valor nominal das ações ou distribuição das ações novas, correspondentes ao aumento, entre acionistas, na proporção do número de ações que possuírem.

Além de aumentado, o capital social pode ser reduzido. A Assembleia Geral poderá deliberar a redução do capital social se houver perda, até o montante dos prejuízos acumulados, ou se julgá-lo excessivo (art. 173 da LSA).

A redução do capital social importará a restituição aos acionistas de parte do valor das ações, na hipótese de o capital ser julgado excessivo. Se houver perda ou se as ações não tiverem sido integralizadas, o valor das ações, na redução de capital, será diminuído à proporção dos prejuízos ou até o montante das entradas.

A redução somente se tornará efetiva 60 dias após a publicação da ata da assembleia geral que a tiver deliberado. No referido prazo, os credores quirografários por títulos anteriores à data da publicação da ata poderão opor-se à redução de capital, sob pena de decadência.

Na hipótese de oposição, a ata somente poderá ser arquivada se houver prova do pagamento do crédito ou do depósito judicial da importância devida ao credor. Outrossim, se houver em circulação debêntures emitidas pela companhia, a redução do capital somente poderá ser efetivada com a aprovação prévia da maioria dos debenturistas, reunidos em assembleia especial.

6.2.7.10 Integralização das ações subscritas

O capital será composto pelo valor das contribuições dos acionistas. As ações subscritas deverão ser integralizadas em dinheiro ou em qualquer espécie e bens suscetíveis de avaliação em dinheiro. Não se admite contribuição em serviços na sociedade anônima (art. 7º da LSA).

Caso seja integrado por bens, estes deverão ser avaliados por três peritos ou por sociedade especializada, nomeados em assembleia geral dos subscritores, com instalação em primeira convocação com subscritores que representem metade, pelo menos, do capital social, e em segunda convocação com qualquer número. O laudo de avaliação será apresentado à assembleia e, caso seja aprovado por esta e aceito pelo subscritor, permitirá a incorporação dos bens ao patrimônio da companhia. Se a assembleia não aprovar a avaliação, ou o subscritor não aceitar a avaliação aprovada, ficará sem efeito o projeto de constituição da companhia (art. 8º, § 3º, da LSA).

Essa incorporação será feita a título de transferência de propriedade, a menos que haja declaração expressa em contrário. Nesse aspecto, a certidão dos atos constitutivos da companhia, emitida pelo Registro Público de Empresas mercantis, será documento hábil para a transferência da propriedade do bem, por transcrição no registro público competente em relação aos bens entregues para a integralização das ações subscritas (art. 98 da LSA).

Nos termos do art. 8º, § 6º, da LSA, "os avaliadores e o subscritor responderão perante a companhia, os acionistas e terceiros pelos danos que lhes causarem por culpa ou dolo na avaliação dos bens, sem prejuízo da responsabilidade penal em que tenham incorrido. No caso de bens em condomínio, a responsabilidade dos subscritores é solidária".

A responsabilidade civil dos subscritores que contribuírem com bens à formação do capital social será idêntica à dos vendedores. Se a contribuição consistir em crédito, o subscritor responderá pela solvência do devedor (art. 10º da LSA).

O estatuto social ou o boletim de subscrição estabelecerão as condições para a prestação correspondente às ações subscritas. Na omissão do estatuto ou do boletim de subscrição, os órgãos de administração deverão efetuar chamada, mediante avisos publicados na imprensa, por pelo menos três vezes, com a fixação de prazo não inferior a 30 dias para pagamento (art. 106 da LSA).

Caso o acionista não efetue o pagamento nas condições previstas no estatuto ou boletim, ou não atenda à chamada dos administradores, será constituído de pleno direito em mora. O acionista torna-se remisso e se sujeita ao pagamento dos juros, da correção monetária e da multa que o estatuto determinar, que não poderá superar 10% do valor da prestação.

Sem prejuízo da multa e da mora, a companhia poderá tomar duas medidas alternativas contra o acionista inadimplente. Qualquer dessas medidas não poderá ser limitada ou excluída sequer por estipulação do estatuto ou do boletim de subscrição, sob pena de ser considerada não escrito.

O remisso poderá ser executado pela companhia. A sociedade poderá executar o acionista pelos valores devidos. Para tanto, o boletim de subscrição e o aviso de chamada serão considerados como títulos extrajudiciais.

Segundo alternativa, ao invés de executar pelo montante devido, a companhia poderá mandar vender as ações em Bolsa de Valores, por conta e risco do acionista (art. 107 da LSA).

Caso a companhia não consiga exigir a integralização das ações, poderá declará-las caducas e fazer suas as entradas realizadas, integralizando-se com lucros ou reservas, exceto a legal. Se não tiver lucros ou reservas para integralizá-las, terá o prazo de um ano para encontrar comprador para as referidas ações, sob pena de a assembleia geral ter que deliberar sobre a redução do capital em importância correspondente (art. 107, § 4º, da LSA).

6.2.7.11 Valores mobiliários

As sociedades anônimas, para formarem seu capital social e para captarem recursos para determinadas operações, podem emitir determinados títulos: os valores mobiliários.

Valores mobiliários são os títulos que garantem essa captação de recursos financeiros pela sociedade. Com a Lei n. 10.303/2001, que alterou a Lei n. 6.385/76, o conceito de valor mobiliário passou a ser amplo, próximo ao de *security*, do direito norte-americano, para compreender todos os títulos ou contratos de investimento coletivo, ofertados publicamente, que gerem direito de participação, de parceria ou de remuneração, inclusive resultante de prestação de serviços (art. 2º da Lei n. 6.385/76).

Os principais títulos emitidos pela sociedade anônima podem ser descritos como as ações, as partes beneficiárias, as debêntures, os bônus de subscrição e o *commercial paper*.

6.2.7.11.1 Ações

As ações são bens móveis, representativos de fração do capital social, que conferem ao seu titular a qualidade de sócio da companhia. Imanente à qualidade de sócio atribuída, a ação confere deveres e direitos, patrimoniais e políticos, ao seu titular.

As ações podem ser classificadas em ações nominativas ou escriturais, conforme a forma de transmissão. Poderá também ser classificada conforme os direitos e obrigações que confere, como as ações ordinárias, preferenciais ou de fruição.

A primeira divisão refere-se à forma de transmissão e permite a classificação das ações em nominativas e escriturais.

As ações nominativas são os títulos cujo nome do acionista titular encontra-se no livro de Registro de Ações Nominativas. Com base na Lei n. 8.021/90, que inseriu o art. 20, na LSA, todas as ações da companhia devem ser nominativas, vedando-se as ações ao portador, em que os titulares não eram identificados pela companhia. A transferência das ações nominativas realiza-se mediante termo no livro de Transferência de Ações Nominativas, assinado pelo cedente e pelo cessionário (art. 31 da LSA).

As ações escriturais são as mantidas em contas de depósito, em nome de seus titulares, em instituição financeira autorizada pela CVM e que deve zelar pelo controle e pela transferência das ações.

São ações nominativas, pois identificam o titular. Entretanto, diferem quanto a estas em razão da desnecessidade de controle e transferência das ações mediante termo nos livros sociais. Nas ações escriturais, a propriedade e a transferência são controladas por uma instituição financeira, que manterá as referidas ações em contas de depósito em nome do titular de cada qual.

Na hipótese de transferência da ação pelo titular, a própria instituição financeira opera o lançamento da redução do valor das ações na conta do cedente e o acréscimo na conta do cessionário.

Nos termos do art. 35, § 1º, da LSA, "a transferência da ação escritural opera-se pelo lançamento efetuado pela instituição depositária em seus livros, a débito da conta de ações do alienante e a crédito da conta de ações do adquirente, à vista de ordem escrita do alienante, ou de autorização ou ordem judicial, em documento hábil que ficará em poder da instituição".

Nas ações escriturais não há emissão de certificados. A propriedade da ação escritural presume-se pelo registro na conta de depósito das ações, aberta em nome do acionista nos livros da instituição depositária. O titular poderá requerer à instituição depositária um extrato da conta de depósito.

Quanto à natureza dos direitos conferidos ao titular, as ações podem ser classificadas em ordinárias, preferenciais e de fruição.

As ações podem ser divididas em classes diversas, sejam elas preferenciais ou ordinárias.

As ações ordinárias são as que conferem aos seus titulares os direitos comuns. A ação não confere nenhum privilégio ou restrição aos acionistas, garantindo a estes o direito de voto e de participar dos lucros e das perdas sociais.

As ações ordinárias podem ser divididas em classes diversas. Nas sociedades anônimas fechadas, as classes das ações poderão ocorrer em função da conversibilidade em ações preferenciais, exigência de nacionalidade brasileira dos acionistas ou direito de voto em separado para o preenchimento de determinados cargos de órgãos de administração (art. 16 da LSA). Pela Lei n. 14.195/2021, tanto nas companhias abertas quanto fechadas, permitiu-se, ainda, a classe de ações diante da atribuição de voto plural, observados os limites e as condições do art. 110-A da Lei n. 6.404/76.

Desse modo, na sociedade anônima aberta, as ações ordinárias poderão ser divididas em classes apenas no tocante à adoção do voto plural (art. 16-A da Lei n. 6.404/76, alterado pela Lei n. 14.195/2021).

As ações preferenciais podem também ser de uma ou mais classes, embora não se admita o voto plural, restrito às ações ordinárias. As ações preferenciais não conferem apenas direitos comuns, mas também determinadas vantagens aos seus titulares. Podem conferir ou não direito de voto ao acionista, pois o direito de voto não é direito essencial deste. Independentemente se de companhia aberta ou fechada, poderão ser de uma ou mais classes, de forma a diferenciar os direitos e limitações conferidas a cada classe de ações preferenciais.

As ações preferenciais que confiram voto restrito ou não atribuam ao titular direito de voto, tanto nas companhias abertas quanto nas companhias fechadas, não podem ultrapassar 50% do total das ações emitidas (art. 15, § 2°, da LSA).

As preferências ou vantagens das ações preferenciais devem estar especificadas, juntamente com eventuais restrições a que ficarão sujeitas, no estatuto social. Dentre as vantagens, podem ser atribuídas (art. 17 da LSA):

I – prioridade na distribuição de dividendo, fixo ou mínimo;

II – prioridade no reembolso do capital, com prêmio ou sem ele;

III – acumulação das preferências e vantagens descritas nos dois itens anteriores.

O estatuto social pode assegurar, ainda, a uma ou mais classes de ações preferenciais o direito de eleger, em votação em separado, um ou mais membros dos órgãos de administração.

Ao estatuto social foi conferida a faculdade de atribuir esses direitos privilegiados às ações preferenciais, bem como restringir alguns direitos normalmente concedidos. O estatuto poderá prever, ainda, o resgate ou a amortização das preferenciais, a conversão de ações de uma classe de ações em outra ou em ações ordinárias, e vice-versa, bem como estabelecer as condições a tanto (art. 19 da LSA).

Entretanto, caso as ações preferenciais não confiram direito de voto ou restrinjam o exercício desse direito, para que possam ser negociadas no mercado de valores mobiliários, ou seja, para que possam ser emitidas por sociedades anônimas abertas, é imprescindível que o estatuto garanta a essas ações preferenciais pelo menos uma das seguintes vantagens (art. 17, § 1°, da LSA), sem prejuízo de outras a serem especificadas no estatuto:

I – direito de participar do dividendo a ser distribuído, correspondente a, pelo menos, 25% do lucro líquido do exercício. A prioridade de pagamento aos preferencialistas deverá ser correspondente a, no mínimo, 3% do valor do patrimônio líquido da ação e, superado o referido valor, depois de ser assegurado o pagamento do mesmo montante às ações ordinárias, o direito de participar nos lucros em igualdade de condições com essas;

II – direito de recebimento de dividendo, por ação preferencial, pelo menos 10% maior do que o atribuído a cada ação ordinária;

III – direito de serem incluídas na oferta pública de alienação de controle, assegurado o dividendo pelo menos igual ao das ações ordinárias.

Caso tais privilégios não se efetivem, a restrição ao direito de voto não será eficaz até que ocorra o pagamento dos dividendos. As ações preferenciais sem direito de voto ou com voto restrito adquirirão o exercício desse direito se a companhia, pelo prazo previsto no estatuto, não superior a três exercícios consecutivos, deixar de pagar os dividendos fixos ou mínimos a que fizerem jus, direito que conservarão até o pagamento (art. 111 da LSA).

O estatuto pode conferir, ainda, privilégios especiais a uma ou mais classes de ações preferenciais. Poderá ser a elas conferido direitos políticos diferenciados, como o direito de eleger, em votação em separado, um ou mais membros dos órgãos de administração ou o direito de condicionar a aprovação de determinadas alterações estatutárias à aprovação de determinada classe de ações preferenciais (art. 18 da LSA).

Ainda nas ações preferenciais, em razão dos programas de desestatização, a Lei n. 6.404/76 permitiu a criação de ação preferencial de classe especial, a *golden share*. Nos termos do art. 17, § 7º, da Lei n. 6.404/76, "nas companhias objeto de desestatização poderá ser criada ação preferencial de classe especial, de propriedade exclusiva do ente desestatizante, à qual o estatuto social poderá conferir os poderes que especificar, inclusive o poder de veto às deliberações da assembleia geral nas matérias que especificar".

A *golden share* permitiu o controle do Estado sobre as principais questões da companhia ou sobre as estratégicas à soberania nacional ou ao interesse público, sem que necessariamente detivesse a maioria das ações com direito de voto. Sem prejuízo de o art. 17, § 7º, estabelecer a possibilidade das *golden shares* na hipótese de desestatização, como o estatuto poderá prever, pela autorização do art. 17, § 2º, ações preferenciais com outras vantagens, nada impediria a constituição de *golden share* fora da hipótese de desestatização.

Além das ações ordinárias e das ações preferenciais, as ações podem ser de fruição (art. 44, § 5º, da LSA). Ações de fruição são as ações emitidas e entregues aos acionistas após a amortização das ações originariamente atribuídas a estes, sejam ordinárias ou preferenciais.

Os acionistas podem ter as ações, ordinárias ou preferenciais, por eles originariamente detidas amortizadas. A amortização da ação ocorre se o estatuto ou a assembleia autorizarem a aplicação de lucros ou reservas para a distribuição aos acionistas a título de antecipação das quantias que lhes caberiam em caso de liquidação da companhia (art. 44 da LSA). Na amortização, tratando-se de antecipação do que caberia na liquidação, não haverá a redução do capital social. Calcula-se o valor patrimonial das referidas ações no momento da amortização e a importância é antecipada aos acionistas.

Caso, após a amortização, o estatuto da companhia ou a assembleia geral deliberarem pela substituição das ações amortizadas por ações de fruição, as ações serão substituídas e as ações de fruição conservarão os direitos de gozo ou fruição em face da companhia. Referidas ações conservam os direitos das ações originárias substituídas, exceto quanto à participação no acervo por ocasião da partilha. Nessa hipótese, as ações de fruição somente concorrerão ao acervo líquido depois de assegurado às ações não amortizadas valor igual ao da amortização, corrigido monetariamente.

6.2.7.11.1.1 Valor da ação

As ações poderão, conforme o parâmetro aferido, possuir diversos valores. Dentre desses valores, podem ser identificados em relação às ações o valor nominal, o valor patrimonial, o valor de negociação, o valor econômico e o valor de emissão.

O valor nominal é o valor da fração representativa da ação em relação ao montante do capital social. A soma do valor nominal de todas as ações permitirá alcançar o valor do capital social.

Nos termos do art. 11 da LSA, o estatuto deverá fixar o número das ações em que se divide o capital social e estabelecerá se as ações terão ou não valor nominal. Ainda que o valor não seja expresso, sua mensuração poderá ser realizada pela simples proporção do capital social em relação à quantidade de ações emitidas. Isso porque, nas companhias, o valor nominal de todas as ações será o mesmo.

A utilidade do valor nominal expresso das ações é a de permitir que os acionistas não sofram diluição injustificada do valor patrimonial detido em razão da emissão de novas ações por valor inferior. Nesse sentido, não poderão ser emitidas novas ações por preço inferior ao valor nominal, sob pena de nulidade da operação e responsabilidade dos infratores (art. 13 da LSA).

As ações, sem valor nominal, continuam a conferir ao titular a qualidade de sócio, bem como direitos e deveres. A não especificação no estatuto social de que as ações terão valor nominal simplesmente acarreta que essas não possuirão um valor em moeda expresso no título. Nas companhias com ações sem valor nominal, o estatuto poderá criar uma ou mais classes de ações preferenciais com valor nominal.

O preço de emissão não se confunde com o valor nominal. Este último é representativo do valor da fração do capital social. O preço de emissão, por seu turno, é o montante a ser pago como contribuição pelo subscritor diretamente à companhia, o qual deverá ser fixado pela assembleia por ocasião da constituição ou do aumento de capital social.

O preço de emissão pode ser igual ou superior ao valor nominal, se expresso. O preço de emissão superior ao valor nominal significa que a companhia está exigindo ágio pela venda de suas ações. Se o preço de emissão for superior ao valor nominal das ações, a diferença correspondente ao ágio não integrará o capital social da companhia e constituirá reserva de capital (art. 13 da LSA).

Também não se confunde o valor nominal com o valor patrimonial. Enquanto o primeiro é expressão da fração do capital social, o valor patrimonial é referente à proporção do patrimônio social, com a divisão do patrimônio líquido pelo total das ações.

O capital social, intangível, não varia conforme a atuação da companhia. O desenvolvimento da atividade, entretanto, acarreta que a companhia passe a ser titular de novos direitos e sujeita de novas obrigações, influenciando no montante de seu patrimônio que, portanto, descola-se do valor inicial, valor do capital social. Diante dessa variação, o valor patrimonial da ação pode ser inferior ou superior ao valor nominal desta.

A importância do valor patrimonial é decorrente de ser a medida utilizada para a apuração de haveres dos acionistas em eventual dissolução e liquidação, ou seja, após o pagamento dos passivos da sociedade, com a liquidação dos ativos, o saldo remanescente, o qual consistiria justamente no patrimônio líquido, seria partilhado entre os acionistas.

Além do valor nominal, patrimonial, de emissão, há o valor de negociação. Esse consiste no valor exigido pelos acionistas ao alienarem sua participação para terceiro, no mercado secundário. O valor de negociação é livremente convencionado pelas partes conforme a oferta e procura pelas ações.

Por fim, o valor econômico consiste no montante em que poderia ser avaliado determinada ação em relação ao patrimônio atual e futuro que ela poderia gerar. Pelo valor econômico, seria avaliado não apenas o montante referente ao patrimônio líquido atual da companhia, mas também seria avaliada a capacidade da companhia de aumentar ou não seu patrimônio no futuro.

6.2.7.11.2 Partes beneficiárias

Ao contrário das ações, as partes beneficiárias não representam frações do capital social. As partes beneficiárias são títulos negociáveis, que não possuem valor nominal e são estranhos ao capital social (art. 46 da LSA).

As partes beneficiárias somente podem ser emitidas pelas companhias fechadas e conferem aos seus titulares um direito de crédito contra a sociedade. Sua emissão pode ocorrer para a captação de recursos pelas companhias, de modo que a própria companhia pode aliená-las, conforme dispuser o estatuto ou a assembleia geral. Podem também ser atribuídas a fundadores, acionistas ou terceiros, como remuneração de serviços prestados à companhia (art. 47 da LSA).

A parte beneficiária atribui ao seu titular direitos de créditos consistentes na participação nos lucros anuais. Essa participação nos lucros conferida pelas partes beneficiárias, contudo, não pode ultrapassar 10% do total dos lucros.

O direito conferido pela parte beneficiária a seu titular assegura apenas um crédito eventual. Caso a companhia não tenha lucros, o titular não terá qualquer valor a pleitear. Além de crédito eventual, nenhum direito privativo do acionista pode ser conferido aos proprietários desses títulos, exceto o de fiscalizar os administradores.

As partes beneficiárias terão apenas um tipo. Inadmissível a emissão de espécies diversas pela companhia.

O estatuto deverá fixar o prazo de duração das partes beneficiárias. Para as partes atribuídas gratuitamente aos seus titulares, o prazo fixado pelo estatuto não pode superar 10 anos.

As partes beneficiárias, por fim, poderão ser convertidas em ações, mediante a capitalização de reserva criada para isso, desde que previsto no estatuto social.

6.2.7.11.3 Debêntures

As debêntures são títulos emitidos pela companhia para a captação de recursos de longo e médio prazo para o desenvolvimento da atividade empresarial. Consistem em verdadeiros empréstimos para a companhia que, para obter os valores, atribui aos adquirentes dos títulos direitos de crédito nas condições constantes na escritura de emissão e, se houver, no certificado.

Nos termos do art. 52 da LSA, a "companhia poderá emitir debêntures que conferirão aos seus titulares direito de crédito contra ela, nas condições constantes da escritura de emissão, e, se houver, do certificado".

Não se trata de conferir ao adquirente a qualidade de sócio da companhia. O titular de debênture é credor da sociedade e, inclusive, não satisfeita, é título executivo extrajudicial, conforme art. 784, I, do Código de Processo Civil, para permitir diretamente a execução da companhia emissora.

O certificado de debêntures ou a escritura de emissão de debêntures deverá esclarecer as principais características dos títulos, como o montante da obrigação assumida pela companhia, o momento do pagamento, a incidência de juros e de correção monetária. Além de a escritura ou o certificado ter que constar a época do vencimento, nada impede que a companhia estipule amortizações parciais de cada série, ou crie fundos de amortização ou permita que a companhia se reserve o direito de resgate antecipado, parcial ou total, das debêntures (art. 55 da LSA). Deverá o certificado ou a escritura esclarecer, também, os direitos conferidos aos debenturistas, a garantia de seus créditos.

Quanto a esse ponto, as companhias podem efetuar mais de uma emissão de debêntures e cada emissão pode ser dividida em séries, conforme os direitos atribuídos. As debêntures da mesma série terão o mesmo valor nominal e conferirão os mesmos direitos aos titulares.

Caso debênture destinada à capitação pública de recursos para a companhia, mediante disponibilização no mercado de capitais, a Comissão de Valores Mobiliários poderá aprovar padrões de cláusulas e condições que devam ser adotados nas escrituras de emissão de debêntures (art. 61 da LSA). Caso não o faça, a companhia tem ampla liberdade para a emissão e para o estabelecimento de suas cláusulas e condições.

Dentro dessa ampla liberdade, nada impede que sejam emitidas as chamadas debêntures perpétuas. Regidas pelo art. 55, § 4º, da LSA, as debêntures perpétuas não possuem data de vencimento. A companhia poderá emitir debêntures cujo vencimento somente ocorra nos casos de inadimplemento da obrigação de pagar juros, de dissolução da companhia, ou de quaisquer outras condições previstas no título.

Também poderão ser emitidas debêntures que permitam sua conversão em ação. Nas condições constantes da escritura de emissão, a debênture poderá ser conversível em ações, conforme quantidade, valor, espécie e classe ou época para o exercício especificados. Nessa hipótese de debênture conversível em ação, os acionistas terão direito de preferência para subscrever a emissão das debêntures e como forma de não terem sua participação diluída (art. 57 da LSA).

Na hipótese de debêntures conversíveis, enquanto o referido direito de conversão puder ser exercido, os debenturistas deverão aprovar, em assembleia geral ou por meio de seu agente fiduciário, determinadas matérias que poderão produzir efeitos nos seus direitos. Dessa forma, caso ocorra alteração do estatuto social para mudar o objeto da companhia ou para criar ações preferenciais ou modificar as vantagens das existentes, em prejuízo das ações em que são conversíveis as debêntures, a alteração precisará ser previamente aprovada pelos debenturistas.

6.2.7.11.3.1 Espécies de debêntures

Além de poderem ser classificadas quanto aos direitos concedidos em debêntures perpétuas ou debêntures conversíveis em ações, como já visto, as debêntures podem ser agrupadas em quatro espécies, conforme as garantias atribuídas aos titulares (art. 58 da LSA):

I – debêntures com garantia real: o mútuo instrumentalizado na debênture tem o seu adimplemento garantido por um direito real, consistente no penhor, hipoteca ou anticrese, sobre um bem, que pode ou não pertencer à sociedade;

II – debêntures com garantia flutuante: são as que garantem aos seus titulares crédito com privilégio geral sobre o ativo da companhia, embora não impeçam a negociação dos bens que compõem esse ativo. Na hipótese de liquidação da companhia, os titulares de debêntures com garantia flutuante preferirão aos credores quirografários no recebimento de seu crédito.

Nos termos da Lei n. 14.711/2023, que alterou o art. 58, § 3º, as debêntures com garantia flutuante de nova emissão são preferidas pelas de emissão ou de emissões anteriores, e a prioridade se estabelece pela data da escritura de emissão. Dentro da mesma emissão, as séries concorrem em igualdade;

III – debêntures quirografárias ou sem garantia: são as debêntures que não possuem qualquer privilégio ante os credores comuns. Seus titulares concorrem na mesma classe dos credores quirografários na hipótese de liquidação;

IV – debêntures subordinadas: são as debêntures que, além de não possuir qualquer privilégio, ocuparão posição inferior aos créditos quirografários em eventual liquidação da sociedade. Têm preferência apenas sobre os acionistas na partilha do ativo remanescente, se houver, no caso da liquidação.

Quanto aos tipos de debêntures, ressalta-se que as garantias poderão ser constituídas cumulativamente, de modo que os tipos de debêntures podem ser, assim, confundidos ou mesclados.

6.2.7.11.3.2 Emissão das debêntures

A emissão de debêntures é deliberada pela assembleia geral de acionistas, cuja competência é privativa (art. 59 da LSA).

A despeito dessa competência privativa, a Lei n. 14.711/2023 ressalvou o dispositivo legal, ao alterar a redação do art. 59, § 1º, da Lei n. 6.404/76, assegurou a possibilidade de o conselho de administração ou a diretoria poderem deliberar sobre a emissão de debêntures não conversíveis em ações, exceto se houver disposição estatutária em contrário.

Na companhia aberta, o estatuto poderá, ainda, autorizar o conselho de administração a deliberar sobre a emissão de debêntures conversíveis em ações, desde que dentro dos limites do capital autorizado.

A deliberação sobre a emissão de debêntures pelos órgãos competentes deverá fixar, com o respeito ao disposto no estatuto, o valor da emissão ou os critérios de determinação do seu limite, e a sua divisão em séries, se for o caso; o número e o valor nominal das debêntures; as garantias reais ou a garantia flutuante, se houver; as condições da correção monetária, se houver; a conversibilidade ou não em ações e as condições a serem observadas na conversão; a época e as condições de vencimento, amortização ou resgate; a época e as condições do pagamento dos juros, da participação nos lucros e do prêmio de reembolso, se houver; o modo de subscrição ou colocação, e o tipo das debêntures. O órgão competente pode deliberar que a emissão terá o valor e o número de séries indeterminados, dentro dos limites por ele fixados.

Diante da deliberação sobre a emissão de debêntures, a escritura de emissão das debêntures, como já visto, deverá constar os direitos conferidos aos debenturistas, suas garantias, cláusulas e condições, bem como o agente fiduciário dos debenturistas, o qual será obrigatório caso debêntures distribuídas ou admitidas à negociação no mercado (art. 61 da LSA).

Como requisito da emissão, deverá ser arquivado no Registro Público de Empresas Mercantis, a cargo da Junta Comercial, o ato societário que deliberar sobre a emissão das debêntures, com a consequente publicação.

Na hipótese de companhias abertas, a Comissão de Valores Mobiliários disciplinará o registro e a divulgação do ato societário e da escritura de emissão das debêntures objeto da oferta pública ou admitidas à negociação.

Na hipótese de companhia fechada, o Poder Executivo Federal disciplinará o registro e a divulgação do ato societário e da escritura de emissão das debêntures de companhias fechadas e os seus aditamentos.

Deverá ser arquivada, ainda, a constituição das garantias reais, se for o caso (art. 62 da LSA).

O agente fiduciário e o debenturista poderão promover os registros requeridos e sanar as lacunas e as irregularidades eventualmente existentes no arquivamento.

Impunha-se, originalmente, limites à emissão das debêntures (antigo art. 60 da LSA). O valor total da emissão não podia superar o valor do capital social da companhia. O dispositivo, entretanto, foi revogado pela Lei n. 12.431/2011, de modo que atualmente não há limites impostos para a sua emissão e para que a companhia possa se capitalizar.

Os titulares de debêntures podem se reunir em assembleia de debenturistas para decidir matérias pertinentes à defesa de seus interesses. Dentre as matérias, poderão reunir-se para decidir sobre o exercício de direitos comuns ou para se manifestar quanto a operações da companhia, como fusões, cisões e incorporações que podem prejudicá-los.

A representação dos debenturistas, nas relações com a companhia, pode se realizar por meio de um agente fiduciário. O agente fiduciário é o representante da comunhão dos debenturistas perante a sociedade, e será nomeado na escritura de emissão das debêntures obrigatoriamente se debêntures distribuídas ou admitidas à negociação no mercado. As funções do agente fiduciário são a de proteger os direitos e os interesses dos debenturistas, elaborar relatório para os debenturistas sobre a execução das obrigações assumidas pela companhia, sobre os bens garantidores das debêntures, bem como notificar os debenturistas de qualquer inadimplemento pela companhia de obrigações assumidas na escritura de emissão. Para proteger os direitos da comunhão dos debenturistas, poderá promover ação judicial para cobrar o valor das debêntures, executar garantias reais, requerer a falência da companhia emissora e representar os debenturistas em processo de falência ou recuperação (art. 68 da LSA).

6.2.7.11.4 Bônus de subscrição

Bônus de subscrição são valores mobiliários emitidos pelas sociedades anônimas de capital autorizado. Consistem em títulos negociáveis que asseguram a seus titulares, nas condições constantes do certificado, direito de subscrever ações do capital social (art. 75 da LSA). Os bônus garantem a seus titulares o direito de preferência para subscrever as ações a serem emitidas pela companhia, por determinado preço de emissão.

Os bônus de subscrição serão emitidos dentro do limite de aumento do capital autorizado no estatuto. Conferem apenas o direito de preferência de subscrever ações, mediante a apresentação do título à companhia e pagamento do preço de emissão das ações.

A emissão dos bônus será realizada mediante deliberação da assembleia geral, ou do Conselho de Administração, caso autorizado pelo estatuto. Os bônus serão alienados pela companhia ou serão por ela atribuídos, como vantagem adicional, aos subscritores de emissões de suas ações ou debêntures (art. 77 da LSA).

Como conferem uma preferência para adquirir as ações a serem emitidas, o que poderá gerar a diluição da participação dos acionistas, a esses foi assegurada a preferência do direito de adquiri-los. Na aquisição dos bônus, garante-se aos acionistas o direito de preferência, na proporção de suas participações societárias (art. 77, parágrafo único, da LSA).

6.2.7.11.5 Nota comercial

Os *commercial papers* ou notas comerciais são, nos termos do art. 45 da Lei n. 14.195/21, valores mobiliários regulados pela Lei n. 6.485/76.

Consistem em títulos de crédito não conversível em ações, de livre negociação e que representam promessa de pagamento em dinheiro.

Referidos títulos são emitidos exclusivamente sob a forma escritural por meio de instituições autorizadas a prestar o serviço de escrituração pela Comissão de Valores Mobiliários.

As notas comerciais não são de emissão mais restrita às sociedades anônimas. Podem emiti-las as sociedades anônimas, as sociedades limitadas e as sociedades cooperativas.

As notas comerciais são títulos executivos extrajudiciais e podem ser executadas independentemente de protesto, com base em certidão emitida pelo escriturador ou pelo depositário central, quando for objeto de depósito centralizado.

Diferem-se das debêntures, embora ambos sejam meios de captação de recursos pela companhia. Suas diferenças consistem em os *commercial papers* serem valores mobiliários para a captação de recursos de curto prazo, para as necessidades imediatas.

Pelo art. 7º da Instrução Normativa n. 134 da CVM, as notas comerciais terão prazo de 30 a 180 dias, se emitida por companhia fechada; ou de 30 a 360 dias, na hipótese de emissão por companhia aberta.

Outrossim, os títulos não podem ser adquiridos pela própria companhia, cuja hipótese implica extinção.

6.2.7.12 Acionistas

Acionista é o titular de ações da sociedade anônima. É o acionista parte do contrato de organização de sociedade, sob a forma de sociedade anônima.

A princípio, ao menos dois acionistas são essenciais para a constituição da companhia e para o desenvolvimento da atividade empresarial. A sociedade anônima pode operar apenas com um acionista temporariamente, contudo, enquanto não for recomposta a pluralidade no prazo máximo da assembleia ordinária que verificou a unitariedade até a assembleia ordinária do ano seguinte, sob pena de dissolução (art. 206, *d*, da LSA).

A sociedade anônima subsidiária integral é exceção a essa regra. A sociedade subsidiária integral pode ser constituída por escritura pública, tendo como único acionista sociedade brasileira (art. 251 da LSA).

Como parte do contrato de organização, o acionista é titular de direitos e contrai deveres.

6.2.7.12.1 Deveres

A principal obrigação dos acionistas é a integralização das ações. O acionista é obrigado a realizar, nas condições previstas no estatuto ou no boletim de subscrição, a prestação correspondente às ações subscritas ou adquiridas.

O inadimplemento nas condições previstas no estatuto ou no boletim, ou mediante chamada para pagamento realizada pelos órgãos de administração, acarretará a constituição do acionista, de pleno direito, em mora. A mora submete o acionista ao pagamento dos juros, da correção monetária e da multa que o estatuto determinar, a qual não poderá ser superior a 10% do valor da prestação (art. 106 da LSA).

O acionista em mora no pagamento de sua obrigação de contribuição é considerado remisso. Diante do inadimplemento da contribuição, a companhia poderá, nos termos do art. 107 da LSA:

I – promover contra os acionistas, e contra os que com ele forem solidariamente responsáveis, processo de execução para cobrar as importâncias devidas, servindo o boletim de subscrição e o aviso de chamada como título executivo extrajudicial;

II – mandar vender as ações em Bolsa de Valores, por conta e risco do acionista. Nessa hipótese, a alienação será feita na Bolsa de Valores do lugar da sede social ou na mais próxima, depois de publicado aviso, por três vezes, com antecedência mínima de três dias. Do produto da venda serão deduzidas as despesas com a operação e, se previsto no estatuto, os juros, correção monetária e multa, ficando o saldo à disposição do devedor, na sede da sociedade.

A execução judicial ou a alienação das ações são opções da companhia. A alienação pode ocorrer mesmo após ter sido iniciada a cobrança judicial da contribuição, bem como poderá promover a cobrança judicial caso as ações oferecidas em bolsa não encontrem comprador ou se o preço apurado não bastar para pagar os débitos do acionista.

Se a companhia, mesmo após as tentativas frustradas de alienação das ações ou de cobrança judicial dos valores devidos, não conseguir a integralização das ações, poderá declará-las caducas e fazer suas as entradas realizadas, integralizando-as com lucros e reserva.

6.2.7.12.2 Direitos

Além de ser sujeito de obrigações, o acionista também é titular de direitos. Dentre esses direitos, alguns são considerados essenciais, de modo que nem o estatuto social nem a assembleia geral poderão privar o acionista (art. 109 da LSA). São eles:

I – participação nos lucros sociais. O acionista tem direito de receber como dividendo obrigatório, em cada exercício, o montante de lucros estabelecido no estatuto social. Caso o estatuto não preveja o montante, a importância será determinada conforme a metade do lucro líquido do exercício, com a dedução das importâncias destinadas às reservas (art. 202 da LSA). Se o estatuto for omisso e a assembleia geral deliberar alterá-lo para introduzir norma sobre a matéria, o dividendo obrigatório não poderá ser inferior a 25% do lucro líquido, com a dedução das importâncias destinadas às reservas.

II – participação no acervo da companhia, em caso de liquidação. Após o pagamento de todos os credores, o ativo remanescente será partilhado entre os acionistas, na proporção do que detinham do capital social. Excepcionalmente, poderá a assembleia geral aprovar, por voto de acionistas que representem 90%, no mínimo, das ações depois de pagos ou garantidos os credores, condições especiais para a partilha do ativo remanescente, com a atribuição de bens aos sócios, pelo valor contábil ou outro por ela fixado (art. 215 da LSA);

III – fiscalizar a gestão dos negócios sociais. O órgão cuja função precípua é a fiscalização da administração é o Conselho Fiscal. Os acionistas, contudo, não precisam ficar adstritos à fiscalização pelo Conselho Fiscal. O acionista poderá requerer ao juízo a exibição por inteiro dos livros sociais desde que representem ao menos 5% do capital social, sejam apontados atos violadores da lei ou do estatuto ou haja fundada suspeita de graves irregularidades praticadas por qualquer dos órgãos da companhia (art. 105 da LSA);

IV – preferência para a subscrição de ações, partes beneficiárias conversíveis em ações, debêntures conversíveis em ações e bônus de subscrição. O direito de preferência é garantido aos acionistas na proporção do número de ações que possuírem. A preferência poderá ser exercida por ocasião do aumento de capital e terá o prazo de decadência fixado pelo estatuto ou pela assembleia geral não inferior a 30 dias. Referido direito de preferência poderá ser cedido pelo acionista (arts. 171 e 172 da LSA);

V – direito de retirada. Também conhecido como direito de recesso, assegura ao acionista dissidente o direito de retirar-se da sociedade, mediante o reembolso do valor de suas ações.

O direito de retirada pode ser exercido caso haja a aprovação, pela Assembleia Geral, da criação de ações preferenciais ou aumento de classe de ações preferenciais existentes, sem guardar proporção com as demais classes de ações preferenciais, a menos que já previstos no estatuto; alteração nas preferências, vantagens e condições de resgate ou amortização de uma ou mais classes de ações preferenciais, ou a criação de nova classe mais favorecida, Nessas hipóteses, apenas terá direito de retirada o titular de ações de espécie ou classe prejudicada e que tenha sido dissidente da deliberação (art. 137, I, da LSA).

Também haverá direito de retirada se houver fusão ou incorporação e participação em grupo de sociedades. Nessas hipóteses, apenas haverá direito de retirada o titular dissidente de ação de espécie ou classe que não tenha liquidez e dispersão no mercado (art. 137, II, da LSA).

Também terá direito de retirada o acionista dissidente da cisão da companhia, se ela implicar mudança do objeto social, redução do dividendo obrigatório ou participação em grupo de sociedades (art. 137, III, da LSA).

A Lei n. 13.129, de 26 de maio de 2015, acrescentou nova possibilidade de direito de retirada. No art. 136-A da Lei n. 6.404/76, foi disciplinada a possibilidade de aprovação da inserção de convenção de arbitragem no estatuto social das companhias, com obrigatoriedade a todos os acionistas, desde que por quórum qualificado. Entretanto, ao acionista dissidente garante-se o direito de retirar-se da companhia mediante o reembolso do valor de suas ações.

O reembolso das ações deve ser pretendido no prazo de 30 dias contado da publicação da ata da assembleia geral pelo acionista dissidente da deliberação, inclusive pelo titular de ações preferenciais sem direito de voto. Poderá ser exercido ainda que o titular das ações tenha se abstido de votar contra a deliberação ou não tenha comparecido à assembleia. Decorrido o prazo, o acionista decairá do seu direito de retirada.

6.2.7.12.2.1 Direito de voto

Além dos direitos essenciais, os acionistas possuem diversos outros direitos que, entretanto, podem ser suprimidos pela assembleia geral ou pelo estatuto da companhia. Dentre esses direitos, o mais importante é o direito de voto.

O direito de voto é conferido, em regra, a todas as ações.

A cada ação ordinária correspondia, em regra, um voto nas deliberações da assembleia geral. Era vedada a atribuição de voto plural, ou seja, mais de um voto para a mesma ação.

Pela alteração da Lei n. 14.195/21, foi inserido o voto plural. Uma ou mais classes de ações ordinárias poderão ser criadas com a atribuição de voto plural, o qual não poderá ser superior a 10 votos por ação ordinária (art. 110-A da Lei n. 6.404/76) e deverá ter prazo de vigência de até sete anos, prorrogável por deliberação dos demais acionistas.

Sua criação é possível tanto na companhia aberta quanto na companhia fechada, e será facultado aos acionistas estipularem no estatuto social o fim da vigência do voto plural condicionado a um evento ou termo, desde que observado o limite de até sete anos, prorrogável por deliberação dos demais acionistas.

Para sua criação, embora incondicionada na companhia fechada, exigiu-se que, na companhia aberta, a criação somente ocorra previamente à negociação de qualquer valor mobiliário conversível em ações em mercados organizados.

Para a criação de classe de ações ordinárias com atribuição de voto plural, a menos que estabelecido quórum maior no estatuto, há a exigência de voto favorável de acionistas que representem metade do total de votos conferidos pelas ações com direito de voto; e metade das ações preferenciais sem direito a voto ou com voto restrito. Confere-se ao acionista dissidente o direito de retirar-se da companhia mediante reembolso do valor de suas ações, a menos que já houvesse autorização no estatuto social.

Após o início da negociação das ações ou dos valores mobiliários conversíveis em ações em mercados organizados de valores mobiliários, é vedada a alteração das características de classe de ações ordinárias com atribuição de voto plural, exceto para reduzir os respectivos direitos ou vantagens.

O voto plural nas votações pela assembleia de acionistas não poderá ser adotado se as deliberações versarem sobre a remuneração dos administradores e a celebração de transações com partes relacionadas que atendam aos critérios de relevância a serem definidos pela Comissão de Valores Mobiliários. As ações com voto plural serão convertidas em ações ordinárias sem voto plural se forem transferidas a terceiros.

Como o direito de voto pode ser limitado ou suprimido pelo estatuto ou pela assembleia geral, o direito de voto não pode ser concebido como direito essencial.

O estatuto pode estabelecer limitação, mesmo em relação às ações ordinárias, ao número de votos de cada acionista (art. 110 da LSA). Outrossim, embora, em regra, cada ação possua direito de voto, o estatuto poderá deixar de conferi-lo às ações preferenciais ou conferi-lo com restrições.

Nos termos do art. 111 da LSA, o estatuto poderá deixar de conferir às ações preferenciais algum ou alguns dos direitos reconhecidos às ações ordinárias, inclusive o de voto, ou conferi-lo com restrições. Todavia, as ações preferenciais sem direito de voto adquirirão o exercício desse direito se a companhia, pelo prazo previsto no estatuto, não superior a três exercícios consecutivos, deixar de pagar os dividendos fixos ou mínimos a que fizerem jus. As preferenciais conservarão esse direito de voto até que ocorra o pagamento dos dividendos, se não cumulativos, ou até que sejam pagos os dividendos cumulativos em atraso (art. 111, § 1º, da LSA).

Quanto ao voto, o penhor da ação não impede o acionista de exercer o direito de voto. Todavia, é lícito estabelecer no contrato que o acionista não poderá, sem consentimento do credor pignoratício, votar em certas deliberações. Por seu turno, o credor garantido por alienação fiduciária da ação não poderá exercer o direito de voto, e o devedor somente poderá exercê-lo nos termos do contrato (art. 113 da LSA). Nas ações gravadas com usufruto, o direito de voto somente poderá ser exercido mediante prévio acordo entre o proprietário e o usufrutuário.

Por fim, a assembleia geral poderá suspender o direito de voto dos acionistas, se houver o descumprimento por estes de obrigações impostas pela lei ou pelo estatuto. A suspensão cessará logo que cumprida a obrigação (art. 120 da LSA).

6.2.7.12.2.2 Voto abusivo

No exercício de seu direito de voto, os acionistas, pelo quórum exigido na lei, formam a vontade social expressa pelo órgão que compõem, a assembleia geral. Pela formação da vontade social, há a especificação do interesse social diante de um caso concreto a que submetida a sociedade no desenvolvimento de sua atividade.

Como exercício de um direito, esse exercício não pode ser abusivo. Ao expressar a sua manifestação de vontade, o acionista deve fazê-lo enquanto acionista, ou seja, no melhor interesse da sociedade, e não no seu melhor interesse individual. O acionista deve exercer o seu direito de voto no interesse da companhia.

O voto será considerado abusivo se exercido com o intuito de causar dano à companhia ou a outros acionistas, ou de obter, para si ou para outrem, vantagem a que não faz jus e de que resulte, ou possa resultar, prejuízo para a companhia ou para outros acionistas. Para evitar que esse conflito de interesses ocorra, o acionista não poderá votar nas deliberações da assembleia geral relativas ao laudo de avaliação de bens com que concorrer para a formação do capital social e à aprovação de suas contas como administrador nem em quaisquer outras que puderem beneficiá-lo de modo particular, ou em que tiver interesse conflitante com o da companhia (art. 115, § 1º, da LSA).

Na hipótese de exercício abusivo do direito de voto, o acionista responde pelos danos causados, ainda que seu voto não haja prevalecido. Se a deliberação foi tomada em decorrência desse voto, a deliberação é anulável, e o acionista, além de responder pelos danos causados, será obrigado a transferir para a companhia as vantagens que tiver auferido (art. 115, §§ 3º e 4º, da LSA).

6.2.7.13 Acionista controlador

Dentre os acionistas, a lei atribuiu uma responsabilidade diferenciada ao acionista controlador, em razão dos poderes por este exercidos na sociedade anônima.

O acionista controlador, nos termos do art. 116 da LSA, é a pessoa, natural ou jurídica, ou o grupo de pessoas vinculadas por acordo de voto, ou sob controle comum que:

I – seja titular de direitos de sócio que lhe assegurem, de modo permanente, a maioria dos votos nas deliberações da assembleia geral e o poder de eleger a maioria dos administradores da companhia; e

II – usa efetivamente seu poder para dirigir as atividades sociais e orientar o funcionamento dos órgãos da companhia.

Pela definição da lei, o controle não precisa ser totalitário ou sequer majoritário. Controle totalitário é o exercido com a totalidade ou quase totalidade dos votos e ocorre na hipótese de sociedade com único acionista ou com um único grupo coeso, como um grupo familiar.

O controle majoritário, por seu turno, ocorre nas hipóteses em que um dos acionistas ou um grupo possui mais da metade do capital com direito a voto. Nessa hipótese, independentemente da existência de um grupo dissidente ativo, a minoria, o sócio ou grupo de sócios prevalecerá nas deliberações assembleares.

Basta, pela definição legal de controlador, entretanto, o controle minoritário. O controle minoritário é o exercido por acionista ou grupo que não precisa deter mais da metade do capital social com direito a voto. Tal situação ocorre nas hipóteses em que as ações estão dispersas pelo mercado e os acionistas não se interessam pela administração da companhia ou não se organizam para influir nas deliberações assembleares.

Além de ser titular de direitos de sócio que lhe assegurem a maioria dos votos nas deliberações da assembleia geral, essa situação deve ser permanente, e não transitória. Por permanente, a Resolução n. 401 do Banco Central, apesar de revogada, permitia a caracterização do controlador como o acionista ou grupo que tenha obtido a maioria dos votos em ao menos três deliberações consecutivas. Como se exige, pelo art. 116 da LSA que o poder seja usado de forma efetiva para dirigir e orientar o funcionamento dos órgãos de administração, a interpretação de que o acionista ou o grupo tenha sido predominante em ao menos três deliberações societária continua a ser coerente com o exigido pela definição legal.

O poder do acionista controlador de decidir a vontade social e os rumos a serem tomados pela companhia reveste-se de um poder-dever. O acionista controlador deve exercer seu poder com o fim de fazer a companhia realizar o seu objeto e cumprir sua função social. O controlador tem deveres e responsabilidades para com os demais acionistas da empresa, para com os que nela trabalham e para com a comunidade em que atua, cujos direitos e interesses deve lealmente respeitar e atender (art. 116, parágrafo único, da LSA).

Caso não cumpra esses deveres em sua atuação, o acionista controlador responde por atos praticados com abuso de poder. São considerados exercício abusivo de seu poder de controle (art. 117 da LSA):

I – orientar a companhia para fim estranho ao objeto social ou lesivo ao interesse nacional, ou levá-la a favorecer outra sociedade, brasileira ou estrangeira, em prejuízo da participação dos acionistas minoritários nos lucros ou no acervo da companhia, ou da economia nacional;

II – promover a liquidação de companhia próspera, ou a transformação, incorporação, fusão ou cisão da companhia, com o fim de obter, para si ou para outrem, vantagem indevida, em prejuízo dos demais acionistas, dos que trabalham na empresa ou dos investidores em valores mobiliários emitidos pela companhia;

III – promover alteração estatutária, emissão de valores mobiliários ou adoção de políticas ou decisões que não tenham por fim o interesse da companhia e visem a causar prejuízo a acionistas minoritários, aos que trabalham na empresa ou aos investidores em valores mobiliários emitidos pela companhia;

IV – eleger administrador ou fiscal que sabe inapto, moral ou tecnicamente;

V – induzir, ou tentar induzir, administrador ou fiscal a praticar ato ilegal, ou, descumprindo seus deveres definidos nesta lei e no estatuto, promover, contra o interesse da companhia, sua ratificação pela assembleia geral;

VI – contratar com a companhia, diretamente ou por intermédio de outrem, ou de sociedade na qual tenha interesse, em condições de favorecimento ou não equitativas;

VII – aprovar ou fazer aprovar contas irregulares de administradores, por favorecimento pessoal, ou deixar de apurar denúncia que saiba ou devesse saber procedente, ou que justifique fundada suspeita de irregularidade;

VIII – subscrever ações para aumento do capital social, com a realização em bens estranhos ao objeto social da companhia.

Referidos atos abusivos são meramente exemplificativos. Comete ato ilícito o acionista controlador que usa o poder sem ser destinado a fazer a companhia realizar o seu objeto ou a cumprir sua função social. Diante do abuso, poderá ser condenado a reparar os danos sofridos pela companhia em razão de seus atos abusivos.

Para promover a ação para reparar os danos causados por atos praticados com abuso de poder de controle, são legitimados os acionistas que representem pelo menos 5% do capital social; ou qualquer acionista, desde que preste caução pelas custas e honorários de advogado devidos no caso de vir a ação ser julgada improcedência (art. 246 da LSA).

Para estimular a fiscalização dos atos do controlador e a promoção das ações, o art. 246, § 2º, da LSA determina que "a sociedade controladora, se condenada, além de reparar o dano e arcar com as custas, pagará honorários de advogado de 20% e prêmio de 5% ao autor da ação, calculados sobre o valor da indenização".

6.2.7.13.1 Alienação do controle

A lei brasileira considerou que o maior valor de negociação das ações integrantes do bloco de controle é decorrente do desenvolvimento da atividade empresarial e da contribuição de todos os acionistas. Nesse sentido, considerou a legislação nacional que não poderia o controlador obter exclusivamente os ganhos dessa valorização sem que esse ganho também fosse compartilhado com os acionistas minoritários nas companhias abertas.

Nas companhias fechadas, exceto acordo de acionistas, ou limitação imposta no estatuto social com a concordância expressa dos referidos titulares de ações (art. 36 da LSA), a negociação das ações e sua circulação são livres. O acionista controlador poderá alienar sua participação acionária a adquirente sem qualquer condição ou restrição.

Nas companhias abertas, contudo, de forma a se repartir com os minoritários o acréscimo de valor decorrente das ações integrantes do bloco de controle, a alienação será condicionada à oferta de aquisição também aos minoritários. É o conhecido *tag along*.

Nos termos do art. 254-A da LSA, "a alienação, direta ou indireta, do controle da companhia aberta somente poderá ser contratada sob a condição, suspensiva ou resolutiva, de que o adquirente se obrigue a fazer oferta pública de aquisição das ações com direito a voto de propriedade dos demais acionistas da companhia, de modo a lhes assegurar o preço no mínimo igual a 80% do valor pago por ação com direito a voto, integrante do bloco de controle".

Dessa forma, a aquisição do controle somente poderá se aperfeiçoar se houver oferta de aquisição, por ao menos 80% do preço pago de cada ação do controle, para os demais titulares de ações com direito de voto. A medida faz com que se limite o preço a ser ofertado pelas ações de controle porque haverá a obrigação de se partilhar o ágio com os minoritários da companhia.

Diante da oferta, os acionistas minoritários poderão avaliar se seria de seu melhor interesse conservar sua participação societária e permanecer na companhia, ou alienar ao adquirente, obtendo a partilha, ainda que parcial, do ágio oferecido às ações integrantes do bloco de controle.

Como a obrigação de oferta aos demais minoritários pode encarecer, e muito, o valor da aquisição do controle acionário, a lei conferiu uma faculdade ao adquirente do controle. Como forma de tentar reduzir o valor a ser pago aos minoritários, poderá o adquirente do controle da companhia aberta oferecer aos acionistas minoritários a opção de permanecerem na companhia, ao invés de alienarem suas ações ao adquirente. Para tanto, o adquirente é obrigado a ofertar o prêmio equivalente à diferença entre o valor de mercado das ações e o valor pago por ação integrante do bloco de controle (art. 254, § 4º, da LSA).

Trata-se de oferta opcional do adquirente e que confere faculdade aos acionistas minoritários. Esses poderão, ao invés de alienar suas participações por ao menos 80% do preço ofertado pelas ações integrantes do bloco de controle; eles poderão, se realizada a oferta opcional pelo adquirente, conservar a titularidade das ações e optarem apenas por receberem o ágil pago às ações do controlador.

Caso a adquirente do controle seja companhia aberta, para que a aquisição de controle de qualquer outra sociedade possa ser realizada, é necessário que haja aprovação da assembleia geral de acionistas da companhia compradora, sempre que estejam presentes algum dos requisitos do art. 256 da LSA.

A aprovação por assembleia geral dos acionistas da compradora será imprescindível sempre que o preço de compra constituir, para a compradora, investimento relevante (art. 247, parágrafo único); ou, o preço médio de cada ação ou quota ultrapassar uma vez e meia o maior dos 3 (três) valores indicados: a) a cotação média das ações em bolsa ou no mercado de balcão organizado, durante os noventa dias anteriores à data da contratação; b) o valor de patrimônio líquido da ação ou quota, avaliado o patrimônio a preços de mercado; c) ou o valor do lucro líquido da ação ou quota, que não poderá ser superior a 15 (quinze) vezes o lucro líquido anual por ação nos 2 (dois) últimos exercícios sociais, atualizado monetariamente.

Caso o preço da aquisição ultrapasse uma vez e meia os índices apresentados acima, a lei confere ao acionista dissidente da deliberação da assembleia que aprovar a aquisição o direito de retirar-se da companhia mediante reembolso do valor de suas ações (art. 256, § 2°, da LSA).

6.2.7.13.2 Ofertas públicas para a aquisição (OPA)

Para a aquisição de controle de companhias abertas, o adquirente poderá negociar diretamente com o titular do controle a aquisição de suas ações ou poderá, mediante oferta pública, tentar adquirir ações suficientes para que possa conseguir predominar nas deliberações societárias. São as ofertas públicas de aquisição (OPA).

As ofertas públicas são para a aquisição de ações com direito a voto em número suficiente para assegurar o controle da companhia aberta. Caso o ofertante já seja titular de ações, portanto, bastará a oferta para a aquisição das ações remanescentes em número para conseguir preponderar nas deliberações societárias (art. 257 da LSA).

Para que se garanta o cumprimento das obrigações, somente poderão ser feitas as ofertas com a participação de instituição financeira. Essa se obriga a garantir o cumprimento das obrigações assumidas pelo ofertante.

A oferta se materializará em um instrumento de oferta, o qual deve ser firmado pelo ofertante e pela instituição financeira que garante o pagamento. O projeto de instrumento deverá ser submetido à Comissão de Valores Mobiliários com o pedido de registro prévio da oferta, que deverá aprová-lo.

Após a aprovação, o instrumento de oferta deve ser publicado na imprensa e deverá indicar o número mínimo de ações que o ofertante se propõe a adquirir e, se for o caso, o número máximo; o preço e as condições de pagamento; a subordinação da oferta ao número mínimo de aceitantes e a forma de rateio entre os aceitantes, se o número deles ultrapassar o máximo fixado; o procedimento que deverá ser adotado pelos acionistas aceitantes para manifestar a sua aceitação e efetivar a transferência das ações; o prazo de validade da oferta, que não poderá ser inferior a 20 (vinte) dias; informações sobre o ofertante (art. 258 da LSA).

Para que possa ser fiscalizada, a oferta será comunicada à Comissão de Valores Mobiliários em 24 horas da primeira publicação. Até que essa publicação ocorra e para que ninguém se aproprie de informações privilegiada para negociar os valores mobiliários da companhia, o ofertante, a instituição financeira intermediária e a Comissão de Valores Mobiliários devem manter sigilo sobre a oferta projetada, O infrator responderá pelos danos que causar (art. 260 da LSA).

A oferta de aquisição das ações é irrevogável. Ao ofertante, entretanto, é facultado melhorar, uma vez, as condições de preço ou forma de pagamento, desde que por pelo menos 5% e até 10 dias antes do término do prazo da oferta. As alterações serão estendidas aos acionistas que já tiverem aceitado a oferta (art. 261, § 1°, da LSA).

Caso o número de aceitantes ultrapassar o máximo previsto na oferta, o valor será rateado entre os aceitantes. Caso o número suficiente para a aquisição do controle não seja obtido, a aquisição das ações não é aperfeiçoada.

Sem prejuízo da oferta pública de aquisição de controle realizada, é possível que, durante o seu prazo de oferta, surja oferta concorrente para a aquisição do controle. Nessa hipótese, faculta-se ao primeiro ofertante prorrogar o prazo de sua oferta para coincidir com o da oferta concorrente. Outrossim, para que os acionistas alienantes que já optaram por vender suas participações não sejam prejudicados e obtenham o maior valor, "a publicação de oferta concorrente torna nulas as ordens de venda que já tenham sido firmadas em aceitação de oferta anterior" (art. 261, § 1°, da LSA).

6.2.7.14 Acordo de acionistas

Como vimos, o grupo de controle pode ser formado mediante acordo. Referida composição é um dos objetos do acordo de acionistas, mas não só.

O acordo de acionistas é disciplinado no art. 118 da LSA, e se caracteriza como contrato parassocial, em que há a composição dos interesses dos sócios entre si, e cuja eficácia pode ser oposta à sociedade e a terceiros. A definição de parassocial foi introduzida por Oppo[39], para quem o acordo de acionistas deve ser definido como "os acordos estipulados pelos sócios (por alguns ou também por todos), fora do ato constitutivo e do estatuto, para re-

---
39 OPPO, G. Contratti parasociali. Milano: Francesco Vallardi, 1942.

gular entre si ou também nas relações com a sociedade, com os órgãos sociais ou terceiros, seus interesses ou uma conduta social"⁴⁰.

6.2.7.14.1 Natureza do acordo de acionistas

Sobre a natureza do acordo de acionistas a doutrina sempre foi controversa.

Uma primeira concepção entendia que o acordo de acionistas era estranho à esfera social. Para a corrente doutrinária, embora a convenção produzisse efeitos na sociedade, a convenção entre os acionistas teria por objeto a regulação dos interesses privados destes, de modo que seria estranha ao estatuto legal da sociedade. Para a concepção, o pacto estaria fora do direito das sociedades anônimas, incluindo-se no direito das obrigações e regulando-se com os princípios gerais do direito civil.

Sobre essa concepção, dissertava M. Carvalhosa que o pacto era estranho à sociedade, pois não haveria "entre a sociedade e os contratantes nenhum interesse que, através do ajuste, tenha-se composto ou harmonizado"⁴¹. "Embora a fonte formal do direito seja a lei societária, a fonte substancial do acordo está no direito das obrigações. Isto porque, diferentemente do direito societário propriamente dito, que trata da constituição, organização, funcionamento e extinção da companhia, o acordo de acionistas pertence à esfera privada destes que, através desse ajuste, cuidam de compor os seus interesses"⁴².

Da mesma forma, Teixeira e Guerreiro, adeptos dessa corrente, sustentavam que "importa assinalar que os acordos de acionistas geram direitos e obrigações reguladas substancialmente pelo direito comum e não pelo direito das sociedades, muito embora seus efeitos jurídicos digam respeito à participação acionária em determinada companhia, em seus vários possíveis desdobramentos. Malgrado deva a sociedade observá-los e, pois, reconhecê-los, é ela parte estranha ao acordo"⁴³.

A circunscrição do acordo de acionistas à esfera privada de seus agentes, entretanto, é confrontada com as normas legais que obrigam o atendimento, pela companhia, das obrigações reguladas nos pactos.

Nesses termos, para uma segunda corrente doutrinária, o acordo de acionistas se caracterizaria como um contrato parassocial. Para essa concep-

---

40 OPPO, G. Le convenzioni parasociali tra diritto delle obbligazioni e diritto delle società. In: *Rivista di diritto civile*. Padova: Antonio Milani, n. 6, 1987, p. 517.
41 CARVALHOSA, Modesto. *Acordo de acionistas*. 4. ed. São Paulo: Saraiva, 1984. p. 31.
42 CARVALHOSA, Modesto. Op. cit. p. 32.
43 TEIXEIRA, Egberto Lacerda; GUERREIRO, José Alexandre Tavares. *Das sociedades anônimas no direito brasileiro*. São Paulo: Bushatsky, 1979, v. I. p. 305.

ção, aos acordos aplicar-se-ia a disciplina da legislação societária e apenas supletivamente as normas de direito obrigacional.

Precursor dessa corrente, G. Oppo[44] sustenta que por acordo de acionistas devem ser entendidos "os acordos estipulados pelos sócios (por alguns ou também por todos), fora do ato constitutivo e do estatuto, para regular entre si ou também nas relações com a sociedade, com os órgãos sociais ou terceiros, seus interesses ou uma conduta social"[45].

Para essa segunda corrente doutrinária, o contrato seria caracterizado como parassocial, pois não se confundiria com o contrato social, mas dependeria deste para produzir os efeitos almejados pelas partes. O acordo de acionistas, embora regule os interesses das partes contratantes e possua eficácia apenas entre os contraentes, poderá influir na relação social e modificar os direitos dos sócios enquanto sócios.

Com a Lei n. 10.303/2001, que inseriu os §§ 8º e 9º ao art. 118 e atribuiu ao acordo a possibilidade de interferir na condução da atividade empresarial, inclusive com a vinculação de seus administradores, essa segunda concepção passou a ser francamente majoritária no Brasil.

6.2.7.14.2 Espécies de acordo de acionistas e efeitos

A despeito de ser possível qualquer acordo entre os acionistas e/ou terceiros, para que possam ser opostos à sociedade e a terceiros, os acordos de acionistas devem ter por objeto:

I – a compra e venda das ações entre os acionistas;

II – a preferência para aquisição de ações;

III – o exercício do direito de voto;

IV – o exercício do poder de controle.

Ao versar sobre a compra e venda das ações entre os acionistas ou sobre a preferência para a aquisição de ações, os acordos de acionistas são chamados de acordos de bloqueio. Referidos acordos visam à manutenção das posições acionárias entre os integrantes do acordo de acionista, impedindo que terceiros aumentem suas posições acionárias em comparação ao grupo, ou mesmo evitando o ingresso de terceiros na companhia.

Os acordos de bloqueio podem ser realizados tanto nas companhias abertas quanto nas companhias fechadas. Nas companhias abertas, o acordo de bloqueio impede que as ações averbadas nos termos do acordo sejam negociadas em bolsa ou no mercado de balcão (art. 118, § 3º, da LSA).

---

44 OPPO, G. Op. cit.
45 Idem, p. 517.

Pela composição, as partes no acordo de acionistas podem se comprometer a apenas vender suas ações a terceiros após oferecerem estas aos membros do pacto. A garantia da convenção é realizada pela própria companhia, que não aceitará a transferência das participações caso contrária ao pacto parassocial, desde que este preencha os critérios para ser oposta à própria companhia e a terceiros.

Além de arquivados na sede da companhia, para que os acordos de acionistas produzam efeitos perante terceiros, o pacto parassocial somente será eficaz se averbado nos livros de registros e nos certificados das ações, se emitidos.

Por seu turno, os acordos sobre o exercício do direito de voto e sobre o exercício do poder de controle são chamados de acordos de voto. Essa espécie de acordo regula a atuação dos acionistas nas deliberações sociais. Não há a transferência do direito de voto, mas a regulamentação do sentido do voto em determinada matéria submetida à apreciação dos acionistas.

Os acordos de acionistas deverão ser observados pela companhia quando arquivados em sua sede social. Perante a companhia, a eficácia do acordo é assegurada pelos próprios órgãos sociais. Na hipótese de infringência do acordo por voto em sentido diverso do acordado, ou diante do não comparecimento do votante, o presidente da Assembleia Geral ou do órgão colegiado de deliberação da companhia não computará o voto proferido, caso contrário ao acordo, bem com assegurará à parte prejudicada o direito de votar com as ações pertencentes ao acionista ausente ou omisso. Nessas situações, a parte prejudicada poderá exercer o direito de voto com as ações pertencentes ao acionista ausente ou omisso e, no caso de membro do conselho de administração, pelo conselheiro eleito com os votos da parte prejudicada (art. 118, §§ 8º e 9º, da LSA).

A eficácia é garantida não apenas nas deliberações da Assembleia Geral, mas possibilita também a vinculação dos administradores ao acordo de acionistas ao garantir a sua observação pelos demais órgãos colegiados da companhia. Os presidentes do Conselho de Administração e da Diretoria devem zelar para que o cumprimento do acordo ocorra no respectivo órgão pelo membro da administração vinculado à composição, com os mesmos poderes em relação ao presidente da Assembleia Geral dos Acionistas.

Antes da inserção na LSA dos §§ 8º e 9º no art. 118 pela Lei n. 10.303/2001, a lei já assegurava a execução específica de seus termos (art. 118, § 3º, da LSA). Nesses termos, nas deliberações em que o voto favorável do acionista submetido ao acordo fosse indispensável, a lei já atribuía a possibilidade de execução específica das obrigações assumidas no acordo de acionistas, de modo que o prejudicado não ficasse restrito ao ressarcimento das perdas e danos sofridos. Tal providência, sem prejuízo, poderá ser realizada administrativamente pelo próprio presidente do órgão colegiado e de forma a tutelar os efeitos dos acordos de acionistas firmados.

Pela execução específica da obrigação, o acionista prejudicado pelo descumprimento do convencionado no pacto parassocial poderá, mediante processo judicial, obter o suprimento judicial das obrigações de fazer a que se vinculou o acionista. Nesse ponto, a sentença judicial produzirá todos os efeitos da declaração de vontade suprida.

A execução específica transformará o inadimplemento da obrigação contratada em cumprimento equivalente, por meio da substituição da vontade do acionista pela sentença judicial.

6.2.7.15 Órgãos sociais

De modo a integrar o estatuto social diante de uma situação fática ocorrida durante o exercício da atividade da companhia, são previstos centros institucionalizados de poder, os quais poderão formar a vontade da sociedade, fiscalizar a atuação da companhia e executar os atos necessários à persecução do interesse social.

Foram previstos quatro órgãos na sociedade anônima: a assembleia geral, a diretoria, o Conselho de Administração e o Conselho Fiscal.

6.2.7.15.1 A assembleia geral

A assembleia geral é prevista como "órgão estrutural" da companhia. Embora a dinâmica empresarial, o absenteísmo crescente dos acionistas e seu moroso e custoso sistema de convocação tornem praticamente impossíveis as decisões céleres imprescindíveis ao regular desenvolvimento da atividade, o que motivou o deslocamento de grande parte do poder decisório aos órgãos administrativos, à assembleia geral foi preservado o poder de decidir sobre as questões mais relevantes da sociedade, como a organização interna da sociedade e a orientação de suas relações com terceiros.

Sua posição como órgão de destaque é decorrente de sua própria composição. A assembleia geral de acionistas é formada por todos os acionistas que possuam direito a voto e, portanto, expressa o melhor interesse dos sócios, enquanto sócios, especificando o interesse social no caso concreto. Por permitir a expressão do interesse social a conduzir a atividade da companhia, a assembleia geral dos acionistas é órgão hierarquicamente superior aos demais.

Por conta dessa relevância, as funções atribuídas à assembleia geral são amplas. A Assembleia tem poderes para decidir todos os negócios relativos ao objeto da companhia e tomar as resoluções que julgar convenientes à sua defesa e desenvolvimento (art. 121 da LSA).

Compete privativamente à assembleia geral, sem que a deliberação possa ser tomada por qualquer outro órgão societário:

I – reformar o estatuto social;

II – eleger ou destituir, a qualquer tempo, os administradores e fiscais da companhia;

III – tomar, anualmente, as contas dos administradores e deliberar sobre as demonstrações financeiras por eles apresentadas;

IV – autorizar a emissão de debêntures;

V – suspender o exercício dos direitos do acionista;

VI – deliberar sobre a avaliação dos bens com que o acionista concorrer para a formação do capital social;

VII – autorizar a emissão de partes beneficiárias;

VIII – deliberar sobre transformação, fusão, incorporação e cisão da companhia, sua dissolução e liquidação, eleger e destituir liquidantes e julgar-lhes as contas;

IX – autorizar os administradores a confessar falência e pedir recuperação. Na hipótese de urgência, a confissão de falência ou o pedido de recuperação judicial poderá ser formulado pelos administradores, com a concordância do acionista controlador, se houver, hipótese em que a assembleia geral será convocada imediatamente para deliberar sobre a matéria; e

X – deliberar, nas companhias abertas, sobre a celebração de transações com partes relacionadas, a alienação ou a contribuição para outra empresa de ativos, caso o valor da operação corresponda a mais de 50% do valor dos ativos totais da companhia constantes do último balanço aprovado.

Deve, ainda, a assembleia deliberar sobre a confissão de falência ou pedido de recuperação judicial, embora, diante da urgência, possa ser feito pedido pelos administradores, os quais deverão ser ratificados pela assembleia geral, convocada imediatamente para deliberar sobre a questão.

6.2.7.15.1.1 Convocação da assembleia geral

A convocação da assembleia geral compete ao Conselho de Administração ou aos diretores. Poderá também ser convocada pelo Conselho Fiscal; por qualquer acionista se os administradores retardarem a convocação por mais de 60 dias nos casos previstos no estatuto ou na lei; por acionistas que representem ao menos 5% do capital social, se os administradores não atenderem ao pedido de convocação por eles, devidamente fundamentado e com a indicação das matérias a serem tratadas, em oito dias; ou, ainda, por acionistas que representem 5% do capital votante ou 5% do capital sem direito a voto, se os administradores não atenderem ao pedido de convocação do Conselho Fiscal (art. 123 da LSA).

A convocação será realizada mediante anúncio publicado por três vezes, no mínimo, contendo os dados do local, data e hora, ordem do dia e, no caso de reforma do estatuto, a indicação da matéria. Nos termos do art. 289 da LSA, alterado pela Lei n. 13.818/2019, deverão ser efetuadas as publicações em jornal de grande circulação editado na localidade em que esteja situada a sede da companhia e com divulgação simultânea na página do mesmo jornal na internet. A Comissão de Valores Mobiliários poderá determinar que as publicações sejam feitas, também, em jornal de grande circulação nas localidades em que os valores mobiliários da companhia sejam negociados em bolsa ou em mercado de balcão.

A companhia deve fazer as publicações previstas sempre no mesmo jornal, e qualquer mudança deverá ser precedida de aviso aos acionistas no extrato da ata da assembleia geral ordinária.

O prazo de publicação dos anúncios varia conforme a natureza da companhia. Se companhia fechada, a primeira convocação será realizada pela publicação do primeiro anúncio com oito dias de antecedência da assembleia. Caso não se instale em razão da falta de quórum de instalação, a segunda convocação, na companhia fechada, exige publicação de novo anúncio com antecedência mínima de cinco dias. Se a companhia for aberta, o prazo é de 21 dias para a primeira convocação e de oito dias para a segunda convocação (art. 124, II, alterado pela Lei 14.195/21).

No caso das companhias abertas, o prazo dos anúncios pode ser alterado pela CVM. Pode a autarquia adiar, por até 30 (trinta) dias, a assembleia geral, em caso de insuficiência de informações necessárias para a deliberação, contado o prazo da data em que as informações completas forem colocadas à disposição dos acionistas; ou interromper, por até 15 (quinze) dias, o curso do prazo de antecedência da convocação de assembleia geral extraordinária de companhia aberta, a fim de conhecer e analisar as propostas a serem submetidas à assembleia e, se for o caso, informar à companhia, até o término da interrupção, as razões pelas quais entende que a deliberação proposta à assembleia viola dispositivos legais ou regulamentares.

Nas companhias fechadas, para além dos anúncios, os acionistas que representem 5%, ou mais, do capital social serão convocados por telegrama ou carta registrada, expedidos com a antecedência dos anúncios, desde que o tenha solicitado, por escrito, à companhia. A inobservância dará ao acionista o direito de haver, dos administradores da companhia, indenização pelos prejuízos sofridos.

Ainda que haja irregularidades na convocação, a assembleia geral será considerada regular se tiverem comparecido todos os acionistas da companhia.

A assembleia geral deverá ser realizada, preferencialmente, no edifício onde a companhia tiver sua sede ou, por motivo de força maior, em outro lugar, desde que seja no mesmo Município da sede e seja indicado com clareza nos anúncios. As companhias poderão realizar assembleia na forma digital, desde que de acordo com as determinações da CVM.

6.2.7.15.1.2 Quórum de instalação e quórum de votação

A assembleia será instalada com o quórum, em primeira convocação, de acionistas representantes de ao menos 1/4 do total de votos pelas ações com direito a voto. Em segunda convocação, será instalada com qualquer número de presentes (art. 125 da LSA).

Excepcionalmente, quando a deliberação consistir em alteração do estatuto, o quórum de instalação em primeira convocação será o de 2/3, no mínimo, do total de votos pelas ações com direito a voto. Em segunda convocação, instalar-se-á com qualquer número de acionistas (art. 136 da LSA).

Os acionistas sem direito a voto não integrarão o quórum de instalação. Isso, entretanto, não significa que não podem comparecer à assembleia. Os acionistas sem direito de voto podem comparecer à assembleia geral e discutir a matéria submetida à deliberação, ainda que não tenham o direito de votar.

O quórum de instalação não se confunde com o quórum de votação. Em regra, exige-se como quórum de votação a maioria do total de votos das ações com direito de voto presentes à assembleia, não se computando os votos em branco (art. 129 da LSA). A despeito de a lei estabelecer quórum de "maioria absoluta de votos, não se computando os votos em branco", não se trata, em verdade de maioria absoluta. O quórum é de maioria simples ou relativa. Ele consiste na exigência de aprovação da maioria dos presentes na assembleia geral e não de maioria do capital social. Isso porque o quórum de instalação é de ¼ do total de votos pelas ações com direito a voto em primeira convocação, o que não permitiria a exigência, portanto, de quórum de maioria do capital para a deliberação.

Nas sociedades anônimas fechadas, o estatuto da companhia pode aumentar o quórum exigido para certas deliberações, desde que especifique a matéria.

O quórum de votação pode ser qualificado, a depender da matéria objeto de votação. Quórum qualificado é a exigência de aprovação de acionistas que representem metade, no mínimo, do total de votos pelas ações com direito a voto, se maior quórum não for exigido pelos estatutos da companhia fechada. A sociedade anônima aberta não pode ter quórum de deliberação alterado pelo estatuto social, como a sociedade anônima fechada (art. 136 da Lei n. 6.404/76).

São submetidas ao quórum qualificado as seguintes matérias (art. 136 da LSA):

I – criação de ações preferenciais ou aumento de classe de ações preferenciais existentes, sem guardar proporção com as demais classes preferenciais, ou alteração nas preferências, vantagens e condições de resgate ou amortização de uma ou mais classes de ações preferenciais, ou criação de nova classe mais favorecida. Nessas hipóteses, a deliberação depende de aprovação de titulares de mais da metade de cada classe de ações preferenciais prejudicadas, reunidos em assembleia especial;

II – redução do dividendo obrigatório;

III – fusão da companhia, incorporação e cisão;

IV – participação em grupo de sociedade;

V – mudança de objeto da companhia;

VI – cessação do estado de liquidação da companhia;

VII – criação de partes beneficiárias;

VIII – dissolução da companhia.

Na hipótese de ocorrer empate, "se o estatuto não estabelecer procedimento de arbitragem e não contiver norma diversa, a assembleia será convocada, com intervalo mínimo de dois meses, para votar a deliberação; se permanecer o empate e os acionistas não concordarem em cometer a decisão a um terceiro, caberá ao poder judiciário decidir, no interesse da companhia" (art. 129, § 2º, da LSA).

Das deliberações em assembleia geral, será lavrada ata em livro próprio, a qual será assinada pelos membros da mesa e pelos acionistas presentes ou, por ao menos, pela assinatura de quantos bastem para constituir a maioria necessária para as deliberações tomadas na assembleia (art. 130 da LSA).

6.2.7.15.1.3 Espécies de assembleias

A assembleia geral pode ser ordinária (AGO) ou extraordinária (AGE). Diferem-se entre si pela matéria e época de instalação, mas podem ser cumulativamente convocadas e realizadas no mesmo local, data e hora, e instrumentadas em ata única.

A assembleia geral ordinária é obrigatória. Ela ocorre anualmente, nos quatro primeiros meses seguintes ao término do exercício social e deverá apreciar as contas dos administradores, examinar, discutir e votar as demonstrações financeiras; deliberar sobre a destinação do lucro líquido do exercício e sobre a distribuição de dividendos; eleger os administradores e os membros do Conselho Fiscal, quando for o caso; aprovar a correção da expressão monetária do capital social (art. 132 da LSA).

Para a realização da assembleia geral ordinária e diante de sua importância, requisitos de publicidade prévia são exigidos para permitir que os acionistas consigam averiguar todas as informações para uma deliberação consciente. Diante disso, os administradores devem comunicar, até um mês antes da data marcada para a realização da AGO, por anúncios de que estão à disposição dos acionistas o relatório da administração sobre os negócios sociais e os principais fatos administrativos do exercício findo; cópia das demonstrações financeiras; o parecer dos auditores independentes, se houver; o parecer do conselho fiscal; demais documentos pertinentes. O relatório da administração, as demonstrações financeiras e o parecer dos auditores deverão ainda ser publicados com pelo menos cinco dias de antecedência da AGO.

Por meio da alteração pela Lei Complementar n. 182/2021, a Companhia fechada que tiver receita bruta anual de até R$ 78.000.000,00 poderá realizar as publicações de forma eletrônica e substituir os livros comerciais por registros mecanizados ou eletrônicos.

A importância das deliberações na assembleia geral ordinária é refletida nos efeitos de aprovação de contas dos administradores em relação à possibilidade de responsabilização desses por eventual prejuízo causado. Nos termos do art. 134, § 3°, da LSA, "a aprovação, sem reserva, das demonstrações financeiras e das contas, exonera de responsabilidade os administradores e fiscais, salvo erro, dolo, fraude ou simulação".

Se a assembleia geral reunir a totalidade dos acionistas, eventual falta de publicação dos anúncios ou a inobservância dos prazos será considerada sanada, desde que tenha ocorrido a publicação dos documentos antes da realização da assembleia.

Ao contrário da assembleia geral ordinária (AGO), a assembleia geral extraordinária (AGE) é facultativa. Ela só ocorrerá se alguma outra matéria não de competência da assembleia geral ordinária for de interesse da companhia, como alterações estatutárias, operações societárias, emissão de novos valores mobiliários etc. A assembleia geral extraordinária pode se realizar a qualquer época e a ela pode ser submetida qualquer matéria que não seja de atribuição da assembleia geral ordinária.

Relevante, nesse ponto, é que qualquer deliberação que altere o estatuto social apenas valerá contra terceiros se houver o arquivamento e publicação. A falta de cumprimento dessas formalidades não poderá ser oposta pela companhia ou por seus acionistas a terceiros de boa-fé (art. 135, § 1°, da LSA).

Além de presencial, as assembleias, depois da alteração pela Lei n. 12.431/2011, poderão ser também eletrônicas ou virtuais. Conforme disposto no art. 121, parágrafo único, nas companhias abertas, o acionista poderá participar e votar a distância em assembleia geral, nos termos da regulamentação da Comissão de Valores Mobiliários.

6.2.7.15.2 Administradores

O art. 138 da Lei n. 6.404/76 estabelece que "a administração da companhia competirá, conforme dispuser o estatuto, ao conselho de administração e à diretoria, ou somente à diretoria".

Embora a lei brasileira tenha adotado o sistema dúplice facultativo, em que são atribuídos poderes à diretoria ou a esta e ao conselho de administração, não estão excluídos da prática de atos de administração a Assembleia Geral e o Conselho Fiscal.

O art. 122 atribuiu à assembleia geral matérias de conteúdo administrativo, como autorizar a emissão de debêntures, avaliar os bens objeto de contribuição pelos acionistas ou autorizar a emissão de partes beneficiárias. Quanto a essas matérias, a assembleia organiza os fatores de produção, o que explicita a realização de uma atividade administrativa.

Ainda, atribuiu-se à assembleia geral a competência para deliberar sobre transformação, fusão, incorporação e cisão da companhia, sua dissolução e liquidação, eleger e destituir liquidante e julgar as suas contas e a autorizar administradores a confessarem falência e pedir recuperação judicial. Ainda, quando se tratar de companhias abertas, a assembleia geral deliberará sobre celebração de transações com partes relacionadas, a alienação ou a contribuição para outra empresa de ativos, caso o valor da operação corresponda a mais de 50% do valor dos ativos totais da companhia constantes do último balanço.

O conselho fiscal, outrossim, também realiza atividades administrativas. Sua função de monitoramento da atividade empresarial assegura que a vontade social seja efetivamente implementada.

Ainda que, nesse sentido amplo, poderes de administração tenham sido atribuídos a todos esses órgãos sociais, o art. 138 da Lei n. 6.404/76 restringe os órgãos de administração aos com atribuição administrativa rotineira, ou seja, os com atribuição de "direção efetiva e representação"[46].

Nesses termos, pela Lei n. 6.404/76, os órgãos administrativos devem ser formalmente concebidos como o Conselho de Administração e a Diretoria. As atribuições desses órgãos não podem ser outorgadas a qualquer outro órgão, criado por lei ou pelo estatuto e exigem a imposição de um sistema próprio de deveres e responsabilidades (art. 139 da LSA).

---
46 BULGARELLI, W. Apontamentos sobre a responsabilidade do administrador das companhias. *Revista de Direito Mercantil, Industrial, Econômico e Financeiro*. São Paulo, Revista dos Tribunais, n. 50, 1983, p. 87.

6.2.7.15.2.1 Conselho de administração

O Conselho de Administração é órgão facultativo nas companhias fechadas. Será de existência obrigatória apenas nas sociedades anônimas abertas, diante do interesse social decorrente da ampla possibilidade de capitação da poupança popular no mercado de capitais. É obrigatório também nas de capital autorizado, em razão de um maior controle exigido diante da autorização de emissão de novas ações pelo estatuto social. E, por fim, também será obrigatório nas sociedades anônimas de economia mista, em que a presença do Estado como acionista exige maior controle dos atos de administração e a possibilidade de maior participação estatal na gestão (art. 138, § 2º, e art. 239 da LSA).

O conselho de administração foi concebido como órgão deliberativo ou colegiado. Foram-lhe atribuídos poderes de gestão e de supervisão, mas não poderes de representação da companhia. A manifestação da vontade social a terceiros foi atribuída privativamente aos diretores.

Diante da dificuldade de a assembleia geral de acionistas promover o controle constante dos administradores e deliberar sobre as principais questões da companhia, o Conselho de Administração foi instituído, ainda que de forma facultativa nas companhias, para reproduzir o conflito de interesses presente na Assembleia Geral dos Acionistas e permitir decisões mais céleres da companhia.

Nos termos do art. 142 da LSA, competem ao Conselho de Administração: I – fixar a orientação geral dos negócios da companhia; II – eleger e destituir os diretores da companhia e fixar-lhes as atribuições, observado o que a respeito dispuser o estatuto; III – fiscalizar a gestão dos diretores, examinar, a qualquer tempo, os livros e papéis da companhia, solicitar informações sobre contratos celebrados ou em via de celebração, e quaisquer outros atos; IV – convocar a assembleia geral quando julgar conveniente, ou no caso do art. 132; V – manifestar-se sobre o relatório da administração e as contas da diretoria; VI – manifestar-se previamente sobre atos ou contratos, quando o estatuto assim o exigir; VII – deliberar, quando autorizado pelo estatuto, sobre a emissão de ações ou de bônus de subscrição; VIII – autorizar, se o estatuto não dispuser em contrário, a alienação de bens do ativo não circulante, a constituição de ônus reais e a prestação de garantias a obrigações de terceiros; e IX – escolher e destituir os auditores independentes, se houver.

Essas funções dos membros do conselho de administração podem ser classificadas, conforme P. F. Campos Salles de Toledo, em três grupos. As funções programáticas ou normativas são as de formação de política empresarial da companhia. As funções de fiscalização ou controle são as de verificação do cumprimento das normas pelos demais órgãos sociais. As funções "propriamente administrativas" consistem na organização dos fatores de produção para o desenvolvimento da atividade[47].

O Conselho de Administração será composto por, no mínimo, três membros, eleitos pela assembleia geral e por ela destituíveis a qualquer tempo. Cabe ao estatuto social fixar o número de conselheiros e seu prazo de gestão, que não poderá ser superior a três anos, sendo permitida uma reeleição. Poderá prever, ainda, a participação, no conselho de administração, de representantes dos empregados, escolhidos pelo voto destes, em eleição direta, organizada pela empresa, em conjunto com as entidades sindicais que os representem (art. 140 da LSA).

Na composição do conselho de administração das companhias abertas, é obrigatória a participação de conselheiros independentes, nos termos e nos prazos definidos pela Comissão de Valores Mobiliários.

O art. 146 da Lei n. 6.404/76 exigia que os membros do conselho de administração fossem, além de pessoas naturais, acionistas. A Lei n. 12.431/2011 suprimiu tal exigência, de modo que os membros do conselho de administração podem ser acionistas ou não, desde que pessoas naturais.

A assembleia geral tem atribuição para eleger os membros do Conselho de Administração. Em regra, a votação é para a escolha de cada um dos membros do Conselho de Administração, o que permitiria que o acionista controlador escolhesse seus representantes por predominar na assembleia.

De modo a se garantir a representação da minoria no órgão, foi previsto o voto múltiplo. Aos acionistas que representem ao menos 10% do capital social com direito a voto, foi conferida a possibilidade de requerer, até 48 horas antes da assembleia geral, a adoção do processo de voto múltiplo, independentemente de não estar previsto no estatuto social. Por esse sistema, atribuem-se tantos votos quantos sejam os membros do Conselho de Administração e reconhece-se ao acionista o direito de cumular os votos em um só candidato ou distribuí-los entre vários. Pelo sistema do voto múltiplo, os conselheiros serão eleitos conjuntamente.

De forma a preservar que o acionista majoritário, em assembleia geral, não destitua apenas os membros do conselho de administração representantes de interesses diversos dos seus, caso adotado o sistema do voto múltiplo para a eleição dos membros do Conselho de Administração, "a destituição de qualquer membro do Conselho de Administração pela assembleia geral importará destituição dos demais membros, procedendo-se a nova eleição" (art. 141, § 3º, da LSA). Sem prejuízo da votação do voto múltiplo, a participação

---

47 TOLEDO, Paulo Fernando Campos Salles de. *O conselho de administração na sociedade anônima*. São Paulo: Atlas, 1997. p. 37.

dos minoritários é garantida, outrossim, pela possibilidade de eleição em separado nas companhias abertas. Poderão eleger e destituir membro do conselho de administração, em votação em separado na assembleia geral, sem a presença do acionista controlador, os titulares de ações com direito a voto que representem ao menos 15% do total das ações com direito a voto. Também o poderão os titulares de ações preferenciais sem direito a voto ou com voto restrito que representem ao menos 10% do capital social. Caso ambos os titulares não alcancem o percentual necessário, podem agregar suas ações para elegerem em conjunto membro do conselho (art. 141, §§ 4º e 5º, da LSA).

No caso de cumulação de ambos os métodos de eleição, o de votação em separado e o de eleição via voto múltiplo, seria possível que, pela combinação de ambos os métodos, o acionista majoritário não tivesse representação majoritária no Conselho de Administração. Por conta disso, estabeleceu o art. 141, § 7º, da LSA, que, nessa hipótese, será assegurado a acionista ou grupo de acionistas vinculados por acordo de votos que detenham mais do que 50% das ações com direito de voto o direito de eleger conselheiros em número igual ao dos eleitos pelos demais acionistas, mais um. Esse direito assegurado ao acionista majoritário é independentemente do número de conselheiros que, segundo o estatuto social, deveriam integrar o referido órgão.

6.2.7.15.2.2 Diretoria

A diretoria é órgão obrigatório da companhia. Ao contrário do conselho de administração, a diretoria não é órgão de deliberação colegiada, em regra.

Aos diretores são atribuídos, no silêncio do estatuto e inexistindo deliberação do conselho de administração, individualmente, os poderes de representação da companhia e a prática dos atos necessários ao seu funcionamento regular (art. 144 da LSA). O estatuto social e a deliberação do Conselho de Administração podem, portanto, disciplinar os poderes atribuídos a cada diretor, bem como exigir que as decisões sejam tomadas de forma colegiada.

Os diretores poderão, nos limites de suas atribuições e poderes, constituir mandatários da companhia. Embora os poderes sejam indelegáveis, é possível a constituição de mandatários com a especificação dos atos ou operações que poderão praticar e a duração do mandato, que, no caso de mandato judicial, poderá ser por prazo indeterminado (art. 144, parágrafo único, da LSA).

À míngua de regulação pelo estatuto social ou por deliberação do Conselho de Administração, a todos os diretores foram atribuídos poderes tanto de gestão quanto de representação.

Os poderes de gestão compreendem os poderes de formar a vontade social e de organizar os fatores de produção para o desenvolvimento regular da atividade compreendida no objeto social, excetuadas as reservas estatutárias à prévia autorização do conselho de administração.

Além desse poder de gestão, atribuído de modo concorrente aos diversos órgãos sociais, foi atribuído aos diretores o poder de manifestar externamente a vontade social. A presentação da companhia, pela qual esta se faz presente perante terceiros, foi atribuída de modo privativo aos diretores. Apenas estes, e desde que não limitado o poder de presentação pelo estatuto a apenas algum ou alguns dos diretores, podem empregar a denominação social para contrair direitos e obrigações como sociedade.

A diretoria será composta por um ou mais diretores, a depender da regulação pelo estatuto social. A redação pela Lei Complementar n. 182/2021 permitiu o diretor único, o que até então não era permitido. Além do número de diretores, o estatuto deve disciplinar o modo de sua substituição, o prazo de gestão, que não será superior a três anos, permitida a reeleição, e as atribuições e poderes de cada diretor.

Os diretores serão eleitos pelo Conselho de Administração e podem ser destituídos a qualquer tempo. Na falta do Conselho de Administração, os diretores serão eleitos e destituídos pela assembleia geral de acionistas.

Os diretores deverão ser pessoas naturais. Pela alteração do art. 146 da Lei n. 6.404/76, não precisam mais os diretores sequer serem residentes no país. A posse do administrador residente no exterior fica condicionada à constituição de representante residente no País, com poderes para receber citações no mínimo até 3 anos após o término do prazo de gestão do administrador.

Não há exigência de que sejam acionistas. Podem, inclusive, ser eleitos diretores os membros do conselho de administração até o máximo de 1/3.

Nas companhias abertas, é vedada a acumulação do cargo de presidente do conselho de administração e do cargo de diretor presidente ou de principal executivo da companhia (art. 138, § 3º).

6.2.7.15.2.3 Requisitos e impedimentos à nomeação dos administradores

Conforme já visto, para ser eleito membro dos órgãos de administração das companhias, é obrigatório que o eleito seja pessoa natural. A justificativa para a restrição era decorrente da possibilidade de se criarem óbices, diante da personalidade jurídica, à responsabilização e efetiva reparação de qualquer dano causado. A justificativa, contudo, não se sustenta. Conforme exposto por M. Carvalhosa, além de a pessoa jurídica possuir igual capacidade civil que a pessoa natural, no tocante à responsabilidade, o maior patrimônio da pessoa jurídica em regra, se em comparação com as pessoas naturais, asseguraria "melhor os interesses de terceiros, pois a solidariedade atinge diretamente o seu patrimônio, cuja importância é obviamente maior do que a do administrador pessoa física"[48].

Para os membros da diretoria, ao contrário dos membros do conselho de administração, o art. 146 da LSA exigia a residência dos eleitos no Brasil. Isso porque considerou a legislação pátria que o diretor precisaria desempenhar sua função rotineira no desenvolvimento das atividades empresariais. Sua não exigência aos membros do Conselho de Administração seria decorrente da possibilidade de deliberações pontuais, periódicas, o que tornaria desnecessária uma estadia permanente no Brasil.

O dispositivo legal, como visto, foi alterado pela Lei n. 14.195/21, que determinou que não há mais exigência de residência no Brasil sequer para os diretores.

Nem todas as pessoas naturais, entretanto, são elegíveis para os cargos de administradores de sociedade anônima. Nos termos do art. 147, § 1º, da LSA, são inelegíveis "as pessoas impedidas por lei especial, ou condenadas por crime falimentar, de prevaricação, peita ou suborno, concussão, peculato, contra a economia popular, a fé pública ou a propriedade, ou a pena criminal que vede, ainda que temporariamente, o acesso a cargos públicos". São ainda inelegíveis para os cargos de administração de companhia aberta as pessoas declaradas inabilitadas por ato da Comissão de Valores Mobiliários

Por meio da inserção pela Lei n. 10.303/2001 do § 3º ao art. 147 da LSA, passou a ser exigida do conselheiro de administração reputação ilibada, bem como que, a menos que dispensado pela assembleia geral de acionistas, o conselheiro não poderia ocupar cargos em sociedades concorrentes ou terem interesse conflitante com o da sociedade.

O estatuto poderá estabelecer, para o exercício do cargo de administrador, que o titular ou terceiro assegurem, mediante penhor de ações da companhia ou outra garantia, o correto desempenho das funções (art. 148 da LSA). A garantia perdurará até a aprovação das contas apresentadas pelo administrador que houver deixado o cargo.

6.2.7.15.2.4 Deveres dos administradores

Os administradores devem exercer as atribuições que a lei e o estatuto lhes conferem para lograr os fins da companhia. Devem, a tanto, perseguir a satisfação dos interesses da companhia, satisfeitas as exigências do bem público e da função social da empresa (art. 154 da LSA).

---
48 CARVALHOSA, M. *Comentários à lei das sociedades anônimas*. 4. ed. São Paulo; Saraiva, 2009. v. III. p. 197.

Ainda que tenha sido eleito por grupo ou classe de acionistas, o administrador tem para com a companhia os mesmos deveres dos demais. Não pode, ainda que para a defesa dos interesses dos que o elegeram, faltar aos deveres para com a companhia. Sua atuação é uma obrigação de meio, e não de resultado. Não serão responsáveis os administradores pelas obrigações que contraírem em nome da sociedade e por ato regular de sua gestão. Ainda que sua atuação gere prejuízo à sociedade, apenas responderá por esses se atuou de forma negligente no desempenho de suas funções.

No exercício de suas funções, o administrador deve atuar com o dever de diligência, de lealdade, sem conflito de interesse, e cumprir os deveres de informar e de sigilo.

O dever de diligência exige que o administrador da companhia empregue o cuidado e a diligência que todo homem ativo e probo costuma empregar na administração dos seus próprios negócios (art. 153 da LSA).

O dever de diligência é um dever geral imposto aos administradores e do qual todos os demais são decorrentes ou mero desdobramentos[49]. Ele pode ser decomposto em duas vertentes, a subjetiva e a objetiva. "No sentido subjetivo, o dever de diligência pode ser tido como esforço, dedicação, cuidado, interesse, atenção e zelo na execução de uma tarefa, independentemente do resultado final. E numa concepção objetiva, o padrão de conduta exigido no exercício de uma atividade"[50].

Como o critério de remuneração do administrador é a competência, responsabilidade e reputação profissional, nos termos do art. 152 da LSA, o padrão para a verificação da culpa do administrador não é a do homem médio, ou *bonus parter familias*, mas um padrão de administrador competente e consciencioso, que toma decisões informadas e com a mensuração do risco em sua atividade.

Com a obrigação de empreender os melhores esforços para a obtenção do lucro da empresa, ainda que não obtenha o resultado esperado, o administrador preencherá o seu devedor de diligência quando adquirir informações, investigar e analisar as informações obtidas, tomar decisões razoáveis diante das circunstâncias apresentadas e fiscalizar as demais pessoas e negócios relacionados à sua atribuição. Desde que tenha satisfeito tais requisitos, ainda que de seu ato negocial tenha resultado prejuízo à companhia, o administrador não será responsabilizado pelo seu ato de administração. Trata-se da chamada *"business judgement rule"*.

---
49 TEIXEIRA, E; GUERREIRO, J. A. T. Op. cit. p. 471.
50 RIBEIRO, R. V. *Dever de diligência dos administradores de sociedades*. São Paulo: Quartier Latin, 2006. p. 208.

De forma a evidenciar violações ao dever de diligência e atos que extrapolariam aos poderes dos administradores, o art. 154 indicou atos que desviariam da finalidade da administração. Nesses termos, o administrador não pode praticar ato de liberalidade à custa da companhia, sem prévia autorização da assembleia geral ou do conselho de administração, tomar por empréstimo recursos ou bens da companhia ou usar em proveito próprio, de sociedade em que tenha interesse, ou de terceiros, ou seus bens, serviços ou crédito. Também não poderá receber de terceiros, sem autorização, qualquer modalidade de vantagem, direta ou indireta, em razão do exercício de seu cargo (art. 154 da LSA).

Além do dever de diligência, deve o administrador atuar com lealdade à companhia e manter reserva sobre os seus negócios. O dever de lealdade é decorrente da relação de confiança estabelecida entre o administrador e a companhia, de modo que esse deve agir de acordo com as legítimas expectativas depositadas em razão desse dever fiduciário.

Em decorrência desse dever, é vedado ao administrador usar, em benefício próprio ou de outrem, as oportunidades comerciais de que tenha conhecimento em razão do exercício de seu cargo; é vedado omitir-se no exercício ou proteção de direitos da companhia ou, visando a obtenção de vantagens, para si ou para outrem, deixar de aproveitar oportunidades de negócio de interesse da companhia; e é proibido adquirir, para revender com lucro, bem ou direito que sabe necessário à companhia, ou que esta tencione adquirir (art. 155 da LSA).

Nessa sua atuação, não pode ainda o administrador intervir em qualquer posição em que possuir interesse conflitante com o da companhia. O conflito de interesses que motiva a abstenção de intervenção do acionista não impede que este contrate com a sociedade. A contratação, contudo, somente poderá ocorrer em condições razoáveis ou equitativas, idênticas às que prevalecem no mercado ou em que a companhia contrataria com terceiros, sob pena de ser anulável (art. 156 da LSA).

Na hipótese de deliberação sobre matéria conflitante com o seu interesse individual, o administrador não tem apenas o dever de abstenção. Deverá comunicar aos demais administradores o seu impedimento e consignar em ata a natureza e extensão do seu interesse.

Por fim, os deveres de informar e de sigilo são interligados. Os administradores de companhia ocupam posição relevante na estrutura da companhia e possuem informações estratégicas, que poderão prejudicar a própria companhia ou beneficiar terceiros, como segredos industriais, planos de atuação, que poderão influenciar no valor das ações, operações contratuais relevantes etc. Por conta disso, todos os administradores, independentemente se de companhias abertas ou fechadas, têm o devedor de sigilo em relação aos negócios sociais.

Nas companhias abertas, a proteção do mercado de capitais e de seu funcionamento regular pressupõe que todos os agentes possuem, ainda que potencialmente, as mesmas informações para efetuais as operações[51]. Para combater o *insider trading*, ou seja, que o agente possa se beneficiar de informação sigilosa não disponibilizada ao mercado para se beneficiar em detrimento de outros, foram impostos de forma pormenorizada o dever de informar e o dever de sigilo na legislação nacional.

Para Eizirik, "o *insider trading* é, simplificadamente, a utilização de informações relevantes sobre uma companhia, por parte das pessoas que, por força do exercício profissional, estão 'por dentro' de seus negócios, para transacionar com suas ações antes que tais informações sejam de conhecimento do público. Assim, o '*insider*' compra ou vende no mercado a preços que ainda não estão refletindo o impacto de determinadas informações sobre a companhia, que são de seu conhecimento exclusivo"[52].

Para evitar que o administrador de companhia aberta se beneficie da utilização de informação privilegiada, que terceiros obtenham essa informação e se favoreçam em detrimento dos demais, e como forma de tutelar a própria higidez do mercado de capitais, foi imposto aos administradores o dever de *full disclosure*, ou seja, de comunicar imediatamente à bolsa de valores e divulgar pela imprensa qualquer fato relevante.

Fato relevante é todo o acontecimento que possa influir na decisão dos investidores de vender ou comprar valores mobiliários emitidos pela companhia. Nos termos da Instrução n. 358/2002 da CVM, em seu art. 2°, "considera-se relevante, para os efeitos desta Instrução, qualquer decisão de acionista controlador, deliberação da assembleia geral ou dos órgãos de administração da companhia aberta, ou qualquer outro ato ou fato de caráter político-administrativo, técnico, negocial ou econômico-financeiro ocorrido ou relacionado aos seus negócios que possa influir de modo ponderável: I – na cotação dos valores mobiliários de emissão da companhia aberta ou a eles referenciados; II – na decisão dos investidores de comprar, vender ou manter aqueles valores mobiliários; III – na decisão dos investidores de exercer quaisquer direitos ine-

---

51 Conforme PROENÇA, "do ponto de vista do mercado de capitais, um mercado é eficiente quando todas as informações são disponíveis, ao mesmo tempo, para todos os investidores e estes últimos 'precificam' corretamente os ativos baseados naquelas informações" (J. M. M. PROENÇA. *Regime jurídico do uso de informações privilegiadas no mercado de capitais* – insider trading. Tese de doutorado apresentada à Faculdade de direito da Universidade de São Paulo. São Paulo, 2004. p. 99).

52 N. EIZIRIK, '*Insider trading*' e responsabilidade de administrador de companhia aberta. *Revista de Direito Mercantil, Industrial, Econômico e Financeiro*. São Paulo, Revista dos Tribunais, n. 50, p. 43.

rentes à condição de titular de valores mobiliários emitidos pela companhia ou a eles referenciados".

Caso a comunicação do fato relevante prejudique o interesse da própria companhia e possa comprometer a sua atividade, como o risco de determinado negócio jurídico não se concretizar, o administrador poderá se deixar de divulgar a informação. Nessa hipótese, impõe-se aos administradores o dever de sigilo.

Nessa hipótese, a Comissão de Valores Mobiliários deve ser informada sobre a decisão de não divulgação das informações e poderá, mediante pedido dos administradores, de qualquer acionista, ou por iniciativa própria, decidir sobre a prestação das informações e responsabilizar os administradores, se for o caso (art. 157, § 5°, da LSA).

Como forma de prevenção de qualquer comportamento dos administradores de companhia aberta para se beneficiarem em virtude de informações privilegiadas não disponíveis ao mercado e em detrimento dos demais agentes econômicos, a Lei n. 6.404/76 impôs aos administradores de companhias abertas, o dever de declararem, ao firmar o termo de posse, o número de ações, bônus de subscrição, opções de compra de ações e debêntures conversíveis em ações, de emissão da companhia e de sociedades controladas ou do mesmo grupo, de que seja titular. Os administradores, ainda, são obrigados a revelar à assembleia geral ordinária, a pedido de acionistas que representem 5% ao menos do capital social, o número de valores mobiliários de emissão da companhia ou de sociedade controlada que tiver adquirido ou alienado no exercício anterior; as opções de compra de ações que tiver contratado ou exercício no exercício anterior; os benefícios que esteja recebendo; as condições dos contratos de trabalho que tenham sido firmados pela companhia com os diretores e empregados de alto nível; ou quaisquer outros fatos relevantes da atividade da companhia (art. 157 da LSA).

6.2.7.15.2.5 Responsabilização dos administradores

Apenas pela violação desses deveres incorrerá o administrador em responsabilidade. Nos termos do art. 158 da LSA, o administrador não responde pessoalmente pelas obrigações que contrair em nome da sociedade e em virtude de ato regular de gestão. Ao contratar uma obrigação e, portanto, presentar a sociedade, o administrador não se obriga, mas obriga a própria pessoa jurídica.

Conforme o dispositivo legal, o administrador somente seria responsável pelos prejuízos que causar, quando proceder: "I – dentro de suas atribuições ou poderes, com culpa ou dolo; II – com violação da lei ou do estatuto".

Para M. Carvalhosa, a redação do art. 158 da LSA indicaria a responsabilidade objetiva dos administradores. Segundo o autor, "na hipótese específica de violação da lei ou dos estatutos por parte do administrador, prevista no item II, do art. 158, fica consignada sua responsabilidade objetiva, independentemente, portanto, da prova de culpa ou dolo. Ao infringir a lei ou o estatuto, o administrador cria o risco do dano para a companhia, independentemente do proveito pessoal que lhe tenha trazido tal risco, e, consequentemente, da intenção de favorecer a si próprio, a terceiros, ou de prejudicar aquele que sofre esse risco"[53].

Parte da doutrina, contudo, entende que a culpa ou dolo do administrador seriam imprescindíveis à sua responsabilização, mas esses seriam presumidos *iuris tantum*. Diante do conhecimento da lei e do estatuto pelo administrador, haveria a inversão do ônus da prova de demonstração de que não teria atuado com culpa ou dolo no descumprimento da lei ou do estatuto[54].

A despeito de mencionar a violação da lei ou do estatuto como forma diversa da responsabilização em relação à atuação com culpa ou dolo dentro de suas atribuições ou poderes, a interpretação não poderia significar que a responsabilização dos administradores é objetiva ou presumida. Não há qualquer inversão do ônus probatório determinada pela lei e, outrossim, a presunção de conhecimento da lei ou do estatuto ocorre em todos os casos de atos ilícitos, em que um dever legal é sempre violado.

A interpretação mais coerente dos dispositivos legais é a de que a sociedade responderia por todas as obrigações contraídas pelos administradores no exercício regular de seus poderes de presentação. Caso, dentro das atribuições e poderes, o administrador tenha atuado com culpa e dolo, a responsabilidade continuaria, frente a terceiros, a ser exclusivamente da sociedade, a qual, contudo, poderia voltar-se, em regresso, contra os administradores responsáveis.

Por seu turno, caso o administrador tenha violado a lei ou o estatuto social, hipótese descrita no art. 158, II, da LSA, a companhia não seria respon-

---

53 CARVALHOSA, M. *Responsabilidade civil de administradores e de acionistas controladores perante a Lei das S/A*. São Paulo: Revista dos Tribunais, 1994, v. 699. p. 37. Também pugna pela responsabilidade objetiva MARTINS, F. Prescrição da ação de responsabilidade civil contra administradores de sociedades anônimas. In: *Novos estudos de direito societário*. São Paulo: Saraiva, 1988. p. 157.
54 BARRETO FILHO, O. Medidas judiciais da companhia contra os administradores. In: *Revista de Direito Mercantil, Industrial Econômico e Financeiro*. São Paulo: Revista dos Tribunais, n. 40, 1980, p. 17; GUERREIRO, J. A. T. Responsabilidade dos administradores de sociedades anônimas. In: *Revista de Direito Mercantil, Industrial, Econômico e Financeiro*, n. 42, São Paulo, Revista dos Tribunais, 1981, p. 81; FRONTINI,P. S. Responsabilidade dos administradores em face da nova Lei das Sociedades por Ações. In: *Revista de Direito Mercantil, Industrial Econômico e Financeiro*. São Paulo, Revista dos Tribunais, n. 26, p. 45; BULGARELLI, W. Op. cit. p. 97.

sável pelos danos causados perante terceiros. Fora de seus poderes de presentação, o administrador não atuou como órgão da pessoa jurídica e, por isso, não pode vinculá-la às obrigações contraídas[55].

Quanto à solidariedade, estabeleceu o art. 158, § 1º, da LSA, que o administrador não é responsável por atos ilícitos de outros administradores. Somente será responsabilizado pelos atos de outros administradores se com eles for conivente, se negligenciar em descobri-los ou se, deles tendo conhecimento, deixar de agir para impedir a sua prática.

Para isentar-se de responsabilidade, o administrador dissidente deverá consignar sua divergência em ata de reunião do órgão de administração ou, não sendo possível, se dela der ciência imediata e por escrito ao órgão de administração, ao Conselho Fiscal, se em funcionamento, ou à assembleia geral.

Pelo não cumprimento dos deveres impostos pela lei para assegurar o funcionamento normal da companhia fechada, contudo, como a elaboração do relatório da administração, os administradores respondem solidariamente pelos prejuízos causados, ainda que pelo estatuto tais deveres não caibam a todos eles. Nas companhias abertas, diante da presumida maior complexidade das funções, a responsabilidade solidária ficará adstrita àqueles que tenham atribuição específica de dar cumprimento àqueles deveres, a menos que o administrador tenha tomado conhecimento do não cumprimento desses deveres e tenha deixado de comunicar o fato à assembleia geral.

A responsabilidade em relação ao terceiro que concorrer para o ato ilícito também é solidária. Nos termos do art. 158, § 5º, da LSA, "responderá solidariamente com o administrador quem, com o fim de obter vantagem para si ou para outrem, concorrer para a prática de ato com violação da lei ou do estatuto".

6.2.7.15.2.6 Ação de responsabilização dos administradores

Para que o administrador possa ser responsabilizado, disponibilizou a Lei das Sociedades Anônimas regramento específico que diferencia as ações em ação social *ut universi*, ação social *ut singuli* e ação individual.

Em face dos administradores que tiverem atuado com culpa ou dolo no desempenho de suas funções, a companhia poderá promover a ação para sua responsabilização civil. É a ação social *ut universi* em que figura como legitimado ativo a própria companhia.

---

55 Nesse sentido, L. G. p. B. LEÃES, *Sociedade por ações* – atos praticados por seus diretores, em razão de administração – responsabilidade daquela e destes, solidariamente, se agiram com culpa ou contrariamente aos estatutos. In: *Revista de Direito Mercantil, Industrial Econômico e Financeiro*. São Paulo, Revista dos Tribunais, n. 2, 1971, p. 79; L. G. p. B. LEÃES, Responsabilidade dos administradores das sociedades por cotas de responsabilidade limitada. Op. cit. p. 50; p. S. FRONTINI, Op. cit. p. 98.

Para que possa promover a ação de responsabilidade contra o administrador pelos prejuízos causados ao seu patrimônio, exige-se prévia deliberação da assembleia geral de acionistas (art. 159 da LSA). A deliberação poderá ser tomada em assembleia geral ordinária, pois a essa compete a verificação das contas do administrador. Caso, entretanto, a ação seja prevista na ordem do dia ou for consequência direta do assunto nela incluído, a deliberação poderá ocorrer em assembleia geral extraordinária.

Se a deliberação para a propositura da ação de responsabilidade for aprovada pela assembleia geral, os administradores contra os quais deva ser proposta a ação ficarão impedidos e deverão ser substituídos na mesma assembleia.

Ação social *uti universi* deverá ser proposta em três meses da data da deliberação da assembleia geral. Decorrido o prazo sem a propositura da ação social pela própria companhia, qualquer acionista poderá promover a ação como legitimado extraordinário a proteger os interesses sociais, ou seja, os interesses da companhia. Trata-se da ação social *ut singuli*.

A ação social *ut singuli* poderá ser proposta por qualquer acionista para a proteção dos interesses da companhia quando essa não promover a ação no período de três meses após a deliberação social que aprovou a propositura da ação. Caso a companhia delibere por não propor a ação social, contudo, os acionistas poderão propor a ação social *ut singuli*, representando os interesses dessa, desde que representem 5%, pelo menos, do capital social.

Por figurar como legitimado extraordinário, o art. 160, § 5°, da LSA, determina que "os resultados da ação promovida por acionista deferem-se à companhia, mas esta deverá indenizá-lo, até o limite daqueles resultados, de todas as despesas em que tiver incorrido, inclusive correção monetária e juros dos dispêndios realizados".

A ação social não se confunde com a ação individual. Enquanto a ação social visa a ressarcir a companhia pelos prejuízos a ela resultantes e que, portanto, apenas indiretamente produzem efeitos no patrimônio dos acionistas, ao reduzir o valor das ações, a ação individual procura proteger o patrimônio particular do acionista ou terceiro, em razão de efeitos diretos a esse dos atos ilícitos praticados pelos administradores.

Nos termos do art. 159, § 7°, da LSA, a ação social "não exclui a que couber ao acionista ou terceiro diretamente prejudicado por ato de administrador". Nessa hipótese, o acionista ou o terceiro tutela patrimônio próprio, de forma que não há qualquer limitação ao exercício do seu direito de ação, como por meio da exigência de deliberação societária com a aprovação da propositura da ação de responsabilidade.

O ato ilícito praticado deverá produzir efeitos diretos sobre eles, e não indiretamente por meio da redução do valor das ações titularizadas. Nesse caso, o fundamento para a responsabilização é justamente o art. 927 do Código Civil, que estabelece que aquele que, por ato ilícito, causar dano a outrem, fica obrigado a repará-lo.

6.2.7.15.3 Conselho Fiscal

O Conselho Fiscal é de existência obrigatória nas companhias. Seu funcionamento, entretanto, é facultativo.

O funcionamento do Conselho Fiscal poderá ocorrer de modo permanente ou apenas nos exercícios sociais em que for instalado a pedido de acionistas, a depender da disposição do estatuto social (art. 161 da LSA). Se não possuir funcionamento permanente, o Conselho será instalado pela assembleia geral a pedido de acionistas que representem ao menos 10% das ações com direito a voto, ou 5% das ações sem direito a voto.

Seu pedido de instalação pode ser feito em qualquer assembleia, mesmo que não conste da ordem do dia. Nos termos do art. 161, § 3º, da LSA, "o pedido de funcionamento do Conselho Fiscal, ainda que a matéria não conste do anúncio de convocação, poderá ser formulado em qualquer assembleia geral, que elegerá os seus membros".

As atribuições do Conselho Fiscal consistem, nos termos do art. 163 da LSA, em fiscalizar os atos dos administradores e o cumprimento dos seus deveres legais e estatutários. Os conselheiros deverão, ainda, opinar sobre o relatório anual da administração e sobre as propostas dos órgãos de administração a serem submetidas à assembleia geral, bem como denunciar aos demais órgãos os erros, fraudes ou crimes que descobrirem e sugerir providências úteis à companhia. Deverão, ainda, examinar o balancete e demais demonstrações financeiras elaboradas pela companhia, bem como convocar a assembleia geral ordinária se os órgãos de administração retardarem por mais de um mês a convocação e a extraordinária sempre que ocorrerem motivos graves ou urgentes (art. 163 da LSA).

Para que possam desempenhar as funções fiscalizatórias, os conselheiros deverão receber, dentro de dez dias, cópias das atas de reuniões dos órgãos de administração e, em 15 dias, cópias dos balancetes e demais demonstrações financeiras elaboradas periodicamente e dos relatórios de execução de orçamentos. Poderá solicitar esclarecimentos aos órgãos de administração, ou informações, elaboração de demonstrações financeiras ou contábeis especiais, desde que relativas à sua função fiscalizadora. Assistirão às reuniões do Conselho de Administração e da diretoria em que haja deliberação sobre assuntos em que devam opinar. Poderão, ainda, solicitar aos auditores independentes esclarecimentos ou informações e a apuração de fatos específicos.

O Conselho Fiscal será composto por três a cinco membros. Os conselheiros eleitos devem ser pessoas naturais, acionistas ou não, residentes no país e diplomados em curso de nível universitário ou que tenham exercido por prazo mínimo de três anos cargo de administrador de empresa ou de conselheiro fiscal. Não podem ser eleitos membros de órgãos da companhia ou de sociedade controlada ou do mesmo grupo, e o cônjuge ou parente, até terceiro grau, de administrador da companhia, pois suas funções são justamente de fiscalizar a administração.

Para que possam desempenhar o papel de fiscalização, a formação do Conselho Fiscal deverá assegurar sua independência em relação aos administradores a serem fiscalizados. Nesses termos, os membros serão eleitos pelos titulares de ações preferenciais sem direito a voto, ou com voto restrito, os quais terão direito de eleger, em votação em separado, 1 (um) membro e respectivo suplente; igual direito terão os acionistas minoritários, desde que representem, em conjunto, 10% (dez por cento) ou mais das ações com direito a voto. Os demais acionistas com direito a voto poderão eleger os membros efetivos e suplentes que, em qualquer caso, serão em número igual ao dos eleitos nos termos da alínea *a*, mais um.

Os Conselheiros fiscais exercerão seus cargos até a assembleia geral ordinária seguinte à eleição, mas poderão ser reeleitos.

Os deveres dos membros do Conselho Fiscal são idênticos aos dos administradores. Eles devem exercer suas funções no exclusivo interessa da companhia. Nos termos do art. 165, § 1º, da LSA, "considerar-se-á abusivo o exercício da função com o fim de causar dano à companhia, ou aos seus acionistas ou administradores, ou de obter, para si ou para outrem, vantagem a que não faz jus e de que resulte, ou possa resultar, prejuízo para a companhia, seus acionistas ou administradores".

Respondem os membros pelos danos resultantes de omissão no cumprimento de seus deveres e de atos praticados com culpa ou dolo, ou com violação da lei ou do estatuto (art. 165 da LSA). A responsabilidade por omissão no cumprimento dos deveres é solidária, mas o conselheiro poderá dela se exigir se consignar sua divergência em ata da reunião do órgão e a comunicar aos órgãos da administração e à assembleia geral.

Pelos atos de outro conselheiro fiscal, o membro do conselho fiscal não é responsável, salvo se com ele foi conivente, ou se concorrer para a prática do ato.

Para que haja controle a respeito da utilização de eventuais informações privilegiadas, os membros do conselho fiscal da companhia aberta deverão informar imediatamente as modificações em suas posições acionárias na companhia à CVM e às Bolsas de Valores ou entidades do mercado de balcão organizado nos quais os valores mobiliários de emissão da companhia estejam admitidos à negociação (art. 165-A da LSA).

6.2.7.16 Demonstrações financeiras

Ao final de cada exercício social, a diretoria elaborará demonstrações financeiras. Estas deverão espelhar a situação do patrimônio da companhia e as alterações ocorridas no exercício. Nos termos do art. 176 da LSA, deverão ser realizados:

I – o balanço patrimonial. O balanço consiste na apresentação de todo o ativo, o passivo e o patrimônio líquido da companhia (art. 178 da LSA);

II – demonstração dos lucros ou prejuízos acumulados. A demonstração deverá revelar o desempenho da empresa durante o exercício social. Para tanto, discriminará o saldo do início do período, os ajustes de exercícios anteriores e a correção monetária do saldo inicial, as reversões de reservas e o lucro líquido do exercício, bem como as transferências para reservas, os dividendos, a parcela dos lucros incorporada ao capital e o saldo ao fim do período (art. 186 da LSA);

III – demonstração do resultado do exercício. Esse documento contábil deverá indicar as receitas brutas e líquidas das vendas e serviços, as despesas, o lucro ou prejuízo operacional, o resultado do exercício e o lucro ou prejuízo líquido do exercício e o seu montante por ação do capital social (art. 187 da LSA);

IV – demonstração dos fluxos de caixa. Revela as alterações ocorridas durante o exercício no saldo de caixa (art. 188, I, da LSA);

V – se companhia aberta, demonstração do valor adicionado. Consiste esta demonstração no valor da riqueza gerada pela companhia e no quanto foi ou não distribuído aos que contribuíram para a sua geração (art. 188, II, da LSA).

Conforme o art. 177, § 3º, da LSA, tratando-se de companhia aberta, as demonstrações financeiras observarão as normas expedidas pela CVM e serão obrigatoriamente submetidas à auditoria por auditores independentemente nela registrados.

6.2.7.17 Lucros, reservas e dividendos

A obtenção de lucro é o escopo final da companhia. O lucro é o objetivo pelo qual os sócios reuniram seus capitais e esforços para o desenvolvimento de uma atividade comum.

O lucro líquido é obtido, na sociedade, pela dedução, no resultado do exercício, dos prejuízos acumulados, da provisão para o Imposto de Renda e das participações estatutárias dos empregados, administradores e partes beneficiárias (art. 191 da LSA).

Parte desse montante não é distribuída aos acionistas, mas se destina à constituição de reservas. A reserva é a parcela do lucro líquido não distribuída aos acionistas e destinada a finalidades diversas.

Do lucro líquido do exercício, 5% serão aplicados, antes de qualquer outra destinação, na constituição da reserva legal, que não excederá 20% do capital social (art. 193 da LSA). A reserva legal tem por fim assegurar a integridade do capital social e somente poderá ser utilizada para compensar prejuízos ou aumentar o capital. A companhia poderá deixar de constituir a reserva legal no exercício apenas em que o saldo dessa reserva, acrescido do montante das reservas de capital exceda 30% do capital social (art. 1193, § 1º, da LSA).

O estatuto social pode criar reservas, assim como a assembleia geral poderá destinar parte do lucro líquido à formação de reservas de contingências. São essas últimas as reservas com a finalidade de compensar, em exercício futuro, a diminuição do lucro decorrente de perda julgada provável, cujo valor possa ser estimado. Essas reservas serão revertidas no exercício em que a justificativa de sua constituição deixar de existir.

A destinação do lucro para a constituição de reservas e a retenção dos lucros não poderão ser aprovadas, em cada exercício, em prejuízo da distribuição do dividendo obrigatório (art. 198 da LSA).

Dividendo é o montante de lucros líquidos destinado ao pagamento dos acionistas, em proporção ao montante por eles detido do capital social. Os acionistas têm direito de receber, como dividendos obrigatórios, em cada exercício, a parcela de lucros estabelecida no estatuto ou, se este for omisso, a importância determinada conforme a metade do lucro líquido do exercício, deduzidos os valores das importâncias destinadas à constituição de reserva legal e às reservas para contingências.

Se o estatuto for omisso e a assembleia geral deliberar alterá-lo para introduzir norma sobre a matéria, o dividendo obrigatório não poderá ser inferior a 25% do lucro líquido ajustado, consistente no lucro líquido do exercício, deduzidos os valores das importâncias destinadas à constituição de reserva legal e às reservas para contingências (art. 202, § 2º, da LSA).

O dividendo obrigatório somente não será pago se os órgãos da administração informarem à assembleia geral ordinária ser ele incompatível com a situação financeira da companhia. Tais lucros serão registrados como reserva especial e, se não absorvidos por prejuízos em exercícios subsequentes, deverão ser pagos como dividendo assim que o permitir a situação financeira da companhia.

Caso o lucro não seja destinado à constituição de reservas ou à distribuição como dividendo obrigatório, deve ser distribuído aos acionistas como dividendos.

A distribuição de dividendos aos acionistas somente pode ser feita à conta de lucro líquido do exercício, de lucros acumulados, de reserva de lucros e à conta de reserva de capital. A distribuição de dividendos com inobservância dessas prescrições implica responsabilidade solidária dos administradores e fiscais, que deverão repor à caixa social a importância distribuída, sem prejuízo da ação penal que no caso couber. Entretanto, os acionistas, se de boa-fé, não são obrigados a restituir os dividendos que tenham recebido.

6.2.7.18 Dissolução, liquidação e extinção da companhia

A dissolução da companhia não implica a extinção da personalidade jurídica. A dissolução da companhia acarreta a interrupção de sua atividade, a qual ficará adstrita aos negócios inadiáveis.

Nos termos do art. 206 da LSA, a dissolução da companhia poderá ocorrer de pleno direito, por decisão judicial ou por decisão de autoridade administrativa competente, nos casos e na forma prevista em lei especial.

A dissolução de pleno direito ocorre nas seguintes hipóteses:

I – término do prazo de duração da sociedade;

II – se ocorrer qualquer das situações previstas no estatuto social;

III – por deliberação da assembleia geral de acionistas, o que exigirá quórum qualificado de maioria absoluta (art. 136, X, da LSA);

IV – pela existência de um único acionista, verificada em assembleia geral ordinária, se o mínimo de dois não for reconstituído até a assembleia do ano seguinte, a menos que subsidiária integral;

V – pela extinção, na forma da lei, da autorização para funcionar.

Além da dissolução de pleno direito, a dissolução pode ocorrer por decisão judicial. A decisão judicial provocará a dissolução da companhia, quando for anulada a sua constituição, em ação proposta por qualquer acionista; ou quando provado que não pode preencher o seu fim, em ação proposta por acionistas que representem 5% ou mais do capital social; ou, ainda, em caso de falência.

Por fim, a dissolução pode ser decorrente de decisão de autoridade administrativa, nas hipóteses em que as companhias estão sujeitas à fiscalização de determinadas autoridades administrativas, como ocorre com as instituições financeiras, sob a fiscalização do Banco Central.

Após a dissolução, inicia-se a fase de liquidação da sociedade. Destaca-se, entretanto, que "a companhia dissolvida conserva a personalidade jurídica, até a extinção, com o fim de proceder à liquidação" (art. 207 da LSA).

Liquidação é o procedimento de realização do ativo da sociedade para a satisfação das obrigações eventualmente contraídas e para a partilha do saldo remanescente entre os acionistas, na proporção das frações por estes detidas do capital social. A liquidação poderá ser judicial ou extrajudicial. Extrajudicial é a liquidação realizada pela própria sociedade.

Nas dissoluções de pleno direito, caso nada disponha o estatuto social, a liquidação ocorrerá extrajudicialmente. A assembleia geral deverá determinar o modo de liquidação e nomear o liquidante da companhia. Caso haja conselho de administração, esse será o órgão competente para nomear o liquidante, o qual será o responsável pela administração da sociedade durante o período de liquidação. O liquidante poderá ser destituído a qualquer tempo pelo órgão que o tiver nomeado (art. 208 da LSA).

A liquidação judicial ocorrerá nas hipóteses de dissolução por decisão judicial. Também ocorrerá a pedido de qualquer acionista, se os administradores ou a maioria dos acionistas deixarem de promover a liquidação, ou a pedido do Ministério Público, à vista de comunicação da autoridade competente, se a companhia não iniciar a liquidação nas hipóteses de dissolução de pleno direito em 30 dias. Na hipótese de liquidação judicial, o liquidante deverá ser nomeado pelo próprio juiz.

A principal função do liquidante é ultimar os negócios da companhia, realizar o ativo, pagar o passivo e partilhar o remanescente entre os acionistas (art. 210 da LSA). Para tanto, o liquidante tem poderes para representar a companhia e praticar todos os atos necessários à liquidação, inclusive alienar bens móveis ou imóveis, transigir, receber e dar quitação. Só não poderá, sem expressa autorização da assembleia geral, gravar bens e contrair empréstimos, salvo quando indispensáveis ao pagamento de obrigações inadiáveis, nem prosseguir, ainda que para facilitar a liquidação, na atividade social.

Em todos os atos ou operações, o liquidante deverá usar a denominação social seguida das palavras "em liquidação" (art. 212 da LSA).

Em razão do exercício de suas funções, o liquidante terá as mesmas responsabilidades do administrador, e os deveres e responsabilidades dos administradores, fiscais e acionistas subsistirão até a extinção da companhia (art. 217 da LSA).Liquidados os ativos e pago o passivo, bem como partilhado o remanescente entre os acionistas, o liquidante convocará assembleia geral para a prestação final das contas. Com sua aprovação, encerra-se a liquidação e a companhia é extinta (art. 216 da LSA), ocasião em que se extinguirá sua personalidade jurídica.

Encerrada a liquidação, o credor não satisfeito poderá responsabilizar os acionistas e o liquidante. Em face dos acionistas, o credor não satisfeito poderá exigir, individualmente, o pagamento de seu crédito até o limite da soma pelo acionista recebida, sem prejuízo do direito de regresso em face dos demais acionistas. Em face do liquidante, o credor não satisfeito poderá promover ação de perdas e danos (art. 218 da LSA).

6.2.7.18.1 Dissolução parcial de sociedade anônima

A dissolução parcial da companhia, com a resolução parcial da sociedade em relação a apenas um acionista, ressalvada a hipótese de direito de retirada, prevista taxativamente no art. 137 da LSA, não era admitida pela jurisprudência em face da sociedade anônima. O acionista que por qualquer outra razão, não expressa no art. 137 da LSA, desejar se retirar da companhia, poderia alienar suas ações para terceiros, o que preservaria o capital social.

O Código de Processo Civil, ao disciplinar, entretanto, a ação de dissolução parcial de sociedade, permitiu a hipótese. A despeito de a impossibilidade de preencher o seu fim ser hipótese prevista como dissolução total da companhia no art. 206 da LSA, o Código de Processo Civil a estabeleceu como motivo de resolução parcial da sociedade em face dos acionistas requerentes.

Nos termos do art. 599, § 2º, do CPC, "a ação de dissolução parcial de sociedade pode ter também por objeto a sociedade anônima de capital fechado quando demonstrado, por acionista ou acionistas que representem cinco por cento ou mais do capital social, que não pode preencher o seu fim".

6.2.7.19 Incorporação, fusão e cisão

A companhia se extingue, além do encerramento da liquidação, pela incorporação, pela fusão e pela cisão com a versão de todo o patrimônio em outras sociedades.

A incorporação, a fusão e a cisão devem ser deliberadas na forma prevista para a alteração dos respectivos estatutos e contratos sociais. As condições das operações deverão constar de protocolo firmado pelos órgãos de administração ou sócios das sociedades interessadas. Caso a incorporação, fusão ou cisão envolverem companhias abertas, as sociedades que a sucederem serão também abertas e, para tanto, devem obter o respectivo registro no prazo de 120 dias da data da assembleia geral que aprovou a operação, sob pena de se garantir direito de o acionista retirar-se da companhia, com o reembolso do valor de suas ações, no prazo de 30 dias (art. 223, § 3º, da LSA).

A incorporação consiste na operação pela qual uma ou mais sociedades são absorvidas por outra. A sociedade incorporadora sucede as incorporadas em todos os direitos e obrigações, de modo que as sociedades incorporadas são extintas. Não haverá a constituição de nova sociedade, mas apenas sucessão das incorporadas pela incorporadora (art. 227 da LSA).

Na incorporação, a assembleia geral da incorporadora deverá autorizar o aumento de capital a ser subscrito e realizado pela incorporada, mediante versão do seu patrimônio líquido, e nomear os peritos que avaliarão esse patrimônio. Por seu turno, a assembleia da incorporada deverá aprovar o protocolo da operação e autorizar os administradores a praticarem os atos necessários à incorporação, como a subscrição das ações decorrentes do aumento de capital da incorporadora.

Aprovadas a avaliação e a incorporação pela assembleia da incorporadora, os sócios ou acionistas da incorporada receberão ações da incorporadora e extingue-se a sociedade incorporada.

A incorporação da companhia em outra gera o direito de recesso do acionista da sociedade incorporada, desde que sua ação não tenha liquidez e dispersão no mercado. Não há direito de recesso atribuído ao acionista da sociedade incorporadora (arts. 136 e 137 da LSA).

A fusão é operação diversa. Consiste na união de duas ou mais sociedades para a formação de uma sociedade nova. Essa sociedade formada sucederá as sociedades fundidas em todos os direitos e obrigações (art. 228 da LSA). A assembleia geral de cada companhia a ser fundida deverá aprovar o protocolo de fusão e nomear os peritos que avaliarão os patrimônios da outra sociedade. A aprovação pelos acionistas do laudo da sociedade de que não fazem parte permite a constituição definitiva da nova sociedade e gerará direito de recesso aos acionistas dissidentes, a menos que as ações possuam liquidez e dispersão no mercado.

A cisão da companhia, por fim, é a operação pela qual a companhia transfere parcelas de seu patrimônio para uma ou mais sociedades, constituídas para esse fim ou já existentes. A cisão provoca a extinção da companhia cindida, se houver versão de todo o seu patrimônio, ou dividindo-se o seu capital, se parcial a versão (art. 229 da LSA).

A sociedade que absorver parcela do patrimônio da companhia cindida sucede a esta nos direitos e obrigações relacionados com o ato de cisão, mas ambas responderão solidariamente perante terceiros pelas obrigações anteriores à cisão. Caso a cisão implique extinção da sociedade cindida, as sociedades que absorverem parcelas do patrimônio da companhia cindida sucederão a esta, na proporção dos patrimônios líquidos transferidos, nos direitos e obrigações não relacionados. Nessa hipótese de extinção, as sociedades que absorverem parcelas do seu patrimônio responderão solidariamente pelas obrigações da companhia extinta (art. 233 da LSA).

Os acionistas da sociedade cindida não terão direito de retirada desta. O art. 230 da LSA, alterado pela Lei n. 9.457/97, limitou o direito de recesso na cisão ao acionista dissidente da deliberação. Contudo, o § 3º do art. 223

determina que se a incorporação, fusão ou cisão envolverem companhia aberta, as sociedades que a sucederem serão também abertas, devendo obter o registro e, se for o caso, promover a admissão de negociação das novas ações no mercado secundário, no prazo máximo de 120 dias, contados da data da assembleia geral que aprovou a operação, observando as normas pertinentes baixadas pela CVM. Nessa hipótese, caso seja descumprida essa determinação, o acionista terá direito de retirar-se da companhia (art. 223, § 4°, da LSA).

6.2.7.20 Transformação

A transformação não acarreta, como as demais operações expostas, a extinção da sociedade. A transformação é a operação pela qual a sociedade passa, independentemente de dissolução e liquidação, de um tipo societário para outro (art. 220 da LSA). Poderá ocorrer, ainda, a transformação do empresário individual em sociedade empresária e vice-versa (art. 968, § 3°, do Código Civil).

A transformação obedecerá aos preceitos que regulam a constituição e o registro do tipo a ser adotado e exigirá o consentimento unânime dos sócios ou acionistas. O consenso unânime não será exigido apenas se prevista no estatuto ou no contrato social a possibilidade de transformação, caso em que o sócio dissidente terá o direito de retirar-se da sociedade (art. 221 da LSA). Esse direito de retirada, todavia, pode ser renunciado pelo próprio sócio no contrato social na hipótese de transformação.

A transformação de um tipo societário em outro não prejudica os direitos dos credores. Os credores continuarão, até o pagamento integral dos seus créditos, com as mesmas garantias que o tipo anterior de sociedade lhes oferecia (art. 221 da LSA).

6.2.8 Sociedade em comandita por ações

A sociedade em comandita por ações é disciplinada no Código Civil em apenas três artigos, os arts. 1.090 a 1.092. Apesar da escassa disciplina, aplicam-se às sociedades em comandita por ações as normas das sociedades anônimas na omissão de regramento específico. Na Lei n. 6.404/76, a disciplina da sociedade em comandita por ações é feita pelos arts. 280 a 284.

A sociedade tem o capital dividido em ações e, assim como a sociedade anônima, caracteriza-se como sociedade de capital, em que o ingresso e saída dos acionistas é livre, mediante a alienação das respectivas participações, bem como há a possibilidade de penhora das ações, cessão, sem qualquer consentimento necessário dos demais acionistas.

A sociedade em comandita por ações pode adotar tanto a firma quanto a denominação social (art. 1.090 do Código Civil). Em qualquer uma das formas do nome empresarial, deverá ser incluída a expressão "comandita por ações", por extenso ou abreviadamente.

Caso adote a firma, apenas os nomes dos sócios diretores ou gerentes deverão ser incluídos, sob pena de os demais incluídos na firma responderem solidária e ilimitadamente pelas obrigações sociais (art. 281 da LSA). Na denominação social, por seu turno, deverá ser incluída, após o nome fantasia e a designação do objeto social. A administração da sociedade é restrita aos acionistas. Somente esses podem ser nomeados diretores. Não poderão ser nomeados terceiros não acionistas para administrar a sociedade.

Os diretores serão nomeados no ato constitutivo da sociedade, sem limitação de tempo, e somente poderão ser destituídos por deliberação de acionistas que representem, no mínimo, 2/3 do capital social. Se destituído, o diretor continua a responder, por dois anos, pelas obrigações sociais contraídas sob a sua administração (art. 282, § 1º, da LSA).

A relevância do cargo de administrador interfere na responsabilidade, marca da sociedade em comandita por ações. O acionista diretor responde subsidiária e ilimitadamente pelas obrigações da sociedade. Se houver mais de um diretor, estes serão solidariamente responsáveis, depois de esgotados os bens sociais (art. 1.091 da LSA).

O acionista não eleito para cargo de administração terá a responsabilidade subsidiária e limitada ao preço de emissão das ações subscritas. A responsabilidade limitada dos acionistas não diretores impede que estes sejam incluídos na firma da sociedade, sob pena de responderem ilimitadamente pelas obrigações sociais contraídas.

Por conta dessa responsabilidade ilimitada dos diretores, o poder dos acionistas difere dos poderes da sociedade anônima. A assembleia geral não pode, sem o consentimento dos diretores, mudar o objeto essencial da sociedade, prorrogar-lhe o prazo de duração, aumentar ou diminuir o capital social, criar debêntures, ou partes beneficiárias (art. 1.092 da LSA).

No mais, aplicam-se as regras da sociedade anônima para a regulação das lacunas da legislação, ressalvado o disposto sobre voto plural, conselho de administração, autorização estatutária de aumento de capital e emissão de bônus de subscrição, conforme art. 284 da LSA.

6.2.9 Sociedade cooperativa

O Código Civil determinou que a disciplina da cooperativa será regulada pelos arts. 1.093 a 1.101 do Código Civil, ressalvada a legislação especial, a Lei n. 5.764/71, que estabeleceu o regime jurídico das sociedades cooperativas. Apenas na omissão legal aplicam-se as disposições referentes à sociedade simples (art. 1.096 do Código Civil).

A sociedade cooperativa possui diversas características peculiares. Inicialmente, a consideração como empresarial ou simples independe da natureza da atividade exercida, no caso da cooperativa. Para essa, independentemente de seu objeto, o Código Civil determinou que a sociedade cooperativa será considerada sociedade simples, ou seja, não empresária (art. 982, parágrafo único, do Código Civil).

Apesar de ser considerada como sociedade simples, seu registro não é realizado no Registro Civil das Pessoas Jurídicas, conforme normas do Código Civil. Diante da especialidade da Lei de Cooperativas, em seu art. 18, a Lei n. 5.764/71 estabeleceu a obrigatoriedade do registro no Registro Público de Empresas Mercantis, a cargo das Juntas Comerciais. Nesse sentido, art. 18, § 6º: "arquivados os documentos na Junta Comercial e feita a respectiva publicação, a cooperativa adquire personalidade jurídica, tornando-se apta a funcionar".

Seu capital social também não será fixo ou poderá sequer ser necessário. Conforme art. 1.094 do Código Civil, a cooperativa se caracteriza pela variabilidade ou dispensa do capital social. Isso porque o capital social, na sociedade cooperativa, não é, ao contrário dos outros tipos societários, utilizado para a mensuração dos direitos dos sócios.

Na sociedade cooperativa, o quórum para a assembleia geral funcionar e deliberar é fundada no número de sócios presentes à reunião, e não no número do capital social representado, assim como cada sócio tem direito a um voto nas deliberações, tenha ou não capital a sociedade e qualquer que seja o valor de sua participação. Por seu turno, a distribuição dos resultados será feita em proporção ao valor das operações efetuadas pelo sócio com a sociedade, podendo ser atribuído juro fixo ao capital realizado.

Não há também limitação máxima ao número de sócios. Deverá ao menos o concurso de sócios mínimos necessários a compor a administração da sociedade.

Por fim, na sociedade cooperativa, o estatuto social deverá dispor, ainda, sobre a limitação do valor da soma de quotas do capital social que cada sócio poderá tomar, quotas que não poderão ser transmitidas a pessoas estranhas à cooperativa, mesmo que por herança. Outrossim, na hipótese de dissolução da sociedade, há indivisibilidade do fundo de reserva entre os sócios.

Na sociedade cooperativa, a responsabilidade dos sócios pode ser limitada ou ilimitada, a depender do que estabelecer o contrato social. Será limitada a responsabilidade na cooperativa em que o sócio responde somente pelo valor de suas quotas e pelo prejuízo verificado nas operações sociais, guardada a proporção de sua participação nas mesmas operações. Será, por outro lado, ilimitada a responsabilidade na cooperativa em que o sócio responde solidária e ilimitadamente pelas obrigações sociais (art. 1.095 da LSA).

Quadro mnemônico

	PERSONIFICAÇÃO	RESPONSABILIDADE DOS SÓCIOS	ESTRUTURA ECONÔMICA
Sociedade comum	Não possui personalidade jurídica	Ilimitada	
Sociedade em conta de participação	Não possui personalidade jurídica	Mista (o sócio ostensivo exerce atividade em nome próprio e responde ilimitadamente pelas obrigações; o sócio participante não é responsável perante terceiros; apenas o sócio ostensivo pode exigir-lhe nos termos contratuais)	Sociedade de pessoas
Sociedade simples	Possui personalidade jurídica	Ilimitada	Sociedade de pessoas
Sociedade em nome coletivo	Possui personalidade jurídica	Ilimitada	Sociedade de pessoas
Sociedade em comandita simples	Possui personalidade jurídica	Mista (os sócios comanditários respondem limitadamente; apenas são obrigados ao valor de sua quota; enquanto os sócios comanditados são responsáveis solidários e ilimitados pelas obrigações sociais)	Sociedade de pessoas
Sociedade limitada	Possui personalidade jurídica	Limitada	Mista (depende das cláusulas do contrato social, que podem prever se se regerá supletivamente pelas normas da sociedade anônima ou, em sua omissão, pelas normas da sociedade simples)
Sociedade anônima	Possui personalidade jurídica	Limitada	Sociedade de capital
Sociedade em comandita por ações	Possui personalidade jurídica	Mista (o acionista diretor responde subsidiária e ilimitadamente pelas obrigações da sociedade. Os acionistas que não possuem o cargo de diretor somente respondem pela integralização de suas ações)	Sociedade de capital

CONTRATO DE SOCIEDADE

Elementos gerais
- Agente capaz (a impossibilidade de o incapaz ser empresário não o impede de ser sócio de sociedade empresária, desde que devidamente representado ou assistido).
- Objeto lícito, possível e determinado ou determinável (as Juntas Comerciais não arquivarão documentos que contenham matéria contrária aos bons costumes ou à ordem pública).
- Forma prescrita ou não defesa em lei (a forma não é essencial ao ato, mas tem função probatória, de modo que apenas para obter determinados benefícios legais é que formas solenes são exigidas).

Elementos específicos
- Pluralidade de sócios.
- Constituição do capital social.
- Participação nos lucros e nas perdas.
- *Affectio societatis*.

TÍTULOS EMITIDOS PELAS SOCIEDADES ANÔNIMAS

Ações: são bens móveis, representativos de fração do capital social, que conferem ao seu titular a qualidade de sócio da companhia. Imanente à qualidade de sócio atribuída, a ação confere deveres e direitos, patrimoniais e políticos, ao seu titular.

Partes beneficiárias: são títulos negociáveis, que não possuem valor nominal e são estranhos ao capital social; somente podem ser emitidas pelas companhias fechadas, e conferem aos seus titulares um direito de crédito contra a sociedade; atribuem ao seu titular direitos de créditos consistentes na participação nos lucros anuais (que não pode ultrapassar 10% do total dos lucros).

Debêntures: são títulos emitidos pela companhia para a captação de recursos de longo e médio prazos para o desenvolvimento da atividade empresarial; não conferem ao adquirente a qualidade de sócio da companhia, mas este é credor da sociedade.

Bônus de subscrição: são títulos negociáveis que asseguram a seus titulares, nas condições constantes do certificado, direito de subscrever ações do capital social; garantem a seus titulares o direito de adquirir ações a serem emitidas pela companhia, por determinado preço.

Commercial papers: são notas comerciais emitidas pelas sociedades anônimas, pelas sociedades limitadas e pelas sociedades cooperativas como valores mobiliários para a captação de recursos de curto prazo; são promessas de pagamento.

CAPÍTULO 4

Falência e Recuperação Judicial

1. Aspectos gerais

A crise da empresa manifesta-se quando esta não mais consegue suportar suas obrigações. Conhecida por crise patrimonial, seus bens são insuficientes para a satisfação das obrigações contraídas, e a empresa passa a ser insolvente.

A falência surge nesse contexto. Caracteriza-se pela execução coletiva dos bens do empresário pelos credores. Essa liquidação concursal não é um mal em si. Pelo contrário, empresas com estruturas tecnológicas desatualizadas, regimes de administração pouco profissionais ou capacidade produtiva incoerente com a demanda por produtos e serviços devem ser extirpadas do mercado para que os recursos e fatores de produção sejam empregados em uma atividade mais útil a todo o sistema.

Diante dessa crise patrimonial irreversível, a falência é o procedimento de arrecadação dos bens do devedor para o pagamento dos credores de modo equânime, a *par conditio creditorum*, conforme as classes de preferência determinadas em lei. Busca a lei garantir, com a falência, que os credores da empresa tenham seus créditos satisfeitos, na medida da liquidação dos bens empresariais, de modo igualitário dentro de cada classe prevista em lei.

O objetivo primeiro da falência, nesse ponto, é a satisfação do interesse dos credores mediante a liquidação dos bens do devedor empresário. Não menos importante, entretanto, objetiva o instituto da falência garantir a confiança dos agentes e o crédito geral do mercado, ao excluir os agentes econômicos prejudiciais e, por consequência, reduzir o risco da inadimplência decorrente do exercício da atividade econômica.

Soma-se a isso a proteção aos interesses dos demais envolvidos com a atividade empresarial. Os ativos do devedor, a serem liquidados, permitirão uma alocação mais eficiente ao comprador que conduza melhor a atividade, o que assegurará a manutenção e a preservação dos benefícios econômicos e sociais a todos.

A crise empresarial, contudo, pode não ser definitiva, mas apenas temporária. Embora o mercado devesse reconhecer a empresa em crise, recuperando as empresas apenas temporariamente insolventes e encerrando as financeiramente pouco atraentes, essa "solução de mercado" não ocorre em sistemas econômicos imperfeitos.

A crise empresarial coloca em risco o patrimônio dos credores que poderão não ter seus créditos satisfeitos; dos empreendedores, que empregaram capital no desenvolvimento das atividades; dos consumidores, diante da perda da oferta dos produtos ou serviços disponibilizados pela empresa em crise no mercado; dos trabalhadores, eventualmente alijados de seus postos de trabalho por conta do fim da produção.

A relevância desses interesses envolvidos na preservação da empresa exige a intervenção excepcional do Estado, ainda que a ordem econômica seja estruturada na livre-iniciativa dos agentes. O Estado intervém para garantir que apenas as empresas irreversivelmente em crise sejam submetidas à liquidação falimentar e para assegurar que os interesses relevantes diretamente ligados ao exercício da atividade econômica sejam preservados.

Para tanto, assegura o Estado modos de reestruturação da empresa em crise. Na recuperação, seja ela judicial ou extrajudicial, assegura--se um ambiente em que o devedor possa encontrar a melhor solução, junto com os seus credores, para que, diante da consideração sobre a viabilidade econômica da manutenção do devedor na condução de sua atividade empresarial, consigam superar a crise econômico-financeira que acomete a atividade. Quer seja mediante o adiamento dos termos de vencimento, parcelamento do montante devido ou outra condição especial não originalmente contratada, assegura-se o prosseguimento da atividade econômica com uma nova oportunidade para o empresário reorganizar seus fatores de produção.

1.1 Decreto-lei n. 7.661/45 e a nova Lei de Falência

O revogado Decreto-lei n. 7.661/45, anterior Lei de Falência, com o intuito de garantir a reorganização da empresa e a solução da crise patrimonial temporária, previa o instituto da concordata, além da falência.

A concordata consistia em um benefício legal que proporcionava ao devedor comerciante a dilação do vencimento de suas obrigações quirografárias apenas ou a remissão parcial de seus valores. Permitia-se a dilação do pagamento integral em até dois anos, ou o desconto no pagamento à vista em até 50% (art. 156 do Decreto-lei 7.661/45). Independia da vontade dos credores, que não apreciavam a viabilidade econômica do devedor. A concordata visava a prevenir a decretação da falência, seja evitando sua decretação por meio da concordata preventiva, seja sustando os seus efeitos pela concordata suspensiva.

Sua utilização indiscriminada, sem análise nem pelos credores e nem pelo próprio Juiz sobre a viabilidade econômica do plano de pagamento pela concordatária, entretanto, permitia ao comerciante protelar a decretação da falência para desviar bens sociais e prejudicar credores. também, a concordata era insuficiente para garantir a manutenção da atividade produtiva, com a superação da crise empresarial, haja vista que somente permitia a negociação com uma classe de credores e, também, com meios de soerguimento absolutamente restritos e, na maioria dos casos, aquém das necessidades do comerciante.

Com a preocupação de assegurar, de modo efetivo, a reorganização da atividade empresarial, estimular o desenvolvimento do mercado e reduzir a morosidade do procedimento, foi promulgada a Lei n. 11.101, Lei de Recuperação de Empresas e Falência (LREF), de 9 de fevereiro de 2005, após dez anos de tramitação legislativa. A nova lei, além de disciplinar a falência, criou institutos para permitir a satisfação das obrigações pela sociedade e o fim da crise empresarial. De modo a substituir a concordata, foram criadas a recuperação judicial e a recuperação extrajudicial.

A Lei n. 11.101/2005, nesse ponto, foi expressa ao consagrar os objetivos de seus institutos no art. 47. Neste, determinou que "a recuperação judicial tem por objetivo viabilizar a superação da situação de crise econômico-financeira do devedor, a fim de permitir a manutenção da fonte produtora, do emprego dos trabalhadores e dos interesses dos credores, promovendo, assim, a preservação da empresa, sua função social e o estímulo à atividade econômica".

Apesar dos três institutos disciplinados pela lei – a falência, a recuperação judicial e a recuperação extrajudicial –, o devedor não precisa se submeter às recuperações para, somente esgotadas essas possibilidades, falir. A lei somente garantiu alternativas para a reestruturação da empresa em crise, as quais não necessariamente precisam ser realizadas.

Além de preservar o exercício da empresa, a lei também teve o intuito, como já afirmado, de acelerar a liquidação dos bens na falência e garantir a maior satisfação dos credores. Para tanto, garantiu a possibilidade de alienação do estabelecimento empresarial, sem que houvesse sucessão das obrigações trabalhistas ou tributárias. O adquirente torna-se proprietário dos ativos sem ser sucessor do falido no passivo, o que torna a aquisição economicamente mais atraente.

Essa possibilidade também é garantida na recuperação judicial, em que se permite a alienação judicial de filiais ou de unidades produtivas isoladas do devedor, assim como a venda integral da devedora, desde que se garanta aos credores não sujeitos à recuperação judicial condições, no mínimo, equivalentes àquelas que teriam na falência (art. 50, XVIII, da Lei n. 1.101/2005). O objeto da alienação estará livre de qualquer ônus e não haverá sucessão do arrematante nas obrigações do devedor.

A nova lei alterou também a prioridade dos créditos na falência. Os créditos com garantia real foram priorizados em detrimento dos créditos fiscais. Sob o argumento de que a recuperação da empresa dependia de financiamento bancário e que este deveria ser concedido com menores juros, a prioridade dos créditos com garantias reais, cuja maioria advém dos bancos, era sustentada como modo de reduzir os riscos do financiamento e, como consequência, como meio de reduzir os juros para permitir o desenvolvimento da atividade empresarial. A propriedade fiduciária, por seu turno, foi priorizada inclusive sobre todos os demais créditos. O bem alienado fiduciariamente ou que, por qualquer outra medida, tenha sido transferido ao credor para garantir a satisfação de seu crédito, não será submetido ao processo de falência e poderá ser objeto de pedidos de restituição (art. 85 da LREF).

Esse argumento repercutiu também na recuperação judicial. Nesta, o privilégio dos créditos bancários foi assegurado com a exclusão de sua submissão à recuperação quando garantidos pela transferência de propriedade fiduciária, principalmente, às instituições financeiras. Os créditos decorrentes de alienação fiduciária, de arrendamento mercantil, do compromisso de compra e venda irretratável, inclusive em incorporações imobiliárias, e os créditos do proprietário em contrato de venda com reserva de domínio não se submetem aos efeitos da recuperação judicial (art. 49, § 3º, da LREF). Assim como também não se submetem os créditos decorrentes de adiantamento de contrato de câmbio para exportação (art. 49, § 4º, da LREF).

Os créditos com direitos reais de garantia, como a hipoteca, o penhor e a anticrese, figuraram em classe própria na recuperação.

Em crítica ao privilégio bancário na empresa em crise, passou a lei a ser conhecida, em vez de como Lei de Recuperação de Empresas, como Lei de Recuperação do Capital Financeiro[1].

1.2 Competência jurisdicional para a falência e a recuperação

É competente para homologar o plano de recuperação extrajudicial, deferir a recuperação judicial ou decretar a falência o foro do local do principal

---

1 BEZERRA FILHO, Manoel Justino. *Lei de recuperação de empresas e falência*. 8. ed. São Paulo: Revista dos Tribunais, 2013. p. 55.

estabelecimento do devedor ou da filial da empresa que tenha sede fora do Brasil (art. 3º da LREF).

Embora o conceito de estabelecimento seja definido no art. 1.142 do Código Civil, como todo complexo de bens organizado, para o exercício da empresa, por empresário ou por sociedade empresária, não há expressa indicação de qual seria o estabelecimento principal.

Na hipótese de existir um único estabelecimento, não haveria maiores dificuldades para se precisar que o foro em que o estabelecimento é situado é o competente para conhecer da recuperação e da falência. Todavia, o empresário pode exercer a atividade econômica em diversos estabelecimentos, situados em diferentes localidades.

Quando houver mais de um estabelecimento do devedor, haverá ao menos três posições doutrinárias sobre o conceito de estabelecimento principal.

A primeira corrente define o estabelecimento principal como aquele apontado no contrato social. É a sede contratual do empresário.

Para L. Tzirulnik, "a princípio, parece óbvio que o estabelecimento principal é justamente aquele originalmente declarado no contrato ou nos estatutos sociais devidamente registrados, desde que nenhuma averbação haja a este respeito"[2].

A possibilidade de o estabelecimento principal ser caracterizado conforme a declaração no contrato social, entretanto, permitiria ao empresário fixar seu estabelecimento em local de difícil acesso aos credores. A dificuldade de acesso aos credores permitiria ao empresário protelar uma decretação de falência ou, ao menos, criar maior óbice aos credores para recebimento de seus créditos. Poderia o empresário, ainda, alterar o referido local do estabelecimento principal, mediante averbação de alteração contratual, conforme a maior ou menor dificuldade imposta pelos juízes de determinada comarca na apreciação dos requisitos, por exemplo.

A segunda teoria sustenta que o principal estabelecimento do empresário é a sua sede de fato. Independentemente do local em que a sede estaria localizada conforme o contrato social, o principal estabelecimento deveria ser o local em que se encontrariam dos administradores da pessoa jurídica, local de onde as ordens para a organização dos diversos fatores de produção seriam emanadas.

Para T. M. Valverde, o principal estabelecimento deve ser considerado como o da sede administrativa do empresário, local em que seria realizada a contabilidade da empresa e onde as principais decisões são tomadas, ainda que o contrato social indique local de sede diverso[3].

---

2 TZIRULNIK, Luiz. *Direito falimentar*. 7. ed. São Paulo: Revista dos Tribunais, 2005. p. 58.
3 VALVERDE, T. M. *Comentários à lei de falências*. 4. ed. Rio de Janeiro: Forense, 1999, v. 1. p. 138.

No mesmo sentido, Newton de Lucca, ao versar sobre a jurisprudência, sustentou que "propendeu ela, em suma, por considerar principal aquele estabelecimento no qual a empresa, efetivamente, tinha a sede de sua administração. A solução não poderia ser outra, como frisado, em razão dos expedientes recorrentemente utilizados por empresários pouco escrupulosos que não hesitavam em alterar no contrato social a sede da sociedade, quando tal alteração lhes fosse mais conveniente"[4].

Uma terceira corrente, que tem prevalecido, sustenta que o principal estabelecimento do devedor é o economicamente mais importante, como tal o que concentre o maior volume de negócios da empresa. É a posição de Carlos Barbosa Pimentel[5] e Fábio Ulhoa Coelho. Para este último, "por principal estabelecimento entende-se não a sede estatutária ou contratual da sociedade empresária devedora, a que vem mencionada no respectivo ato constitutivo, nem o estabelecimento maior física ou administrativamente falando. Principal estabelecimento, para fins de definição da competência para o direito falimentar, é aquele em que se encontra concentrado o maior volume de negócios da empresa; é o mais importante do ponto de vista econômico"[6].

Na explicação do autor, "o juiz do local onde se encontra tal estabelecimento é o competente para o processo falimentar, porque estará provavelmente mais próximo aos bens, à contabilidade e aos credores da sociedade falida"[7].

De fato, a despeito da controvérsia doutrinária, deve prevalecer a posição de que, como principal, figura o estabelecimento economicamente mais importante ao empresário, ou seja, onde se desenvolve a maior quantidade de negócios.

Embora o local da sede da administração permita a localização dos livros empresariais e dos administradores, o que é fundamental para o prosseguimento adequado tanto da falência quanto da recuperação, sua designação como principal estabelecimento não atendia aos principais propósitos da falência e da recuperação. O credor, embora envolvido em uma atividade econômica prestada em determinada localidade, poderia ter que demandar em local muito distante da prestação contratada, por exemplo uma sede administrativa em outro Estado, apesar de a atividade empresarial ser exercida em outro local.

---

4 LUCCA, Newton. Comentário ao art. 6º. In: CORRÊA-LIMA, Osmar Brina; CORRÊA-LIMA, Sérgio Mourão (Coord.). *Comentários à nova lei de falência e recuperação de empresas*. Rio de Janeiro: Forense, 2009. p. 83.
5 PIMENTEL, Carlos Barbosa. *Direito empresarial*. 8. ed. Rio de Janeiro: Elsevier, 2010. p. 253.
6 COELHO, Fábio Ulhoa. *Curso de direito empresarial*. 13. ed. São Paulo: Saraiva, 2012. v. 3. p. 279.
7 Idem. p. 279.

O foro do estabelecimento principal caracterizado como o do local em que a maior quantidade de negócios é desenvolvida evita que sejam cometidas fraudes para se obstar o regular processamento da falência ou da recuperação. Por outro lado, facilita o acesso à grande massa dos credores, os quais terão como foro o local onde contrataram a maioria dos negócios resultantes em seus créditos.

Na hipótese de empresa com sede fora do Brasil, é competente para homologar o plano de recuperação extrajudicial, deferir a recuperação judicial ou decretar a falência o foro do local de sua filial. Novamente, na hipótese de existir mais de uma filial, o foro competente é o da economicamente mais importante.

1.3 Juízo universal e indivisível

O juízo da falência é universal e indivisível. Por universal entende-se sua competência exclusiva para versar sobre os ativos da massa falida. Ele é o único competente para determinar a arrecadação, liquidação dos ativos e pagamento dos credores.

A universalidade não se confunde com a indivisibilidade. Por indivisível, o Juízo da Falência é competente para conhecer todas as ações sobre bens, interesses e negócios em face do falido, de modo a permitir que em um único processo sejam arrecadados todos os bens do devedor, bem como conhecidos todos os seus credores (art. 76, *caput*, primeira parte, da LREF). Todas as ações contra a massa falida são de competência do Juízo indivisível falimentar, exceto causas trabalhistas, fiscais e arbitragens (art. 6º, § 9º, da Lei n. 11.101/2005). As ações promovidas pela Massa Falida, entretanto, a menos que especificamente reguladas pela LREF, devem ser distribuídas nos juízos competentes para cada demanda.

A chamada *vis attractiva* do Juízo falimentar para conhecer todas as medidas judiciais de caráter patrimonial em face do falido permite que sejam reunidos todos os bens do devedor e que se viabilize o pagamento equânime dos credores, a *par conditio creditorum*.

Excetuam-se do juízo universal as causas trabalhistas, fiscais, as com convenção de arbitragem e aquelas não reguladas na Lei n. 11.101/2005 em que o falido figure como autor ou litisconsorte ativo. Também não são atraídas para o Juízo universal as ações que demandam quantia ilíquida promovidas antes da decretação da falência e contra a massa falida, entendidas essas como todas as ações de conhecimento em que, em virtude da necessidade de apuração do débito e de sua sujeição, não haveria risco de constrições imediatas sobre o patrimônio da massa falida. Fora dessas exceções, o juízo da falência é competente para apreciar todas as demandas patrimoniais promovidas em face do falido.

Na recuperação judicial, não existe *vis attractiva* em face dos demais processos. Tanto as demandas promovidas pela recuperanda quanto as demandas promovidas em face dela continuaram a serem de competência dos juízos originários. O juízo da recuperação judicial, nesses termos, não é indivisível

A jurisprudência do Superior Tribunal de Justiça, entretanto, a despeito de não existir a indivisibilidade do Juízo da recuperação judicial, consagrou sua universalidade. Assentou-se que o juízo da recuperação judicial seria o único competente para determinar medidas constritivas sobre o bem do empresário em recuperação judicial, ainda que as ações continuem a tramitar nos juízos originários.

A alteração da LREF, com a inserção dos parágrafos 7º-A e 7º-B ao art. 6º, consagrou essa universalidade. Mesmo que as execuções fiscais possam prosseguir durante a recuperação judicial, é competência do Juízo da Recuperação a substituição dos atos de constrição que recaiam sobre bens essenciais à manutenção da atividade empresarial até o encerramento da recuperação judicial. Quanto aos bens alienados fiduciariamente ou descritos nos contratos do art. 49, §§ 3º e 4º, ainda que as ações e medidas constritivas não sejam suspensas, foi atribuída ao Juízo da Recuperação Judicial a competência para determinar a suspensão dos atos de constrição que recaiam sobre bens de capital essenciais à manutenção da atividade empresarial durante o prazo de suspensão.

Nesses termos, antes de quaisquer constrições sobre o ativo do empresário em recuperação judicial, o juízo da recuperação deverá ser oficiado para autorizar a constrição, com a realização de análise de menor onerosidade à recuperanda e como forma de se permitir a satisfação do credor não sujeito à recuperação judicial, mas sem comprometer o cumprimento do plano aos demais credores.

2. Falência

A falta de adimplemento de um crédito permite ao credor insatisfeito promover a execução individual do patrimônio do devedor. Por meio da execução judicial, arrecadam-se os bens do devedor com o intuito de expropriá-los e satisfazer o crédito do credor.

A crise permanente de um empresário, entretanto, implica que este não possui bens suficientes a serem expropriados para satisfazerem todas as obrigações contraídas. A execução individual, nessa hipótese, permitiria que credores com créditos já vencidos e que promovessem suas ações com maior rapidez tivessem maior probabilidade de terem seus créditos satisfeitos em relação aos demais com créditos ainda vincendos ou que tenham retardado para realizar as medidas de constrição, ainda que créditos de mesma natureza.

Para garantir a satisfação equânime de todos os credores com créditos da mesma natureza e o adimplemento preferencial de credores conforme prioridade estabelecida pela Lei, afastou-se a execução individual nas hipóteses em que se presume não haver ativo para a satisfação de todos os credores. De modo a assegurar a *par conditio creditorum*, ou seja, a equivalência entre os credores de uma mesma classe, a execução dos créditos deverá ser coletiva, com o concurso de todos os credores para a arrecadação dos bens do falido e a satisfação de seus créditos conforme a ordem de preferência estabelecida em lei.

A falência caracteriza-se por ser um processo de execução concursal[8] do patrimônio do devedor empresário, aplicável a determinadas hipóteses indicativas de sua insolvência, e mediante o qual se promove a arrecadação e a liquidação dos bens do falido para o pagamento dos credores. Diferencia-se da execução concursal referente à insolvência civil, disciplinada pelo Código de Processo Civil e aplicável aos devedores não empresários ou totalmente excluídos da submissão à Lei n. 11.101/2005, pois consiste em verdadeiro benefício legal ao empresário.

Na falência, o empresário pode ter suas obrigações extintas após o pagamento de 25% dos créditos quirografários, depois de realizado todo o ativo, ou, independentemente da satisfação das obrigações, mediante o decurso do prazo de três anos, contado da decretação da falência, ou pelo encerramento do processo falimentar com a liquidação dos ativos do devedor (art. 158 da LREF). Não se exige, para a extinção de suas obrigações, a satisfação integral de todos os créditos.

O processo falimentar de execução concursal pode ser dividido em três fases: pré-falimentar, falimentar e reabilitação.

Na fase pré-falimentar ou preliminar, analisa-se o pedido de falência e verificam-se os pressupostos para a decretação da falência. Para que se possa proferir a sentença declaratória da falência e instaurar a relação processual concursal, é necessário que se aprecie a adequação dos sujeitos passivos e ativos do pedido, bem como as hipóteses indicativas de insolvência do devedor. A falta dos pressupostos implica que seja proferida uma sentença denegatória da falência.

Com a sentença declaratória de falência, inicia-se a segunda fase. Na fase falimentar, efetua-se a arrecadação e liquidação do ativo, a verificação do passivo e a satisfação dos créditos.

Por fim, a terceira fase consiste na reabilitação do falido e na extinção das suas obrigações.

---

8 Sobre o significado jurídico de "concurso de credores", SOUZA JÚNIOR, Francisco Satiro. In: SOUZA JÚNIOR, Francisco Satiro de (Coord.). *Comentários à lei de recuperação de empresas e falências*. São Paulo: Revista dos Tribunais, 2005. p. 358.

2.1 Pressupostos da falência

Dentro da fase preliminar ou pré-falimentar, a análise do pedido de falência é realizada com base na existência, como pressupostos da decretação da falência, da legitimação passiva do devedor, da legitimação ativa do requerente e das hipóteses de insolvência.

2.1.1 Sujeitos submetidos à Lei de Falência – sujeitos passivos

A Lei n. 11.101/2005 estabelece quem pode ser submetido à falência e às recuperações judicial e extrajudicial. A disciplina desses institutos somente é aplicável, conforme a redação expressa do art. 1º da Lei LREF, ao empresário e à sociedade empresária.

Pela redação do dispositivo, submetem-se à lei os empresários individuais de responsabilidade ilimitada e as sociedades empresárias.

Inseriu a Lei n. 14.193/2021 também como sujeito à recuperação judicial, extrajudicial e, consequentemente, ao pedido de falência os clubes de futebol, ainda que não tenham adotado tipo empresarial ou mesmo se não forem inscritos como empresários no Registro Público de Empresas Mercantis (art. 25 da Lei n. 14.193/21).

Como já visto anteriormente, considera-se empresário quem exerce profissionalmente atividade econômica organizada para a produção ou para a circulação de bens ou de serviços. Do conceito de empresário exclui-se quem exerce profissão intelectual, de natureza científica, literária ou artística, ainda que com o concurso de auxiliares ou colaboradores, a menos que o exercício da profissão constitua elemento de empresa (art. 966 do Código Civil). O produtor rural, inscrito no Registro Público de Empresas Mercantis, também se equipara ao empresário após o registro. A inscrição, nesse caso, é imprescindível para a sua conceituação como empresário, sob pena de o produtor exercer atividade meramente civil (arts. 971 e 984 do Código Civil).

Dentre as sociedades com personalidade jurídica, são consideradas sociedades empresárias a sociedade em nome coletivo, a sociedade em comandita simples ou por ações, a sociedade limitada e a sociedade anônima.

As sociedades simples e as pessoas físicas não empresárias não podem se submeter à falência ou à recuperação. Essas pessoas submetem-se ao procedimento de insolvência civil. Ressalta-se, nesse ponto, que, ainda que a sociedade simples, como forma, adote um dos tipos das sociedades empresariais, como sociedade em nome coletivo, sociedade limitada, em comandita simples ou por ações (art. 983 do Código Civil), e se submeta à disciplina do respectivo tipo societário, não pode ter decretada a sua falência ou valer-se da recuperação, pois não é empresária por não desenvolver atividade econômica, profissional e organizada, com o intuito de disponibilizar ao mercado seu produto ou prestação de serviço.

Com exceção do produtor rural, portanto, o registro não é imprescindível à caracterização como empresária da atividade. A falta de registro implica apenas a irregularidade do empresário e impõe a este limitações aos benefícios atribuídos exclusivamente ao empresário regular, como a utilização dos institutos da recuperação judicial e extrajudicial ou mesmo a possibilidade de pedido de falência de outro empresário.

O Código Comercial revogado, no art. 4º, previa que o não cumprimento da obrigação de inscrição provocava a perda dos benefícios concedidos por lei ao empresário. O Código Civil não reproduziu a regra. Sua omissão, contudo, não pode ser entendida como ausência de desvantagens ao sujeito, considerando a obrigatoriedade do registro e outras diversas normas que exigem a regularidade da inscrição. Nesses termos, exige-se, para obter a recuperação judicial e a recuperação extrajudicial, para poder utilizar seus livros mercantis como prova contra terceiro ou requerer a falência de terceiro, que o empresário seja regular, ou seja, que possua a inscrição devidamente feita no Registro Público das Empresas Mercantis.

Ainda que imponha limitações, a irregularidade não descaracteriza o empresário. Nos termos do art. 982 do Código Civil, considera-se empresária a sociedade que tem por objeto o exercício de atividade própria de empresário. A inscrição dos atos constitutivos é obrigação do empresário, mas não elemento de sua caracterização. A falta de inscrição acarreta a irregularidade do empresário.

Uma primeira corrente doutrinária sustenta que a sociedade em comum, por não ter personalidade jurídica, não pode ser caracterizada como sociedade empresária e ser submetida ao regime falimentar.

Para Luiz Tzirulnik, as sociedades sem personalidade jurídica não ficam submetidas à falência e à recuperação. Segundo o autor, a falta de personalidade jurídica impede que estas sejam consideradas empresárias. Na lição do autor, "ressalte-se ainda que as sociedades em conta de participação não são definidas como sociedade empresária, até porque não possuem personalidade jurídica. Daí não estarem igualmente sujeitas à recuperação judicial, à extrajudicial nem à falência. O Código Civil, porém, prevê a possibilidade de a falência ser decretada contra o sócio ostensivo, já que deve ser obrigatoriamente empresário regular. O Código Civil fala na falência do sócio ostensivo e, já que anterior à Lei n. 11.101/2005, não fez qualquer referência à recuperação desse tipo de empresário. Parece, todavia, que a possibilidade de recuperação judicial e extrajudicial é extensiva ao sócio ostensivo enquanto empresário regular"[9].

---
9 TZIRULNIK, Luiz. Op. cit. p. 54.

Corrente oposta, entretanto, sustenta que o conceito de empresário compreende o desenvolvimento de uma atividade econômica orientada para a produção ou circulação de bens ou serviços, independentemente se feita com a inscrição dos atos constitutivos no registro ou não. A falta de inscrição acarreta a irregularidade do empresário que, entretanto, não se descaracteriza.

Dentre os adeptos, Marlon Tomazette sustenta que "embora não seja personificada, a sociedade em comum tem capacidade processual e está sujeita ao processo falimentar, o qual é inerente ao exercício da atividade comercial/empresarial, independentemente do registro"[10].

De fato, a sociedade que exerça profissionalmente atividade econômica organizada para a produção ou para a circulação de bens ou de serviços é considerada sociedade empresária, independentemente do registro e, portanto, da personalidade jurídica. É o caso da sociedade em comum.

A conclusão, contudo, não pode ser estendida à sociedade em conta de participação. Nessa sociedade, o sócio ostensivo contrai todas as obrigações perante terceiros e assume a responsabilidade pelo adimplemento. A atividade é exercida unicamente pelo sócio ostensivo, em seu nome individual e sob sua própria e exclusiva responsabilidade. O sócio participante responde apenas diante do sócio ostensivo e auferirá os lucros da atividade, conforme o contrato social.

A sociedade em conta de participação permanece oculta, pois apenas o sócio ostensivo contrai obrigações no exercício da atividade e responde perante terceiros. O patrimônio social criado é limitado à relação entre as partes. O exercício da atividade não é realizado pela própria sociedade, a qual não contrai obrigações e não se submete à falência.

Submetidos à falência na sociedade em conta de participação ficam os seus integrantes. Caso venha a falir o sócio ostensivo empresário individual ou sociedade empresária, ocorrerá a dissolução da sociedade em conta de participação com a liquidação da respectiva conta. Na hipótese de o falido ser o sócio participante, cumpre ao administrador a continuidade ou não do contrato social, do mesmo modo que qualquer outro contrato bilateral.

2.1.2 Sujeitos excluídos da falência e da recuperação

Ainda que desenvolvam atividade econômica para a produção e para circulação de bens ou serviços, alguns empresários são excluídos parcial ou totalmente do regime da falência e das recuperações judicial e extrajudicial.

---
10 TOMAZETTE, Marlon. *Curso de direito empresarial*. 2. ed. São Paulo: Atlas, 2012, v. I. p. 285.

Os empresários excluídos totalmente não podem ser submetidos, em nenhuma hipótese, ao processo falimentar. São excluídas totalmente da disciplina falimentar e da recuperação as:

a) empresas públicas;

b) sociedades de economia mista;

c) entidades de previdência complementar fechadas.

A exclusão das empresas públicas e das sociedades de economia mista é baseada no interesse público, seja ele referente aos imperativos da segurança nacional ou a relevante interesse coletivo, a ser preservado pelo exercício da atividade e que motivou a própria atuação direta do Estado na ordem econômica, bem como pela impossibilidade de que estas fossem administradas por credores, por meio de um administrador.

As entidades fechadas de previdência complementar são destinadas a organizar planos de previdência apenas a empregados de determinada empresa, servidores de entes públicos e/ou associados ou membros de determinada pessoa jurídica de caráter profissional são absolutamente excluídos. Isto porque, além da expressa disposição legal, não possuem natureza empresária, haja vista se constituírem sempre sob a forma de fundação ou associação civil, sem fins lucrativos (art. 31, § 1º, da Lei Complementar n. 109/2001).

Nos termos do art. 47 da Lei Complementar n. 109/2001, as entidades fechadas não poderão solicitar recuperação e não estão sujeitas à falência.

Alguns empresários, entretanto, podem vir a falir apenas em hipóteses especiais, reguladas por legislação especial. Embora não possam requer a recuperação, submetem-se à decretação da falência, mas apenas mediante autorização da agência reguladora. São parcialmente excluídos do regime falimentar:

a) instituições financeiras públicas ou privadas;

b) sociedade operadora de consórcios;

c) cooperativas de crédito;

d) sociedades operadoras de plano de assistência à saúde, com exceção das cooperativas médicas, que foram admitidas pelo art. 6º, § 13;

e) entidades de previdência complementar abertas;

f) sociedades seguradoras;

g) sociedades de capitalização.

As instituições financeiras, os consórcios e as cooperativas de créditos são submetidos ao regime de liquidação extrajudicial e intervenção do Banco Central do Brasil, e somente podem falir após autorização da agência reguladora, mas não por pedido direto de seus credores. Caso seja decretada sua intervenção ou liquidação extrajudicial, não podem mais falir a pedido do credor, mas apenas do interventor ou do liquidante nomeados pelo Banco Central (Lei n. 6.024/74).

As sociedades operadoras de plano de saúde somente podem falir se, durante a liquidação extrajudicial determinada pela Agência Nacional de Saúde Suplementar, seus ativos não forem suficientes para adimplir mais da metade dos créditos quirografários e as despesas do processamento da liquidação, ou, ainda, se houver indícios de prática de crime falimentar (Lei n. 9.656/98). Pela rejeição do veto presidencial, a Lei n. 14.112/2020 inseriu o art. 6º, § 13, na Lei n. 11.101, que determina que a sociedade operadora de plano de assistência à saúde que se caracterizasse como cooperativa médica não se sujeita à proibição de pedir a recuperação.

O dispositivo legal, outrossim, determina a não sujeição aos efeitos da recuperação judicial dos contratos e obrigações decorrentes dos atos cooperativos praticados pelas sociedades cooperativas com seus cooperados. A relação não sujeita, portanto, é apenas entre a cooperativa e os cooperados, e não entre ela e terceiros que com ela contratem.

A despeito de o dispositivo não versava absolutamente sobre a matéria tratada, referido artigo não revoga o artigo primeiro, que estabelece que a lei não se aplica a quem não é empresário. As cooperativas, pelo próprio Código Civil, são sempre consideradas não empresárias, de modo que continuam a não se sujeitar ao procedimento de recuperação ou de falência.

Por fim, as sociedades seguradoras (Decreto-lei n. 73/66), bem como as entidades abertas de previdência complementar (Lei Complementar n. 109/2001) e as sociedades de capitalização (Decreto-lei n. 261/67), são submetidas à liquidação extrajudicial pela Superintendência de Seguros Privados – Susep. Apenas na ocasião em que a liquidação não for suficiente para o pagamento de mais da metade do passivo quirografário sua falência pode ser decretada mediante requerimento do liquidante nomeado pela Susep.

2.1.3 Insolvência

O pressuposto da insolvência não deve ser entendido, em seu sentido econômico, como a insuficiência de bens para satisfazer as obrigações. A hipótese de o ativo superar o passivo é irrelevante no processo falimentar e não impede, por si só, a decretação da falência do devedor, nem o contrário precisa ser demonstrado pelo legitimado ativo.

Essa insolvência econômica é presumida pela legislação de modo absoluto nas hipóteses descritas pelo art. 94 da Lei n. 11.101/2005. Embora normalmente ocorra a insolvência econômica nas hipóteses descritas na lei, sua existência não é imprescindível. A insolvência exigida para a decretação da falência do devedor é apenas a insolvência em seu sentido jurídico.

Independentemente da falta ou não de ativos suficientes para serem adimplidas as obrigações do devedor, basta, para a configuração de insolvência, a existência de uma das três situações estabelecidas pela lei como motivadoras da decretação da falência do empresário devedor: a impontualidade injustificada, a execução frustrada e a prática de atos de falência.

2.1.3.1 Impontualidade injustificada

A primeira hipótese de caracterização de insolvência está prevista no art. 94, I, da Lei n. 11.101/2005. Nesta, o devedor, sem relevante razão de direito, não paga, no vencimento, obrigação líquida materializada em título ou títulos executivos protestados cuja soma ultrapasse o equivalente a 40 salários mínimos na data do pedido de falência.

A obrigação, para motivar a decretação da falência pela hipótese de impontualidade injustificada, deve ser líquida. Não basta a obrigação do devedor de pagar. É imprescindível que, além de certa, a obrigação tenha montante determinado.

Outrossim, tal obrigação certa e determinada precisa estar materializada em título executivo, que se classifica em judicial e extrajudicial. São considerados títulos executivos judiciais os previstos no art. 515 do Código de Processo Civil, que compreendem: as decisões proferidas no processo civil que reconheçam a exigibilidade da obrigação de pagar quantia, de fazer, de não fazer ou de entregar coisa; a decisão homologatória de autocomposição judicial ou extrajudicial; o formal e a certidão de partilha; o crédito de auxiliar da justiça; a sentença penal condenatória transitada em julgado; a sentença arbitral; a sentença estrangeira homologada pelo STJ; e a decisão interlocutória estrangeira após a concessão do *exequatur* à carta rogatória pelo STJ. Títulos executivos extrajudiciais, por seu turno, são os previstos no art. 784 do Código de Processo Civil, e compreendem letra de câmbio, nota promissória, duplicata, debênture, cheque, escritura pública ou outro documento público assinado pelo devedor, documento particular assinado pelo devedor e por duas testemunhas, dentre outros determinados pela lei.

A impontualidade do cumprimento da obrigação é caracterizada pelo protesto do título executivo. O instrumento de protesto deve acompanhar o título executivo em que materializada a obrigação para o requerimento de falência do empresário devedor e, ademais, exige a identificação da pessoa que recebeu a notificação do protesto, nos termos da Súmula 361 do Superior Tribunal de Justiça. Na hipótese de título de crédito, basta para a caracterização da impontualidade o protesto cambial. Na hipótese de outro título executivo, não sujeito ao protesto cambial, imprescindível ainda o protesto, o qual é chamado de protesto especial da falência.

Entretanto, não é qualquer obrigação líquida e materializada em título executivo protestado que motiva a decretação da falência do devedor. Na lei anterior, diante da inexistência previsão de valor mínimo para a decretação da falência, construiu-se corrente doutrinária e jurisprudencial que recusava a hipótese de quebra diante do pequeno valor do débito e sem que fosse demonstrada a existência de outros credores. Isso porque o procedimento falimentar visa a afastar do mercado o agente econômico que prejudica a confiança dos demais agentes e afeta o crédito em geral. Não é o procedimento falimentar modo de cobrança de um único credor insatisfeito, mas procedimento de extirpação da empresa deficitária do mercado. Exige-se, portanto, que o crédito insatisfeito não seja diminuto, a ponto de ser presumida a insolvência do empresário.

Na Lei n. 11.101/2005, estabeleceu-se que a obrigação líquida, materializada em título executivo protestado, deve possuir um valor mínimo equivalente a 40 salários mínimos na data do pedido de falência. Entretanto, para que seja obtido esse valor mínimo, permite a lei que os credores se reúnam em litisconsórcio ativo e que seus créditos sejam somados para atingir o valor.

Essa impontualidade, outrossim, não pode ser justificada. O inadimplemento demonstrado pelo protesto do título não pode ter ocorrido com base em uma relevante razão de direito, pois, se justificada, a impontualidade sequer existiria. O art. 96 da Lei de Falência exemplifica as hipóteses em que haveria justa causa para o inadimplemento, que consistem em situações de inexistência da obrigação, sua inexigibilidade ou a invalidade do título. Dentre as hipóteses indicadas, a falsidade de título, prescrição, nulidade de obrigação ou de título, pagamento da dívida, qualquer outro fato que extinga ou suspenda a obrigação ou não legitime a cobrança do título ou vício no protesto.

São consideradas óbices ainda à decretação da falência pela impontualidade a apresentação de pedido de recuperação judicial no prazo da contestação e a cessação das atividades empresariais do devedor por mais de dois anos antes do pedido de falência, desde que comprovada por documento hábil do Registro Público de Empresas.

2.1.3.2 Execução frustrada

Além da impontualidade injustificada, pode a falência do devedor ser decretada se houver frustração da execução. Nos termos do art. 94, II, da LF, o executado por qualquer quantia líquida que não paga, não deposita e não nomeia bens suficientes à penhora pode ter sua falência decretada. É a chamada *tríplice omissão* do devedor insolvente.

A execução individual movida em face do devedor empresário exige que a obrigação que a fundamenta seja certa, líquida e exigível. Não satisfeita a obrigação, não garantido o juízo, ou não nomeados bens suficientes à penhora, há a insolvência do executado que motiva sua liquidação falimentar. A decretação da falência não se faz no próprio processo de execução individual. Com a frustração da execução, o credor exequente deve obter certidão judicial que demonstre que não houve a satisfação, o depósito ou a nomeação de bens suficientes à penhora no processo de execução individual e promover, no foro do principal estabelecimento do devedor, o pedido de falência instruído com a referida certidão.

A falência em decorrência de uma execução frustrada não exige que o montante inadimplido seja superior a 40 salários mínimos, como na impontualidade injustificada. Em ambas as formas de insolvência, entretanto, tanto na impontualidade injustificada quanto na execução frustrada, não motivam o pedido de falência os créditos que nela não se possam reclamar.

Os créditos não submetidos à falência e que, portanto, ainda que constantes de título executivo protestado e com obrigação líquida, ou em razão de execução frustrada, não podem submeter o devedor a uma liquidação falimentar são os previstos no art. 5º da LREF. Consistem tais créditos inexigíveis do devedor na falência os decorrentes de obrigações a título gratuito e das despesas que os credores fizerem para tomar parte na recuperação judicial ou na falência, salvo as custas judiciais decorrentes de litígio com o devedor.

As obrigações a título gratuito contraídas pelo devedor são as em que apenas o credor auferiu benefício. Sua inexigibilidade na falência é decorrente da insuficiência do patrimônio do devedor a adimplir todas as obrigações contraídas. Como não poderia satisfazer sequer as obrigações onerosas, em que o credor efetivamente realizou uma contraprestação em benefício do devedor, considerou a lei a impossibilidade de parte dos bens ser liquidada para pagamento de liberalidades do devedor.

Outrossim, as despesas dos credores para integrarem a recuperação judicial ou a falência, com exceção das custas judiciais decorrentes do litígio com o devedor, também não são submetidas à falência e não podem motivar o pedido de sua decretação.

2.1.3.3 Atos de falência

A falência pode ser decretada, ainda, pela prática de atos de falência pelo devedor. Tais atos são os praticados por devedor empresário que se encontra normalmente em estado de insolvência econômica ou que possa não satisfazer as obrigações a que está sujeito.

Diante de determinados comportamentos taxativamente previstos na lei, presume-se, de modo absoluto, o risco à satisfação dos credores e submete-se o devedor à falência, a menos que tais atos tenham sido praticados como parte de plano de recuperação judicial.

Comete ato de falência o empresário que:

a) procede à liquidação precipitada de seus ativos ou lança mão de meio ruinoso ou fraudulento para realizar pagamentos;

b) realiza ou, por atos inequívocos, tenta realizar, com o objetivo de retardar pagamentos ou fraudar credores, negócio simulado ou alienação de parte ou da totalidade de seu ativo a terceiro, credor ou não;

c) transfere estabelecimento a terceiro, credor ou não, sem o consentimento de todos os credores e sem ficar com bens suficientes para solver seu passivo;

d) simula a transferência de seu principal estabelecimento com o objetivo de burlar a legislação ou a fiscalização ou para prejudicar credor;

e) dá ou reforça garantia a credor por dívida contraída anteriormente sem ficar com bens livres e desembaraçados suficientes para saldar seu passivo;

f) ausenta-se sem deixar representante habilitado e com recursos suficientes para pagar os credores, abandona estabelecimento ou tenta ocultar-se de seu domicílio, do local de sua sede ou de seu principal estabelecimento; e

g) deixa de cumprir, no prazo estabelecido, obrigação assumida no plano de recuperação judicial.

2.1.4 Sujeitos ativos

O art. 97 da Lei n. 11.101/2005 permite ao próprio devedor requerer sua autofalência; ao cônjuge sobrevivente, ou qualquer herdeiro do devedor ou o inventariante; ao cotista ou acionista do devedor; ou qualquer credor.

No pedido de autofalência, o devedor não precisará demonstrar que é empresário regular. Não se obriga a juntada de certidão de inscrição no Registro Público de Empresas Mercantis, mas apenas a demonstração de que é empresário.

O credor poderá ser ou não empresário para requerer a falência de outro empresário. Caso seja empresário, a lei lhe impôs a obrigação de ser regular, o que será demonstrado pela certidão do Registro Público de Empresas.

Poderá o credor, também, ter ou não domicílio no Brasil. Caso não tenha, a lei lhe impôs a obrigação de prestar caução relativa às custas e ao pagamento de eventual indenização na hipótese de pedido realizado de má-fé.

2.2 Procedimento do pedido de falência

O procedimento judicial pré-falimentar é dependente do fundamento para o pedido de decretação da falência e do sujeito ativo que pugna pela decretação.

2.2.1 Impontualidade injustificada e execução frustrada

Fundado na impontualidade injustificada (art. 94, I, da LF), o credor deverá instruir a petição inicial com o título executivo e com o instrumento de protesto. Na execução frustrada, o credor deverá instruir sua petição inicial com a certidão expedida pelo Juízo em que se processa a execução, em que se ateste que não houve pagamento, nomeação de bens suficientes à satisfação ou depósito.

Em ambas as situações, caso em termos a petição inicial, o devedor sujeito à falência será citado para, no prazo de 10 dias, se assim o desejar, contestar o pedido, realizar o depósito elisivo e/ou pleitear sua recuperação judicial.

Em sua contestação, pode o devedor suscitar todas as matérias defensivas, tanto de natureza processual, em que são exemplos a nulidade de citação, incompetência absoluta, falta de condições da ação, coisa julgada, litispendência, como também as defesas de mérito, dentre as quais as indicadas no art. 96 da LF, como prescrição, nulidade da obrigação, pagamento da dívida, vício em protesto, cessação das atividades empresariais por mais de dois anos antes do pedido de falência, por exemplo.

A contestação pode ser acompanhada ou não do depósito elisivo, assim como esse pode ser feito independentemente de qualquer defesa pelo devedor. O depósito elisivo deve ser realizado no prazo para a apresentação da defesa, e não mais, como era previsto na lei anterior, em 24 horas, o que era considerado pela doutrina como insuficiente.

Chama-se depósito elisivo o depósito correspondente ao valor total do crédito, acrescido de correção monetária, juros e honorários advocatícios. Sua realização, independentemente da contestação, equivale ao reconhecimento do pedido, mas impede a decretação da falência do devedor.

Se a contestação estiver acompanhada do depósito elisivo, por outro lado, a decretação da falência também é afastada. A contestação, entretanto, deverá ser apreciada antes do depósito elisivo, de modo que inclusive a fase probatória poderá ser instaurada para que as partes possam demonstrar a veracidade de suas alegações antes da apreciação judicial.

Caso julgue a legitimidade do crédito e a insuficiência dos argumentos da defesa, deverá o juiz, se não ocorreu o depósito elisivo, decretar a falência do devedor. Se, nessa hipótese, tiver ocorrido o depósito elisivo, ainda que acolhidos os argumentos do credor e considerada inconsistente a defesa do devedor, a falência não é decretada, ocasião em que o juiz ordenará o levantamento pelo autor do valor depositado. Por fim, caso acolhidos os argumentos da contestação, profere o juiz a sentença denegatória da falência e determina o levantamento do montante de depósito elisivo pelo próprio devedor, se este tiver sido realizado.

Pode o devedor, ainda, no prazo da contestação, pleitear sua recuperação judicial, conforme art. 95 da Lei de Falência.

2.2.2 Prática de ato de falência

Na hipótese de o fundamento do pedido de decretação da falência ser a prática de ato de falência, o credor deve demonstrar a ocorrência de uma das situações previstas no art. 94, III, da Lei de Falência.

No prazo de 10 dias, pode o devedor empresário apresentar sua contestação. Nesta, poderá impugnar os fatos descritos na petição inicial e instruí-la com as provas da não ocorrência do ato de falência descrito como fundamento do pedido.

Diante da controvérsia, pode ser aberta a fase probatória, ocasião em que as partes poderão se desincumbir do ônus probatório que lhes é imposto. Após a análise das provas produzidas, o Juiz prolata sentença declarando ou denegando a falência.

Além da contestação, possível o pleito de recuperação judicial, nos termos do art. 95 da Lei n. 11.101/2005, desde que feito dentro do prazo de 10 dias.

Diferentemente dos fundamentos anteriores, o art. 98, parágrafo único, da Lei n. 11.101/2005, não admite o depósito elisivo na hipótese de atos de falência. Sua previsão específica é apenas para os pedidos de falência fundamentados na impontualidade injustificada e na execução frustrada.

A doutrina é controvertida sobre a possibilidade de depósito elisivo na hipótese de prática de atos de falência, diante da omissão legislativa.

Para Ecio Perin Júnior, "observe-se que a Lei de Falência e Recuperação de Empresas não prescreve o depósito elisivo quando o pedido de falência tem como base o art. 94, III. A jurisprudência, por outro lado, já vinha entendendo que o depósito era cabível nessa hipótese. Entendemos que isso também ocorrerá com a jurisprudência relacionada à novel legislação, até mesmo como reforço ao princípio da preservação da empresa"[11].

---
11 PERIN JÚNIOR, Écio. *Curso de direito falimentar e recuperação de empresas*. 4. ed. São Paulo: Saraiva, 2011. p. 148.

Para Fábio Ulhoa Coelho, "embora a lei não o preveja expressamente, deve ser admitido o depósito elisivo também nos pedidos de credor fundados em ato de falência, já que ele afasta a legitimidade do requerente. Assegurado, pelo depósito, o pagamento do crédito por ele titularizado, não tem mais interesse legítimo na instauração do concurso falimentar"[12].

Para Amador Paes de Almeida, o depósito elisivo só é admitido na hipótese de a falência ser requerida com base nos incisos I e II do art. 94 da Lei Falimentar, pois a prática de atos de falência põe "em relevo meios ruinosos e fraudulentos, capitulados como crime falimentar"[13].

Para Ricardo Negrão, "nos demais atos que caracterizam a falência (art. 94, III), a dívida não é passível de ser extinta por depósito em dinheiro, uma vez que o credor não necessita sequer apresentar prova de existência de dívida vencida. Assim, salvo nas situações arroladas no art. 94, II (execução frustrada: o executado não paga nem deposita ou nomeia bens à penhora), nas demais torna-se impossível de se calcular o valor do depósito elisivo a ser efetuado a favor do requerente. Admitir o depósito elisivo nas hipóteses em que a dívida não está vencida é admitir o pagamento antecipado a favor de um credor que, por exemplo, denunciou, por seu pedido de falência, a existência de oferecimento de garantia a favor de outro credor! Nesse caso, sua situação tornou-se mais privilegiada que a do credor que apenas recebeu garantias. O pedido falimentar serviria para contemplar fraudes e conluios entre credor e devedor, tornando lícitas situações que estariam sujeitas à ineficácia, no caso de decretação de falência"[14].

A despeito da controvérsia doutrinária, a lei foi expressa ao somente permitir o depósito elisivo nas hipóteses de impontualidade injustificada e de execução frustrada. Não poderia ser diferente. A prática de ato de falência caracteriza um meio ruinoso promovido pelo empresário, que atua com má-fé na condução de sua atividade. O depósito elisivo, caso admitido, permitiria o comportamento oportunista do empresário, comportamento este previsto, inclusive, como crime falimentar pela lei e que, para sua responsabilização, pressupõe a decretação da falência. A possibilidade do depósito asseguraria a má-fé do empresário, pois, caso seus atos fossem descobertos, estes não lhe causariam maiores repercussões e responsabilidades desde que efetuasse simplesmente o depósito do montante devido ao credor que pugnou pela decretação de sua falência.

---

12 COELHO, Fábio Ulhoa. Op. cit. v. 3. p. 283.
13 ALMEIDA, Amador Paes de. *Curso de falência e recuperação de empresa*. 26. ed. São Paulo: Saraiva, 2012, p. 118-119.
14 NEGRÃO, Ricardo. *Curso de direito comercial e de empresa*. 13. ed. São Paulo: Saraiva, 2019, v. 3. p. 307.

A falência, entretanto, não protege apenas o credor que figura no polo ativo do processo, mas garante a segurança de todo o sistema econômico, com a exclusão de agentes que ferem a confiança necessária ao regular desenvolvimento da atividade empresarial. A satisfação de um desses agentes, o credor que pugnou pela decretação da falência, não é suficiente para salvaguardar os interesses de todos os outros agentes envolvidos e prejudicados com a prática do ato de falência pelo empresário.

2.2.3 Pedido de autofalência

A falência pode ser requerida pelo próprio empresário devedor, em situação de crise econômico-financeira que julgue não atender aos requisitos para pleitear sua recuperação judicial.

O pedido do devedor deve expor as razões da impossibilidade de prosseguimento da atividade empresarial e deverá ser instruído com os documentos previstos no art. 105 da Lei n. 11.101/2005. Os documentos consistem em:

I – demonstrações contábeis referentes aos três últimos exercícios sociais e as levantadas especialmente para instruir o pedido, confeccionadas com estrita observância da legislação societária aplicável e compostas obrigatoriamente de balanço patrimonial, demonstração de resultados acumulados, demonstração do resultado desde o último exercício social e relatório do fluxo de caixa;

II – relação nominal dos credores, indicando endereço, importância, natureza e classificação dos respectivos créditos;

III – relação dos bens e direitos que compõem o ativo, com a respectiva estimativa de valor e documentos comprobatórios de propriedade;

IV – prova da condição de empresário, contrato social ou estatuto em vigor ou, se não houver, a indicação de todos os sócios, seus endereços e a relação de seus bens pessoais;

V – os livros obrigatórios e documentos contábeis que lhe forem exigidos por lei;

VI – relação de seus administradores nos últimos cinco anos, com os respectivos endereços, suas funções e participação societária.

Caso a petição inicial esteja em termos e instruída com os documentos imprescindíveis ao seu regular processamento, não há necessidade de qualquer citação. O Juiz aprecia o pedido com a sentença declaratória da falência do devedor.

2.3 Sentença denegatória da falência

O juiz, diante do pedido inicial e das provas produzidas, proferirá sentença, que poderá ser uma sentença denegatória da falência, em que não acolhe o pedido deduzido, ou uma sentença declaratória da falência, em que há a decretação da submissão do devedor ao processo de liquidação concursal.

A sentença denegatória da falência é proferida nas hipóteses em que o devedor efetuou o depósito elisivo ou de acolhimento das razões expostas na contestação.

Depositado o montante correspondente ao total do crédito, acrescido de correção monetária, juros e honorários advocatícios, é proferida sentença denegatória, que autoriza o levantamento pelo credor do valor depositado. Nessa hipótese, é reputado fundamentado o pedido de decretação de falência, que apenas foi obstado pelo depósito elisivo. Diante do princípio da causalidade, que evidencia que teria sido o devedor que deu causa ao pedido, as verbas de sucumbência serão arcadas integralmente pelo devedor.

Acolhidos os argumentos da defesa, que desconstituem os fundamentos da impontualidade injustificada, da execução frustrada ou da prática de atos de falência, a sentença não poderia ser outra que a denegatória da falência. Acolhida a contestação, não há fundamentação para o pedido de falência ter sido feito, de modo que, pelo princípio da causalidade, as custas judiciais e os honorários advocatícios devem ser impostos ao requerente.

O pedido de falência, ainda que não acolhido, gera enormes transtornos ao devedor, que pode ter seu crédito restringido pelas instituições financeiras ou ter suas contratações com fornecedores ou consumidores reduzidas em decorrência do aumento do risco de não cumprimento do convencionado. Sua utilização pelo credor, portanto, deve ser feita com responsabilidade para propiciar um processo de execução coletiva em face do devedor insolvente, e não para facilitar sua execução individual, em verdadeiro abuso de direito.

Ao proferir a sentença denegatória da falência, sob o fundamento do não acolhimento das alegações do requerente, ao juiz compete a análise da conduta do requerente. Verificado o dolo, a intenção de causar dano ao patrimônio do devedor ou a assunção de tal resultado, embora não desejado, o juiz poderá, na própria sentença denegatória, condenar o requerente ao ressarcimento das perdas e danos sofridos, os quais serão objeto de liquidação de sentença (art. 101 da LF).

Na hipótese de mais de um requerente, como na de credores em litisconsórcio a fim de perfazer o limite mínimo de 40 salários mínimos, a condenação ao ressarcimento das perdas e danos será solidária, desde que demonstrado o dolo de cada agente.

Nada impede, entretanto, que o devedor prejudicado demande, em ação indenizatória própria, se não tiver ocorrido condenação por inexistência de dolo manifesto ou, ainda, se reputar que o credor agiu com culpa ou abuso de direito. Igualmente, terceiro prejudicado com o pedido falimentar também pode, em ação própria, reclamar indenização do responsável pelo dano causado.

Da sentença que denega a falência, nos termos do art. 100 da LF, cabe recurso de apelação, cujo prazo de interposição é de 15 dias, a contar da data de intimação da sentença denegatória.

2.4 Sentença declaratória da falência

A sentença que decreta a falência encerra a fase preliminar e dá início à fase falimentar. Conhecida por sentença declaratória da falência, sua natureza é controversa.

Parte da doutrina entende que a sentença possui natureza declaratória, pois apenas declararia uma situação de fato que já existia anteriormente à decretação, a insolvência do devedor. Parte majoritária da doutrina, contudo, sustenta o seu caráter constitutivo, apesar do nome pelo qual é tradicionalmente conhecida.

A sentença que decreta a falência, de fato, declara uma situação de insolvência preexistente. Entretanto, não se limita a esse reconhecimento. A sentença cria e modifica uma situação jurídica. Decretada a falência, os direitos e obrigações do falido passam a ser submetidos a um novo regime jurídico, o regime falimentar. Apesar de reconhecer a insolvência preexistente, apenas depois da decretação da falência é que o devedor será considerado falido, seus bens serão submetidos ao procedimento de execução concursal e suas obrigações serão disciplinadas conforme regime específico.

Além dos requisitos genéricos existentes em qualquer sentença judicial, como o relatório, a fundamentação e o dispositivo, a sentença declaratória de falência possui requisitos específicos exigidos pelo art. 99 da LF. São requisitos da sentença que decreta a falência:

I – conterá a síntese do pedido, a identificação do falido e os nomes dos que forem a esse tempo seus administradores. A inclusão desse requisito no relatório visa à perfeita identificação do falido, diante dos enormes efeitos provocados pela falência. A indicação dos administradores, por seu turno, procura evidenciar a necessidade de cumprimento de obrigações decorrentes da decretação da falência, como as previstas no art. 104 da LF, como a de esclarecer as causas determinantes da falência, apresentar os bens imóveis e móveis que não se encontram no estabelecimento ou o nome do contador responsável pela escrituração dos livros obrigatórios.

II – fixará o termo legal da falência, sem poder retrotraí-lo por mais de 90 dias contados do pedido de falência, do pedido de recuperação judicial ou do primeiro protesto por falta de pagamento, excluindo-se, para essa finalidade, os protestos que tenham sido cancelados.

A situação de insolvência, em regra, não ocorre de um momento a outro, mas é prevista pelo devedor durante o desenvolvimento de sua atividade empresarial. Ciente de sua dificuldade econômica para satisfazer as obrigações contraídas, o devedor empresário pode, imediatamente antes da ciência pelos credores de sua dificuldade financeira e, portanto, de eventual decretação de falência, privilegiar determinados credores em detrimento de outros ou praticar atos com o intuito de salvaguardar bens que seriam arrecadados em futura execução concursal.

Durante determinado prazo que antecede a falência e que pode chegar a até 90 dias do primeiro protesto, do pedido de falência ou do pedido de recuperação, presume a lei que determinados atos praticados e que prejudiquem os interesses dos credores o foram com a consciência da situação deficitária da empresa. O termo legal da falência é justamente esse período suspeito, em que os atos praticados e prejudiciais aos credores são considerados ineficazes em relação à massa falida.

III – ordenará ao falido que apresente, no prazo máximo de cinco dias, relação nominal dos credores, indicando endereço, importância, natureza e classificação dos respectivos créditos, se esta já não se encontrar nos autos, sob pena de desobediência. O intuito dessa determinação é dar celeridade à formação do quadro geral de credores, bem como facilitar a localização dos credores pelo administrador judicial para a comunicação da falência do devedor.

IV – explicitará o prazo para as habilitações de crédito. As habilitações possuem o prazo de 15 dias após a publicação do edital contendo a íntegra da decisão que decreta a falência e a relação de credores. A determinação, contudo, não é apenas para ser esclarecido na sentença prazo já expresso na lei. Cumpre, além de explicitar o prazo para a habilitação, ao juiz indicar o administrador judicial a quem as habilitações ou divergências deverão ser apresentadas, bem como o local em que podem apresentá-las.

V – ordenará a suspensão de todas as ações ou execuções contra o falido.

VI – proibirá a prática de qualquer ato de disposição ou oneração de bens do falido, submetendo-os preliminarmente à autorização judicial e do Comitê, se houver, ressalvados os bens cuja venda faça parte das atividades normais do devedor se autorizada a continuação provisória.

VII – determinará as diligências necessárias para salvaguardar os interesses das partes envolvidas, podendo ordenar a prisão preventiva do falido ou de seus administradores quando requerida com fundamento em provas da prática de crime definido na Lei Falimentar.

VIII – ordenará ao Registro Público de Empresas e à Secretaria Especial da Receita Federal que procedam à anotação da falência no registro do devedor, para que dele constem a expressão "Falido", a data da decretação da falência e a inabilitação do falido. A previsão visa assegurar a publicidade da sentença, além de garantir a eficácia da decisão. Isso porque, além de indicar a falência do empresário, assegura a publicidade perante terceiros e eventuais novos contratantes de sua inabilitação para o desempenho de nova atividade empresarial.

IX – nomeará o administrador judicial.

X – determinará a expedição de ofícios aos órgãos e repartições públicas e outras entidades para que informem a existência de bens e direitos do falido.

XI – pronunciar-se-á a respeito da continuação provisória das atividades do falido com o administrador judicial ou a lacração dos estabelecimentos. A sentença de decretação da falência provoca o afastamento do devedor de suas atividades, com o intuito de preservar e otimizar a utilização produtiva dos bens, ativos e recursos produtivos. A atividade empresarial, entretanto, pode provisoriamente ser mantida, conduzida a partir de então pelo administrador judicial, em hipóteses em que o Juiz entenda que o prosseguimento da atividade é do interesse da massa.

XII – determinará, quando entender conveniente, a convocação da assembleia geral de credores para a constituição de Comitê de Credores, podendo ainda autorizar a manutenção do Comitê eventualmente em funcionamento na recuperação judicial quando da decretação da falência.

XIII – ordenará a intimação eletrônica do Ministério Público e das Fazendas Públicas Federal e de todos os Estados e Municípios em que o devedor tiver estabelecimento, para que tomem conhecimento da falência.

Além da publicidade por meio da anotação da falência na Junta Comercial e das comunicações às Fazendas, a sentença declaratória da falência deve ser publicada, em sua íntegra, por edital, o qual ainda deve ser integrado pela relação de credores do falido, caso conste nos autos (art. 99, parágrafo único, da LF).

A sentença declaratória da falência desafia o recurso de agravo. Tal recurso visa à formação de um instrumento de modo a não impedir o prosseguimento do processo falimentar. Esse recurso possui o prazo de interposição de 10 dias e pode ser interposto pelo credor, pelo devedor, pelo Ministério Público ou, ainda, eventualmente por um terceiro interessado.

Diante do agravo, é garantido ao prolator da decisão o juízo de retratação, por meio do qual pode reconsiderar a sentença prolatada ou modificá-la. Garante-se também, ao relator do recurso, a possibilidade de atribuir-lhe efeito suspensivo de modo a suspender o prosseguimento do processo falimentar e garantir o prosseguimento da atividade pelo empresário até a decisão final do agravo.

2.5 Efeitos jurídicos da falência

A decretação da falência submete os bens do falido à execução concursal e impõe às suas relações uma nova disciplina jurídica. Seus efeitos podem ser classificados quanto à incidência sobre os direitos dos credores, sobre a pessoa do falido, sobre os bens deste e sobre os contratos celebrados.

2.5.1 Efeitos em relação aos direitos dos credores

Com o intuito de garantir o pagamento equânime dos credores de uma mesma classe, a *par conditio creditorum*, a falência produz os seguintes efeitos em relação aos credores: vencimento antecipado de todas as obrigações do falido, conversão dos créditos em moeda estrangeira, formação da massa de credores, suspensão das ações e execuções individuais dos credores, suspensão da prescrição, suspensão da fluência de juros, disciplina dos direitos e deveres dos coobrigados solidários.

2.5.1.1 Vencimento antecipado de todas as obrigações do falido

A decretação da falência provoca o vencimento antecipado de todas as dívidas do devedor (art. 77 da LREF). A execução concursal exige que, para se garantir a equidade entre todos os credores, haja o ingresso de credores que possuam créditos já vencidos, assim como os que possuam créditos ainda a vencer. A hipótese de apenas os credores com créditos vencidos participarem da partilha do ativo obrigaria os credores com crédito vincendo a aguardar o termo da obrigação e a se limitar aos ativos restantes por ocasião do vencimento.

As obrigações sujeitas à condição suspensiva, entretanto, não terão o vencimento antecipado. A subordinação a um evento futuro e incerto impede que se possa ter certeza e segurança de que o credor será titular de um crédito a partir de determinada data. A decretação da falência não substitui a ocorrência do evento previsto na condição a objetivar o ato e a tornar como direito a até então mera expectativa do credor.

Por conta do vencimento antecipado das obrigações, os juros compensatórios que incidiriam sobre a obrigação devem ser proporcionalmente reduzidos, sob pena de a antecipação gerar locupletamento indevido do credor. Os juros que seriam devidos por ocasião do vencimento da obrigação, por exemplo os juros estipulados para as prestações do devedor em decorrência de anterior empréstimo bancário, somente incidem até o momento da decretação da falência (art. 124 da LREF).

Antecipado o vencimento das obrigações, os juros incidentes para o pagamento de obrigações vincendas careceriam de fundamento, pois não mais remunerariam o capital pela demora de sua devolução. A cobrança de juros contratuais posteriores faria o credor de obrigação até então vincenda se beneficiar com a antecipação do vencimento. Outrossim, a possibilidade dessa cobrança feriria a *par conditio creditorum* ao privilegiar, com o pagamento de juros posteriores à decretação da falência, apenas os credores que tivessem obrigações com vencimento antecipado.

Pela mesma razão, as cláusulas penais dos contratos unilaterais não serão atendidas se as obrigações neles estipuladas se vencerem em virtude da falência (art. 83, § 3º, da LREF). Embora a obrigação tenha o vencimento antecipado em decorrência da decretação da falência, a multa prevista pelo descumprimento ou mora no cumprimento da obrigação não será exigível do falido.

2.5.1.2 Conversão dos créditos em moeda estrangeira

A decretação da falência converte todos os créditos em moeda estrangeira para a moeda do país, pelo câmbio do dia da decisão judicial, conforme a previsão no art. 77 da Lei n. 11.101/2005. A conversão procura assegurar a possibilidade de definir um valor certo para o passivo do falido.

Na lição de Ricardo Negrão, "a conversão não aproveita aos fiadores e garantidores do falido, contra os quais se operará pelo câmbio do dia do efetivo pagamento"[15]. Nesses termos, os coobrigados e os garantidores somente podem habilitar parte dos créditos caso paguem o montante devido em uma taxa superior àquela que seria exigida do falido.

2.5.1.3 Formação da massa de credores

Decretada a falência do empresário, forma-se a massa falida, que pode ser classificada em objetiva e subjetiva.

Massa falida objetiva é o conjunto de bens arrecadados do devedor.

Massa falida subjetiva é constituída por todos os credores do falido admitidos na falência. Nem todos os credores do falido, entretanto, a integram, mas apenas os admitidos na falência.

Como já visto anteriormente, os créditos não submetidos à falência são os previstos no art. 5º da LREF, e compreendem os decorrentes de obrigações a título gratuito e das despesas que os credores fizerem para tomar parte na recuperação judicial ou na falência, salvo as custas judiciais decorrentes de litígio com o devedor.

A massa falida subjetiva não possui personalidade jurídica e é formada com o intuito de promover os interesses dos credores que a compõem. Para

---

15 NEGRÃO, Ricardo. Op. cit. São Paulo: Saraiva, 2019, vol. 3, p. 373.

tanto, ao ente despersonalizado são atribuídos direitos e obrigações, como o de representação pelo administrador judicial e o de demandar os devedores do falido, inclusive judicialmente, ou ser demandado.

2.5.1.4 Suspensão das ações e execuções individuais

A decretação da falência do empresário provoca a execução concursal do patrimônio do devedor por seus credores. Para que todos os bens do falido sejam arrecadados e sejam os credores pagos de forma equitativa em cada classe, o art. 6º, da Lei n. 11.101/2005, determina a suspensão das execuções individuais em face do devedor, inclusive aquelas promovidas por credores particulares em face do sócio solidário, desde relativas a créditos ou obrigações sujeitas à falência.

A suspensão das execuções individuais se restringe às ações promovidas em face do empresário falido. Não há suspensão das ações e execuções individuais promovidas pelo próprio devedor, pois não haveria prejuízo à formação da massa falida subjetiva e objetiva.

A suspensão dessas execuções em face do falido, entretanto, não é absoluta e comporta exceções. Não se suspendem as ações ilíquidas, consideradas todas as de conhecimento e em que se está apreciando se o devedor é efetivamente obrigado e por qual valor de obrigação. Também não se suspendem os procedimentos arbitrais e as execuções fiscais.

2.5.1.4.1 Reclamações trabalhistas

As reclamações trabalhistas, apesar da falência, permanecem em trâmite na Justiça do Trabalho e não são suspensas pela decretação. A *vis atractiva* do Juízo falimentar não elide a competência constitucional atribuída à Justiça do Trabalho para demandas com fundamento na relação de trabalho.

Referidas ações serão processadas perante a justiça especializada e não são suspensas. Prosseguem normalmente até a apuração do respectivo crédito, que será inscrito no quadro geral de credores pelo valor determinado em sentença (art. 6º, § 2º, da LF).

Não há impedimento ao pedido de habilitação, exclusão ou modificação de créditos trabalhistas diretamente no Juízo Falimentar. Na hipótese de ser realizada impugnação ao pedido, todavia, a discussão deverá ser apreciada pela Justiça Especializada, com a remessa dos autos para julgamento.

O pagamento ao credor trabalhista é realizado no Juízo da falência, após a regular apuração na Justiça do Trabalho. Baseado na sentença trabalhista, o crédito apurado e liquidado na Justiça do Trabalho é habilitado na falência. O crédito é incluído no quadro geral de credores pelo valor determinado na sentença, exceto eventuais correções apenas quanto a valores de juros e atualizações. Será pago conforme a ordem de preferência das classes.

2.5.1.4.2 Execuções fiscais

As execuções fiscais não se suspendem em decorrência da decretação da falência nem são atraídas pelo Juízo falimentar (art. 6°, § 7°-B, da LREF).

O trâmite é realizado no juízo competente para a execução fiscal, e a pretensão é deduzida diretamente em face da massa falida, caso promovida após a decretação da quebra, ou prosseguirá em face desta, caso anterior à falência. A massa falida será representada pelo Administrador judicial (art. 76, parágrafo único, da LREF) e será facultado ao falido apenas atuar como assistente processual.

Em que pese o prosseguimento do processo de execução fiscal, o pagamento do credor fiscal não pode prejudicar a ordem de credores estabelecida pela lei nem violar a equidade entre os credores da mesma classe, a *par conditio creditorum*.

O credor fiscal poderá habilitar seu crédito na falência. Apesar de o art. 7°-A, V, da Lei 11.101/2005 determinar a suspensão da execução fiscal até o encerramento da falência, as normas gerais em matéria tributária são disciplinadas por lei complementar, nos termos do art. 146 da Constituição Federal e o CTN, em seu art. 187, recepcionado como lei complementar, determina que a cobrança judicial dos créditos tributários não se sujeita ao concurso processual de credores, de modo que poderiam as execuções fiscais prosseguir normalmente.

Pelo art. 7°-A, após a publicação do edital da sentença de decretação de falência, o juiz instaurará, de ofício, para cada Fazenda Pública credora, incidente de classificação de crédito público e determinará a sua intimação eletrônica para que, no prazo de 30 dias, apresente diretamente ao administrador judicial ou em juízo, a depender do momento processual, a relação completa de seus créditos inscritos em dívida ativa, com os cálculos e a classificação.

Após o contraditório, o Juiz decidirá sobre o crédito. Os cálculos e a classificação dos créditos são de competência do Juízo falimentar. A decisão sobre a existência, a exigibilidade e o valor do crédito competirá ao Juízo da execução fiscal.

O crédito tributário, entretanto, somente será pago conforme a classificação no quadro geral de credores.

2.5.1.4.3 Ações que demandam quantia ilíquida

A execução individual visa expropriar bens do devedor para a satisfação do direito do credor. Sua conclusão impede o regular prosseguimento da execução concursal, pois reduz a massa falida objetiva e interfere na satisfação equânime dos credores. A execução individual pressupõe título de obrigação certa, líquida e exigível. A falta de liquidez do crédito exigível ou de certeza mediante instrumentalização em documento escrito não permite a execução individual ou a ação monitória para a expropriação de bens do devedor. O credor poderá ajuizar processo de conhecimento, de modo que não haveria, ao menos até a apuração da certeza, liquidez e a formação de um título, risco de prejuízo iminente à massa falida ou poderá pretender a apuração do *quantum debeatur* e do *an debeatur* diretamente na habilitação de crédito no procedimento falimentar. Não se justifica, diante da falta de risco à coletividade de credores, suspender as ações que demandam quantia ilíquida pela decretação da falência.

Para que não seja prejudicado por rateios efetuados enquanto seu crédito não é apurado para a realização de habilitação no concurso de credores, garante a lei, no art. 6º, § 3º, da LREF, que o Juiz competente para a apreciação do crédito poderá determinar a reserva de importância que estimar suficiente à satisfação do crédito. O Juiz competente para o reconhecimento da demanda determina ao Juízo Falimentar a reserva de montante para a satisfação do crédito que, após seu reconhecimento, será incluído no quadro geral de credores. Essa inclusão, assim, ainda que se protraia em razão do regular prosseguimento do processo judicial, não prejudicará o credor diante de eventuais rateios, pois a importância para sua satisfação estaria reservada.

2.5.1.5 Suspensão do curso da prescrição

A prescrição é a perda da pretensão em decorrência da inércia do titular do direito durante determinado tempo. A decretação da falência suspende o curso da prescrição das obrigações do devedor. A suspensão ocorre desde o momento da sentença declaratória de falência até o trânsito em julgado da sentença declaratória de encerramento desta.

A suspensão do curso da prescrição somente ocorre quanto às obrigações de responsabilidade do devedor. As obrigações de responsabilidade dos credores em face do falido não se suspendem em razão da falência. O decurso do tempo determinado sem que a massa falida promova, por meio do administrador judicial, a ação cabível em face do terceiro acarreta a prescrição do eventual crédito detido pelo falido.

A suspensão da prescrição quanto às obrigações de responsabilidade do devedor não se confunde com a decadência. Esta consiste na perda do próprio direito pelo decurso do prazo previsto em lei e não se suspende ou se interrompe com a decretação da falência.

2.5.1.6 Suspensão da fluência dos juros contra a massa falida

Os juros posteriores à decretação da quebra e até o momento do pagamento do principal não são exigíveis da massa falida se os bens arrecadados forem insuficientes para satisfazer o pagamento das obrigações principais de todos os credores (art. 124 da LREF).

Contra a massa são apenas exigíveis os juros incidentes do momento do vencimento da obrigação até a sentença declaratória da falência. Os juros vencidos após a decretação da quebra somente serão exigidos da massa caso haja ativo remanescente após o pagamento dos credores subordinados.

A não exigibilidade dos juros após a decretação da falência possui, entretanto, duas exceções. Os juros dos créditos com garantia real são exigíveis da massa, desde que o produto do bem dado em garantia possa suportar o montante da obrigação principal e dos referidos juros.

A segunda exceção expressa no art. 124, parágrafo único, da LREF, consiste nas debêntures. Embora não haja especificação na lei, a doutrina concebe como exceção que admite a cobrança de juros apenas as debêntures com garantia real, pois o dispositivo condiciona seu pagamento à existência de valor resultante do produto dos bens que constituem a garantia.

A massa falida pagará os juros vencidos após a sentença declaratória exclusivamente com o produto dos bens que constituem a garantia. Ressalta-se, entretanto, que o pagamento será realizado conforme a ordem de preferência dos credores. Apenas se as classes anteriores tiverem sido satisfeitas e se os bens dados em garantia não tiverem sido liquidados para o pagamento dos credores preferenciais é que se aplica a disposição que garante o pagamento dos juros decorrentes de créditos com garantias reais.

2.5.1.7 Disciplina dos direitos e deveres dos coobrigados solidários

O credor de coobrigados solidários, cujas falências sejam decretadas, tem o direito de concorrer, em cada uma delas, pela totalidade de seu crédito, até recebê-lo por inteiro (art. 127 da LREF).

A falência dos devedores solidários permite que o credor habilite a integralidade de seu crédito em cada massa falida. Se receber a integralidade do seu crédito, o credor deve comunicar o Juízo das falências para que não receba, no total, mais do que lhe era devido por todos os devedores. O pagamento que exceda ao total do devido ao credor será devolvido às massas, na proporção do que caiba a cada qual pela solidariedade da obrigação.

O pagamento por uma massa falida em proporção superior à que lhe cabia permite o exercício do direito regressivo contra as demais, em proporção à parte que pagou e àquela que cada uma tinha a seu cargo. Entretanto, se as massas eram garantes umas das outras, o valor excedente do pagamento deverá ser entregue à massa garantidora. Nessa hipótese, ao devedor principal deve ser imposta a obrigação de pagamento com o direito do garantidor de ser ressarcido pelo que pagou e, portanto, de receber o montante que excede ao crédito total do credor.

O direito de concorrer com a integralidade do devido em face de todas as massas falidas é obstado na hipótese de um dos coobrigados ser falido cujas obrigações tenham sido extintas por sentença. A extinção de suas obrigações impede que o falido se sujeite à habilitação do crédito. Ao credor é imposta limitação de cobrança desse crédito, a qual deve ser realizada apenas em face dos demais coobrigados, ainda que pela totalidade do devido.

Por outro lado, podem os coobrigados ser solventes e não falidos. Os coobrigados solventes e os garantes do devedor ou dos sócios ilimitadamente responsáveis podem habilitar o crédito correspondente às quantias pagas ou devidas, se o credor não se habilitar no prazo legal (art. 128 da LREF).

O direito de habilitar o crédito na massa falida pelo coobrigado somente ocorre após o decurso do prazo legal sem a habilitação do credor. A habilitação do credor impede a habilitação do coobrigado, de modo a se evitar uma dupla habilitação sobre o mesmo crédito.

Não se exige, entretanto, necessariamente, que tenha ocorrido o pagamento da obrigação solidária pelo coobrigado para que seja possível a habilitação. Essa pode ser realizada pelo montante pago ou pelo que o coobrigado pode ser constrangido a pagar. Isso porque as ações em face dos coobrigados não se suspendem pela decretação da falência de um dos devedores. Nessa hipótese, o coobrigado ou garante é considerado substituto do credor comum e, caso receba o pagamento pela massa, deve repassá-lo ao credor.

Diante da não suspensão das ações contra si, pode o coobrigado ser judicialmente constrangido a efetuar o pagamento, havendo ou não o credor simultaneamente habilitado seu crédito na falência. Caso o coobrigado pague o montante devido, sub-rogar-se-á na habilitação realizada pelo credor ou, se essa não existe, poderá habilitar seu crédito na falência.

A habilitação pelo coobrigado, todavia, não pode ser realizada por valor que não poderia ser imposto à massa falida. Não poderão ser cobrados da massa, pelo coobrigado, os créditos decorrentes de pagamento de atos de liberalidades, juros legais ou contratuais vencidos após a sentença declaratória da falência e a diferença da taxa de conversão das obrigações em moeda estrangeira na data da sentença de falência à taxa do efetivo pagamento da obrigação, pois a conversão na data da sentença e a suspensão da cobrança dos juros são efeitos apenas quanto ao falido, mas não se estendem aos coobrigados que, portanto, por eles são responsáveis.

2.5.1.8 Direitos dos credores na falência

Depois de habilitado na falência, ao credor são assegurados determinados direitos para que possa tutelar seu interesse na execução concursal.

O primeiro desses direitos é o de intervir nos processos em que a massa falida for parte. A intervenção será realizada na forma de assistência, desde que o credor demonstre seu interesse jurídico na demanda, ou seja, desde que demonstre que pode ter direitos atingidos, ainda que de maneira reflexa, pela sentença.

Os credores poderão, ainda, ter acesso aos livros e documentos do falido, independentemente de decisão judicial (art. 22, III, *a*, da LREF). Essa publicidade visa a facilitar ao credor a fiscalização do regular processamento da falência.

Esse direito de fiscalização pode ter como objeto a própria administração da massa. Embora, com a Lei n. 11.101/2005, as funções de fiscalizar as atividades, examinar as contas do administrador e zelar pelo cumprimento da lei tenham sido atribuídas ao Comitê de Credores, o credor pode requerer ao Juiz da falência tudo o que for de interesse da massa falida.

2.5.2 Efeitos da falência em relação ao representante do falido

A sentença declaratória acarreta determinados efeitos sobre a própria pessoa do falido, caso ele seja empresário individual de responsabilidade ilimitada. Caso pessoa jurídica, são imputados deveres aos representantes legais da pessoa jurídica falida. A declaração de falência impõe a esses obrigações e submete-os a limitações pessoais, nos termos do art. 104 da LREF.

As restrições e obrigações são impostas ao falido. Este é o devedor empresário, cuja falência foi decretada. Tanto pode ser o empresário individual, a empresa individual de responsabilidade limitada (Eireli) ou as sociedades empresárias. Nas sociedades falidas, os administradores e liquidantes figuram como órgãos que fazem a sociedade presente. Portanto, para que a sociedade possa cumprir as obrigações que lhe foram impostas, os administradores e os liquidantes das sociedades falidas estarão submetidos às mesmas obrigações do falido.

Embora sofra restrições em seus direitos e se sujeite a determinadas obrigações, o falido poderá fiscalizar a administração da falência, requerer as providências necessárias para a conservação de seus direitos ou dos bens arrecadados e intervir nos processos em que a massa falida seja parte ou interessada, requerendo o que for de direito e interpondo recursos cabíveis.

2.5.2.1 Obrigações impostas ao falido ou ao representante da pessoa jurídica falida

As obrigações são impostas ao falido ou seu representante para assegurar sua colaboração ao regular processamento da execução concursal e estão discriminadas no art. 104 da LF.

A primeira obrigação do falido é a de assinar nos autos, após a decretação da quebra, termo de comparecimento em que se identifica e apresenta seu endereço, esclarece quem são os sócios, controladores, administradores, caso sociedade, e narra as causas determinantes da falência. No termo, ainda, deve ser identificado o contador encarregado da escrituração dos livros obrigatórios, seus bens que se encontram no estabelecimento, contas bancárias e processos em andamento, além dos mandatos eventualmente outorgados e se faz parte de outras sociedades.

Na mesma oportunidade, deve o falido entregar ao administrador judicial os seus livros obrigatórios. Os livros serão entregues ao administrador judicial, após o encerramento de cada qual pelo Juiz da Falência. Embora nesse primeiro momento a obrigação seja de entrega apenas dos livros obrigatórios, posteriormente, mas "sem demora", como determinado pela lei, no art. 104, V, o falido deve entregar todos os bens, papéis, documentos e senhas de acesso a sistemas contábeis financeiros e bancários ao administrador judicial. Deve indicar ao administrador, ainda, os bens que estejam em poder de terceiros para que possam ser arrecadados.

Diante da necessidade de informações por todos os envolvidos para o regular processamento da falência, com a formação da massa, arrecadação de bens, liquidação e pagamento dos credores, determina-se ao falido que compareça a todos os atos da falência, ainda que possa ser representado por procurador, quando não for indispensável sua presença. Pela mesma razão, deve ainda o falido prestar informações reclamadas por todos os envolvidos no processo sobre fatos que interessem à falência; auxiliar o administrador judicial com zelo e presteza; examinar as habilitações de crédito apresentadas; assistir ao levantamento, à verificação do balanço e ao exame dos livros; apresentar a relação de seus credores e examinar e dar parecer sobre as contas do administrador judicial.

A omissão do falido no cumprimento de suas obrigações, além de acarretar eventual preclusão de qualquer impugnação, por exemplo ao não examinar as habilitações de créditos apresentadas, submete o falido à responsabilidade penal pelo crime de desobediência.

2.5.2.2 Restrições impostas ao falido

Ao falido são impostas, além de obrigações, algumas limitações que, entretanto, não afetam a sua capacidade jurídica de gozo ou de exercício. O empresário falido permanece plenamente capaz de exercer pessoalmente seus direitos e de contrair obrigações. Sobre alguns direitos, entretanto, são impostas limitações.

2.5.2.2.1 Proibição para o exercício da atividade empresarial

Embora o exercício de qualquer trabalho, ofício ou profissão seja assegurado pela Constituição Federal, no art. 5º, XIII, como corolário da livre-iniciativa, princípio fundamental do Estado Democrático de Direito, o exercício pode ser restringido pela lei. A norma constitucional, de eficácia contida, garante o exercício pleno de qualquer atividade profissional, exceto se houver restrição legislativa.

Tal restrição legislativa é exatamente a hipótese legal de falência. O art. 102 da LREF, impõe ao falido a inabilitação para o exercício de qualquer atividade empresarial. Desde a sentença declaratória da falência até a sentença que extingue suas obrigações, o falido não pode exercer profissionalmente atividade econômica organizada para a produção ou para a circulação de bens ou de serviços.

A inabilitação é efeito automático da decretação da falência. Constitui, também, efeito eventual da condenação criminal por crime falimentar. O efeito da inabilitação em razão da prática de crime falimentar exige motivação declarada na sentença condenatória, e os efeitos da proibição de exercício da atividade empresarial perdurarão até cinco anos após a extinção da punibilidade (art. 181, I e § 1º, da LREF).

O exercício de referida atividade pelo inabilitado durante o período da proibição constitui, inclusive, conduta tipificada como crime falimentar pelo art. 176 da LREF, mas não impedirá que o falido responda pelas obrigações contraídas.

2.5.2.2.2 Perda do direito de administrar e dispor de seus bens

Após a decretação da quebra, para que o falido não possa dispersar seus bens, perde o direito de administrar e dispor de seu patrimônio. Seu afastamento da administração e disposição dos bens permite sua arrecadação e liquidação pela massa falida, imprescindíveis ao regular procedimento falimentar.

A administração e o poder de disposição dos bens são conferidos ao administrador judicial. O falido poderá, apenas, fiscalizar essa administração e requerer as providências necessárias para a conservação de seus direitos ou dos bens arrecadados.

Essa restrição à pessoa do falido, contudo, não perdura até a extinção de suas obrigações, como ocorre em relação à proibição de exercer atividade empresarial. Referida limitação ocorre apenas durante o curso do processo falimentar e para que a massa falida objetiva possa ser formada.

Após o encerramento do processo, com o fim da atuação do administrador judicial, os bens eventualmente remanescentes retornam à administração do falido.

2.5.2.2.3 Perda da legitimação ad causam

Após a decretação da falência, a massa falida, representada pelo administrador judicial, sucederá o falido em todas as ações patrimoniais que envolvam a falência. Decretada a quebra, o administrador deverá ser intimado para representar a massa falida, sob pena de nulidade do processo.

O falido, nesses termos, sofre limitação em sua capacidade processual. Perde a legitimidade de ser parte, quer autor ou réu, nas ações patrimoniais que interfiram com interesses da massa falida.

A defesa desses interesses é realizada pela massa falida, de modo que o falido, caso deseje e diante de seu interesse na conservação dos bens de sua propriedade, poderá apenas figurar no processo como terceiro interveniente. Pode o falido requerer o que for de direito para a proteção de seus interesses e, inclusive, interpor os recursos cabíveis no processo em que for parte a massa falida.

2.5.2.2.4 Suspensão do direito ao sigilo de correspondência

O direito de sigilo da correspondência é garantido pela Constituição Federal no art. 5º, XII. No dispositivo, garante-se a inviolabilidade de cartas, das comunicações telegráficas, de dados e das comunicações telefônicas, excetuando-se da preservação apenas as últimas, se houver ordem judicial, nas hipóteses em que a lei estabelecer para fins de investigação criminal ou instrução processual penal.

O Decreto-lei n. 7.661/45, em seu art. 63, II, determinava a obrigação do síndico de abrir a correspondência dirigida ao falido, desde que na presença deste ou de pessoa por ele designada. Sobre o normativo, entendia a doutrina sua constitucionalidade, pois o sigilo seria garantido diante da presença do falido ou de pessoa por ele autorizada.

A Lei n. 11.101/2005 não manteve o dispositivo com a mesma redação. Em seu art. 22, III, *d*, determinou o dever do administrador judicial de receber e abrir a correspondência dirigida ao devedor. Apenas as correspondências cujo assunto não seja de interesse da massa falida serão entregues ao falido pelo administrador.

A despeito da falta de determinação da presença do falido na abertura das correspondências, interpreta-se restritivamente o dispositivo para lhe assegurar a constitucionalidade. Segundo a interpretação, a inviolabilidade do sigilo e a constitucionalidade da norma são garantidas apenas se a correspondência for aberta na presença do administrador judicial ou de terceira pessoa por ele autorizada. Garante-se, pela interpretação, que apenas as correspondências efetivamente relacionadas ao desempenho da atividade empresarial e, portanto, de interesse da massa falida sejam submetidas ao administrador judicial, com a entrega das correspondências pessoais ao falido.

2.5.2.2.5 Restrição ao direito de ausentar-se da comarca

Ao falido ou ao representante legal da pessoa jurídica é imposta a limitação, após a decretação da falência, de não se ausentar do lugar onde se processa a falência sem motivo justo e comunicação expressa ao juiz, e sem deixar procurador bastante.

A limitação ao seu direito de liberdade é decorrente da necessidade de celeridade do processo falimentar. Para seu regular processamento e para o resguardo dos interesses da massa falida, a falência exige o comparecimento do falido em diversos atos judiciais ou para prestar informações sempre que exigido. Essas obrigações não poderiam ser atendidas na hipótese de o falido ausentar-se da comarca sem motivo justificado.

2.5.3 Efeitos da falência em relação aos sócios da sociedade falida

A decretação da falência da sociedade empresária acarreta a falência dos sócios de responsabilidade ilimitada (art. 81 da LREF). Os sócios da sociedade em nome coletivo, os sócios comanditados da sociedade em comandita simples, os acionistas diretores das sociedades em comandita por ações e os sócios das sociedades em comum respondem ilimitadamente pelas obrigações sociais e, caso decretada a falência da sociedade, ficam submetidos aos mesmos efeitos jurídicos produzidos em relação à sociedade falida.

A falência dos sócios ilimitadamente responsáveis também envolve o sócio que tenha se retirado ou sido excluído da sociedade há menos de dois anos, mas apenas quanto às dívidas existentes na data de arquivamento da alteração contratual referente à sua retirada ou exclusão. Caso o sócio tenha se retirado voluntariamente ou sido excluído da sociedade há mais de dois anos não se sujeitará à falência. Do mesmo modo, caso o sócio tenha voluntariamente se retirado ou sido excluído há menos de dois anos e não restem obrigações à época do arquivamento de sua retirada como inadimplidas, a falência não pode ser a ele estendida.

A falência dos sócios ilimitadamente responsáveis em razão da falência da sociedade falida implica a necessidade de habilitação dos credores particulares dos sócios no processo falimentar.

Os sócios de responsabilidade limitada não falirão em decorrência da falência da sociedade. Entretanto, os sócios de responsabilidade limitada, os administradores ou os sócios controladores da sociedade falida podem ser responsabilizados por atos praticados com dolo ou culpa.

A responsabilidade pessoal dos sócios, administradores e controladores será apurada independentemente da realização do ativo e da prova da insuficiência para saldar o passivo. A apuração ocorrerá mediante ação própria de responsabilização, que prescreverá em dois anos, contados do trânsito em julgado da sentença de encerramento da falência (art. 82, § 1º, da LREF).

Referidas ações serão processadas no próprio juízo da falência, independentemente da realização do ativo e da prova da sua insuficiência para cobrir o passivo. Nessas ações condenatórias, poderá o juiz falimentar, de ofício ou mediante requerimento das partes, ordenar a indisponibilidade de bens particulares dos sócios réus em quantidade compatível com o dano provado e até que ocorra o julgamento (art. 82 da LREF).

Podem, ainda, ser os sócios limitadamente responsáveis demandados para que integralizem o capital social ou em razão da responsabilização pelos bens utilizados para essa integralização, como na hipótese de evicção.

A decretação da falência, outrossim, impõe a estes a suspensão do direito de retirada ou de recebimento do valor de suas quotas ou ações. Para que possa a massa falida objetiva ser formada, com a arrecadação de todos os bens para a satisfação dos credores, impede a lei que o sócio ou acionista da sociedade se retire desta e obtenha o valor referente à proporção do capital da sociedade por ele detida. Garante-se assim, com a restrição ao direito de retirar e ao pagamento do valor das quotas ou ações, a integridade da massa falida objetiva para a satisfação dos credores.

A desconsideração da personalidade jurídica pode ser aplicada no caso da sociedade falida. Nos termos do art. 82-A, a desconsideração da personalidade jurídica é possível, mas é vedada a extensão da falêncai ou de seus efeitos, no todo ou em parte, aos sócios de responsabilidade limitada, aos controladores e aos administradores da sociedade falida. A desconsideração poderá implicar, entretanto, a responsabilização dos sócios, do adminsitrador, do grupo societário ou de terceiros, nos termos do art. 50 do Código Civil.

2.5.4 Efeitos da falência em relação aos contratos do falido

Como visto anteriormente, a decretação da falência determina o vencimento antecipado das dívidas do devedor. A previsão do art. 77 da LF é referente aos contratos unilaterais em que o falido é devedor e não se confunde com os contratos bilaterais.

Quanto aos contratos unilaterais, há o vencimento antecipado das dívidas do devedor falido e ao credor incumbe habilitar seu crédito na falência. O administrador judicial, entretanto, poderá dar cumprimento ao contrato unilateral se, mediante autorização do Comitê de Credores, esse fato reduzir ou evitar o aumento do passivo da massa falida ou for necessário à manutenção e preservação de seus ativos, realizando o pagamento da prestação pela qual está obrigada (art. 118 da LF).

Contratos unilaterais são os contratos em que apenas uma das partes se obriga perante a outra. Embora negócio jurídico bilateral, que exige o concurso de vontade de duas ou mais pessoas, o contrato pode ser celebrado para impor a apenas uma das partes, a devedora, uma obrigação a ser cumprida em face da outra parte, a credora. São exemplos dos referidos contratos a doação pura, o mútuo, o comodato.

Contratos bilaterais, por seu turno, são os contratos em que as obrigações são recíprocas entre os contratantes. As partes são credoras e devedoras umas das outras, ou seja, a prestação é realizada em decorrência de uma contraprestação pela parte adversa.

Os contratos bilaterais não se resolvem com a falência, como ocorre com os contratos unilaterais. Os contratos bilaterais podem ser cumpridos pelo administrador judicial, se o cumprimento reduzir ou evitar o aumento do passivo da massa falida ou for necessário à manutenção e preservação de seus ativos, mediante autorização do Comitê (art. 117 da LF).

O cumprimento dos contratos bilaterais é faculdade atribuída ao administrador judicial. Mediante autorização do Comitê, deve este apreciar a conveniência à massa falida no cumprimento das obrigações a que se sujeitou. Essa conveniência não é apreciada segundo um juízo arbitrário do administrador. A lei impôs a consideração sobre o aumento do passivo da massa ou sobre a manutenção dos ativos para a apreciação da conveniência do cumprimento ou da rescisão do contrato bilateral pelo administrador judicial.

Em decorrência da rescisão, o contratante poderá, mediante ação própria, apurar os prejuízos resultantes da rescisão do contrato. Após a liquidação de seu crédito, habilitar-se-á como credor quirografário na falência.

Por outro lado, caso a decisão seja de cumprimento do contrato, os valores serão considerados créditos extraconcursais, pois decorrentes de obrigações resultantes de atos jurídicos válidos praticados após a decretação da falência, conforme art. 84, V, da LF.

Pode ocorrer, entretanto, que o administrador não se manifeste sobre o cumprimento ou não do contrato bilateral. O contratante poderá, nessa hipótese, interpelar o administrador judicial, no prazo de até 90 dias, contado da assinatura do termo de sua nomeação, para que, dentro de 10 dias, declare se cumpre ou não o contrato. A não manifestação do administrador gera a resolução do contrato e, da mesma forma que a negativa, confere ao contratante o direito à indenização pelo dano sofrido (art. 117, §§ 1º e 2º, da LF).

A doutrina controverte sobre a vigência de cláusula contratual que prevê a resolução do contrato na hipótese de falência, diante do art. 117 da LREF, que prevê a possibilidade de o administrador determinar o cumprimento do contrato pela massa falida.

Fábio Ulhoa Coelho sustenta a validade da cláusula. Para ele, "esta cláusula é igualmente válida e eficaz e não pode deixar de ser obedecida pelos órgãos da falência (Comitê e administrador judicial). Se as partes pactuam sobre as consequências que a eventual quebra, ou o pedido de falência, de uma delas trará para o vínculo contratual, concordando que este se desconstituirá, afastam a aplicação das normas do direito falimentar"[16].

Em sentido contrário, acompanhado pela maioria da jurisprudência, Manoel Justino Bezerra Filho sustenta que "essa cláusula não será considerada, porém, se o administrador judicial pretender dar cumprimento ao contrato (...) tendo em vista as características também públicas da falência"[17].

2.5.4.1 Regras especiais impostas a determinados contratos do falido

Sobre alguns contratos específicos, previstos no art. 119 da LF, incidem regras específicas. A disciplina especial não é necessariamente coincidente com a regra geral de não resolução dos contratos bilaterais em razão da falência e da possibilidade de cumprimento ou não do contrato bilateral pelo administrador judicial.

2.5.4.1.1 Contrato de compra e venda de coisa em trânsito

O art. 495 do Código Civil, determina que, nas vendas a prazo, não obstante o prazo ajustado para o pagamento, se antes da tradição o comprador cair em insolvência, poderá o vendedor sobrestar a entrega da coisa até que o comprador lhe dê caução de pagar no tempo ajustado.

A Lei de Falência estipula uma exceção à regra. O vendedor não pode obstar a entrega das coisas expedidas ao devedor e ainda em trânsito, se o comprador falido, antes do requerimento da falência, as tiver revendido, sem

---

16 COELHO, Fábio Ulhoa. *Comentários à nova lei de falências e recuperação de empresas*. São Paulo: Saraiva, 2005. p. 317.
17 BEZERRA FILHO, Manoel Justino. *Lei de recuperação de empresas e falência*. 8. ed. São Paulo: Revista dos Tribunais, 2013. p. 272.

fraude, à vista das faturas e conhecimentos de transporte, entregues ou remetidos pelo vendedor.

Para que se possa compreender a exceção, é necessário se conceituar a tradição, que pode ser real ou simbólica. A tradição real é a entrega do objeto vendido ao comprador. A tradição ficta, por seu turno, caracteriza-se pela entrega, em vez da coisa objeto do contrato, de documentos ou outro bem que representem o referido objeto.

A entrega de faturas e de conhecimento de transporte permite a transmissão da propriedade da coisa ao comprador e configura a tradição ficta da propriedade. A Lei de Falência, entretanto, apesar de a tradição já ter efetivamente ocorrido, garantiu ao vendedor o direito de sobrestar a entrega da coisa ainda em trânsito na hipótese de falência do comprador.

O direito de obstar a entrega, chamado *stoppage in transitu*, somente pode ocorrer se o comprador falido não tiver, antes do requerimento da falência, revendido as mercadorias e estas ainda estiverem sendo transportadas para a efetiva entrega. Embora a tradição ficta já tenha ocorrido, diante da falência a entrega efetiva pode ser obstada, mediante simples contraordem ao transportador, desde que a revenda não tenha ocorrido.

2.5.4.1.2 Contrato de compra e venda de coisas compostas

A regra geral prevista aos contratos bilaterais é a possibilidade de o administrador, mediante autorização do Comitê de Credores, cumprir ou não os contratos desde que o cumprimento reduza ou evite o aumento do passivo da massa falida ou seja necessário à manutenção e preservação dos ativos.

Caso a compra e venda tenha por objeto coisas compostas, cuja entrega será realizada em partes ao longo do período contratual, o administrador ainda assim pode resolver referido contrato inicialmente executado por ocasião da falência. O comprador que já houver recebido parte da coisa, mas não sua totalidade, entretanto, poderá devolvê-la à massa falida e requerer ressarcimento de perdas e danos pela rescisão contratual.

2.5.4.1.3 Contrato de compra e venda de bens móveis a prestação

O contrato de compra e venda pode ter por objeto coisa móvel, que o falido vendeu mediante o pagamento do preço em prestações pelo adquirente.

Decretada a falência do vendedor, é possível que o administrador judicial opte por resolver o contrato, sem que a coisa móvel tenha sido entregue ao adquirente ou, no contrato de prestação de serviço, sem que o serviço tenha sido prestado efetivamente. Nada obsta, contudo, que o administrador judicial, para evitar o aumento do passivo da massa falida, resolva cumprir o contrato e entregar a coisa vendida ou prestar o serviço contratado.

Caso não o faça, contudo, o credor que eventualmente já tiver satisfeito parcialmente sua obrigação, ou seja, já tiver pago parte do preço contratado ou antecipado o pagamento do serviço a ser prestado, deverá habilitar o crédito na falência como credor quirografário.

2.5.4.1.4 Contrato de compra e venda com reserva de domínio

O contrato de compra e venda pode ser celebrado com a cláusula de que o vendedor reserva para si a propriedade até que o preço esteja integralmente pago. No referido contrato, a posse é entregue ao adquirente que, apenas após o integral pagamento do preço, passa a ser proprietário do bem. Até o pagamento integral do preço, a propriedade é mantida com o alienante, que a conserva como garantia da satisfação da obrigação pelo devedor.

A falência do adquirente do bem permite ao administrador judicial optar pelo cumprimento da avença contratual. Para que possa continuar com a posse da coisa e de modo a se tornar proprietária do bem, a massa falida deve satisfazer o pagamento das parcelas a que se obrigou.

O administrador judicial do adquirente falido, todavia, pode resolver o contrato caso a massa não possua bens a satisfazer as prestações. Nessa hipótese, como a massa está na posse do bem, embora a propriedade se conserve com o vendedor, este pode requerer a restituição da coisa.

A restituição é realizada pelo procedimento dos arts. 85 e seguintes, os quais preveem que a Massa será citada para contestar em cinco dias. Caso procedente, haverá a determinação da entrega da coisa no prazo de 48 horas.

O vendedor, entretanto, embora seja reintegrado na posse da coisa, deve restituir ao devedor falido o montante por este pago, deduzidas as despesas sustentadas em razão da resolução, mas incluindo as despesas de conservação da coisa reclamada.

2.5.4.1.5 Compra e venda de coisas vendidas a termo com cotação em bolsa ou mercado

Nos contratos de compra e venda é possível estipular que as obrigações de entrega da coisa e de pagamento do preço fiquem sujeitas a determinado evento futuro e certo, o termo. Referida prática é usual no "mercado futuro", em que o investidor tenta se beneficiar com a alteração da cotação futura de determinada mercadoria ou bem.

O art. 119, V, da LREF, regula exatamente esses contratos de mercado futuro. Na hipótese de não execução do contrato, pela falta de entrega do bem ou do pagamento do preço, diante da falência da parte, será devida a diferença entre a cotação em bolsa ou mercado do dia do contrato e a da época da liquidação em bolsa ou mercado.

A massa falida, ao rescindir o contrato de compra e venda de coisas vendidas a termo e que tenham cotação em bolsa ou mercado, deverá, quer seja compradora ou vendedora do bem, pagar ou terá direito a receber o valor referente à diferença da cotação do dia da celebração do contrato e do dia em que este deveria ser liquidado. Não haverá o pagamento do preço ou a entrega do bem, mas apenas da diferença entre o preço decorrente da cotação.

2.5.4.1.6 Promessa de compra e venda de imóveis

A Lei Falimentar remete à aplicação da legislação específica a disciplina dos efeitos da promessa de compra e venda de imóveis em decorrência da falência de uma das partes. A legislação específica sobre o compromisso de compra e venda de imóveis garante o seu cumprimento pelo adquirente e a obrigação de outorga da escritura pelo vendedor, ainda que tenha falido.

A Lei n. 6.766/79, ao versar sobre o compromisso de compra e venda de imóvel loteado, em seu art. 30, estabelece que a sentença declaratória de falência de qualquer das partes não rescindirá os contratos de compromisso de compra e venda ou de promessa de cessão que tenham por objeto a área loteada ou lotes desta.

Se a falência for do proprietário da área loteada, incumbirá ao administrador dar cumprimento aos referidos contratos; se do adquirente do lote, seus direitos serão levados à praça. A arrematação do direito implicará a reversão do produto para a massa falida, com o prosseguimento do adimplemento das prestações vincendas do contrato pelo arrematante.

Quanto ao imóvel não loteado, sua regulação continua pelo Decreto-lei n. 58, de 1937, que, em seu art. 22, determina que os contratos de compromisso de compra e venda, sem cláusula de arrependimento, cujo preço tenha sido pago no ato de sua constituição ou deva sê-lo em uma ou mais prestações, desde que inscritos a qualquer tempo, atribuem aos compromissários direito real ou oponível a terceiro e lhes conferem o direito de adjudicação compulsória.

2.5.4.1.7 Contrato de locação

Nos contratos de locação, a falência do locador não resolve o contrato de locação. O contrato é mantido no próprio interesse da massa falida, que continuará a receber os aluguéis do locatário.

Caso a falência seja do locatário, o administrador judicial pode, a qualquer tempo, denunciar o contrato. O administrador possui discricionariedade para executar ou resolver o contrato conforme a conveniência aos interesses da massa.

2.5.4.1.8 Compensação e liquidação de obrigações do Sistema Financeiro Nacional

O art. 119, VIII, da LF, determina que, caso haja acordo para compensação e liquidação de obrigações no âmbito do Sistema Financeiro Nacional, a parte não falida poderá considerar o contrato vencido antecipadamente. Referida disposição subverte a regra geral prevista no art. 117 da LF, que estabelece que os contratos bilaterais não se resolvem pela falência e podem ser cumpridos pelo administrador judicial.

O contrato estabelecido com bancos e instituições financeiras será liquidado, na hipótese de falência de qualquer das partes, na forma estabelecida em regulamento do Banco Central. Na liquidação do contrato, admite-se a compensação de eventual crédito que venha a ser apurado em favor do falido com créditos detidos pelo contratante.

Caso, após a compensação, haja saldo em favor do falido, o montante excedente deve ser transferido e fará parte da massa falida objetiva. Se houver saldo negativo em face do falido, o valor do crédito da instituição financeira deverá ser habilitado na massa.

2.5.4.1.9 Contrato de mandato

O contrato de mandato opera-se quando alguém se obriga a praticar atos ou a administrar interesses por conta de outra pessoa. Pode ser especial ou geral. O art. 660 do Código Civil determinou que o mandato pode ser geral a todos os negócios do mandante ou especial a um ou mais negócios determinadamente, como a prática ou administração de interesses em Juízo.

Os contratos de mandato, celebrados antes da decretação da falência, em que o mandatário se obrigou a praticar determinado negócio ou zelar por todos os negócios em benefício do mandante falido terão seus efeitos cessados com a decretação da quebra. A resolução automática do contrato, contudo, possui uma exceção: o mandato conferido para representação judicial do devedor continua em vigor até que seja expressamente revogado pelo administrador judicial.

Caso o falido seja o mandatário, e não o mandante, o contrato de mandato celebrado antes da falência é resolvido, a menos que verse sobre matéria estranha à atividade empresarial.

2.5.4.1.10 Contrato de conta-corrente

Contrato de conta-corrente é o contrato pelo qual duas pessoas se comprometem a lançar reciprocamente valores em uma conta, que se registram em partidas de crédito e débito. Na data do encerramento contratado, apurar-se-á o saldo existente, ou seja, o crédito ou débito de cada um. O art. 121 da Lei de Falência determina que esse saldo será apurado na data da decretação da falência, ocasião em que as contas correntes com o devedor consideram-se encerradas.

2.5.4.1.11 Contrato de trabalho

Como contrato bilateral, o contrato de trabalho se submete à regra geral do art. 117 da LF que determina que os contratos não se resolvem pela falência. Entretanto, pode o administrador judicial cumprir ou não o contrato se o cumprimento reduzir ou evitar o aumento do passivo da massa falida ou for necessário à manutenção e preservação de seus ativos.

A decretação da falência pode permitir, ainda que excepcionalmente, a continuação da atividade empresarial pelo administrador judicial, desde que no interesse da massa e haja pronunciamento judicial. Nessa hipótese, não há a lacração do estabelecimento empresarial, e os trabalhadores prosseguirão normalmente com sua atividade.

De modo a corroborar o dispositivo, o art. 449 da CLT, é expresso ao determinar que "os direitos oriundos da existência de contrato de trabalho subsistirão em caso de falência, concordata ou dissolução da empresa".

A rescisão expressa do contrato de trabalho, ou tácita decorrente do silêncio após interpelação do administrador judicial pelo contratante, permite aos trabalhadores pleitearem as verbas rescisórias a que têm direito.

Ainda que haja alienação de ativos, inclusive da empresa ou de suas filiais, e caso sejam os empregados do falido contratados pelo arrematante, as indenizações continuam de responsabilidade do falido. Os empregados do devedor, contratados pelo arrematante, serão admitidos mediante novos contratos de trabalho, e o arrematante somente será responsável pelas obrigações decorrentes do novo contrato, não do anterior, que permanece sob a responsabilidade do falido.

2.5.4.1.12 Contratos de sociedade

O contrato de sociedade também possui regra específica, que não se amolda à regra geral de que os contratos não se resolvem pela decretação da falência de um dos contratantes, exceto se houver conveniência aos interesses da massa pelo administrador judicial.

No contrato de sociedade, duas ou mais partes convencionam a criação de uma organização, entendida esta como a coordenação da influência recíproca entre os atos. Em razão do objetivo social de desenvolvimento de uma atividade organizada, são atribuídos direitos e obrigações a todos os contratantes. A falência de um desses contratantes, sócio comanditário ou cotista das sociedades em comum, simples, em nome coletivo, em comandita simples ou por ações ou ainda sociedade limitada, provoca a liquidação dos haveres do sócio falido. A falência do sócio, seja ele empresário individual ou pessoa jurídica, gera a apuração dos haveres na sociedade, de acordo com forma estabelecida no contrato social, e inclusão dos valores na massa falida objetiva.

Referida apuração será judicial se o contrato ou o estatuto social nada disciplinarem. Entretanto, se a resolução parcial em face de um dos sócios for impossível, quer porque o objeto da sociedade se tornou inviável, quer porque há previsão contratual ou legal de dissolução da sociedade, os haveres do falido somente serão apurados e ingressarão na massa após o pagamento de todo o passivo da sociedade dissolvida.

A apuração de haveres não ocorre se o falido for acionista de sociedade anônima. A lei, ao prever a apuração dos haveres do sócio comanditário ou quotista, não a prevê para os do acionista. Isso porque as ações não precisam ser liquidadas. Pode ocorrer sua simples arrecadação e alienação pela própria massa falida, sem que haja qualquer interferência na *affectio societatis*.

2.5.4.2 Compensação das dívidas do falido

A compensação é definida no art. 368 do Código Civil que determina que, se duas pessoas forem ao mesmo tempo credor e devedor uma da outra, as duas obrigações extinguem-se, até onde se compensarem. A compensação, entretanto, não incide sobre toda e qualquer obrigação. Somente se compensam as obrigações líquidas, vencidas e de coisas fungíveis.

A Lei Falimentar permite a compensação das dívidas do devedor, com preferência sobre todos os demais credores. Em seu art. 122, admite que se compensem as dívidas do devedor vencidas até o dia da decretação da falência, provenha o vencimento da sentença de falência ou não, obedecidos os requisitos da legislação civil.

Para que se evitem a fraude no procedimento falimentar e a lesão da *par conditio creditorum*, a lei proíbe a compensação das dívidas caso o crédito seja transferido a terceiro após a decretação da falência, a menos que ocorra a transferência por sucessão pela fusão, incorporação, cisão ou morte. Os créditos que tenham sido transferidos quando já conhecido o estado de crise econômico-financeira do devedor ou cuja transferência se operou uma fraude ou dolo, também não podem ser compensados com os créditos da massa.

Referidas restrições impedem que o devedor do falido adquira créditos, possivelmente a um preço mais vantajoso, para, mediante a compensação, extinguir suas obrigações. Impede também a comercialização de crédito pelos credores de classes menos preferenciais, cujo crédito talvez não seja pago pela massa falida em decorrência da limitação de ativos.

2.5.5 Efeitos da falência em relação aos atos do falido

A falência do empresário repercute sobre os atos praticados por este. Ciente da crise de sua atividade empresarial, o empresário pode vir a praticar atos que beneficiem alguns credores em detrimento de outros, seja por má-fé, seja para simplesmente antecipar a liquidação do seu ativo para o pagamento do passivo.

De modo a assegurar o interesse dos credores, a lei determinou a ineficácia perante a massa falida de determinados atos praticados pelo falido. Referidos atos praticados pelo falido não são anulados ou declarados nulos. Os atos permanecem válidos e eficazes entre o falido e os terceiros beneficiados. Apenas quanto à massa falida são ineficazes os atos praticados enquanto submetidos aos efeitos da falência. A ineficácia dos referidos atos perante a massa proporciona a arrecadação do bem para integrá-lo aos ativos a serem liquidados.

A Lei de Falência divide as hipóteses de ineficácia dos atos em dois grandes grupos.

No primeiro grupo, previsto no art. 129, a ineficácia é independente do conhecimento do contratante do estado de crise econômico-financeira do devedor, tenha ou não este a intenção de fraudar os credores. A hipótese é conhecida por ineficácia objetiva e pode ser reconhecida incidentalmente ao processo, inclusive de ofício pelo Juízo.

Em um segundo grupo, regulado pelo art. 130 da LREF, e objeto de ação revocatória, estão compreendidas as hipóteses em que há conluio fraudulento e intenção de prejudicar os credores. A chamada ineficácia subjetiva pressupõe a demonstração do conluio fraudulento entre o devedor e o terceiro contratante, além da prova do efetivo prejuízo sofrido pela massa falida.

2.5.5.1 Ineficácia objetiva

Os atos ineficazes objetivamente perante a massa falida estão previstos no art. 129 da LREF. Referidos atos independem da demonstração do conluio fraudulento entre o falido e o contratante ou sequer da ciência deste último em relação à situação de crise econômico-financeira por que passava o falido.

Essa falta de demonstração de conluio permite a declaração de ineficácia no próprio feito, incidentalmente, de ofício pelo juiz, mediante a alegação da defesa, ou, ainda, em ação própria. Referidos atos, embora sejam ineficazes de pleno direito, exigem uma declaração judicial de ineficácia, ainda que incidentalmente no curso do processo falimentar.

Os atos objetivamente ineficazes podem ser divididos em quatro espécies principais, conforme a época de sua realização: os atos praticados no período do termo legal; os atos no período de dois anos antes da decretação da falência; e, por fim, os atos praticados posteriormente à decretação da falência.

2.5.5.1.1 Atos praticados no período do termo legal

A sentença declaratória da falência possui como requisito a fixação do termo legal. Termo legal é o período de suspeição, em que presume a lei que o falido, ainda que antes da decretação da falência, já tivesse conhecimento da sua situação de crise econômico-financeira e que estaria mais propenso a praticar atos em detrimento dos seus credores.

O termo legal será fixado na própria sentença declaratória da falência (art. 99, II, da LREF). Sua fixação não é discricionária e deve compreender período que antecede, no máximo, a 90 dias contados do pedido de falência, do pedido de recuperação judicial ou do primeiro protesto por falta de pagamento, excluindo-se, para essa finalidade, os protestos que tenham sido cancelados.

Três atos, caso praticados durante esse termo legal, podem ser declarados ineficazes perante a massa falida.

O primeiro desses atos é o pagamento de dívidas não vencidas realizado pelo devedor, por qualquer meio extintivo do direito de crédito, ainda que pelo desconto do próprio título (art. 129, I, da LREF). O pagamento, dação de bens em pagamento, novação ou outra forma de extinção de dívida não vencida não é situação usual no comércio, ainda mais diante de uma crise econômico-financeira do devedor. Referido adimplemento, outrossim, provoca o favorecimento de determinado credor em detrimento dos demais.

O segundo ato considerado ineficaz é o pagamento de dívidas vencidas e exigíveis por qualquer outra forma que não seja a prevista pelo contrato (art. 124, II, da LREF). Em que pese, ao contrário da hipótese anterior, a dívida já estar vencida, seu adimplemento não poderia ocorrer por modo diverso do contratualmente previsto.

O dispositivo veda a dação em pagamento. O pagamento por prestação contratualmente diversa da prevista revela liquidação antecipada dos bens do devedor para favorecer determinado credor. A entrega de bens do ativo para adimplir dívidas pecuniárias ou que previam a entrega de outros bens é procedimento do devedor para evitar que, diante da insuficiência de fundos para satisfazê-lo, o credor específico se submeta ao procedimento falimentar.

Por fim, é declarada ineficaz a constituição de direito real de garantia, inclusive a retenção, caso a dívida tenha sido contraída anteriormente.

Ainda que não repercuta imediatamente no patrimônio do devedor, com a limitação dos ativos disponíveis, a constituição de hipoteca, penhor e anticrese como garantias reais de dívida anteriormente contratada provoca a redução da possibilidade de alguns credores serem satisfeitos pela massa falida objetiva. A nova garantia atribuída implica a alteração da classe do referido crédito, que passa a ser considerado crédito com garantia real, preferencial em relação a todos os demais, com exceção dos créditos trabalhistas limitados a cento e cinquenta salários-mínimos.

Também são ineficazes os atos de concessão de direito de retenção à dívida anteriormente já existente. O direito de retenção, como o do transportador em relação à bagagem até que seja adimplida a passagem ou do possuidor de boa-fé em relação às benfeitorias necessárias e úteis, permite que o credor mantenha consigo a posse da coisa até que tenha o seu crédito satisfeito.

O direito de retenção não impede a arrecadação do bem pela massa falida. A decretação de falência suspende o exercício do referido direito (art. 116, I, da LREF) e implica a obrigação de entrega do bem ao administrador judicial. Todavia, o direito de retenção permite ao credor habilitar seu crédito junto à massa como crédito com privilégio especial (art. 83, IV, c, da LREF).

A lei reconhece como ineficazes apenas a constituição de garantia real ou o direito de retenção sobre dívidas existentes anteriormente. Não há ineficácia objetiva caso, dentro do período do termo legal, seja contraída nova obrigação e constituída, na mesma oportunidade, garantia real de seu adimplemento. A ineficácia procura apenas evitar que credores quirografários já existentes, diante da iminência da declaração de falência, exijam maiores garantias de satisfação de seus créditos e, assim, prejudiquem a igualdade dos credores perante a massa falida.

A ineficácia da garantia real de obrigação anteriormente existente poderia beneficiar, na hipoteca, um segundo credor hipotecário. Para garantir que nenhum credor seja favorecido em detrimento dos demais, determina a lei que "se os bens dados em hipoteca forem objeto de outras posteriores, a massa falida receberá a parte que devia caber ao credor da hipoteca revogada" (art. 124, III, da LREF).

Na hipoteca, as garantias podem ser sucessivas. É possível assegurar o adimplemento de mais de uma dívida com um mesmo bem em garantia. Nesse caso, o segundo credor hipotecário apenas terá seu crédito garantido caso haja valor remanescente após a satisfação do primeiro credor com o bem objeto da hipoteca.

A declaração de ineficácia da primeira hipoteca não pode beneficiar o segundo credor hipotecário, que apenas era garantido pelo remanescente.

Como a declaração de ineficácia é realizada para beneficiar a massa falida, não poderia ocorrer a simples revogação da hipoteca, sob pena de o segundo credor se beneficiar com a garantia eventualmente de todo o seu crédito, privilégio em detrimento de todos os demais credores. Para se garantir a igualdade dos credores, a massa falida receberá a parte que devia caber ao credor da hipoteca revogada, permanecendo o credor hipotecário sucessivo com apenas a garantia pelo valor remanescente do bem.

2.5.5.1.2 Atos praticados no período de dois anos anteriores à decretação da falência

São declaradas ineficazes, caso praticadas no período de dois anos antes da sentença declaratória da falência, duas espécies de atos: a prática de atos a título gratuito e a renúncia à herança ou ao legado.

Os atos de mera liberalidade implicam redução do patrimônio do falido sem qualquer contrapartida econômica. Como não haveria razão para o devedor dispor de seu patrimônio gratuitamente, ainda mais ciente da crise econômico-financeira pela qual passava sua atividade empresarial, a lei dilata o período de suspeição em dois anos antes da quebra.

Dentro desse período, caso o devedor venha a dispor de seus bens por liberalidade e não permaneça com bens suficientes para satisfazer seus credores, haveria injusto enriquecimento dos beneficiários em detrimento de todos os demais credores. Tais atos, os quais podem apresentar-se por meio de doações puras, comodatos, remissão de dívidas, constituição de direitos reais, dentre outros, serão declarados ineficazes perante a massa.

A renúncia à herança ou ao legado também consiste em ato gratuito. Em que pese não reduza os bens do ativo, impede acréscimo do patrimônio para a maior satisfação do interesse dos credores.

Desde que ocorra no período de dois anos que antecede a declaração de falência, poderá ser reconhecida como ineficaz perante a massa falida, que deverá se habilitar no inventário em substituição ao herdeiro falido para arrecadar o quinhão referente ao direito sucessório ou o legado.

2.5.5.1.3 Alienação ou transferência de estabelecimento empresarial independentemente do período

O trespasse, realizado sem o consentimento ou o pagamento dos credores, é ineficaz perante a massa, independentemente da época em que realizado.

Não é todo trespasse que acarreta sua ineficácia. O empresário pode vender seu estabelecimento, desde que não prejudique o interesse dos credores ao fazê-lo, o que ocorreria se houvesse diminuição considerável do patrimônio em razão da venda. A venda ou transferência de estabelecimento empresarial apenas será ineficaz se resultar em uma quantidade de bens insuficiente para satisfazer as obrigações do alienante à época da alienação.

A ineficácia pressupõe, outrossim, a falta de consentimento dos credores existentes por ocasião de sua realização. Tal consentimento pode ser expresso ou tácito. Expresso é a anuência dos credores, que autorizam a venda ou transferência do estabelecimento. Tácito é a ausência de oposição dos credores, no prazo de 30 dias, após regular notificação judicial ou extrajudicial, por meio do oficial de registro de títulos e documentos.

2.5.5.1.4 Atos praticados após a sentença declaratória de falência

Não somente os atos praticados pelo falido podem ser declarados ineficazes perante a massa. Atos de terceiro, desde que ocorridos após a sentença declaratória de falência, podem ser reconhecidos como ineficazes, caso se refiram a registro de direitos reais e de transferência de propriedade entre vivos, por título oneroso ou gratuito, ou à averbação relativa a imóveis realizados.

Como visto anteriormente, a prática de qualquer ato de disposição ou oneração de bens do falido, posteriormente à decretação da falência, é proibida e deverá constar expressamente como requisito da sentença declaratória (art. 99, VI, da LREF). Nos termos do art. 166, VII, do Código Civil, a prática de negócio jurídico proibido acarreta a nulidade do ato de disposição ou oneração de bens do falido.

A declaração de ineficácia prevista no art. 129, VII, da LREF, não se refere aos negócios jurídicos de alienação ou oneração, considerados pela lei como nulos após a falência. A ineficácia recai simplesmente sobre os atos registrais decorrentes do negócio jurídico e referentes a direitos reais, transferência de propriedade ou averbação relativa a imóveis.

Em que pese o negócio jurídico ter sido realizado antes da decretação da quebra, o registro somente foi realizado posteriormente à falência. De modo a assegurar os credores e evitar as tentativas de se reduzirem os bens da massa, os registros posteriores à falência são reputados perante a massa ineficazes, a menos que haja prenotação anterior à falência.

2.5.5.2 Ineficácia subjetiva

Independentemente da época em que realizados, os atos praticados com a intenção de prejudicar credores são revogáveis ou ineficazes. Ao contrário dos atos objetivamente ineficazes, as hipóteses de revogação do art. 130 da LREF exigem a demonstração do conluio fraudulento entre o devedor e o terceiro que com ele contratar e do efetivo prejuízo sofrido pela massa falida.

2.5.5.3 Ação revocatória

A demonstração do *consilium fraudis* impõe maior complexidade no procedimento para a sua declaração. Exige-se ação própria, na qual se requererá a revogação de ato determinado, com a consequente arrecadação do bem pela massa falida. Referida ação é chamada ação revocatória.

Durante o seu processamento, procurará a parte demonstrar o *consilium fraudis*. A intenção do falido e do terceiro contratante de prejudicar terceiros é revelada pela ciência, por este último, de que o negócio jurídico celebrado poderia prejudicar os demais credores diante da crise econômico-financeira por que já passava o falido.

Embora a ação revocatória deva ser promovida na hipótese da chamada ineficácia subjetiva, em que o intuito fraudulento entre os contratantes deva ser demonstrado, sua utilização pode ocorrer também na hipótese de ineficácia objetiva, em que a demonstração da intenção é desnecessária. Embora a ineficácia objetiva possa ser reconhecida também de ofício pelo juiz ou alegada em defesa incidentalmente no processo, nada impede que seja deduzida por ação própria, a revocatória.

Nesses termos, embora seja diversa a necessidade de demonstração do *consilium fraudis*, a ação revocatória pode ser promovida tanto na hipótese de ineficácia objetiva quanto na hipótese de ineficácia subjetiva ou fraude.

A ação poderá ser proposta pelo administrador judicial, por qualquer credor ou pelo Ministério Público. Diante do interesse da preservação do ativo, a lei permitiu que não apenas o administrador pleiteasse a ineficácia do ato realizado em detrimento da massa falida. A legitimidade ativa do administrador judicial, do credor e do Ministério Público não é sucessiva. Há concorrência entre todos os legitimados.

A legitimidade passiva, outrossim, também é ampla. A ação pode ser proposta contra todos os que figuraram no negócio jurídico ou que por efeito dele foram pagos, garantidos ou beneficiados ou, ainda, contra todos os sucessores desses, sejam herdeiros ou legatários.

A ação revocatória deve ser proposta no prazo de três anos da sentença declaratória da falência. O prazo é decadencial e provoca a perda do direito de revogação do ato.

A propositura é realizada perante o próprio Juízo da falência, Juízo reconhecido como competente pelo art. 134 da LF, para o seu processamento.

Este, no curso do procedimento da ação revocatória, ou previamente em ação cautelar preparatória, poderá inclusive conceder medidas cautelares para resguardar o provimento final do processo principal, como o sequestro dos bens em poder de terceiros.

Demonstrados os requisitos previstos nos arts. 129 ou 130 da LREF, declarará o Juiz da falência a ineficácia ou revogação do ato, ainda que tenha sido baseado em decisão judicial.

O ato que prejudique os credores pode ter sido realizado em decorrência de transação ou como medida de garantia de dívida, por exemplo, homologada por sentença. Referida sentença em que se baseou o negócio jurídico, após o reconhecimento do estado falimentar do devedor e do *consilium fraudis*, por meio de ação revocatória, não produzirá efeitos com a declaração da ineficácia do negócio jurídico perante a massa falida.

A única exceção à declaração de ineficácia ou revogação dos atos previstos nos arts. 129 e 130 da LREF ocorre na hipótese de securitização de recebíveis. Para garantir a segurança desse tipo de negócio, a lei afastou a possibilidade de sua ineficácia ou revogação.

A securitização de recebíveis consiste, basicamente, no negócio jurídico de cessão de créditos vincendos pelo empresário a uma securitizadora, a qual emitirá valores mobiliários lastreados nos referidos recebíveis e, do montante auferido com a captação, transferirá parte ao empresário. A operação permite ao empresário a captação de recursos do público mediante a cessão de seus créditos vincendos.

De modo a garantir a confiança do mercado e o próprio desenvolvimento do sistema econômico, a Lei de Falência determinou que não será declarada a ineficácia ou revogado o ato de cessão dos créditos à securitizadora em prejuízo dos direitos dos portadores de valores mobiliários emitidos pelo securitizador (art. 136, § 1º, da LREF).

Fora dessa exceção, a sentença que declarar a ineficácia ou a revogação do negócio jurídico determinará o retorno das partes ao estado anterior. Por consequência da ineficácia do ato, a sentença determinará a entrega dos bens objetos do negócio jurídico ineficaz à massa falida em espécie, com todos os acessórios, ou o valor de mercado, acrescidos de perdas e danos.

Caso o contratante tenha sido prejudicado em decorrência da ineficácia do negócio jurídico, e desde que esteja de boa-fé e seja credor do falido, terá direito à restituição dos bens ou valores entregues ao devedor. Poderá também o terceiro de boa-fé propor, a qualquer tempo, ação por perdas e danos contra o devedor ou seus garantes (art. 136 da LREF).

Da sentença da ação revocatória, quer seja de procedência ou improcedência, caberá recurso de apelação.

2.6 Administração da falência

A Lei n. 11.101/2005, ao revogar o Decreto-lei n. 7.661/45, pretendeu privilegiar a recuperação da empresa em crise e garantir maior celeridade e eficiência na satisfação dos interesses dos credores. Com esse propósito, garantiu-se maior participação dos credores na condução e fiscalização dos atos praticados durante o processo de recuperação e falimentar.

A participação dos credores tornou-se mais efetiva pela criação de dois órgãos até então inexistentes: a Assembleia Geral de Credores e o Comitê de Credores.

O administrador judicial já existia, sob a nomenclatura de síndico, na falência, e de comissário, na concordata. Além da mudança na nomenclatura, não permaneceram com as mesmas funções e os mesmos objetivos da legislação revogada. O administrador judicial não possui suas funções subsumidas às funções do antigo síndico, restritas à arrecadação, avaliação e liquidação dos bens para pagamento do passivo, mas passa a tornar-se órgão ativo e precípuo na condução tanto da recuperação quanto da falência da empresa.

Não apenas houve a criação de novos órgãos, mas a adequação das funções dos órgãos até então existentes aos novos princípios consagrados pela Lei n. 11.101/2005.

2.6.1 O juiz

Ao juiz compete decretar a falência ou conceder a recuperação judicial. Deve ainda apreciar todas as deliberações da Assembleia Geral, manifestações do Comitê de Credores, habilitações de crédito, impugnações, além dos pedidos de restituição, ações revocatórias em face de terceiros, dentre outras.

Além da função jurisdicional, o magistrado exerce também funções administrativas. De modo a preservar e otimizar a utilização produtiva dos bens, ativos e recursos produtivos, da empresa, pode determinar a realização de atos, fiscalizar o administrador judicial, fixar o valor da remuneração deste e substituí-lo ou destituí-lo.

2.6.2 O Ministério Público

A intervenção obrigatória do Ministério Público como fiscal da lei nos processos de recuperação judicial, de falência e nos em que a massa falida fosse parte era prevista genericamente no art. 4°, da Lei de Falência, e reproduzia o Decreto-lei n. 7.661/45. Referido dispositivo foi vetado sob a justificativa de que a intervenção do Ministério Público em todos os processos que envolvessem a massa falida sobrecarregaria a instituição.

Em que pese o veto presidencial, permanece plenamente aplicável o art. 178 do Código de Processo Civil, que determina a intervenção do Ministério Público nos processos em que há interesse público evidenciado pela natureza da lide ou qualidade da parte. Sua intervenção, na falência, além dos casos previstos na Lei Falimentar, reduzir-se-á às questões mais relevantes à tutela desse interesse público.

Dentre as intervenções previstas na própria Lei Falimentar, as principais são a possibilidade de impugnar a relação de credores, apontar responsabilidade penal dos agentes, manifestar-se quanto à substituição do administrador judicial, quanto ao deferimento do processamento da recuperação judicial, ser intimado da concessão da recuperação judicial, da decretação da falência do devedor, dentre outras.

Além de atuar como *custos legis*, o Ministério Público também pode figurar como parte. São as hipóteses de denúncia por crime falimentar ou da propositura de ação revocatória de ato praticado pelo falido com conluio fraudulento para prejudicar credores.

2.6.3 O administrador judicial

Decretada a falência ou posteriormente ao sequestro que a precede, o falido perde o direito de administrar os seus bens (art. 103 da LREF). Para a administração desses bens, a sentença declaratória da falência deve nomear o administrador judicial.

O administrador judicial tem a natureza de órgão auxiliar da justiça e exerce um múnus público. Não é representante dos interesses dos credores ou do falido. Em suas funções, em que pese deva promover a arrecadação de bens e sua célere liquidação para o pagamento dos credores, não tutela meramente interesses privados de recebimento do crédito, mas um interesse público de preservação da higidez da atividade econômica. Sua nomeação é decorrente da preservação desse interesse público imanente à regular condução do procedimento falimentar, com a exclusão do mercado do agente econômico em crise permanente e o pagamento dos credores envolvidos na atividade.

Como auxiliar da justiça, o administrador judicial atua com independência ao falido e aos próprios credores. Para a preservação dos interesses pelos quais foi nomeado, pode eventualmente manifestar-se contrário à pretensão de ambos.

2.6.3.1 Nomeação

O administrador judicial será nomeado pelo Juiz na sentença declaratória da falência ou na decisão de processamento da recuperação judicial.

No Decreto-lei n. 7.661/45, o síndico era escolhido entre os maiores credores do falido. O múnus público da função e o interesse de preservação de interesses não restritos aos interesses dos credores, aliado à necessidade de especialização do profissional para conduzir regularmente os atos tornaram a escolha dos maiores credores como síndicos insubsistente perante os novos princípios preconizados pela Lei n. 11.101/2005.

Na lei vigente, a escolha compete ao Juiz, que escolherá profissional de sua confiança, mas não arbitrariamente. O administrador judicial deve ser profissional idôneo, preferencialmente advogado, economista, administrador de empresas ou contador (art. 21 da LREF). A preferência expressa na lei é decorrente da necessidade de conhecimentos técnicos para melhor desempenho das funções.

A preferência não significa exclusividade. Desde que profissional idôneo, o administrador pode ser nomeado conforme a complexidade da massa falida e a realidade local, ainda que não possua formação nas áreas referidas.

O conhecimento de todas as áreas exigidas pela recuperação judicial e pela falência tornam praticamente impossível ser detido por uma única pessoa. Nada impede, entretanto, que o administrador judicial contrate profissionais de área específica de atuação para auxiliá-lo. É o que ocorre com o não advogado nomeado como administrador. Como deverá representar a massa falida em Juízo e, portanto, necessita de poderes postulatórios, o administrador poderá contratar advogado, cujos honorários serão previamente ajustados e aprovados pelo Comitê de Credores (art. 22, III, n, da LREF).

Pode ser ainda pessoa jurídica especializada em uma das áreas de atuação exigidas ao profissional pessoa física, como advocacia, contadoria, economia, ou administração de empresa. A pessoa jurídica deverá indicar o nome do profissional responsável pela condução do processo de falência ou de recuperação judicial (art. 21 da LF), o qual deve ser profissional idôneo, que somente poderá ser substituído com autorização judicial.

2.6.3.2 Impedimentos

Diante da persecução do interesse público com a consecução do processo falimentar, são impostas restrições à nomeação do profissional.

A legislação, com o intuito de garantir a regularidade do exercício da função, que pode exigir a contrariedade de interesses dos credores e do devedor, impede determinadas pessoas de serem nomeadas administradoras judiciais. São elas:

I – pessoa que, nos últimos cinco anos, no exercício do cargo de administrador judicial ou de membro do Comitê de Credores, foi destituída;

II – nas mesmas condições, deixou de prestar contas dentro dos prazos legais ou teve a prestação de contas desaprovada;

III – pessoa que tenha relação de parentesco ou afinidade até o terceiro grau com o devedor, seus administradores, controladores ou representantes legais;

IV – amigo, inimigo ou dependente do devedor, de seus administradores, controladores ou dos representantes legais.

2.6.3.3 Funções do administrador

Na falência, ao administrador competem, basicamente, a administração e a liquidação da massa falida. Na recuperação judicial, compete ao administrador apenas a fiscalização da atividade empresarial do devedor.

Para desempenhar tais funções, a lei impõe ao administrador judicial a prática de atos que podem ser divididos em atos administrativos e atos judiciais. Referidos atos são expressos no art. 22 da LREF, que determina os seguintes deveres ao administrador:

Deveres comuns na falência e na recuperação:

I – enviar correspondência aos credores com a comunicação da data do pedido de recuperação judicial ou da declaração da falência, a natureza, o valor e a classificação dada ao crédito;

II – fornecer, com presteza, todas as informações pedidas pelos credores interessados;

III – dar extratos dos livros do devedor, que merecerão fé de ofício, a fim de servirem de fundamento nas habilitações e impugnações de créditos;

IV – exigir dos credores, do devedor ou seus administradores quaisquer informações;

V – elaborar a relação de credores;

VI – consolidar o quadro geral de credores;

VII – requerer ao juiz convocação da assembleia geral de credores nos casos previstos nesta lei ou quando entender necessária sua ouvida para a tomada de decisões;

VIII – contratar, mediante autorização judicial, profissionais ou empresas especializadas para, quando necessário, auxiliá-lo no exercício de suas funções;

IX – manifestar-se nos casos previstos em lei;

X – estimular, sempre que possível, a conciliação, a mediação e outros métodos alternativos de solução de conflitos;

XI – manter endereço eletrônico na rede mundial de computadores, com informações atualizadas sobre os processos de falência e de recuperação judicial;

XII – manter endereço eletrônico específico para o recebimento de pedidos de habilitação ou a apresentação de divergências administrativas;

XIII – providenciar as respostas aos ofícios e às solicitações enviadas por outros juízos e órgãos públicos, no prazo de 15 dias, sem necessidade de prévia deliberação do juízo.

Na falência, especificamente, compete ao administrador judicial:

I – avisar, pelo órgão oficial, o lugar e hora em que, diariamente, os credores terão à sua disposição os livros e documentos do falido;

II – examinar a escrituração do devedor;

III – relacionar os processos e assumir a representação judicial e extrajudicial da massa falida;

IV – receber e abrir a correspondência dirigida ao devedor, entregando a ele o que não for assunto de interesse da massa;

V – apresentar, no prazo de 40 dias, contado da assinatura do termo de compromisso, prorrogável por igual período, relatório sobre as causas e circunstâncias que conduziram à situação de falência, no qual apontará a responsabilidade civil e penal dos envolvidos;

VI – arrecadar os bens e documentos do devedor e elaborar o auto de arrecadação;

VII – avaliar os bens arrecadados;

VIII – contratar avaliadores, de preferência oficiais, mediante autorização judicial, para a avaliação dos bens caso entenda não ter condições técnicas para a tarefa;

IX – praticar os atos necessários à realização do ativo e ao pagamento dos credores;

X – proceder à venda de todos os bens da massa falida no prazo máximo de 180 dias contado da juntada do auto de arrecadação, sob pena de destituição, salvo impossibilidade fundamentada;

XI – praticar todos os atos conservatórios de direitos e ações, diligenciar a cobrança de dívida e dar a respectiva quitação;

XII – remir, em benefício da massa e mediante autorização judicial, bens apenhados, penhorados ou legalmente retidos;

XIII – representar a massa falida em juízo, contratando, se necessário, advogado, cujos honorários serão previamente ajustados e aprovados pelo Comitê de Credores;

XIV – requerer todas as medidas e diligências que forem necessárias para o cumprimento desta lei, a proteção da massa ou a eficiência da administração;

XV – apresentar ao juiz para juntada aos autos, até o décimo dia do mês seguinte ao vencido, conta demonstrativa de administração, que especifique com clareza a receita e a despesa;

XVI – entregar ao seu substituto todos os bens e documentos da massa em seu poder, sob pena de responsabilidade;

XVII – prestar contas ao final do processo, quando for substituído, destituído ou renunciar ao encargo.

XVIII – arrecadar os valores dos depósitos realizados em processos administrativos ou judiciais nos quais o falido figure como parte, oriundos de penhoras, de bloqueios, de apreensões, de leilões, de alienação judicial e de outras hipóteses de constrição judicial;

O administrador judicial não poderá, sem a autorização do juiz, depois de ouvidos o Comitê e o devedor no prazo comum de dois dias, transigir sobre obrigações e direitos da massa falida e conceder abatimento de dívidas, ainda que sejam consideradas de difícil recebimento (art. 22, § 3°, da LREF).

Na recuperação judicial, por seu turno, deve o administrador judicial praticar os seguintes atos:

I – fiscalizar as atividades do devedor e o cumprimento do plano de recuperação judicial;

II – requerer a falência no caso de descumprimento de obrigação assumida no plano de recuperação;

III – apresentar ao juiz, para juntada aos autos, relatório mensal das atividades do devedor, fiscalizando a veracidade e a conformidade das informações prestadas pelo devedor;

IV – apresentar o relatório sobre a execução do plano de recuperação judicial;

V – fiscalizar o decurso das tratativas e a regularidade das negociações entre devedor e credores;

VI – assegurar que devedor e credores não adotem expedientes dilatórios, inúteis ou, em geral, prejudiciais ao regular andamento das negociações;

VII – assegurar que as negociações realizadas entre devedor e credores reger-se-ão pelos termos convencionados entre os interessados ou, na falta de acordo, pelas regras propostas pelo administrador judicial e homologadas pelo juiz, observado o princípio da boa-fé para solução construtiva de consensos, que acarretem maior efetividade econômico-financeira e proveito social para os agentes econômicos envolvidos; e

VIII – apresentar, para juntada aos autos e no endereço eletrônico específico, relatório mensal das atividades do devedor e relatório sobre o plano de recuperação judicial, no prazo de até 15 (quinze) dias, após sua apresentação, fiscalizando a veracidade e a conformidade das informações prestadas pelo devedor, além de informar eventual ocorrência das condutas previstas no art. 64 desta Lei.

2.6.3.4 Remuneração do administrador judicial

Os diversos atos que a lei impõe ao administrador e a responsabilidade pela regular condução do procedimento falimentar exigem que seja fixada remuneração ao administrador judicial para o desenvolvimento de suas funções.

A remuneração do administrador, contudo, não poderia ser fixa. A quantidade e a complexidade dos atos necessários para o desempenho de sua função variam conforme o tamanho da massa falida, a natureza das relações jurídicas que constituem o patrimônio social, a dispersão dos bens a serem arrecadados etc. Atento a essa variação, o legislador determinou critérios para a fixação da remuneração do devedor, conforme o específico processo em que nomeado.

O valor da remuneração do administrador judicial deverá ser fixado em observância à capacidade de pagamento do devedor, o grau de complexidade do trabalho e os valores praticados no mercado para o desempenho de atividades semelhantes (art. 24, *caput*, da LREF). Pelos parâmetros, ainda que o administrador seja extremamente diligente, a remuneração não pode superar a força do devedor, a ponto de o processo falimentar ser obstado. O grau de complexidade do trabalho e os valores praticados no mercado complementam os parâmetros objetivos de fixação da remuneração e permitem a consideração da quantidade de trabalho efetivamente realizada pelo administrador e a consideração pelo sistema de mercado do valor a ser pago para uma atividade correlata.

Ainda que tenha fixado os critérios a pautar a remuneração do administrador judicial, a lei impôs limites máximos à remuneração. O valor total da remuneração judicial é 2% do valor devido aos credores submetidos à recuperação judicial especial para microempresas e empresas de pequeno porte. Na hipótese de recuperação judicial, o limite é de 5% do valor do passivo sujeito à recuperação judicial. Na falência, o limite máximo é de 5% do total do valor de ativos liquidados.

A lei não previu limites mínimos à remuneração. Na falência, a falta de bens arrecadados para a satisfação das despesas, como a própria remuneração do administrador judicial, que deve ser justa para a realização das atividades que lhe são impostas, exigirá que o juiz determine aos credores que satisfaçam a remuneração do administrador fixada equitativamente para permitir o prosseguimento do feito. A discordância dos credores motivará o encerramento do processo falimentar.

A forma de pagamento também não é determinada pela lei. Esta apenas determinou, na falência, que 40% da remuneração deverá ser reservada para o pagamento após a conclusão da realização do ativo e o julgamento das contas do administrador judicial, com a apresentação do relatório final (art. 24, § 2º, da LREF). Os 60% restantes podem ser pagos conforme a determinação do juiz. Na recuperação judicial, não há qualquer limitação, e os honorários podem ser integralmente parcelados ou pagos apenas no final.

Pode o Juiz da falência, em atenção à natureza alimentar da remuneração do administrador, fixar remuneração mensal provisória, que não pode ultrapassar os 60% da remuneração total. Antecipa-se, na realidade, parte da remuneração do administrador judicial para que este não fique, por diversos meses de desenvolvimento de sua atividade, sem qualquer retribuição.

A remuneração do administrador judicial será paga, na hipótese de falência, pelas forças da própria massa falida. O crédito é classificado como extraconcursal, o que significa que o administrador judicial receberá com privilégio sobre todos os demais credores e após, simplesmente, o pagamento dos créditos trabalhistas vencidos nos três meses anteriores à sentença declaratória da falência e as restituições. Na hipótese de recuperação judicial, por outro lado, a remuneração é satisfeita pelo próprio empresário recuperando.

Caso o administrador tenha suas contas desaprovadas ou seja destituído perderá o direito à remuneração (art. 24, § 4º, da LREF).

2.6.3.5 Substituição e destituição do administrador judicial

O administrador judicial deverá exercer suas funções até o término dos processos de recuperação judicial ou de falência. Entretanto, pode o administrador, durante o exercício de sua atividade, ser substituído ou destituído de suas funções.

A substituição não possui caráter punitivo e independe de qualquer comportamento indevido do administrador judicial. Pode ser substituído o administrador judicial nas hipóteses em que o devedor, qualquer credor ou o Ministério Público requererem ao juiz a substituição em razão de nomeação em desobediência aos impedimentos da lei, como na hipótese de destituição nos últimos cinco anos ou parentesco.

A substituição pode ocorrer, ainda, na hipótese de renúncia para a função, falta de assinatura do termo de compromisso, redução da capacidade de exercício ou quebra de confiança do Juiz. A conveniência da substituição do administrador pode surgir para o melhor desenvolvimento do processo, sem que este tenha incorrido em qualquer ato indevido ou desídia no desempenho de suas funções.

O administrador judicial substituído deverá prestar contas de suas atividades até o momento de sua substituição, bem como comunicar a substituição a todos os interessados.

Sua substituição não implica, necessariamente, a perda do direito de remuneração. O administrador judicial substituído permanece com o direito de receber a remuneração fixada. Receberá, entretanto, proporcionalmente ao trabalho realizado, a menos que tenha renunciado de modo injustificado ou sem relevante razão.

A substituição não se confunde com a destituição. A destituição é sanção de afastamento das funções do administrador e decorre de um comportamento indevido deste.

O administrador será destituído de suas funções pelo juiz, de ofício, ou mediante requerimento de qualquer interessado, nas hipóteses de desobediência aos preceitos desta lei, descumprimento de deveres, omissão, negligência ou prática de ato lesivo às atividades do devedor ou a terceiros (art. 31 da LREF), bem como no retardamento da liquidação dos bens em mais de 180 dias da data da juntada do auto de arrecadação, a menos que haja justificativa (art. 22, III, j). Tais descumprimentos dos devedores envolvem, inclusive, a falta de apresentação das contas ou qualquer dos relatórios previstos na lei, após a intimação pessoal para o administrador fazê-lo, no prazo de cinco dias (art. 23 da LREF).

Diante do caráter de sanção a um comportamento indevido, a decisão judicial deverá ser motivada e precedida da concessão de amplo direito de defesa ao administrador judicial pela infração de deveres que lhe foi imputada. A decisão, apesar de não haver previsão expressa, repercute sobre o interesse dos envolvidos e, portanto, garante ao interessado o direito de interpor recurso de agravo de instrumento.

A destituição do administrador judicial acarreta a perda do direito de recebimento da remuneração fixada. A desídia no desempenho das funções acarreta a penalidade de perda da remuneração e, inclusive, a obrigação de o administrador judicial devolver os valores eventualmente adiantados e recebidos pela condução da referida atividade (art. 24, § 3º, da LREF).

2.6.3.6 Responsabilidade do administrador judicial

A previsão genérica dos arts. 186 e 927 do Código Civil, de que pratica ato ilícito aquele que, por ação ou omissão voluntária, negligência ou imprudência, violar e causar dano a outrem, ao qual será atribuída a responsabilidade de reparar o dano, é perfeitamente aplicável ao administrador judicial.

A responsabilidade do administrador judicial também é subjetiva. Nos termos do art. 32 da Lei de Falência, responde o administrador, pessoalmente, pelos prejuízos causados à massa falida, ao devedor ou aos credores por dolo ou culpa, no desempenho de suas funções.

2.6.4 Assembleia geral de credores

Na falência e recuperação judicial, os credores são os maiores interessados na satisfação das obrigações do devedor pela massa falida ou na superação da crise financeira por que passa a empresa em recuperação. Diante desse interesse, a participação ativa no processo falimentar e recuperacional é garantida pela assembleia geral de credores.

A partir da alteração legislativa, com a inserção do art. 39, § 4º, qualquer deliberação por meio da assembleia geral de credores poderá ser substituída por termo de adesão, firmado por tantos credores quantos satisfaçam o quórum de aprovação específico da deliberação a ser tomada. Pode ser substituída, também, por qualquer votação realizada por meio de sistema eletrônico que reproduza condições de tomada de voto da assembleia geral de credores; ou outro mecanismo reputado suficientemente seguro pelo juiz.

A assembleia geral de credores foi o órgão criado pela lei para a manifestação de uma vontade coletiva diretamente pelos credores. A assembleia é órgão deliberativo, em que, democraticamente, por meio da manifestação do voto, os diversos credores se reúnem para decidir sobre questões de seu interesse na falência ou recuperação.

A assembleia geral de credores é órgão de instalação facultativa e apenas se constituirá se houver necessidade da manifestação de credores quanto a determinado assunto. Apesar de facultativa, a assembleia é o órgão máximo de manifestação da vontade entre os credores e é hierarquicamente superior ao Comitê de Credores, cujos membros são por ela escolhidos e substituídos.

Não possui hierarquia, entretanto, sobre o administrador judicial. Este, com suas funções, deve tutelar o interesse público da regular consecução do processo falimentar e recuperacional. A assembleia geral de credores não procura proteger referido interesse público. Manifesta uma vontade coletiva dos credores com o objetivo de proteger seus interesses privados na falência e na recuperação judicial.

2.6.4.1 Composição

A assembleia será composta por todos os credores do devedor sujeitos ao processo de falência ou de recuperação. Terão direito a voto as pessoas arroladas no quadro geral de credores ou, na sua falta e se ainda não houve a verificação dos créditos, na relação de credores apresentada pelo administrador judicial ou, ainda, na falta desta, na relação apresentada pelo próprio devedor. Têm direito de voto, ainda, todos os credores que, mesmo que não estejam incluídos no quadro geral de credores, tenham seus créditos habilitados até a data de realização da assembleia, ou que tenham créditos admitidos ou alterados por decisão judicial, inclusive as que tenham obtido reserva de importâncias (art. 39 da LF).

Não terão direito ao voto na assembleia geral de credores os credores fiscais e os credores retardatários, com exceção dos credores trabalhistas (art. 10, §§ 1º e 2º, da LREF).

Na falência, estão também excluídos os credores extraconcursais e os credores de direitos de restituição. Na recuperação judicial, não possuem direito de voto os credores que não se submetem à recuperação, como o credor titular da posição de proprietário fiduciário de bens móveis ou imóveis, de arrendador mercantil, de proprietário ou promitente vendedor de imóvel cujos respectivos contratos contenham cláusula de irrevogabilidade ou irretratabilidade, inclusive em incorporações imobiliárias, ou de proprietário em contrato de venda com reserva de domínio, bem como os credores de importância decorrente de adiantamento de contrato de câmbio para exportação. Não se submetem à recuperação judicial, ainda, os credores do devedor que não sejam atingidos pelo plano de recuperação.

Os credores podem ser representados na assembleia geral por representantes, desde que entreguem ao administrador judicial, até 24 horas da assembleia, documento hábil que comprove a outorga de poderes ou indique as folhas dos autos em que se encontre o documento. Os credores trabalhistas ou titulares de créditos decorrentes de acidente de trabalho, associados a sindicatos de trabalhadores, poderão ter seus créditos representados por entidade sindical, caso não compareçam pessoalmente ou por meio de procurador à assembleia.

Para que os sindicatos possam representar os seus associados titulares de créditos derivados da legislação ou decorrentes de acidente de trabalho, deverão apresentar ao administrador judicial, até 10 dias antes da assembleia, a relação de associados que pretendem representar, e o trabalhador que conste da relação de mais de um sindicato deverá esclarecer, em 24 horas antes da assembleia, qual sindicato o representa, sob pena de não ser representado em assembleia por nenhum deles.

Além dos credores com direito a voto, podem participar da assembleia, mas sem direito a voto, os sócios do devedor, as sociedades coligadas, controladoras, controladas ou as que tenham sócio ou acionista com participação superior a

10% do capital social do devedor ou em que o devedor ou algum de seus sócios detenham participação superior a 10% do capital social (art. 43 da LREF).

Os credores com direito a voto serão agrupados em classes na assembleia. As classes na assembleia geral diferem-se das classes previstas na composição do Comitê de Credores e são as seguintes:

i) titulares de créditos derivados da legislação do trabalho ou decorrentes de acidentes de trabalho;

ii) titulares de créditos com garantia real;

iii) titulares de créditos quirografários ou subordinados;

iv) titulares de créditos enquadrados como microempresa ou empresa de pequeno porte.

Os titulares de créditos decorrentes da legislação do trabalho votam na classe dos trabalhadores independentemente do valor do crédito. Os titulares de créditos com garantia real, contudo, somente votam na classe dos créditos com garantia real até o limite do valor do bem gravado. Excedendo o limite do bem gravado, tais credores passarão a votar com os titulares de créditos quirografários.

2.6.4.2 Atribuições

A assembleia geral manifesta a vontade coletiva dos credores e passa a vincular inclusive os credores ausentes na votação.

Na recuperação judicial, a assembleia tem por atribuições:

I – aprovação, rejeição ou modificação do plano de recuperação judicial apresentado pelo devedor ou do plano alternativo apresentado pelos credores;

II – a constituição do Comitê de Credores, a escolha de seus membros e sua substituição;

III – o pedido de desistência do devedor após o processamento da recuperação judicial;

IV – o nome do gestor judicial, quando do afastamento do devedor;

V – qualquer outra matéria que possa afetar os interesses dos credores.

Na falência, a assembleia tem por atribuições:

I – a constituição do Comitê de Credores, a escolha de seus membros e sua substituição;

II – a adoção de outras modalidades de realização do ativo, desde que, nesse caso, o quórum de deliberação seja de maioria dos créditos presentes à assembleia;

III – qualquer outra matéria que possa afetar os interesses dos credores.

2.6.4.3 Convocação e deliberação

A assembleia geral dos credores será convocada por determinação do juiz de ofício, ou mediante requerimento de credores que representam no mínimo 25% do valor total dos créditos de determinada classe, de requerimento do Comitê de Credores ou do administrador judicial (art. 36, § 2º, da LREF).

A convocação se realizará por edital publicado no órgão oficial e em jornais de grande circulação nas localidades da sede e filiais, com antecedência mínima de 15 dias, além de o aviso de convocação ser afixado de forma ostensiva na sede e filiais do devedor. No referido edital deverá constar o local, data e hora da assembleia em primeira e segunda convocações, as quais não poderão ser realizadas com diferença inferior a cinco dias. Além da data, deverão constar a ordem do dia e o local onde os credores poderão obter cópia do plano de recuperação judicial a ser submetido à deliberação da assembleia.

As despesas dessa convocação serão suportadas pelo devedor ou pela massa falida, exceto se foi realizada mediante requerimento dos credores ou do Comitê de Credores, hipóteses em que serão por estes suportadas (art. 36, § 3º, da LREF).

A assembleia será presidida pelo administrador judicial e se instalará, em primeira convocação, com a presença de credores titulares de mais da metade dos créditos de cada classe, computados pelo valor. Em segunda convocação, instalar-se-á por qualquer número.

O exercício do direito de voto, na assembleia, levará em condição também o valor dos créditos detidos, e não o número de credores. As deliberações terão o quórum ordinário de aprovação de maioria dos créditos presentes à assembleia (art. 42 da LREF).

Exceção ao quórum ordinário, o quórum de realização alternativa do ativo era de 2/3 do total de créditos presentes na assembleia. Entretanto, o referido quórum foi alterado para maioria dos créditos presentes, independentemente da classe. Outrossim, o quórum para a constituição do Comitê de Credores e para a eleição dos membros do Comitê é o da maioria dos credores de cada classe da assembleia.

Ademais, outra exceção ao quórum ordinário é o quórum para a aprovação do plano de recuperação judicial, o qual exige a aprovação de todas as classes de credores. Na classe dos trabalhadores e dos credores microempresários e empresários de pequeno porte, a aprovação deve ocorrer pela maioria simples dos credores presentes, independentemente de seu crédito (art. 45 da LF).

Ressalta-se, quanto ao quórum de deliberação, que a alteração posterior dos créditos, seja quanto ao valor, existência ou classificação, não invalida as deliberações assembleares. Na hipótese de vício que gere a invalidação da deliberação, os direitos de terceiros de boa-fé ficam resguardados, e os credores que aprovaram a deliberação são responsáveis pelos eventuais prejuízos causados por dolo ou culpa.

2.6.5 Comitê de credores

O interesse de participação ativa e direta dos credores no processo de falência e recuperação judicial para obter a satisfação de seus créditos confronta-se, entretanto, com a morosidade de constituição constante da assembleia geral de credores, além dos custos necessários a cada convocação. Confronta-se, também, com a dificuldade de acompanhamento dos atos necessários diante da falta de conhecimentos especializados.

Diante dessas dificuldades, podem os credores constituir um órgão especializado, que possua poderes para fiscalizar a atuação do administrador judicial durante a falência ou a atividade empresarial realizada pelo empresário em recuperação judicial. O Comitê de Credores é esse órgão, de constituição facultativa, que representa as classes dos credores habilitados na falência e incluídos no plano de recuperação judicial.

2.6.5.1 Constituição

O Comitê de Credores pode ser constituído por deliberação da Assembleia Geral de Credores. Sua constituição não é obrigatória e somente será realizada, efetivamente, se os ganhos advindos da especialização do controle forem superiores aos gastos necessários para a manutenção de novo órgão formado a tanto.

Apenas os credores podem deliberar sua constituição. O administrador judicial pode requerer a convocação da assembleia geral de credores para a deliberação, assim como o próprio juiz pode fazê-lo na sentença declaratória da falência. A constituição, entretanto, depende de deliberação da assembleia geral dos credores.

Qualquer das quatro classes que compõem a assembleia pode deliberar a constituição do Comitê (art. 26 da LREF). A classe votará por maioria, em consideração ao valor do crédito, e não por cabeça.

A classe que deliberar a constituição do Comitê de Credores poderá eleger um representante e dois suplentes no Comitê. As demais classes poderão indicar seus representantes posteriormente, o que, todavia, não precisa necessariamente ocorrer. Caso não haja a indicação de representante e suplentes pelas demais classes, o Comitê poderá funcionar com número inferior ao previsto.

A deliberação de cada classe da assembleia para eleger o representante e os suplentes ou a substituição do representante ou dos suplentes pela respectiva classe pode ser dispensada. Basta requerimento subscrito por credores que representem a maioria dos créditos de uma classe.

Em todo o caso, diante do requerimento ou da eleição, cabe ao juiz verificar o preenchimento dos requisitos pelos indicados e proceder à nomeação ou à substituição dos representantes. Nomeados, os representantes assinarão termo de compromisso, em 48 horas, de bem e fielmente desempenhar o cargo e assumir todas as responsabilidades a ele inerentes (art. 33 da LREF).

Não podem ser indicados como representantes ou suplentes quaisquer pessoas. Embora a indicação seja livre e possa recair sobre terceiros não credores ou pessoas jurídicas, diante da importância da função a ser exercida, a Lei de Falência impede a eleição de pessoas impedidas.

Os impedimentos consistem em ter, nos últimos cinco anos, no exercício do cargo de administrador judicial ou de membro do Comitê em falência ou recuperação judicial anterior, sido destituído, deixado de prestar contas dentro dos prazos ou tido suas contas desaprovadas. Também é impedido aquele que tiver relação de parentesco ou afinidade até o terceiro grau com o devedor, seus administradores, controladores ou representantes legais ou deles for amigo, inimigo ou dependente.

Após regularmente constituído, o Comitê de Credores funcionará como órgão colegiado, cujas deliberações serão tomadas por maioria de votos. Considerando que nem todas as classes precisam ter representantes no Comitê, na hipótese de empate na deliberação, deverá o impasse ser resolvido pelo administrador judicial ou, na incompatibilidade deste, pelo juiz.

2.6.5.2 Composição

O Comitê de Credores pode ser composto, segundo o art. 26 da LREF, por até quatro classes de credores, as quais poderão possuir um representante e dois suplentes. As classes são de credores trabalhistas, de credores com direitos reais de garantia; a terceira é formada por credores quirografários e a quarta classe é composta pelos credores microempresários e empresários de pequeno porte.

A despeito da previsão originária dos credores privilegiados especiais e privilegiados gerais, essa classificação foi suprimida pela alteração da lei no art. 83.

Como se pode constatar, as classes do Comitê de Credores não são idênticas às classes previstas para a Assembleia Geral (art. 41 da LREF). Ao serem confrontadas as duas previsões normativas para a formação das classes, verifica-se que os credores de créditos decorrentes de acidentes de trabalho não possuem representação no Comitê de Credores, embora integrem a classe dos trabalhadores na Assembleia Geral. O mesmo ocorre com os credores subordinados, os quais integrarão a Assembleia na classe dos quirografários, embora estejam excluídos dessa classe e de todas as demais no Comitê de Credores.

Diante da disparidade de classes entre o Comitê de Credores e a Assembleia Geral, duas correntes doutrinárias foram formadas a respeito da aplicação dos arts. 26 e 41 da Lei de Falência.

Uma primeira corrente, preconizada por Paulo Fernando Campos Salles de Toledo[18] e Manoel Justino Bezerra Filho, sustenta que, diante do conflito entre as classes, deve ser seguida a classificação prevista no art. 41, em detrimento do art. 26 da LREF. Para este último autor, "a jurisprudência deverá firmar o entendimento de que o Comitê apresentará as classes na forma do art. 41, sob pena de se negar representação, no Comitê, aos credores por acidente de trabalho e aos credores subordinados, não contemplados no art. 26"[19].

Corrente oposta, contudo, sustenta que a previsão legal do art. 26 deva ser mantida, pois se deve presumir que a lei não contém incoerências. As classes previstas para o Comitê de Credores, ainda que não assegurassem a representação de todos os credores do falido ou dos credores incluídos no plano de recuperação judicial, deveriam ser mantidas[20].

2.6.5.3 Atribuições

Fundamentalmente, as atribuições do Comitê de Credores consistem em fiscalizar a regularidade do processo falimentar e de recuperação judicial, além de servir como órgão consultor do interesse dos credores sobre determinado ato.

Na recuperação judicial e na falência, as atribuições comuns são expressas no art. 27 da Lei de Falência e consistem em:

I – fiscalizar as atividades e examinar as contas do administrador judicial;

II – zelar pelo bom andamento do processo e pelo cumprimento da lei;

III – comunicar ao juiz, caso detecte violações dos direitos ou prejuízo aos interesses dos credores;

IV – apurar e emitir parecer sobre quaisquer reclamações dos interessados;

---

18 TOLEDO, Paulo Fernando Campos Salles de. *Comentários à lei de recuperação de empresas e falência*. São Paulo: Saraiva, 2005. p. 130.
19 BEZERRA FILHO, Manoel Justino. Op. cit. p. 130.
20 É o sustentado por Alfredo Assis Gonçalves Neto (Comentário ao art. 26. In: CORRÊA-LIMA, Osmar Brina; CORRÊA-LIMA, Sérgio Mourão (Coord.). Op. cit. p. 202).

V – requerer ao juiz a convocação da assembleia geral de credores;

VI – manifestar-se nas hipóteses previstas na lei. Tais hipóteses são as impugnações de créditos (art. 12), a transação sobre obrigações e direitos da massa falida ou a concessão de abatimento de dívida pelo administrador (art. 22, § 3º), o pedido de restituição (art. 87, § 1º), a adjudicação pelos credores dos bens arrecadados (art. 111), a venda antecipada dos bens perecíveis ou de conservação arriscada ou dispendiosa (art. 113), os modos de alienação do ativo (art. 142).

Exclusivamente na recuperação judicial, prevê o referido artigo a atribuição de:

I – fiscalizar a administração das atividades do devedor, apresentando, a cada 30 dias, relatoria de sua situação;

II – fiscalizar a execução do plano de recuperação judicial;

III – submeter à autorização do juiz, quando ocorrer o afastamento do devedor, a alienação de bens do ativo permanente, a constituição de ônus reais e outras garantias, bem como atos de endividamento necessários à continuação da atividade empresarial durante o período que antecede a aprovação do plano de recuperação judicial.

Além dessas atribuições, ao Comitê é permitido impugnar o quadro geral de credores, requerer informações do devedor (art. 64, V), aprovar os honorários de advogado contratado pela massa falida (art. 22, III, n), autorizar a prática de qualquer ato de disposição ou oneração de bens do falido (art. 99, VI), autorizar o administrador judicial a cumprir os contratos unilaterais e bilaterais (arts. 118 e 117).

À falta do Comitê de Credores, tais atribuições serão exercidas pelo administrador judicial. Apenas se houver incompatibilidade do administrador judicial com a atribuição é que esta caberá ao Juízo Universal (art. 28 da LF).

2.6.5.4 Remuneração

A remuneração dos membros do Comitê de Credores não será suportada pelo devedor ou pela massa falida. Apenas as despesas demonstradas para a realização de suas atribuições serão ressarcidas pela massa falida.

Enquanto a remuneração do administrador judicial é suportada pela massa falida ou pelo devedor, procurou o legislador não onerar ainda mais a massa com a determinação de pagamento de remuneração aos membros do Comitê. Caso não exerçam suas funções graciosamente, a remuneração dos membros do Comitê de Credores deverá ser suportada pelos próprios credores.

2.6.5.5 Substituição, destituição e responsabilidade

Não há direito do membro do Comitê à manutenção do cargo. Desde que deliberado pela Assembleia Geral ou pela maioria do crédito de determinada classe, o membro do Comitê pode ser substituído a qualquer momento, mediante requerimento ao Juiz.

O membro do Comitê de Credores pode também, nas mesmas hipóteses do administrador judicial, ser destituído pelo Juiz Universal. Seja de ofício ou mediante requerimento de qualquer interessado, o membro do Comitê pode ser destituído pelo Juiz nas hipóteses de desobediência, descumprimento de deveres, omissão, negligência ou prática de ato lesivo às atividades do devedor ou a terceiros (art. 31 da LF).

Diante do caráter de sanção da destituição, exige-se a prévia manifestação do membro do Comitê de Credores à decisão judicial. Destituído o representante, seu suplente será nomeado pelo magistrado para recompor o Comitê.

Quer tenha ou não sido destituído, o membro do Comitê de Credores pode ser responsabilizado pelos danos causados. Durante sua atuação, o membro do Comitê de Credores pode ensejar, com seus atos, prejuízos à massa falida, ao devedor e aos próprios credores. Por esses danos causados, os membros do Comitê respondem pessoalmente, desde que tenham agido dolosa ou culposamente.

Diante da natureza colegiada do órgão, para a exclusão da responsabilidade do membro não basta a falta de voto determinante na deliberação prejudicial do órgão. Os membros do Comitê respondem solidariamente pelos prejuízos causados, pois todos contribuíram para a deliberação tomada pelo órgão. A exclusão da responsabilidade somente ocorre se o dissidente da deliberação do Comitê consignar sua discordância em ata (art. 32 da LF).

2.7 Fase falimentar

Com a sentença declaratória da falência extingue-se a primeira fase do processo, a fase pré-falimentar, e inicia-se a segunda fase, conhecida por fase falimentar.

Na fase falimentar, os principais objetivos da falência são realizados. Pela Lei n. 11.101/2005, não apenas a liquidação dos bens para o pagamento dos credores é objetivo da fase falimentar, mas a preservação e a otimização da utilização dos bens, ativos e recursos produtivos, inclusive os intangíveis, da empresa (art. 75 da LF).

O novo objetivo inserido pela legislação vigente orienta a fase falimentar a buscar a preservação da utilidade produtiva do acervo patrimonial. Tal objetivo seria alcançado pela atribuição do conjunto dos bens a terceiros, os quais podem desenvolver a atividade econômica com o acervo patrimonial que lhes foi disposto.

A otimização da utilização produtiva dos bens exige que o modo preferencial de liquidação dos ativos seja a alienação em bloco de bens, o que permitiria garantir a destinação produtiva do acervo patrimonial e maximizaria o valor dos ativos do devedor, garantindo a maior satisfação dos credores.

No Decreto-lei n. 7.661/45, a fase falimentar era concebida em duas etapas estanques. A primeira consistia na apuração do passivo e do ativo do devedor. A segunda, por outro lado, somente se iniciava após o término da primeira, e consistia na liquidação dos bens para a satisfação dos credores.

O intuito de otimizar a utilização produtiva dos bens e o princípio da celeridade fizeram com que a Lei n. 11.101/2005 admitisse a sobreposição dessas fases. Ainda que, na fase falimentar, proceda-se à apuração dos créditos e dos débitos e se realize a liquidação dos bens, tais procedimentos não são mais independentes. A realização do ativo pode ser iniciada antes do término da apuração dos créditos e da arrecadação de todos os bens, de modo a garantir que os bens não sofram desvalorizações pelo decurso do tempo e que os credores tenham a maior parcela dos créditos satisfeita.

Quatro fases podem assim ser concebidas, embora não necessariamente estanques: a verificação do crédito, a apuração do ativo, a liquidação dos bens e o pagamento dos credores.

2.7.1 Verificação de crédito

A verificação de créditos ocorre para identificar o valor dos débitos do falido, a quem são devidos e qual a natureza desses débitos. Essa apuração ocorre em duas fases, a administrativa e a contenciosa.

A fase administrativa é conduzida pelo administrador judicial e se inicia com a publicação da lista dos credores. A relação de credores deve ser informada pelo falido por ocasião do pedido de autofalência (art. 105, III, da LREF) ou, na hipótese de pedido de terceiros, a sentença declaratória da falência determinará que o falido apresente, no prazo de cinco dias, a relação nominal dos credores e a respectiva qualificação (art. 99, III, da LREF).

Com a apresentação da lista de credores, é publicado edital que conterá a íntegra da sentença declaratória da falência e a relação dos credores (art. 99, parágrafo único, da LREF). A própria sentença declaratória da falência, outrossim, deverá declarar o prazo de 15 dias, após a publicação do edital, para que os credores possam apresentar ao administrador judicial suas habilitações ou suas divergências quanto aos créditos relacionados (art. 7º, § 1º, da LREF).

Diante da publicação da lista de créditos, os credores poderão apresentar divergências ao montante ou à classificação de determinado crédito, poderão apresentar pedido de habilitação de crédito não incluído na lista ou poderão manter-se inertes, o que equivale à manifestação de anuência. A divergência ou o pedido de habilitação devem, além de identificar o credor e as características do crédito, assim como eventual garantia, ser acompanhados de documentos comprobatórios do crédito ou de indicação de eventuais provas a serem produzidas (art. 9º da LREF).

Com base nos livros contábeis e documentos comerciais e fiscais do devedor e nos documentos apresentados pelos credores com divergência ou requerentes das habilitações, o administrador judicial verificará os créditos. Para proceder a essa verificação, poderá o administrador ser auxiliado por profissionais ou empresas especializadas.

As habilitações e impugnações são apreciadas pelo próprio administrador judicial, a quem caberá analisá-las para a formação de uma relação provisória de credores. A apreciação pelo administrador judicial deverá ser realizada no prazo de 45 dias. O prazo se inicia a partir do término do prazo de 15 dias para a apresentação de habilitações ou divergências pelos credores.

No prazo de 45 dias da apreciação pelo administrador judicial, deverá ser publicado edital que contenha a relação dos credores e o local, horário e prazo em que os credores, o Comitê, qualquer devedor ou sócio poderá ter acesso aos documentos que fundamentaram a elaboração dessa relação (art. 7º, § 2º, da LREF).

Após publicação, segue-se prazo de 10 dias para os credores impugnarem a decisão do administrador judicial quanto à relação de credores. A impugnação judicial será deduzida em face do Juiz pelo Comitê, qualquer credor, o devedor ou seus sócios ou o Ministério Público e apontará a ausência de qualquer crédito, o equívoco no valor, classificação ou titularidade (art. 8º da LREF). Trata-se de fase judicial, perante o Juiz da Falência ou da recuperação judicial, e exigirá que o pedido seja realizado por quem detenha poderes postulatórios.

A impugnação do crédito exige a manifestação do credor cujo crédito foi impugnado para se manifestar no prazo de cinco dias, prazo em que poderá juntar as demais provas do seu crédito. Após a manifestação do credor, são intimados para a manifestação o devedor falido e o Comitê de Credores, os quais possuirão o prazo comum de cinco dias. Antes do julgamento judicial, é intimado o administrador judicial para emitir parecer e apresentar todas as informações existentes sobre o crédito impugnado, também no prazo de cinco dias (arts. 11 e 12 da LREF).

Diante da ausência de impugnação ao crédito, o juiz determinará a inclusão deste no quadro geral de credores (art. 14). Caso haja impugnação, o magistrado apreciará a conveniência da instrução. Se a impugnação estiver suficientemente esclarecida, o juiz a julgará prontamente. Caso não haja prova suficiente, determinará o magistrado as provas a serem produzidas e designará, eventualmente, audiência de instrução.

As impugnações são incidentes processuais e serão autuadas em separado. Do seu julgamento, poderá ser deduzido recurso de agravo de instrumento (art. 17 da LREF). O recurso, em regra, não tem efeito suspensivo e permitiria a homologação do quadro geral dos credores. Contudo, nada impede que o relator do recurso conceda efeito suspensivo à decisão que reconhece o crédito ou determine a inscrição ou modificação do seu valor ou classificação no quadro geral de credores.

Com o julgamento das impugnações ao crédito pelo juiz universal, ou diante da falta de impugnação, o administrador judicial deverá elaborar e consolidar o quadro geral de credores. O quadro geral de credores deverá indicar a importância de cada crédito na data da decretação da falência e sua respectiva classificação.

O quadro geral de credores será formado com o julgamento das impugnações tempestivas e com as habilitações e as impugnações retardatárias decididas até o momento da sua formação.

As habilitações e as impugnações retardatárias acarretarão a reserva do valor para a satisfação do crédito discutido. Elas serão regularmente apreciadas e serão incluídas no quadro geral de credores.

O quadro geral será homologado pelo Juiz Universal da falência e será publicado em até cinco dias da sentença que houver julgado as impugnações. Embora pretenda ser definitivo, o quadro geral poderá ser alterado, até o encerramento da falência, mediante pedido deduzido em ação de retificação do crédito e julgado procedente para a retificação, exclusão ou reclassificação de qualquer crédito.

2.7.1.1 Impugnação ao crédito trabalhista

Sobre a relação de credores realizada pelo administrador judicial, as impugnações dos créditos trabalhistas não poderão ser apreciadas pelo Juiz Universal da falência. Na hipótese de controvérsia que verse sobre o mérito do crédito e não simplesmente sobre atualização, a impugnação deverá ser remetida à Justiça do Trabalho, competente para a apuração do respectivo crédito, que será inscrito no quadro geral de credores pelo valor determinado em sentença.

A disciplina do art. 6º, § 2º, da Lei n. 11.101/2005 é coerente com a competência absoluta da Justiça do Trabalho. Apenas a Justiça do Trabalho é competente para apreciar matéria decorrente da relação de trabalho, de modo que as impugnações ao montante do crédito ou sua classificação constante na relação dos credores deverão ser remetidas à Justiça do Trabalho.

2.7.1.2 Habilitações retardatárias

No prazo de 15 dias após a publicação do edital com a relação dos credores apresentada pelo devedor, os credores poderão deduzir habilitações ou divergências perante o administrador judicial. Pode ocorrer, entretanto, que o credor não apresente habilitação nessa época, mas apenas depois de escoado esse prazo. As habilitações realizadas após o prazo do art. 7º, § 1º, da LREF, são admitidas e chamadas de habilitações retardatárias.

A despeito de o prazo referido ser em face dos 15 dias para a habilitação ou divergência administrativa, como haverá a abertura de prazo para apresentação de impugnação judicial, em 10 dias da relação de credores apresentada pelo administrador judicial e não se exige que o impugnante tenha requerido divergência administrativa anterior, embora não tenha sido atendido (art. 8º da LREF), o prazo para cômputo da habilitação como retardatária deverá ser o do fim do prazo para as impugnações judiciais.

Nos termos do art. 10, § 10, o credor deverá apresentar pedido de habilitação ou de reservada de crédito em, no máximo, três anos contados da data de publicação da sentença que decretar a falência, sob pena de decadência.

As habilitações retardatárias não permitirão ao habilitante votar na assembleia geral de credores, a menos que, na data da realização da assembleia, exclusivamente no procedimento falimentar, já haja sido homologado o quadro geral de credores. Os créditos decorrentes da relação de trabalho, contudo, ainda que retardatários, terão direito de voto nas deliberações assembleares.

Ademais, a habilitação retardatária imporá aos seus titulares a perda do direito de crédito decorrente de rateios já realizados, bem como a necessidade de recolhimento das custas judiciais, caso haja previsão na lei de custas estaduais, as quais não são devidas nas habilitações ou impugnações tempestivas.

Para que não perca eventual rateio na falência posterior ao seu pedido de habilitação e enquanto haja pendência de decisão, o credor poderá requerer a reserva de valor para a satisfação de seu crédito. Quanto aos rateios já efetuados, entretanto, não há qualquer direito.

As habilitações retardatárias serão processadas de duas formas diversas, conforme o momento em que apresentadas.

As habilitações retardatárias apresentadas até a homologação do quadro geral de credores serão processadas como impugnação de créditos. Referidas habilitações serão autuadas em apartado e tramitarão no procedimento célere da impugnação de créditos, previsto nos arts. 11 a 15 da LF.

As habilitações retardatárias apresentadas posteriormente à homologação do quadro geral de credores serão processadas como ações de retificação do quadro geral de credores.

2.7.1.3 Retificação do quadro geral de credores

O quadro geral de credores poderá ser alterado até o encerramento da falência, ou da recuperação judicial, desde que por ação com pedido de exclusão, reclassificação ou retificação de crédito, e desde que até três anos da data da publicação da sentença que decretar a falência, pois haverá decadência do direito se não houver habilitado e, com mais razão, por eventual diferença que não tiver pleiteado.

A ação rescisória do crédito poderá ser proposta pelo administrador judicial, pelo Comitê, por qualquer credor ou pelo representante do Ministério Público e tramitará pelo procedimento ordinário. O devedor não é legitimado ativo para sua propositura, embora possa provocar o administrador ou o Promotor de Justiça a tanto.

Não é qualquer causa de pedir que poderá fundamentá-la. A ação somente poderá ser deduzida se houver a descoberta de falsidade, dolo, simulação, fraude, erro essencial ou, ainda, documentos ignorados na época do julgamento do crédito ou da inclusão no quadro geral de credores (art. 19 da LREF).

A ação será deduzida perante o Juízo falimentar ou, na hipótese de decisão prolatada por outro juízo, como nas ações que demandavam quantia ilíquida ou ações trabalhistas, perante o juízo que tenha originalmente reconhecido o crédito.

Referida ação tornará controverso o crédito habilitado. Diante da controvérsia, o pagamento ao titular do crédito somente poderá ser realizado mediante a prestação de caução no valor do crédito questionado. Caso julgada procedente, o credor deverá restituir em dobro as quantias eventualmente recebidas, acrescidas de juros, desde que a habilitação tenha ocorrido por dolo ou má-fé (art. 152 da LREF).

2.7.1.4 Incidente de classificação de crédito público

Decretada a falência e publicado o edital, o juiz instaurará, de ofício, para cada Fazenda Pública credora, incidente de classificação de crédito público (art. 7º-A da LREF).

As Fazendas Públicas serão consideradas credores se tiverem constado da lista de credores do devedor ou se, intimadas da sentença de falência, tiverem alegado que possuem, no prazo de 15 dias, créditos contra o falido.

Instaurado o incidente, o juiz determinará a sua intimação eletrônica para que, no prazo de 30 dias, apresentem diretamente ao administrador judicial ou em juízo a relação completa de seus créditos inscritos em dívida ativa, acompanhada dos cálculos e da classificação.

O falido, demais credores e o administrador judicial terão o prazo de 15 dias para manifestar objeções sobre os cálculos e a classificação. A Fazenda terá réplica de 10 dias e os créditos permanecerão reservados até o julgamento definitivo. Os incontroversos já serão incluídos diretamente no quadro geral de credores.

A decisão sobre os cálculos e a classificação dos créditos competirá ao juízo falimentar. A decisão sobre a existência, a exigibilidade e o valor do crédito, assim como sobre eventual prosseguimento da cobrança contra os corresponsáveis competirá ao juízo da execução fiscal, em execução fiscal que permanecerá suspensa até o encerramento da falência.

2.7.2 A apuração do ativo

Com a decretação da falência, os bens do falido devem ser arrecadados para permitir, após a liquidação, o pagamento dos credores. A arrecadação dos bens do falido é iniciada imediatamente após a assinatura do compromisso pelo administrador e ainda que simultaneamente à apuração dos créditos (art. 108 da LREF).

A arrecadação não implica a perda da propriedade dos bens. O falido perde o direito de administrar e dispor de seus bens, mas conserva a propriedade destes até que sejam efetivamente liquidados. Retornará o falido à administração de seus bens remanescentes após a extinção de suas obrigações, caso ocorra o pagamento de todos os seus créditos.

2.7.2.1 Arrecadação dos bens

Todos os bens do falido devem ser arrecadados e formarão a massa falida objetiva. São arrecadados os bens materiais e imateriais, os existentes por ocasião da decretação da falência e os adquiridos posteriormente, no curso do processo falimentar.

Com o intuito de garantir os interesses dos credores, essa arrecadação é ampla. Arrecadam-se os bens de propriedade do falido ainda que estejam na posse de terceiros, bem como todos os bens na posse do falido, ainda que sejam de propriedade de terceiros. A propriedade de bens de terceiros e a eventual restituição não serão apreciadas pelo administrador, a quem incumbe simplesmente arrecadá-los, mas pelo Juiz da Falência que, pela via adequada, apreciará eventual direito de terceiro à restituição do bem apreendido.

A arrecadação não compreenderá somente os bens, mas também os livros e documentos do falido. Todos os livros, quer sejam eles obrigatórios ou facultativos, deverão ser entregues ao administrador ou apreendidos por estes. Os documentos pertinentes à falência também o serão.

O produto dos bens penhorados ou por outra forma apreendidos também será arrecadado pela massa. A hipótese ocorrerá se houver hasta pública designada no processo em que apreendido o bem. A celeridade da liquidação dos bens falimentares imporia a liquidação dos bens no próprio processo autônomo, com a remessa do produto da alienação à massa falida.

A arrecadação será realizada pessoalmente pelo administrador judicial, a quem a lei garante a possibilidade de arrecadação no local em que estiverem. Assim, o administrador judicial não está adstrito à comarca do juízo falimentar nem depende de qualquer providência jurisdicional para exercício de sua atribuição.

A intervenção jurisdicional na arrecadação é medida excepcional, por exemplo, caso necessária a utilização de força policial, arrombamento de estabelecimento ou semelhante, hipótese em que deverá requisitar a expedição de carta precatória ao Juízo competente na comarca de seu cumprimento.

Esses bens arrecadados ficarão sob a guarda do administrador judicial, o qual poderá escolher pessoa para tal fim, embora não tenha a responsabilidade pela guarda elidida. Podem, inclusive, o próprio falido ou qualquer de seus representantes ser nomeados depositários dos bens arrecadados (art. 108, § 1º, da LREF).

A guarda e conservação dos bens é responsabilidade do administrador judicial. Contudo, os custos de guarda gerados não serão suportados pelo administrador judicial, mas arcados pela massa falida. Eventuais contratados para desempenhar essa função, como seguranças ou depositários, terão seus créditos considerados como extraconcursais e, portanto, pagos com preferência sobre todos os demais credores.

Para que não haja risco para a execução da etapa de arrecadação ou para a preservação dos bens da massa e dos interesses dos credores, o estabelecimento empresarial poderá ser lacrado. Em vez da lacração do estabelecimento, entretanto, poderão os bens arrecadados ser removidos. A remoção ocorrerá se houver necessidade de sua melhor guarda e conservação, hipótese em que permanecerão em depósito sob responsabilidade do administrador judicial, mediante compromisso (art. 112 da LREF).

2.7.2.2 Inventário e avaliação

Os bens arrecadados deverão ser inventariados. O administrador judicial deve relacionar os bens arrecadados em autos próprios, com a menção às suas características e ao estado de conservação.

No inventário serão indicadas as características dos livros obrigatórios e facultativos arrecadados, com a indicação do estado em que se encontram, do preenchimento das formalidades legais para a escrituração e data de início e do último lançamento. No tocante aos bens, serão mencionados os arrecadados em poder de terceiros a título de guarda, depósito, penhor ou retenção, bem como os arrecadados, mas indicados como de propriedade de terceiros.

Na hipótese de o bem arrecadado ser imóvel, após a arrecadação o administrador judicial deve exibir, no prazo de 15 dias, as certidões de registro, extraídas posteriormente à decretação da falência, com todas as indicações que nele constarem.

O auto de arrecadação também deverá indicar os bens arrecadados dos sócios ilimitadamente responsáveis. Para Ricardo Negrão, "deve ser elaborado um termo individualizado para cada um deles, porque seus credores formarão distintas massas subjetivas (art. 20) e concorrerão, primariamente, ao montante dos bens particulares existentes em cada uma das massas objetivas. Somente depois de pagos os credores particulares é que o produto de seus bens servirá para pagamento dos credores da sociedade falida"[21].

Além do inventário, deve constar nos autos de arrematação o laudo de avaliação dos bens arrecadados. A avaliação deverá ser feita pelo próprio administrador judicial e poderá ser em bloco ou individualmente para cada bem arrecadado, exceto para o bem objeto de garantia real, o qual deverá sempre ser avaliado separadamente para permitir a aferição do montante incluído como crédito com garantia real pelo credor.

Na impossibilidade de avaliação dos bens pelo administrador judicial no ato da arrecadação, este poderá requerer prazo para sua apresentação. O laudo de avaliação deverá ser apresentado em até 30 dias da apresentação do auto de arrecadação.

2.7.2.3 Bens que não serão arrecadados

Somente os bens absolutamente impenhoráveis não serão arrecadados.

Dentre eles, conforme o art. 833 do Código de Processo Civil: I – os bens inalienáveis e os declarados, por ato voluntário, não sujeitos à execução; II – os móveis, pertences e utilidades domésticas que guarnecem a residência do executado, salvo os de elevado valor ou que ultrapassem as necessidades comuns correspondentes a um médio padrão de vida; III – os vestuários, bem como os pertences de uso pessoal do executado, salvo se de elevado valor; IV – os vencimentos, subsídios, soldos, salários, remunerações, proventos de

---

21 NEGRÃO, Ricardo. *Manual de direito empresarial e de empresa*. São Paulo: Saraiva, 2019, v. 3. p. 482-483.

aposentadoria, pensões, pecúlios e montepios; as quantias recebidas por liberalidade de terceiro e destinadas ao sustento do devedor e sua família, os ganhos de trabalhador autônomo e os honorários de profissional liberal; V – os livros, as máquinas, as ferramentas, os utensílios, os instrumentos ou outros bens móveis necessários ou úteis ao exercício de qualquer profissão; VI – o seguro de vida; VII – os materiais necessários para obras em andamento, salvo se essas forem penhoradas; VIII – a pequena propriedade rural, assim definida em lei, desde que trabalhada pela família; IX – os recursos públicos recebidos por instituições privadas para a aplicação compulsória em educação, saúde ou assistência social; X – até o limite de quarenta salários mínimos, a quantia depositada em caderneta de poupança. Esta última impenhorabilidade é restrita ao empresário individual. As sociedades empresárias dissolvem-se com a decretação da falência, nos termos do art. 1.044 do Código Civil, e, portanto, terão todos os seus recursos financeiros arrecadados para pagamento dos credores. Eventual montante remanescente será partilhado entre os sócios.

São, ademais, os recursos públicos do fundo partidário recebidos por partido político, e os créditos oriundos de alienação de unidades imobiliárias, sob regime de incorporação imobiliária, vinculados à execução da obra.

Impenhorável, ainda, é considerado o bem de família, previsto na Lei n. 8.009/90. Bem de família é o imóvel residencial de entidade familiar, incluindo os equipamentos e móveis que guarnecem a residência.

Nem toda residência da família, contudo, é considerada impenhorável pela lei. Na hipótese de a entidade familiar ser proprietária de diversos imóveis utilizados como residência, a impenhorabilidade recairá apenas sobre o bem de menor valor. Somente não recairá sobre o bem de menor valor se houver algum dos imóveis sido registrado no Registro de Imóveis como bem de família.

O patrimônio de afetação também é excluído da arrecadação dos bens (art. 119, IX, da LREF).

O patrimônio é uma universalidade de direito e consiste no complexo de relações jurídicas detidas por uma pessoa e dotadas de valor econômico. Seu conceito é ligado ao conceito de personalidade e resulta em que a cada pessoa é atribuído um único patrimônio.

O patrimônio de afetação é exceção à regra da unidade de patrimônio. Uma parcela do complexo de relações jurídicas formadoras do patrimônio é destacada para o cumprimento de uma destinação específica e não se submete à arrecadação de bens pela massa.

Desde que obedecido o disposto na legislação específica, os bens, direitos e obrigações do patrimônio de afetação permanecerão destacados do patrimônio geral do falido. Somente após o advento do respectivo termo ou do cumprimento de sua finalidade, o administrador judicial arrecadará o saldo a favor da massa falida ou inscreverá na classe própria o crédito que contra ela remanescer.

A legislação que disciplinou o patrimônio separado foi a Lei n. 10.931/2004, que alterou a Lei n. 4.591/64 e regulou a hipótese do patrimônio separado na incorporação imobiliária.

Nas incorporações imobiliárias, a critério do incorporador, o terreno, as acessões, demais bens e direitos poderão ser destacados do patrimônio do incorporador para constituir patrimônio de afetação, desde que mediante averbação no Registro de Imóveis.

Referido patrimônio será destinado à consecução da incorporação imobiliária e não se comunicará com o patrimônio geral do incorporador ou com outros patrimônios de afetação por ele constituídos. Os bens do referido patrimônio apenas responderão por dívidas e obrigações vinculadas à respectiva incorporação.

2.7.2.4 Suspensão do direito de retenção

Para a formação da massa falida objetiva, com a arrecadação dos bens do falido, exceto dos impenhoráveis, suspende-se o próprio direito de retenção eventualmente existente sobre esses bens (art. 116, I, da LREF).

O direito de retenção é o direito de guarda da coisa do contratante até a satisfação da obrigação por este. Como exemplo, o transportador possui direito de retenção sobre as bagagens para garantir-se do pagamento do valor da passagem que não tiver sido feito no início ou durante o percurso. Outrossim, o possuidor de boa-fé tem direito à retenção das benfeitorias necessárias e úteis até que sejam indenizadas.

Embora o direito de retenção permita que o credor permaneça com a posse da coisa enquanto a obrigação não for paga, este direito é suspenso pela falência. Decretada a falência do devedor, suspende-se o direito de retenção de seus credores para que todos os bens do devedor sejam arrecadados.

Esses bens dados em garantia e sobre os quais a lei confere o direito de retenção deverão ser entregues pelos credores ao administrador judicial, os quais poderão habilitar seu crédito como crédito com privilégio geral.

2.7.2.5 Venda antecipada dos bens

A lei prevê que, em determinadas hipóteses, os bens arrecadados não sejam mantidos sob a guarda e conservação do administrador judicial. Tais situações procuram atender ao interesse da massa falida de maximizar o valor dos ativos para a satisfação dos credores e ocorrem com bens perecíveis, deterioráveis, sujeitos a considerável desvalorização, de conservação arriscada ou dispendiosa.

Os bens perecíveis, ainda que adequadamente conservados, perdem suas características ao longo do tempo. Os bens deterioráveis, por sua própria natureza, têm sua utilidade comprometida com o passar do tempo. Os bens sujeitos a considerável desvalorização são os bens de determinados ramos de atividade submetidos a crescente processo de evolução tecnológica, que tornam os objetos anteriormente produzidos rapidamente obsoletos, ou à tendência do consumo de determinada clientela, os quais se condicionam a uma preferência atrelada a determinada época. Os bens de conservação arriscada são os que podem trazer perigo ao depositário, como objetos sob o risco de explosão ou de contaminação de terceiros, e também os que podem trazer perigo sobre a própria posse, como os bens de alto valor que podem ensejar furto ou roubo por terceiros. Os bens de conservação dispendiosa, por fim, são aqueles cuja guarda e manutenção exigem altas despesas pela massa falida.

Para que sejam obtidos os maiores valores com a liquidação dos bens, sem que a massa falida sofra substancial redução de ativos para conservá-los, permite-se a alienação antecipada dos bens perecíveis, deterioráveis, sujeitos a considerável desvalorização ou que sejam de conservação arriscada ou dispendiosa. A liquidação desses bens poderá ocorrer imediatamente após a arrecadação e a avaliação, desde que haja autorização judicial, ouvidos o Comitê e o falido no prazo de 48 horas (art. 113 da LREF).

2.7.2.6 Bens arrecadados e contratos para a produção de renda

Até que ocorra a liquidação do ativo, pode o bem arrecadado ser utilizado para produzir recursos à massa falida.

Na sentença declaratória da falência ou em qualquer outro momento do processo, pode o juiz determinar a continuação provisória da empresa com o administrador judicial (art. 99, XI). O desenvolvimento provisório da atividade visa a atender aos interesses dos credores na maximização do valor do ativo, o que poderá ser alcançado se a atividade não cessar prontamente por ocasião da sentença declaratória de falência, mas prosseguir durante determinado período ou até que determinada unidade produtiva seja alienada.

A despeito da possibilidade de continuação provisória da empresa, é possível que os bens produtivos, ainda que arrecadados, continuem a gerar frutos para a massa falida. Para tanto, pode o administrador judicial alugar ou celebrar outro contrato referente aos bens da massa falida, desde que mediante autorização do Comitê de Credores (art. 114).

A contratação para a produção de renda com os bens arrecadados não pode, entretanto, impedir a persecução dos fins da falência, com a liquidação do ativo para a satisfação do passivo. Os contratos realizados, assim, não podem impedir a alienação total ou parcial dos bens ou garantir um direito de preferência na compra pelo contratante. Nesse ponto, o art. 114, § 2º, da LF, é claro ao determinar que "o bem objeto da contratação poderá ser alienado a qualquer tempo, independentemente do prazo contratado, rescindindo-se, sem direito a multa, o contrato realizado, salvo se houver anuência do adquirente".

2.7.3 Pedido de restituição

A arrecadação de bens pelo administrador judicial é ampla. Para formar a massa falida objetiva, o administrador arrecada todos os bens na posse do falido e os bens do falido que estejam na posse de terceiros. A discussão sobre a propriedade do bem arrecadado não é resolvida pelo administrador judicial, que apenas deve fazer menção à reivindicação da propriedade no auto de arrecadação.

O legítimo proprietário do bem arrecadado poderá, mediante ação própria, reivindicar a restituição do bem. Referida ação é chamada de pedido de restituição, que terá por objeto todo e qualquer bem que não deveria formar a massa falida objetiva, inclusive bens fungíveis, como o dinheiro.

O pedido de restituição pode ser dividido, conforme seu objeto, em três espécies: o pedido de restituição da coisa, o pedido de restituição da mercadoria e o pedido de restituição de dinheiro.

2.7.3.1 Pedido de restituição da coisa

O primeiro fundamento para o pedido de restituição é a propriedade do bem. O proprietário de bem arrecadado no processo de falência ou que se encontre em poder do devedor na data da decretação da falência poderá pedir sua restituição (art. 85, *caput*, da LF).

O pedido é admitido para evitar o enriquecimento ilícito da massa falida. Pelos débitos do falido, apenas os bens deste devem responder, e não bens de terceiros que, eventualmente, eram detidos pelo falido por ocasião da decretação da quebra.

Com base nesses motivos, o pedido de restituição deve ter por pressupostos a arrecadação da coisa em virtude da falência e que a restituição seja devida em razão de um direito de propriedade do terceiro requerente.

A transferência da posse do bem para o falido, qualquer que seja o seu fundamento, desde que a propriedade do bem remanesça com o terceiro, impede que este bem, caso arrecadado, seja liquidado pela massa falida para a satisfação dos credores se houver pedido de restituição. Podem assim ser restituídos aos terceiros, por meio do pedido de restituição, o bem objeto de locação ao falido, entregue em comodato, vendido com cláusula de reserva de domínio ou arrendado (*leasing*), desde que não ocorra o cumprimento dos contratos pelo administrador judicial, por exemplo.

Será objeto de restituição a coisa transferida em garantia ao cumprimento de obrigação, com a reserva da posse. O contrato de alienação fiduciária em garantia assegura ao credor a propriedade do bem sob a condição resolutiva da satisfação da obrigação principal pelo devedor. A falência deste último, com a arrecadação do bem alienado em garantia e que se conservava em sua posse, permite que o credor, na hipótese de não cumprimento do contrato pelo administrador judicial, peça a restituição do bem de sua propriedade. A restituição do bem, contudo, exigirá que o credor fiduciário aliene o bem para a satisfação de seu crédito e habilite a diferença negativa na massa falida ou devolva a esta o saldo positivo resultante da alienação.

Outrossim, a Lei de Falência garante o pedido de restituição da coisa entregue, por ocasião do contrato de compra e venda, mas que se encontra em trânsito e não tenha sido vendida, sem fraude, antes do requerimento da falência (art. 119, I, da LREF). Também pode ser fundamento para o pedido de restituição da coisa a declaração de ineficácia do negócio jurídico que motivou sua entrega ao falido. O contratante de boa-fé terá o direito à restituição dos bens entregues ao devedor, pois as partes retornarão ao estado anterior, e o bem entregue, assim, não deveria compor a massa falida (art. 136 da LREF).

2.7.3.2 Pedido de restituição da mercadoria

A mercadoria vendida a crédito e entregue ao devedor nos 15 dias anteriores ao requerimento da falência, se ainda não alienada, pode ser restituída ao credor (art. 85, parágrafo único, da LF).

Nessa situação, a propriedade da mercadoria não mais pertence ao credor, mas fora transferida ao falido por ocasião da tradição. A restituição é prevista pela Lei n. 11.101/2005 para tutelar o terceiro de boa-fé que contrata com o falido na época imediatamente antes de sua decretação de quebra.

Essa restituição pressupõe que a venda tenha sido efetuada a crédito. A alienação à vista implica a transferência da mercadoria pelo pagamento do preço. Ainda que o preço não tenha sido efetivamente pago, o credor não poderá obter a restituição da mercadoria, pois somente terá direito à satisfação da prestação pelo devedor. O credor ficará restrito a habilitar o seu crédito na falência.

Pressupõe, outrossim, que as mercadorias tenham sido entregues até 15 dias antes do pedido de falência. O prazo de 15 dias deve ser contado da entrega efetiva da mercadoria, e não de sua remessa (Súmula 193 do STF). As mercadorias entregues anteriormente a esse prazo de 15 dias, embora a contraprestação não tenha sido satisfeita, não serão objeto de restituição, pois a lei procurou tutelar o crédito apenas nas contratações na iminência de ser decretada a falência.

A alienação da mercadoria ao terceiro impede a restituição do bem. A venda do bem pelo falido ou sua liquidação pela própria massa falida, após a decretação da falência, é uma venda regular, pois com a entrega ocorrida no contrato de compra e venda a crédito realizou-se a tradição, modo de transferência da propriedade móvel. A restituição é impossibilitada para proteger o adquirente de boa-fé, que adquiriu a propriedade do bem de quem era seu legítimo proprietário. Ao credor incumbirá simplesmente habilitar seu crédito na falência.

2.7.3.3 Pedido de restituição em dinheiro

O pedido de restituição pode recair sobre dinheiro. O requerente é considerado credor extraconcursal e será satisfeito após as despesas de pagamento antecipado e os créditos trabalhistas prioritários e estritamente salariais, assim como após o valor efetivamente entregue ao devedor em recuperação judicial pelo financiador (art. 84, I-A e I-B da LREF).

A restituição em dinheiro ocorrerá nas hipóteses de: I – coisa de propriedade do terceiro não mais existente ao tempo do pedido de restituição; II – importância entregue ao devedor decorrente de adiantamento a contrato de câmbio para exportação; III – valores entregues ao devedor pelo contratante de boa-fé, na hipótese de revogação ou ineficácia do contrato; IV – às Fazendas Públicas, relativamente a tributos passíveis de retenção na fonte, de descontos de terceiro ou de sub-rogação e a valores recebidos pelos agentes arrecadadores e não recolhidos aos cofres públicos.

A primeira das hipóteses ocorre se o bem de propriedade de terceiro vier a se perder. A perda do bem de terceiro pode ocorrer de diversas formas, inclusive mediante alienação pela própria massa, a qual deve iniciar a realização do ativo logo após a arrecadação dos bens (art. 139 da LREF) ou diante de bem perecível (art. 113 da LREF).

Tal fato deve ocorrer, entretanto, após o pedido de declaração da falência. O pedido de restituição pressupõe a arrecadação do bem pela massa falida, como é previsto no art. 85, *caput*, da Lei n. 11.101/2005. Caso a perda do bem, por qualquer motivo, tenha ocorrido antes do pedido de restituição, o requerente receberá o valor da avaliação do bem. Todavia, existente por ocasião do pedido, mas alienada a coisa até o seu julgamento, o requerente receberá o respectivo preço da alienação, atualizado.

A importância entregue ao devedor e decorrente de adiantamento a contrato de câmbio para exportação também pode ser restituída. Para a restituição, não se exige que a antecipação tenha sido feita nos quinze dias anteriores ao pedido de falência ou recuperação, o que era previsto em face da concordata pela Súmula 133 do STJ.

Nas exportações, como o pagamento é realizado em moeda estrangeira, faz-se o contrato de câmbio para garantir o desenvolvimento da atividade pelo empresário enquanto não há o efetivo recebimento de valores pela mercadoria exportada. Pelo contrato, a instituição financeira adianta valores ao exportador, o qual somente os receberia após o efetivo pagamento das exportações.

A instituição financeira que adiantou valores ao devedor falido não fica submetida à habilitação necessária de seu crédito no quadro geral de credores. Para privilegiar o desenvolvimento da atividade e o fomento ao crédito, excluiu-se o adiantamento da *par conditio creditorum* e garantiu-se o recebimento dos valores por pedido de restituição.

Na hipótese de revogação ou ineficácia do contrato, os valores entregues ao devedor pelo contratante de boa-fé também poderão ser objeto de pedidos de restituição. A procedência da ação revocatória e do pedido de ineficácia de um negócio jurídico perante a massa falida faz com que as partes retornem ao estado anterior. Por essa razão, o bem anteriormente entregue ao devedor falido retorna à propriedade do credor e, nesses termos, poderá ser objeto de pedido de restituição.

Por fim, a possibilidade de restituição de valores em poder do falido decorrentes de tributos passíveis de retenção na fonte ou de valores recebidos por agentes arrecadadores. Tal hipótese compreende as contribuições previdenciárias descontadas pela empresa do salário de seus empregados e ainda não recolhidas (art. 51, parágrafo único, da Lei n. 8.213/91), ou o Imposto de Renda retido do trabalhador. Referidos valores não estão disponíveis para o empregador falido, o qual tem a obrigação de restituí-los.

2.7.3.4 Procedimento do pedido de restituição

O pedido de restituição será promovido em ação própria perante o Juízo Falimentar. Em sua petição, deverá o titular do direito reclamado fundamentar a razão do pedido de restituição e descrever a coisa que pretende que seja restituída. O pedido de restituição suspende a disponibilidade da coisa até o trânsito em julgado da sentença.

Após autuação em separado, serão intimados o falido, o Comitê de Credores e o administrador judicial para, no prazo sucessivo de cinco dias, poderem eventualmente contestar o pedido de restituição. Na eventualidade de contestação, será apreciada a necessidade de instrução probatória e designará o Juiz Universal audiência de instrução e julgamento, caso necessária.

A sentença de procedência do pedido determinará a restituição da coisa ou do valor em dinheiro, no prazo de quarenta e oito horas a contar do trânsito em julgado. A restituição em dinheiro, contudo, deverá respeitar o pagamento dos créditos trabalhistas vencidos nos três meses anteriores à decretação da falência e limitados a cinco salários mínimos. A falta de contestação da massa falida, por falta de resistência ao pedido, impedirá qualquer condenação ao pagamento de honorários advocatícios.

Na hipótese de procedência do pedido, ao ter a coisa restituída, o requerente deverá ressarcir a massa falida ou a quem tiver suportado as despesas de conservação da coisa. Caso a restituição seja em dinheiro e não exista saldo suficiente para o pagamento integral dos diversos requerentes, far-se-á rateio proporcional entre eles.

A sentença de improcedência do pedido, entretanto, pode gerar duas implicações distintas. A sentença pode julgar o pedido improcedente por falta de demonstração do crédito ou sua inexistência, situação em que nenhum direito em face da massa terá o requerente. Poderá, todavia, julgar o pedido improcedente por não haver direito à restituição do bem, embora tenha reconhecido o crédito do requerente. Nessa última situação, a própria sentença determinará a inclusão do requerente no quadro geral de credores, na classificação que lhe couber (art. 89 da LREF).

2.7.4 Embargos de terceiro

Os embargos de terceiro visam à manutenção ou à restituição dos bens turbados ou esbulhados pelo ato de arrecadação.

Podem ser opostos no juízo da falência por quem, embora não seja parte no processo, sofra turbação ou esbulho na posse de seus bens por ato de arrecadação do administrador judicial ou por qualquer ato de apreensão judicial.

Embora os embargos sejam admissíveis apenas se os pedidos de restituição forem inadequados (art. 93 da LREF), o fundamento para a oposição dos embargos é mais amplo que o fundamento dos pedidos de restituição.

Os embargos não ficam adstritos à arrecadação do bem. Podem ser opostos em virtude de qualquer ato de turbação ou esbulho, como sequestros, arrestos e outras medidas cautelares.

Outrossim, os embargos exigem a simples posse em razão do qual se sofreu a turbação ou esbulho. Não há a necessidade de demonstração do direito real ou contrato para fundamentar a pretensão de restituição do bem.

O rito processual permitirá a concessão da liminar de manutenção ou de restituição do bem ao embargante, mas a ordem de manutenção ou reintegração de posse poderá ser condicionada à caução pelo requerente (art. 678, parágrafo único, do Código de Processo Civil).

O pedido dos embargos será julgado por sentença, a qual desafiará recurso de apelação.

2.7.5 Realização do ativo

Para que os credores sejam pagos, é imprescindível que os bens arrecadados e que formam a massa falida objetiva sejam transformados em dinheiro ou adjudicados pelos próprios credores.

No antigo Decreto-lei n. 7.661/45, condicionava-se a realização do ativo à apuração prévia do passivo. A liquidação dos bens somente poderia ocorrer após a publicação do quadro geral de credores.

Com o intuito de tornar o processo falimentar mais célere e maximizar a utilidade das unidades produtivas, a Lei n. 11.101/2005 determinou que a realização do ativo terá início independentemente da formação do quadro geral de credores (art. 140, § 2º, da LREF). Além de desnecessário o término da verificação dos créditos, também se prescinde da finalização da apuração do ativo. A liquidação será iniciada após a arrecadação de bens e a juntada do auto de arrecadação no processo (art. 139 da LREF).

A arrecadação de todos os bens somente será exigida para o início da liquidação se existir a possibilidade de alienação do conjunto de bens do devedor, o que maximizaria o valor obtido pela massa falida e atenderia ao interesse de todos os envolvidos no processo.

Para acelerar a liquidação, a alteração da Lei n. 11.101/2005, em seu art. 22, III, *j*, determinou que o administrador judicial deverá, no prazo de até 180 dias da juntada do auto de arrecadação, vender todos os bens da massa falida, sob pena de destituição, a menos que por impossibilidade fundamentada, reconhecida por decisão judicial.

2.7.5.1 Formas de liquidação

A forma de liquidação refere-se ao conjunto de bens que será realizado. Com o intuito de preservar e otimizar a utilização produtiva dos bens, a lei estabeleceu formas preferenciais de alienação. Pretendeu com isso assegurar a maior integridade possível do estabelecimento empresarial ou das unidades produtivas para que a empresa possa continuar a ser desenvolvida pelos adquirentes.

A manutenção da atividade empresarial pela conservação da integridade das unidades produtivas, entretanto, somente foi estabelecida como forma preferencial, mas não exclusiva. A impossibilidade de alienação de todo o conjunto de bens permite que os bens sejam alienados em unidades menores ou mesmo individualmente.

O art. 140 da LREF estabelece a seguinte ordem de preferência nas formas de alienação dos bens, as quais têm a complexidade decrescente do conjunto de bens: alienação da empresa, com a venda de seus estabelecimentos em bloco; alienação da empresa, com a venda de suas filiais ou unidades produtivas isoladamente; alienação em bloco dos bens que integram cada um dos estabelecimentos do devedor; alienação dos bens individualmente considerados.

Na alienação dos estabelecimentos ou das unidades produtivas isoladas, o complexo de bens a ser transferido deve incluir todo o necessário para a manutenção da atividade empresarial pelo novo adquirente. Por essa razão, devem ser compreendidos no conjunto de bens os contratos específicos que permitam a manutenção da atividade.

A cessão dos contratos de trabalho, contudo, não ocorrerá. Os empregados do devedor contratados pelo arrematante serão admitidos mediante novos contratos de trabalho, e o arrematante não responde pelas obrigações decorrentes do contrato anterior (art. 141, § 2º, da LREF).

2.7.5.2 Sucessão das obrigações na liquidação

O adquirente dos bens não responderá pelas obrigações anteriores do falido. Independentemente da modalidade de realização do ativo, os bens serão transferidos livres de quaisquer ônus. A desoneração tem o objetivo de maximizar o valor recebido pela massa em razão da alienação de bens e atrair uma maior quantidade de interessados na aquisição.

A transferência dos bens não implica sucessão do arrematante nas obrigações do devedor, inclusive as de natureza tributária, as derivadas da legislação do trabalho e as decorrentes de acidentes de trabalho (art. 141, II, da LREF). A Lei Falimentar, nesses termos, excepcionou o próprio Código Civil, que estabelecia que, nos contratos de trespasse, a eficácia seria condicionada ao pagamento dos credores ou a seu consentimento, e que determina a responsabilidade do adquirente pelas obrigações anteriores (arts. 1.145 e 1.146 do Código Civil).

A sucessão nas obrigações, entretanto, pode ocorrer para penalizar comportamentos oportunistas de adquirentes com proximidade ao devedor falido e, com isso, evitar fraudes na própria falência motivada para que os bens sejam transferidos sem que as obrigações sejam satisfeitas. Respondem pelas obrigações anteriores: o sócio da sociedade falida, ou sociedade controlada pelo falido; parente, em linha reta ou colateral até o quarto grau, consanguíneo ou afim, do falido ou de sócio da sociedade falida; ou identificado como agente do falido com o objetivo de fraudar a sucessão.

2.7.5.3 Modalidades de realização do ativo

As modalidades não se confundem com a forma de liquidação. Modalidades são os meios pelos quais as liquidações dos ativos serão realizadas (art. 142 da LREF).

Em consideração ao caráter forçado da venda, a alienação dar-se-á independentemente de a conjuntura do mercado ser favorável ou não. Não dependerá da consolidação do quadro geral de credores. Pode ser auxiliada por serviços de terceiros, como consultores, corretores e leiloeiros, e não está sujeita à aplicação do conceito de preço vil, tendo em vista que a manutenção dos bens exigirá maiores despesas pela massa falida.

Sobre a realização do ativo, poderão ser apresentadas impugnações por quaisquer credores, pelo devedor ou pelo Ministério Público, no prazo de 48 horas da arrematação. As impugnações poderão questionar a validade do ato e apontar qualquer ilegalidade ou irregularidade do procedimento de alienação ou arrematação dos bens.

Se for baseada no valor de venda do bem, as impugnações apenas poderão ser recebidas se vierem acompanhadas de oferta firme do impugnante ou de terceiro para a aquisição do bem e do depósito caucionário equivalente a 10% do valor oferecido.

A impugnação será apreciada pelo Juiz da Falência, que, caso as indefira, ordenará a entrega dos bens ao arrematante (art. 143 da LREF). Da decisão, há possibilidade de interposição do recurso de agravo.

2.7.5.3.1 Modalidades ordinárias

A lei prevê que a alienação do ativo deverá ocorrer por leilão, por processo competitivo organizado por agente especializado ou por qualquer outra modalidade aprovada. A determinação de qual dessas modalidades ordinárias será a utilizada para a realização dos bens é de competência do Juiz Universal.

Independentemente da modalidade adotada, elas deverão ocorrer dentro do prazo de 180 dias da juntada do auto de arrecadação, serão consideradas todas as modalidade como alienação judicial e não serão a elas aplicado o conceito de preço vil.

Preço vil é o preço desprezível, que afronta demasiadamente o valor da avaliação do bem. É previsto em lei como o preço inferior a cinquenta por cento do valor de avaliação, caso o Juízo Falimentar não entenda pela fixação de outro piso (art. 891 do Código de Processo Civil). A lei determinou que não se aplica o preço vil na falência, independentemente da modalidade adotada, em razão do custo de manutenção da coisa pela Massa Falida e da necessidade de celeridade do procedimento.

A primeira modalidade é o leilão. Ele poderá ser eletrônico, presencial ou híbrido. Os lances poderão ser dados pela internet, pessoalmente, ou os dois de modo simultâneo, respectivamente.

No leilão, o público convocado fará propostas consistentes em lances. A alienação ocorrerá pelo maior valor oferecido, ainda que seja inferior ao valor da avaliação.

Para a realização do leilão, não mais se exige antecedência de 15 dias para a publicação do edital com bens móveis ou de 30 dias para bens imóveis. Pelo art. 887, § 1º, do Código de Processo Civil, a publicação do edital deverá ocorrer pelo menos com 5 dias de antecedência à data do leilão. A publicação do referido edital deverá ocorrer no sítio eletrônico próprio dedicado à recuperação judicial e à falência, além de no diário oficial eletrônico.

Haverá a previsão, no edital, de três chamadas sucessivas. Em primeira chamada, os lances poderão ocorrer a partir do valor mínimo de avaliação do bem; em segunda chamada, 15 dias após a primeira, os lances terão o valor mínimo a partir de 50% do valor de avaliação; em terceira chamada, 15 dias depois da segunda, os lances não terão valor mínimo e poderá sagrar-se vencedor quem apresentou o maior lance.

Além do leilão, a alteração da Lei n. 11.101/2005 inseriu a possibilidade de realização de processo competitivo e público, que garanta o acesso a todos os interessados. Permitiu-se processo competitivo organizado por agente especializado e de reputação ilibada. Poderá ocorrer qualquer outra modalidade também de venda, desde que se garanta a transparência e a concorrência entre os interessados.

Para essas outras modalidades, sua propositura deverá ser aprovada pela assembleia geral de credores, decorrer de disposição de plano de recuperação judicial aprovado ou deverá ser aprovada pelo juiz, considerada a manifestação do administrador judicial e do Comitê de Credores, se existente.

Como forma de modalidade pública, era possível realizar a proposta fechada e o pregão, ambos revogados pela lei.

A alienação por propostas fechadas era modalidade de liquidação do ativo pela qual os interessados em adquirir o bem apresentariam, em cartório, propostas em envelopes lacrados. Os envelopes seriam abertos pelo juiz no dia, hora e local designados no edital, na presença do administrador judicial e dos interessados. A melhor proposta seria escolhida e de tudo será lavrado auto, com assinatura de todos os presentes.

O pregão era modalidade híbrida entre o leilão e as propostas fechadas. Assim como nas propostas fechadas, o juiz abriria os envelopes no dia, hora e local designados no edital. Abertas as propostas, seriam selecionadas as propostas não inferiores a 90% da maior proposta ofertada.

Os selecionados seriam convocados para um leilão em data designada. Neste, poderão realizar lances orais. O valor da abertura do leilão era o da proposta recebida do maior ofertante presente, a qual se considerava como lance e obrigava o ofertante.

Caso não comparecesse ao leilão o ofertante da maior proposta e não fosse dado lance igual ou superior ao valor por ele ofertado, ficava obrigado a prestar a diferença verificada entre o valor da arrematação e o valor de sua oferta. Referida diferença era executada pelo administrador, munido da certidão do juízo, a qual consistia em título executivo para a execução dos valores.

Apesar de a proposta fechada e do pregão terem sido revogados, ambos podem ser realizados como formas de processos competitivos e públicos, que garantam o acesso a todos os interessados.

O Ministério Público e as Fazendas Públicas precisarão ser intimados de sua realização por meio eletrônico, sob pena de nulidade.

2.7.5.3.2 Modalidades extraordinárias

O Comitê de Credores, contudo, pode deliberar por uma modalidade extraordinária de realização do ativo, assim como o administrador judicial.

Mediante requerimento fundamentado do administrador judicial ou do Comitê de Credores, o juiz poderá autorizar, se houver motivos justificáveis, modalidades de alienação judicial diversas do leilão, das propostas fechadas e do pregão (art. 144 da LREF). Os motivos justificáveis referem-se a uma melhor modalidade para a maximização do valor produtivo dos bens.

Os credores, em assembleia geral, podem, também, decidir por adjudicar os bens alienados na falência ou adquiri-los por meio de constituição de sociedade, de fundo ou de outro veículo de investimento, com a participação, se necessária, dos atuais sócios do devedor ou de terceiros, ou mediante conversão de dívida em capital. Para tanto, a assembleia geral dos credores deverá ter deliberado por voto favorável de metade dos créditos presentes (art. 145 da LREF).

2.7.5.3.2.1 Constituição de sociedade de credores

A assembleia geral de credores pode deliberar por constituir sociedade de credores ou de empregados do devedor. A participação dos atuais sócios e de terceiros é admitida, desde que esses adquiram a participação na sociedade, com a subscrição e integralização de quotas, por exemplo. O ingresso do recurso desses é exigido, pois não são credores do falido os sócios ou os terceiros.

Entretanto, a garantia constitucional de que ninguém será compelido a associar-se veda a imposição de associação obrigatória ao credor dissidente.

A deliberação de constituição da sociedade não precisa ser unânime, mas apenas possui quórum qualificado de metade dos créditos presentes.

Os credores dissidentes ou que se abstiveram de comparecer ou de votar na assembleia não se tornam sócios da sociedade contra a sua vontade. Tais credores deverão ser pagos pelo valor a que teriam direito caso os ativos da massa falida fossem liquidados.

Os demais integrarão a sociedade. À sociedade formada pelos credores não poderá ser imposta nenhuma obrigação anterior do falido. Os bens são-lhe transmitidos livres de quaisquer ônus, de modo que se torne possível a manutenção do desenvolvimento da atividade empresarial e, futuramente, com os ganhos advindos da atividade, a satisfação dos créditos iniciais.

2.7.5.4 Aquisição e adjudicação imediatas

Em situações excepcionais, poderá o juiz autorizar os credores a adquirir ou adjudicar, imediatamente, pelo valor da avaliação, os bens arrecadados (art. 111 da LREF). A decisão deve atentar aos interesses da massa falida e ocorrerá nas situações em que a massa falida objetiva for diminuta, a ponto de o custo do procedimento de realização dos ativos consumir grande parte dos bens da massa e inviabilizar o próprio atendimento dos interesses dos credores.

A aquisição ou adjudicação dos bens da massa falida, para ser autorizada pelo Juiz, pressupõe a manifestação do Comitê de Credores. É o Comitê que esclarecerá qual o melhor interesse dos credores e se a aquisição ou a adjudicação são as melhores modalidades de liquidação dos ativos. Poderá ser também aprovado por assembleia geral de credores, com quórum de maioria dos presentes.

Caso autorizadas, a aquisição ou a adjudicação devem respeitar a classificação dos créditos habilitados. A garantia de respeito à preferência dos credores de classes mais privilegiadas implica que os credores da mesma classe e de classes mais privilegiadas não serão prejudicados com a aquisição ou adjudicação dos bens da massa.

Por consequência, a aquisição direta, na hipótese de concorrência entre credores, será realizada pelo credor que, em igualdade de condições, tiver o crédito de classificação mais privilegiada. O credor adquirente deverá depositar o preço do bem, o qual será utilizado para satisfazer, em igualdade de condições, os créditos conforme a respectiva classificação.

Na adjudicação dos bens do ativo, a garantia da preferência e classificação dos créditos apenas será atendida, como determina o art. 111 da LREF, se o adjudicatário for grupo de credores constituintes da classe mais privilegiada ou desde que os créditos de classes preferenciais aos adjudicatários tenham sido satisfeitos. A *par conditio creditorum* apenas será respeitada, basicamente, se o crédito de todos os credores de classes preferenciais ao adjudicatário estiver satisfeito ou se, ainda que assim não seja, o adjudicatário depositar o valor suficiente a satisfazer os credores mais privilegiados.

2.7.6 Pagamento dos credores

As quantias recebidas com a realização do ativo pela massa falida são depositadas em conta remunerada de instituição financeira até que se faça a satisfação dos créditos.

O montante obtido com a realização do ativo, contudo, pode não ser suficiente para o pagamento integral de todos os credores. Diante da possível escassez de recursos e da maior importância de alguns créditos em face dos demais, a Lei n. 11.101/2005 estabelece uma ordem legal de preferência entre os créditos para o pagamento.

Para se garantir a satisfação dos credores conforme a ordem legal e a igualdade de credores perante a mesma classe, a *par conditio creditorum*, os pagamentos deverão ocorrer sucessivamente entre as classes. Somente se passa para a satisfação de uma classe menos privilegiada quando a classe acima já estiver integralmente satisfeita. Caso não haja recursos para a satisfação da integralidade dos créditos da referida classe, os credores deverão receber proporcionalmente ao crédito o mesmo valor, até que a classe seja integralmente satisfeita.

2.7.6.1 Classificação dos créditos

Todos os créditos habilitados na falência e integrantes do quadro geral de credores consolidado deverão ser pagos. Estabelece a lei, entretanto, uma ordem de preferência entre eles em conformidade com a sua natureza.

Ademais, não apenas os credores do falido devem ser pagos. A massa falida, após a decretação da falência, pode contrair obrigações perante terceiros. Referidos créditos em face da própria massa são considerados créditos extraconcursais, os quais deverão ser pagos com prioridade em face dos créditos do falido.

Diante da importância, alguns créditos são, todavia, dentro dos créditos extraconcursais, inseridos com privilégio. Isso porque devem ser pagos pelo administrador judicial com o montante disponível em caixa para que possam assegurar a sobrevivência dos credores trabalhistas, ou o indispensável à administração da falência.

Os créditos podem ser divididos, portanto, em dois grandes grupos de pagamento, conforme a ordem de preferência: créditos extraconcursais e concursais.

2.7.6.1.1 Créditos extraconcursais

Para que o processo falimentar possa regularmente se desenvolver, a massa falida deverá contrair obrigações. Créditos extraconcursais são essas obrigações contraídas pela massa falida e que não se submetem ao concurso de credores, em regra.

Alguns créditos, entretanto, mesmo que anteriores à decretação da falência, possuem prioridade em virtude de serem indispensáveis à sobrevivência do credor, ou sua urgência para a manutenção do procedimento falimentar exige que seu pagamento seja prioritário.

A Lei n. 11.101/2005, em seu art. 84, estabelece uma ordem de preferência de pagamento dos créditos extraconcursais.

2.7.6.1.1.1 Despesas indispensáveis à administração da falência

As despesas da massa falida são consideradas créditos extraconcursais. Algumas dessas despesas, todavia, se imprescindíveis à administração da falência ou à continuação provisória das atividades empresariais, podem ser pagas diretamente com os recursos disponíveis em caixa e com prioridade sobre os demais pagamentos dentro dos credores extraconcursais (art. 150 da LF).

As despesas indispensáveis à administração ou à continuação provisória da atividade empresarial são as necessárias ao não prejuízo da massa falida objetiva. São despesas desse tipo as imprescindíveis à arrecadação, guarda e conservação dos bens integrantes da massa falida objetiva. Tais gastos são imprescindíveis para evitar a deterioração, perda ou desvio dos bens.

Indispensáveis à continuação provisória da atividade empresarial são as despesas emergenciais, que não poderiam aguardar o pagamento dos créditos extraconcursais, sob pena de se comprometer o desenvolvimento da atividade para a realização dos ativos. Caso não emergencial ou indispensável, referida obrigação será paga na ordem de preferência dos credores extraconcursais.

2.7.6.1.1.2 Créditos trabalhistas prioritários

Diante de razões humanitárias, para que se garantam a sobrevivência e a dignidade dos trabalhadores, assegurou-se o pagamento prioritário, dentro dos créditos extraconcursais, dos créditos trabalhistas prioritários (art. 151 da LF). Referidos créditos serão pagos pelo administrador judicial assim que houver disponibilidade em caixa.

Crédito trabalhista prioritário é o crédito de natureza estritamente salarial. A natureza estritamente salarial exige que o crédito prioritário seja o referente à remuneração pelos serviços laborais prestados. As verbas indenizatórias, ainda que consideradas créditos derivados da legislação do trabalho, como auxílio-transporte, auxílio-alimentação, indenização de férias, dentre outros créditos, não possuem natureza estritamente salarial e, portanto, não poderão ser pagas como créditos prioritários.

Além da natureza salarial, o crédito trabalhista prioritário apenas compreende os salários vencidos nos três meses anteriores à decretação da falência, limitados a cinco salários mínimos por trabalhador. As restrições quantitativas e temporais visam a especificar o crédito mais importante à manutenção da dignidade da pessoa do trabalhador. O crédito faz referência ao montante mais imprescindível para a sobrevivência imediata do trabalhador, o qual, nesses termos, exigirá um pagamento absolutamente prioritário em relação a todos os outros.

Os créditos estritamente salariais que extrapolam o vencimento nos três meses anteriores à falência ou superiores a cinco salários mínimos por trabalhador, bem como os demais créditos derivados da legislação do trabalho, não serão pagos com prioridade. Tais créditos apenas serão satisfeitos após a satisfação dos credores extraconcursais, ainda que, dentre os concursais, possa a lei ter garantido determinada preferência, sob certos requisitos.

A Lei n. 4.886/65 equiparou o crédito do representante comercial, relacionado com a representação, inclusive comissões vencidas e vincendas, indenização e aviso prévio, a créditos da mesma natureza dos créditos trabalhistas para efeito de falência do representado (art. 44 da Lei n. 4.886/65). São representantes comerciais as pessoas físicas ou jurídicas que desempenham, em caráter não eventual, mas sem relação de emprego, no interesse do representado, a mediação para a realização de negócios, agenciando propostas ou pedidos, para transmiti-los aos representantes, praticando ou não atos relacionados com a execução dos negócios.

Para serem prioritários, contudo, os créditos decorrentes da representação comercial devem se referir à natureza estritamente salarial, ou seja, apenas os créditos referentes às comissões devidas pela mediação. Os demais créditos de natureza indenizatória, apesar de equiparados aos trabalhistas, assim como estes não serão considerados prioritários. Os créditos do representante comercial também devem ser vencidos no lapso dos três meses que antecede a falência e devem ser limitados a cinco salários mínimos para serem considerados créditos prioritários, com pagamento absolutamente preferencial a todos os demais.

2.7.6.1.1.3 Crédito do financiador do devedor em recuperação judicial

Na ordem de prioridade de pagamento, após a satisfação das despesas de pagamento antecipado imprescindível e dos créditos estritamente salariais e limitados a 5 salários mínimos, vencidos nos três meses antes da decretação da falência, devem ser satisfeitos os créditos do financiador.

Em relação aos valores efetivamente entregues ao devedor durante sua recuperação judicial, o financiador deverá receber prioridade de pagamento para que seja estimulado a fornecer recursos aos empresários em crise. Desde que o financiamento não tenha sido assegurado por transferência de propriedade fiduciária, o credor deverá ser satisfeito pelo montante efetivamente entregue. Essa prioridade é conferida independentemente da pessoa do seu titular. Mesmo que sócios e integrantes do grupo do devedor, ou credores da recuperanda, o crédito titularizado pelo financiador receberá a prioridade na ordem de pagamentos.

2.7.6.1.1.4 Pedido de restituição em dinheiro

Como já visto anteriormente, a restituição em dinheiro é decorrente de bens que pertenciam aos credores e que, por alguma razão, não podem ser devolvidos pela massa falida. Essa restituição é decorrente de coisa de propriedade do terceiro arrecadada ou com o devedor por ocasião de sua decretação de falência e não mais existente ao tempo do pedido de restituição, de importância entregue ao devedor decorrente de adiantamento a contrato de câmbio para exportação, de valores entregues ao devedor pelo contratante de boa-fé, na hipótese de revogação ou ineficácia do contrato; e de valores em poder do falido, decorrentes de tributos passíveis de retenção na fonte, de descontos de terceiro ou de sub-rogação e valores recebidos pelos agentes arrecadadores e não recolhidos aos cofres públicos.

O valor a ser restituído será atualizado monetariamente (Súmula 36 do STJ), pois a correção monetária apenas recompõe o poder aquisitivo da moeda. Os juros incidentes sobre a obrigação, entretanto, deverão ser habilitados na falência, pois submetidos ao concurso de credores.

2.7.6.1.1.5 Remuneração do administrador judicial, dos auxiliares e dos empregados da massa

A remuneração dos envolvidos na falência deverá ter preferência para que o procedimento necessário na falência transcorra regularmente.

Embora a lei determine que 40% da remuneração do administrador judicial somente seja paga ao final do processo (art. 24, § 2º, da LRF), o referido montante será reservado de modo a garantir a preferência do crédito do administrador judicial.

Além do crédito do administrador judicial e dos auxiliares, os créditos derivados da legislação do trabalho ou decorrentes de acidente de trabalho relativo a serviços prestados após a decretação da falência também possuem preferência. Tal dispositivo refere-se à eventual continuação provisória da atividade empresarial após a decretação da falência ou à manutenção de contratos de trabalho necessária para a regularidade do procedimento falimentar.

Os trabalhadores, para que possam prestar os serviços à massa falida, devem ter a garantia de que receberão pelos seus serviços com prioridade em relação aos demais credores. A garantia do crédito como extraconcursal e preferencial em relação aos demais extraconcursais assegura ao trabalhador que, depois de pagos os créditos prioritários, fará ele jus ao pagamento de seu crédito

2.7.6.1.1.6 Débitos contraídos durante a recuperação judicial ou após a decretação da falência

Todas as demais obrigações resultantes de atos jurídicos válidos praticados durante a recuperação judicial ou após a decretação da falência são considerados, ainda, créditos extraconcursais.

As demais obrigações contraídas durante a falência ou durante a recuperação judicial que a precedeu serão pagas com prioridade em relação aos créditos concursais. Dentre essas, incluem-se as despesas para cumprimento dos contratos após a decretação da falência.

Quanto aos tributos, os impostos, taxas e contribuições constituídas após a sentença declaratória da falência são créditos devidos pela massa e, portanto, extraconcursais. Contudo, houve a criação de classe específica para eles, menos privilegiada dentro dos créditos extraconcursais.

Referidos créditos extraconcursais serão satisfeitos conforme a ordem de preferência prevista no art. 83 da LREF, ou seja, conforme a ordem de pagamento estabelecida para o pagamento dos créditos concursais.

2.7.6.1.1.7 Quantias fornecidas à massa pelos credores

Em algumas situações, é possível que os credores forneçam à massa falida recursos para que se realizem os atos necessários à arrecadação e liquidação dos bens. Para que possa ocorrer a regular guarda de bens, continuação provisória da atividade empresarial ou cobrança de créditos do falido, os credores podem, se necessário, disponibilizar recursos à massa falida. O ressarcimento desses valores deve ser realizado pela massa falida antes do pagamento dos credores do falido, como créditos extraconcursais.

2.7.6.1.1.8 Despesas do procedimento falimentar e custas do processo de falência

As despesas com arrecadação, administração, realização do ativo e distribuição do seu produto são consideradas créditos extraconcursais. A arrecadação, manutenção, liquidação dos ativos, além da conferência dos ativos e dos passivos, exige que o administrador judicial contraia uma série de obrigações para bem desempenhar seus encargos. Tais despesas envolvem todo o necessário para o desempenho dos atos do processo, como locação de espaço para guarda de bens arrecadados, transporte para os atos, gastos com a conservação dos bens, dentre outros.

Nessa espécie de créditos extraconcursais também se inserem as custas do processo de falência. As custas são decorrentes apenas de atos do processo falimentar e referentes, por exemplo, às diligências dos oficiais de justiça, às publicações de editais, de notificações etc. Tais custas não serão recolhidas por ocasião da realização do ato processual, mas apenas por ocasião da fase de satisfação dos créditos e conforme a ordem de credores, caso, após o pagamento dos credores prioritários e extraconcursais preferenciais a essa classe, haja valor remanescente.

2.7.6.1.1.9 Custas judiciais relativas às ações e às execuções em que a massa falida tenha sido vencida

Diferentemente da classe anterior, as custas judiciais dessa classe não são referentes a atos do processo falimentar propriamente dito. As custas judiciais envolvem processos outros, que envolvam os interesses da massa; processos em que a massa falida, sucumbente, foi parte autora, ré ou interessada.

Nesse ponto, a falência não implica necessariamente a concessão à massa dos benefícios da assistência judiciária gratuita, ou seja, sua condição de hipossuficiência para arcar com as custas do processo. Caso haja bens após o pagamento das classes privilegiadas, as custas judiciais devem ser arcadas pela massa falida, o que será feito, portanto, não de modo antecipado, mas, caso sucumbente, na fase de pagamento dos créditos.

2.7.6.1.1.10 Tributos relativos a fatos geradores ocorridos após a decretação da falência

Os tributos relativos a fatos geradores posteriores à decretação da falência são considerados como extraconcursais, a ponto de serem satisfeitos antes de todos os créditos concursais. Sua prioridade, contudo, é inferior a todos os demais créditos extraconcursais.

Pelo dispositivo legal, deverá ocorrer ainda prioridade dentro da respectiva classe. Em virtude da determinação de aplicação do art. 83, as multas deverão ser satisfeitas posteriormente ao valor do crédito principal decorrente dos tributos.

2.7.6.1.2 Créditos concursais

Após o pagamento dos créditos extraconcursais, inicia-se o pagamento dos créditos habilitados na falência e incluídos no quadro geral de credores.

O grupo dos créditos concursais é composto por sete classes, cuja ordem de preferência de pagamento entre elas deve ser seguida para que a classe posterior possa ser satisfeita. São créditos concursais, em ordem de preferência, os créditos trabalhistas e decorrentes de acidente de trabalho, os créditos com garantia real, os créditos tributários, os créditos quirografários, as multas e penas, e os créditos subordinados (art. 83 da LREF).

2.7.6.1.2.1 Créditos trabalhistas e decorrentes de acidentes de trabalho

Os créditos trabalhistas de natureza estritamente salarial, vencidos há menos de três meses da decretação da falência e limitados a cinco salários--mínimos, são considerados extraconcursais com prioridade.

Os créditos trabalhistas de atividade durante a falência também é considerado como extraconcursal, assim como os créditos trabalhistas de atividades prestadas durante a recuperação judicial.

Antes da decretação da falência e antes do pedido de recuperação judicial, os créditos trabalhistas que extrapolarem os extraconcursais prioritários, desde que limitados a 150 salários-mínimos por credor, e os decorrentes de acidente de trabalho serão considerados créditos concursais com preferência em relação aos demais créditos concursais.

Pelo art. 83, I, da LREF, os créditos decorrentes da relação de trabalho são considerados concursais. Para tanto, deverão decorrer de créditos em face do falido. As obrigações decorrentes da relação de trabalho e relativas a serviço prestado após a decretação da falência, ou a acidente de trabalho ocorrido após a quebra, são consideradas créditos extraconcursais, créditos em face da massa falida.

Além dos créditos de natureza salarial, na referida classe incluem--se os créditos indenizatórios em relação aos serviços prestados, como indenização de férias, transportes etc. Outrossim, incluem-se as indenizações devidas em decorrência de acidentes de trabalho ocorridos antes da declaração da falência.

Os créditos decorrentes da legislação do trabalho, entretanto, apenas possuem privilégios em face dos outros créditos concursais até o limite de 150 salários mínimos. O valor excedente é considerado crédito quirografário.

A limitação, ressalte-se, é apenas para os créditos da legislação do trabalho. Os créditos advindos de acidentes de trabalho não possuem limitação e incluem-se na primeira classe dos créditos concursais por qualquer valor.

Equiparam-se aos créditos trabalhistas, como já vimos anteriormente, os créditos dos representantes comerciais (art. 44 da Lei n. 4.886/65).

A jurisprudência do STJ passou a equiparar a crédito trabalhista, também, os créditos decorrentes de honorários advocatícios, sejam eles contratuais ou sucumbenciais. Embora houvesse controvérsia doutrinária, pois a Lei n. 8.906/94 garantiu a natureza de crédito com privilégio geral aos honorários, quer sejam contratuais, quer sucumbenciais (art. 24 da Lei n. 8.906/94), o STJ assentou o posicionamento de que os honorários advocatícios são equiparados a créditos trabalhistas, por terem natureza alimentar.

Na hipótese de o crédito trabalhista ser cedido a terceira pessoa, o crédito passa a ser considerado como crédito quirografário (art. 83, § 4º, da LREF). Cedido a terceiro, o crédito trabalhista perde a finalidade social em razão da qual a lei procurou garantir-lhe o pagamento privilegiado.

2.7.6.1.2.2 Créditos com garantia real

Os créditos com garantia real, como penhor, anticrese, hipoteca, alienação fiduciária em garantia, caução, serão pagos logo após o pagamento dos créditos trabalhistas. Sua preferência em relação aos demais decorre da garantia real, que gera a expectativa de pagamento pelo credor.

Os créditos somente serão privilegiados, todavia, na medida da garantia fornecida. O privilégio ocorre até o limite do valor do bem gravado. O valor do bem será apurado conforme a importância efetivamente arrecadada com a venda do bem dado em garantia ou, no caso de alienação em bloco, conforme o valor da avaliação do bem individualmente considerado (art. 83, § 1º, da LREF).

Caso o bem gravado tenha valor inferior ao crédito garantido, o valor excedente do crédito será habilitado como crédito quirografário.

Embora a coisa garantida assegure o pagamento do crédito do credor, esse pagamento deve respeitar a ordem legal de preferência determinada pela Lei Falimentar, de modo que os credores com garantia real apenas serão satisfeitos após o pagamento dos credores prioritários, extraconcursais e trabalhistas.

2.7.6.1.2.3 Créditos tributários

Os créditos tributários decorrentes de fatos geradores ocorridos após a sentença declaratória da falência são classificados como créditos extraconcursais. Os créditos decorrentes de fatos geradores ocorridos antes da sentença de quebra, ainda que constituídos posteriormente, possuem privilégio ante os demais créditos concursais e serão pagos após o pagamento dos créditos com garantia real.

Excluída da classe dos créditos tributários está a multa tributária, a qual é considerada crédito subquirografário pela lei.

O art. 187, parágrafo único, do Código Tributário Nacional, assegurou que, na hipótese de concorrência de credores da mesma classe de créditos tributários, haverá preferência de pagamento para a União, após para os Estados, Distrito Federal e Territórios, e, após, para o Município. Referido dispositivo foi considerado constitucional pelo Supremo Tribunal Federal (Súmula 563 do STF).

2.7.6.1.2.4 Créditos quirografários

Os créditos com privilégio especial e os créditos com privilégios gerais, tal como previsto na redação original da lei, foram revogados. Todos referidos créditos, sem garantia, deverão ser considerados como quirografários.

Os créditos quirografários são os créditos sem qualquer privilégio. São os créditos comuns, sobre os quais a lei não estabelece qualquer preferência no pagamento em relação aos demais créditos habilitados no concurso geral de credores.

Além dos créditos sem qualquer preferência, a natureza de quirografário foi atribuída ao excedente dos créditos não cobertos pelo produto da alienação dos bens vinculados ao seu pagamento, como ocorre com os credores com direito real de garantia e com os credores com privilégio especial. Outrossim, são quirografários os créditos trabalhistas excedentes a 150 salários mínimos, ou que tenham sido cedidos a terceiros.

2.7.6.1.2.5 Multas contratuais e penas pecuniárias

As multas contratuais e as penas pecuniárias impostas por infração das leis penais ou administrativas, inclusive multas tributárias, foram previstas como créditos subquirografários.

Referida disposição, prevista no art. 83, VII, da Lei de Falência, altera o entendimento até então vigente pelo Decreto-lei n. 7.661/45, que excluía do concurso de credores as penas pecuniárias, as quais, diante de sua natureza, não poderiam ultrapassar a pessoa do devedor. À época, consagrava-se a concepção de que atribuir à massa falida o pagamento de tais penas seria responsabilizar os credores por um comportamento indevido do devedor.

Com base na legislação anterior, duas Súmulas foram editadas para disciplinar a não submissão ao concurso de credores de penas pecuniárias. A Súmula 192 do STF determinava que "não se inclui no crédito habilitado em falência a multa fiscal com efeito de pena administrativa". A Súmula 565 do

STF, previa que "a multa fiscal moratória constitui pena administrativa, não se incluindo no crédito habilitado em falência".

Na Lei n. 11.101/2005, tanto as penas pecuniárias quanto as multas foram incluídas no quadro geral de credores, embora apenas sejam satisfeitas após o pagamento dos créditos quirografários.

2.7.6.1.2.6 Créditos subordinados

Na classe dos créditos subordinados, são incluídos todos os créditos assim especificados por lei ou contrato. Também são incluídos os créditos dos sócios e dos administradores da sociedade falida, sem vínculo empregatício, cuja contratação não tenha observado as condições estritamente comutativas e as práticas de mercado. desde que não possuam vínculo empregatício.

Na hipótese de vínculo de emprego, os sócios e administradores terão seus créditos classificados como trabalhistas. Os créditos dos sócios, outrossim, não se referem aos direitos sobre o capital investido, o qual não é oponível à massa falida. Os créditos são apenas os decorrentes de serviços prestados à sociedade, ou seja, *pro labore*, ou, ainda, créditos em face de contratos celebrados com essa.

2.7.6.1.2.7 Juros vencidos após a decretação de falência

A alteração legislativa na Lei n. 11.101/2005 acrescentou classe formada por juros vencidos após a decretação da falência.

Os créditos dos demais credores deverão ser atualizados até o momento do pagamento no procedimento falimentar. Os juros, contudo, somente serão incluídos no quadro geral de credores em virtude do contrato ou da Lei até a data da decretação da falência.

Os juros vencidos posteriormente à decretação da quebra, contudo, somente serão satisfeitos após todos os créditos principais o terem sido, e caso haja recursos. Nos termos do art. 124 da Lei n. 11.101, contra a massa falida não são exigíveis juros vencidos após a decretação da falência, previstos em lei ou em contrato, se o ativo apurado não bastar para o pagamento dos credores subordinados. Excepciona isso, entretanto, os juros das debêntures e dos créditos com garantia real em relação ao produtos dos bens que constituem a garantia, os quais deverão ser satisfeitos juntamente com a satisfação do crédito garantido.

2.7.6.2 Rateios suplementares

A reserva de valores procura preservar o direito do credor litigante que não teve ainda o reconhecimento da habilitação de seu crédito no quadro geral de credores. Caso deferido o pedido de reserva, o pagamento dos credores não pode se sobrepor às decisões judiciais que determinaram a reserva de valores, de modo que o montante suficiente para o pagamento do crédito discutido será depositado.

O depósito não é realizado, todavia, pelo simples deferimento do pedido de reserva. Os pagamentos dos créditos, ainda que haja reserva deferida, devem ser feitos conforme a ordem preferencial estabelecida por lei. Logo, os créditos mais privilegiados do que aquele discutido, e em razão do qual a reserva de numerário foi deferida, não são afetados pelo reconhecimento ou não do crédito.

O depósito será realizado se a massa possuir bens para a satisfação ou início de pagamento da classe do crédito litigioso. Nesse caso, a reserva implicará a manutenção dos depósitos de importâncias até o julgamento definitivo do crédito. Caso o crédito seja reconhecido, o pagamento será realizado conforme a ordem de preferência dos credores e mantendo-se a *par conditio creditorum* em cada classe. Caso o crédito não seja reconhecido, no todo ou em parte, os recursos depositados serão objeto de rateio suplementar entre os credores remanescentes.

Rateio suplementar ocorre, também, na hipótese de os valores pagos não serem levantados pelos credores.

O juiz, por ocasião do pagamento dos créditos, fixará prazo para que os credores levantem os valores a eles disponibilizados para a satisfação, total ou parcial, de seus créditos. Os credores que não levantarem o montante no prazo determinado serão intimados para levantarem os valores, no prazo de 60 dias. Se, decorrido o prazo, os credores não tiverem novamente levantado os valores, os recursos que lhes couberam serão objeto de rateio suplementar entre os credores remanescentes (art. 149, § 2º, da LF).

2.7.6.3 Valores remanescentes da liquidação do ativo

Pode ocorrer que todos os créditos do quadro geral de credores sejam satisfeitos. Satisfeitos todos os créditos e remanescendo valores da liquidação dos ativos de propriedade do falido, o montante será rateado para o pagamento dos juros vencidos após a decretação da falência, os quais estavam suspensos (art. 124 da LF).

Satisfeitos os juros de todos os credores, o saldo, se houver, será devolvido ao devedor falido (art. 153 da LF). Se o devedor falido for sociedade empresária, o montante será devolvido aos sócios, na proporção da participação que detinham na sociedade.

2.7.7 Encerramento da falência

Ainda que nem todos os créditos tenham sido satisfeitos, a liquidação total do ativo e o rateio do produto da realização dos bens provocam o encerramento da falência. Não há razão para o processo de execução coletiva prosseguir se inexistem mais bens para serem liquidados.

2.7.8 Prestação de contas

Concluída a realização de todo o ativo e rateado o produto da liquidação entre os credores, conforme a ordem de preferência do crédito, o administrador judicial deverá apresentar suas contas no prazo de 30 dias (art. 154 da LF).

O administrador judicial, que não apresentar as contas, no prazo de 30 dias do último pagamento de crédito realizado, será intimado para fazê-lo no prazo de cinco dias, sob pena de crime de desobediência. Caso ainda assim não o faça, o juiz destituirá o administrador e nomeará substituto para organizar as contas (art. 23 da LF).

As contas serão apresentadas em autos apartados, direcionados ao Juiz Universal, e devem ser acompanhadas dos documentos comprobatórios de todas as receitas, bem como dos pagamentos realizados pelo administrador judicial. Mediante publicação de aviso de que as contas foram entregues, terceiros interessados podem impugná-las no prazo de 10 dias. Assegurado o contraditório e ouvido o Ministério Público, bem como realizadas as diligências necessárias, as contas serão julgadas por sentença.

A sentença que rejeite as contas apresentadas deverá fixar a responsabilidade do administrador judicial. Na referida sentença, pode o Juiz Universal determinar a indisponibilidade ou o sequestro de bens do administrador judicial para garantir o ressarcimento dos prejuízos causados à massa falida. Para tanto, ainda, a sentença valerá como título executivo judicial para indenização da massa falida em face do administrador judicial.

Caso não se constate nenhuma irregularidade, as contas serão aprovadas por sentença. Quer sejam aprovadas, quer rejeitadas, da sentença que apreciou as contas apresentadas caberá recurso de apelação.

2.7.9 Relatório final e sentença de encerramento

Após o julgamento das contas, para que o administrador possa receber 40% do valor de sua remuneração, este deverá apresentar relatório final da falência, no prazo de 10 dias. O relatório final deve indicar o valor do ativo e o do produto de sua realização, o valor do passivo e o dos pagamentos feitos aos credores, além de especificar justificadamente as responsabilidades com que continuará o falido após a extinção do processo de falência (art. 155 da LREF).

Diante do relatório final, o Juiz Universal proferirá sentença de encerramento da falência. A sentença será publicada por edital e dela caberá apelação.

Além de extinguir o processo falimentar, o trânsito em julgado da sentença de encerramento provoca a extinção das obrigações do falido.

Após o encerramento, nesse ponto, não há mais o Juízo Universal da falência, com competência para julgar todas as ações em face do devedor falido, nem este será mais substituído pela massa falida, por meio do administrador judicial.

Outrossim, a sentença de encerramento provoca o fim das limitações do devedor no processo falimentar. Não mais necessita o falido comunicar que irá se ausentar do lugar onde se processa a falência, não mais terá as correspondências abertas pelo administrador judicial, ou que se manifestar sempre que for determinado ou prestar as informações reclamadas pelos envolvidos na falência.

2.8 Extinção das obrigações

Realizado todo o ativo e rateado o produto da liquidação dos bens, o processo falimentar deve ser extinto, ainda que os créditos em face do falido não tenham sido integralmente satisfeitos.

As obrigações do falido e do sócio ilimitadamente responsável serão extintas nas hipóteses previstas no art. 158 da Lei de Falência.

A primeira das hipóteses é o pagamento de todos os créditos. Os créditos em face do falido devem ser satisfeitos, quer seja pelo próprio falido, quer por terceiros. No referido inciso devem ser incluídas as demais hipóteses de adimplemento das obrigações, pois satisfazem o crédito originário.

A segunda hipótese de extinção das obrigações ocorre com o pagamento, depois de realizado todo o ativo, de mais de 25% dos créditos quirografários. Esse montante de crédito quirografário pressupõe o pagamento das classes mais privilegiadas e pode ser satisfeito pelo produto da liquidação dos bens do falido, ou pelo depósito da quantia necessária para atingir o montante, caso o produto dos bens seja insuficiente.

A hipótese é de pouca utilidade pois a lei concebeu que a sentença de encerramento da falência extingue as obrigações do falido. Nesse sentido, independentemente do montante pago aos credores, com o encerramento da falência as obrigações do falido são extintas.

O decurso do prazo de três anos, contados da decretação da falência, também extingue as obrigações. O prazo estabelecido pela Lei Falimentar, extingue a própria obrigação, exceto com relação à utilização dos bens arrecadados anteriormente e que serão destinados à liquidação para a satisfação dos credores habilitados ou com pedido de reserva realizado.

As referidas hipóteses de extinção das obrigações podem ser suscitadas pelos interessados, como o falido ou os sócios ilimitadamente responsáveis, perante o Juiz Universal. Se realizado antes da sentença de encerramento da falência, como na hipótese de pagamento parcial ou integral, a declaração da extinção das obrigações deve ser realizada na própria sentença de encerramento da falência.

Pode ocorrer o pedido de extinção das obrigações por incidente ao feito. O requerimento será autuado em apartado com os respectivos documentos e será publicado por edital no órgão oficial para que, no prazo de 15 dias, qualquer credor possa opor-se ao pedido. O pedido e a eventual impugnação serão julgados por sentença, a qual, se declarar extintas as obrigações, será comunicada a todas as pessoas e entidades informadas da decretação da falência (art. 159 da LREF).

A sentença que declara a extinção das obrigações do falido possui natureza constitutiva. Além de declarar a extinção das obrigações, produz uma nova situação jurídica. Com base na sentença, cessa a inabilitação do falido para o exercício de atividade empresarial, nos termos do art. 102 da LREF, a menos que tenha sido também condenado por crime falimentar.

Na hipótese de crime falimentar, como um dos efeitos da sentença condenatória criminal é a inabilitação para o exercício de atividade empresarial, o condenado deve pleitear sua reabilitação criminal ou aguardar o prazo de cinco anos após a extinção da punibilidade do crime (art. 181 da LREF). A reabilitação criminal, nos termos do art. 94 do Código Penal, poderá ser requerida após dois anos da extinção da pena, computando-se o período de prova da suspensão e o do livramento condicional, desde que o condenado tenha domicílio no país, tenha bom comportamento, e tenha ressarcido o dano causado pelo crime ou demonstre a absoluta impossibilidade de fazê-lo.

3. Recuperação judicial

3.1 Aspectos gerais

O relevante papel desempenhado pelos empresários no desenvolvimento da economia nacional torna a crise econômico-financeira da empresa preocupação não somente dos credores, cujos interesses seriam diretamente atingidos pela decretação da falência, mas também do Estado, cuja higidez do sistema econômico e confiança do mercado são dependentes da solvência dos agentes.

Com o objetivo de resolver a crise econômico-financeira pela qual passava a empresa, o Decreto-lei n. 7.661/45 previa a figura da concordata. A concordata tinha o objetivo de permitir ao comerciante sua reestruturação mediante a dilação do prazo de vencimento de suas obrigações ou a remissão parcial dos débitos.

A utilidade do instituto da concordata para permitir a recuperação da empresa, entretanto, era criticada. A concordata não permitia a efetiva participação dos credores na recuperação da atividade empresarial, os quais se mantinham como meros espectadores. A concessão não era feita com base em qualquer plano de reestruturação da atividade. Desde que preenchidos os requisitos legais, era o instituto concedido como um favor legal ao comerciante, que obtinha a redução do valor de suas obrigações ou o prolongamento do prazo de vencimento, com a suspensão ou óbice à falência.

Para que pudesse efetivamente promover a superação da crise econômico-financeira da empresa, o Estado, por meio da Lei n. 11.101/2005, extinguiu a concordata e criou novo instituto, em que a participação dos credores seria ativa e a superação seria baseada em um plano de reestruturação que promovesse o desenvolvimento da atividade comprometida. Disciplinou a lei o instituto da recuperação judicial.

A recuperação judicial tem por objetivo viabilizar a superação da situação de crise econômico-financeira do devedor, a fim de permitir a manutenção da fonte produtora, do emprego dos trabalhadores e dos interesses dos credores, promovendo, assim, a preservação da empresa, sua função social e o estímulo à atividade econômica (art. 47 da LF).

3.2 Legitimidade para requerer a recuperação judicial

A recuperação judicial deve ser requerida pelo próprio devedor em crise econômico-financeira. A princípio, poderiam requerer a recuperação todo empresário individual, empresa individual de responsabilidade limitada (Eireli) e sociedades empresárias.

A algumas pessoas, entretanto, a lei exclui a possibilidade de obtenção da recuperação judicial. São os excluídos da própria Lei de Falência e recuperação judicial, como a empresa pública e a sociedade de economia mista, as instituições financeiras públicas ou privadas, cooperativas de crédito, consórcio, entidades de previdência complementar, sociedades operadoras de plano de assistência à saúde, sociedades seguradoras, sociedades de capitalização e outras entidades legalmente equiparadas às anteriores (art. 2º da LF).

Também serão impedidos de requerer a recuperação judicial os devedores proibidos, por lei especial, de requerer concordata, exceto as empresas de aviação comercial, as quais são expressamente legitimadas (arts. 198 e 199 da LREF).

Os empresários legitimados pela Lei de Falência, contudo, ficam submetidos a diversas restrições para que possam requerer a recuperação judicial (art. 48 da LREF). Pode requerer a recuperação judicial o empresário que, no momento do pedido:

I – exerça regularmente suas atividades há mais de dois anos. A regularidade da atividade impede que sociedades em comum e empresários de fato pleiteiem a recuperação judicial da empresa. Embora sejam empresários por exercerem atividade econômica, profissional, voltada à produção e circulação de bens e serviços, não possuem os registros dos atos constitutivos ou a inscrição nas Juntas Comerciais.

Outrossim, a recuperação judicial visa a preservar a empresa, ou seja, a atividade econômica e profissional. Portanto, o empresário não pode estar inativo. A recuperação procura conservar o desenvolvimento da atividade e, não, reiniciá-la. O objetivo é o de manutenção da circulação e produção dos bens e dos serviços, e não o início da atividade.

O prazo de dois anos do exercício da atividade, ademais, procura garantir o próprio fundamento do instituto da recuperação judicial. A reestruturação e conservação da atividade somente são interessantes à intervenção estatal caso a atividade seja economicamente relevante a ponto de gerar uma confiança nos consumidores, fornecedores e demais agentes envolvidos por ela. Essa relevância e essa confiança são decorrentes da estabilidade de seu exercício durante um prazo determinado, que a lei estipula em dois anos;

Exceção à necessidade de registro por mais de dois anos para o desenvolvimento da atividade empresarial é o caso do Produtor Rural. Como o art. 48 da LREF exige o desenvolvimento da atividade regular apenas, o produtor rural, como poderá desempenhar regularmente atividade econômica e organizada sem que se registre, poderá pedir recuperação judicial mesmo se tiver se registrado na Junta Comercial em prazo inferior a dois anos. O registro é obrigatório para que ele se equipare a empresário e se submeta à LREF. O desenvolvimento da atividade regular, contudo, poderá ser computada anteriormente a esse registro, pois, excepcionalmente para ele, esse registro era facultativo para a regularidade.

Referida interpretação foi consagrada pela alteração legislativa. Foi admitida, no caso de exercício de atividade rural por pessoa jurídica, a comprovação da atividade por meio da escrituração contábil fiscal e, no caso de pessoa física, pelo livro caixa digital do produtor rural.

II – não seja falido e, se o foi, estejam declaradas extintas, por sentença transitada em julgado, as responsabilidades daí decorrentes;

III – não tenha, há menos de cinco anos, obtido concessão de recuperação judicial;

IV – não tenha, há menos de cinco anos, obtido concessão de recuperação judicial com base no plano especial previsto na lei para as microempresas e empresas de pequeno porte;

V – não tenha sido condenado ou não tenha, como administrador ou sócio controlador, pessoa condenada por qualquer crime falimentar. O referido dispositivo, contudo, desconsidera a personalidade jurídica e confunde o titular da empresa com os sócios que compõem esse titular, de forma a violar o art. 5º, XLV, da Constituição Federal, que restringe a pena criminal à pessoa do condenado. Embora a condenação do empresário individual, sujeito da empresa, acarrete o fim da confiança dos demais agentes na recuperação da atividade por ele exercida, isso não ocorre com a pessoa jurídica. A atividade exercida pela pessoa jurídica é exercida por ente autônomo aos sócios que a integram e aos administradores que a fazem presente. Empresário, nesse caso, é a própria pessoa jurídica, de modo que os requisitos deveriam ser aferidos apenas em face desta.

A legitimidade do requerimento da recuperação judicial pelo devedor pode ser estendida para terceiros que, embora não se confundam com o devedor ou mesmo sejam empresários, possuem interesse direto na preservação da atividade. Nesses termos, podem ainda requerer a recuperação judicial o cônjuge sobrevivente, herdeiros do devedor, inventariante ou sócio remanescente.

O requerimento pode ser realizado de modo autônomo, ao se constatar a crise econômico-financeira reversível da empresa. Pode ser deduzido, por outro lado, dentro do prazo de contestação ao pedido de decretação de falência do devedor (art. 95 da LF), desde que atendidos os requisitos legais e juntados os documentos imprescindíveis ao pedido.

Caso o pedido seja realizado por companhia aberta, serão obrigatórios a formação e o funcionamento do Conselho Fiscal enquanto durar a recuperação judicial.

3.2.1 Litisconsórcio ativo

O pedido poderá ser feito por mais de um empresário, em litisconsórcio.

O litisconsórcio gerará consolidação processual, se as recuperandas forem independentes entre si. Cada qual deverá apresentar a específica lista de credores, plano de recuperação judicial autônomo em relação aos demais, e as assembleias gerais de credores serão apenas dos credores do específico devedor. Os resultados das deliberações serão independentes entre as recuperandas.

Na consolidação processual, as recuperandas ingressam como litisconsórcio simplesmente para reduzir custos de um procedimento único a todas.

Situação diversa ocorre na consolidação substancial. Se integrantes de um mesmo grupo econômico e desde que haja confusão entre os ativos e passivos dos devedores, com a existência de garantias cruzadas, relação de controle ou de dependência ou identidade total do quadro societário, o juiz poderá excepcionalmente consolidar todo o passivo e o ativo de todas as recuperandas.

Pela consolidação substancial, haverá a apresentação de uma lista de credores para todos os devedores do grupo, um único plano de recuperação judicial, o qual será deliberado por uma assembleia geral de credores única. Pela deliberação, ou haverá a recuperação judicial de todo o grupo, ou a falência de todas as recuperandas.

3.3 Créditos sujeitos à recuperação judicial

Todos os créditos existentes na data do pedido, ainda que não vencidos, são submetidos à recuperação judicial (art. 49 da LreF).

A existência do crédito é aferida pelo surgimento da obrigação anterior ao pedido, mesmo que esta não seja ainda exigível, pois não vencida. As obrigações cuja existência seja posterior ao pedido de recuperação judicial não são a ela submetidas, embora sejam incluídas em eventual quadro geral de credores como créditos extraconcursais se ocorrer a convolação da recuperação judicial em falência.

Se produtor rural, contudo, apenas se sujeitam à recuperação judicial os créditos que decorram exclusivamente da atividade rural e estejam discriminados nos documentos contábeis.

Os créditos exigíveis do devedor manterão as condições originalmente contratadas ou definidas em lei, inclusive no que diz respeito aos encargos. As condições somente serão alteradas caso previstas de modo diverso no plano de recuperação judicial aprovado (art. 49, § 2º, da LREF).

A submissão de seu crédito à recuperação judicial, contudo, não altera os direitos e privilégios detidos pelo credor em face dos demais coobrigados, fiadores e obrigados em regresso (art. 49, § 1º, da LREF).

Não são exigíveis do devedor e, portanto, não podem ser objeto da recuperação judicial as obrigações a título gratuito e as despesas que o credor fizer para tomar parte na recuperação judicial, exceto custas judiciais decorrentes de litígio com o devedor (art. 5º da LREF). Também não são exigíveis os créditos de natureza tributária, os quais, nos termos do art. 187 do Código Tributário Nacional, não se submetem ao concurso de credores ou à recuperação judicial.

Não se submetem à recuperação judicial, tampouco, os credores proprietários dos bens. Nesses termos, o art. 49, § 3º, da LREF, determina que o proprietário fiduciário de bens móveis ou imóveis, arrendador mercantil, proprietário ou promitente vendedor de imóvel cujos respectivos contratos contenham cláusula de irrevogabilidade ou irretratabilidade, inclusive em incorporações imobiliárias, e o proprietário em contrato de venda com reserva de domínio não se sujeitam ao plano de recuperação judicial e conservam os direitos de propriedade sobre a coisa. Tais contratos foram excluídos da recuperação judicial para permitir a redução do risco em sua contratação. A lei garantiu, embora não os submeta à recuperação judicial, que os bens de capital essenciais à atividade empresarial do devedor não possam ser retirados do estabelecimento empresarial ou vendidos durante o prazo de suspensão de 180 dias a contar do deferimento do processamento da recuperação judicial. Assegurou, assim, que, ao menos durante os 180 dias, o devedor poderá reestruturar sua atividade empresarial e contar com os bens imprescindíveis a esse exercício.

Também não se submetem à recuperação judicial os créditos decorrentes de contratos de locação, arrendamento mercantil ou de qualquer outra modalidade de arrendamento de aeronaves ou de suas partes. Ao contrário dos contratos referidos anteriormente, que, embora não submetidos à recuperação, exigem a manutenção dos bens imprescindíveis à atividade durante 180 dias, as aeronaves ou suas partes, desde que locadas ou arrendadas, poderão ser retiradas do estabelecimento do devedor imediatamente ao inadimplemento das obrigações, ainda que imprescindíveis ao exercício da atividade empresarial (art. 199, §§ 1º e 2º, da LREF).

Outrossim, não se sujeita à recuperação judicial a importância entregue ao devedor, em moeda corrente nacional, decorrente de adiantamento a contrato de câmbio para exportação (art. 49, § 4º, da LF). O objetivo da lei, novamente, foi reduzir o risco da operação e assegurar taxas mais baixas ao adquirente do contrato de câmbio cujo montante em valor nacional seja adiantado pela instituição financeira.

Em face do produtor rural, não se sujeitam à sua recuperação os créditos decorrentes do crédito rural oficial, disciplinado pela Lei 4.829/1965, se tiverem sido renegociados. Também não se submete o crédito relativo à dívida contraída nos três anos anteriores ao pedido de recuperação judicial, se tiver sido contraída com a finalidade de aquisição de propriedades rurais.

Durante a recuperação judicial e até a aprovação do plano de recuperação judicial, outrossim, não serão distribuídos dividendos aos sócios ou acionistas, nos termos do art. 6º-A da Lei n. 11.101/2005.

3.4 Pedido de recuperação judicial

O pedido de recuperação judicial deve ser direcionado ao Juízo competente. Assim como no pedido de falência, a que remetemos o leitor para maiores detalhes, o pedido de recuperação judicial deve ser promovido perante o foro do principal estabelecimento do devedor ou, no caso de empresário com sede fora do Brasil, no foro do estabelecimento da filial.

Direcionado ao Juízo competente, o pedido de recuperação judicial deve expor as causas concretas da situação patrimonial do devedor e as razões da crise econômico-financeira. De modo a demonstrar a crise e a possibilidade de sua reversão, o pedido de recuperação judicial deve ser instruído com:

I – as demonstrações contábeis relativas aos três últimos exercícios sociais e as levantadas especialmente para instruir o pedido, compostas pelo balanço patrimonial, demonstrações de resultados acumulados, demonstração de resultado desde o último exercício social e relatório gerencial de fluxo de caixa e de sua projeção. Além da descrição das sociedades de grupo societário que integra, de fato ou de direito.

II – relação nominal completa dos credores, inclusive aqueles por obrigação de fazer ou de dar, com a indicação do endereço de cada um, a natureza, a classificação e o valor atualizado do crédito, discriminando sua origem, o regime dos respectivos vencimentos e a indicação dos registros contábeis de cada transação pendente;

III – relação integral dos empregados, em que constem as respectivas funções, salários, indenizações e outras parcelas a que têm direito, com o correspondente mês de competência, e a discriminação dos valores pendentes de pagamento;

IV – certidão de regularidade do devedor no Registro Público de Empresas, o ato constitutivo atualizado e as atas de nomeação dos atuais administradores;

V – a relação dos bens particulares dos sócios controladores e dos administradores do devedor;

VI – os extratos atualizados das contas bancárias do devedor e de suas eventuais aplicações financeiras de qualquer modalidade, inclusive em fundos de investimento ou em bolsas de valores, emitidos pelas respectivas instituições financeiras;

VII – certidões dos cartórios de protestos situados na comarca de domicílio ou sede do devedor e naquelas onde possui filial;

VIII – a relação, subscrita pelo devedor, de ações judiciais e procedimentos arbitrais em que este figure como parte, inclusive as de natureza trabalhista, com a estimativa dos respectivos valores demandados.

A propositura da ação não implica processamento da recuperação judicial. O ajuizamento do pedido de recuperação, entretanto, gera efeitos quanto ao devedor. Ainda que não tenha sido apreciado se os requisitos para o processamento da recuperação judicial estão presentes, a distribuição do pedido de recuperação judicial impede o devedor de alienar ou onerar bens ou direitos de seu ativo permanente. A alienação ou oneração dos bens somente será permitida se evidente a utilidade e autorizada pelo juiz, depois de ouvido o Comitê, com exceção daqueles previamente relacionados no plano de recuperação judicial (art. 66 da LF).

A distribuição do pedido de recuperação judicial previne a jurisdição para qualquer outro pedido de recuperação judicial, extrajudicial ou de falência relativo ao mesmo devedor.

3.5 Processamento da recuperação judicial

O processamento da recuperação judicial deve ser deferido se a documentação que instrui o pedido de recuperação estiver em termos. Nesse momento, apenas deve ser aferido se os requisitos para o processamento da recuperação estão preenchidos, como a legitimidade para o pedido e os documentos imprescindíveis a instruí-lo.

Excepcionalmente, o juiz poderá nomear profissional para promover a constatação das condições de funcionamento da requerente e da regularidade e da completude da documentação apresentada com a petição inicial, no prazo de cinco dias. Não se aprecia viabilidade econômica do devedor, o que é atribuído exclusivamente aos credores, mas apenas se a atividade efetivamente existe para ser submetida à recuperação judicial.

Presentes os requisitos, a recuperação judicial deve ter o processamento deferido. Do contrário, o processo será extinto, com o indeferimento do pedido.

O processamento, contudo, não implica concessão da recuperação judicial. A decisão de processamento da recuperação apenas permite que os demais atos processuais da recuperação se iniciem, embora a decisão gere determinados efeitos sobre as relações do devedor.

A decisão que defere o processamento da recuperação judicial deve conter (art. 52 da LREF):

I – a nomeação do administrador judicial.

Ao contrário da falência, o devedor não é afastado da administração e do exercício da atividade empresarial. Na recuperação judicial, o administrador judicial, ordinariamente, não gere a atividade, mas se limita a fiscalizar as atividades do devedor e o cumprimento do plano de recuperação judicial, a requerer a falência no caso de descumprimento de obrigação assumida no plano de recuperação, a apresentar ao juiz, para juntada aos autos, relatório mensal das atividades do devedor e a apresentar o relatório sobre a execução do plano de recuperação judicial. Além das atribuições específicas da recuperação, deve exercer as atribuições comuns à falência e à recuperação, como a de comunicação aos credores, fornecimento de informações, elaboração do quadro geral de credores (art. 22 da LREF);

II – a dispensa da apresentação de certidões negativas para que o devedor exerça suas atividades.

III – a determinação de suspensão de todas as execuções contra o devedor, sua prescrição e a proibição de qualquer forma de retenção, arresto, penhora, sequestro, busca e apreensão e constrição judicial ou extrajudicial sobre os bens do devedor, oriunda de demandas judiciais ou extrajudiciais cujos créditos ou obrigações sujeitem-se à recuperação judicial.

As execuções e constrições contra o devedor serão suspensas por 180 dias, contado o prazo depois do deferimento do processamento da recuperação judicial. Suspendem-se as ações e execuções para que o devedor possa efetivamente se recuperar e reestruturar sua atividade durante o semestre concedido, além de garantir a igualdade entre credores com créditos da mesma natureza.

O período é prorrogável por igual período de 180 dias, uma única vez, em caráter excepcional, desde que o devedor não haja concorrido com a superação do lapso temporal.

Decorrido referido prazo, sem que tenha ocorrido deliberação sobre o plano de recuperação judicial pelo devedor, permite que os credores apresentem plano alternativo no período de 30 dias. Desde que referido plano pelos credores seja apresentado, os credores terão prazo de 180 dias, em que as execuções e constrições ficarão suspensas, para deliberarem a respeito do referido plano.

Não são suspensas as ações que demandarem quantia ilíquida (art. 6º, § 1º, da LF), as reclamações trabalhistas, as execuções fiscais (art. 6º, § 7º, da LF), ressalvada a concessão de parcelamento, bem como as ações de credores não submetidos à falência, como os credores proprietários dos bens, nos termos do art. 49, § 3º, da LREF. Nessa última hipótese, ressalta-se, embora a ação prossiga, os bens de capital essenciais à atividade empresarial não podem ser vendidos ou retirados do estabelecimento do devedor pelo prazo de suspensão.

Por conta da suspensão das execuções, também é suspenso o curso da prescrição em face do devedor em recuperação. O deferimento do processamento da recuperação judicial suspende o curso da prescrição pelo mesmo prazo de 180 dias em que se suspenderam as ações e execuções.

Durante o prazo de 180 dias de suspensão, ademais, o valor eventualmente recebido pelo devedor em pagamento de títulos de créditos, direitos creditórios, aplicações financeiras ou valores mobiliários, os quais foram dados pelo devedor em penhor para garantir o crédito, permanecerá em conta vinculada. Desde que a garantia vencida não seja substituída ou renovada durante a recuperação judicial, o montante pago pelo terceiro ao devedor ficará depositado pelo prazo da suspensão. Decorrido o prazo, o pagamento será realizado conforme o plano de recuperação judicial ou, caso não concedida a recuperação, o montante será liberado ao credor (art. 49, § 5º, da LREF), desde que não tenha sido decretada a falência.

IV – a determinação para que o devedor apresente contas demonstrativas mensais enquanto perdurar a recuperação judicial, sob pena de destituição de seus administradores;

V – a ordem de intimação eletrônica do Ministério Público e das Fazendas Públicas Federal e de todos os Estados e Municípios em que o devedor tiver estabelecimento para que tomem conhecimento da recuperação judicial e informem eventuais créditos perante o devedor para divulgação aos interessados.

Para se garantir ampla publicidade, será publicado por edital no órgão oficial o resumo do pedido do devedor, a decisão que defere o processamento da recuperação judicial, a relação nominal de credores, com o respectivo valor de crédito e classificação (art. 52, § 1º, da LREF). No referido edital, ademais, constará que o prazo de habilitação de créditos não incluídos na relação nominal dos credores ou de eventuais impugnações será de 15 dias. Constará, ainda, prazo para que os credores apresentem objeção ao plano de recuperação judicial apresentado pelo devedor em momento posterior.

Após a decisão de processamento da recuperação judicial, o devedor não poderá desistir do pedido pela manifestação exclusiva de sua vontade. Deferido o processamento, a desistência exigirá aprovação pela assembleia geral de credores (art. 52, § 4º, da LREF).

Outrossim, os credores, para que possam fiscalizar a atividade empresarial realizada pelo empresário em recuperação judicial por órgão especializado, podem constituir, depois do processamento da recuperação judicial, o Comitê de Credores. Esse órgão deliberativo e de constituição facultativa, que representa as classes dos credores habilitados na recuperação judicial, poderá ser constituído mediante deliberação de qualquer das classes da assembleia geral, a qual será convocada por pedido de credores que representem ao menos 25% do total de créditos de determinada classe.

3.6 Verificação de créditos

Após o processamento da recuperação, ocorrerá a verificação de créditos, que terá procedimento idêntico ao ocorrido, e já descrito pormenorizadamente, no processo de falência.

Basicamente, na fase administrativa, com a publicação do edital contendo a relação nominal de credores, o valor atualizado, a classificação de cada crédito e o deferimento do processamento da falência, os credores terão o prazo de 15 dias, após a publicação do edital, para apresentarem ao administrador judicial suas habilitações ou suas divergências quanto aos créditos relacionados (art. 7º, § 1º, da LREF).

A verificação dos créditos será realizada pelo administrador judicial, no prazo de 45 dias, com base nos livros contábeis e documentos comerciais e fiscais do devedor, além de nos documentos apresentados pelos credores impugnantes ou requerentes das habilitações.

Ao final do prazo de 45 dias, o administrador fará publicar edital que contenha a relação dos credores e o local, horário e prazo em que os credores, o Comitê, qualquer devedor ou sócio poderá ter acesso aos documentos que fundamentaram a elaboração dessa relação (art. 7º, § 2º, da LF).

Com a publicação pelo administrador judicial, inicia-se a fase de verificação judicial. Da publicação, os credores, o Comitê ou o devedor terão o prazo de 10 dias para impugnarem, perante o Juiz, a decisão do administrador judicial quanto à relação de credores.

Efetuados o regular contraditório e a oitiva, no prazo sucessivo de cinco dias, dos demais agentes do processo, como o devedor, o Comitê de Credores, e o administrador judicial, serão realizadas as diligências pertinentes e proferida decisão de inclusão ou alteração do crédito no quadro geral de credores.

O administrador judicial, diante da apreciação das habilitações e impugnações, elaborará o quadro geral de credores, o qual será homologado pelo Juiz e publicado em até cinco dias da sentença que houver julgado as impugnações. O quadro geral não é imutável, mas após a sua homologação o credor que pretender sua habilitação ou alteração de seu crédito deverá promover ação, pelo procedimento ordinário, com pedido de retificação do quadro geral de credores.

3.7 O plano de recuperação judicial

Mesmo que não finalizado o procedimento de verificação de créditos, com a homologação do quadro geral de credores, o devedor terá o prazo de 60 dias, contados da decisão que deferiu o processamento da recuperação, para a apresentação do plano de recuperação judicial. O prazo é improrrogável e, caso não seja cumprido, a recuperação será convolada em falência (art. 53 da LREF).

O plano de recuperação judicial deverá obrigatoriamente conter discriminação pormenorizada dos meios de recuperação a serem empregados, demonstração de sua viabilidade econômica e laudo econômico-financeiro e de avaliação dos bens e ativos do devedor, subscrito por profissional legalmente habilitado ou empresa especializada.

3.8 Meios da recuperação judicial

A Lei n. 11.101/2005 prevê diversos meios para que a crise econômico-financeira da empresa possa ser superada. Os meios não se restringem, como ocorria com o instituto da concordata, à dilação do vencimento das obrigações e a remissões parciais pelos credores. Os meios propostos pela legislação procuram atender às necessidades específicas de cada determinada empresa, as quais são variadas conforme a profundidade da crise econômico-financeira, o ramo de atuação, a natureza dos créditos.

Nada impede, assim, que, diante de uma particularidade da atividade a ser desenvolvida, o devedor proponha meios diversos dos previstos na legislação e que atendam melhor à sua necessidade. Nada impede, ademais, que os meios sejam combinados para a criação de um novo ou aplicados de forma cumulativa.

Os meios de recuperação judicial, exemplificativamente, são previstos no art. 50 da Lei n. 11.101/2005 e compreendem:

I – concessão de prazos e condições especiais para pagamento das obrigações vencidas ou vincendas;

II – cisão, incorporação, fusão ou transformação de sociedade, constituição de subsidiária integral, ou cessão de quotas ou ações, respeitados os direitos dos sócios, nos termos da legislação vigente;

III – alteração do controle societário;

IV – substituição total ou parcial dos administradores do devedor ou modificação de seus órgãos administrativos;

V – concessão aos credores de direito de eleição em separado de administradores e de poder de veto em relação às matérias que o plano especificar;

VI – aumento de capital social;

VII – trespasse ou arrendamento de estabelecimento, inclusive à sociedade constituída pelos próprios empregados;

VIII – redução salarial, compensação de horários e redução da jornada, mediante acordo ou convenção coletiva;

IX – dação em pagamento ou novação de dívidas do passivo, com ou sem constituição de garantia própria ou de terceiro;

X – constituição de sociedade de credores;

XI – venda parcial dos bens;

XII – equalização de encargos financeiros relativos a débitos de qualquer natureza, tendo como termo inicial a data da distribuição do pedido de recuperação judicial, aplicando-se inclusive aos contratos de crédito rural, sem prejuízo do disposto em legislação específica;

XIII – usufruto da empresa;

XIV – administração compartilhada;

XV – emissão de valores mobiliários;

XVI – constituição de sociedade de propósito específico para adjudicar, em pagamento dos créditos, os ativos do devedor;

XVII – conversão de dívida em capital social;

XVIII – venda integral da devedora, desde que garantidas aos credores não submetidos ou não aderentes condições, no mínimo, equivalentes àquelas que teriam na falência, hipótese em que será, para todos os fins, considerada unidade produtiva isolada.

3.8.1 Limitações aos meios de recuperação

Apesar de o devedor poder propor meios diversos dos previstos na legislação e que sejam mais adequados à sua necessidade e à atividade empresarial desenvolvida, são impostas restrições às medidas propugnadas.

A primeira das restrições refere-se aos credores com garantias reais. A alienação de bem objeto de garantia real, a supressão da garantia ou sua substituição somente serão admitidas mediante aprovação expressa do credor titular da respectiva garantia (art. 50, § 1º, da LREF). A concordância expressa do credor é indispensável para qualquer alteração em sua garantia, ainda que o meio de recuperação tenha sido aprovado pela assembleia geral de credores.

Do mesmo modo, restringe-se a possibilidade de o plano de recuperação judicial, nos créditos em moeda estrangeira, alterar as condições contratadas sem manifestação expressa de anuência do credor. Nos créditos em moeda estrangeira, a variação cambial será conservada como parâmetro de indexação da correspondente obrigação e só poderá ser afastada se o credor titular do respectivo crédito aprovar expressamente previsão diversa no plano de recuperação judicial (art. 50, § 2º, da LREF).

A terceira limitação incide sobre os créditos trabalhistas ou decorrentes de acidentes de trabalho vencidos até a data do pedido de recuperação. Referidos créditos, embora se submetam ao plano de recuperação, devem ser satisfeitos com prioridade. Para tanto, proíbe a lei que seja previsto, no plano de recuperação judicial, prazo superior a um ano para o pagamento desses créditos, embora possa haver deságio. O prazo pode se estender por até dois anos, se o plano de recuperação judicial atender, para pagamento dos credores trabalhistas, a apresentação de garantias suficientes e garantia da integralidade do pagamento dos créditos trabalhistas (art. 54 da LF).

O crédito trabalhista de natureza estritamente salarial, vencido nos três meses anteriores ao pedido de recuperação judicial, deve ter prioridade absoluta de pagamento, por garantir a sobrevivência dos trabalhadores. O plano, por esse motivo, não poderá prever prazo superior a 30 dias para o pagamento desses créditos, até o limite de cinco salários mínimos por trabalhador.

3.9 Apreciação do plano de recuperação

Apresentado o plano de recuperação judicial em Juízo, será publicado edital de aviso aos credores. O edital será publicado na imprensa oficial e no site do administrador judicial (art. 191 da LREF).

No referido edital não haverá descrição do plano de recuperação. Simplesmente será comunicado que o plano de recuperação judicial foi apresentado e que, durante determinado prazo, poderão ser apresentadas eventuais objeções a ele pelos interessados, os quais poderão ter acesso ao plano em juízo.

O prazo para a manifestação de objeção ao plano de recuperação judicial é de 30 dias. Como a relação de credores realizada pelo administrador judicial pode não ter sido apresentada por ocasião do edital de aviso dos credores a respeito da apresentação do plano de recuperação judicial, o termo inicial do prazo de objeção varia.

Se a relação de credores realizada pelo administrador já houver sido publicada por ocasião do aviso dos credores da apresentação do plano, o prazo de 30 dias iniciar-se-á depois da publicação do edital de aviso aos credores da apresentação do plano. Caso a relação de credores não tenha sido ainda publicada, o que impediria o credor de reconhecer seu próprio interesse no plano de recuperação judicial proposto, o prazo de oposição de eventuais objeções somente se iniciará após a publicação da relação de credores pelo administrador judicial (art. 55 da LREF).

A falta de manifestações contrárias ao plano implica aprovação tácita pelos credores. À míngua de objeções e desde que presentes os requisitos formais, o juiz concederá a recuperação judicial.

Objeções, contudo, podem ser colocadas. Somente possuem legitimidade para apresentar objeções ao plano os credores do devedor indicados na relação de credores apresentada pelo administrador judicial ou incluídos posteriormente por decisão judicial no processo de habilitação.

Nas objeções, podem os credores alegar falta de requisitos legais para a concessão do benefício ou aspectos de mérito do plano, como a inviabilidade da recuperação da atividade, ônus excessivo imposto aos credores, dentre outros. As objeções, entretanto, não têm o condão de conduzir a uma imediata rejeição do plano apresentado, mas apenas exigem a convocação da assembleia geral de credores para deliberar sobre as condições propostas (art. 56 da LREF).

3.9.1 Apreciação do plano pela assembleia geral de credores

A assembleia geral será convocada pelo juiz diante da oposição de objeções. Para que possa deliberar sobre o plano de recuperação, a data designada para a sua realização não excederá 150 dias do deferimento do processamento da recuperação (art. 56, § 1º, da LREF).

O prazo de designação é assim delimitado para que ocorra uma deliberação pelos credores dentro do prazo de 180 dias em que as execuções em face do devedor estão suspensas. Dentro do referido prazo, os bens imprescindíveis ao desenvolvimento da atividade empresarial a ser reestruturada ainda estão preservados de arrematações por execuções individuais, e os credores poderão aferir a viabilidade de uma recuperação.

A assembleia será composta por todos os credores sujeitos à recuperação judicial do devedor e terá atribuição para a aprovação ou rejeição do plano proposto. Não pode a assembleia alterar a proposta ou votar plano diverso do apresentado. A apresentação do plano é faculdade exclusiva do devedor, ao menos nesse primeiro momento. Eventuais propostas ou alterações somente poderão ser deliberadas caso haja concordância do devedor expressamente e desde que não impliquem diminuição dos direitos dos credores ausentes (art. 56, § 3º, da LF).

Os credores, na assembleia geral, serão divididos em quatro classes:

i) titulares de créditos derivados da legislação do trabalho ou decorrentes de acidentes de trabalho;

ii) titulares de créditos com garantia real, até o valor do bem dado em garantia;

iii) titulares de créditos quirografários ou subordinados;

iv) titulares de créditos enquadrados como microempresa ou empresa de pequeno porte.

As classes garantem que o plano seja aprovado pelos créditos de diferentes naturezas e que representem uma grande parcela da massa de credores, e não apenas de determinada classe, que poderia compreender a maioria dos créditos.

Para que a assembleia possa ser instalada, será convocada pelo juiz por edital publicado no órgão oficial e em jornal de grande circulação, com antecedência mínima de 15 dias para a primeira convocação e, ao menos cinco dias depois, para instalação em segunda convocação.

A assembleia será instalada, em primeira convocação, com a presença de credores titulares de mais da metade dos créditos de cada uma das classes, computados por valor. Em segunda convocação, caso o quórum de instalação da primeira não seja obtido, a assembleia geral de credores será instalada com qualquer número de credores.

O quórum de instalação não se confunde com o quórum de deliberação.

Ainda que a regra geral para o quórum de deliberação para quaisquer matérias seja o de maioria de crédito presentes na assembleia geral de credores (art. 42 da LREF), como para deliberar pela própria suspensão da Assembleia e continuidade em outro dia, o quórum de deliberação sobre o plano de recuperação judicial é específico.

O quórum necessário para a aprovação do plano de recuperação judicial pela assembleia geral de credores é dependente da classe deliberante. Entretanto, não são todos os créditos incluídos nas classes que votam. Os quóruns de votação são formados apenas por credores submetidos ao plano de recuperação judicial. O credor não terá direito a voto e não será considerado para fins de verificação de quórum de deliberação se o plano de recuperação judicial não alterar o valor ou as condições originais de pagamento de seu crédito (art. 45, § 3º, da LREF).

Outrossim, também não compõem o quórum de instalação e de deliberação da assembleia, assim como não possuem direito de voto, os sócios do devedor, bem como as sociedades coligadas, controladoras, controladas ou as que tenham sócio ou acionista com participação superior a 10% do capital social do devedor ou em que o devedor ou algum de seus sócios detenham participação superior a 10% do capital social. Embora possam participar da assembleia geral de credores, não terão direito a voto.

A princípio, as quatro classes de credores devem aprovar o plano de recuperação proposto por maioria, nos termos do art. 45 da LREF.

Essa maioria é computada por cabeça ou por cabeça e crédito, a depender da classe de credores.

A classe dos titulares de créditos derivados da legislação do trabalho ou decorrentes de acidentes de trabalho, bem como a classe dos credores microempresários e empresários de pequeno porte, não precisam ter por quórum dúplice. Basta o voto da maioria simples dos credores presentes, independentemente do valor de seu crédito (art. 45, § 1º, da LREF).

Para a classe dos credores titulares de créditos com garantia real ou para a classe dos credores titulares de créditos quirografários ou subordinados, o quórum é dúplice. A maioria em ambas as classes deve ser obtida por credores que representem mais da metade do valor total dos créditos presentes em cada classe e, cumulativamente, pela maioria simples dos credores presentes.

Caso atingido o quórum em todas as classes, o plano de recuperação judicial será aprovado. A não obtenção do quórum necessário, contudo, não implica a necessária rejeição do plano. Antes é necessário avaliar se o quórum alternativo não foi preenchido.

3.9.2 Forma alternativa de concessão da recuperação judicial

Ainda que o quórum não seja atingido, diante dos princípios da preservação da atividade produtiva e dos interesses por ela envolvidos, como dos trabalhadores, da ordem econômica, dos credores etc., é possível a aprovação do plano por uma forma alternativa, conhecida por *cram down*.

Caso os demais requisitos estejam presentes, o juiz poderá conceder a recuperação judicial se o quórum de votação tiver sido expressivo. A lei determina, para tanto, em seu art. 58, § 1º, da LREF, que, na deliberação assemblear, deve ocorrer, cumulativamente:

I – o voto favorável de credores que representem mais da metade do valor de todos os créditos presentes à assembleia, independentemente de classes;

II – a aprovação da maioria das classes de credores votantes, conforme o quórum estabelecido no art. 45 da LREF (na classe de credores com garantia real e na classe dos quirografários, aprovação por maioria simples dos credores e também por maioria simples dos créditos. Na classe dos trabalhadores, aprovação da maioria simples dos credores). Nesses termos, três classes precisam aprovar, se houver quatro votantes. Duas precisam aprovar, se houver três votantes. Caso somente haja duas classes de credores, a aprovação precisa ocorrer em pelo menos uma delas;

III – a classe que houver rejeitado o plano deve ter voto favorável de mais de 1/3 dos credores, nos termos do quórum do art. 45 (na classe de credores com garantia real e na classe dos quirografários, aprovação por 1/3 dos credores presentes e também por 1/3 dos créditos presentes na deliberação. Na classe dos trabalhadores e dos credores microempresários e de pequeno porte, aprovação de apenas 1/3 dos credores presentes).

Essa forma alternativa de concessão da recuperação judicial apenas poderá ser concedida se o plano não implicar tratamento diferenciado entre os credores da classe que o houver rejeitado.

3.9.3 Termo de adesão

A assembleia Geral de Credores poderá ser substituída por termo de adesão, que deverá ser apresentado a até 5 dias antes da data da realização da Assembleia Geral de Credores.

Para a deliberação sobre o plano de recuperação judicial, o termo de adesão deverá ter a assinatura favorável de credores que representem o quórum ordinário imprescindível para a aprovação do plano, ou seja, aprovação de credores que representem mais da metade dos créditos e/ou do número de credores, a depender da classe, nos termos do art. 45 da Lei n. 11.101/2005.

3.10 Plano de recuperação judicial apresentado pelos credores

A não obtenção do quórum para a aprovação do plano ou a impossibilidade de concessão da recuperação judicial por meio da forma alternativa de aprovação pela assembleia exigia que o juiz decretasse a falência do devedor (art. 56, § 4°, da LREF).

A partir da alteração da Lei n. 11.101/2005, permitiu-se que, diante da rejeição do plano de recuperação judicial apresentado pelo devedor, o administrador judicial submetesse à votação da assembleia geral de credores a concessão de prazo de 30 dias para que seja apresentado plano de recuperação judicial pelos credores.

A aprovação da apresentação do plano deve ocorrer pelo quórum de mais da metade dos créditos presentes a assembleia.

O plano somente será posto em votação caso haja apoio por escrito de credores que representem mais de 25% dos créditos totais sujeitos à recuperação judicial; ou mais de 35% dos créditos dos credores presentes a assembleia geral.

O plano não poderá imputar obrigações novas aos sócios do devedor e deverá prever a isenção das garantias pessoais prestadas por pessoas naturais em relação aos créditos a serem novados dos credores que apresentaram o plano e de todos os que votarem pela aprovação desse. Não pode, ainda, imputar aos devedores condições piores do que as que resultariam da falência.

Caso o plano de recuperação judicial pelos credores não seja apresentado, ou se o foi não preencha as condições exigidas, ou caso não seja aprovado pelos credores, o juiz convolará a recuperação judicial em falência.

3.11 Concessão da recuperação judicial

Caso tenha sido obtido o quórum necessário para a aprovação do plano de recuperação judicial, o devedor deve apresentar certidões negativas de débitos tributários. A concessão da recuperação judicial exige a demonstração de pagamento dos tributos devidos ou do parcelamento ou transação dos débitos tributários (arts. 57 e 68 da LREF).

A jurisprudência, contudo, anteriormente à alteração legislativa, ainda que houvesse hipótese expressa exigindo a certidão negativa de débitos tributários ou o parcelamento tributário, vinha considerando tal exigência desproporcional e contrária aos interesses da recuperação da empresa, afastando a exigência. Nesse ponto, caso não fosse apresentada a certidão ou realizado o parcelamento tributário, a recuperação era concedida ainda assim, embora as execuções fiscais pudessem prosseguir normalmente e realizar a constrição de ativos do devedor, com a simples autorização pelo Juízo da Recuperação Judicial e que faria uma apreciação apenas de menor onerosidade a tanto.

Com a alteração legislativa, o parcelamento e a possibilidade de transação tributária foram reestruturados para que fosse a recuperanda obrigada a estruturar o passivo tributário obrigatoriamente antes de ter a recuperação judicial concedida.

Aprovado o plano pelas classes de credores, haverá a homologação da deliberação da assembleia e será concedida a recuperação judicial do devedor pelo juiz. Referida decisão poderá ser questionada por recurso de agravo de instrumento, que poderá ser interposto por qualquer credor e pelo Ministério Público (art. 59, § 2º, da LREF).

3.11.1 Efeitos da concessão da recuperação judicial

A concessão da recuperação judicial impõe a determinação ao Registro Público de Empresas e à Secretaria Especial da Receita Federal do Brasil de anotar a recuperação judicial no registro do devedor. Nesses termos, em todos os atos, contratos e documentos firmados pelo devedor, este deve ser identificado, após seu nome empresarial, com a expressão "em recuperação judicial" (art. 69 da LREF).

A concessão da recuperação, outrossim, vincula o devedor e todos os credores ao plano de recuperação judicial. Ainda que não concordem com a disciplina de suas obrigações pelo plano de recuperação judicial, a aprovação da assembleia geral de credores pelo quórum estipulado pela lei assegura a concordância da massa falida ao plano de recuperação e vincula todos os credores, ainda que ausentes ou discordantes.

A decisão que a concede constitui título executivo judicial. Sua natureza permite que os credores possam livremente executar as obrigações indicadas no plano de recuperação judicial, na hipótese de inadimplemento do devedor.

A concessão da recuperação judicial implica a novação dos créditos anteriores ao pedido. Apenas os créditos previstos no plano, entretanto, são novados. Com a concessão da recuperação, extinguem-se as dívidas anteriores disciplinadas pelo plano de recuperação, as quais são substituídas por novas obrigações, reguladas pelo plano (art. 59 da LREF).

Embora a novação extinga os acessórios e as garantias da dívida, sempre que não houver estipulação em contrário, bem como exonere os outros devedores solidários (arts. 364 e 365 do Código Civil), essas consequências não ocorrem com a novação decorrente da recuperação judicial. Na recuperação, a novação não extingue as garantias fidejussórias e reais, as quais apenas podem ser extintas se houver aprovação expressa do credor titular da respectiva garantia (art. 59 da LREF). Tampouco ocorre a extinção das obrigações solidárias. Na novação decorrente da recuperação judicial, os credores do devedor em recuperação judicial conservam seus direitos e privilégios contra os coobrigados, fiadores e obrigados de regresso (art. 49, § 1º, da LREF).

A nova obrigação surgida com a novação do crédito pela concessão da recuperação judicial persiste apenas se o plano for cumprido. A convolação da recuperação judicial em falência, em razão do descumprimento das obrigações vencidas durante o período de dois anos de fiscalização, provoca a reconstituição dos direitos e garantias nas condições originalmente contratadas, deduzidos os valores eventualmente pagos e ressalvados os atos validamente praticados no âmbito da recuperação judicial (art. 61, § 2º, da LREF).

Por fim, a concessão da recuperação judicial altera a responsabilidade do adquirente pela aquisição de estabelecimentos empresariais.

Desde que prevista nos planos de recuperação judicial, a alienação judicial de filiais ou de unidades produtivas isoladas do devedor deverá ser realizada por leilão ou outras modalidades públicas de alienação e não acarretará a sucessão do adquirente nas obrigações do devedor (art. 60 da LREF).

Caso não esteja prevista no plano de recuperação judicial, a alienação de bens ou a oneração de bens do ativo não circulante após a distribuição do pedido de recuperação judicial somente poderão ser realizados mediante autorização judicial, depois de ouvido o Comitê de Credores.

O objeto da alienação estará livre de qualquer ônus e não haverá sucessão do arrematante nas obrigações do devedor, inclusive as de natureza tributária. O bem arrematado está livre de qualquer ônus. Essa garantia do adquirente de não ser sucessor de qualquer obrigação do devedor alienante assegura a participação de diversos interessados na aquisição de bens e a garantia de que os bens efetivamente serão alienados para permitir a recuperação da atividade empresarial.

3.12 Administração da empresa pelo devedor ou seu afastamento

Durante o procedimento de recuperação judicial, o devedor ou seus administradores serão mantidos na condução da atividade empresarial. O desenvolvimento da atividade pelo devedor ou administradores da sociedade será fiscalizado pelo Comitê de Credores, se houver, e pelo administrador judicial.

O afastamento do devedor da condução de sua atividade, nesses termos, não ocorrerá. Ao contrário do processo de falência, a administração do ativo é realizada pelo próprio devedor ou pelos administradores da sociedade em recuperação, pois se pretende não a liquidação dos bens, mas a preservação da atividade empresarial e a manutenção de seu desenvolvimento.

O afastamento do devedor ou dos administradores da sociedade em recuperação da condução das atividades empresariais será determinado apenas quando:

I – houver sido condenado em sentença penal transitada em julgado por crime cometido em recuperação judicial ou falência anteriores ou por crime contra o patrimônio, a economia popular ou a ordem econômica previstos na legislação vigente;

II – existirem indícios veementes de ter cometido crimes previstos na Lei de Falência;

III – houver agido com dolo, simulação ou fraude contra os interesses de seus credores;

IV – houver efetuado gastos pessoais manifestamente excessivos em relação a sua situação patrimonial; efetuado despesas injustificáveis por sua natureza ou vulto, em relação ao capital ou gênero do negócio, ao momento das operações e a outras circunstâncias análogas; descapitalizado injustificadamente a empresa ou realizado operações prejudiciais ao seu funcionamento regular; simulado ou omitido créditos ao apresentar a relação de credores, sem relevante razão de direito ou amparo de decisão judicial;

V – houver se negado a prestar informações solicitadas pelo administrador judicial ou pelos demais membros do Comitê;

VI – tiver seu afastamento previsto no plano de recuperação judicial.

A prática de algum desses atos pelo administrador da sociedade em recuperação implicará sua destituição pelo próprio juiz, o que exigirá nova nomeação pelos sócios da sociedade, conforme o estatuto social ou o plano de recuperação judicial. Caso a prática tenha ocorrido pelo próprio devedor, empresário individual, o juiz convocará a assembleia geral de credores para deliberar sobre o nome do gestor judicial que assumirá a administração das atividades do devedor.

O gestor judicial nomeado será o responsável pelo exercício da atividade empresarial durante a recuperação judicial e até a sentença de encerramento. Enquanto o gestor não for nomeado, as funções de administração serão exercidas pelo administrador judicial. Ao gestor aplicam-se, no que couber, todas as normas sobre deveres, impedimentos e remuneração do administrador judicial (art. 65 da LREF).

3.13 Sentença de encerramento da recuperação judicial

Concedida a recuperação judicial, as obrigações dispostas no plano devem ser cumpridas pelo devedor no prazo estabelecido. Não há limite de prazo para a determinação de cumprimento das obrigações. O devedor é livre para propor e os credores para aprovarem formas e prazos para cumprimento de obrigações pelo devedor, ainda que essas obrigações perdurem por vários anos.

Embora o cumprimento das obrigações como previstas no plano de recuperação judicial possa perdurar por vários anos, a recuperação judicial apenas perdura até que se cumpram todas as obrigações previstas no plano e que se vencerem até dois anos depois da concessão da recuperação judicial.

Pela nova redação do art. 61, o juiz poderá determinar a manutenção do devedor em recuperação judicial pelo período de até dois anos de sua concessão, independentemente da carência do cumprimento das obrigações. Não há mais a obrigatoriedade do período de fiscalização. As partes poderão dele dispor no plano de recuperação judicial sobre o qual determinará o juiz o período de fiscalização.

Apenas durante o cumprimento das obrigações vencidas até dois anos após a concessão da recuperação, a atividade empresarial e os atos que devem ser praticados pelo devedor em recuperação serão acompanhados pelo administrador judicial, pelo Comitê de Credores e pelo juiz.

Cumpridas as obrigações vencidas nesse período de dois anos, o juiz decretará, por sentença, o encerramento da recuperação judicial (art. 62 da LREF). O encerramento da recuperação judicial exige que, na sentença de encerramento, seja determinado:

I – pagamento do saldo de honorários ao administrador judicial, podendo efetuar a quitação dessas obrigações mediante prestação de contas, no prazo de 30 dias, e mediante a prestação do relatório circunstanciado;

II – a apuração do saldo das custas judiciais a serem recolhidas;

III – a apresentação de relatório circunstanciado do administrador judicial, no prazo máximo de 15 dias, versando sobre a execução do plano de recuperação pelo devedor;

IV – a dissolução do Comitê de Credores e a exoneração do administrador judicial;

V – a comunicação ao Registro Público de Empresas e à Secretaria da Receita Federal do encerramento.

Após o encerramento da recuperação judicial, pelo cumprimento das obrigações previstas no plano e com vencimento até dois anos após a concessão deste, o devedor não está mais submetido à fiscalização do administrador judicial e do Comitê de Credores nem precisará mais atuar com o nome empresarial seguido da expressão "em recuperação judicial".

As obrigações com vencimento até dois anos após a concessão da recuperação, entretanto, podem não ser tempestivamente adimplidas pelo falido. O descumprimento das referidas obrigações pelo devedor acarretará a convolação da recuperação judicial em falência e, por consequência, os credores terão reconstituídos seus direitos e garantias nas condições originalmente contratadas, deduzidos os valores eventualmente pagos e ressalvados os atos validamente praticados no âmbito da recuperação judicial (art. 61, §§ 1º e 2º, da LREF).

Ainda que encerrada a recuperação após o cumprimento das obrigações vencidas durante os dois anos da decisão de concessão, as obrigações previstas no plano de recuperação judicial continuam a ser exigíveis do devedor, o qual deve cumpri-las. A fiscalização desse cumprimento não se fará mais pelo administrador judicial ou pelo Comitê de Credores, mas diretamente pelos próprios credores.

O inadimplemento das obrigações com vencimento posterior a dois anos da sentença de concessão da recuperação ou do período de fiscalização, caso menor, não importará a automática convolação da recuperação judicial em falência. O credor insatisfeito poderá requerer a execução específica da obrigação inadimplida, pois a decisão judicial que concedeu a recuperação judicial constitui título executivo judicial. Poderá, alternativamente, promover pedido de falência do devedor. Nesse ponto, deixar de cumprir, no prazo estabelecido, obrigação assumida no plano de recuperação judicial é ato falimentar previsto no art. 94, III, *g*, da LREF, e permite, caso demonstrado, a decretação da falência do devedor mediante pedido autônomo de falência.

3.14 Convolação da recuperação judicial em falência

O pedido de recuperação judicial revela a situação de crise econômico-financeira pela qual passa a empresa. Para que a empresa possa ser recuperada, uma série de atos deve ser realizada pelo devedor, com os quais devem anuir os próprios credores, sob pena de se inviabilizar o prosseguimento da atividade.

A crise será reputada irreversível se não houver a cooperação dos credores, descrentes com a recuperação da empresa, ou se o devedor praticar ato incompatível com a finalidade de reestruturação da atividade empresarial. Durante o processo de recuperação judicial, será decretada a falência:

I – por deliberação da assembleia geral de credores;

II – pela não apresentação, pelo devedor, do plano de recuperação no prazo de 60 dias da decisão que deferir o processamento da recuperação judicial;

III – quando houver sido rejeitado o plano de recuperação judicial e os credores não aprovarem a apresentação do plano alternativo pelos credores, ou este não preencher os requisitos legais;

IV – pelo descumprimento de qualquer obrigação assumida no plano de recuperação, durante o prazo de dois anos após a sua concessão;

V – por descumprimento dos parcelamentos referidos no art. 68 desta Lei ou da transação prevista no art. 10-C da Lei n.10.522, de 19 de julho de 2002; e

VI – quando identificado o esvaziamento patrimonial da devedora que implique liquidação substancial da empresa, em prejuízo de credores não sujeitos à recuperação judicial, inclusive as Fazendas Públicas.

Diante dessas situações, a falência será decretada no próprio processo de recuperação judicial, sem necessidade de processo autônomo. Nada impede, entretanto, que os credores não sujeitos ao plano de recuperação proponham pedido de falência em processo próprio, com a demonstração do inadimplemento da obrigação, execução frustrada ou prática de ato falimentar.

Ainda que haja a convolação da recuperação judicial em falência, os atos praticados no âmbito do plano de recuperação judicial permanecem válidos. Os atos de administração, endividamento, oneração ou alienação praticados durante a recuperação são atos jurídicos perfeitos e são preservados (art. 74 da LREF).

Os créditos submetidos à recuperação, entretanto, cujas condições forem alteradas, terão reconstituídas suas características originalmente contratadas. Os credores terão restabelecidos seus direitos e garantias nas condições originalmente contratadas antes de ser operada a novação por meio da recuperação judicial. Dos créditos serão apenas deduzidos os valores eventualmente pagos.

Os créditos decorrentes de obrigações contraídas pelo devedor durante a recuperação judicial, contudo, inclusive aqueles relativos a despesas com fornecedores de bens ou serviços e contratos de mútuo, serão considerados extraconcursais, em caso de decretação da falência (art. 67, *caput*, da LREF).

3.15 Recuperação judicial de microempresas e empresas de pequeno porte

A Lei n. 11.101/2005, diante dos custos e da complexidade de um processo de recuperação judicial, procurou simplificá-lo para empresas de pequeno porte e microempresas.

Foi atribuída a faculdade de os empresários de pequeno porte e microempresários optarem por um regime especial de recuperação judicial. O plano especial de opção dos referidos empresários será menos complexo e permitirá um procedimento menos custoso.

Nos termos da Lei Complementar n. 123/2006, que institui o Estatuto Nacional de Microempresa e da Empresa de Pequeno Porte, em seu art. 3º, consideram-se microempresas a sociedade empresária, a sociedade simples, a empresa individual de responsabilidade limitada e o empresário individual, desde que devidamente registrados no Registro de Empresas Mercantis ou no Registro Civil de Pessoas Jurídicas e possua receita bruta anual igual ou inferior a R$ 360.000,00. A empresa de pequeno porte deve ter receita bruta anual superior a R$ 360.000,00 e inferior a R$ 4.800.000,00 (Lei Complementar n. 155/2016).

São excluídas da caracterização como microempresa ou empresa de pequeno porte as pessoas jurídicas de cujo capital participe outra pessoa jurídica; que seja filial, sucursal, agência ou representação, no país, de pessoa jurídica com sede no exterior; de cujo capital participe pessoa física que seja inscrita como empresário ou seja sócia de outra empresa que receba tratamento jurídico diferenciado, desde que a receita bruta global ultrapasse o limite de receita bruta previsto para as empresas de pequeno porte; cujo titular ou sócio participe com mais de 10% (dez por cento) do capital de outra empresa e a receita bruta global ultrapasse o limite da empresa de pequeno porte; cujo sócio ou titular seja administrador ou equiparado de outra pessoa jurídica com fins lucrativos, desde que a receita bruta global ultrapasse o limite da empresa de pequeno porte; constituída sob a forma de cooperativas, salvo as de consumo; que participe do capital de outra pessoa jurídica; que exerça atividade de banco comercial, de investimentos e de desenvolvimento, de caixa econômica, de sociedade de crédito, financiamento e investimento ou de crédito imobiliário, de corretora ou de distribuidora de títulos, valores mobiliários e câmbio, de empresa de arrendamento mercantil, de seguros privados e de capitalização ou de previdência complementar; resultante ou remanescente de cisão ou qualquer outra forma de desmembramento de pessoa jurídica que tenha ocorrido em um dos 5 (cinco) anos-calendário anteriores; constituída sob a forma de sociedade por ações.

Como a Lei n. 11.101/2005 se aplica apenas para empresários e sociedades empresárias, para que possa ser obtida especificamente a recuperação judicial especial, exigem-se os requisitos da caracterização como empresária das microempresas e empresas de pequeno porte. Exige-se, portanto, o registro da atividade econômica exercida profissionalmente, de forma organizada, para a produção ou para a circulação de bens ou de serviços no Registro Público de Empresas Mercantis da respectiva sede.

Na redação original da Lei n. 11.101/2005, eram limitados os credores submetidos ao plano de recuperação judicial especial da microempresa ou empresa de pequeno porte. Apenas os créditos quirografários podiam ser incluídos no plano de recuperação judicial. Com a alteração legislativa feita pela Lei Complementar n. 147/2014, passaram todos os créditos a ser submetidos ao plano especial para microempresários e empresários de pequeno porte, exceto os créditos decorrentes de repasse de recursos oficiais e os fiscais. Excluem-se, ainda, os créditos de titularidade dos credores proprietários. São esses os créditos do credor titular da posição de proprietário fiduciário de bens móveis ou imóveis, de arrendador mercantil, de proprietário ou promitente vendedor de imóvel cujos respectivos contratos contenham cláusula de irrevogabilidade ou irretratabilidade, inclusive em incorporações imobiliárias, ou de proprietário em contrato de venda com reserva de domínio, bem como o adiantamento de contrato de câmbio para exportação.

Os credores que não tenham seu crédito submetido ao plano não terão seus créditos habilitados na recuperação judicial (art. 70, § 2º, da LREF). Por seu turno, o processamento da recuperação não acarreta a suspensão do curso da prescrição nem das ações e execuções por créditos não abrangidos pelo plano (art. 71, parágrafo único, da LF).

O requerimento da recuperação judicial especial deverá ser deduzido pelo microempresário ou empresário de pequeno porte, os quais devem expressamente afirmar a intenção de apresentar o plano especial de recuperação judicial. Essa petição será instruída, ainda, com todos os documentos necessários para a recuperação ordinária.

Deferido o processamento, será nomeado o administrador judicial, cujos honorários serão fixados em até 2% do valor total do passivo submetido à recuperação. O plano especial de recuperação judicial deverá ser apresentado em 60 dias da publicação da decisão que deferir o processamento.

Os meios de recuperação especial de microempresário e de empresários de pequeno porte são limitados. O meio de recuperação consiste em prever o parcelamento em até 36 parcelas mensais, iguais e sucessivas, corrigidas monetariamente e acrescidas de juros de 12% ao ano.

O pagamento da primeira parcela deverá ser previsto para ocorrer no prazo máximo de 180 dias, contado da distribuição do pedido de recuperação judicial. Outrossim, o plano deverá prever que há necessidade de autorização judicial, depois de ouvidos o administrador judicial e o Comitê de Credores, para o devedor aumentar despesas ou contratar empregados (art. 71 da LREF).

O plano especial da recuperação judicial da microempresa ou da empresa de pequeno porte não necessita ser aprovado pela assembleia geral de credores para ser ter a recuperação judicial concedida pelo juiz. Não será convocada a assembleia geral de credores, e o juiz concederá a recuperação judicial se atendidos os pressupostos da recuperação.

Ainda que não seja a assembleia geral de credores convocada, o juiz julgará improcedente o pedido de recuperação judicial e decretará a falência do devedor se houver objeções de credores titulares de mais da metade de qualquer uma das classes de credores, computados conforme o quórum de aprovação do plano (art. 72 da LREF).

4. Recuperação extrajudicial

De modo a superar a crise econômico-financeira pela qual passa a empresa, o devedor pode estabelecer acordos com os seus credores para alterar as condições das obrigações anteriormente contratadas. A Lei n. 11.101/2005, ao contrário do Decreto-lei n. 7.661/45, não prevê tais composições extrajudiciais como atos de falência, mas garante a sua prática como modo de recuperar a empresa em crise.

A recuperação extrajudicial, nesse ponto, é o acordo firmado com os credores, extrajudicialmente, para a superação da crise econômico-financeira pelo qual passa a empresa. Referido plano estabelecido com os credores será homologado judicialmente para lhe garantir eficácia inclusive quanto a credores não signatários, desde que preenchidos os requisitos legais. A recuperação extrajudicial não impede a realização de outras modalidades de acordo privado entre o devedor e seus credores (art. 167 da LREF).

4.1 Legitimidades ativa e passiva

Para poder ser submetido à recuperação extrajudicial, o devedor deve preencher os requisitos estipulados para a recuperação judicial no art. 48 da LREF. O devedor deverá ser empresário, que exerça regularmente suas atividades há mais de dois anos e que não seja falido e, se o foi, estejam declaradas extintas, por sentença transitada em julgado, as responsabilidades; não tenha, há menos de cinco anos, obtido concessão de recuperação judicial com base no plano especial de recuperação para microempresas ou empresas de pequeno porte; não tenha sido condenado ou não tenha, como administrador ou sócio controlador, pessoa condenada por qualquer crime falimentar.

Embora o art. 48 da LREF ainda preveja que o devedor não pode ter, há menos de cinco anos, obtido concessão de recuperação judicial, o art. 161, § 3º, da LREF altera tal requisito. Determina que não poderá requerer a homologação de plano de recuperação extrajudicial o empresário que tenha requerido pedido de recuperação judicial ainda pendente ou que tenha obtido recuperação judicial ou homologação de outro plano de recuperação extrajudicial há menos de dois anos.

Não se aplica a recuperação extrajudicial, tampouco, às empresas públicas e sociedade de economia mista; à instituição financeira pública ou privada, cooperativa de crédito, consórcio, entidade de previdência complementar, sociedade operadora de plano de assistência à saúde, sociedade seguradora, sociedade de capitalização e outras entidades legalmente equiparadas às anteriores (art. 2º da LREF).

Submetem-se à recuperação extrajudicial todos os créditos que estão sujeitos à recuperação judicial. Desses créditos são excluídos os créditos em virtude de importância entregue ao devedor, em moeda corrente nacional, decorrente de adiantamento de contrato de câmbio, bem como os créditos de titularidade dos credores proprietários, como os créditos do credor titular da posição de proprietário fiduciário de bens móveis ou imóveis, de arrendador mercantil, de proprietário ou promitente vendedor de imóvel cujos respectivos contratos contenham cláusula de irrevogabilidade ou irretratabilidade, inclusive em incorporações imobiliárias, ou de proprietário em contrato de venda com reserva de domínio.

Além dos referidos créditos, estão excluídos especificadamente da recuperação extrajudicial os créditos tributários. A exclusão dos créditos tributários já era prevista na recuperação judicial, em razão do art. 187 do Código Tributário Nacional. Na recuperação extrajudicial, sua exclusão é decorrente da indisponibilidade do interesse público, a qual obsta a renúncia ao crédito tributário ou a concessão de moratória exceto por despacho da autoridade administrativa e desde que autorizada por lei (art. 152 do CTN).

Os créditos trabalhistas e por acidente de trabalho, para ingressarem na recuperação extrajudicial, precisarão de negociação coletiva com o sindicato da respectiva categoria profissional.

A condição para sua submissão ocorreu diante da natureza de tais créditos, o que exigiu que o legislador lhes atribuísse a garantia de que não seriam submetidos a novas condições sem que houvesse a plena anuência do sindicato para submeter o trabalhador.

Os créditos de titularidade de credores proprietários e previstos no art. 49, § 3º, da LREF, também foram excluídos. Isso porque referidos credores não teriam interesse na composição com o devedor por possuírem direito de propriedade que lhes garante a satisfação da obrigação.

Também foi excluído da recuperação extrajudicial o crédito decorrente de adiantamento de contrato de câmbio (art. 161, § 1º, da LREF).

4.2 Homologação facultativa

O devedor poderá requerer a homologação do plano de recuperação extrajudicial se obtiver a manifestação de vontade favorável de todos os credores à alteração das condições das obrigações. A homologação judicial é facultativa, pois o consentimento dos credores obriga-os, e a composição já é suficiente para vinculá-los às alterações consentidas. A mera anuência já é suficiente para produzir efeitos entre as partes.

A homologação judicial do plano de recuperação anuído por todos os credores a ele submetidos apenas confere ao plano a natureza de título executivo judicial, o que facilitaria a execução direta da obrigação. Sua homologação permitirá, outrossim, que as eventuais alienações judiciais de filiais ou de unidades produtivas isoladas do devedor previstas no plano de recuperação sejam ordenadas pelo juiz, observadas as modalidades do leilão, das propostas fechadas e do pregão (art. 166 da LREF).

4.3 Homologação obrigatória

A homologação judicial será obrigatória para vincular credores não anuentes ao plano de recuperação extrajudicial.

Com o intuito de preservar a empresa e assegurar interesse de terceiros, bem como de uma maioria de credores, previu a Lei n. 11.101/2005 hipótese de imposição ao credor dissidente do plano de alteração de suas obrigações originalmente contratadas. Desde que assinado por credores que representem mais da metade de todos os créditos de cada espécie pelo plano abrangida, poderá o juiz homologar o plano de recuperação extrajudicial.

Na hipótese de essa maioria qualificada ser obtida, a homologação judicial do plano de recuperação é obrigatória para estender as condições previstas aos credores discordantes. A maioria, por seu turno, é obtida em relação a cada classe abrangida pelo plano de recuperação.

O plano, entretanto, não precisa abranger todas as classes. Dentre as classes que podem ser submetidas ao plano de recuperação, credores com garantia real, com privilégio especial, geral, quirografários e credores subordinados, o plano pode abranger uma ou apenas algumas das classes. Pode o plano abranger, ainda, grupo de credores de mesma natureza e sujeito a semelhantes condições de pagamento (art. 163, § 1º, da LREF).

A homologação exige a aprovação de mais da metade de todos os créditos de cada espécie pelo plano de recuperação abrangidos. Caso não haja esse quórum, permitiu a Lei que o pedido seja apresentado com a anuência de credores que representem pelo menos 1/3 de todos os créditos de cada espécie por ele abrangidos e com o compromisso de, no prazo improrrogável de 90 dias, contado da data do pedido, atingir o quórum de mais da metade dos créditos de cada classe ou grupo de credores.

Para o cômputo do referido percentual, não serão considerados os créditos não incluídos no plano de recuperação extrajudicial, os quais não poderão ter seu valor ou condições originais de pagamento alterados.

Outrossim, não serão computados os créditos de sócios do devedor, sociedades coligadas, controladoras, controladas, ou as que tenham sócio ou acionista com participação superior a 10% do capital social do devedor ou em que o devedor ou algum de seus sócios detenham participação superior a 10% do capital social, além de cônjuge ou parente, consanguíneo ou afim, colateral até o segundo grau, ascendente ou descendente do devedor, de administrador, do sócio controlador, de membro dos conselhos consultivo, fiscal ou semelhantes da sociedade devedora e à sociedade em que quaisquer dessas pessoas exerçam essas funções. Tais pessoas guardam relação próxima com o devedor, quer em razão do parentesco, quer em razão de interesses profissionais. Portanto, poderiam ter seus próprios interesses confundidos com o devedor, o que poderia comprometer o significado do quórum qualificado como manifestação de anuência dos credores diante do atendimento de seus melhores interesses.

Para a conferência do montante dos créditos para a obtenção do quórum, os créditos em moeda estrangeira serão convertidos em moeda nacional pelo câmbio da véspera da data de assinatura do plano.

4.4 Plano de recuperação extrajudicial

O plano de recuperação, para que possa ser homologado judicialmente, deve possuir determinados requisitos.

O primeiro desses requisitos é que o plano não pode estabelecer tratamento privilegiado a determinado credor em detrimento dos demais. A Lei n. 11.101/2005, em seu art. 161, § 2º, determinou que não poderá o plano de recuperação contemplar o pagamento antecipado de dívidas. Outrossim, os credores não sujeitos ao plano de recuperação não poderão sofrer tratamento desfavorável. A previsão impede que algum credor possa ser beneficiado em detrimento de todos os demais.

Nos créditos em moeda estrangeira, a variação cambial só poderá ser afastada se o credor titular do respectivo crédito aprovar expressamente previsão diversa no plano de recuperação extrajudicial (art. 163, § 5º, da LF). A condição original da obrigação contraída em moeda estrangeira e referente à variação cambial do montante a ser pago exige aprovação expressa do credor para que possa ser alterada no plano de recuperação extrajudicial.

Essa aprovação expressa do plano pelo credor é também exigida na hipótese de alienação de bem objeto de garantia real. A supressão da garantia ou sua substituição na alienação de bem objeto de garantia real somente serão admitidas mediante a aprovação expressa do credor titular da respectiva garantia (art. 163, § 4°, da LREF).

4.5 Pedido de homologação do plano de recuperação

Com a anuência dos credores, poderá o devedor apresentar pedido de homologação judicial perante o juízo competente do principal estabelecimento do devedor.

O pedido de homologação do plano de recuperação extrajudicial acarreta a suspensão de direitos, ações ou execuções apenas relacionados aos créditos sujeitos ao plano de recuperação extrajudicial (art. 163, § 8°, da LREF). O pedido também não impossibilita pedido de decretação de falência pelos credores não sujeitos ao plano de recuperação extrajudicial (art. 161, § 4°, da LREF).

A distribuição do pedido de homologação, contudo, impede que os credores desistam da adesão ao plano, a menos que haja anuência expressa de todos os demais signatários (art. 161, § 5°, da LREF).

O pedido de homologação deve vir acompanhado de determinados documentos para permitir que o juiz homologue a recuperação extrajudicial pretendida. Tais requisitos dependem de o pedido tratar-se de homologação obrigatória ou facultativa, ou seja, se há a adesão de todos os credores sujeitos ao plano ou de mais da metade dos créditos de cada espécie sujeitos a este.

Tratando-se de pedido de homologação facultativo, deverá o devedor, ao apresentar o pedido, juntar sua justificativa e o documento que contenha seus termos e condições, com as assinaturas dos credores que a ele aderiram (art. 162 da LREF).

Caso não haja anuência de todos os credores submetidos ao plano, o devedor deverá juntar ao seu pedido sua justificativa e o documento que contenha seus termos e condições, com as assinaturas dos credores que representem mais da metade dos créditos de cada espécie submetidos ao plano.

Além dos referidos documentos, na homologação obrigatória deverão ser juntados, ainda, exposição da situação patrimonial do devedor; demonstrações contábeis relativas ao último exercício e as levantadas especialmente para instruir o pedido e compostas obrigatoriamente de balanço patrimonial, demonstração de resultados acumulados, demonstração do resultado desde o último exercício social e do relatório gerencial de fluxo de caixa e de sua projeção. Também devem ser juntados os documentos que comprovem os poderes dos subscritores para novar ou transigir, relação nominal completa dos credores, com a indicação do endereço de cada um, a natureza, a classificação e o valor atualizado do crédito, discriminando sua origem, o regime dos respectivos vencimentos e a indicação dos registros contábeis de cada transação pendente (art. 163, § 6°, da LREF).

Referidos documentos permitem aos credores a análise da viabilidade do plano de recuperação extrajudicial e da continuidade da empresa. A instrução adequada do pedido de recuperação impõe ao juiz determinar a publicação de edital no órgão oficial, convocando todos os credores do devedor para apresentação de suas impugnações ao plano de recuperação extrajudicial.

A impugnação dos credores deve ser realizada no prazo de 30 dias depois da publicação do edital. Durante esse prazo de 30 dias, o devedor deverá demonstrar que enviou cartas a todos os credores sujeitos ao plano, domiciliados ou sediados no país, informando a distribuição do pedido, as condições do plano e prazo para impugnação.

As impugnações dos credores deverão ser instruídas com a prova do crédito. A impugnação, contudo, restringe-se à alegação de que não foi atingido o quórum exigido para a homologação do plano de recuperação judicial; que o devedor praticou atos de falência ou atos com a intenção de prejudicar credores, provando-se o conluio fraudulento entre o devedor e o terceiro que com ele contratar e o efetivo prejuízo sofrido; ou qualquer descumprimento de exigência legal.

Caso não haja nenhuma impugnação ao plano, o juiz julgará o pedido de homologação. Na hipótese de serem apresentadas impugnações, ao devedor será concedido o prazo de cinco dias para se manifestar. Decorrido o prazo, o juiz apreciará o pedido.

A apreciação do pedido de homologação será feita por meio de sentença. A sentença homologará o pedido, caso presentes todos os requisitos legais, ou indeferirá o pedido. O indeferimento ocorrerá sempre que os requisitos legais não tenham sido preenchidos ou quando houver prova da simulação de créditos ou vícios de representação dos credores que subscreveram o plano. Da sentença, tanto de homologação quanto de indeferimento do pedido, poderá ser interposto recurso de apelação, o qual não terá efeito suspensivo.

O indeferimento não implica imediata decretação da falência, necessariamente. A não homologação do plano de recuperação extrajudicial permitirá ao devedor, após cumprir as formalidades, apresentar novo pedido de homologação do plano de recuperação extrajudicial (art. 164, § 8°, da LREF).

4.6 Efeitos da homologação do plano de recuperação extrajudicial

O plano de recuperação extrajudicial produz efeitos após sua homologação judicial, apenas. A novação das obrigações implica que, ainda que se decrete a falência posteriormente, os créditos submetidos ao plano e novados não voltarão às condições originalmente contratadas.

Tal novação ocorre mesmo sem a anuência do credor. Desde que 3/5 dos créditos de cada classe submetidos ao plano aprovem as alterações, a homologação judicial do plano de recuperação extrajudicial permite a novação dos créditos deste, com base na sentença homologatória.

A produção de efeitos anteriores à homologação pode ocorrer se prevista expressamente no plano e desde que se refira exclusivamente à modificação do valor ou da forma de pagamento dos credores signatários. Nessa hipótese, caso o plano de recuperação extrajudicial não seja homologado pelo juiz, devolve-se aos credores signatários o direito de exigir seus créditos nas condições originais, deduzidos os valores efetivamente pagos (art. 165, §§ 1º e 2º, da LREF).

A recuperação extrajudicial não impede, também, a realização de quaisquer outras modalidades de acordos privados entre o devedor e seus credores.

5. Insolvência transnacional

A alteração da Lei n. 11.101/2005 foi realizada para incluir disciplina sobre insolvência transnacional.

O procedimento foi criado para assegurar tratamento em face de ativos e passivos de empresários que não ficam restritos a um único país e que poderão estar dispersos por várias jurisdições. A criação de um regramento permite que uma autoridade estrangeira ou representante estrangeiro requeira determinadas medidas ou a produção de determinados efeitos no Brasil, assim como assegura a possibilidade de a autoridade brasileira requerer assistência no exterior.

Para disciplinar o procedimento, estabeleceu a lei que o procedimento de insolvência transnacional terá como objetivos a cooperação entre juízes e outras autoridades competentes do Brasil e de outros países em casos de insolvência transnacional; aumento de segurança jurídica para a atividade econômica e para o investimento; administração justa e eficiente de processos de insolvência transnacional, de modo a proteger os interesses de todos os credores e dos demais interessados, inclusive do devedor; proteção e maximização do valor dos ativos do devedor; promoção da recuperação de empresas em crise econômico financeira, com a proteção de investimentos e a preservação de empregos; e promoção da liquidação dos ativos da empresa em crise econômico-financeira, com a preservação e a otimização da utilização produtiva dos bens, dos ativos e dos recursos produtivos da empresa, inclusive os intangíveis.

O procedimento inicia-se com o pedido de reconhecimento, pela autoridade ou pelo representante estrangeiro, do processo estrangeiro perante o juízo do local do principal estabelecimento do devedor no Brasil, o que previne a jurisdição. Se reconhecido o processo estrangeiro, o representante está autorizado a ajuizar pedido de falência do devedor, participar do processo de insolvência que aqui esteja em trâmite ou intervir em qualquer processo em que o devedor seja parte.

A partir do reconhecimento do processo estrangeiro, imprescindível a análise de qual o tipo do processo. No reconhecimento do processo estrangeiro, o juiz deverá reconhecê-lo como processo principal, se tiver sido aberto no local em que o devedor tenha o seu centro de interesses principais; ou processo estrangeiro não principal, caso tenha sido aberto em um local em que o devedor tenha apenas bens ou estabelecimentos, mas não seja seu centro de interesses principais.

Por centro de interesses principais entende-se que é o país em que se localiza o domicílio do devedor ou da sociedade, a menos que haja prova em contrário. A classificação é relevante porque, enquanto o processo não principal poderá tratar apenas dos bens e dos créditos localizados no referido país, em regra, o processo principal tem vocação universal e asseguraria o melhor tratamento entre os credores do devedor como um todo.

Em função do reconhecimento de um processo estrangeiro, poderão ser tomadas medidas de natureza provisória após o pedido de reconhecimento do processo estrangeiro. A produção de alguns efeitos assegura que a satisfação equânime dos credores possa ser realizada. Nesses termos, a partir do reconhecimento como principal do processo estrangeiro, serão suspensas todas as execuções contra o devedor, o curso da prescrição, e ocorrerá a ineficácia de transferência de bens sem prévia autorização judicial.

Para que os processos sejam coordenados, objetivo maior da insolvência transnacional, o juízo do processo não principal deve prestar ao juízo principal diversas informações, como a do valor dos bens arrecadados e do passivo; valor dos créditos admitidos e sua classificação; classificação, segundo a lei nacional, dos credores não domiciliados ou sediados nos países titulares de créditos sujeitos à lei estrangeira; relação de ações judiciais em curso de que seja parte o falido, como autor, réu ou interessado; ocorrência do término da liquidação e o saldo, credor ou devedor, bem como eventual ativo remanescente.

Na hipótese de processos concorrentes no Brasil e no estrangeiro, o juiz deverá coordenar com a autorizada estrangeira os atos, de modo a satisfazer toda a coletividade de credores e alcançar os objetivos estabelecidos.

6. Disposições penais na falência e recuperação

Os crimes foram previstos na Lei n. 11.101/2005 para reprimir condutas que prejudicam o regular processamento da falência e das recuperações judicial e extrajudicial, frustrando, voluntariamente, a legítima expectativa de tutela do crédito. Não mais são tratados como crimes falimentares, pois a tipificação da conduta pode ocorrer tanto diante de uma falência quanto de uma recuperação judicial ou extrajudicial.

A doutrina controverte quanto à natureza dos crimes falimentares e à natureza do bem jurídico protegido. Parte da doutrina sustenta a natureza de crimes contra o patrimônio dos credores, parte sustenta tratar-se de crimes contra a administração da justiça.

Diante das disposições da nova Lei de Recuperações e Falência, a natureza de crimes contra a economia pública, a qual deve ser o objetivo da tutela pelo processo de falência e de recuperação, seria a mais aplicável no contexto atual. A grande diversidade de crimes previstos na lei, contudo, permite a conclusão de que as disposições penais visam a proteger diversos bens jurídicos.

6.1 Disposições comuns

Ainda que tenham sido tipificadas diversas condutas como crimes, a Lei de Falência previu disposições comuns aplicáveis aos crimes por ela especificados.

6.1.1 Sujeitos ativos

Sujeitos ativos são aqueles que podem praticar as condutas tipificadas como crimes pela lei. São os autores ou partícipes do crime.

Não apenas o devedor falido poderá ser autor de crime falimentar. Também podem figurar como sujeitos ativos as pessoas que figuram no processo de falência ou recuperação, como o juiz, o promotor de justiça, o administrador judicial, o gestor judicial, o perito, o avaliador, o escrivão, o oficial de justiça ou o leiloeiro, como na hipótese do crime de violação de impedimento (art. 177 da LF).

Os crimes falimentares, entretanto, não são apenas crimes próprios, em que são tipificadas condutas que apenas podem ser praticadas por determinado grupo de pessoas. Há previsão de crimes comuns, cuja conduta tipificada pode ser praticada por qualquer pessoa. Exemplo de crime comum, a violação de sigilo empresarial pode ser cometida por qualquer pessoa (art. 169 da LF).

Ainda que nos crimes próprios, terceiros podem também ser responsabilizados criminalmente. Isso porque, aos crimes falimentares, perfeitamente aplicável a regra do concurso de pessoas. Nos termos do art. 29 do Código

Penal, quem, de qualquer modo, concorre para o crime incide nas penas a este cominadas, na medida de sua culpabilidade.

Previu a Lei n. 11.101/2005 que os sócios, diretores, gerentes, administradores e conselheiros, de fato ou de direito, bem como o administrador judicial, equiparam-se ao devedor ou falido para os efeitos penais, na medida da culpabilidade (art. 179).

Embora a sociedade falida possa ter personalidade jurídica e ser sujeito de direito, não é sujeito ativo de crime falimentar. A pessoa jurídica falida não comete crime falimentar, pois não se poderia conceber uma vontade do ente coletivo em sentido psicológico. Entretanto, excepcionalmente, considerando sua atuação no meio social, concebeu-se a possibilidade de a pessoa jurídica praticar crimes ambientais, conforme previsão na Lei n. 9.604/98, e contra a ordem econômica, conforme previsão na Lei n. 8.137/90.

São os administradores, sócios ou conselheiros da pessoa jurídica os sujeitos ativos das condutas previstas no tipo penal, quer sejam autores, quer partícipes. A disposição legal que equiparou tais pessoas ao devedor falido pretendeu evitar que essas não sofressem punição pelo cometimento de crimes diante da alegação de não serem devedores.

Não basta, entretanto, para ser condenado por crime falimentar que o agente figure apenas como sócio. Imprescindível que possua influência efetiva na realização da conduta tipificada, o que não ocorre pela mera circunstância de ser sócio sem qualquer influência na administração social, quer de fato, quer de direito. Isso porque não prevê a lei uma responsabilidade penal objetiva, mas exige a demonstração da culpabilidade do agente.

6.1.2 Condição objetiva de punibilidade

Os crimes previstos na Lei Falimentar pressupõem a sentença declaratória da falência, a sentença de concessão da recuperação judicial ou de homologação da recuperação extrajudicial (art. 180 da LREF).

Referidas sentenças são circunstâncias exteriores à conduta do agente, mas são imprescindíveis à caracterização do delito. Ainda que o agente pratique conduta prevista no núcleo do tipo penal, sua punição é condicionada à sentença de decretação da falência, da concessão da recuperação judicial ou da homologação da recuperação extrajudicial.

A imprescindibilidade da sentença para a apuração dos crimes não impede que sejam configurados como condutas típicas fatos anteriores às referidas sentenças. Nesse sentido, há crimes cuja conduta típica é praticada antes da sentença declaratória da falência, da concessão da recuperação judicial ou da homologação da recuperação extrajudicial.

6.1.3 Prescrição

A prescrição dos crimes dispostos na Lei de Recuperação e Falências será disciplinada pelo Código Penal. Entretanto, a lei especificou algumas particularidades dos crimes por ela regidos.

A prescrição dos crimes começará a correr do dia da decretação da falência, da concessão da recuperação judicial ou da homologação do plano de recuperação extrajudicial.

O prazo prescricional será interrompido pela sentença de decretação da falência do devedor, nas hipóteses em que o termo inicial do referido prazo tiver sido a sentença de concessão da recuperação ou da homologação do plano de recuperação extrajudicial.

Além dessa interrupção expressa pelo art. 182, § 2º, da LREF, não haveria óbice às interrupções previstas no Código Penal. A Súmula 592 do Supremo Tribunal Federal, nesse sentido, determinou que, "nos crimes falimentares, aplicam-se as causas interruptivas da prescrição, previstas no Código Penal".

6.1.4 Princípio da unicidade

O princípio da unicidade dos crimes previstos na Lei de Falência e Recuperação prevê a impossibilidade de concurso entre esses crimes.

Desde o Decreto-lei n. 7.661/45, entendia-se majoritariamente que, ainda que as condutas do agente pudessem ser subsumidas em diversos tipos penais, o crime falimentar seria único. Concebiam-se os diversos atos típicos, quer fossem pré-falimentares, quer fossem posteriores à decretação da falência, como condutas voluntárias que causavam ou agravavam a falência do devedor.

Para a concepção, a lesão jurídica praticada seria única, embora composta por diversos atos. O crime era tido como unitário, pois se puniria a violação dos direitos dos credores. A totalidade das condutas, como atingiriam esse bem jurídico, formaria uma unidade, de modo que o agente somente poderia ser punido por um dos crimes, o com a pena mais grave, o qual absorveria os demais.

Com base nessa concepção construída sob o Decreto-lei n. 7.661/45, parte da jurisprudência e da doutrina permaneceram com a adoção do princípio da unicidade dos crimes diante da Lei n. 11.101/2005, embora não de maneira uníssona.

Essa corrente doutrinária tradicional, que preconiza a aplicação à legislação atual do princípio da unicidade, encontra resistência por parte da doutrina, e com razão.

Para Marlon Tomazette, "nada justifica a existência desse princípio. Em primeiro lugar não se cogita mais da ideia da falência como crime, havendo a punição de crimes para a recuperação de empresas também. Em segundo lugar, não há qualquer dispositivo na legislação, do qual se possa inferir a inexistência de concurso entre crimes falimentares. Em terceiro lugar, não há mais um prazo prescricional unificado, o que reforça essa ideia da ausência de unidade. Por fim, não há qualquer motivo que justifique um privilégio para o agente que cometeu esses crimes. Ele deverá ser punido por todas as suas condutas e não apenas por uma delas"[22].

Para Jane Silva, o princípio da unicidade não pode mais subsistir ante a nova legislação. Para a autora, "se há múltiplas lesões a bens e direitos diversos, quebrada está a unidade dos crimes falenciais, por isso hoje não mais se admite que a punição se destine apenas ao devedor por causa do prejuízo causado aos credores; logo, a violação de mais de uma das normas penais previstas na vigente lei não pode consistir numa unidade incindível"[23].

Decerto, a revogação do Decreto-lei n. 7.661/45 alterou o próprio tratamento dos crimes falimentares. Como já tivemos a oportunidade de escrever, "Os tipos penais são previstos de forma diferenciada, com penas autônomas, além de condutas praticadas após a decretação da falência ou mesmo sem que esta tenha ocorrido, quando há apenas concessão da recuperação judicial ou homologação da extrajudicial. Dessa forma, a prática de condutas previstas em tipos diversos não implica o cometimento de um tipo penal único"[24]. Outrossim, "à míngua de qualquer previsão na LREF, aplicável supletivamente a disciplina geral do Código Penal que institui a regulação do concurso de crimes. Independentemente se o concurso de crimes envolve crimes comuns e crimes falimentares, aos quais o Decreto-lei n. 7.661/45 determinava a aplicação do concurso formal (art. 192 do Decreto-lei n. 7.661/45), a falta de previsão específica acarreta que tanto o concurso entre tipos criminais falimentares entre si, como o concurso entre tipos penais falimentares e comuns impõem a aplicação da disciplina geral do Código Penal e, portanto, a possibilidade de concurso material ou formal conforme o caso"[25].

6.1.5 Efeitos da sentença condenatória

A condenação em qualquer dos crimes previstos na Lei de Falência e Recuperações impõe ao agente o cumprimento das sanções previstas para

---

22 TOMAZETTE, Marlon. Op. cit. p. 557-558.
23 SILVA, Jane. Comentário ao art. 182. In: CORRÊA-LIMA, Osmar Brina; CORRÊA-LIMA, Sérgio Mourão (Coord.). Op. cit. p. 1.200.
24 SACRAMONE, Marcelo Barbosa. *Comentários à lei de recuperação de empresas e falência*. São Paulo: Saraiva, 2018. p. 520.
25 Idem. Ibidem.

cada um dos tipos específicos. A condenação, ainda, gera efeitos secundários sob a pessoa do falido, os quais podem ser automáticos ou exigem declaração motivada na sentença condenatória.

Entre os efeitos automáticos, a condenação em crime falimentar provoca o aumento do prazo para a extinção das obrigações do falido. A extinção das obrigações do falido, que se daria caso este não pagasse todos os créditos ou realizasse todo o ativo com o pagamento de mais de 50% dos créditos quirografários, ocorreria pelo decurso do prazo de cinco anos, contados do encerramento da falência. Caso, todavia, o falido tenha sido condenado por crime falimentar, a extinção ocorrerá apenas com o decurso do prazo de 10 anos do encerramento da falência (art. 158 da LF).

Também decorre automaticamente da condenação a ilegitimidade do condenado para requerer sua recuperação judicial, bem como a ilegitimidade da sociedade empresária que teve seu administrador ou sócio controlador condenado por tais crimes.

Além dos efeitos automáticos, são produzidos determinados efeitos, os quais deverão ser motivadamente declarados na sentença condenatória. Referidos efeitos perdurarão por cinco anos após a extinção da punibilidade, mas poderão cessar antes pela reabilitação penal do condenado. Prevê o art. 181 da LF os seguintes efeitos não automáticos da condenação:

I – inabilitação para o exercício de atividade empresarial;

II – impedimento para o exercício de cargo ou função em conselho de administração, diretoria ou gerência das sociedades empresariais;

III – impossibilidade de gerir empresa por mandato ou por gestão de negócio.

De modo que esses efeitos, caso determinados na sentença, sejam efetivamente cumpridos, o Registro Público de Empresas Mercantis será notificado para que tome as medidas necessárias para impedir novo registro em nome dos inabilitados.

6.2 Crimes em espécie

São previstos 11 crimes falimentares na Lei n. 11.101/2005, os quais podem ser classificados em pré-falimentares ou pós-falimentares, quer sejam praticados antes, quer após a sentença declaratória da falência, a sentença de concessão da recuperação judicial ou de homologação da recuperação extrajudicial.

6.2.1 Fraude a credores

Praticar, antes ou depois da sentença que decretar a falência, conceder a recuperação judicial ou homologar a recuperação extrajudicial, ato fraudulento de que resulte ou possa resultar prejuízo aos credores, com o fim de obter ou assegurar vantagem indevida para si ou para outrem. Pena: reclusão de três a seis anos e multa (art. 168 do Código Penal).

O crime de fraude contra credores é crime próprio e pode ter como sujeito ativo o devedor, seja ele o falido ou os agentes a ele equiparados, como o sócio, o administrador, o conselheiro e o administrador judicial. O concurso de pessoas é admitido e expresso no próprio art. 168, § 3º, que prevê que podem concorrer para o crime, também, os contadores, técnicos contábeis e outros profissionais que, de qualquer modo, concorrerem para as condutas criminosas, na medida de sua culpabilidade.

Como sujeito passivo figuram os credores, os quais poderão ser prejudicados pela conduta do agente. A administração da justiça também é prejudicada, na medida em que a regularidade do processo judicial, que asseguraria a equidade entre os credores, ficaria comprometida.

O tipo subjetivo exige o dolo específico do agente. O ato fraudulento deve ser praticado voluntariamente pelo agente. Além da vontade de praticá-lo, o agente deve ter o dolo de praticá-lo para causar prejuízo efetivo ou potencial aos credores.

O crime é formal e independe, para sua consumação, da efetiva produção da vantagem indevida para si ou para outrem. Basta que a conduta tenha o potencial de resultar prejuízo aos credores.

Como causa de aumento, é previsto o aumento de 1/6 a 1/3 de pena se o agente elabora escrituração contábil ou balanço com dados inexatos; omite, na escrituração contábil ou no balanço, lançamento que deles deveria constar, ou altera escrituração ou balanço verdadeiros; destrói, apaga ou corrompe dados contábeis ou negociais armazenados em computador ou sistema informatizado; simula a composição do capital social; destrói, oculta ou inutiliza, total ou parcialmente, os documentos de escrituração contábil obrigatórios. A pena aumenta-se de 1/3 a 1/2 se o devedor manteve ou movimentou recursos ou valores paralelamente à contabilidade exigida pela legislação ou realizou distribuição de lucros ou dividendos a sócios e acionistas até a aprovação do plano de recuperação judicial.

Aplicável como causa de redução de pena de 1/3 a 2/3 ou substituição da pena de reclusão pela pena restritiva de direitos o fato de tratar-se de microempresa ou de empresa de pequeno porte e de não se constatar prática habitual de condutas fraudulentas por parte do falido.

6.2.2 Violação de sigilo empresarial

Violar, explorar ou divulgar, sem justa causa, sigilo empresarial ou dados confidenciais sobre operações ou serviços, contribuindo para a condução do devedor a estado de inviabilidade econômica ou financeira. Pena: reclusão de dois a quatro anos, e multa (art. 169 da LF).

O crime de violação de sigilo empresarial é crime comum e pode ter como sujeito ativo qualquer pessoa que tenha conhecimento das informações empresariais.

Como sujeito passivo apresenta-se o titular do sigilo violado, que pode não ser necessariamente o devedor. Pode o sigilo de uma terceira pessoa ser violado e acarretar a inviabilidade econômica ou financeira de um contratante desta, um parceiro comercial, fornecedor. Outrossim, são sujeitos passivos o devedor conduzido a insolvabilidade e os credores deste.

O sigilo empresarial ou dados confidenciais devem ser entendidos como informações não notórias ou de conhecimento restrito que garantem ao falido uma vantagem sobre os demais concorrentes. A conduta de violar, explorar ou divulgar as informações confidenciais não pode ser realizada com justa causa. O agente que viola o sigilo empresarial por motivo justo, como o de defender-se em processo judicial, não pratica o núcleo do tipo.

Elemento subjetivo do crime é o dolo específico consistente na revelação das informações sigilosas para causar o agravamento ou a inviabilidade econômica ou financeira da empresa.

A doutrina controverte sobre se tratar de crime material, em que a contribuição para o estado de inviabilidade econômica e financeira é imprescindível para a consumação do delito, ou se se trata de crime formal, em que o prejuízo efetivo não é necessário, embora possa ocorrer.

6.2.3 Divulgação de informações falsas

Divulgar ou propalar, por qualquer meio, informação falsa sobre devedor em recuperação judicial, com o fim de levá-lo à falência ou de obter vantagem. Pena: reclusão de dois a quatro anos, e multa (art. 170).

Assim como o crime de violação de sigilo empresarial, o crime de divulgação de informações falsas é crime comum e pode ter como sujeito ativo qualquer pessoa.

Sujeitos passivos são o devedor em recuperação judicial, além dos credores deste devedor e a própria administração da justiça, diante da falta da irregularidade para se propiciar a recuperação do devedor.

Exige-se que o agente saiba ou que deva saber que a informação é falsa. O elemento subjetivo do crime é o dolo específico de tornar pública a informação para levar à falência o devedor em recuperação ou para obter vantagem, seja esta devida ou indevida.

Trata-se de crime formal. Basta à consumação a prática da conduta, independentemente da convolação em falência da recuperação judicial ou do recebimento de benefício pelo agente.

6.2.4 Indução a erro

Sonegar ou omitir informações ou prestar informações falsas no processo de falência, de recuperação judicial ou de recuperação extrajudicial, com o fim de induzir a erro o juiz, o Ministério Público, os credores, a assembleia geral de credores, o Comitê ou o administrador judicial. Pena: reclusão de dois a quatro anos e multa.

O crime falimentar de indução a erro é crime comum, que pode ter como sujeito ativo qualquer pessoa que sonegue, omita ou preste falsamente informações.

Sujeitos passivos são a administração da justiça e os credores do devedor falido ou em recuperação.

Nas condutas de omitir informações ou prestar informações falsas, exige-se do agente o dolo específico de praticá-las para o fim de induzir a erro os envolvidos no processo.

Ainda que o juiz, o Ministério Público, os credores, a assembleia geral de credores, o Comitê ou o administrador judicial não sejam levados a erro, o crime está consumado. Trata-se de crime formal, que prescinde do resultado naturalístico e que se consuma com a mera sonegação, omissão ou prestação de informação falsa.

6.2.5 Favorecimento de credores

Praticar antes ou depois da sentença que decretar a falência, conceder a recuperação judicial ou homologar plano de recuperação extrajudicial, ato de disposição ou oneração patrimonial ou gerador de obrigações, destinado a favorecer um ou mais credores em prejuízo dos demais. Pena: reclusão de dois a cinco anos e multa (art. 172 da LF).

Trata-se de crime próprio, que somente pode ser praticado por um grupo determinado de pessoas. Sujeito ativo de crime são o devedor submetido à falência, à recuperação judicial ou ao plano de recuperação extrajudicial e os equiparados ao devedor, como seus sócios, diretores, gerentes, administradores, conselheiros, de fato ou de direito, e o administrador judicial.

O concurso de agentes, ainda que aplicável por disposição do próprio Código Penal, foi expresso no art. 172, parágrafo único, da LF. Estabeleceu o referido artigo que incorrerá nas mesmas penas o credor que, em conluio, possa beneficiar-se do ato de disposição ou oneração patrimonial ou gerador de obrigações.

Sujeitos passivos são a administração da justiça e os credores do devedor falido ou em recuperação.

Elemento subjetivo do tipo é o dolo específico de praticar o ato para favorecer credores em prejuízo dos demais.

Trata-se de crime formal. A consumação ocorre com a prática do ato de disposição ou oneração patrimonial ou gerador de obrigações, ainda que não resulte em favorecimento de alguns credores em prejuízo dos demais.

6.2.6 Desvio, ocultação ou apropriação de bens

Apropriar-se, desviar ou ocultar bens pertencentes ao devedor sob recuperação judicial ou à massa falida, inclusive por meio da aquisição por interposta pessoa. Pena: reclusão de dois a quatro anos, e multa (art. 173 da LF).

É crime pós-falimentar, cujo sujeito ativo pode ser qualquer pessoa, inclusive o próprio devedor. Os sujeitos passivos, por seu turno, são os credores do falido ou do empresário em recuperação, além da administração da justiça, prejudicada com a irregularidade no curso do processo falimentar ou de recuperação.

O crime exige o dolo do sujeito ativo, o qual, entretanto, não precisa ser específico. Basta o intuito de apropriar-se, desviar ou ocultar os bens do devedor e da massa.

Trata-se de modalidade de crime de mera conduta, cuja consumação ocorre com a simples prática da apropriação, desvio ou ocultação dos bens.

6.2.7 Aquisição, recebimento ou uso ilegal de bens

Adquirir, receber, usar, ilicitamente, bem que sabe pertencer à massa falida ou influir para que terceiro, de boa-fé, o adquira, receba ou use. Pena: reclusão de dois a quatro anos, e multa (art. 174 da LF).

Procurou a lei coibir a utilização ou recebimento dos bens da massa falida para evitar que, até serem localizados e arrecadados, os bens não estejam deteriorados ou malconservados.

O crime de aquisição, recebimento ou uso ilegal de bens é crime comum, o qual pode ter como sujeito ativo qualquer pessoa que saiba ser bem pertencente à massa falida. Pode ser praticado pelo próprio devedor falido, desde que o bem já tenha sido arrecadado pela massa falida. Do contrário, sua conduta se amoldaria ao tipo previsto no art. 173 da LF.

Como sujeito passivo, é lesionada a administração da justiça, assim como a massa falida, caracterizada pelos credores do devedor falido.

Para que o comportamento seja penalizado, exige-se o dolo do sujeito ativo. Referido dolo não precisa ser o específico de prejudicar a massa, mas basta o de adquirir, receber e usar, ou influir para que terceiro o faça, bem que saiba pertencer a ela.

Trata-se de crime de mera conduta. O crime se consuma com a simples prática dolosa dos núcleos objetivos do tipo.

6.2.8 Habilitação ilegal de crédito

Apresentar, em falência, recuperação judicial ou recuperação extrajudicial, relação de créditos, habilitação de créditos ou reclamação falsas, ou juntar a elas título falso ou simulado. Pena: reclusão de dois a quatro anos, e multa (art. 175 da LF).

Qualquer pessoa pode ser sujeito ativo do crime, pois pode apresentar habilitações ou reclamações falsas. O próprio devedor ou o administrador judicial também o podem, na medida em que apresentam relação de créditos.

Como sujeitos passivos apresentam-se a administração da justiça e os credores do falido. O falido também será sujeito passivo, desde que não esteja em concurso com o credor ou não tenha sido o próprio o sujeito ativo.

O elemento subjetivo é o dolo, que não precisa ser específico. A forma culposa, como em todos os demais crimes falimentares, exigia previsão específica, nos termos do art. 18, parágrafo único, do Código Penal, o que não foi previsto. Não se exige, entretanto, dolo específico do agente de prejudicar os demais. Basta a apresentação da relação, habilitação ou reclamação de créditos, ou de título junto a estas, com conhecimento de sua falsidade.

Trata-se de crime formal, em que o resultado naturalístico é possível, mas irrelevante à consumação do crime.

6.2.9 Exercício ilegal de atividade

Exercer atividade para a qual foi inabilitado ou incapacitado por decisão judicial, nos termos desta lei. Pena: reclusão de um a quatro anos, e multa (art. 176 da LF).

Trata-se de crime próprio. Sujeito ativo é apenas o inabilitado ou incapacitado por decisão judicial, nos termos da Lei Falimentar.

Referida decisão, contudo, não precisa ser necessariamente sentença condenatória de crime falimentar. A sentença declaratória da falência acarreta a inabilitação do falido para exercer qualquer atividade empresarial e é suficiente a preencher o elemento do tipo consistente em inabilitação por decisão judicial. Também o é a decisão de afastamento do devedor da atividade empresarial, na recuperação judicial.

Os sujeitos passivos do crime são a administração da justiça e o patrimônio dos credores.

O desempenho da atividade exige o dolo do sujeito ativo. Não é prevista a modalidade culposa ou é exigido dolo específico de produzir algum resultado. A consumação do delito ocorre com o exercício da atividade. Crime formal, não exige a produção de qualquer resultado naturalístico, embora este possa ocorrer.

6.2.10 Violação de impedimento

Adquirir o juiz, o representante do Ministério Público, o administrador judicial, o gestor judicial, o perito, o avaliador, o escrivão, o oficial de justiça ou o leiloeiro, por si ou por interposta pessoa, bens de massa falida ou de devedor em recuperação judicial, ou, em relação a estes, entrar em alguma especulação de lucro, quando tenham autuado nos respectivos processos. Pena: reclusão de dois a quatro anos, e multa (art. 177 da LF).

Crime próprio, a violação de impedimento somente pode ter como sujeito ativo o juiz, o representante do Ministério Público, o administrador judicial, o gestor judicial, o perito, o avaliador, o escrivão, o oficial de justiça ou o leiloeiro. Não se trata de crime de mão própria, pois pode o agente mediato se valer de interposta pessoa para a sua prática, o qual responderá em concurso de pessoas, na medida de sua culpabilidade.

São sujeitos passivos do crime a administração da justiça, além dos credores e do devedor, cujos interesses poderão ser afetados pela sua prática.

Do sujeito ativo exige-se o dolo de adquirir bens da massa falida ou de devedor em recuperação judicial ou de especular com referidos bens, se houver atuado no processo.

O crime se consuma com a aquisição ou especulação de lucro em relação aos bens. Trata-se de crime formal, em que não se exige a demonstração de qualquer prejuízo à massa ou benefício alcançado pelo impedido.

6.2.11 Omissão dos documentos contábeis obrigatórios

Deixar de elaborar, escriturar ou autenticar, antes ou depois da sentença que decretar a falência, conceder a recuperação judicial ou homologar o plano de recuperação extrajudicial, os documentos de escrituração contábil obrigatórios. Pena: detenção de um a dois anos, se o fato não constituir infração mais grave (art. 178 da LF).

A tipificação da conduta visou preservar a possibilidade de verificação contábil da atividade empresarial pelo Juízo Universal e pelos próprios credores.

O crime de omissão de documentos contábeis obrigatórios é crime próprio, cujo sujeito ativo é o devedor. Os sócios ou conselheiros, embora sejam equiparados por lei ao devedor, ficam excluídos do crime, desde que não possuíam conhecimento a respeito dos atos de administração.

Os sujeitos passivos do crime são a administração da justiça e os credores do falido ou do devedor em recuperação.

Para o cometimento do crime, exige-se do sujeito ativo o dolo. A culpa não foi prevista no tipo, de modo que a negligência, a imprudência e a imperícia não são típicas. A negligência do agente na realização da escrituração, entretanto, deve ser regularmente apurada, pois é obrigação do empresário a escrituração para o regular desenvolvimento da atividade empresarial e seu descumprimento pode ser realizado não por desídia, mas para evitar a apreciação e fiscalização de suas atividades.

Trata-se de crime formal, em que o resultado pode ser produzido, embora não seja exigido para a consumação do delito.

6.3 Procedimento penal

A Lei n. 11.101/2005 estabeleceu, aos crimes falimentares, normas específicas para a apuração dos delitos, muitas das quais, pela especialidade, impuseram procedimentos contrários às disposições do próprio Código de Processo Penal.

6.3.1 Apuração do crime

O Decreto-lei n. 7.611/45 previa que a investigação para a apuração de crime falimentar, anteriormente à denúncia, ocorria por meio do inquérito judicial. Este consistia em uma investigação realizada sob a presidência do próprio Juízo falimentar, a quem cabia decidir a instauração ou não da ação penal.

A flagrante inconstitucionalidade do inquérito judicial despontava de se conferirem, ao julgador, poderes de persecução, o que comprometia a imparcialidade necessária para o regular julgamento. A substituição do modelo inquisitório pelo acusatório, com o afastamento do julgador da primeira fase investigativa, fez com que o instituto fosse abolido na Lei n. 11.101/2005.

Na lei atual, o Ministério Público, ao verificar a ocorrência de qualquer crime previsto na Lei de Falência e Recuperações, deverá promover a ação penal. Caso não possua elementos de convicção, poderá requisitar a abertura de inquérito policial, o qual, contudo, não é obrigatório.

O Ministério Público, para que promova a persecução penal, deverá ser intimado da sentença que decreta a falência ou concede a recuperação judicial. Poderá também ser cientificado pelo juiz da falência ou da recuperação judicial ou da recuperação extrajudicial em qualquer fase processual, desde que surjam indícios da prática dos crimes previstos na Lei Falimentar.

6.3.2 Ação penal

Os crimes previstos na Lei de Falência são de ação penal pública incondicionada (art. 184 da LF).

A ação penal deverá ser promovida pelo Ministério Público no prazo de 15 dias do recebimento do inquérito policial se o réu estiver solto ou afiançado, ou no prazo de cinco dias caso ele esteja preso, conforme art. 46 do Código de Processo Penal. O Ministério Público, entretanto, poderá, na hipótese de o réu estar solto ou afiançado, decidir aguardar a apresentação da exposição circunstanciada realizada pelo administrador judicial, cujo relatório deverá ser entregue no prazo de 40 dias da assinatura do termo de compromisso. Nessa situação, o prazo do Ministério Público é de 15 dias após a juntada do laudo.

Decorridos os prazos sem o oferecimento da denúncia, qualquer credor habilitado ou o administrador judicial poderá oferecer ação penal privada subsidiária da pública. A ação privada somente poderá ser oferecida diante da inércia do Ministério Público. Não pode ser promovida caso o Ministério Público requeira o arquivamento do inquérito policial no prazo ou devolva o inquérito à autoridade policial para novas diligências.

6.3.3 Competência

A Lei n. 11.101/2005 reproduziu o art. 194 do Decreto-lei n. 7.661/45 e determinou que a ação criminal para a apuração dos crimes falimentares deverá ser proposta perante o juiz criminal da jurisdição onde tenha sido decretada a falência, concedida a recuperação judicial ou homologado o plano de recuperação extrajudicial.

A competência criminal, pela lei, será determinada conforme a competência civil para a apuração da falência ou recuperação no local do principal estabelecimento do devedor. Determinado o foro cível, será competente o juízo criminal do respectivo foro.

A competência, nesse ponto, será determinada em função da matéria, com a atribuição da matéria penal ao juízo criminal.

Diversas leis de organização judiciária estaduais passaram a disciplinar a competência. A Lei estadual paulista n. 3.947/83, em seu art. 15, determina a competência do Juízo da Falência para a apuração de crime falimentar. No Distrito Federal, do mesmo modo, a Lei n. 8.185/91 determinou que o Juízo competente seria o Juízo universal da falência.

Sobre a competência, a doutrina controverte sobre a constitucionalidade das referidas leis.

Uma primeira posição é sustentada pelos que entendem que a norma federal versa sobre processo e, portanto, seria de competência legislativa da União. Para essa concepção, as normas estaduais seriam inconstitucionais e prevaleceria o Juízo criminal do foro em que decretada a falência ou concedida a recuperação. Para essa concepção, outrossim, a diversificação de juízos seria fundamental à regular apuração penal, pois o juízo universal da falência ou da recuperação não possuiria a imparcialidade necessária, já que vários crimes foram tipificados para penalizar condutas em detrimento do próprio processo falimentar. Dentre os adeptos dessa corrente figuram Antonio Sérgio Pitombo[26] e Beatriz Vargas.

Para Beatriz Vargas, a lei federal não teria usurpado competência dos Estados de promoverem a organização judiciária de sua unidade. Para a autora, "lei estadual não pode eliminar a diferença entre jurisdição civil e penal ou alterar o critério de competência material, como se esse assunto estivesse inserido na órbita da organização local da justiça. Competência diz com processo e não com regra de organização judiciária. Tal afirmativa conduz à conclusão de que, ao investir juízo cível de competência criminal especial, é o Estado quem está invadindo área de atribuição legislativa privativa da União, a quem cabe legislar sobre processo (art. 22, I, da Constituição da República)"[27].

Para uma segunda concepção, a atribuição das matérias criminais ao juízo da falência seria típica organização judiciária, cuja competência legislativa seria atribuída privativamente ao legislador estadual. São adeptos dessa corrente Fábio Ulhoa Coelho[28], Ricardo Negrão[29] e Manoel Justino Bezerra Filho.

Para Manoel Justino Bezerra Filho, não haveria qualquer ilegalidade no dispositivo estadual, e a competência do Juiz da falência para a apuração dos crimes seria a mais adequada. Para o autor, "se o juiz da falência já conhece todo o processo (às vezes com dezenas de dezenas de volumes), é mesmo mais racional e produtivo que este continue correndo sob o mesmo juiz, com melhores condições para exame e sentença"[30].

Essa segunda concepção doutrinária foi consagrada pela jurisprudência e é a que tem prevalecido majoritariamente.

6.3.4 Procedimento sumário

A Lei n. 11.101/2005 previu o procedimento sumário para apuração dos crimes falimentares (art. 185 da LF).

---

26 PITOMBO, Antonio Sérgio A. de Moraes. In: SOUZA JÚNIOR, Francisco Satiro de (Coord.). *Comentários à lei de recuperação de empresas e falências*. São Paulo: Revista dos Tribunais, 2005. p. 559.
27 VARGAS, Beatriz. Comentário ao art. 183. In: CORRÊA-LIMA, Osmar Brina; CORRÊA-LIMA, Sérgio Mourão (Coord.). Op. cit. p. 1.204.
28 COELHO, Fábio Ulhoa. Op. cit. p. 412.
29 NEGRÃO, Ricardo. Op. cit., v. 3, p. 601.
30 BEZERRA FILHO, Manoel Justino. Op. cit. p. 365.

Pela Lei n. 11.101/2005, o procedimento sumário será aplicável ainda que o crime falimentar tenha pena privativa de liberdade superior a quatro anos. O crime de favorecimento de credores, cuja pena de reclusão varia de dois a cinco anos, seria apurado pelo procedimento ordinário, caso houvesse a aplicação do art. 394 do Código de Processo Penal, que prevê a aplicação do procedimento ordinário a crime com sanção máxima cominada igual ou superior a quatro anos de pena privativa de liberdade. Da mesma forma, os crimes de menor potencial ofensivo seguiriam o procedimento sumaríssimo.

A Lei de Falência e Recuperações não previu a diferenciação de pena para determinar o procedimento a ser seguido. Todos os crimes falimentares deverão tramitar pelo procedimento sumário. Entretanto, a jurisprudência entende possível a conversão do procedimento sumário pelo rito ordinário diante da complexidade do feito, na hipótese de o juiz julgar conveniente à apuração da verdade real maior dilação probatória, o que é incompatível com o procedimento sumário.

Pelo referido procedimento sumário, após o recebimento da denúncia ou a ação penal privada, o acusado será citado e poderá apresentar sua resposta escrita no prazo de dez dias. Não sendo caso de absolvição sumária, designará o juiz audiência de instrução a ser realizada no prazo de 30 dias, em que serão tomadas as declarações do ofendido, haverá a inquirição de até cinco testemunhas da acusação e cinco testemunhas da defesa, bem como serão tomados os esclarecimentos dos peritos e realizadas acareações. Na audiência, proceder-se-á ao interrogatório do acusado e, encerrada a instrução, as partes apresentarão suas alegações finais oralmente, após as quais o Juiz proferirá sentença.

Quadro mnemônico

PROCEDIMENTO FALIMENTAR (execução judicial para arrecadar os bens do devedor para expropriá-los e satisfazer o crédito do credor)			
Fase pré-falimentar: análise do pedido com base na existência de pressupostos da decretação da falência.	Pressupostos Legitimação passiva do devedor. Legitimação ativa do credor requerente. Hipóteses de insolvência: • impontualidade injustificada: o credor deverá instruir a PI com o título executivo e com o instrumento de protesto;	Contestação – prazo: 10 dias • Impontualidade injustificada ou execução frustrada: o devedor poderá contestar o pedido, realizar o depósito elisivo e/ou pleitear sua recuperação judicial.	Sentença denegatória Não acolhimento do pedido deduzido, seja pelo efetivo depósito elisivo ou pelo acolhimento das razões expostas na contestação. Cabe apelação – prazo: 15 dias.

PROCEDIMENTO FALIMENTAR
(execução judicial para arrecadar os bens do devedor para expropriá-los e satisfazer o crédito do credor)

• execução frustrada: o credor deverá instruir a PI com a certidão expedida pelo Juízo em que se processa a execução; • prática de ato de falência: o credor deve demonstrar a ocorrência de uma das situações previstas no art. 94, III, da Lei de Falência. **Autofalência** – exposição de razões: demonstrações contábeis referentes aos três últimos exercícios sociais e as levantadas especialmente para instruir o pedido; relação nominal dos credores; relação dos bens e direitos que compõem o ativo; prova da condição de empresário; os livros obrigatórios e documentos contábeis; relação de seus administradores nos últimos cinco anos.	• Prática de ato de falência: o devedor poderá impugnar os fatos e comprovar a não ocorrência do ato de falência descrito e/ou pleitear sua recuperação judicial. Caso a PI esteja em termos e instruída com os documentos imprescindíveis ao seu regular processamento, não há necessidade de qualquer citação.	**Sentença declaratória** Fim da fase preliminar e início da fase falimentar. O devedor é considerado falido, submete seus bens ao procedimento de execução concursal e suas obrigações serão disciplinadas conforme regime específico. **Sentença denegatória ou sentença declaratória**, com os efeitos acima mencionados.
Fase falimentar: apuração dos créditos e dos débitos e realização da liquidação dos bens do devedor.	**Verificação de crédito:** • publicação do edital com a sentença declaratória de falência e a relação dos credores; • habilitações e divergências no prazo de 15 dias ao administrador judicial; • publicação do edital com a apreciação das habilitações e divergências pelo administrador judicial, no prazo de 45 dias; • prazo de 10 dias para os credores impugnarem a decisão do administrador judicial quanto à relação de credores; • apreciação das impugnações pelo Juiz Universal de Falência e consolidação do quadro geral de credores. **Apuração do ativo:** todos os bens do falido (materiais e imateriais, os livros e documentos) devem ser arrecadados imediatamente após a assinatura do compromisso pelo administrador e ainda que simultaneamente à apuração dos créditos. **Liquidação dos bens:** mediante a realização de leilão ou outras modalidades de alienação. Poderão ser admitidas modalidades alternativas de alienação judicial dos bens, desde que com autorização judicial. Seguirá a ordem de preferência: I – alienação da empresa, com a venda de seus estabelecimentos em bloco; II – alienação da empresa, com a venda de suas filiais ou unidades produtivas isoladamente; III – alienação em bloco dos bens que integram cada um dos estabelecimentos do devedor; IV – alienação dos bens individualmente considerados.	

	PROCEDIMENTO FALIMENTAR (execução judicial para arrecadar os bens do devedor para expropriá-los e satisfazer o crédito do credor)
	Pagamento dos credores: as quantias recebidas com a realização do ativo pela massa falida são depositadas em conta remunerada de instituição financeira até que se faça a satisfação dos créditos em ordem de preferência entre eles, em conformidade com a sua natureza: I – créditos extraconcursais; II – créditos concursais; • *Rateios suplementares:* reserva de valores para preservar o direito do credor litigante que não teve ainda o reconhecimento da habilitação de seu crédito no quadro geral de credores. • *Valores remanescentes da liquidação do ativo:* satisfeitos todos os créditos e remanescendo valores da liquidação dos ativos de propriedade do falido, o montante será rateado para o pagamento dos juros vencidos (que estavam suspensos) após a decretação da falência.
Encerramento da falência • Ainda que nem todos os créditos tenham sido satisfeitos, a liquidação total do ativo e o rateio do produto da realização dos bens provocam o encerramento da falência. • O administrador judicial deverá apresentar suas contas no prazo de 30 dias. • No prazo de 10 dias, após o julgamento das contas, o administrador deverá apresentar relatório final da falência para que possa receber 40% do valor de sua remuneração. • Diante do relatório final, o Juiz Universal proferirá sentença de encerramento da falência, que será publicada por edital e dela caberá apelação. • O trânsito em julgado da sentença de encerramento provoca o fim da suspensão da prescrição das obrigações do falido.	
Fase pós-falimentar • Realizado todo o ativo e rateado o produto da liquidação dos bens, o processo falimentar deve ser extinto; as obrigações, entretanto, podem ser extintas antes do encerramento ou concomitantemente a este. • Extinção das obrigações do falido: com o pagamento de todos os créditos; com o pagamento, depois de realizado todo o ativo, de mais de 25% dos créditos quirografários; com o decurso do prazo de 3 anos, contados da decretação da falência; com a extinção do processo falimentar.	

SUJEITOS DO REGIME FALIMENTAR
Sujeito passivo: os empresários individuais, e as sociedades empresárias (produtor rural com inscrição no Registro Público de Empresas Mercantis, a sociedade em nome coletivo, a sociedade em comandita simples ou por ações, a sociedade limitada e a sociedade anônima). • **Sujeitos passivos – Totalmente excluídos:** empresa pública; sociedade de economia mista; entidade de previdência complementar fechada. • **Sujeitos passivos – Parcialmente excluídos:** instituição financeira pública ou privada; cooperativas de crédito; consórcio; sociedade operadora de plano de assistência à saúde; sociedade seguradora; sociedade de capitalização.

ADMINISTRADOR JUDICIAL
Órgão auxiliar da justiça que deve promover a arrecadação de bens do falido e sua célere liquidação para o pagamento dos credores. **Nomeação** – será nomeado pelo Juiz na sentença declaratória da falência ou na decisão de processamento da recuperação judicial; deve ser profissional idôneo, preferencialmente advogado, economista, administrador de empresas ou contador.

ADMINISTRADOR JUDICIAL

Impedimentos
- Pessoa que, nos últimos cinco anos, no exercício do cargo de administrador judicial ou de membro do Comitê de Credores, foi destituída.
- Nas mesmas condições, deixou de prestar contas dentro dos prazos legais ou teve a prestação de contas desaprovada.
- Pessoa que tenha relação de parentesco ou afinidade até o terceiro grau com o devedor, seus administradores, controladores ou representantes legais.
- Amigo, inimigo ou dependente do devedor, de seus administradores, controladores ou dos representantes legais.

Funções do administrador – Deveres comuns na falência e na recuperação
- Enviar correspondência aos credores com a comunicação da data do pedido de recuperação judicial ou da declaração da falência, a natureza, o valor e a classificação dada ao crédito.
- Fornecer, com presteza, todas as informações pedidas pelos credores interessados.
- Dar extratos dos livros do devedor.
- Exigir dos credores, do devedor ou seus administradores quaisquer informações.
- Elaborar a relação de credores.
- Consolidar o quadro geral de credores.
- Requerer ao juiz convocação da assembleia geral de credores.
- Contratar, mediante autorização judicial, profissionais ou empresas especializadas para auxiliá-lo no exercício de suas funções.
- Manifestar-se nos casos previstos em lei.

Funções do administrador – Deveres específicos na falência
- Avisar, pelo órgão oficial, o lugar e hora em que, diariamente, os credores terão à sua disposição os livros e documentos do falido.
- Examinar a escritura do devedor.
- Relacionar os processos e assumir a representação judicial da massa falida.
- Receber e abrir a correspondência dirigida ao devedor, entregando a ele o que não for assunto de interesse da massa.
- Apresentar, no prazo de 40 dias, contado da assinatura do termo de compromisso, prorrogável por igual período, relatório sobre as causas e circunstâncias que conduziram à situação de falência, no qual apontará a responsabilidade civil e penal dos envolvidos.
- Arrecadar os bens e documentos do devedor e elaborar o auto de arrecadação.
- Avaliar os bens arrecadados.
- Contratar avaliadores, mediante autorização judicial, para a avaliação dos bens caso entenda não ter condições técnicas para a tarefa.
- Praticar os atos necessários à realização do ativo e ao pagamento dos credores.
- Requerer ao juiz a venda antecipada de bens perecíveis, deterioráveis ou sujeitos a considerável desvalorização ou de conservação arriscada.
- Praticar todos os atos conservatórios de direitos e ações, diligenciar a cobrança de dívida e dar a respectiva quitação.
- Remir, em benefício da massa e mediante autorização judicial, bens apenhados, penhorados ou legalmente retidos.
- Representar a massa falida em juízo, contratando, se necessário, advogado.
- Requerer todas as medidas e diligências que forem necessárias para o cumprimento da LF, a proteção da massa ou a eficiência da administração.
- Apresentar ao juiz a conta demonstrativa da administração, que especifique com clareza a receita e a despesa.
- Entregar ao seu substituto todos os bens e documentos da massa em seu poder, sob pena de responsabilidade.
- Prestar contas ao final do processo, quando for substituído, destituído ou renunciar ao encargo.

ADMINISTRADOR JUDICIAL

Funções do administrador – Deveres específicos na recuperação judicial • Fiscalizar as atividades do devedor e o cumprimento do plano de recuperação judicial. • Requerer a falência no caso de descumprimento de obrigação assumida no plano de recuperação. • Apresentar ao juiz, para juntada aos autos, relatório mensal das atividades do devedor. • Apresentar o relatório sobre a execução do plano de recuperação judicial.	
Remuneração do administrador judicial	• O valor da remuneração do administrador judicial deverá ser fixado em observância à capacidade de pagamento do devedor, ao grau de complexidade do trabalho e aos valores praticados no mercado para o desempenho de atividades semelhantes. • Não poderá exceder a 5% do valor devido aos credores submetidos à recuperação judicial ou do valor de venda dos bens na falência. • 40% da remuneração deverá ser reservada para o pagamento após a conclusão da realização do ativo e o julgamento das contas do administrador judicial, com a apresentação do relatório final da falência, e os 60% restantes podem ser pagos conforme a determinação do juiz.

Substituição e destituição do administrador judicial	Substituição	Destituição
	• Mediante requerimento ao juiz em razão de nomeação em desobediência aos impedimentos da lei, como na hipótese de destituição nos últimos cinco anos ou parentesco; na hipótese de renúncia para a função, falta de assinatura do termo de compromisso, redução da capacidade de exercício ou quebra de confiança do Juiz. • O administrador judicial substituído deverá prestar contas de suas atividades até o momento de sua substituição, bem como comunicar a substituição a todos os interessados. • Receberá remuneração proporcional ao trabalho realizado, a menos que tenha renunciado de modo injustificado ou sem relevante razão.	• O administrador será destituído de suas funções pelo juiz, de ofício, ou mediante requerimento de qualquer interessado, nas hipóteses de desobediência aos preceitos desta lei, descumprimento de deveres, omissão, negligência ou prática de ato lesivo às atividades do devedor ou a terceiros. • A destituição do administrador acarreta a perda do direito de recebimento da remuneração fixada e, inclusive, acarreta a obrigação de o administrador judicial devolver os valores eventualmente adiantados e recebidos pela condução da referida atividade.

Responsabilidade do administrador judicial	Responde o administrador, pessoalmente, pelos prejuízos causados à massa falida, ao devedor ou aos credores por dolo ou culpa, no desempenho de suas funções.

EFEITOS JURÍDICOS DA FALÊNCIA

Em relação aos direitos dos credores	• Vencimento antecipado de todas as obrigações do falido. • Conversão dos créditos em moeda estrangeira. • Formação da massa de credores. • Suspensão das ações e execuções individuais dos credores (com exceção das reclamações trabalhistas, execuções fiscais, ações que demandam quantia ilíquida, execuções com hasta já designada ou realizada). • Suspensão do curso da prescrição. • Suspensão da fluência dos juros contra a massa falida.

EFEITOS JURÍDICOS DA FALÊNCIA

Em relação à pessoa do falido	• Imposição de obrigações: assinar nos autos, após a decretação da quebra, termo de comparecimento em que se identifica e apresenta seu endereço, esclarece quem são os sócios, controladores, administradores, caso sociedade, e narra as causas determinantes da falência; identifica o contador encarregado da escrituração dos livros obrigatórios, seus bens que se encontram no estabelecimento, contas bancárias e processos em andamento, além dos mandatos eventualmente outorgados e se faz parte de outras sociedades; depositar em cartório os seus livros obrigatórios. • Imposição de restrições: proibição para o exercício de atividade empresarial; perda do direito de administrar e dispor dos seus bens; perda da legitimação *ad causam*; suspensão do direito ao sigilo de correspondência; restrição ao direito de ausentar-se da comarca.
Em relação aos sócios da sociedade falida	• A falência da sociedade empresária acarreta falência dos sócios de responsabilidade ilimitada (também envolve o sócio que tenha se retirado ou sido excluído da sociedade há menos de dois anos, mas apenas quanto às dívidas existentes na data de arquivamento da alteração contratual referente à sua retirada ou exclusão). • Os sócios de responsabilidade limitada não falirão em decorrência da falência da sociedade; entretanto, os sócios, os administradores ou os sócios controladores da sociedade falida podem ser responsabilizados por atos praticados com dolo ou culpa. Podem ser demandados para que integralizem o capital social ou em razão da responsabilização pelos bens utilizados para essa integralização, como na hipótese de evicção.
Em relação aos contratos do falido	• Contratos unilaterais: há o vencimento antecipado das dívidas do devedor falido, e ao credor incumbe habilitar seu crédito na falência. O administrador judicial poderá dar cumprimento ao contrato unilateral se, mediante autorização do Comitê de Credores, esse fato reduzir ou evitar o aumento do passivo da massa falida ou for necessário à manutenção e preservação de seus ativos, realizando o pagamento da prestação pela qual está obrigada. • Contratos bilaterais: não se resolvem com a falência; podem ser cumpridos pelo administrador judicial para reduzir ou evitar o aumento do passivo da massa falida ou se for necessário à manutenção e preservação de seus ativos, mediante autorização do Comitê.
Em relação aos atos do falido	Os atos permanecem válidos e eficazes entre o falido e os terceiros beneficiados; apenas quanto à massa falida são ineficazes os atos praticados enquanto submetidos aos efeitos da falência. • Atos de ineficácia objetiva: os atos praticados no período do termo legal, os atos no período de dois anos antes da decretação da falência, alienação ou transferência de estabelecimento empresarial independente do período e os atos praticados posteriormente à decretação da falência. • Atos de ineficácia subjetiva: independentemente da época em que realizados, os atos praticados com a intenção de prejudicar credores são revogáveis ou ineficazes.

RESTRIÇÕES PARA O PEDIDO DE RECUPERAÇÃO JUDICIAL

Pode requerer a recuperação judicial o empresário que, no momento do pedido:
• exerça regularmente suas atividades há mais de dois anos;
• não seja falido e, se o foi, que as responsabilidades daí decorrentes estejam declaradas extintas, por sentença transitada em julgado;
• não tenha, há menos de cinco anos, obtido concessão de recuperação judicial;
• não tenha, há menos de cinco anos, obtido concessão de recuperação judicial com base no plano especial previsto na lei para as microempresas e empresas de pequeno porte;
• não tenha sido condenado ou não tenha, como administrador ou sócio controlador, pessoa condenada por qualquer crime falimentar.

APRECIAÇÃO DO PLANO PELA ASSEMBLEIA GERAL DE CREDORES			
CLASSE DE CREDORES	**NATUREZA DO CRÉDITO**		**QUÓRUM DE DELIBERAÇÃO**
Classe I	Créditos derivados da legislação do trabalho ou decorrentes de acidentes de trabalho.		Voto da maioria simples dos credores presentes, independentemente do valor de seu crédito.
Classe II	Créditos com garantia real, até o valor do bem dado em garantia.		Voto de mais da metade do valor total dos créditos presentes à assembleia e, cumulativamente, votação favorável da maioria simples dos credores presentes.
Classe III	Créditos quirografários ou subordinado.		Voto de mais da metade do valor total dos créditos presentes à assembleia e, cumulativamente, votação favorável da maioria simples dos credores presentes.
Classe IV	Créditos titularizados por Microempresa e Empresa de pequeno porte		Voto da maioria simples dos credores presentes, independentemente do valor de seu crédito.
Alternativamente: se não for obtida a aprovação pelos credores na forma acima, o juiz poderá conceder a recuperação judicial se houver, cumulativamente: • voto favorável de credores que representem mais da metade do valor de todos os créditos presentes à assembleia, independentemente da classe; • aprovação de maioria das classes de credores nas condições acima ou, caso haja somente duas classes, a aprovação de pelo menos uma; • na classe que houver rejeitado, o voto favorável de mais de 1/3 dos credores, computados de acordo com as formas de votação acima e ausência de tratamento diferenciado na classe.			

MEIOS DE RECUPERAÇÃO JUDICIAL

- Concessão de prazos e condições especiais para pagamento das obrigações vencidas ou vincendas.
- Cisão, incorporação, fusão ou transformação de sociedade, constituição de subsidiária integral, ou cessão de quotas ou ações, respeitados os direitos dos sócios, nos termos da legislação vigente.
- Alteração do controle societário.
- Substituição total ou parcial dos administradores do devedor ou modificação de seus órgãos administrativos.
- Concessão aos credores de direito de eleição em separado de administradores e de poder de veto em relação às matérias que o plano especificar.
- Aumento de capital social.
- Trespasse ou arrendamento de estabelecimento, inclusive à sociedade constituída pelos próprios empregados.
- Redução salarial, compensação de horários e redução da jornada, mediante acordo ou convenção coletiva.
- Dação em pagamento ou novação de dívidas do passivo, com ou sem constituição de garantia própria ou de terceiro.
- Constituição de sociedade de credores.
- Venda parcial dos bens.
- Equalização de encargos financeiros relativos a débitos de qualquer natureza, tendo como termo inicial a data da distribuição do pedido de recuperação judicial, aplicando-se inclusive aos contratos de crédito rural, sem prejuízo do disposto em legislação específica.
- Usufruto da empresa.
- Administração compartilhada.
- Emissão de valores mobiliários.
- Constituição de sociedade de propósito específico para adjudicar, em pagamento dos créditos, os ativos do devedor.

PROCESSAMENTO DA RECUPERAÇÃO JUDICIAL

- Deve ser deferido o processamento se a documentação que instrui o pedido de recuperação desde que presentes todos os documentos indicados no art. 51 da LF. O processamento gerará os seguintes efeitos:
  - permite que os demais atos processuais da recuperação se iniciem;
  - é nomeado o administrador judicial;
  - as ações e execuções contra o devedor serão suspensas por 180 dias, depois do deferimento do processamento da recuperação judicial;
  - suspensão do curso da prescrição pelo prazo de 180 dias em que se suspenderam as ações e execuções;
  - devedor deve apresentar as contas demonstrativas mensais enquanto perdurar a recuperação judicial;
- A publicação do edital conterá a relação nominal de credores, o valor atualizado, a classificação de cada crédito e o deferimento do processamento da falência.
- Os credores terão o prazo de 15 dias, depois da publicação do edital, para apresentarem ao administrador judicial suas habilitações ou impugnações.
  - Verificação de crédito pelo administrador judicial no prazo de 45 dias e publicação de edital.
  - Os credores, o Comitê ou o devedor terão o prazo de 10 dias para impugnarem a decisão do administrador judicial quanto à relação de credores.
  - Após 5 dias para regular contraditório, serão realizadas as diligências pertinentes e proferida decisão de inclusão ou alteração do crédito no quadro geral de credores.
  - O administrador judicial, diante da apreciação das habilitações e impugnações, elaborará o quadro geral de credores, o qual será homologado pelo Juiz e publicado em até 5 dias da sentença que houver julgado as impugnações.
  - O devedor terá o prazo de 60 dias, contados da decisão que deferiu o processamento da recuperação, para a apresentação do plano de recuperação judicial que será informado aos credores com a publicação de edital.
  - Prazo de 30 dias para a manifestação de objeção ao plano de recuperação judicial.
  - A assembleia geral será convocada pelo juiz para que no prazo de 150 dias possa deliberar sobre o plano de recuperação.
  - A não obtenção do quórum para a aprovação do plano ou a impossibilidade de concessão da recuperação judicial por meio da forma alternativa de aprovação pela assembleia exige que os credores deliberem por apresentação de plano alternativo dos credores;
- Os credores submeterão o plano, caso apresentado, à assembleia geral de credores, desde que tenham apoio dos credores e que o plano preencha diversos requisitos legais, dentre os quais preveja a renúncia de cobrança dos coobrigados pessoas físicas pelos credores anuentes e por todos aqueles que aprovarem o plano.
- Não aprovado o plano ou não satisfeitos os requisitos, o e juiz decretará a falência do devedor.
- Aprovado o plano pelas classes de credores, será concedida a recuperação judicial do devedor pelo juiz. Referida decisão poderá ser questionada por recurso de agravo de instrumento, que poderá ser interposto por qualquer credor e pelo Ministério Público.
  - Vincula o devedor e todos os credores incluídos no plano de recuperação judicial.
  - A alienação judicial de filiais ou de unidades produtivas isoladas do devedor deverá ser realizada por leilão ou por outra modalidade pública de alienação.
- Concedida a recuperação judicial, as obrigações dispostas no plano devem ser cumpridas pelo devedor no prazo estabelecido. O devedor é livre para propor e os credores para aprovarem formas e prazos para cumprimento de obrigações pelo devedor, ainda que essas obrigações perdurem por vários anos.

CRIMES PREVISTOS NA LEI FALIMENTAR	
Ação penal	• Ação penal pública incondicionada, em que o Ministério Público, ao verificar a ocorrência de qualquer crime previsto na Lei de Falência e Recuperações, deverá promover a ação penal e, caso não possua elementos de convicção, poderá requisitar a abertura de inquérito policial.
Competência	• Juiz criminal da jurisdição onde tenha sido decretada a falência, concedida a recuperação judicial ou homologado o plano de recuperação extrajudicial.
Procedimento sumário	• Recebimento da denúncia ou da ação penal privada. • Citação – resposta escrita no prazo de 10 dias. • Não sendo caso de absolvição sumária, designação de instrução no prazo de 30 dias (declarações do ofendido, inquirição de até cinco testemunhas da acusação e cinco testemunhas da defesa, esclarecimentos dos peritos e acareações, interrogatório do acusado). • Encerrada a instrução, as partes apresentarão suas alegações finais oralmente, após as quais o Juiz proferirá sentença.
Sujeitos ativos	• Tanto o devedor falido quanto as pessoas que figuram no processo de falência ou recuperação, como o juiz, o promotor de justiça, o administrador judicial, o gestor judicial, o perito, o avaliador, o escrivão, o oficial de justiça ou o leiloeiro. • Terceiros também podem praticar o crime na modalidade concurso de pessoas, como os sócios, diretores, gerentes, administradores e conselheiros, de fato ou de direito, bem como o administrador judicial (desde que possuam influência efetiva na realização da conduta tipificada).
Condição objetiva de punibilidade	• Pressupõe a sentença declaratória da falência, a sentença de concessão da recuperação judicial ou de homologação da recuperação extrajudicial.
Efeitos da sentença condenatória	• Impõe ao agente o cumprimento das sanções previstas para cada um dos tipos específicos. • Aumento do prazo para a extinção das obrigações do falido. • Ilegitimidade do condenado (e da sociedade empresária que teve seu administrador ou sócio controlador condenado por tais crimes) para requerer sua recuperação judicial. • Inabilitação para o exercício de atividade empresarial. • Impedimento para o exercício de cargo ou função em conselho de administração, diretoria ou gerência das sociedades empresariais.
Crimes em espécie	• Fraude a credores. • Violação de sigilo empresarial. • Divulgação de informações falsas. • Indução a erro. • Favorecimento de credores. • Desvio, ocultação ou apropriação de bens. • Aquisição, recebimento ou uso ilegal de bens. • Habilitação ilegal de crédito. • Exercício ilegal de atividade. • Violação de impedimento. • Omissão dos documentos contábeis obrigatórios.

Tabela de prazos

PRAZOS NA FALÊNCIA	
Extinção das obrigações do falido	• após o pagamento de 50% dos créditos quirografários, depois de realizado todo o ativo; • mediante o decurso do prazo de 5 anos, contados do encerramento da falência, independente da satisfação das obrigações; • decurso do prazo de 10 anos, contado do encerramento da falência, se tiver sido condenado pela prática de crime falimentar.
Contestação do pedido de falência	10 dias a partir da citação
Pleito de recuperação judicial	10 dias a partir da citação
Recurso de apelação da sentença denegatória de falência	15 dias da data de intimação da sentença denegatória
Recurso de agravo da sentença declaratória de falência	10 dias
Prazo para as habilitações de crédito perante o administrador	15 dias após a publicação do edital contendo a íntegra da decisão que decreta a falência e a relação de credores
Apreciação e relação dos credores (pelo administrador judicial)	45 dias
Impugnação dos credores à decisão do administrador judicial quanto à relação de credores	10 dias a partir da publicação do edital
Manifestação do credor que teve seu crédito impugnado	5 dias
Proposição da ação revocatória	3 anos da sentença declaratória da falência
Apresentação do laudo de avaliação do bem arrecadado	até 30 dias da apresentação do auto de arrecadação
Prazo para que os credores levantem os valores disponibilizados para a satisfação de seus créditos	60 dias
Apresentação das contas pelo administrador judicial	30 dias do último pagamento de crédito realizado
Terceiros interessados podem impugnar as contas apresentadas pelo administrador judicial	10 dias da publicação de aviso de que as contas foram entregues

PRAZOS NA RECUPERAÇÃO

Suspensão das ações e execuções contra o devedor e do curso da prescrição em face do devedor em recuperação	pelo prazo de 180 dias contado a partir do deferimento do processamento da recuperação judicial, prorrogável por mais 180 dias, se não houver culpa do devedor.
Prazo de habilitação de créditos não incluídos na relação nominal dos credores ou de eventuais impugnações	15 dias a partir da publicação do edital
Verificação dos créditos será realizada pelo administrador judicial	no prazo de 45 dias
Impugnação da relação de credores	10 dias a partir da publicação do edital
O devedor deverá apresentar o plano de recuperação judicial Pagamento de crédito trabalhista de natureza estritamente salarial, vencido nos três meses anteriores ao pedido de recuperação judicial, até o limite de cinco salários mínimos por trabalhador	60 dias contados da decisão que deferiu o processamento da recuperação em, no máximo, 30 dias
Manifestação de objeção ao plano de recuperação judicial	30 dias a partir da publicação da relação de credores pelo administrador judicial ou após a publicação do edital de aviso aos credores da apresentação do plano
A data para deliberação assemblear sobre o plano de recuperação	não excederá 150 dias do deferimento do processamento da recuperação
A atividade empresarial e os atos que devem ser praticados pelo devedor em recuperação serão acompanhados pelo administrador judicial, pelo Comitê de Credores e pelo juiz	apenas durante o cumprimento das obrigações vencidas até 2 anos após a concessão da recuperação

CAPÍTULO 5

Títulos de Crédito

1. Origem histórica

Os títulos de crédito surgiram na Idade Média como um modo de facilitar a circulação de riqueza e a negociação entre os comerciantes.

A crescente burguesia e o êxodo para as cidades, ambos decorrentes do enfraquecimento do sistema de produção feudal, aumentaram as relações de trocas existentes. O comércio desenvolvia-se, inclusive o comércio marítimo, mas encontrava óbice nas diversas moedas existentes.

O enfraquecimento do sistema feudal não foi acompanhado imediatamente pelo fortalecimento das monarquias nacionais, de modo que não havia unidade política consolidada nem unidade monetária entre as diversas cidades. As operações realizadas exigiam a troca das moedas pelas das cidades em que os negócios eram realizados, o que obrigava o comerciante a transitar pelas cidades com grandes quantias de moeda.

De modo a evitar o perigo do transporte dessas quantias, bem como as diversas conversões necessárias das moedas para se efetivar a troca, os comerciantes passaram a depositar o dinheiro com banqueiros. No depósito, os banqueiros se incumbiam de entregar determinada quantia, convertida em específica moeda, em lugar diverso.

Por essa obrigação, os banqueiros emitiam um documento que certificava o depósito das quantias e a obrigação de entregar o montante no lugar designado. Referido pagamento seria realizado ao depositante indicado no documento ou à pessoa indicada por este.

Além desse título que revestia uma promessa de pagamento, o banqueiro passou a emitir uma ordem, a seu correspondente em outra localidade, para que pagasse a pessoa que apresentasse o documento de depósito emitido. Referida ordem passou a ser posteriormente entregue ao próprio depositante, o qual poderia apresentá-la diretamente ao correspondente do banqueiro para receber o pagamento. Essa ordem foi a precursora do instituto da letra de câmbio.

2. Fontes legislativas

A circulação dos títulos de crédito, os quais podem ser transferidos sucessivamente a diversos credores, assegurou-os como instrumento de circulação de riquezas e importante meio de fomento das relações negociais. O capital circula mais rapidamente entre os agentes e, portanto, torna-se mais útil para a produção de riqueza.

Importante meio para as relações negociais, inclusive internacionais, exigiu-se uma padronização, entre os diversos países, da disciplina dos títulos de crédito para se garantir a segurança das trocas. Para padronizar as legislações, realizaram-se as Convenções de Genebra, que criaram uma Lei Uniforme sobre os títulos.

A Convenção de 1930, que dispunha sobre o cheque, e a Convenção de 1931, que dispunha sobre as notas promissórias e letra de câmbio, foram ratificadas pelo Brasil e promulgadas pelos Decretos n. 57.595/66 e n. 57.663/66, respectivamente. Sobre a vigência dos decretos, o Supremo Tribunal Federal, em 1971, decidiu que a Lei Uniforme estava em vigor no país, exceto nas matérias em que o Brasil houvesse apresentado reservas. Nessas, aplicar-se-ia a regulamentação anterior, que consistia na Lei Cambial, Decreto n. 2.044/1908.

Posteriormente, sobre o cheque e a duplicata foram promulgadas leis específicas a regular a matéria. A Lei n. 7.357/85, conhecida como Lei do Cheque, disciplinou o instituto, enquanto a Lei n. 5.474/68 regulou as Duplicatas.

O Código Civil de 2002 também versou sobre os títulos de crédito. A despeito de regular a matéria, determinou que suas normas apenas seriam aplicáveis aos títulos na omissão de disposição diversa em lei especial (art. 903 do CC). Nesses termos, a disciplina do Código Civil, no tocante aos títulos de crédito, é composta por normas gerais, que permitem ao legislador ordinário especificar a disciplina de cada título de crédito. Os títulos, assim, permanecem disciplinados pelas diversas leis especiais, sendo o Código Civil aplicado apenas na omissão legal.

3. Conceito

O conceito mais famoso de título de crédito é atribuído a Cesare Vivante. Segundo o autor, "título de crédito é um documento necessário para o exercício do direito literal e autônomo nele incorporado"[1].

---

1 VIVANTE, Cesare. *Trattato di diritto commerciale*. 5. ed. Milano: Dottor Francesco Vallardi, 1935. v. III. p. 12.

Para Fábio Ulhoa Coelho, "títulos de crédito são documentos representativos de obrigações pecuniárias. Não se confundem com a própria obrigação, mas se distinguem dela na exata medida em que a representam"[2]. O Código Civil, em seu art. 887, definiu título de crédito como o documento necessário ao exercício do direito literal e autônomo nele contido, que somente produz efeito quando preenche os requisitos da lei.

Pela definição, o título consiste em coisa móvel, em um documento que representa um crédito em face de determinada pessoa. A origem do referido crédito é indiferente à obrigação no título constante, que se autonomiza.

De acordo com sua finalidade de circulação de riquezas, dois atributos dos títulos de crédito podem ser apontados: a negociabilidade e a executividade.

A negociabilidade consiste na possibilidade conferida ao credor de transferir seu direito de crédito para a obtenção de valores. O credor, para obter recursos, pode transferir o crédito aos seus credores ou garantir com o crédito determinada obrigação.

A circulação é imanente ao título, que não precisa ficar adstrito à apresentação pelo credor originário. O pagamento do devedor será realizado a qualquer apresentante do título na data do vencimento, seja ele o credor originário ou terceiro a quem o título foi transferido. Essa negociabilidade permite que o crédito seja rapidamente mobilizado entre os credores, independentemente do vencimento da obrigação do devedor.

Por seu turno, a executividade aumenta a celeridade e a segurança do adimplemento das obrigações constantes no título. A cobrança dos títulos de crédito prescinde de processo de conhecimento e permite a pronta execução da obrigação, pois os títulos de crédito são reconhecidos pela Lei Processual Civil como títulos executivos extrajudiciais (art. 784, I, do CPC).

A execução poderá ser promovida perante o devedor principal ou em face dos coobrigados pelo título. Exigirá, entretanto, que a petição inicial de execução seja acompanhada do título original, para evidenciar que o exequente é o efetivo credor da obrigação constante do título.

4. Características

A esses títulos foram conferidas determinadas características peculiares. Suas características especiais procuraram promover a circulação dos títulos e, por consequência, a facilidade na produção de riqueza com a promoção de maior segurança e certeza na negociação dos créditos.

---
2 COELHO, Fábio Ulhoa. *Manual de direito comercial*. 12. ed. São Paulo: Saraiva, 2000. p. 213.

São características peculiares dos títulos de crédito a literalidade, a cartularidade e a autonomia.

4.1 Literalidade

A característica da literalidade significa que o título confere exatamente o direito expresso no documento. Apenas pelo valor constante na cártula, na data do vencimento ali inserida, poderá ser executado o devedor.

Por essa característica, documentos apartados ao título, não referidos por ele, não são considerados como integrantes das condições expressas no título. Outrossim, a quitação deverá ser dada no próprio título, sob pena de não poder ser oposta a terceiro apresentante.

A literalidade facilita a circulação dos títulos, pois garante ao devedor a certeza de se obrigar apenas por aquilo expressamente constante da cártula, bem como aos credores, que terão a ciência exata de seus direitos. Essa característica é fundamental para que os títulos de crédito circulem de forma segura.

4.2 Cartularidade

O direito precisa estar incluído em um título escrito, também conhecido como cártula. O título de crédito se materializa nesse documento, cuja apresentação passa a ser imprescindível para o exercício do direito nele constante em face do devedor ou dos coobrigados.

Sua materialização em documento facilita sua circulação, na medida em que o terceiro, mediante a apresentação do título, tem conhecimento de que o credor é o efetivo titular do crédito em face do devedor. Outrossim, é modo de demonstração do pagamento, na medida em que a cártula deverá ser entregue, quando ocorrer o pagamento, ao devedor que satisfaz a obrigação. Nesses termos, conforme art. 324 do Código Civil, a entrega do título ao devedor firma a presunção de pagamento.

O Código Civil mitigou a característica da cartularidade dos títulos de crédito. Permitiu a emissão de título de crédito baseada nos caracteres criados em computador ou meio técnico equivalente e que constem da escrituração do emitente, observados os requisitos mínimos consistentes na data de emissão, a indicação precisa dos direitos que confere e a assinatura do emitente (art. 889, § 3º, do CC).

Essa nova perspectiva tecnológica não substitui os princípios dos títulos de crédito. Apenas substitui a forma pela qual o título se apresenta, modernizando-o. Exemplos de título de crédito sob a forma eletrônica podem ser apontados no agronegócio. A Cédula de Produto Rural poderá ser registrada em sistema de registro e de liquidação financeira, conforme art. 59 da Lei n. 8.929/94.

Por seu turno, como exemplo relevante, a Lei n. 13.775/2018 disciplinou a emissão da duplicata sob a forma escritural ou eletrônica. Sua emissão consiste no lançamento em sistema eletrônico de escrituração gerido por entidade que exerça a atividade de escrituração de duplicatas escriturais. Sob essa forma eletrônica, todos os principais atos e elementos deverão ser registrados de forma eletrônica, como a apresentação, aceite, devolução e formalização da prova do pagamento; controle e transferência da titularidade; prática de atos cambiais sob a forma escritural, como endosso e aval; inclusão de indicações, informações ou de declarações referentes à operação com base na qual a duplicata foi emitida ou ao próprio título; e inclusão de informações a respeito de ônus e gravames constituídos sobre as duplicatas.

4.3 Autonomia

O possuidor de boa-fé do título exercita um direito próprio. Referido direito não pode ser restringido em decorrência das relações anteriores entre os possuidores do título entre si ou com o devedor.

Pela característica da autonomia, as obrigações derivadas do título de crédito são independentes entre si. As diversas relações jurídicas formadas na cadeia de circulação do título de crédito implicam que cada pessoa poderá exercer direito próprio, assegurado em face das demais relações existentes na cártula. O vício em uma obrigação anterior não é extensivo às demais ocorridas posteriormente.

A autonomia das obrigações permite a circulação dos títulos de crédito ao garantir segurança ao beneficiário de que não terá o direito próprio afetado em razão das demais relações existentes.

Da característica da autonomia do título de crédito, outras duas características dos títulos de crédito podem ser derivadas: a abstração e a inoponibilidade das exceções pessoais.

4.4 Abstração

A característica da abstração é a independência da emissão do título de crédito em relação à causa que motivou sua criação.

A princípio, todo título de crédito possui uma relação jurídica de crédito e débito que o fundamenta. O título de crédito, entretanto, desvincula-se do negócio jurídico que o motivou. Qualquer vício que contamine o negócio jurídico subjacente e que motivou a emissão do título de crédito é irrelevante em face da circulação do título de crédito. Essa desvinculação ocorre para garantir a segurança do terceiro de boa-fé adquirente do título e, com isso, aumentar a finalidade do título de crédito como um modo célere e seguro de circulação de riquezas.

Depois de emitido o título de crédito, este se liberta da causa que fundamentou sua emissão. A abstração impede que o negócio jurídico que fundamentou o título seja utilizado para invalidar as obrigações nele contidas. A nota promissória e a letra de câmbio são exemplos de títulos de crédito abstratos. Em relação a estas, não há ligação entre a obrigação no título constante e a causa que motivou sua emissão.

O credor de obrigação constante do título de crédito, ao cobrar o devedor do título, não precisa demonstrar o negócio jurídico que motivou sua emissão. Outrossim, caso o negócio seja rescindido e o título tenha circulado, não pode o devedor obstar a cobrança da obrigação constante do título pelo terceiro sob o argumento de que a obrigação que o motivou não mais existe. Prevalece a obrigação do título, expressa na cártula, e que deve ser satisfeita pelo devedor ao terceiro, pois o título abstrato vale por si mesmo.

Excepcionalmente, a nota promissória vinculada a contrato de abertura de crédito não goza de abstração, pois não há liquidez no contrato subjacente. Nesses termos, a nota promissória vinculada a contrato de abertura de crédito não goza de autonomia em razão da iliquidez do título que a originou (Súmula 258 do STJ).

Embora todos os títulos de crédito sejam autônomos, ou seja, a obrigação neles constante é independente das demais obrigações anteriores, nem todos os títulos são abstratos. Existem títulos causais, os quais somente podem ser emitidos após determinado negócio jurídico.

A duplicata é exemplo de título causal. Sua emissão é condicionada à existência de uma compra e venda de mercadoria ou de um contrato de prestação de serviço. Embora o título causal exija determinado tipo de negócio jurídico para ser emitido, após a circulação desprende-se do negócio jurídico que o motivou.

Ressalta-se, entretanto, que, faça ou não referência ao negócio jurídico que lhe fundamentou a emissão, a invalidade do título de crédito não implica a invalidade do negócio jurídico que lhe deu origem (art. 888 do Código Civil). Ainda que o título de crédito seja nulo ou anulável, em razão da omissão de alguns dos requisitos legais, o negócio jurídico subjacente permanece válido entre as partes.

4.5 Inoponibilidade das exceções pessoais

Além da abstração, é apontada como característica decorrente da autonomia a inoponibilidade das exceções pessoais. Por essa característica, o devedor ou os coobrigados do título não podem se recusar ao adimplemento da obrigação pela alegação de que, frente a um terceiro, possuiriam exceções pessoais.

Exceções pessoais são as alegações que têm por fundamento o próprio negócio jurídico que motivou a emissão do título ou sua circulação. Não se referem à própria cártula, mas à obrigação que a originou. Como exemplo, são exceções pessoais o pagamento da obrigação originária, sua compensação etc.

As exceções cartulares, como a falsidade da assinatura que o obrigou no título de crédito, podem ser opostas em relação a qualquer pessoa. As exceções pessoais, entretanto, podem ser opostas apenas pelo devedor ao seu credor, enquanto este for detentor do título.

A exceção pessoal em face do credor originário não pode ser oposta em face de terceiros de boa-fé, que sucederam ao credor originário pela circulação do título por meio dos endossos. A esses terceiros endossatários, a lei garante a proteção ao crédito para fomentar a livre circulação dos títulos. Os portadores do título têm direito que se autonomiza em face das obrigações anteriores expressas neste, de modo que eventuais exceções entre as partes dessa relação anterior não podem ser estendidas a essa nova obrigação.

A inoponibilidade das exceções pessoas, contudo, é restrita aos adquirentes de boa-fé. Se o portador tiver adquirido o título de má-fé, de forma que tinha consciência do vício que contaminava a obrigação originária do devedor, esse poderá opor a exceção pessoal ao portador. Como é presumida a boa-fé do portador do título, cabe ao devedor o ônus de provar a má-fé do portador para opor exceções pessoais contra ele.

Nesses termos, o devedor, além das exceções fundadas nas relações pessoais que tiver com o portador, só poderá opor a este as exceções relativas à forma do título e ao seu conteúdo literal, à falsidade da própria assinatura, a defeito de capacidade ou de representação no momento da subscrição, e à falta de requisitos necessários ao exercício da ação (art. 915 do CC). É o que determina também o art. 17 da Lei Uniforme, internalizada pelo Decreto n. 57.663/1966, ao estabelecer que "as pessoas acionadas em virtude de uma letra não podem opor ao portador exceções fundadas sobre as relações pessoais delas com o sacador ou com os portadores anteriores, a menos que o portador ao adquirir a letra tenha procedido conscientemente em detrimento do devedor".

5. Classificação dos títulos de crédito

Os títulos de crédito podem ser classificados conforme diversos critérios. As classificações mais habituais referem-se à natureza, tipicidade, modo de circulação, emissor e estrutura jurídica.

5.1 Quanto à natureza

No tocante à natureza dos títulos de crédito, estes podem ser títulos causais ou abstratos.

Título de crédito causal é o que somente pode ser emitido em decorrência de determinado negócio jurídico. A causa específica precisa estar presente para que o título possa ser emitido. Esse negócio jurídico que o fundamenta vincula-se ao título que, entretanto, após a circulação, torna-se abstrato.

A duplicata mercantil é exemplo de título de crédito causal. Apenas em decorrência de uma compra e venda de mercadoria ou de um contrato de prestação de serviço é que a duplicata pode ser emitida.

Título de crédito abstrato, por seu turno, é o título que independe do negócio jurídico que o fundamentou. O título não se vincula à causa que lhe deu origem, a qual não é predeterminada pela lei.

São exemplos de títulos de crédito abstratos a letra de câmbio, a nota promissória e o cheque. O crédito expresso na cártula independe da obrigação originária que motivou a sua emissão.

5.2 Quanto à tipicidade

Os títulos de crédito podem ser típicos ou atípicos.

Típicos são os títulos de crédito definidos nas diversas leis esparsas sobre a matéria. São eles a nota promissória, o cheque, a duplicata, a letra de câmbio, o conhecimento de depósito, as cédulas rurais etc.

Além dos típicos, o Código Civil permitiu a criação de títulos de crédito atípicos. Tais títulos são os não disciplinados pela legislação esparsa e aos quais serão aplicadas as normas do Código Civil (art. 903 do CC).

5.3 Quanto ao modo de circulação

Os títulos de crédito podem circular de três formas: por tradição, por transferência no registro do emitente, ou por endosso.

Os títulos ao portador são os títulos emitidos sem que haja identificação do beneficiário da obrigação. O portador do título, quem quer que seja, tem direito ao crédito nele constante desde que apresente o título ao devedor na data de seu vencimento.

A circulação do título ao portador ocorre por mera tradição, pela simples entrega do título (art. 904 do CC). Como não há assinatura do título para sua transmissão, o beneficiário, ao transmitir o título a terceiro, não se vincula perante este pela obrigação. Apenas o devedor originário é obrigado pelo título.

Em decorrência da facilidade de circulação e da não identificação dos beneficiários, os títulos ao portador foram proibidos no Brasil pela Lei n. 8.021/90, sob o fundamento de se tentar identificar os contribuintes para fins fiscais.

A Lei Uniforme já proibia a nota promissória, a letra de câmbio e a duplicata ao portador. Em sentido análogo, o Código Civil reproduziu o normativo e determinou que é nulo o título ao portador emitido sem autorização de lei especial (art. 907 do CC). Exceção à proibição dos títulos ao portador é o cheque emitido com valores inferiores a R$ 100,00 (art. 69 da Lei n. 9.069/95).

Os títulos podem ser também nominativos. Nominativo é o título que identifica o credor beneficiário e cujo nome conste no registro do emitente (art. 921 do CC). O devedor somente está obrigado a reconhecer como seu credor o portador do título que está registrado como beneficiário.

O título nominativo pode ser transferido mediante termo em registro do emitente, assinado pelo proprietário e pelo adquirente (art. 922 do CC). Sua transferência pode ocorrer também por endosso em preto, que contenha o nome do endossatário, mas referida transferência somente terá eficácia perante o emitente, uma vez feita a competente averbação em seu registro. Nessa hipótese, o endossatário, legitimado por série regular e ininterrupta de endossos, tem o direito de obter a averbação no registro do emitente, comprovada a autenticidade das assinaturas de todos os endossantes.

Os títulos nominativos não se confundem com os títulos à ordem. Embora ambos exijam a inclusão do nome do beneficiário, o título nominativo pressupõe, para a eficácia de sua transferência, o termo em registro do emitente.

O título à ordem não exige esse termo de transferência. Títulos à ordem são os títulos emitidos em favor de determinado beneficiário. Tais títulos são transmissíveis por endosso simplesmente, o qual consiste na assinatura do beneficiário. O beneficiário, por ocasião do endosso, pode indicar o nome da pessoa constituída nova beneficiária, o que é conhecido por endosso em preto, ou poderá simplesmente assinar indicando a transferência, sem incluir o nome do novo beneficiário, o que é conhecido por endosso em branco.

O título nominativo, nesse aspecto, caso seja aposta nesse a expressão "à ordem", será transformado em título à ordem e, portanto, será transferível mediante simples endosso.

Além de ao portador, nominativo e à ordem, o título de crédito pode ser não à ordem. Títulos de crédito não à ordem são os títulos cujo nome do beneficiário é expresso na cártula. Os títulos, por seu turno, não permitem o endosso. A expressão "não à ordem" exige que o título seja transferido apenas pela cessão civil.

Ressalta-se que o Código Civil considerou não escrita no título a cláusula proibitiva de endosso, o que significa que impediria a inclusão "não à ordem" (art. 890 do CC). O Código Civil, contudo, apenas é aplicável para os títulos que não possuem regulamentação por lei especial, de modo que no cheque, na nota promissória, na duplicata e na letra de câmbio a referida cláusula é admissível.

5.4 Quanto ao emissor

Os títulos podem ser públicos ou privados.

Os títulos públicos têm por emissor o Estado ou uma pessoa jurídica de direito público. Tais títulos têm por objeto a captação dos recursos privados para a realização de atividades de interesse público pelo Estado. São exemplos desses títulos os títulos da dívida pública.

Os títulos particulares são emitidos por qualquer pessoa de direito privado, pessoa física ou jurídica. São exemplos o cheque, a nota promissória etc.

5.5 Quanto à estrutura jurídica

No tocante à estrutura, os títulos podem consistir em ordens de pagamento ou promessas de pagamento.

As ordens de pagamento possuem um sacador ou emitente, um sacado ou devedor e o beneficiário. O sacador emite ordem de pagamento ao sacado, o qual deverá satisfazer a obrigação consistente no título ao beneficiário. São exemplos de títulos consistentes em ordens de pagamento a letra de câmbio, a duplicata e o cheque.

Por seu turno, os títulos de crédito podem se revestir em promessa de pagamento. Na promessa de pagamento, o devedor é o próprio promitente, a quem incumbirá o pagamento da obrigação constante do título ao beneficiário. É exemplo de promessa de pagamento a nota promissória.

6. Elementos do título

O Código Civil determina os elementos essenciais aos títulos de crédito (art. 889 do Código Civil). Dentre eles, podem ser apontados, ressalvadas as disposições específicas de cada título de crédito regulado por legislação especial, os seguintes:

i) a data de emissão;

ii) a indicação precisa dos direitos que confere;

iii) a assinatura do emitente.

Além dos elementos essenciais expressos no Código Civil, devem ser incluídos, ainda, a denominação do título e a identificação do beneficiário, por serem vedados os títulos ao portador.

A data de vencimento, caso não conste no título, será presumida como a própria data da emissão, de modo que o título de crédito é pagável à vista.

Não são essenciais, também, o local de emissão e o local de pagamento. Quando não indicados no título, estes serão considerados como o local do domicílio do emitente.

O título, ainda que não contenha os elementos essenciais, pode circular. Entretanto, o título incompleto por ocasião de sua emissão deve ser preenchido em conformidade com os ajustes realizados. A falha no preenchimento não pode ser oposta ao terceiro, a menos que este tenha agido de má-fé ao adquirir o título (art. 891 do CC).

7. Letra de câmbio

7.1 Conceito

A letra de câmbio consiste em uma ordem de pagamento, à vista ou a prazo, que o sacador emite em face do sacado para que este pague ao beneficiário o valor da obrigação constante na cártula. Caracteriza-se por ser um título abstrato, cujo negócio jurídico que fundamentou sua emissão ou saque não precisa ser determinado.

A disciplina do instituto é realizada pelo Decreto n. 57.663/66, que inseriu no ordenamento jurídico brasileiro a regulação realizada pela Lei Uniforme das Letras de Câmbio e Notas Promissórias, estabelecida na Convenção de Genebra. Outrossim, é regulada, supletivamente, pelo Decreto n. 2.044, de 1908, a Lei Saraiva.

7.2 Formação

Na letra de câmbio, há três posições distintas: o sacador, pessoa emitente da letra; o sacado, responsável pelo cumprimento da ordem e pagamento do montante; beneficiário ou tomador, pessoa em favor de quem a ordem foi dada.

A letra de câmbio é formada posteriormente ao saque. Saque é o ato realizado pelo sacador de emitir a ordem de pagamento a uma pessoa, o sacado. Pelo saque, o sacador vincula-se ao pagamento da letra de câmbio, caso o sacado, destinatário da ordem de pagamento, não o faça.

O sacado, por seu turno, caso se disponibilize a cumprir a ordem emitida contra si, deve aceitar a obrigação, apondo sua assinatura no título. O ato de concordar com a obrigação é chamado aceite. Aceito o título, o sacado passa a ser o devedor principal da obrigação.

Embora a letra de câmbio possua três posições jurídicas, nada impede que a mesma pessoa ocupe mais de uma posição. Nesses termos, o sacador pode emitir a ordem em seu próprio benefício, de modo que o sacador ocupa a mesma posição do tomador. Outrossim, o sacador pode sacar a ordem contra si mesmo, a ponto de ser o próprio obrigado e, portanto, além de sacador ser o sacado (art. 3º da LU).

7.3 Requisitos essenciais

A letra de câmbio deve ser instrumentalizada em uma cártula e consiste em título formal, em que determinados requisitos são fundamentais para à sua validade como título de crédito. Além dos requisitos exigidos para a realização de qualquer negócio jurídico, como partes capazes e objeto lícito, possível e determinável, a letra de câmbio deve conter, sob pena de não produzir efeito como título de crédito, os seguintes requisitos expressos na cártula (art. 1º da LU):

i) a expressão "letra de câmbio" inserta no próprio texto do título.

Embora o texto da Lei Uniforme faça menção à inclusão apenas da palavra "letra", a doutrina interpreta o dispositivo de modo a exigir a referência à "letra de câmbio" como obrigatória;

ii) a ordem de pagamento, pura e simples, de uma quantia determinada.

A cártula deve conter expressamente o valor a ser pago pelo sacado ao tomador. Se a indicação do valor da quantia a ser paga se achar feita por extenso e em algarismos, e houver divergência entre elas, prevalece a que estiver feita por extenso. Por seu turno, se a indicação da quantia a ser paga for feita na cártula mais de uma vez, em algarismos ou por extenso, e houver divergência entre elas, prevalecerá a menor quantia (art. 6º da LU).

No referido valor, podem ser incluídos juros, mas desde que a letra seja pagável à vista ou a um certo termo da vista, o que será precisado por ocasião do esclarecimento quanto ao vencimento. Apenas a letra pagável à vista ou a um certo termo da vista permite que o sacador estipule que sua importância vencerá juros. Nas demais espécies de vencimento da letra de câmbio, a estipulação de juros será considerada como cláusula não escrita.

A taxa de juros deverá ser indicada precisamente na letra de câmbio, sob pena de ineficácia da cláusula, bem como os juros serão contados a partir da data da letra, se outra data não for indicada (art. 5º da LU).

A obrigação não pode ser submetida a qualquer condição. A ordem de pagamento, pura e simples, implica a possibilidade de exigência da obrigação simplesmente quando ocorrido o vencimento;

iii) o nome do sacado.

Na letra de câmbio deve constar a pessoa a quem a ordem de pagamento é direcionada.

iv) o nome do beneficiário ou tomador.

É vedada a emissão de letra de câmbio ao portador, de modo que o beneficiário deve ser identificado, ainda que não o tenha sido por ocasião da emissão. Nessa hipótese, deverá ser a letra oportunamente preenchida;

v) a indicação da data em que a letra é sacada.

A data do saque é fundamental para a validade da letra como cambial. Referida data permitirá verificar a capacidade civil do sacador por ocasião do saque, bem como o prazo de apresentação da letra para o sacado.

vi) a assinatura do sacador.

O sacador, por ocasião da emissão da letra de câmbio obriga-se. Sua assinatura é necessária, pois este se vincula à aceitação, e ao pagamento da letra se o sacado não a pagar.

Ressalta-se, entretanto, que o sacador pode se exonerar da garantia da aceitação, mas não da garantia do pagamento. Toda e qualquer cláusula pela qual ele se exonere da garantia do pagamento considera-se como não escrita (art. 9º da LU).

Embora todos esses requisitos sejam essenciais à consideração da cártula como letra de câmbio, nada impede que eles não estejam presentes por ocasião do saque. A cambial emitida ou aceita com omissões, ou em branco, pode ser completada pelo credor de boa-fé, antes da cobrança ou do protesto (Súmula 387 do STF).

7.4 Requisitos não essenciais

Alguns requisitos, entretanto, não são considerados essenciais. Embora devam ser incluídos na letra de câmbio, sua omissão não acarreta a não produção do título como letra de câmbio. Dentre os requisitos não essenciais, constam:

i) a época do pagamento.

Caso não conste do título a data do pagamento, entende-se que a letra é pagável à vista.

ii) local do pagamento.

Embora deva constar no título, a falta de inclusão do local de pagamento não acarreta a invalidade da letra. Sua ausência fará presumir como local do pagamento o lugar designado ao lado do nome do sacado ou o lugar do domicílio do sacado. Nada impede, contudo, que a letra seja pagável no domicílio de terceiro, quer na localidade onde o sacado tem o seu domicílio, quer em qualquer outra localidade (art. 4º, da LU).

iii) o local em que a letra foi sacada.

Se omisso o título, considera-se a letra emitida no local indicado ao lado do nome do sacador. Caso não haja local designado ao lado do nome do sacador, a letra será considerada emitida no domicílio do emitente (art. 889 do CC).

7.5 Vencimento

Vencimento da letra de câmbio é a data em que a obrigação nela constante poderá ser exigida. Referida data deve vir expressa na cártula. Na sua omissão, considera-se que a letra de câmbio é à vista.

A letra de câmbio pode ser à vista, a certo termo da vista, a dia certo, a certo termo da data (art. 33).

Letra de câmbio à vista é a letra cujo vencimento ocorre por ocasião da apresentação da letra ao sacado. Referida apresentação deve ser feita dentro do prazo de um ano, a contar da data de emissão, embora esse prazo possa ser reduzido ou ampliado pelo sacador, bem como pode ser encurtado pelos endossantes.

Letra de câmbio a certo termo da vista é a que vence após determinado prazo da data do aceite ou, em sua falta, da data do protesto. Na falta do protesto, o aceite não datado entende-se, no que respeita ao aceitante, como dado no último dia do prazo para a apresentação ou aceite.

O vencimento a dia certo ocorre no dia em que for fixado o vencimento da obrigação do título.

Por fim, a letra de câmbio pode ser a tempo certo da data. Nessa hipótese, o vencimento da letra de câmbio ocorre em um prazo determinado a partir da data de emissão da letra de câmbio.

O vencimento da letra de câmbio, entretanto, pode ser antecipado. O vencimento antecipado permite a cobrança do valor da obrigação constante do título dos endossantes, sacador e outros coobrigados antes da data prevista para o pagamento. Tal vencimento antecipado poderá ocorrer:

i) se houver recusa total ou parcial de aceite;

ii) nos casos de falência do sacado, quer tenha ele aceitado a letra de câmbio, quer não. O vencimento ocorrerá também se houver a suspensão de pagamentos do sacado, ainda que não constatada por sentença, ou de ter sido promovida, sem resultado, execução de seus bens;

iii) nos casos de falência do sacador de uma letra não aceitável.

Nos casos de falência, a apresentação da sentença de declaração de falência já é suficiente para que o portador do título possa demandar os obrigados pelo título. Se houver recusa de aceite, suspensão de pagamento pelo sacado ou execução frustrada de seus bens, o protesto é necessário para o exercício do direito de ação.

7.6 Aceite

O aceite é ato cambiário não obrigatório na letra de câmbio. É a concordância à ordem emitida pelo sacador para o pagamento ao beneficiário.

O título deve ser apresentado ao sacado para o aceite. Nessa ocasião, o sacado pode anuir com a obrigação e apor sua assinatura na letra de câmbio. Torna-se aceitante, com base nessa anuência, e vincula-se à obrigação como devedor principal.

O aceite deverá ser feito na própria letra de câmbio. Consistirá na palavra "aceite" ou em qualquer outra palavra equivalente, e será assinado pelo sacado. A simples assinatura do sacado valerá como aceite se realizada no anverso da letra. No verso a palavra "aceite" ou equivalente é obrigatória para não ser confundida com os endossos.

É irretratável após a restituição da letra. Se o sacado, antes da restituição, riscar o aceite que tiver dado, tal aceite é considerado como recusado (art. 29 da LU).

A letra de câmbio poderá ser apresentada para aceite até a data de vencimento. As letras com vencimento a certo termo da vista, caso não se estabeleça prazo para a aceitação, devem ser apresentadas ao aceite dentro do prazo de um ano de suas datas, embora o sacador possa reduzir ou dilatar esse prazo, assim como os endossantes poderão reduzi-lo.

As letras de câmbio à vista ou com data certa de vencimento não precisam ser apresentadas ao sacado para o aceite. Na primeira, a apresentação provoca o vencimento da obrigação e a necessidade de pagamento. Em ambas as hipóteses, diante do vencimento, a apresentação já ocorre para o pagamento do título.

O sacado pode exigir do apresentante o prazo de respiro. Isso significa que o sacado pode pedir que a letra lhe seja apresentada uma segunda vez no dia seguinte ao da primeira apresentação. Referido prazo é conferido ao sacado para que reflita sobre a obrigação que poderá ser por ele contraída. O portador, contudo, não é obrigado a deixar nas mãos do aceitante a letra apresentada ao aceite.

Pode, entretanto, não anuir à ordem e recusar o aceite. A recusa ao aceite, mesmo que parcial, torna o título vencido antecipadamente em face do sacador. Para cobrança desse título em face dos demais obrigados, como os endossantes, deverá a recusa do aceite ser demonstrada por meio do protesto por falta de aceite ou por aceite parcial, o qual deverá ser feito até o primeiro dia útil seguinte à recusa.

A falta de protesto tempestivo implica que a cobrança será feita apenas em face do sacador. A recusa ao aceite impede que o sacado seja obrigado cambiariamente. Todavia, o sacador, ao emitir a letra de câmbio, é garante tanto da aceitação como do pagamento da letra. Caso o sacado não aceite o título, a obrigação vencerá antecipadamente e o sacador poderá ser cobrado pelo tomador.

Por seu turno, os demais coobrigados, como endossantes e avalistas, são solidariamente responsáveis pelo aceite e pelo pagamento do sacado. Contudo, a exigibilidade da obrigação em face destes pressupõe o protesto tempestivo por falta de aceite.

O aceite parcial pode ser de duas formas: limitativo ou modificativo. O aceite limitativo é o em que o sacado aceita pagar parte da obrigação. No aceite modificativo, por seu turno, o sacado altera algum elemento da obrigação, como o local do pagamento ou sua data. O aceite parcial equivale a uma recusa de aceite porém, o aceitante fica obrigado nos termos do aceite.

Para evitar que a recusa do aceite ou o aceite parcial acarretem vencimento antecipado do título, o sacador pode estipular que a letra seja apresentada somente após determinado prazo ou mesmo proibir sua apresentação para o aceite. Nessa última hipótese, o tomador somente poderá apresentar a letra ao sacado por ocasião de seu vencimento para o pagamento.

7.7 Endosso

O endosso é privativo do direito cambiário e consiste na forma de transferência dos títulos de crédito à ordem. Pelo endosso, o endossante transfere o título de crédito e todos os direitos que lhe são inerentes ao terceiro, o endossatário.

O endosso deve ser feito de forma pura e simples. Não pode ser condicionado a nenhum evento futuro e incerto. Qualquer condição que o subordine é considerada como não escrita. Outrossim, deverá ser integral. O endosso parcial é nulo (art. 12 da LU).

Para realizar o endosso, basta o endossante apor sua assinatura na letra de câmbio. Se no verso do título, suficiente é a assinatura para constituir o endosso. Caso seja feito no anverso, deverá a assinatura ser acompanhada da palavra "endosso". Se não houver espaço hábil na própria letra, possível a realização de endosso em folha anexada ao título.

Pelo endosso, o endossante transmite o título ao endossatário. Ademais, responsabiliza-se tanto pela aceitação como pelo pagamento da letra em face dos endossatários. Passa o endossante, portanto, a ser coobrigado pelo pagamento do título. Sua obrigação é solidária ao devedor do título, assim como também são obrigados solidariamente todos os endossantes anteriores.

Pode o endossante, todavia, estipular que não se obriga nem pelo aceite nem pelo pagamento da letra. Tal modalidade de endosso é conhecida por endosso sem garantia. Por essa cláusula, o endossante não se responsabiliza pela falta de pagamento do título e não poderá ser considerado coobrigado em face das pessoas a quem a letra for posteriormente endossada.

Essa responsabilidade cambial do endossante também não ocorre se o endosso for efetuado após o protesto por falta de pagamento da letra ou após o prazo para a realização do protesto do título (art. 20 da LU). Se realizado apenas após o vencimento do título, tem os mesmos efeitos do endosso realizado anteriormente.

Toda letra de câmbio, mesmo que não envolva expressamente a cláusula à ordem, é transmissível por via de endosso. Caso o sacador tenha inserido na letra as palavras "não à ordem" ou expressão equivalente, a letra somente será transmissível pela forma e com os efeitos de uma cessão ordinária de crédito.

7.7.1 Espécies de endosso

O endosso pode ser próprio ou impróprio.

Endosso próprio é o que transmite a propriedade do título de crédito e os direitos decorrentes deste. Há duas formas de endosso próprio: o endosso em preto e o endosso em branco.

Endosso em preto é o que, além da assinatura do endossante, possui a indicação do endossatário ou beneficiário do crédito.

O endosso em branco, por seu turno, é o que contém a simples assinatura do endossante, sem que haja qualquer indicação do endossatário ou de quem o crédito irá beneficiar. O endosso em branco acarreta a característica de a letra de câmbio se tornar similar à letra de câmbio ao portador, pois permitiria sua livre circulação sem a identificação de seus beneficiários.

Como no endosso em branco há a mera assinatura do endossante, ele deverá ser feito obrigatoriamente no verso do título ou na folha anexa (art. 13 da LU).

No endosso em branco, a letra de câmbio circula pela mera tradição da cártula. Se for endosso em branco, o portador poderá preencher o espaço em branco, quer com o seu nome, quer com o nome de outra pessoa; poderá endossar de novo a letra em branco ou em favor de outra pessoa (em preto); ou poderá remeter a letra a um terceiro, sem preencher o espaço em branco e sem a endossar.

O detentor de uma letra é considerado portador legítimo se justifica o seu direito por uma série ininterrupta de endossos, mesmo se o último for em branco. Isso porque poderá preencher com o seu nome.

O endosso em branco não impedirá novos endossos, em preto ou em branco. Se um endosso em branco é seguido de outro endosso, presume-se que o signatário deste adquiriu a letra pelo endosso em branco.

Ambos os endossos transmitem todos os direitos emergentes da letra. Salvo cláusula em contrário, ambos também acarretarão a responsabilidade do endossante pela aceitação e pelo pagamento da letra de câmbio.

A validade do endosso em branco foi questionada pela doutrina. Em razão das preocupações com evasão tributária e crimes de lavagem de dinheiro, a Lei n. 8.021/90 proibiu os endossos em branco. Entretanto, a Lei Uniforme previa expressamente o endosso em branco como modalidade de transmissão da letra de câmbio.

Parte da doutrina sustentava que a Lei Uniforme não teria sido revogada pela Lei n. 8.021/90, pois era da essência dos títulos de crédito a facilidade de circulação. Outrossim, a Lei Uniforme seria considerada lei especial, que, portanto, não seria revogada pela lei geral posterior.

Parte da doutrina, contudo, sustentava que somente era admitido o endosso em preto no Brasil, em razão da revogação da Lei Uniforme pela Lei n. 8.088/90.

Com o Código Civil, o art. 910 permitiu o endosso em branco. Pelo dispositivo, à validade do endosso basta a simples assinatura do endossante, sendo desnecessária a designação do endossatário. Embora norma geral, parte majoritária da doutrina, após sua promulgação, defendeu a revogação da Lei n. 8.088/90, que também trataria de todos os títulos de crédito e, portanto, também seria geral.

Logo, o endosso próprio poderia ser tanto endosso em preto como endosso em branco no direito brasileiro.

O endosso pode ser impróprio. Neste não há a transferência do crédito, mas apenas poderão ser exercidos alguns direitos pelo detentor do título. São endossos impróprios o endosso-mandato, o endosso-caução, o endosso-garantia.

O endosso-mandato é também conhecido como endosso-procuração. Consiste no endosso que contenha as expressões "valor a cobrar", "para cobrança", "por procuração", ou qualquer outra menção que implique simples mandato. Por esse endosso, o endossatário não recebe a transferência do crédito, mas apenas dos direitos de recebimento. A titularidade do crédito remanesce com o endossante-mandante. O endosso-mandato é conferido para que o mandatário-endossatário efetue a cobrança da obrigação constante do título e possa atribuir quitação ao devedor adimplente. O montante aferido pela satisfação da obrigação não pertence ao endossatário, mas ao endossante.

Na hipótese de endosso-mandato, os coobrigados somente poderão invocar contra o portador as exceções que eram oponíveis ao endossante, e não as que eventualmente possam ter em face do endossatário mandatário, pois a cobrança do título é feita pelo endossatário no interesse do endossante.

O endosso impróprio pode ser, ainda, endosso-caução. O endosso-caução consiste no endosso que faça menção a "valor em garantia", "valor em penhor" ou qualquer outra menção que implique concessão de garantia ao cumprimento de uma obrigação.

O endosso-caução é considerado endosso impróprio, por não ter a finalidade de transferir a titularidade do crédito. O título de crédito endossado para assegurar o cumprimento de uma obrigação principal. Constitui-se um penhor sobre a cártula, nos termos do art. 19 da Lei Uniforme.

O endosso ocorre até que a obrigação seja satisfeita ao portador. Satisfeita a obrigação, o título retorna ao endossante. Enquanto permanecer com o título, contudo, o portador poderá exercer todos os direitos emergentes da letra, mas o endosso feito por este será considerado endosso a título de procuração.

No endosso-caução, não há a transferência do crédito. O endossatário apenas recebe a posse do título e poderá exercer todos os direitos para a proteção do referido crédito. A transferência do crédito somente ocorrerá ao endossatário se houver o inadimplemento da obrigação garantida.

Por fim, o endosso pode ser póstumo. O endosso é denominado póstumo ou tardio se realizado após o protesto por falta de pagamento ou feito depois de expirado prazo para se fazer o protesto.

Não é póstumo o endosso realizado após o vencimento, se antes do protesto ou do decurso de seu prazo. Posterior apenas ao vencimento, o endosso terá os mesmos efeitos que o endosso realizado anteriormente a este. Após o protesto ou o decurso deste, entretanto, o endosso póstumo somente produzirá os efeitos de uma cessão ordinária de créditos.

Se o endosso não contiver data a menos que haja prova em contrário, será considerado como realizado antes da expiração do prazo para o protesto (art. 20 da LU).

7.7.2 Cessão de créditos e o endosso

A cessão transfere a titularidade do crédito, assim como o faz o endosso. Os efeitos de ambas as transferências, contudo, são diversos.

A cessão de crédito consiste na transferência de obrigações tipicamente no direito civil. O instituto é disciplinado pelos arts. 286 e seguintes do Código Civil.

A cessão acarreta a transmissão de um direito já existente a terceiro. Não há independência e criação de nova obrigação, mas apenas transmissão de uma já existente. Como consequência, o vício de uma cessão anterior contaminará as posteriores, bem como o cessionário somente poderá exigir a satisfação da obrigação do devedor.

No endosso, como transferência cambial, há a autonomia do direito do endossatário em relação aos endossatários anteriores. As obrigações são independentes, de modo que o vício em um dos endossos não contaminaria os demais apostos nos títulos. Por seu turno, o endossatário não é restrito à cobrança da dívida do devedor principal, mas também de todos os coobrigados do título.

Na cessão por título oneroso, o cedente, ainda que não se responsabilize, fica responsável ao cessionário pela existência do crédito ao tempo em que lhe cedeu (art. 295 do CC). Salvo estipulação em contrário, o cedente não responde pela solvência do devedor.

O endossante, por seu turno, responderá tanto pelo aceite da letra de câmbio como pelo pagamento da letra, a menos que inclua a cláusula "sem garantia". Sua responsabilidade será solidária com os demais endossantes.

Em face do cessionário podem ser opostas exceções pessoais quanto a terceiros. O devedor poderá opor ao cessionário não somente as exceções pessoais que tem em face deste, mas também as que tinha em face do cedente até o momento em que veio a ter conhecimento da cessão (art. 294 do Código Civil).

Os endossantes demandados não poderão opor ao portador exceções fundadas sobre as relações pessoais com o sacador ou com os portadores anteriores. A exceção pessoal em face de terceiros não pode ser oposta ao tomador, a menos que o portador ao adquirir a letra tenha procedido conscientemente em detrimento do devedor (art. 17 da LU).

7.8 Aval

O aval é a garantia cambiária, dada por terceiro ou mesmo por um dos signatários do título, o avalista, de que a obrigação constante do título de crédito será paga por determinado devedor, o avalizado (art. 30 da LU). Trata-se de garantia fidujussória.

O aval deve ser escrito na própria letra de câmbio ou em uma folha anexa. Consiste na assinatura do avalista ou dador do aval no anverso da letra. Caso realizado no verso da letra, deverá exprimir-se pelas palavras "bom para aval" ou qualquer outra equivalente e deverá ser assinado pelo avalista.

O aval deverá indicar a pessoa a quem será dado, ou seja, o avalizado. Tal hipótese é considerada como aval em preto.

À míngua de indicação do avalizado, o aval será considerado como realizado em benefício do sacador. É o chamado aval em branco.

Além de aval em preto e aval em branco, a doutrina também conceitua o aval antecipado. Este é o aval em preto cuja obrigação garantida é expressamente a do sacado. Caso este não aceite o título, o avalista não se isentará de sua obrigação, pois esta é autônoma em relação à obrigação do avalizado. O avalista responderá como se fosse o sacado.

O avalista é responsável na mesma medida de seu avalizado. O avalista passa a ser coobrigado da letra de câmbio perante todos os credores do avalizado. Caso efetue o pagamento da letra, o avalista fica sub-rogado nos direitos emergentes da letra contra a pessoa do avalizado e contra os demais coobrigados anteriores da letra, como o sacado, o sacador, os endossantes anteriores, os avalistas anteriores e o avalizado.

Como todas as obrigações cambiárias, a obrigação decorrente de aval é autônoma em relação às demais, inclusive em relação à obrigação do avalizado. A autonomia implica que a obrigação do avalista se mantém mesmo no caso de a obrigação garantida do avalizado ser nula, a menos que a nulidade seja resultante de um vício de forma, como vício que descaracteriza a própria letra como título de crédito (art. 32 da LU).

Discutia-se, no direito pátrio, se era possível a limitação do aval, ou seja, se era possível que a obrigação garantida pelo aval fosse apenas parcial, restrita a quantia inferior à constante da obrigação do título.

A questão foi aparentemente dirimida com base na Lei Uniforme. Em seu art. 30, a Lei Uniforme permitiu que o aval garantisse apenas parte do pagamento de uma letra. O Código Civil, entretanto, vedou o aval parcial (art. 897 do CC) e reavivou a discussão.

A interpretação majoritária sobre a questão, todavia, é que, apesar de o Código Civil ter permitido apenas o aval integral da obrigação, o Código Civil é lei geral, que, mesmo posterior, não revoga a lei especial anterior. Desse modo, diante da previsão legal da Lei Uniforme, é permitido o aval parcial da obrigação constante da letra de câmbio.

7.8.1 Fiança e aval

O aval e a fiança exigem a autorização dos respectivos cônjuges para serem prestados, a menos que o fiador e o avalista sejam casados sob o regime da separação absoluta de bens (art. 1.647, III, do CC). O aval, contudo, não se confunde com a fiança. Esta se caracteriza por ser uma garantia pessoal, acessória à obrigação principal. Pelo contrato de fiança, uma pessoa garante satisfazer ao credor uma obrigação assumida pelo devedor, caso este não a cumpra (art. 818 do CC).

Em razão da acessoriedade, as obrigações nulas não são suscetíveis de fiança. O acessório segue a sorte do principal.

Outrossim, na fiança, salvo cláusula em contrário de renúncia do fiador, este possui benefício de ordem. Por esse benefício, o afiançado responderá primeiro pela obrigação e, apenas após seus bens serem executados, a execução poderá voltar-se ao fiador. Desse modo, o fiador demandado pelo pagamento da dívida tem direito a exigir, até a contestação da lide, que sejam primeiro executados os bens do devedor (art. 827 do CC).

O fiador, ainda, poderá opor ao credor as exceções que lhe forem pessoais, bem como as exceções que competiriam ao afiançado (art. 837 do CC).

O aval, por outro lado, é garantia cambiária, e não civil. O aval atribui ao avalista a mesma responsabilidade do avalizado. O avalista é coobrigado à obrigação e não poderá exigir a cobrança prioritária do avalizado pelo tomador do título de crédito.

Ademais, não há acessoriedade entre o aval e a obrigação garantida. Como todas as obrigações cambiárias, a obrigação decorrente de aval é autônoma em relação às demais. A nulidade da obrigação garantida, assim como de qualquer obrigação do título, não acarretará a nulidade do aval. O aval apenas será considerado nulo se o vício atingir a própria natureza da cártula como título cambial.

Por fim, ao contrário da fiança, o avalista não poderá opor ao credor as exceções pessoais que o avalizado possui em face deste, mas apenas suas próprias exceções pessoais.

7.9 Pagamento

A letra de câmbio, para que possa ser paga, deverá ser apresentada pelo tomador ao devedor. Trata-se de uma obrigação quesível ou *quérable*.

O devedor não tem condições de ter ciência de quem é o legítimo beneficiário da obrigação expressa no título de crédito. O título pode apresentar diversos endossos, de modo que a circulação inviabiliza ao devedor o conhecimento do efetivo tomador.

Diante da circulação, deverá o título ser apresentado pelo tomador ao devedor principal, sacado, para o pagamento. A apresentação deverá ocorrer no lugar em que definido na letra ou, em sua omissão, o local ao lado do nome do sacado ou em seu domicílio.

A apresentação para pagamento deverá ocorrer no dia do vencimento do título. A Lei Uniforme estabeleceu que a letra deveria ser apresentada no dia do vencimento ou em um dos dois dias úteis seguintes. Entretanto, o Brasil fez reserva ao art. 38 da LU. Prevalece o art. 20 do Decreto n. 2.044/1908, que determina que a apresentação ao sacado ou ao aceitante para o pagamento deverá ocorrer no lugar designado e no dia do vencimento ou, sendo esse dia feriado por lei, no primeiro dia útil imediato.

A letra de câmbio à vista, cujo prazo de apresentação não é definido, deverá ser apresentada a pagamento ao sacado em um ano de sua emissão, salvo estipulação diversa do sacador.

Caso não ocorra a apresentação para pagamento no referido dia, ou no prazo na hipótese da letra de câmbio à vista, o tomador perderá o direito de regresso contra os demais coobrigados da letra, ou seja, o sacador, os endossantes e os respectivos avalistas.

Caso a letra de câmbio seja tempestivamente apresentada e não seja paga pelo sacado ou aceitante, o tomador poderá cobrar os demais coobrigados pelo título, mas apenas após o protesto da letra.

O pagamento do título pelo devedor principal extingue todas as demais obrigações nele constantes. Se o título for pago por um dos coobrigados, os demais devedores situados posteriormente na relação são desobrigados. Os coobrigados anteriores ao que pagou, contudo, podem ser cobrados por meio da ação regressiva.

Nesses termos, situa-se a relação em uma ordem que envolveria o sacado, seu avalista, o sacador, seu avalista, o endossante, seu avalista, os endossantes sucessivos e seus avalistas. O pagamento de um dos coobrigados, nessa ordem, desobriga os sucessores da cadeia, mas permite a ação de regresso em face dos obrigados que antecederam àquele que satisfez a dívida.

O devedor que pagar a letra de câmbio poderá exigir que ela lhe seja entregue, com a respectiva quitação (art. 39 da LU). A detenção da letra de câmbio evitará que ela novamente circule e que o devedor seja exigido novamente por terceiro de boa-fé.

O título de crédito é imprescindível ao exercício do direito nele contido. Por isso precisa o título ser apresentado ao devedor pelo tomador. A posse do título pelo próprio devedor implica a presunção de que teria ocorrido o pagamento, presunção essa *iuris tantum*.

O pagamento da letra de câmbio poderá ser total ou parcial. O portador não poderá recusar o pagamento de montante menor do que o expresso na cártula, e o devedor poderá exigir a quitação do montante pago, bem como sua menção na letra de câmbio.

O devedor deverá examinar a cadeia de endossos para verificar se o tomador é o legítimo portador do título de crédito. Não necessita analisar as assinaturas dos endossantes dos títulos, mas apenas verificar a regularidade da sucessão de endossos. Aquele que paga uma letra no vencimento fica desobrigado, salvo se da sua parte tiver havido fraude ou falta grave (art. 40).

O pagamento, entretanto, ainda que integral, não pode ser imposto ao credor antes do vencimento do título. O sacado que faz o pagamento do título antes do vencimento fica responsável pelo pagamento. Aquele que paga antecipadamente o título fica submetido ao risco de ter pago mal, pois o título pode ter sido extraviado, ou o portador pode ter falido ou se tornado incapaz.

Nessas hipóteses, o legítimo credor, o curador do incapaz ou o administrador da massa falida podem realizar a oposição ao pagamento, que pode ser efetuada até a data de vencimento do título. A oposição ao portador de má-fé, ao falido ou ao incapaz será feita mediante comunicação ao devedor, o qual perderá a presunção de boa-fé caso efetue o pagamento.

O pagamento poderá, ainda, ser feito por intervenção. Pagamento por intervenção é o realizado por um terceiro estranho à relação cambiária. Somente poderá ocorrer se o portador da letra tiver direito de ação à data do vencimento ou antes dessa data; se o pagamento for da importância integral que poderia ser exigida daquele em benefício de quem o pagamento por intervenção foi realizado; e, ainda, desde que o pagamento seja realizado até o dia seguinte ao último dia em que é permitido fazer o protesto por falta de pagamento (art. 59 da LU).

O pagamento por intervenção desonera os endossantes posteriores àquele em benefício do qual o pagamento foi realizado. Aquele que pagou ficará sub-rogado nos direitos da letra contra aquele em benefício de quem pagou e contra os que são obrigados para com este em virtude da letra. Não poderá, entretanto, endossar novamente a letra.

Se o pagamento do interveniente pelo tomador for recusado, o tomador perderá o direito de exigir o cumprimento da obrigação pelos coobrigados que ficariam desonerados em razão do pagamento (art. 61 da LU). Nesses termos, a recusa de pagamento do interveniente acarretará a inexigibilidade da obrigação em face de todos os endossantes e avalistas posteriores àquele por honra do qual o pagamento foi feito.

7.10 Protesto

Para que o credor possa demonstrar que exigiu o aceite e o pagamento da letra de câmbio conforme os requisitos legais, notadamente no prazo determinado pela lei, deverá realizar o protesto.

O protesto é o ato extrajudicial e solene pelo qual é demonstrado que a letra de câmbio foi apresentada tempestivamente para aceite ou para o pagamento e o tomador não obteve sucesso. O protesto demonstra tanto o exercício do direito cambiário pelo tomador como o inadimplemento ou a recusa de aceite pelo sacado.

Referida demonstração é necessária para esclarecer aos coobrigados que o tomador não foi satisfeito pelo devedor principal. O protesto é imprescindível para que o tomador possa voltar sua pretensão em face dos demais coobrigados cambiais.

Em face dos coobrigados, endossantes, avalistas e sacador, o protesto por falta de aceite ou por falta de pagamento será obrigatório. Não realizado ou realizado fora do prazo legal, o tomador perderá o direito de regresso em face dos demais coobrigados do título.

Tratando-se de protesto por falta de aceite, o tomador, caso não faça o protesto, sequer poderá demandar o sacado. Como não se vinculou à obrigação, ao sacado não poderá ser exigido que cumpra a obrigação constante no título. Apenas o avalista antecipado do sacado, o qual teria avalizado o título antes do próprio aceite, poderá ser cobrado. Por seu turno, caso o protesto fosse feito tempestivamente, o tomador poderia exigir o cumprimento da obrigação do sacador, de seu avalista, e de todos os endossantes e seus avalistas.

Se não for feito o protesto por falta de pagamento, por outro lado, o tomador apenas poderá cobrar o aceitante e seu avalista, já que ambos se obrigaram como devedores principais pela satisfação da obrigação constante da cártula. Quanto ao aceitante e seu avalista, o protesto por falta de pagamento é apenas facultativo.

Quanto aos demais coobrigados, a exigibilidade da obrigação em face destes impõe o protesto, o qual, portanto, quanto a estes é obrigatório. Realizado o protesto por falta de pagamento, tempestivamente, o tomador poderá exigir o cumprimento da obrigação do sacador, endossantes e avalistas, além de continuar a poder exigir do aceitante e do seu avalista.

O protesto deverá ser extraído pelo oficial público do Tabelionato de Protesto do local em que a letra deveria ser aceita ou do local em que deveria ser paga.

O protesto por falta de aceite deverá ser realizado no prazo fixado para a apresentação ao aceite. Na hipótese de prazo de respiro, caso a letra tenha sido apresentada no último dia do prazo, a letra poderá ser protestada ainda no dia útil seguinte (art. 44 da LU).

O protesto por falta de pagamento, por seu turno, tem o prazo controvertido pela doutrina pátria. Majoritariamente, entende-se que prevalecem os prazos estabelecidos na Lei Uniforme, pois, ainda que tenha ocorrido reserva do Governo Brasileiro, não foram estabelecidos prazos diversos. O prazo para protesto da letra de câmbio pagável em dia fixo, ou a certo termo de data ou de vista, será de dois dias úteis depois daquele em que a letra é pagável.

O protesto pode ainda ser realizado na hipótese de não devolução do título. Apresentado o título para o sacado aceitar ou para que o aceitante realize o pagamento, caso estes não paguem a obrigação constante na nota e não devolvam a cártula, deverá ser extraído protesto baseado na segunda via da letra de câmbio (art. 21 da Lei n. 9.492/97).

O protesto por falta de aceite ou por falta de pagamento pode ser dispensado. O sacador, um endossante ou um avalista podem, pela cláusula "sem despesas", "sem protesto", ou equivalente, dispensar o portador de fazer o protesto. A referida cláusula apenas dispensa o tomador de fazer o protesto quanto aos coobrigados posteriores à inclusão da cláusula.

Caso a cláusula tenha sido inserida pelo próprio sacador, o protesto não é exigido para que se possa cobrar a satisfação do crédito quanto a qualquer coobrigado. Entretanto, se for a cláusula incluída por algum endossante, o protesto será necessário para exigir o crédito dos endossantes anteriores, avalistas e sacador. Nessa última hipótese, apenas os endossantes e avalistas posteriores à inclusão da cláusula poderão ser demandados sem o protesto do título.

Por fim, os protestos poderão ser cancelados. Embora não haja previsão legal, os protestos poderão ser cancelados diante da mácula à imagem do devedor que podem causar, além de diversos efeitos jurídicos, como a fixação do termo legal da falência. Para seu cancelamento, basta a demonstração de pagamento do título após sua ocorrência.

Referida demonstração exigirá a apresentação do título devidamente quitado. Na hipótese de extravio, referida demonstração de pagamento deverá ser realizada mediante a anuência de todos os credores que figurarem no registro do protesto.

Pode o protesto, ainda, ser cancelado por motivos diversos do pagamento. Nessa hipótese, contudo, exigirá ação judicial própria.

7.11 Ressaque

O ressaque é a emissão de novo título à vista pelo portador, que possua direito de ação, sobre qualquer dos coobrigados. A nova letra será sacada sobre um dos coobrigados e será pagável no domicílio deste. Para tanto, o tomador não teve a obrigação constante na letra originária paga, efetuou o seu protesto e o título não deve estar prescrito.

A emissão de nova letra idêntica à original é alternativa à promoção de ação regressiva contra o coobrigado. O tomador poderá cobrar o montante devidamente acrescido dos juros contratados ou, na sua falta, dos juros à taxa de 6% ao mês desde a data do vencimento, além das despesas do protesto e dos avisos dados. O ressacado que paga exonera os coobrigados posteriores do título originário e poderá demandar em regresso os coobrigados anteriores ou ressacar nova letra à vista em face destes.

7.12 Ação cambial

Não satisfeita a obrigação do título, o tomador poderá exigir seu pagamento por meio de ação cambial. Caracterizada como título executivo extrajudicial, a cobrança da letra de câmbio poderá ser realizada por meio de ação executiva, a qual dispensará sentença condenatória e permitirá prontamente a satisfação do crédito constante na cártula.

O portador poderá demandar o aceitante e seu avalista e/ou todos os coobrigados ou indicar apenas um deles, independentemente da ordem que conste no título de crédito. Como as obrigações são autônomas, qualquer um dos devedores, aceitante ou coobrigados, poderá ser isoladamente executado ou poderá ser executado como devedor solidário juntamente com todos os demais.

A ação pode ser direta ou regressiva. Por ação direta é conhecida a execução promovida em face do aceitante e de seu avalista. A ação direta independe do protesto do título. Será chamada de ação regressiva se a ação for intentada contra os coobrigados subsidiários. A ação regressiva exigirá a demonstração da realização do protesto tempestivo do título.

O título, em sua via original, deverá ser incluído na execução, para evitar que continue circulando e que o devedor possa ser novamente demandado por um tomador de boa-fé. Além do título, a execução deve ser acompanhada do demonstrativo do protesto, se ação regressiva.

Entretanto, a ação intentada contra um dos coobrigados não impede acionar os outros, mesmo os posteriores àquele que foi acionado em primeiro lugar (art. 47 da LU). Nessa hipótese, bem como na hipótese de utilização do título para instruir pedido de falência, admite-se que a via originária do título não seja necessariamente juntada no segundo processo. Os títulos poderão ser substituídos por certidão de inteiro teor extraída dos autos do primeiro processo.

O devedor que adimplir a obrigação constante do título possuirá direito de executar os signatários anteriores da cártula.

Nas ações, o devedor poderá defender-se por meio da oposição dos embargos de execução. Nestes, poderão ser alegados, para obstarem a execução, os defeitos de forma do título, como a falsidade da cártula e da assinatura do executado. Pode ser alegada também a falta de preenchimento dos requisitos necessários à propositura da ação, como a inexistência do protesto ou a falta de juntada do título. Ademais, o executado poderá opor as exceções pessoais detidas em face do exequente.

Diante da autonomia das obrigações cartulares, a exceção pessoal é restrita à relação entre as partes. Não se pode opor ao exequente exceção pessoal do executado em face de diverso signatário do título. São exemplos de exceções pessoais o pagamento, a compensação, a novação da obrigação, os vícios do consentimento etc.

7.13 Prescrição

Os prazos quanto à ação cambial variam conforme o destinatário (art. 70 da LU). São os seguintes:

I – em face do aceitante e seus avalistas, o prazo prescricional das ações cambiais é de **três anos** a contar do vencimento do título;

II – em face dos endossantes, do sacador e de seus avalistas, o prazo prescricional das ações cambiais é de **um ano** a contar da data do protesto feito em tempo útil ou da data do vencimento, se tratar de letra que contenha cláusula sem despesas;

III – promovidas pelos endossantes uns contra os outros ou contra o sacador, o prazo prescricional das ações cambiais é de **seis meses** a contar do dia em que o endossante pagou a letra ou em que ele próprio foi acionado.

Após a prescrição, não há direito à interposição da ação cambial. A obrigação constante no título poderá ser cobrada, entretanto, mediante ação condenatória ou, eventualmente, ação monitória. Nessa hipótese, a letra de câmbio servirá apenas como elemento probatório da relação entre as partes para a cobrança da dívida líquida constante do instrumento. Essa pretensão de cobrança terá o prazo prescricional de cinco anos (art. 206, § 5º, I, do CC).

8. Nota promissória

8.1 Conceito

A nota promissória é uma promessa realizada pelo promitente ou sacador de pagamento de quantia determinada ao tomador ou beneficiário do título ou à pessoa à sua ordem.

Não se confunde com a letra de câmbio. A nota promissória consiste em promessa de pagamento, e não em ordem de pagamento. O devedor principal é o próprio emitente do título, que faz promessa de pagamento ao beneficiário e se vincula depois da emissão da nota promissória.

Como promessa de pagamento realizada pelo próprio emitente, não há a figura do sacado. O sacador é o próprio devedor, de modo que não há a necessidade de aceite por inexistir ordem de pagamento.

Consiste em título de crédito abstrato, pois desvinculado do negócio jurídico subjacente e que motivou sua emissão, bem como literal, pois necessária a expressão da quantia da obrigação na cártula.

8.2 Disciplina jurídica

A nota promissória é disciplinada pelos arts. 75 a 78 do Decreto n. 57.663/66. O art. 77 estabeleceu, por seu turno, que se aplicam às notas promissórias as disposições concernentes à letra de câmbio, desde que não sejam contrárias à natureza desse título de crédito.

Além da regulação pela Lei Uniforme, é aplicável às notas promissórias o Decreto n. 2.044, de 1908, nas omissões da Convenção de Genebra.

8.3 Requisitos essenciais

São reputados requisitos essenciais, sem os quais a nota promissória não produzirá efeito como título de crédito, os seguintes (art. 75 da LU):

I – a expressão "nota promissória";

II – a promessa pura e simples de pagar uma quantia determinada. A promessa não pode ser condicionada a evento futuro e incerto. O montante deverá ser pago por ocasião do vencimento, sem qualquer necessidade de verificação de novo evento;

III – o nome da pessoa a quem ou à ordem de quem deve ser paga. A nota promissória não poderá ser emitida ao portador. Seu beneficiário deverá ser indicado no título de crédito, sob pena de desfigurá-lo;

IV – a indicação da data em que a nota promissória é emitida. Esse requisito é imprescindível para aferir a capacidade jurídica do emitente para se obrigar perante o beneficiário;

V – a assinatura de quem passa a nota promissória.

Devem constar na nota promissória, ainda, o local de emissão da nota, a época do pagamento e a indicação do lugar em que se deve efetuá-lo. Tais requisitos, contudo, não são essenciais, pois sua omissão não torna sem efeito como título de crédito a nota promissória.

A omissão quanto ao local de emissão implica sua consideração como o lugar designado ao lado do nome do subscritor. A falta de indicação da época de pagamento implica a consideração do título como à vista, pagável por ocasião de sua apresentação. Por seu turno, na falta de indicação do lugar em que o pagamento deverá ser efetuado, este deverá ocorrer no lugar em que o título foi emitido ou no lugar do domicílio do subscritor da nota promissória (art. 76 da LU).

8.4 Vencimento

A nota promissória poderá ser à vista, a dia certo ou a tempo certo da data.

Nota promissória à vista é a nota promissória pagável por ocasião da apresentação do promitente ou sacador. Seu vencimento ocorre por ocasião da apresentação do título para pagamento.

Nota promissória a dia certo é a que possui data determinada para o seu vencimento.

Por seu turno, a nota promissória a tempo certo da data é o título cujo vencimento é expresso como a determinado prazo da data de emissão da nota promissória.

A nota promissória a tempo certo da vista não é admitida por alguns doutrinadores. Segundo R. Requião, "não podemos compreender, pois, como possa existir, mesmo na Lei Uniforme, alusão à nota promissória 'a certo termo de vista", uma vez que o principal obrigado e devedor do título é o próprio subscritor"[3].

A Lei Uniforme, em seu art. 78, admite a sua existência. Pelo dispositivo, as notas promissórias pagáveis a certo termo de vista devem ser apresentadas ao visto dos subscritores, no prazo de um ano de sua emissão.

Para Fran Martins, aceite não se confunde com vista. Para o autor, o aceite seria a assunção da obrigação de pagar. Vista, por seu turno, caracterizar-se-ia por marcar o início do prazo findo o qual o pagamento deve ser efetuado.

Nessa concepção, que parece ter sido a adotada pela lei, embora a nota promissória não admita aceite, pois o próprio promitente se obriga como devedor principal a realizar o pagamento ao beneficiário, de modo que se responsabiliza da mesma forma que o aceitante de uma letra, o sacador poderia conceber que o título não fosse pago assim que lhe fosse apresentado, mas em um dia a contar da data em que o título lhe for apresentado para vista.

---

3 REQUIÃO, Rubens. Curso de direito empresarial, 22. ed. São Paulo: Saraiva, v. 2, p. 424.

Nesse ponto, a vista apenas iniciaria o prazo de cumprimento da obrigação, e não se confundiria com o aceite.

8.5 Endosso, aval, pagamento, ressaque, ação cambial e prescrição

Aplicam-se às notas promissórias as mesmas disposições aplicáveis à letra de câmbio.

Ressalte-se, apenas, que, por ser caracterizada como promessa de pagamento, não há aceite na nota promissória. O próprio promitente sacador se obriga a pagar o montante previsto na cártula ao tomador. Também conhecido como subscritor da nota promissória, o sacador é responsável da mesma forma que o aceitante da letra de câmbio.

9. Cheque

9.1 Conceito

O cheque é ordem de pagamento à vista. O titular de fundos disponíveis em instituição financeira pode emitir ordem incondicional para que esta, sacada, pague determinada quantia em benefício próprio ou de terceiro.

Na concepção de F. Martins, "entende-se por cheque uma ordem de pagamento, à vista, dada a um banco ou instituição assemelhada, por alguém que tem fundos disponíveis no mesmo, em favor próprio ou de terceiro"[4].

Diante de sua grande participação entre os instrumentos de pagamento do Brasil, o qual diminui a circulação da moeda nacional, o cheque é um título de crédito vinculado. Sua forma é regulada pelo Banco Central do Brasil, e a cártula é fornecida pela própria instituição financeira ao emitente.

Além de possuir forma vinculada, o cheque é considerado título de crédito impróprio. Exige a celebração de um prévio contrato entre o emitente e a instituição financeira para que sejam depositados fundos do emitente, ou para que haja a abertura de crédito em benefício do contratante e para a disposição desses fundos por meio de cheque. Por conta da exigência de tais fundos, não há um crédito abstrato a ser satisfeito pela instituição financeira. Essa satisfaz a ordem de pagamento com o montante que mantém em depósito para o emitente.

Três são as posições jurídicas no cheque, portanto. O emitente ou sacador, que dá a ordem de pagamento à vista ao sacado, para que este pague a importância indicada no título com os valores mantidos por ele em depósito

---
4 MARTINS, Fran. *Títulos de crédito*. Rio de Janeiro: Forense, 2001. v. II. p. 3.

ou sob crédito do emitente. O pagamento é feito a um beneficiário, que tanto pode ser um terceiro como o próprio emitente.

Não há a figura do aceite e se considera não escrita qualquer declaração com esse sentido (art. 6º da Lei n. 7.357/85). A instituição financeira sacada não precisa aceitar a ordem de pagamento. A obrigação de pagar o tomador é decorrente do contrato prévio com o sacador, que condiciona o pagamento à existência de disponibilidade de recursos do emitente em seu poder.

A falta de fundos disponíveis impede que o sacado seja executado em decorrência da obrigação expressa no título. O sacado não garante o seu pagamento. Apenas deverá satisfazer o montante descrito na ordem de pagamento se possuir recursos disponíveis do emitente.

São considerados fundos disponíveis na instituição financeira:

I – os créditos constantes de conta-corrente bancária não subordinados a termo;

II – o saldo exigível de conta-corrente contratual;

III – a soma proveniente de abertura de crédito.

A falta de recursos não prejudica a validade do cheque (art. 4º da LC). A existência de fundos é verificada por ocasião da apresentação do cheque para pagamento, e não de sua emissão. Embora o pagamento seja condicionado à existência de recursos em poder da instituição financeira, o cheque permanece válido. Poderá ser exigido pelo portador ao emitente e seus avalistas, considerados obrigados diretos pelo título. Pode a quantia ser exigida, também, dos obrigados indiretos, consistentes nos endossantes e seus avalistas.

9.2 Disciplina jurídica

O cheque é disciplinado pela Lei Federal n. 7.357/85, conhecida por Lei do Cheque. De forma supletiva, aplicam-se ao instituto os dispositivos da Lei Uniforme sobre o Cheque, decorrente da Convenção Internacional de Genebra de 1931 e promulgada no Brasil pelo Decreto n. 57.595/66.

9.3 Requisitos essenciais

O cheque deverá conter determinados requisitos essenciais para valer como título de crédito (art. 1º da LC). Entretanto, o cheque incompleto no ato da emissão poderá ser completado até a apresentação do título. Podem ser apontados como requisitos essenciais:

I – denominação "cheque" inscrita no contexto do título e expressa na língua em que este é redigido;

II – ordem incondicional de pagar quantia determinada. A ordem de pagamento não poderá ser condicionada a qualquer evento futuro e incerto.

Por seu turno, a quantia deverá ser determinada. Na hipótese de divergência do montante, caso feita a indicação da quantia em algarismos e por extenso, prevalece a indicação por extenso. Se a quantia for indicada mais de uma vez, quer por extenso, quer por algarismos, prevalece, no caso de divergência, a indicação da menor quantia (art. 12 da LC). Considera-se não escrita a estipulação de juros inserida no cheque (art. 10 da LC);

III – o nome do sacado. O sacado obrigatoriamente deve ser Banco ou instituição financeira. São consideradas instituições financeiras as pessoas jurídicas públicas ou privadas, que tenham como atividade principal ou acessória a coleta, intermediação ou aplicação de recursos financeiros próprios ou de terceiros, em moeda nacional ou estrangeira, e a custódia de valor de propriedade de terceiros (art. 17 da Lei n. 4.595/64). Se emitido contra terceiro que não seja Banco ou instituição financeira que lhe seja equiparada, o cheque não tem validade como título de crédito;

IV – a data da emissão;

V – a assinatura do emitente ou de seu mandatário com poderes especiais.

Juntamente com a assinatura, deverão ser indicados o nome do emitente e seus documentos de identificação, além da data em que a conta-corrente do emitente na instituição financeira foi aberta. A assinatura do emitente ou de seu mandatário com poderes especiais pode ser constituída por chancela mecânica ou processo equivalente.

A assinatura do emitente torna-o responsável pela satisfação da obrigação constante no cheque. O emitente garante o pagamento do título e considera-se não escrita a declaração pela qual se exima dessa garantia.

O mandatário, sem poderes especiais ou que assina o cheque extrapolando esses poderes, obriga-se pessoalmente pelo cheque. Se vier a adimplir a obrigação nele constante, tem os mesmos direitos daquele em cujo nome assinou (art. 14 da LC).

Não são considerados requisitos essenciais, embora devam ser indicados no cheque, o local de pagamento do título e o local de emissão.

Isso porque, na falta de indicação especial, é considerado lugar de pagamento o lugar designado junto ao nome do sacado. Se forem designados vários lugares, o cheque é pagável no primeiro deles. Caso nenhum lugar seja indicado, o cheque é pagável no lugar de sua emissão.

Nesse ponto, o cheque pode ser pagável no domicílio de terceiro, quer na localidade em que o sacado tenha domicílio, quer em outra, desde que o terceiro seja banco (art. 11 da LC).

Por seu turno, a omissão do local de emissão implica a consideração de que o cheque foi emitido no lugar indicado junto ao nome do emitente.

9.4 Transmissão do cheque. Endosso e cessão de crédito

O cheque pode ter o beneficiário expresso no título ou ser ao portador, bem como pode ser transmitido por endosso ou cessão civil.

O cheque pode ser emitido para ser pago a pessoa nomeada, com ou sem cláusula expressa "à ordem"; a pessoa nomeada, com a cláusula "não à ordem"; ao portador (art. 8º da LC).

I – A pessoa nomeada, com ou sem cláusula expressa "à ordem"

O cheque emitido para ser pago a pessoa nomeada é presumido com a cláusula "à ordem". A cláusula à ordem, expressa ou presumida diante da omissão no título, implica que este será transmitido mediante endosso.

O endosso não precisa ser necessariamente para terceiro. Pode ser feito ao emitente, ou a outro obrigado, que podem novamente endossar o cheque. Unicamente o sacado não pode endossar o título.

O endosso do sacado é considerado nulo (art. 19, § 1º, da LC). Se o endosso for feito a este será válido apenas como quitação, a menos que o sacado tenha vários estabelecimentos e que o endosso seja feito em favor de estabelecimento diverso daquele contra o qual o cheque foi emitido.

O endosso deve ser lançado no cheque ou na folha de alongamento. Consistirá na assinatura do endossante ou de mandatário deste com poderes especiais, ou mediante chancela mecânica ou processo equivalente, no verso do título ou no anverso, se houver a indicação de ser endosso.

Pode ser em preto ou em branco.

Endosso em preto ocorre se o endossante indicar, por ocasião de sua assinatura na cártula, o endossatário. Pode ser, entretanto, em branco, se o endossante apenas assinar o título, sem fazer qualquer indicação. Nessa hipótese, a assinatura do endossante deverá ser feita obrigatoriamente no verso do cheque ou na folha de alongamento.

No endosso em branco, o portador poderá completar o cheque com o seu nome ou com o de outra pessoa, endossar novamente o cheque, em branco ou a outra pessoa determinada, ou, ainda, transferir o cheque a terceiro, sem completar o endosso e sem endossar (art. 20 da LC).

O cheque com endosso em branco pode circular da mesma forma que o cheque ao portador, com a simples tradição da cártula. Entretanto, difere deste, pois poderá ser completado a qualquer momento e transformar-se em endosso em preto.

O endosso deve ser feito de forma pura e simples. Não pode ser condicionado a nenhum evento futuro e incerto. Qualquer condição que o subordine é considerada como não escrita. Outrossim, deverá ser integral. O endosso parcial é nulo, pois o endosso transmite todos os direitos resultantes do cheque.

Além de transmitir todos os direitos inerentes ao cheque, o endossante garante o pagamento do título ao endossá-lo. Poderá o endossante, contudo, apor cláusula "sem garantia" no endosso, o que fará com que este não garanta o pagamento do título. Poderá, outrossim, proibir novo endosso. Nessa hipótese, o pagamento do título não é garantido a novos endossatários.

O endosso posterior ao protesto ou após o prazo de apresentação produz apenas os efeitos da cessão civil. Entretanto, se for feito sem data, salvo prova em contrário, será presumido como anterior ao protesto ou à expiração do prazo de apresentação (art. 27 da LC).

O endosso poderá ser próprio, que transfere o crédito ao beneficiário. Poderá ser também impróprio. O cheque poderá conter endosso--mandato. Pelo endosso que contenha as expressões "valor a cobrar", "para cobrança", "por procuração", ou qualquer outra menção que implique simples mandato, o endossatário poderá exercer todos os direitos emergentes da letra, mas como representante do endossante. Não há a transmissão do crédito, de modo que somente poderá endossar o cheque por endosso-mandato a terceiro (art. 26 da LC).

Também considerado endosso impróprio, o endosso-caução não é admitido no cheque. Pelo endosso-caução, o título é transferido como penhor, garantia ou caução de uma obrigação. No cheque, esse endosso não é permitido, pois o cheque consiste em ordem de pagamento à vista, o que impede a garantia da obrigação.

Por fim, a quantidade de endossos passíveis de serem feitos no cheque não possui limitação. A Lei n. 9.311/96, que regulava a Contribuição Provisória sobre Movimentação Financeira – CPMF, proibia mais do que um endosso na circulação do cheque, de modo a permitir a maior incidência da referida contribuição. Com o fim da Contribuição, em 2008, não há mais a limitação da quantidade de endossos do cheque.

II – A pessoa nomeada com a cláusula "não à ordem"

O cheque emitido para ser pago a pessoa nomeada com cláusula "não à ordem", ou equivalente, somente poderá ser transmitido por cessão civil.

A cessão civil, embora transmita o crédito, não possui os mesmos efeitos do endosso. Como já visto, a cessão civil apenas transmite obrigação já existente, mas não cria nova obrigação autônoma em relação às anteriores. O cedente responde apenas pela existência do crédito e não se torna coobrigado do título.

III – Ao portador

O cheque pode não identificar o beneficiário da ordem de pagamento à vista nele inserida. Nessa hipótese, a circulação do cheque ocorre pela simples tradição da cártula.

O cheque ao portador não pode ser completado, ao contrário do que ocorre em um cheque à ordem, mas com endosso em branco. O cheque ao portador pode ser endossado. O endossante passa a ser coobrigado do título, mas nem por isso o cheque se converte em título à ordem (art. 23 da LC). A emissão de cheque ao portador é restrita pela lei (art. 69 da Lei n. 9.069/95). O cheque somente poderá ser emitido, pago ou compensado, na forma ao portador, se o valor não ultrapassar R$ 100,00. Em ordens de pagamento em valores superiores, o beneficiário deverá ser necessariamente identificado.

9.5 Aval

O pagamento do cheque pode ser garantido por aval. O aval consiste na garantia cambiária pelo avalista de que a obrigação constante do cheque será paga pelo avalizado. Essa garantia do pagamento pode ser total ou parcial.

O avalista pode consistir em terceiro ou em qualquer signatário do título. Apenas o sacado não pode ser considerado também avalista do título (art. 29 da LC).

O aval deverá ser lançado no cheque ou na folha de alongamento. Exprime-se pelas palavras "por aval", ou fórmula equivalente, com a assinatura do avalista, tanto no anverso quanto no verso do título. Caso seja feito no anverso, a mera assinatura já é considerada como aval, a menos que seja a assinatura do emitente.

O avalizado deverá ser identificado no aval. Em sua falta, considera-se avalizado o emitente do título.

O avalista é coobrigado do título e possui a mesma responsabilidade do avalizado. Ainda que a obrigação do avalizado seja nula, diante da autonomia das obrigações cambiais, a obrigação do avalista permanece válida, a menos que a invalidade seja referente ao vício formal do título. O avalista que paga a obrigação adquire todos os direitos imanentes ao título em face do avalizado e dos demais coobrigados anteriores.

9.6 Pagamento

O cheque consiste em ordem de pagamento à vista, de modo que qualquer cláusula que exija a apresentação após determinado prazo é considerada não escrita. Por conta de sua definição, seu pagamento pode ser exigido a partir do momento em que é emitido.

Seu prazo de apresentação, portanto, inicia-se depois da emissão. Caso seja incluída no título data de emissão posterior, o cheque apresentado anteriormente a esta data é pagável no dia da apresentação.

O prazo de apresentação para pagamento é de 30 dias, se o cheque tiver sido emitido no lugar em que houver de ser pago. O prazo é de 60 dias, por outro lado, se o cheque tiver sido emitido em outro local ou no exterior.

Vencido o prazo sem a apresentação do cheque para pagamento, o cheque continua a poder ser exigido do sacado até o momento da prescrição e desde que haja fundos disponíveis.

Decorrido o prazo de apresentação, contudo, o cheque não poderá ser cobrado dos endossantes e seus avalistas. Nessa hipótese, o cheque também não poderá ser exigido do emitente, mas apenas se este possuísse fundos disponíveis durante o prazo de apresentação e os deixou de ter, em razão de fato que não lhe seja imputável (art. 47 da LC). A Súmula 600 do STF é expressa nesse sentido ao determinar que "cabe ação executiva contra o emitente e seus avalistas, ainda que não apresentado o cheque ao sacado no prazo legal, desde que não prescrita a ação cambiária".

Quanto aos obrigados, todos respondem solidariamente para com o portador do cheque. A ação contra um dos obrigados não impede serem os outros individualmente demandados. Assim como nada obsta que haja uma ação de cobrança coletiva, contra todos.

O pagamento pelo sacado é condicionado à disponibilidade de recursos do emitente em seu poder. Caso os fundos depositados somente sejam suficientes para pagar parte da quantia indicada no cheque, o pagamento deverá ser parcial. O portador não pode recusar pagamento parcial e o sacado pode exigir, nesse caso, que esse pagamento conste do cheque e que o portador lhe dê a respectiva quitação (art. 38, parágrafo único, da LC).

Se não houver recursos depositados no banco ou instituição financeira sacada, o sacado não tem a obrigação de pagar o título. A emissão de cheque sem fundo acarreta efeitos no âmbito penal. Comete o crime de estelionato aquele que emite cheque, sem suficiente provisão de fundos em poder do sacado, ou lhe frustra o pagamento (art. 171, VI, do Código Penal).

Por seu turno, o não pagamento com a existência de fundos gera ao emitente em ser ressarcido dos danos sofridos. A simples devolução indevida de cheque caracteriza dano moral (Súmula 388 do STJ).

Os cheques serão pagos na medida em que forem apresentados. Se dois ou mais cheques forem apresentados simultaneamente, sem que os fundos disponíveis bastem para o pagamento de todos, terão preferência os de emissão mais antiga e, se da mesma data, os de número inferior (art. 40 da LC).

No pagamento de cheque à ordem, o sacado é obrigado a verificar a regularidade da série de endossos, mas não a assinatura dos endossantes. O banco sacado responde pelo pagamento do cheque falso, falsificado ou alterado, salvo dolo ou culpa do correntista, do endossante ou do beneficiário, dos quais poderá o sacado, no todo ou em parte, reaver o que pagou.

9.7 Sustação de pagamento

A ordem de pagamento contida na cártula pode ser sustada. A sustação poderá ocorrer pela revogação e pela oposição.

A revogação consiste na contraordem dada pelo emitente, que pode ser realizada por meio de aviso epistolar, por via judicial ou extrajudicial. A revogação deverá ser fundamentada e somente poderá ocorrer depois de expirado o prazo de apresentação para pagamento do título (art. 35 da LC).

Não realizada a contraordem ou a revogação, o cheque poderá ser pago pelo sacado mesmo após a data de apresentação, até que decorra o prazo de prescrição.

A sustação poderá ocorrer, também, pela oposição. A oposição poderá ser realizada mesmo durante o prazo de apresentação. Além do prazo, diferencia-se da revogação porque pode ser realizada pelo emitente e pelo portador legitimado do título. Na oposição, qualquer deles poderá sustar o pagamento do título ao manifestar ao sacado, por escrito, oposição fundada em relevante razão de direito. São exemplos mais comuns dessas razões o extravio do título, seu furto, apropriação.

As razões tanto da revogação quanto da sustação não podem ter a relevância apreciada pela instituição financeira. O Banco apenas deverá recusar o pagamento do título.

9.8 Protesto

O tomador do título não pago pelo sacado poderá promover execução contra o emitente e seus avalistas e contra os endossantes e seus avalistas.

Contra os endossantes e avalistas, o tomador deverá demonstrar que o cheque foi apresentado em tempo hábil ao pagamento pelo sacado. Deverá demonstrar, também, a recusa de pagamento, a qual é comprovada pelo protesto do título ou por declaração do sacado, escrita e datada sobre o cheque, com a indicação do dia de apresentação, ou, ainda, por declaração escrita e datada por câmara de compensação.

O protesto apenas é necessário para a cobrança do título contra os endossantes e avalistas e desde que não haja declaração do banco ou da câmara de compensação. Contra o emitente e seus avalistas, é dispensado o protesto. Entretanto, se não for demonstrada a recusa de pagamento pelo protesto, bem como a apresentação tempestiva do cheque para pagamento, haverá a perda do direito de execução se o emitente não mais tiver fundos disponíveis em razão de fato que não lhe seja imputável.

O protesto ou as declarações do banco e da câmara de compensação deverão ser realizados no lugar do pagamento ou do domicílio do emitente. Deverão ser feitos antes da data de expiração do prazo de apresentação. Se a apresentação ocorrer no último dia do prazo, o protesto ou as declarações podem ser feitos no primeiro dia útil seguinte.

O protesto ou a declaração equivalente poderão ser dispensados pelos endossantes, avalistas e pelo próprio emitente, se for inserida no título de crédito a cláusula "sem despesa", "sem protesto" ou outra equivalente.

A cláusula, contudo, não dispensa a apresentação do cheque para pagamento no prazo. Sua eficácia ocorrerá apenas para o endossante ou pelo avalista que a lançar. Se o lançamento ocorrer pelo próprio emitente, contudo, seus efeitos ocorrerão em relação a todos os obrigados.

9.9 Prescrição

A ação cambial para a execução do cheque poderá ser realizada durante o prazo prescricional.

Para o portador do título acionar o emitente e seu avalista, prescreve em seis meses o cheque, contados da expiração do prazo de apresentação, ou seja, contados do decurso do prazo de 30 dias para o cheque emitido na mesma praça do pagamento e de 60 dias para o cheque emitido em praça diversa.

O prazo para um dos coobrigados exigir o pagamento dos obrigados anteriores, em ação de regresso, é diverso. O prazo é de seis meses, entretanto, contados do dia em que o obrigado pagou o cheque ou do dia em que foi demandado.

Durante o referido prazo prescricional, o cheque mantém todos os atributos como título de crédito, consistentes na cartularidade, literalidade e autonomia. Nesses termos, o cheque possui força executiva e, como tal, não há apreciação, na ação de execução, da causa subjacente à emissão do título.

A prescrição da ação executiva, contudo, não impede a exigibilidade da obrigação nele constante. Decorrido o prazo, o beneficiário poderá promover ação de locupletamento indevido contra o emitente, diante da falta do pagamento do cheque em detrimento do credor. Referida ação será de conhecimento, e não mais executiva, e terá o prazo prescricional de dois anos contados do dia em que se consumou a prescrição da ação executiva (art. 61 da LC).

Decorrido o prazo da legislação especial, o credor poderá, ainda, promover ação de cobrança, em que deverá demonstrar o crédito. Na referida ação, o cheque servirá apenas como elemento probatório. O prazo prescricional é o do art. 206, § 5º, I, do Código Civil, que determina que a prescrição da pretensão da cobrança de dívidas líquidas constantes de instrumento público ou particular ocorrerá em cinco anos a contar do respectivo vencimento.

9.10 Tipos de cheque

O cheque admite diversas modalidades, dentre as quais podem se apontar o cheque pós-datado, o cheque cruzado, o cheque para ser creditado em conta, o cheque visado.

9.10.1 Cheque pós-datado

Vulgarmente conhecido como cheque pré-datado, não é uma verdadeira modalidade de cheque, porque não reconhecida pelo direito cambiário. Caracteriza o cheque cuja data de emissão é indicada como uma data futura da que foi efetivamente emitido.

O cheque pós-datado é decorrente de uma convenção, entre o emitente e o tomador originário, de que o título de crédito não será apresentado antes de determinada data ao sacado. A pós-datação, contudo, não desconfigura o cheque como ordem de pagamento à vista.

Ainda que a data de emissão seja futura, o cheque pode ser apresentado prontamente pelo beneficiário. Isso porque o cheque é ordem de pagamento à vista. Ainda que a data de emissão seja posterior, o cheque apresentado para pagamento antes do dia indicado como data de emissão é pagável no dia da apresentação (art. 32 da LC).

Contudo, embora deva ser pago se apresentado antes da data convencionada, o cheque apresentado antecipadamente acarreta a violação do acordo entre as partes. O descumprimento da convenção entre o emitente do título e o beneficiário caracteriza dano moral (Súmula 370 do STJ).

9.10.2 Cheque cruzado

O cheque cruzado é caracterizado por duas linhas paralelas na transversal do anverso do cheque. O cruzamento do cheque restringe sua circulação e determina que este somente será pago a um banco ou a um cliente do sacado.

O cruzamento do cheque pode ser geral ou especial.

O cruzamento é geral se entre os dois traços não for feita nenhuma indicação, ou for incluída apenas a palavra "banco" ou equivalente. O cruzamento geral do cheque determina que este somente poderá ser pago pelo sacado a banco ou a cliente do sacado, mediante crédito em conta (art. 44 da LC).

Não há a especificação do banco. A ordem poderá ser paga pelo sacado a qualquer banco. O tomador não poderá apresentar o cheque diretamente ao banco sacado para pagamento, se não possuir conta neste. Deverá entregar o cheque ao banco em que possuir conta, e o banco sacado pagará ao banco em que o cheque foi entregue, o qual fará o crédito da quantia da ordem na conta do correntista.

O cheque com cruzamento geral poderá ser convertido em cheque com cruzamento especial, mas o inverso não é possível.

Cheque com cruzamento especial, por seu turno, é o cheque em que foram apostos dois traços paralelos no anverso do título e em que, entre os dois traços, foi indicado o nome do banco específico. Nesse tipo de cheque cruzado, o pagamento pelo sacado só pode ser feito ao banco indicado, ou, se este for o sacado, a cliente seu, mediante crédito em conta.

Pelo cruzamento especial, o banco designado é o único que poderá receber a quantia do cheque. O sacado pagará a quantia a ele. O banco designado, entretanto, pode incumbir outro da cobrança.

O cruzamento não poderá ser cancelado. Sua inutilização ou a do nome do banco é reputada como não existente.

9.10.3 Cheque para ser creditado em conta

O emitente ou o portador podem proibir que o cheque seja pago em dinheiro mediante a inscrição transversal, no anverso do título, da cláusula "para ser creditado em conta", ou outra equivalente. Por essa designação, o cheque apenas poderá ser pago, pelo sacado, mediante crédito em conta, transferência ou compensação (art. 46 da LC).

Por meio da inscrição no cheque, este não poderá ser pago em dinheiro ao tomador por ocasião da apresentação do título ao sacado. O sacado apenas poderá realizar o pagamento mediante lançamento contábil, como o crédito em conta, o que permite a identificação do beneficiário.

9.10.4 Cheque visado

O cheque visado é o cheque em que o sacado atesta a disponibilidade de fundos do emitente em seu poder e garante o pagamento da ordem se apresentada durante o prazo de apresentação.

O emitente ou o portador podem pedir ao sacado que lance e assine, no verso do cheque, visto, certificado ou outra declaração equivalente, datada e por quantia igual à indicada no título. A aposição desses vistos deve ser feita em cheque não ao portador e ainda não endossado.

A assinatura do banco no verso implica que este se obriga a debitar à conta do emitente a quantia indicada no cheque e a reservá-la em benefício do portador legitimado. O banco bloqueia da conta do emitente os valores suficientes para o pagamento da ordem expressa no título.

Essa garantia perdura apenas pelo prazo de apresentação. Decorrido o prazo, os valores são desbloqueados da conta do emitente ou também se ocorrer a inutilização do título.

Embora haja a garantia do banco, não é excluída, entretanto, a obrigação do emitente, endossantes e demais coobrigados.

9.10.5 Cheque administrativo

O cheque administrativo se caracteriza por ser emitido pelo próprio banco contra si próprio, em benefício de terceiro. Ocorre um autossaque, em que o sacador é a mesma pessoa que o sacado.

O cheque administrativo deve necessariamente indicar o beneficiário. A lei veda sua emissão ao portador (art. 9º, III, da LC).

9.10.6 Cheque de viagem

Conhecido por *traveller's check*, o cheque do viajante foi concebido para aumentar a segurança do viajante. Os cheques são vendidos pelas instituições financeiras, com a quantia a ser paga já incluída nos títulos.

O cheque possuirá a assinatura do emitente na parte superior da cártula, que é registrada pela instituição financeira. Por ocasião de sua emissão e entrega a terceiro beneficiário, o emitente deverá assinar a cártula na parte inferior, o que permitirá ao beneficiário conferir as assinaturas do emitente.

10. Duplicata

10.1 Conceito

Duplicata é título de crédito causal, sacado em função de um crédito proveniente de contrato de compra e venda mercantil ou de prestação de serviços.

A duplicata possui esse nome em razão de ser sacada após a fatura. A fatura é uma nota de mercadorias emitida pelo vendedor, que as discrimina, bem como indica os respectivos preços e qualidades. É emitida unilateralmente pelo vendedor, por ocasião de uma venda, despacho ou entrega das mercadorias ao comprador. A fatura não representa as mercadorias, mas apenas as descreve.

A Lei n. 5.474/68 (Lei das Duplicatas) impôs a obrigatoriedade de emissão de faturas em todo contrato de compra e venda mercantil com prazo não inferior a 30 dias, contado da data da entrega ou despacho das mercadorias. Em prazos inferiores a esse, a emissão é facultativa.

Além das compras e vendas, a fatura poderá ser emitida pelas empresas, fundações ou sociedades civis, que se dediquem à prestação de serviços. A fatura deverá discriminar a natureza dos serviços prestados e a soma a pagar em dinheiro correspondente ao preço dos serviços prestados (art. 20 da LD).

Com base nas faturas, para que os vendedores pudessem garantir o recebimento do preço pelas mercadorias entregues, foi criada a duplicata. Além de garantir o recebimento do preço, tal título de crédito foi modo eficiente de se promover o desenvolvimento das atividades comerciais, com a possibilidade de o vendedor receber antecipadamente as importâncias decorrentes da venda, pelo desconto do título. Desse modo, com base na fatura, poderá ser extraída uma duplicata para circulação como feito comercial (art. 2º da LD).

A partir de 1970, entretanto, foram firmados convênios entre os Estados para que as faturas pudessem ser substituídas por notas fiscais faturas, que serviriam tanto para fins fiscais como para fins contábeis, e que seriam emitidas em todas as vendas realizadas, inclusive à vista. Com base em tais convênios, a duplicata pode ser emitida não mais somente depois das faturas, mas também das notas fiscais faturas, em operações a prazo ou à vista.

Diante das faturas e das notas fiscais faturas, a duplicata é título causal. Apenas poderá ser emitida em decorrência de um contrato de compra e venda ou de um contrato de prestação de serviços. A emissão de fatura ou duplicata que não corresponda à mercadoria vendida ou ao serviço prestado é tipificada como crime de emissão de duplicata simulada (art. 172 do CP).

Embora a emissão da duplicata seja facultativa, quanto aos contratos de compra e venda e prestação de serviços, não é admitida qualquer outra espécie de título de crédito para documentar o saque do vendedor ou prestador pela importância faturada ao comprador ou adquirente do serviço.

Para que o pagamento da venda ou da prestação de serviços seja garantida, a duplicata é extraída da fatura ou da nota fiscal fatura pelo sacador ou emitente. É o vendedor das mercadorias ou o prestador do serviço o titular do crédito e que pode sacar a duplicata.

A duplicata será emitida em face do sacado, o qual é o adquirente das mercadorias ou dos serviços. Ao adquirente será dirigida a ordem de pagamento do montante decorrente da contratação.

10.2 Disciplina jurídica

A legislação aplicável à duplicata é a Lei Federal n. 5.474/68, conhecida por Lei da Duplicata. Supletivamente, aplicam-se às duplicatas as normas relativas à letra de câmbio no tocante à emissão, circulação e pagamento dos títulos (art. 25 da LD).

10.3 Requisitos essenciais

São requisitos essenciais à validade da duplicata (art. 2º da LD):

I – a denominação "duplicata", a data de sua emissão e o número de ordem;

II – o número da fatura. A duplicata não pode corresponder a mais de uma fatura. O contrário não é verdadeiro. Se a venda for para pagamento em parcelas, poderá ser emitida duplicata única ou série de duplicatas, uma para cada prestação;

III – a data certa do vencimento ou da declaração de ser a duplicada à vista. A duplicata à vista é a com vencimento por ocasião da apresentação do título ao sacado para pagamento;

IV – o nome e domicílio do vendedor e do comprador;

V – a importância a pagar, em algarismos e por extenso;

VI – a praça de pagamento;

VII – a cláusula à ordem;

VIII – a declaração do reconhecimento de sua exatidão e da obrigação de pagá-la, a ser assinada pelo comprador, como aceite cambial;

IX – a assinatura do emitente.

A falta desses requisitos torna a duplicata sem efeito como título de crédito.

10.4 Aceite

A duplicata deverá ser remetida para o sacado na praça ou no lugar de seu estabelecimento para ser aceita. A remessa deve ser realizada diretamente pelo vendedor ou por seus representantes, por intermédio de instituição financeira, procuradores ou correspondentes (art. 6º da LD).

Esse envio ao sacado deve ocorrer no prazo de 30 dias de sua emissão. Caso a remessa seja feita por intermédio de representantes, instituições financeiras, procuradores ou correspondentes, estes deverão apresentar o título ao comprador dentro de 10 dias, contados da data de seu recebimento na praça de pagamento.

O aceite da duplicata é obrigatório pelo sacado. O devedor somente poderá recusar o aceite se ocorrer:

I – avaria ou não recebimento das mercadorias, a menos que tenha se responsabilizado pela sua entrega. Na duplicata de serviço, também poderá ser recusado o aceite pela não correspondência com os serviços efetivamente contratados;

II – vícios, defeitos e diferenças na qualidade ou na quantidade das mercadorias ou serviços, devidamente comprovados;

III – divergência nos prazos ou nos preços ajustados.

O devedor, diante da duplicação com vencimento não à vista, terá o prazo de 10 dias do recebimento para devolver a duplicata. A duplicata pode ser devolvida com o aceite, consistente na assinatura do devedor na cártula. Na hipótese de aceite, poderá o devedor reter o título até a data do vencimento, desde que comunique à apresentante o aceite e a retenção.

No prazo de 10 dias, poderá ainda o sacado devolver a duplicata sem o aceite, mediante declaração que contenha as razões pelas quais o devedor se recusa a aceitar o título.

Caso a duplicata não seja devolvida, sem a comunicação de que tenha ocorrido o aceite e de que o devedor está retendo o título até o vencimento, poderá ser extraída a triplicata. A triplicata terá os mesmos efeitos e requisitos da duplicata original, e poderá ser extraída se ocorrer a perda ou o extravio da duplicata.

10.5 Pagamento

A duplicata deverá ser paga na data de vencimento se duplicata com data certa de vencimento. Se duplicata à vista, deverá ser paga por ocasião de sua apresentação para pagamento ao sacado.

Nada impede, entretanto, que o pagamento seja antecipado. O comprador poderá resgatar a duplicata antes de aceitá-la, ou antes da data de seu vencimento (art. 9º da LD).

A prova de pagamento será o recibo, o qual deverá ser passado no verso do próprio título, ou em documento em separado com referência expressa à duplicata. Demonstrará o pagamento, também, a liquidação de cheque a favor de estabelecimento endossatário, no qual conste, no verso, que seu valor se destina à amortização ou liquidação da duplicata nele caracterizada.

10.6 Aval e endosso

O pagamento do título poderá ser garantido por aval. O avalista será equiparado ao avalizado. Este deverá ser indicado por ocasião do aval, mas, à míngua de indicação, o avalizado será considerado como aquele que assinou abaixo do avalista. Se não houver assinatura, o avalizado será considerado o sacado ou comprador.

O aval poderá ser aposto inclusive após o vencimento da obrigação. O aval posterior ao vencimento produz os mesmos efeitos do aval prestado anteriormente a este (art. 12 da LD).

A duplicata poderá, ainda, ser endossada pelo tomador a terceiro. O primeiro endossante será sempre o vendedor ou prestador do serviço, pois sacador da duplicata. Os endossantes tornam-se coobrigados pelo título, com as demais consequências conforme a regulação prevista para a letra de câmbio.

10.7 Protesto

O protesto, na duplicata, pode ser realizado por três motivos (art. 13 da LD):

I – protesto por falta de aceite;

II – protesto por falta de devolução da cártula;

III – protesto por falta de pagamento.

O protesto deverá ser realizado no local de pagamento constante do título, no prazo de 30 dias, contado da data de seu vencimento.

O protesto por falta de devolução da cártula e o protesto por falta de aceite são facultados ao tomador. Sua omissão não impedirá que o protesto seja realizado por falta de pagamento do título.

A não realização do protesto ou o protesto intempestivo ou sem os requisitos legais não impedirá a exigibilidade do título de crédito em face do sacado ou do seu avalista, se o título tiver sido aceito. Se o título não tiver sido aceito, o protesto será obrigatório para a cobrança, inclusive em face do devedor principal, como veremos.

A falta de protesto provoca a perda do direito de regresso contra os endossantes e respectivos avalistas, de forma análoga ao ocorrido nos demais títulos cambiais.

10.8 Ação cambial

Se a duplicata não for paga em seu vencimento, poderá ser promovida ação para a execução da quantia prevista na ordem de pagamento pelo portador. Referida ação deverá ser promovida no foro do local de pagamento do título ou no domicílio do comprador, ou, no caso de ação regressiva, no foro do domicílio dos sacadores, dos endossantes e respectivos avalistas (art. 17 da LD).

Se a duplicata tiver sido aceita, poderá ser cobrada do sacado quer tenha sido protestada, quer não. Na cobrança do sacado que tenha aceitado a duplica não se exige o protesto. Isso porque a assinatura do sacado na cártula já é suficiente para obrigá-lo ao pagamento da obrigação.

Se a duplicata tiver sido devolvida sem o aceite ou não tiver sido devolvida com o aceite, o sacado poderá ser executado desde que, cumulativamente:

I – a duplicata ou triplicata tenham sido protestadas;

II – estejam acompanhadas de documento hábil comprobatório da entrega e recebimento da mercadoria;

III – o sacado não tenha, comprovadamente, recusado o aceite, no prazo, por motivo legítimo. São esses motivos a avaria, o não recebimento, vícios ou defeitos, divergência nos prazos ou nos preços, prestação inadequada dos serviços.

Os demais devedores também poderão ser executados, como sacador, endossantes e respectivos avalistas. Imprescindível, contudo, o protesto do título, qualquer que seja o tipo desse protesto.

10.9 Prescrição

A ação cambial poderá ser promovida nos seguintes prazos (art. 18 da LD):

I – em três anos, contados da data do vencimento do título, contra o sacado e os respectivos avalistas;

II – em um ano, contado da data do protesto, contra os endossantes e seus avalistas;

III – em um ano, contado da data em que haja sido efetuado o pagamento do título, a ação promovida por qualquer dos coobrigados contra o sacador, os endossantes anteriores ou os respectivos avalistas, em regresso.

Decorrido o prazo prescricional, extingue-se o direito à pretensão da execução da duplicata, como ação cambial. Contudo, possível a exigibilidade da quantia expressa no título por ação de conhecimento, cujo prazo é de cinco anos (art. 206, § 5º, do CC).

10.10 Duplicata escritural, eletrônica ou virtual

A Lei n. 13.775/2018 criou a figura da duplicata escritural, eletrônica ou virtual, pela qual a emissão da duplicata não seria mais realizada na cártula, mas mediante lançamento em sistema eletrônico de escrituração, administrado por qualquer entidade que exerça a atividade de escrituração de duplicata escritural.

Todos os elementos da duplicata deverão ser escriturados no sistema, o qual indicará, ao menos, a apresentação, aceite, devolução e formalização da prova do pagamento; controle e transferência da titularidade; prática de atos cambiais sob a forma escritural, como endosso e aval; inclusão de indicações, informações ou declarações referentes à operação com base na qual a duplicata foi emitida ou ao próprio título; e inclusão de informações a respeito de ônus e gravames constituídos sobre as duplicatas.

Ainda que incluídos seus elementos no sistema eletrônico, a duplicata será considerada título executivo extrajudicial, juntamente com o seu extrato, o qual poderá ser extraído do sistema eletrônico a pedido de qualquer solicitante. Como título, mediante seu extrato, a duplicata poderá ser protestada na hipótese de inadimplemento ou falta de aceite.

Para as duplicatas escriturais, na omissão da lei, aplicam-se subsidiariamente as normas para a duplicata cartular, conforme a Lei Uniforme.

A duplicata escritural excepciona a legislação da duplicata cartular no prazo de apresentação. Na duplicata escritural, exige-se a apresentação do título por meio eletrônico no prazo de dois dias úteis contados de sua emissão, caso não tenha sido determinado prazo diverso pela entidade da administração federal competente.

A recusa de sua aceitação deverá também ser realizada por meio eletrônico. Conforme art. 12, § 2º, da Lei n. 13.775/2018, o devedor poderá recusar no prazo e pelos motivos da recusa da duplicata cartular, ou seja, no prazo de dez dias, poderá o devedor recusar o aceite apenas nas hipóteses de avaria ou não recebimento das mercadorias, vícios, defeitos e diferenças na qualidade ou quantidade ou divergência nos prazos ou preços.

O prazo de aceite é diverso. Ainda que a recusa deva ser feita em 10 dias, o prazo para que a duplicata seja aceita é acrescido de metade. Poderá ser aceita, assim, no prazo de 15 dias.

De forma a se incentivar sua utilização, determinou o art. 10 da Lei n. 13.775/2018 que são nulas de pleno direito as cláusulas contratuais que vedam, limitam ou oneram, de forma direta ou indireta, a emissão ou a circulação de duplicatas emitidas sob a forma cartular ou escritural.

Quadro mnemônico

CLASSIFICAÇÃO DOS TÍTULOS DE CRÉDITO	
Natureza	• **Causal:** somente pode ser emitida em decorrência de determinado negócio jurídico (exemplo: a duplicata). • **Abstrato:** o crédito expresso na cártula independe da obrigação originária que motivou a sua emissão (exemplos: letra de câmbio, nota promissória, cheque).

CLASSIFICAÇÃO DOS TÍTULOS DE CRÉDITO	
Tipicidade	• **Típicos:** são definidos nas diversas leis esparsas sobre a matéria (exemplos: nota promissória, cheque, duplicata, letra de câmbio, conhecimento de depósito, cédulas rurais). • **Atípicos:** são os não disciplinados pela legislação esparsa e aos quais serão aplicadas as normas do Código Civil.
Modo de circulação	• **Título ao portador:** são emitidos sem que haja identificação do beneficiário da obrigação. O Código Civil determinou a nulidade do título ao portador emitido sem autorização de lei especial, exceto o cheque emitido com valores inferiores a R$ 100,00. • **Nominativo:** identifica o credor beneficiário cujo nome conste no registro do emitente; o devedor somente está obrigado a reconhecer como seu credor o portador do título que está registrado como beneficiário (pode ser transferido mediante termo em registro do emitente, assinado pelo proprietário e pelo adquirente e por endosso em preto, que contenha o nome do endossatário, com averbação em seu registro). • **À ordem:** emitido em favor de determinado beneficiário e transmissível por endosso simplesmente, com a assinatura do beneficiário (endosso em preto ou em branco). • **Não à ordem:** são os títulos cujo nome do beneficiário é expresso na cártula; não permitem o endosso e exigem que o título seja transferido apenas pela cessão civil.
Emissor	• **Títulos públicos:** têm por emissor o Estado ou uma pessoa jurídica de direito público (exemplo: título da dívida pública). • **Títulos particulares:** são emitidos por qualquer pessoa de direito privado, pessoa física ou jurídica (exemplos: cheque, nota promissória etc.).
Estrutura jurídica	• **Ordem de pagamento:** possui um sacador/emitente, um sacado/devedor e o beneficiário (exemplos: duplicata, letra de câmbio, cheque). • **Promessa de pagamento:** o devedor é o próprio promitente, a quem incumbirá o pagamento da obrigação constante do título ao beneficiário (exemplo: nota promissória).

TIPOS DE CHEQUES

Cheque pós-datado: caracteriza o cheque cuja data de emissão é indicada como uma data futura da em que foi efetivamente emitido (mas não desconfigura o cheque como ordem de pagamento à vista). Ainda que a data de emissão seja posterior, o cheque apresentado para pagamento antes do dia indicado como data de emissão é pagável no dia da apresentação, contudo acarreta a violação do acordo entre as partes e caracteriza dano moral.
Cheque cruzado geral: é caracterizado por duas linhas paralelas na transversal do anverso do cheque; restringe sua circulação e determina que este somente será pago a um banco ou a um cliente do sacado.
Cheque cruzado especial: é caracterizado por dois traços paralelos no anverso do título e em que, entre os dois traços, foi indicado o nome do banco específico; o pagamento pelo sacado só pode ser feito ao banco indicado, ou, se este for o sacado, à cliente seu, mediante crédito em conta.
Cheque para ser creditado em conta: o cheque apenas poderá ser pago, pelo sacado, mediante crédito em conta, transferência ou compensação.
Cheque visado: a assinatura do banco no verso implica que este se obriga a debitar à conta do emitente a quantia indicada no cheque e a reservá-la em benefício do portador legitimado. Embora haja a garantia do banco, não é excluída, entretanto, a obrigação do emitente, endossantes e demais coobrigados.
Cheque administrativo: caracteriza-se por ser um cheque emitido pelo banco contra si próprio, em benefício de terceiro.
Cheque de viagem: são vendidos pelas instituições financeiras, com a quantia a ser paga já incluída nos títulos; o cheque possuirá a assinatura do emitente na parte superior da cártula, que é registrada pela instituição financeira.

Tabela de prazos

Prazo prescricional das ações cambiais em face do aceitante e seus avalistas na letra de câmbio	3 anos a contar do vencimento do título
Prazo prescricional das ações cambiais em face dos endossantes, do sacador e de seus avalistas na letra de câmbio	1 ano a contar da data do protesto feito em tempo útil ou da data do vencimento, se tratar de letra que contenha cláusula sem despesas
Prazo prescricional das ações cambiais promovidas pelos endossantes uns contra os outros ou contra o sacador na letra de câmbio	6 meses a contar do dia em que o endossante pagou a letra ou em que ele próprio foi acionado
O portador do cheque pode acionar o emitente	6 meses contados da expiração do prazo de apresentação (decurso do prazo de 30 dias para o cheque emitido na mesma praça do pagamento e de 60 dias para o cheque emitido em praça diversa)
Prazo para um dos coobrigados exigir o pagamento dos obrigados anteriores, em ação de regresso	6 meses contados do dia em que o obrigado pagou o cheque ou do dia em que foi demandado
O beneficiário poderá promover ação de locupletamento indevido contra o emitente, diante da falta do pagamento do cheque em detrimento do credor	2 anos contados do dia em que se consumou a prescrição da ação cambial
Credor poderá promover ação de cobrança e o cheque servirá apenas como elemento probatório	5 anos a contar do respectivo vencimento
Emissão de faturas no contrato de compra e venda mercantil	prazo não inferior a 30 dias, contado da data da entrega ou despacho das mercadorias
A duplicata deverá ser remetida para o sacado na praça ou no lugar de seu estabelecimento	30 dias de sua emissão (ou apresentar título ao comprador em 10 dias contados da data de seu recebimento na praça de pagamento, caso a remessa seja feita por intermédio de representantes, instituições financeiras, procuradores ou correspondentes)
O devedor, diante da duplicação com vencimento não à vista, poderá devolver a duplicata	10 dias do recebimento
O sacado poderá devolver a duplicata sem o aceite, mediante declaração que contenha as razões pelas quais se recusa a aceitar o título	no prazo de 10 dias

A ação cambial poderá ser promovida contra os sacados e os respectivos avalistas da duplicata	em 3 anos, contados da data do vencimento do título
A ação cambial poderá ser promovida contra os endossantes e seus avalistas	em 1 ano, contado da data do protesto
A ação promovida por qualquer dos coobrigados contra o sacador, os endossantes anteriores ou os respectivos avalistas da duplicata, em regresso	em 1 ano, contado da data em que haja sido efetuado o pagamento do título
Exigibilidade da quantia expressa na duplicata por ação de conhecimento	prazo é de 5 anos

Capítulo 6

Contratos Empresariais

1. Teoria geral do contrato empresarial

O contrato pode ser definido como um acordo de vontades entre duas ou mais pessoas e que cria, modifica ou extingue relações jurídicas de caráter patrimonial.

Com a unificação do direito privado pelo Código Civil de 2002, os contratos passaram a ter como fonte legislativa o Código Civil, independentemente das pessoas que o celebraram e da atividade no qual estão inseridos. O Código Civil disciplina, em sua parte geral dos contratos, a formação, validade, formas, bem como os princípios gerais aplicáveis às diversas contratações.

A despeito de uma fonte legislativa comum, os contratos empresariais não perdem sua individualidade perante os demais contratos. A dinâmica empresarial e sua celebração no âmbito de uma atividade profissional e organizada implicam a consideração de princípios outros em sua interpretação e aplicação, que asseguram sua peculiaridade em face dos demais.

Caracterizam-se como contratos empresariais os contratos celebrados por empresário, no âmbito de sua atividade empresarial. O caráter distintivo dessa espécie de contrato é justamente a finalidade pretendida pelos empresários por ocasião dessa contratação e que se direciona à organização dos fatores de produção para o desenvolvimento de sua atividade.

Nesse sentido, definição de Forgioni, que exige que, além da celebração por empresários, apenas serão empresariais os contratos em que todas as partes contratantes tenham a intenção de lucro. Para a autora, "aqueles em que ambos (ou todos) os polos da relação têm sua atividade movida pela busca do lucro. É preciso reconhecer: esse fato imprime viés totalmente peculiar aos negócios jurídicos entre empresários"[1].

---

[1] FORGIONI, Paula Andrea. *Teoria geral dos contratos empresariais*. São Paulo: Revista dos Tribunais, 2009. p. 29.

Contudo, não basta a característica subjetiva dos empresários e da finalidade da contratação como inserida na atividade empresarial para caracterizar os contratos como empresariais. Excepcionalmente, podem ser caracterizados como empresariais também alguns contratos não celebrados por empresários, mas que podem ser caracterizados como tipicamente empresariais, em razão de sua própria essência ou ambiente em que celebrados, já que têm por objeto a disciplina de uma relação jurídica empresarial e o intuito lucrativo das partes. Nesse sentido, os contratos de sociedades empresárias ou os acordos de acionistas, os quais, embora celebrados por sócios ou acionistas não necessariamente também empresários, submetem os contratantes a uma relação jurídica nitidamente empresarial, em que todos, ainda, têm o intuito lucrativo na contratação.

1.1 Princípios gerais

Inseridos dentro da disciplina comum dos contratos, os contratos empresariais submetem-se aos seus princípios gerais.

Dentre os princípios gerais do contrato, podem ser indicados o princípio da autonomia da vontade, da força obrigatória dos contratos; da boa-fé e da função social do contrato.

O princípio da autonomia da vontade consiste no direito de as pessoas convencionarem sobre os seus próprios interesses.

Dentro da esfera conferida pela lei aos particulares, restritas por normas de ordem pública e indisponíveis, os agentes podem convencionar da melhor forma e estabelecerem as relações jurídicas privadas conforme os seus interesses.

Se há liberdade dos agentes para regularem seus interesses privados desde que não em contrariedade às normas imperativas, a convenção celebrada obriga as partes contratantes. O contrato tem força obrigatória entre os contratantes, que voluntariamente convencionaram e regularam seus interesses.

O *pacta sunt servanda* não permite que as partes se liberem, unilateralmente, das obrigações convencionadas, sem que haja o cumprimento das prestações, e permite a imposição pela parte adversa da reparação de perdas e danos em razão de eventual inadimplemento. O Código Civil, contudo, atenuou a força obrigatória dos contratos na hipótese de contratos de execução continuada ou diferida, em que a prestação de uma das partes se tornar excessivamente onerosa, com extrema vantagem para a outra, em virtude de acontecimentos extraordinários e imprevisíveis. Trata-se da cláusula *rebus sic stantibus*, prevista no art. 478 do Código Civil.

A força obrigatória da convenção, nesses termos, vigora enquanto houver as condições originalmente contratadas ou submetidas a eventos previsíveis. Caso ocorra a onerosidade excessiva em razão de fatos imprevisíveis, o contratante poderá requerer a resolução do contrato ou o réu poderá evitá-la com a modificação equitativa das condições do contrato. A revisão contratual é, entretanto, absolutamente excepcional. Os contratos empresariais presumem-se paritários e simétricos e as partes poderão estabelecer não apenas os parâmetros objetivos para a interpretação das cláusulas negociais, como de seus pressupostos de revisão ou de resolução conforme a alocação de riscos definida pelas próprias partes.

O terceiro princípio é a boa-fé objetiva. Enquanto a boa-fé subjetiva se caracteriza pela ignorância do agente, o princípio contratual da boa-fé objetiva exige que o contratante aja conforme a legítima expectativa da parte contrária e como forma de não frustrar a confiança depositada. Nos termos do art. 422 do Código Civil, "os contratantes são obrigados a guardar, assim na conclusão do contrato, como em sua execução, os princípios de probidade e boa-fé".

Na própria intepretação do contrato, o sentido será aquele confirmado pelo comportamento das partes posterior à celebração do negócio e aos usos, costumes e práticas do mercado relativas ao tipo de negócio.

A boa-fé objetiva é exigida durante todos os momentos contratuais. Antes do contrato, durante a sua formação, a parte deverá corresponder à expectativa da parte adversa, com, por exemplo, a obrigação de prestar todas as informações essenciais sobre o objeto da negociação. Durante o contrato, a boa-fé objetiva tem função de interpretação das cláusulas dúbias e de integração do contrato, com obrigações não expressas das partes contratantes, como a *surrectio* (comportamento da parte que cria direito à parte adversa) e a *supressio* (comportamento da parte que suprime determinados direitos próprios). Após a contratação e durante a fase de cumprimento, a boa-fé objetiva obriga os contratantes a facilitarem e não criarem impedimentos ao cumprimento das prestações pela parte adversa.

Por fim, a função social do contrato é princípio insculpido no art. 421 do Código Civil, que determina que "a liberdade de contratar será exercida em razão e nos limites da função social do contrato".

Como princípio jurídico contratual, a função social poderá ser decomposta em interna e externa. Na interna, o princípio da função social exige a consideração das partes submetidas à relação jurídica, de forma a não submeter uma delas à vontade da outra. As partes devem cooperar entre si e de forma a que o adimplemento das prestações ocorra "de forma mais satisfatória ao credor e menos onerosa ao devedor"[2].

---

2 ROSENVALD, Nelson. Comentários ao art. 421 do Código Civil. In: *Código Civil comentado*. PELUSO, Cezar (Coord.). 2. ed. Barueri: Manole, 2008. p. 409.

Em sua vertente externa, o princípio da função social limita a autonomia de vontade das partes contratantes em virtude da consideração de que a relação jurídica poderá afetar indiretamente também interesses de terceiros. A regulação de seus interesses próprios exige que, concomitantemente, sejam assegurados os interesses da sociedade em que os contratantes estão inseridos e de direitos difusos e coletivos não sejam desrespeitados.

1.2 Interpretação dos contratos mercantis

A despeito de se submeterem aos mesmos princípios contratuais em geral, a interpretação dos contratos empresariais deve se atentar às suas peculiaridades e à dinâmica das relações empresariais, as quais exigem maior segurança e previsibilidade dos agentes econômicos.

As regras de interpretação contratuais estão dispostas nos arts. 110 a 114 do Código Civil. Sobre os contratos empresariais, a aplicação das regras interpretativas deverá ser utilizada com base na perspectiva de que os contratantes desenvolvem atividade econômica profissional, ou seja, realizam negócios jurídicos reiteradamente e com intuito lucrativo.

Diante do exercício profissional de atividade econômica, pressupõe-se que o empresário atue para maximizar sua utilidade individual e seus resultados econômicos, de modo que obtém as informações necessárias sobre os negócios a serem realizados, bem como analisa se a celebração do contrato é a alternativa mais vantajosa aos seus interesses.

A previsibilidade e segurança dessas relações jurídicas celebradas permitem aos empresários contratantes a legítima expectativa de que haverá a vinculação pelas obrigações convencionadas. O sistema jurídico, nesse sentido, procura assegurar o melhor funcionamento do mercado. Esse é definido por Natalino Irti como o conjunto de regras que permitem aos agentes econômicos prever os comportamentos dos contratantes e orientar os seus próprios atos com base nessa previsão[3].

Essa certeza permite que os recursos escassos, livremente negociados, possam ser alocados aos contratantes que mais os valorizassem e que, portanto, estarão mais propensos a pagarem melhor preço por isso. Dessa forma, os contratos permitem maior eficiência na alocação dos recursos, menor desperdício de bens produtivos, maior circulação de riqueza e incentivam o desenvolvimento econômico nacional, por consequência.

Nesse sentido, a interpretação dos contratos empresariais deve pautar-se pelo pressuposto de que as partes possuem ampla autonomia em sua

---

3 IRTI, Natalino. Concetto giuridico di mercato e doveri di solidarietà. In: L'ordine giuridico del mercato. 4. ed. Roma: Laterza, 2001. p. 81.

contratação e de que, por realizarem reiteradamente as contratações em sua atividade empresarial, tinham consciência do que estavam contratando e que o negócio atendia aos seus melhores interesses. Normas mitigadoras dessa ampla liberdade para se vincular, como a onerosidade excessiva, devem ser ter aplicação excepcional.

Como forma de se garantir a maior certeza nas contratações, o Código Civil determinou a prevalência das declarações de vontade dos agentes na interpretação dos negócios jurídicos. Conforme o art. 110 do Código Civil, a "manifestação de vontade subsiste ainda que o seu autor haja feito a reserva mental de não querer o que manifestou, salvo se dela o destinatário tinha conhecimento".

Trata-se da interpretação objetiva, calcada na declaração de vontade dos contratantes. Nesse sentido, Betti sustenta que a vontade "pertence unicamente ao foro interno da consciência individual. Somente na medida em que se torna reconhecível no ambiente social, seja como declaração, seja como comportamento, ela se torna um fato social, suscetível de interpretação e de avaliação pelas partes"[4].

Ainda que prevaleça a declaração de vontade dos contratantes, o seu sentido deverá ser buscado mais na verdadeira intenção das partes ao celebrarem o negócio do que no sentido literal da linguagem, como determinada o art. 112 do Código Civil. A consideração de um retorno à teoria subjetiva, calcada na intenção das partes e em detrimento de sua declaração de vontade, resultaria em insegurança jurídica e incerteza nas contratações, na medida em que poderia não permitir ao contratante saber se o que está convencionando prevaleceria[5].

A interpretação resultante dos dispositivos legais, entretanto, é a de que declaração de vontade prevalece sobre a intenção não conhecida pela parte adversa. Caso, contudo, o instrumento do contrato revele texto diverso da intenção das partes declarada, haveria simples falha no instrumento, de forma que deverá preponderar a intenção declarada pelas partes àquilo constante do contrato.

Essa intenção declarada pelas partes por ocasião do contrato pode resultar de seus próprios comportamentos por ocasião de sua celebração ou ficará evidente por ocasião do comportamento da parte no cumprimento das prestações. Nesse sentido, o art. 113 do Código Civil, determina que o contrato deve ser interpretado conforme a boa-fé objetiva e os usos do lugar de sua celebração, ou seja, a legítima expectativa criada no contratante em razão dos

---

4 BETTI, E. *Teoria geral do negócio jurídico*. Trad. Fernando Miranda. Coimbra: Coimbra Editora, 1969, t. I. p. 98.
5 FORGIONI, Paula. Op. cit. p. 242-243.

comportamentos da parte adversa ou do que normalmente é esperado naquelas contratações no lugar de sua celebração.

Pela alteração do Código Civil e inserção do art. 113, § 1º, isso ficou ainda mais claro. Segundo o dispositivo, a interpretação do negócio jurídico deve lhe atribuir o sentido que for confirmado pelo comportamento das partes posterior à celebração do negócio; corresponder aos usos, costumes e práticas do mercado relativas ao tipo de negócio; corresponder à boa-fé; for mais benéfico à parte que não redigiu o dispositivo, se identificável; e corresponder a qual seria a razoável negociação das partes sobre a questão discutida, inferida das demais disposições do negócio e da racionalidade econômica das partes, consideradas as informações disponíveis no momento de sua celebração.

2. Espécies de contratos

2.1 Contrato de compra e venda mercantil

O contrato de compra e venda é definido no art. 481 do Código Civil. Pelo dispositivo legal, define-se o contrato como aquele em que "um dos contratantes se obriga a transferir o domínio de certa coisa, e o outro, a pagar-lhe certo preço em dinheiro".

A unificação do direito privado fez com que a disciplina do Código Comercial de 1850, com exceção do comércio marítimo disciplinado no livro II, fosse revogado. Nesse sentido, a definição de compra e venda do art. 481 também é aplicável às relações empresariais, quando o contrato for celebrado entre empresários no desenvolvimento de sua atividade, ou quando houver, entre as partes contratantes, mesmo que não empresárias, intuito de lucro na relação de suas obrigações.

Não basta para caracterizar o contrato como mercantil ou empresarial que tenha sido contratado por empresários[6]. O contrato de compra e venda não será caracterizado como mercantil se a aquisição do bem for feita pelo empresário como destinatário final do referido bem. Imprescindível que a aquisição seja feita no desenvolvimento da atividade empresarial, ou seja, para inseri-lo na cadeia de fornecimento aos adquirentes.

Por seu turno, além da contratação por empresários, também se caracteriza como compra e venda mercantil o negócio jurídico que envolva determi-

---

6 Em sentido contrário, Fábio Ulhoa Coelho. Para o autor, "toda compra e venda em que comprador e vendedor são empresários chama-se mercantil e é estudada pelo direito comercial. A qualidade da coisa objeto de contrato (sempre uma mercadoria) e a finalidade da operação (circulação de mercadorias) são decorrências deste requisito subjetivo" (COELHO, Fábio Ulhoa. *Curso de direito comercial*. 17. ed. São Paulo: Revista dos Tribunais, 2016, v. 3. p. 69-70).

nados bens, como valores mobiliários, títulos de crédito, mesmo que celebrados por não empresários, pois se presume a intenção de participar do risco do empreendimento ou de obter lucro, elementos característicos das relações empresariais.

A caracterização da compra e venda como mercantil submeterá esse tipo contratual à mesma disciplina legal da compra e venda não mercantil. Contudo, a relação empresarial exigirá a consideração de diferentes elementos pelo intérprete ou aplicador, o que assegura a manutenção da distinção entre as diversas formas de contrato de compra e venda.

2.1.1 Classificação

Trata-se de contrato consensual, bilateral, sinalagmático, oneroso, comutativo, de execução instantânea, em regra não solene.

Pelo contrato de compra e venda, o vendedor obriga-se a transferir o domínio da coisa ao comprador. Esse, por outro lado, obriga-se a pagar o preço da coisa, em dinheiro, ao vendedor.

Trata-se de contrato consensual e não real. O contrato se aperfeiçoa com o consentimento das partes sobre a coisa, o preço e suas condições. Não se exige, para a existência do contrato, a transferência da coisa, como nos contratos reais. O vendedor apenas obriga-se a transferir a coisa. A não transferência do domínio implica resolução do contrato, o qual é existente e válido.

O contrato cria obrigação para ambos os contratantes, de modo que pode ser classificado como contrato bilateral. O vendedor é obrigado a entregar a coisa enquanto o comprador fica obrigado pelo preço convencionado.

É contrato sinalagmático. As prestações são reciprocamente dependentes, pois cada uma é causa da outra. Dessa forma o contraente não pode exigir o cumprimento da obrigação da parte adversa sem ter satisfeito a própria obrigação.

Outrossim, é comutativo. As prestações de entrega da coisa e de pagamento do preço são equivalentes subjetivamente entre si. Isso significa que as vantagens de cada prestação recebida devem ser idênticas as desvantagens das prestações prestadas na perspectiva do agente contratante, ainda que não na perspectiva de outros que não figurem na relação jurídica.

Nada impede, porém, que o contrato de compra e venda não seja comutativo, mas seja aleatório. No contrato aleatório, "uma das prestações pode falhar (...) ou a contraprestação pode ser desproporcional ao valor da prestação"[7]. O contrato de compra e venda aleatório pode ocorrer com a alienação

---

7 GOMES, Orlando. *Contratos*. 24. ed. Rio de Janeiro: Forense, 2001. p. 74.

de coisa futura, em que o adquirente assuma o risco de não existir, ou de existirem em quantidade menor, ou de coisa que pode deixar de existir.

É contrato também oneroso. Pelo contrato de compra e venda, ambas as partes sofrem um sacrifício para se garantir o proveito da prestação à parte adversa. O vendedor se sacrifica pela obrigação de entrega da coisa, enquanto o comprador se sacrifica pelo pagamento do preço.

O contrato poderá ser de execução instantânea, em que as prestações são realizadas em uma único momento, seja imediatamente à formação do contrato ou em momento posterior. Nada impede, porém, que as partes convencionem por renunciar à execução única e estabelecerem o cumprimento das prestações no tempo, com o parcelamento do preço ou a entrega por partes da coisa.

Em regra, o contrato de compra e venda se aperfeiçoa apenas pelo consenso quanto à coisa e o preço, independentemente de qualquer forma exigida por lei. Em regra, assim, sua forma é livre, podendo ser realizado inclusive verbalmente apenas. Pode ser caracterizado, dessa forma, como não solene.

Pela natureza não solene, poderá ser provado por qualquer meio de prova. Exceto se o valor das prestações ultrapassar o décuplo do maior salário mínimo vigente, o contrato poderá ser provado exclusivamente por prova testemunhal (art. 227 do Código Civil). Na hipótese de superar referido valor, apenas o meio probatório fica limitado, mas não há alteração da natureza do contrato para solene.

Hipótese diversa ocorre na compra e venda de imóveis de valor superior a 30 vezes o maior salário mínimo vigente no país, em que a escritura pública é exigida como da substância do ato. Nos termos do art. 108 do Código Civil, "não dispondo a lei em contrário, a escritura pública é essencial à validade dos negócios jurídicos que visem à constituição, transferência, modificação ou renúncia de direitos reais sobre imóveis de valor superior a trinta vezes o maior salário mínimo vigente no país".

2.1.2 Elementos do contrato

Podem ser apontados como elementos do contrato de compra e venda o consentimento, o preço e a coisa.

2.1.2.1 O consentimento

O contrato de compra e venda se aperfeiçoa quando houver declaração convergente de vontade pelas partes contratantes a respeito do preço a ser satisfeito e da coisa a ser entregue. Nos termos do art. 482 do Código Civil, a compra e venda estará perfeita quando as partes acordarem no objeto e preço.

O consentimento é pressuposto da existência do contrato de compra e venda, embora os vícios de consentimento e os vícios sociais possam acarretar sua invalidade. Por vícios do consentimento, entendem-se os vícios que acometem a declaração da parte e que comprometem a vontade declarada pelo agente. São os vícios de erro, dolo e coação.

Por vícios sociais, por seu turno, a vontade do agente é exatamente a declarada. Contudo, em razão de contrariarem à boa-fé ou à lei e de causarem prejuízos a terceiros, contaminam a validade do negócio jurídico celebrado. São exemplos o estado de perigo, a lesão, a fraude contra credores e a simulação.

Como esclarecido por Fran Martins, "nos *vícios do consentimento* o defeito é encontrado na própria declaração da vontade; já nos *vícios sociais* são os resultados obtidos com a declaração da vontade que prejudicam a parte"[8].

2.1.2.2 A coisa

No contrato de compra e venda, a coisa objeto do contrato e que deverá ter o domínio entregue pelo vendedor poderá ser presente ou futura, certa ou incerta, móvel ou imóvel, corpórea ou incorpórea, fungíveis ou infungível, consumível ou inconsumível, própria ou de terceiro.

Conforme o art. 483 do Código Civil, coisa objeto de contrato pode ser atual ou futura. A compra e venda poderá recair sobre coisa futura, cujo risco de não existir é assumido por uma das partes contrantes. Trata-se de contrato aleatório. Caso a coisa não venha a surgir (*emptio spei*), desde que não tenha ocorrido culpa ou dolo da parte, haverá direito de receber integralmente o montante convencionado (art. 458 do Código Civil).

Por seu turno, caso a incerteza seja não quanto à existência, mas à quantidade que vier a existir, o alienante terá direito ao montante integral do preço, desde que a coisa venha a existir em qualquer quantidade e não tenha concorrido com culpa. Se a coisa não vier a existir (*emptio rei sperata*), contudo, não terá ocorrido alienação e o alienante deverá restituir o preço recebido (art. 459 do Código Civil).

Ainda que verse sobre coisa futura, sua existência deve ser possível. "A coisa deve ter existência possível posto que, se cuidar de coisa inexistente, o contrato será nulo pela impossibilidade do seu objeto"[9].

A coisa poderá ser certa ou incerta. Se incerta, deverá ser indicada ao menos pelo gênero e pela quantidade (art. 243 do Código Civil).

---
8 MARTINS, Fran. *Títulos de crédito*. Rio de Janeiro: Forense, 2001, v. II. p. 112.
9 FRANCO, V. H. Mello. *Manual de direito empresarial*. São Paulo: Revista dos Tribunais, 2001, v. I. p. 35.

A coisa poderá ser fungível ou infungível. Fungível são os bens que podem ser substituídos por outros da mesma espécie e com a mesma qualidade ou quantidade. Infungível, porém, é o bem que não poderá ser substituído por outro da mesma espécie.

Se compra e venda de coisa fungíveis, a escolha para a entrega pertencerá ao alienante, se o contrário não resultado do contrato. O alienante não poderá, entretanto, dar a coisa pior nem ser obrigado a entregar a melhor (art. 244 do Código Civil).

A coisa a ser alienada poderá ser móvel ou imóvel. Na hipótese de venda sobre imóvel, o contrato exigirá, para sua validade, a escritura pública, desde que imóvel superior a trinta vezes o maior salário-mínimo vigente no país (art. 108 do Código Civil).

A coisa vendida poderá ser própria ou de terceiro. Trata-se da venda a *non domino*. Pelo contrato de compra e venda de coisa de terceiro, o alienante obriga-se a adquirir a coisa até o momento de sua tradição ou transferência.

Para Pontes de Miranda e a maioria da doutrina brasileira, na hipótese de não ocorrer a aquisição do bem de terceiro para a entrega, o contrato de compra e venda é considerado existente, porém ineficaz. Para o autor "podem ser vendidos direitos que pertencem ao vendedor e direitos alheios, daí existir e valer a compra e venda de coisa móvel ou de prédio que não pertence ao vendedor, de modo que se 'A' vende a 'B' terreno com casa, sem que esse terreno e casa lhe pertençam, a venda existiu e vale, apenas sendo ineficaz. Se 'A' adquire depois, tem de prestá-los, ou, se não os adquire, tem de indenizar"[10].

2.1.2.2.1 Venda ad corpus e ad mensuram

Na hipótese de alienação de imóvel, o preço poderá ser fixado por medida de extensão ou de respectiva área. Poderá ser também o preço fixado em virtude de a coisa ser certa e discriminada.

A diferenciação quanto à coisa é pertinente para o caso de a coisa efetivamente entregue não corresponder ao convencionado. Na hipótese de alienação de coisa *ad mensuram*, ou seja, em razão da extensão ou da área, é possível ao comprador pleitear a complementação da área faltante mediante a *actio ex empto* e, caso isso não seja possível, pleitear a resolução do contrato pela ação redibitória, ou a redução do preço, pela ação estimatória, nos termos do art. 500 do CC/2002.

A diferença entre a área prometida e a efetivamente entregue, contudo, deverá ser superior 20% da área para permitir a opção do comprador. Caso

---

10 PONTES DE MIRANDA. *Tratado de direito privado*. 4. ed. São Paulo: Revista dos Tribunais, 1974, t. III. p. 281.

contrário, presume-se que a referência às dimensões foi simplesmente enunciativa. Se inferior a 20% de diferença, as opções ao comprador exigirão, para serem exercidas, que esse demonstre que não teria realizado o negócio se soubesse da diferença.

O prazo para a propositura das ações para a complementação da área, resolução do contrato ou abatimento do preço é decadencial. O art. 501 do Código Civil estabelece o prazo de um ano, a contar do registro do título, a menos que haja atraso na imissão da posse em razão do alienante, ocasião em que o prazo começará a fluir após a posse.

Na venda *ad corpus*, em que o imóvel é vendido como coisa certa e discriminada, a menção à área é apenas enunciativa. Nessa hipótese, não haverá complemento de área ou devolução de excesso.

2.1.2.2.2 Venda sob amostras

Estabelece o art. 484 a possibilidade de convenção do contrato de compra e venda à vista de amostras, protótipos ou modelos. Nessa hipótese, a coisa a ser entregue pelo vendedor deverá ter as qualidades correspondentes da amostra, dos protótipos ou modelos, inclusive prevalecendo esse parâmetro se houver discordância com a maneira pela qual a coisa foi descrita no contrato.

Caso não entregue a coisa com as qualidades indicadas na amostra, modelo ou protótipo, o comprador poderá recusar seu recebimento. Diante do inadimplemento, o vendedor poderá ser compelido a entregar a coisa com as mesmas características da amostra ou poderá ser pleiteada a resolução do contrato, sem prejuízo das perdas e danos.

2.1.2.3 O preço

O preço é elemento essencial do contrato de compra e venda e consiste no valor em dinheiro a ser pago pelo comprador em razão da transferência de domínio da coisa adquirida.

No Brasil, exceto situações excepcionais, o preço é livremente negociado entre as partes contratantes. A intervenção direta estatal no preço, por meio de congelamento, tabelamento, autorização para aumento dos preços em segmentos estratégicos ou monitoramento, é medida considerada excepcional, sob pena de suprimir a livre-iniciativa e a liberdade econômica dos indivíduos[11].

O preço deverá ser certo, determinado ou determinável e fixado em consenso por ambas as partes, ou por ambas atribuída a terceiro ou à taxa de bolsa,

---

11 COELHO, Fábio Ulhoa. Op. cit. p. 73.

de mercado, ou de índices ou parâmetros. O que se impede é a cláusula puramente potestativa, em que a fixação do preço é exclusivamente realizada por apenas uma das partes, sob pena de nulidade (art. 489 do Código Civil).

Nada impede, porém, que a fixação do preço seja atribuída ao arbítrio de terceiro, o qual, se não aceitar, acarretará a ineficácia do contrato. Por seu turno, as partes poderão fixar que, em certo e determinado dia e lugar, o preço será a taxa de mercado ou de bolsa, ou fixado em funções de índices ou parâmetros.

O preço é elemento essencial do contrato. Caso não seja fixado pelas partes contratantes seu valor ou os critérios para sua determinação, o preço será o corrente nas vendas habituais do vendedor. Caso haja diversidade de preço, na falta de acordo, prevalecerá o preço médio (art. 488, parágrafo único, do CC).

O preço poderá ser satisfeito à vista ou a prazo. Na compra e venda com pagamento à vista, o preço deverá ser satisfeito no momento da celebração do contrato, com o recebimento da mercadoria. Nessa hipótese em que não há venda à crédito, nos termos do art. 491 do Código Civil, o vendedor não é obrigado a entregar a coisa antes de receber o preço.

Por seu turno, o preço também poderá ser a prazo, ou venda à crédito, em que o pagamento é realizado em momento futuro posterior ao recebimento da coisa, ou de forma parcelada com a fixação do momento em que a coisa deverá ser entregue, antes ou depois de findo o parcelamento.

2.1.3 Obrigações do vendedor e do comprador

O vendedor tem a obrigação de entrega da coisa no prazo determinado. Caso não haja prazo fixado no contrato, a entrega deverá ser provocada mediante interpelação judicial ou extrajudicial (art. 397, parágrafo único, do Código Civil). A obrigação do vendedor de entregar a coisa não poderá ser exigida antes do pagamento do preço, exceto se a venda for a crédito, nos termos do art. 491 do Código Civil.

Ainda que a crédito, contudo, ou seja, mediante o pagamento do preço em momento posterior, o vendedor poderá obstar-se a entregar a coisa se houver mudança na situação financeira ou econômica do comprador, que indique que ele não poderá satisfazer o preço. É o que ocorre na situação de insolvência, disciplinada no art. 495 do Código Civil e que permite ao vendedor sobrestar a entrega até que haja caução do credor que garanta que o pagamento do preço será satisfeito.

Salvo essa hipótese, a coisa deverá ainda ser entregue da forma em que convencionada. Se não houver estipulação do local onde deverá ser entregue, a tradição deverá ocorrer no local em que a coisa se encontrava ao tempo do contrato (art. 493 do Código Civil). Ademais, a entrega por partes não precisa ser aceita pelo comprador, caso tenha sido convencionada a entrega da coisa por inteiro.

A entrega ocorrerá por mera tradição na hipótese de móveis. Se imóveis, entretanto, exige-se o registro público no Cartório de Registro de Imóveis para a transferência do domínio da coisa alienada.

Em razão da obrigação de transferência do domínio, ao vendedor caberá assegurar o comprador da posse mansa e pacífica do bem. O vendedor deverá assegurar que o comprador possa livremente usar a coisa e gozar sem sofrer turbação na sua posse.

Responde o vendedor, nesse ponto, pelos riscos da evicção, a menos que tenha sido estipulado o contrário no contrato. Se o adquirente for ameaçado em seu domínio ou posse sobre a coisa adquirida, em virtude de decisão judicial que reconheça o direito de terceiro sobre o bem, responderá o alienante pela restituição do preço pago, e deverá ressarcir o adquirente pelos frutos que não tiveram que ser restituídos, benfeitorias necessárias e úteis, e pelas perdas e danos causados (art. 450 do Código Civil).

O vendedor é ainda responsável pelos vícios redibitórios. São considerados vícios redibitórios os vícios ocultos, não aparentes, que afetam a utilidade da coisa, que as tornem impróprias ao uso ou lhe diminuam o valor. Pelos vícios redibitórios, o comprador poderá rejeitar a coisa, com a restituição do preço pago (ação redibitória) ou requerer o abatimento do seu valor (ação *quanti minoris*), desde que o faça no prazo decadencial de 30 dias, se for coisa móvel, e de um ano se for coisa imóvel (art. 445 do Código Civil). Se o vício, entretanto, pela sua natureza, somente puder ser conhecido mais tarde, o prazo será contado do momento em que o comprador tiver ciência, até o prazo máximo de 180 dias, em se tratando de móveis, e de um ano se imóveis.

O comprador, por outro lado, tem a obrigação de pagar o preço da forma que convencionado.

Deverá, ademais, receber a coisa vendida, na forma, prazo e modo estipulados no contrato. Caso não seja estipulado o prazo de entrega, o comprador deverá receber a coisa posteriormente à interpelação judicial ou extrajudicial. Se não a receber, ocorrerá a resolução do contrato, com o desfazimento do contrato e eventuais perdas e danos, caso o vendedor não prefira a consideração do bem em juízo.

2.1.4 Despesas com a tradição

Nos termos do art. 490 do Código Civil, as despesas de escritura e de registro para a transferência de domínio de bem imóvel ficam a cargo do comprador, caso não seja nada disposto em contrário no contrato social. Tratando-se de bem móvel, contudo, cuja transferência de domínio ocorre pela tradição, essa fica a cargo do vendedor, no local em que a coisa se encontrava ao tempo da venda, salvo estipulação diversa (art. 492 do Código Civil).

O Código Civil estipula que até o momento da tradição, os riscos da coisa correm por conta do vendedor, e os do preço por conta do comprador (art. 492 do Código Civil). Trata-se da regra que a coisa perece para o proprietário (*res perit domino*). Os riscos da coisa somente são passados ao comprador, se esse estiver em mora de a receber, quando a coisa tiver sido posta à sua disposição.

Entretanto, se a coisa for expedida para local diverso daquele para onde deveria ser entregue por ordem do comprador, os riscos correrão por sua conta, uma vez entregue a quem haja de transportá-la, bem como às suas despesas, ressalvada convenção em contrário, como ocorre com os *Incoterms*, regras mercantis utilizadas pelas partes para disporem sobre a responsabilidade da entrega das mercadorias. Nesse particular, são exemplos a cláusula CIF (*cost, insurance and freight*), em que o vendedor se obriga ao pagamento do custo, do seguro e do frete; a cláusula FOB (*free on board*), em que o vendedor se obriga a entregar a mercadoria até o local de transporte, e o comprador incorrerá nos custos do transporte; ou a EXW (*ex-works*), em que o vendedor é obrigado a apenas colocar a mercadoria à disposição do comprador no seu próprio estabelecimento.

2.1.5 Partes

Como regra, não há limitação às partes contratantes. Podem figurar como comprador ou como vendedores tanto pessoas físicas quanto pessoas jurídicas.

Algumas pessoas, contudo, em virtude de circunstância particular, estão impedidas de sua celebração diante do conflito de interesse. Como ocupam função que deveriam preservar os referidos bens, guardá-los ou aliená-los, estão impedidos de adquiri-los para se evitar que obtenham vantagem indevida em detrimento daqueles cujos interesses deveriam proteger.

Em razão desse conflito, o art. 497 do Código Civil comina com a pena de nulidade a aquisição, ainda que em hasta pública, pelos tutores, curadores, testamenteiros e administradores, dos bens confiados à sua guarda ou administração; pelos servidores públicos, em geral, dos bens ou direitos da pessoa jurídica a que servirem, ou que estejam sob sua administração direta ou indireta; pelos juízes, secretários de tribunais, arbitradores, peritos e outros serventuários ou auxiliares da justiça, dos bens ou direitos sobre que se litigar em tribunal, juízo ou conselho, no lugar onde servirem, ou a que se estender a sua autoridade; pelos leiloeiros e seus prepostos, dos bens de cuja venda estejam encarregados. É nula, da mesma forma, a cessão de crédito para esses.

Para que se garanta a preservação da legítima entre os herdeiros, a venda de ascendentes a descendentes exigirá a anuência dos demais descendentes e do cônjuge, exceto se regime de separação obrigatória, sob pena de anulabilidade. Pelo art. 496 do Código Civil, procurou-se evitar que, por meio de compra e venda simuladas, mas que revelaria verdadeira doação, um herdeiro recebesse montante maior do que outros, que teriam a legítima prejudicada. Caso revestisse a forma de doação, o herdeiro donatário deveria colacionar em virtude da abertura da sucessão, de forma a equivaler as importâncias a serem recebidas pelos herdeiros.

Por fim, a compra e venda não poderá ser feita, sob pena de nulidade, entre os cônjuges, desde que tenha por objeto bens incluídos na comunhão. Pela disposição do art. 499 do Código Civil, como os bens pertencentes à comunhão já seriam de propriedade em comum do adquirente, não haveria propriamente a transferência do domínio.

2.1.6 Cláusulas especiais

O Código Civil previu a possibilidade de as partes contratantes inserirem cláusula não essenciais, mas típicas, nos contratos de compra e venda para disciplinarem seus interesses.

2.1.6.1 Cláusula de retrovenda

No contrato de compra e venda, as partes podem estipular uma cláusula resolutiva que determina que o vendedor poderá reaver a coisa alienada, com a restituição do preço e despesas. É a cláusula de retrovenda ou de direito de retrato, pelo qual o vendedor tem o direito de recomprar a coisa alienada.

Nos termos do art. 505 do Código Civil, "o vendedor de coisa imóvel pode reservar-se o direito de recobrá-la no prazo máximo de decadência de três anos, restituindo o preço recebido e reembolsando as despesas do comprador, inclusive as que, durante o período de resgate, se efetuaram com a sua autorização escrita, ou para a realização de benfeitorias necessárias".

A cláusula de retrovenda somente poderá ser estipulada nos contratos de compra e venda de imóvel. O prazo máximo para que haja o exercício da opção de recompra do bem é de três anos. O prazo é decadencial e, portanto, não sujeito à interrupção ou suspensão. Inicia-se após a celebração do contrato.

Caso o direito de retrato ou reaquisição do bem alienado caiba a mais de uma pessoa, qualquer das pessoas poderá exercer o direito. Ainda que o comprador possa intimar os demais para exercerem concomitantemente o direito, caso não haja composição entre os requerentes, prevalecerá o pacto em favor de quem haja efetuado o depósito integral (art. 508 do Código Civil).

O direito de retrato ou reaquisição poderá ser transmissível causa mortis aos herdeiros e legatários. Não poderá ser, entretanto, objeto de transferência *inter vivos*, por ser considerado personalíssimo[12].

Em virtude do direito de sequela, o direito de retrato é oponível inclusive em face de terceiros adquirentes posteriores da coisa. Caso haja recusa no recebimento do preço para a aquisição, o direito de resgate ou retrato poderá ser exercido mediante o depósito judicial da importância devida.

2.1.6.2 Cláusula de venda a contento e sujeita à prova

Pelo contrato de compra e venda com cláusula de venda a contento, há condição suspensiva de seus efeitos. Mesmo que a coisa objeto da compra e venda já tenha sido entregue pelo vendedor, o contrato somente produzirá efeitos a partir do momento em que o adquirente manifestar sua concordância com a coisa entregue.

Além da compra e venda a contento, pode ser convencionada cláusula de sujeição à prova. Por essa cláusula, entende-se que o contrato foi celebrado com a condição suspensiva de que a coisa tenha as qualidades asseguradas pelo vendedor e seja idônea para o fim a que se destina (art. 510 do Código Civil).

A declaração de concordância do comprador com a coisa entregue poderá ser expressa ou tácita. A concordância tácita poderá resultar do comportamento do adquirente e da realização de atos incompatíveis com a rejeição do bem, como o pagamento da coisa entregue.

Nessas hipóteses, ainda que a coisa tenha sido entregue ao comprador, não ocorreu a transferência da propriedade pela tradição. Por se caracterizarem como condições suspensivas, até que o adquirente aquiesça com a sua entrega, o vendedor continua como proprietário do bem e é responsável pelos seus riscos. O adquirente, nessas hipóteses, responde como mero comodatário.

Se não houver prazo para que o adquirente declare sua concordância com o bem, o vendedor poderá intimá-lo, judicial ou extrajudicialmente, para que a realize em prazo improrrogável. Caso não o faça, o comprador não poderá rejeitar a mercadoria entregue.

2.1.6.3 Cláusula de preferência ou preempção

Trata-se de cláusula acidental ou não obrigatória do contrato de compra e venda. Pela cláusula, as partes convencionam que o comprador, na hipótese de alienação da coisa adquirida ou de dá-la em pagamento a terceiro, é obri-

---
12 FRANCO, V. H. M. Op. cit. p. 72.

gado a oferecê-la ao vendedor para que exerça, se o desejar, seu direito de preferência ou preempção.

O vendedor não tem direito de adquirir a coisa a qualquer preço ou quando o desejar. A cláusula impõe ao comprador a obrigação de oferecer a coisa ao vendedor pelas mesmas condições e preço do que a ofertada ao terceiro. A preferência do vendedor originário é apenas em face do terceiro, o que não exige que o comprador o informe em quaisquer circunstâncias, mas apenas naquelas em que não pretende fazer a transferência da titularidade da coisa, sob pena de responder por perdas e danos.

A lei limita o prazo de exercício do direito de preferência a 180 dias, tratando-se cuidar de bens móveis, e a 2 anos, quando imóveis. Nada impede que as partes convencionem prazo menor, impondo a lei apenas um limite a tanto. O prazo é decadencial e inicia-se do negócio de compra e venda original.

O direito de preferência não pode ser cedido nem é transferível a herdeiros por *causa mortis* (art. 520 do Código Civil).

2.1.6.4 Cláusula de reserva de domínio

A cláusula de reserva de domínio é estabelecida para garantir ao vendedor o recebimento integral do preço antes de o comprador adquirir o domínio da coisa móvel vendida. Nos termos do art. 521 do Código Civil, "na venda de coisa móvel, pode o vendedor reservar para si a propriedade, até que o preço esteja integralmente pago".

Apesar de a posse da coisa ser transferida ao adquirente no momento da celebração do contrato de compra e venda, a transferência da propriedade sobre a coisa somente ocorrerá com o pagamento integral do preço convencionado. A posse, assim, desdobra-se. Permanece o comprador com a posse direta da coisa e o vendedor com a posse indireta, até que o preço seja satisfeito, momento em que automaticamente o domínio é transferido ao comprador.

Para que possa ser considerada válida, a cláusula deve ser estabelecida por escrito. A coisa objeto do contrato deverá ser individualizada e, portanto, infungível. O contrato, para que possa ser oponível a terceiros, notadamente eventuais adquirentes de boa-fé da coisa posteriormente, depende de registro no domicílio do comprador.

A despeito da regra *res perit domino* e de que, até o pagamento do preço, a coisa continue sob o domínio do vendedor, o Código Civil atribuiu os riscos da coisa ao comprador, após a entrega. Conforme art. 524 do Código Civil, "a transferência de propriedade ao comprador dá-se no momento em que o preço esteja integralmente pago. Todavia, pelos riscos da coisa responde o comprador, a partir de quando lhe foi entregue".

A cláusula assegura o vendedor do inadimplemento do preço. Não satisfeito o contrato, para que a cláusula possa permitir a constrição do bem, o vendedor deverá constituir o comprador em mora, mediante protesto do título ou interpelação judicial. Poderá, então, promover em face do devedor ação de cobrança das prestações vencidas e vincendas ou poderá promover ação de busca e apreensão da coisa vendida, com a rescisão do contrato e a devolução das prestações excedentes aos custos de cobrança.

2.2 Contratos de colaboração

Os contratos de colaboração identificam gênero de contratos empresariais que permitem o escoamento da produção ou da prestação de serviços pelo empresário fabricante ou fornecedor aos consumidores. Trata-se de contratos pelos quais empresários colaboradores aproximam os empresários fabricantes ou fornecedores dos consumidores adquirentes dos produtos ou serviços ou, também, em que empresários colaboradores intermediam a disponibilização dos referidos produtos aos consumidores, inserindo-se na cadeia de escoamento do bem.

No contrato empresarial de colaboração, os empresários contratam a prestação de serviços. O colaborador se obriga pela prestação de escoamento da produção do fornecedor, seja por meio da compra para revenda, seja por meio da obtenção de negócios a serem celebrados pelo fornecedor com os consumidores.

Para Ulhoa Coelho, "existe contrato de colaboração, assim, apenas se um dos empresários assume a obrigação contratual de ajudar a formação ou ampliação do mercado consumidor do produto fabricado ou comercializado pelo outro"[13].

Os contratos de colaboração poderão ser classificados conforme a natureza da prestação do colaborador em face do fornecedor[14].

Para uma primeira espécie de contratos, o empresário colaborador, para permitir o escoamento da produção do fornecedor, adquire a mercadoria produzida e revende-a aos consumidores. São os chamados contratos de colaboração por intermediação.

A remuneração do colaborador não é paga pelo fornecedor. A remuneração é decorrente do lucro obtido pela diferença entre a compra do produto do fornecedor e a revenda ao consumidor. Dentre os contratos de colaboração por intermediação, são exemplos a concessão mercantil, a distribuição por intermediação.

---

13 COELHO, Ulhoa Fábio. Op. cit. p. 104.
14 A classificação é de Fábio Ulhoa Coelho. Op. cit., v. 3. p. 104.

Em uma segunda modalidade de contratos de colaboração, o colaborador não adquire os produtos do fornecedor. Ele simplesmente busca os consumidores interessados em adquirir os produtos diretamente do fornecedor, aproximando-os. São os contratos de colaboração por aproximação.

Na colaboração por aproximação, o colaborador recebe remuneração paga diretamente pelo fornecedor e em razão dos negócios obtidos pelo colaborador e celebrados pelo fornecedor. São exemplos dos contratos de colaboração por aproximação, a comissão mercantil, a distribuição por aproximação e o contrato de mandato.

Imprescindível aos contratos de colaboração é a orientação do fornecedor às condutas do colaborador, ainda que não se possa sustentar a total subordinação. Para intermediar ou aproximar os negócios a serem celebrados, o colaborador deverá cumprir as orientações do fornecedor, embora conserve consigo autonomia em certos aspectos do desenvolvimento de sua atividade.

Como tem a obrigação de criar mercado de consumo aos bens do fornecedor e, portanto, deverá realizar investimentos em publicidade, o colaborador normalmente exige exclusividade de zona de atuação, também conhecida como cláusula de territorialidade. Pela exclusividade territorial, o colaborador poderá realizar investimentos na alienação dos produtos do fornecedor sem a preocupação de concorrência com esse, diretamente, por meio da alienação direta de seus produtos, ou de outros colaboradores.

2.2.1 Contrato de agência, distribuição ou representação comercial

No Código Civil de 2002, os contratos de agência e de distribuição foram disciplinados em substituição à antiga figura contratual da representação comercial, a qual era definida pelo art. 1º da Lei n. 4.886/1965, que determinava que "exerce a representação comercial autônoma a pessoa jurídica ou a pessoa física, sem relação de emprego, que desempenha, em caráter não eventual por conta de uma ou mais pessoas, a mediação para a realização de negócios mercantis, agenciando propostas ou pedidos, para transmiti-los aos representados, praticando ou não atos relacionados com a execução dos negócios".

A figura da agência e da distribuição versam exatamente sobre a mesma obrigação relacionada ao anterior contrato de representação comercial. Nesses termos, estabelece o art. 710 do Código Civil, que, "pelo contrato de agência, uma pessoa assume, em caráter não eventual e sem vínculos de dependência, a obrigação de promover, à conta de outra, mediante retribuição, a realização de certos negócios, em zona determinada, caracterizando-se a distribuição quando o agente tiver à sua disposição a coisa a ser negociada".

A denominação utilizada pelo Código Civil decorre do intuito de unificar o direito privado, de modo que o antigo conceito de representante comercial da Lei n. 4.886/65 não seria adequado. Além de alterar a nomenclatura, o Código Civil alterou sua disciplina ao estabelecer que são aplicáveis "ao contrato de agência e distribuição, *no que couber*, as regras concernentes ao mandato e à comissão e as constantes de lei especial" (art. 721 do Código Civil).

Pela aplicação do referido art. 721, o Código Civil será aplicável à disciplina dos contratos. A Lei especial n. 4.886/85, que disciplinava o contrato de representação comercial, nesses termos, somente será aplicada para suprir as lacunas do Código, de forma que não remanesce mais a representação comercial como um tipo contratual autônomo.

Pela redação legal, o Código Civil diferencia o contrato de distribuição do contrato de agência se a coisa estiver à disposição do distribuidor para ser negociada. A distinção, todavia, não é pertinente para a definição de ambos os contratos, cuja disciplina é idêntica, de forma que devem ser interpretados como sinônimos.

O contrato de agência ou distribuição poderá ser de intermediação ou de aproximação[15].

Pelo contrato de distribuição por intermediação, o distribuidor obriga-se a revender os produtos do distribuído, adquiridos anteriormente. Como a disciplina do art. 710 do Código Civil caracteriza apenas a forma da distribuição por aproximação, o contrato de distribuição por intermediação é contrato atípico. Os direitos e obrigações estabelecidos pelas partes contratantes é totalmente regido pelo contrato celebrado entre ambas.

No contrato de distribuição ou agência por aproximação, contudo, o distribuidor ou agente não têm a obrigação de revender os produtos adquiridos do distribuído. O distribuidor ou agente tem a obrigação apenas de promover, no interesse, do distribuído ou do proponente, os quais são os fornecedores dos produtos, a realização dos negócios, mediante retribuição.

Em regra, o distribuidor ou agente não tem poderes de representação do distribuído ou proponente. Tais poderes precisarão ser expressamente conferidos ao agente ou distribuidor para que eles possam representar o proponente ou distribuído na celebração dos contratos.

Para sua caracterização, o agente ou distribuidor deverá assumir obrigação não eventual. A promoção dos negócios para o proponente ou distribuído deverá ser feita reiteradamente.

O distribuidor ou agente, contudo, não possuem vínculo de dependência com o distribuído ou proponente. Ainda que devam atuar com diligência na aproximação dos negócios e se ater às instruções do distribuído ou propo-

---

15 Fábio Ulhoa Coelho. Op. cit. p. 109.

nente, não possuem subordinação e conservam sua autonomia, de forma que não poderão ser caracterizados como empregados desse.

A exclusividade de território e do agenciamento são cláusulas implícitas no contrato. A menos que tenha sido estabelecido de forma diversa no contrato, o distribuído ou o proponente não poderão constituir mais de um agente na mesma zona de atuação.

Em razão disso, salvo cláusula diversa, ainda que não tenha aproximado os negócios, desde que ele tenha sido realizado dentro de sua zona, terá o agente ou distribuidor direito à remuneração correspondente ao negócio (art. 714 do Código Civil).

Como cláusula implícita de exclusividade de agenciamento, por seu turno, o agente ou o distribuidor não poderá aproximar negócios de mesmo gênero para outros proponentes ou distribuídos (art. 711 do Código Civil).

Pelo contrato, são obrigações do agente ou distribuidor aproximar os negócios no interesse do proponente ou distribuído. Deverá, para tanto, atender as instruções recebidas; atuar com toda diligência; suportar as despesas pelo desempenho de suas obrigações, exceto convenção em contrário; e não aproximar negócios de mesmo gênero para outros proponentes ou distribuídos na mesma zona, salvo convenção diversa.

São obrigações do proponente ou distribuído, por outro lado, a remuneração do agente ou distribuidor por todos os negócios concluídos dentro da zona de atuação, ainda que sem a aproximação desse ou, mesmo se os negócios não tiverem sido concluídos, se não tiverem sido por fato imputável ao proponente ou distribuído. O proponente ou distribuído deverá, ainda, indenizar o agente ou distribuidor se, sem justa causa, cessar o atendimento das propostas ou reduzi-lo a ponto de se tornar antieconômica a continuação do contrato (art. 715 do Código Civil).

Os contratos de agência ou distribuição aproximação poderão ser celebrados com prazo determinado ou prazo indeterminado.

Se por prazo indeterminado, qualquer das partes poderá rescindi-lo, mediante aviso prévio de noventa dias, exceto se não tiver transcorrido prazo compatível com a natureza e o vulto do investimento exigido do agente (art. 720 do Código Civil).

Nos contratos por prazo determinado, se não houver culpa do agente ou do distribuidor na rescisão pelo preponente ou distribuído, esses terão direito à remuneração pelos negócios concluídos e também pelos pendentes, além da indenização prevista em lei especial (art. 718 do Código Civil). Pela lei especial, Lei n. 4.886/65, em seu art. 27, § 1º, estabelece-se, como indenização pela rescisão pelo proponente sem culpa de contrato a prazo certo, "a indenização corresponderá à importância equivalente à média mensal da retribuição auferida até a data da rescisão, multiplicada pela metade dos meses resultantes do prazo contratual".

Se a rescisão for decorrente de culpa do agente ou distribuidor, independentemente se prazo determinado ou indeterminado, eles não perderão o direito à remuneração pelos negócios aproximados. O proponente ou distribuído, apesar de serem obrigado pela remuneração em relação aos negócios concluídos, poderão exigir o pagamento de indenização em relação a eventuais perdas e danos sofridos pelos atos do agente ou distribuidor.

Por fim, se o agente ou distribuidor não puder continuar a desempenhar suas obrigações por motivos de força maior terão direito à remuneração pelos serviços realizados, o qual será transmissível aos herdeiros, no caso de morte.

2.2.2 Contrato de concessão mercantil

O contrato de concessão mercantil é contrato de colaboração na modalidade por intermediação.

Pelo contrato de concessão, o concessionário obriga-se a revender os produtos adquiridos do concedente. Embora se possa caracterizar uma maior ingerência do concedente na atuação do concessionário, não há distinção relevante entre o contrato de concessão e o contrato de distribuição por intermediação, também atípico, ambos regidos exclusivamente pelas disposições contratuais entre os contratantes, os quais poderão livremente dispor sobre os direitos e obrigações de cada qual.

Nesse sentido, Fábio Ulhoa Coelho esclarece que a diferença entre os contratos "não é significativa em muitos casos, e, salvo na hipótese de comercialização de veículos automotores terrestres (em que a concessão é contrato típico e obrigatório), o nome que as partes atribuem ao instrumento, a rigor, não interessa. É relevante, basicamente, o conteúdo das cláusulas pactuadas para definir-se o conjunto de obrigações que fornecedor e colaborador devem prestar um ao outro"[16].

Apenas quanto à concessão de veículos automotores de via terrestre a concessão mercantil é típica. Sua disciplina é realizada pela Lei n. 6.729/79, Lei Renato Ferrari, seu principal defensor à época e presidente da Associação Brasileira de Revendedores de Veículos. Diante da tipicidade do contrato, na concessão de automotores de via terrestre, a relação jurídica será regulada pela Lei n. 6.729/79 e pelas disposições contratuais que não contrariem as normas imperativas por ela estabelecidas.

A Lei Ferrari foi promulgada para que pudesse o concessionário ser assegurado em relação aos investimentos realizados para disponibilizar os

---

16   COELHO, Fábio Ulhoa. Op. cit. p. 114-115.

veículos automotores do fabricante concedente. A legislação assegura determinadas condições para a realização do contrato de forma a assegurar o concessionário.

São veículos automotores de via terrestre, que exigirão que o contrato de concessão seja disciplinado pela Lei n. 6.729/79, os automóveis, caminhões, ônibus, tratores, motocicletas e similares.

Pelo contrato de concessão, o concessionário obriga-se a comercializar os produtos do concedente, sejam veículos automotores, implementos ou componentes fabricados ou fornecidos pelos produtos, assim como a realizar a prestação e assistência técnica a esses produtos, mediante a utilização gratuita da marca e identificação do concedente.

O contrato deverá ser celebrado por escrito e de forma padronizada para todos os concessionários em relação ao concedente, com identidade de encargos financeiros e prazo para o cumprimento das obrigações. O contrato deverá, ainda, especificar a área demarcada, distância mínima e quota de veículos automotores, bem como as condições relativas a requisitos financeiros, organização administrativa e contábil, capacidade técnica, instalações, equipamentos e mão-de-obra especializada do concessionário.

Embora o concedente possa delimitar instruções a serem seguidas pelo concessionário para a integridade da marca e dos interesses coletivos do concedente e da rede de distribuição, assegura-se a autonomia do concessionário no desempenho de sua comercialização. O concedente não poderá impor condições de subordinação econômica, jurídica ou administrativa ou estabelecer interferência na gestão dos negócios do concessionário, o qual poderá, inclusive, estabelecer livremente o preço pelos bens comercializados.

Dentre os elementos obrigatórios do contrato, é obrigatória delimitação de área operacional de responsabilidade do concessionário para o exercício de suas atividades, com distâncias mínimas entre estabelecimentos de concessionários da mesma rede em razão de critérios de potencial de mercado. A delimitação da até impede que o concessionário comercialize os bens fora da área delimitada, mas o consumidor poderá, à sua escolha, adquirir bens e serviços em qualquer concessionário.

Pela delimitação da exclusividade de zona ou território, o concedente não poderá concorrer diretamente com o concessionário nem estabelecer novo contrato de concessão a ponto de prejudicar os concessionários já estabelecidos. De forma direta, o concedente não poderá realizar vendas ao consumidores, exceto para a administração pública ou, através da rede de distribuição, aos frotistas nas condições delimitadas pelo contrato. A concorrência por meio da contratação de nova concessão não é vedada de modo absoluto, mas se exige que o mercado de veículos novos da marca, na área delimitada e conforme as condições do contrato, justifiquem a contratação e se respeitem as distâncias mínimas entre os estabelecimentos.

A obrigatoriedade da exclusividade de zona não ocorre com a cláusula de exclusividade da distribuição. A exclusividade do concessionário quanto à comercialização de veículos novos deve estar expressa no contrato e não é presumida. As partes poderão convencionar no contrato que o concessionário não poderá comercializar veículos novos de outros fabricantes (art. 3º, § 1º, b, da Lei n. 6.729/79).

Ressalvada a comercialização de veículo novo, o concessionário, pelo contrato de concessão, tem direito de comercializar implementos e componentes novos produzidos por terceiros, mercadorias de qualquer natureza que se destinem ao veículo e mesmo veículos automotores usados de qualquer outra marca, sem prejuízo de comercializar outros bens e prestar outros serviços compatíveis com a concessão.

Além dos direitos, a Lei n. 6.729/79 impõe obrigações aos concessionários. Os contratantes deverão estabelecer, no contrato de concessão, a quota que deverá ser adquirida pelo concessionário do concedente e de acordo com a capacidade empresária, o desempenho de comercialização e a capacidade do mercado de sua área demarcada.

O concessionário, depois da contratação, será obrigado à aquisição do montante determinado na quota de veículos, independentemente dos estoques mantidos. A quota será revista anualmente conforme a produção efetiva, a rotatividade dos estoques do concessionário e a capacidade do mercado de sua área demarcada. Independentemente da aquisição da quota de veículos, o concedente poderá exigir do concessionário manutenção de estoque proporcional à rotatividade dos produtos novos.

Além da aquisição dos veículos novos, a concessão pode estabelecer a obrigação e compra de autopeças do fabricante. Nos termos da lei, poderá ser exigido "índice de fidelidade de compra de componentes dos veículos automotores (...), podendo a convenção de marca estabelecer percentuais de aquisição obrigatória pelos concessionários" (art. 8º da Lei n. 6.729/79).

Outrossim, o concessionário tem restrição na venda dos veículos. Somente poderá vender os veículos automotores novos diretamente a consumidores. É vedada a alienação para fins de revenda, de forma a assegurar o controle das vendas pelo concedente.

Esses contratos de concessão, além de por escrito, terão prazo indeterminado. A indeterminação do prazo é realizada para a proteção do concessionário e de seus investimentos. Como o concessionário terá que investir recursos para a revenda dos produtos do concedente, desenvolvendo o mercado em determinada região, passa a ficar dependente do fornecimento dos veículos pelo concedente, bem como das condições por esse impostas nas contratações. Para se evitar que, a cada término de período, o concedente renegociasse as cláusulas contratuais e impusesse maiores ônus aos concessionários, determinou a Lei n. 6.729/79 a regra de que os contratos serão celebrados por prazo indeterminado.

Excepcionalmente, permite-se que o primeiro contrato entre as partes tenha prazo determinado, não inferior a cinco anos, o qual se tornará automaticamente de prazo indeterminado se nenhuma das partes manifestar à outra a intenção de não o prorrogar, antes de cento e oitenta dias do seu termo final e mediante notificação por escrito devidamente comprovada (art. 21 da Lei n. 6.729/79).

Se contrato por prazo determinado, a rescisão poderá ocorrer pela sua não prorrogação, sem infração de qualquer das partes. Caso a não prorrogação tenha sido realizada por vontade do concedente, esse será obrigado a readquirir o estoque de veículos automotores e componentes novos, estes em sua embalagem original, pelo preço de venda à rede de distribuição, vigente na data de reaquisição, além de ter que comprar os equipamentos, máquinas, ferramental e instalações à concessão, pelo preço de mercado correspondente ao estado em que se encontrarem e cuja aquisição o concedente determinara ou dela tivera ciência por escrito sem lhe fazer oposição imediata e documentada, excluídos desta obrigação os imóveis do concessionário. Se, por outro lado, a não prorrogação ocorreu pela vontade do concessionário, este ficará desobrigado de realizar qualquer indenização ao concedente.

Ainda que de prazo indeterminado, não cabe a resilição do contrato, ou seja, a rescisão unilateral das partes, exceto por justa causa. Rescindido o contrato, entretanto, independentemente da causa, o contratante terá prazo nunca inferior a 120 dias da data da resolução para a extinção das suas relações e o término das operações.

O contrato de concessão por prazo indeterminado somente poderá cessar por acordo das partes ou força maior; ou por iniciativa da parte inocente em virtude de infração legal ou contratual da outra parte contratante.

Caso a rescisão do contrato por prazo indeterminado ocorrer por culpa do concedente, esse deverá ressarcir o concessionário. Para tanto, deverá readquirir o estoque de veículos automotores, implementos e componentes novos. A aquisição não será ao preço da venda à rede de distribuição, mas pelo preço de venda ao consumidor, vigente na data da rescisão contratual. Deverá ainda comprar os equipamentos, máquinas, ferramental e instalações à concessão, pelo preço de mercado correspondente ao estado em que se encontrarem e cuja aquisição o concedente determinara ou dela tivera ciência por escrito sem lhe fazer oposição imediata e documentada, excluídos desta obrigação os imóveis do concessionário.

Sem prejuízo dessa compra, se a rescisão do contrato por prazo indeterminado for por culpa do concedente, esse deverá pagar perdas e danos, à razão de quatro por cento do faturamento projetado para um período correspondente à soma de uma parte fixa de dezoito meses e uma variável de três meses por quinquênio de vigência da concessão. Essa projeção deve tomar por base o valor corrigido monetariamente do faturamento de bens e serviços concernentes à concessão, que o concessionário tiver realizado nos dois anos anteriores à rescisão.

Se o contrato for por prazo determinado e a rescisão tiver ocorrido por culpa do concedente, haverá o ressarcimento da mesma forma que para o contrato por prazo indeterminado, exceto que a indenização será calculada sobre o faturamento projetado até o término do contrato e, se a concessão não tiver alcançado dois anos de vigência, a projeção tomará por base o faturamento até então realizado.

Por outro lado, se a rescisão for decorrente de infração legal ou contratual realizada pelo concessionário, pagará ao concedente a indenização correspondente a cinco por cento do valor total das mercadorias que dele tiver adquirido nos últimos quatro meses de contrato.

2.2.3 Contrato de comissão mercantil

O contrato de comissão é tratado pelos arts. 693 e seguintes do Código Civil.

Trata-se de contrato de colaboração por aproximação, em que o comissário colaborador procura angariar negócios para o fornecedor comitente. Não há compra de produtos para a revenda aos consumidores, mas a mera aproximação para a conclusão dos negócios.

Além da aproximação, característico do contrato de comissão é a celebração de negócios pelo comissário no interesse do comitente. Os contratos com os adquirentes são celebrados em nome do próprio comissário, sem que haja representação do comitente, embora celebrados no interesse desse.

Nesses termos, define o art. 693 do Código Civil que "o contrato de comissão tem por objeto a aquisição ou a venda de bens pelo comissário, em seu próprio nome, à conta do comitente".

O escoamento da produção do comitente por meio do contrato de comissão é importante para garantir a isenção de responsabilidade desse perante terceiros. Como no contrato de comissão a venda dos produtos é realizada em nome do próprio comissário, apenas esse fica obrigado perante as pessoas com quem contratar. Os adquirentes não terão qualquer ação de responsabilização em face do comitente nem este contra elas, a menos que o comissário ceda seus direitos às partes.

Embora atue em nome próprio ao comercializar os produtos, as operações são realizadas no interesse do comitente e sob o risco desse. Nesse aspecto, caso o adquirente não satisfaça o pagamento do preço pela aquisição da mercadoria do comissário, o prejuízo em relação ao inadimplemento será sofrido pelo comitente.

Da mesma forma, embora o comitente responda em face do adquirente pelos vícios e pela evicção em relação à coisa vendida, assim como pelo seu inadimplemento, poderá voltar-se em regresso em face do comitente.

Como o risco pela atuação do comissário continua a ser do comitente, o comissário deverá agir em conformidade com as ordens e instruções do comitente. Em sua atuação, o comissário é obrigado a agir com cuidado e diligência para evitar qualquer prejuízo ao comitente e para proporcionar o lucro que razoavelmente se poderia esperar do negócio, sob pena de ser responsável pelo prejuízo causado.

A remuneração do comissário é chamada de comissão. Ela decorre da aproximação dos negócios e de sua celebração pelo comissário, ainda que o preço não tenha sido satisfeito pelo adquirente dos produtos.

É possível que, pelo contrato de comissão, seja estipulada a cláusula *del credere*. A cláusula *del credere* atribui a responsabilidade solidária ao comissário pelo inadimplemento das obrigações dos adquirentes dos bens em face do comitente. Em suma, na hipótese de insolvência ou inadimplemento dos adquirentes, o comissário deveria indenizar o comitente pelo pagamento do preço. Nessa hipótese, a comissão deverá ser mais elevada ao comissário, exceto estipulação diversa contratual, para compensar o ônus assumido (art. 698 do Código Civil).

Na hipótese de rescisão do contrato, o comissário terá direito à remuneração pelos serviços úteis prestados ao comitente, não obstante a possibilidade de ressarcimento pelos prejuízos sofridos em razão de sua atuação. Se a rescisão pelo comitente ocorrer sem justa causa motivada pelo comissário, este terá direito a ser remunerado pelos trabalhos prestados, bem como a ser ressarcido pelas perdas e danos resultantes de sua dispensa, conforme art. 705 do Código Civil.

Aplicam-se ao contrato de comissão mercantil as regras concernentes ao contrato de mandato, em sua omissão.

2.2.4 Contrato de mandato mercantil

O contrato de mandato mercantil também é espécie de contrato de colaboração entre empresários para o escoamento da produção.

Pelo contrato de mandato, o mandatário se obriga a praticar atos ou administrar interesses por conta do mandante. Não há a necessidade de terem sido conferidos poderes de representação pelo mandante, por meio da procuração, ao mandatário, ao contrário do que poderia aparentar uma interpretação literal do art. 653 do Código Civil.

Pelo art. 653 do Código Civil, "opera-se o mandato quando alguém recebe, de outrem, poderes para, em seu nome, praticar atos ou administrar interesses. A procuração é o instrumento do mandato". A despeito de ser usual a existência da representação por ocasião da celebração do contrato de mandato, o que teria motivado a confusão no legislador[17], a representação não é característica essencial do contrato. Embora o mandato exija a prática de atos ou a administração de interesses por conta de outra pessoa, ou seja, no interesse dessa, não exige que os atos sejam praticados em nome desta, por meio da atribuição de poderes de representação[18]. Nesse sentido, lição de F. C. Pontes de Miranda: "a procura, a outorga de poder de representação, é abstrata, e não se há de confundir com o mandato, que é contrato vinculativo de quem é mandante e de quem é mandatário. A procura, a dação de poder, é negócio jurídico unilateral, que se constitui pela manifestação de vontade, receptícia, do representando. A procura legitima o representante fora de qualquer relação jurídica com o dono do negócio. Por isso, se é certo que o mandato é, quase sempre, acompanhado (seguido ou precedido) da procuração, não se há de ter esse acompanhamento como essencial. O mandato pode ser sem a outorga do poder de representação"[19].

O contrato de mandato se caracteriza como mercantil se ao menos o mandante for considerado empresário e o mandatário for incumbido da prática de atos negociais por conta desse. O contrato de mandato permite o escoamento da mercadoria ao obrigar o mandatário a aproximar negócios entre o consumidor e o mandante em relação aos bens por esse fabricados ou comercializados.

Com poderes de representação, o mandatário poderá celebrar referidos negócios em nome do mandante e, por tais contratos concluídos, receberá comissão. Caso não possua poderes de representação, a comissão será devida em razão da mera aproximação dos negócios.

O contrato de mandato é bilateral, pode ser expresso ou tácito, verbal ou escrito. A procuração, por seu turno, que não se confunde com o contrato de mandato, é instrumento de outorga de poderes de representação. A procuração é unilateral e poderá ser concedida por instrumento particular ou público.

---

17 GOMES, O. *Contratos*. 24. ed. Rio de Janeiro: Forense, 2001. p. 348; GODOY, C. L. B. *Código Civil comentado*. Cezar Peluso (Coord.) 2. ed. Barueri: Manole, 2008. p. 606.
18 O mandato sem representação é previsto, inclusive, no art. 663 do Código Civil, ao estabelecer que o mandatário que agir em seu nome ficará pessoalmente obrigado.
19 PONTES DE MIRANDA, F. C. Op. cit. p. 9.

A procuração pode ser especial a um ou mais negócios, ou geral a todos os negócios do mandante. Se em termos gerais, o representado somente conferirá poderes de administração ao mandatário. Nos termos do art. 661, § 1º, do Código Civil, "para alienar, hipotecar, transigir ou praticar outros quaisquer atos que exorbitem da administração ordinária, depende a procuração de poderes especiais e expressos".

Na hipótese do mandato mercantil, em que o mandatário trata por ofício ou profissão lucrativa do interesse do mandante, o mandato se presume oneroso, de modo que caberá ao mandatário a retribuição prevista em lei ou no contrato. Caso a remuneração não seja expressa no contrato, será estabelecida conforme os usos do lugar ou, na falta destes, por arbitramento (art. 658 do Código Civil).

A remuneração será devida pelo mandante ao mandatário ainda que o negócio não surta o esperado efeito, a menos que o mandatário tenha agido com culpa.

Com poderes de representação, o mandatário age em nome do mandante, de modo que esse fica responsável pelas obrigações contraídas. Caso atue sem poderes de representação, o mandatário, ainda que atue no interesse do mandante, ficará obrigado pessoalmente perante o terceiro contratante.

Contudo, o risco da atividade continua a ser imputável ao mandante. A esse cabe satisfazer todas as obrigações contraídas pelo mandatário, se em conformidade com o contrato de mandato e a adiantar a importância das despesas necessárias à execução (art. 675 do Código Civil). Deverá, ainda, ressarcir ao mandatário todas as perdas e danos que esse sofrer com a execução do mandato, sempre que não resultem de culpa sua.

Perante o mandante, o mandatário somente será responsável se tiver atuado sem a diligência habitual na execução do mandato ou por excesso de poderes. Deverá o mandatário indenizar o mandante por qualquer prejuízo causado por culpa própria ou daquele a quem substabelecer sem autorização (art. 667 do Código Civil).

O contrato de mandato será extinto pela revogação ou pela renúncia; pela morte ou interdição de uma das partes; pela mudança de estado que inabilite o mandante a conferir os poderes, ou o mandatário para os exercer.

2.2.5 Contrato de franquia

O contrato de franquia ou *franchising* era regido pela Lei n. 8.955/94. Em novembro de 2019, contudo, o Congresso Nacional aprovou o Projeto de Lei n. 219/2015 da Câmara, Lei 13.966/2019, que altera a disciplina legal. Estabelece-se que o contrato se caracteriza como "sistema pelo qual um franqueador autoriza por meio de contrato um franqueado a usar marcas e outros objetos de sua propriedade intelectual, sempre associados ao direito de produção ou distribuição exclusiva ou não exclusiva de produtos ou serviços e também ao direito de uso de métodos e sistemas de implantação e administração de negócio ou sistema operacional desenvolvido ou detido pelo franqueador, mediante remuneração direta ou indireta, sem que, no entanto, se caracterize relação de consumo ou vínculo empregatício, seja em relação ao franqueado ou a seus empregados, ainda que durante o período de treinamento".

Trata-se de espécie de contrato de colaboração pelo qual o empresário franqueado contribui para a maior distribuição dos produtos ou serviços do franqueador. De forma peculiar, o contrato de franquia pode ser caracterizado de colaboração por intermediação, na medida em que o franqueado celebra diretamente contratos de venda ou prestação de serviços com os consumidores, não simplesmente os aproximando do consumidor. Sua prestação, entretanto, não se restringe à aquisição de produtos para a revenda, mas envolve a transferência de tecnologia para a sua distribuição ou mesmo para a sua produção.

Contrato complexo, o contrato de franquia pode envolver diversos negócios jurídicos, como o de licença de marca ou patente, transferência de tecnologia, distribuição de produtos ou serviços, locação de equipamentos.

Além das obrigações características entre as partes e mesmo que envolta a assistência técnica durante todo o contrato, peculiaridade do contrato de franquia é a autonomia do franqueado para a exploração dos bens. Mesmo que seja obrigado a seguir as instruções do franqueador para a manutenção da qualidade dos produtos produzidos e não prejudicar a marca ou a patente desenvolvidas pelo franqueador, a exploração dos produtos pelo franqueado é feita com independência econômica e jurídica. Por expressa disposição legal, entre franqueador e franqueado ou entre franqueador e empregados do franqueado, ainda que durante o período de treinamento, a independência necessária entre ambos impede a caracterização do vínculo ou relação de consumo.

Como vantagens, de forma menos custosa e sem a necessidade de investir capital próprio, o franqueador não precisa constituir filiais para a exploração de seus produtos e/ou serviços e pode assegurar referidos direitos por meio da licença do direito de exploração da marca ou da patente para que o franqueado o faça, mediante o pagamento de uma remuneração.

Em contrapartida, beneficia-se o franqueado na comercialização dos bens de marca já conhecida do público e da organização criada pelo empresário franqueador. Beneficia-se, ainda, com a transmissão pelo franqueador das informações necessárias para o desenvolvimento de sua atividade empresarial, seja pela transmissão de tecnologia para a implantação do estabelecimento empresarial, adequação do sistema de operações ou para a administração do próprio negócio.

Pela nova disciplina legal, poderão ser franqueadores também, desde que titulares dos direitos de propriedade industrial negociados ou desde que autorizado pelo titular, a empresa estatal, se submetida ao regime privado, ou entidade sem fins lucrativos.

2.2.5.1 Classificação do contrato de franquia

O contrato de franquia pode ser considerado típico. Embora sua atipicidade possa ser sustentada diante da previsão lacunosa da Lei n. 8.955/94, substituída pela Lei 13.966/2019, e da ampla autonomia das partes contratantes para regularem seus interesses na celebração do contrato, bem como dispor sobre as obrigações imputadas a cada qual, a lei especifica os principais elementos do tipo contratual, ainda que indiretamente.

A legislação, ao dispor sobre o contrato de franquia, restringe-se a disciplinar a Circular de Oferta de Franquia, que com o contrato propriamente dito não se confunde. Entretanto, ao dispor sobre a COF, exige-se que o contrato de franquia disponha sobre o envolvimento direto do franqueado na operação e na administração do negócio, remuneração paga pelo franqueado ao franqueador, uso do sistema ou marca, obrigações do franqueador, cláusula de exclusividade de território ou preferência etc. Por abordar seus principais elementos assim, o contrato pode ser definido como típico.

Além de típico, o contrato de franquia pode ser classificado como consensual, bilateral, solene, oneroso, comutativo e de execução continuada.

Como consensual, o contrato de franquia se perfaz pela mera convenção das partes. Independe de qualquer transferência de bem.

É também contrato bilateral. Pelo contrato de franquia, são impostas obrigações a ambas as partes contratantes. O franqueador se obriga a licenciar a marca ou patente, prestar assistência técnica. O franqueado obriga-se a cumprir as orientações do franqueador e a pagar a remuneração devida pelo uso.

Também é considerado contrato solene. Para sua contratação, exige-se a forma escrita, embora tenha validade independentemente de ser levado a registro (art. 7º da Lei n. 13.966)[20]. A forma escrita é da validade do con-

---

20 Em sentido contrário, Vera Helena de Mello Franco. Para a autora, o contrato seria não solene "posto que embora a forma escrita exigida pela lei, e a emissão da circular de franquia, com a oferta de contrato, contendo todos os elementos do futuro contrato original seja de rigor, a forma, aqui, é apenas comprobatória e não da essência do contrato, o qual, na sua redação final, não está submetido a nenhuma solenidade". *Contratos*. 4. ed. São Paulo: Revista dos Tribunais, 2013. p. 285.

trato e não mera exigência probatória, porque o art. 104, III, do Código Civil condiciona a validade dos negócios jurídicos pela forma prescrita em lei, que no caso é a escrita. Caso, entretanto, haja transferência de tecnologia, para produzir efeitos perante terceiros deverão ser registrados no INPI, conforme art. 211 da Lei n. 9.279/96, os contratos de franquia que produzam efeitos apenas no território nacional devem ser regidos pela lei brasileira e serão escritos em português. As partes poderão eleger juízo arbitral para a solução das controvérsias.

Nos contratos internacionais, cujos efeitos ou a nacionalidade das partes envolvam mais de um sistema jurídico, os contratantes poderão optar pelo foro de um dos países de domicílio, e, caso o façam, deverão manter representante legal ou procurador com poderes no respectivo foro. Referidos contratos internacionais deverão ser originalmente escritos em português ou para o português traduzidos.

É contrato oneroso e comutativo. Ambas as partes auferem vantagens econômicas, as quais são decorrentes de prestações, cujas causas são recíprocas e equivalentes entre si.

Por fim, é espécie de contrato de execução continuada. As prestações do contrato de franquia são periódicas. A remuneração é paga pelo franqueado durante a vigência do contrato. Por seu turno, a assistência técnica é prestada também pelo franqueador durante toda a sua vigência.

Em razão de seu objeto, o contrato de franquia pode ser classificado em franquia de distribuição e em franquia de indústria.

Na modalidade de franquia de distribuição, o contrato de franquia é caracterizado pelo licenciamento da marca ou patente de forma a permitir ao franqueado a comercialização dos produtos fabricados pelo franqueador ou por quem for autorizado por ele. O direito de exploração é submetido à supervisão do franqueador, que possuirá direito à remuneração convencionada.

Na modalidade franquia de indústria, por seu turno, o franqueador não se limita a licenciar a marca ou a patente ao franqueado para que esse comercialize os bens. Há a transferência de tecnologia ao franqueado, o *know-how*. O franqueado passará a fabricar os próprios produtos a serem comercializados conforme as qualidades e especificações do original, o que será fiscalizado pelo franqueador.

Conforme as obrigações, a franquia pode ser ainda classificada como *master franchising* ou franquia mestre. Por essa espécie de franquia, o franqueador celebra contrato de franquia com o franqueado master, o qual, entretanto, não comercializará os produtos ou serviços sob a marca ou patente licenciada pelo franqueador, mas se obrigará a figurar como franqueador de outros empresários franqueados. O *master franchising* obtém o direito de explorar a franquia e obriga-se a administrar as relações jurídicas celebradas com os subfranqueados.

2.2.5.2 Obrigações dos contratantes

Pelo contrato de franquia, o franqueador tem a obrigação de, a depender do tipo de franquia, colocar à disposição do franqueado o produto ou o serviço ou fornecer a tecnologia para que o franqueado possa produzi-lo ou para que possa prestar o serviço; deverá licenciar a marca ou a patente para a utilização dos bens pelo franqueado; deverá prestar a assistência técnica necessária ao franqueado, com as informações imprescindíveis à administração da atividade, treinamento dos empregados etc.; deverá respeitar a exclusividade de território do franqueado, se essa tiver sido fixada, com a impossibilidade de celebrar contrato com outro franqueado para explorar a atividade na mesma área; e apresentar ao candidato a franqueado, com dez dias de antecedência à contratação, a circular de oferta de franquia.

A principal obrigação do franqueado é o pagamento da remuneração pela franquia. A remuneração é dividida em uma taxa inicial, de filiação, chamada de *front money*. Trata-se de valor cobrado no momento da contratação e para que o franqueado tenha acesso à marca ou patente. Além da taxa inicial, normalmente é exigida remuneração periódica pela utilização da marca ou patente e/ou tecnologia do franqueador, a qual é geralmente fixada com base no faturamento do franqueado, os *royalties*.

O franqueado ainda deverá observar as instruções do franqueador para o desenvolvimento de sua atividade. Para que possa controlar e exigir a manutenção das características e qualidades dos produtos e dos serviços disponibilizados, o franqueador poderá exigir do franqueado que observe suas instruções quanto à produção, comercialização e marketing dos produtos ou serviços. Para que as instruções sejam efetivas, o franqueado deverá se submeter à supervisão do franqueador durante a vigência do contrato.

Ainda que se submeta às instruções do franqueador, a relação do franqueado com esse ou com os funcionários do franqueado, mesmo durante o período de treinamento, não é empregatícia nem caracteriza relação de consumo. O franqueado não mantém vínculo hierárquico e conserva ainda sua autonomia para o desenvolvimento dos negócios.

Caso estipulada a cláusula de exclusividade de atuação, o franqueado ainda terá a obrigação de se abster de desenvolver atividades que envolvam os produtos ou serviços concorrentes do franqueador. Pela cláusula de exclusividade, o franqueado pode ser contratualmente obrigado a produzir ou distribuir apenas os produtos ou serviços do franqueador.

Prevê a legislação a possibilidade de que o franqueador subloque ao franqueado o ponto comercial em que localizada a franquia. O valor do aluguel da sublocação poderá ser superior ao valor do aluguel pago pela locação originária, desde que expressamente previsto na COF e no contrato e não implique onerosidade excessiva ao franqueado.

No caso de sublocação, qualquer das partes terá legitimidade para promover ação renovatória do contrato de locação, com a vedação de exclusão de qualquer das partes do contrato de locação e de sublocação por ocasião da renovação ou prorrogação do contrato, a menos que haja inadimplência dos contratos ou da franquia.

2.2.5.3 Circular de Oferta de Franquia (COF)

Para permitir que o franqueado tenha absoluta consciência a respeito do contrato de franquia que celebrará, a legislação dispôs sobre a obrigatoriedade do franqueador que tiver interesse na implantação de sistema de franquia de apresentar aos interessados em se tornarem franqueados uma Circular de Oferta de Franquia (COF). A circular deverá ser documento escrito, com linguagem clara e acessível, que contenha todos os elementos essenciais de um futuro contrato de franquia.

Nos termos da legislação, é obrigatório que a COF contenha histórico resumido do negócio franqueado; a qualificação do franqueador; seus balanços e demonstrações financeiras dos dois últimos exercícios; todas as pendências judiciais; a descrição detalhada da franquia, com a descrição geral do negócio e das atividades que serão desempenhadas pelo franqueado; perfil do franqueado ideal no que se refere a experiência anterior, nível de escolaridade e outras características que deve ter, obrigatória ou preferencialmente; requisitos quanto ao envolvimento direto do franqueado na operação e na administração do negócio; o total estimado do investimento inicial necessário à aquisição, implantação e entrada em operação da franquia; valor da taxa inicial de filiação ou taxa de franquia e de caução; valor estimado das instalações, equipamentos e do estoque inicial e suas condições de pagamento; especificação conforme a remuneração e a forma; relação completa de todos os franqueados; se há ou não cláusula de exclusividade de território para a atuação do franqueado; quais os serviços prestados pelo franqueador ao franqueado; informações sobre a situação da marca franqueada e outros direitos de propriedade intelectual; situação do franqueado após o contrato de franquia; informações sobre a existência de quotas mínimas de compra pelo franqueado; e, por fim, modelo do contrato-padrão e, se for o caso, também do pré-contrato-padrão de franquia adotado pelo franqueador, com texto completo, inclusive dos respectivos anexos e prazo de validade.

A Circular de Oferta de Franquia deve ser entregue ao candidato a franqueado com no mínimo dez dias de antecedência da assinatura do contrato ou pré-contrato de franquia ou de qualquer pagamento de taxa pelo franqueado ao franqueador ou a qualquer terceiro ligado a esse, exceto no caso de licitação ou pré-qualificação realizados por entidade pública, já que a COF deve ser divulgada no início do processo de seleção. Caso não tenha sido entregue a COF no período determinado, ou desde que ela tenha informação inverídica, o contrato de franquia será anulável ou poderá ser declarado nulo, conforme o vício, mediante requerimento do franqueado, o qual poderá requerer a devolução de todas as quantias que já houver pago ao franqueador ou a terceiros por esse indicados, a título de taxa de filiação e *royalties*, corrigidas.

2.2.5.4 Extinção do contrato

O contrato de franquia se extingue pelo decurso do prazo contratual, por composição de ambos os contratantes ou, na hipótese de prazo indeterminado, pela mera denúncia de uma das partes contratantes. Independentemente da determinação do prazo, poderá o contrato ser rescindido, ainda, pelo inadimplemento das obrigações por uma das partes.

2.3 Contratos bancários

Os contratos bancários alcançam relevância no direito empresarial. Além de a própria atividade bancária ser considerada empresarial, ela permite que os demais empresários consigam obter recursos para o desenvolvimento da própria atividade.

A atividade bancária, no Brasil, está disciplinada pela Lei n. 4.595/64, que cria o Sistema Financeiro Nacional. A lei dá eficácia ao art. 192 da Constituição Federal, que, com base na emenda constitucional 40/2003, passou a determinar que "o sistema financeiro nacional, estruturado de forma a promover o desenvolvimento equilibrado do país e a servir aos interesses da coletividade, em todas as partes que o compõem, abrangendo as cooperativas de crédito, será regulado por leis complementares que disporão, inclusive, sobre a participação do capital estrangeiro nas instituições que o integram".

O conceito de atividade bancária pode ser extraído da definição de instituição financeira que a desempenha. Conforme art. 17 da Lei n. 4.595/64, "consideram-se instituições financeiras, para os efeitos da legislação em vigor, as pessoas jurídicas públicas ou privadas, que tenham como atividade principal ou acessória a coleta, intermediação ou aplicação de recursos financeiros próprios ou de terceiros, em moeda nacional ou estrangeira, e a custódia de valor de propriedade de terceiros".

As instituições financeiras, em razão dessa atividade de mútuo com recursos alheios cuja custódia lhes foi transferida, somente poderão funcionar no país mediante prévia autorização do Banco Central da República do Brasil ou decreto do Poder Executivo, quando forem estrangeiras (art. 18 da Lei n. 4.595/64). Sua constituição obrigatoriamente deverá ser realizada sob o tipo de sociedade anônima, com exceção das chamadas cooperativas de crédito.

Pela definição de instituição financeira, pode-se extrair o conceito de atividade bancária. Essa poderá ser definida como a atividade de intermediação, em que o depositário de recursos financeiros realiza contratos de mútuos com terceiros com a utilização dos recursos depositados ou de recursos próprios, bem como custodia valores.

Os contratos bancários são os negócios jurídicos celebrados no âmbito dessa atividade e com uma instituição financeira. Sua finalidade é, nos contratos típicos bancários, possibilitar a coleta, custódia, intermediação ou aplicação de recursos financeiros, próprios ou de terceiros. Nada impede que outros contratos sejam celebrados com instituições financeiras. Entretanto, somente será considerado contrato bancário se tiver como finalidade a coleta, custódia, intermediação ou aplicação dos recursos pela instituição financeira, atividade privativa dessa.

Poderão as instituições financeiras realizarem operações bancárias atípicas. As instituições financeiras poderão celebrar contratos que não objetivam, diretamente, a coleta, intermediação e aplicação dos recursos. Referem-se esses contratos a operações bancárias acessórias, correlatas à atividade bancária. Tais contratos não precisam necessariamente ser explorados por instituições financeiras, mas podem também ser desenvolvidos por demais empresários. São as atividades de aluguel de cofre ou atividade de cobrança de devedores, por exemplo.

Os contratos bancários se submetem ao Código de Defesa do Consumidor e a instituição financeira poderá ser caracterizada como fornecedora de serviços diante de um consumidor. Ainda que relação de consumo, os contratos bancários não poderão ter suas cláusulas declaradas abusivas, de ofício, conforme estabeleceu a Súmula 381 do STJ: "nos contratos bancários, é vedado ao julgador conhecer, de ofício, da abusividade das cláusulas".

Os contratos tipicamente bancários podem ser divididos em duas espécies: os de operações ativas, em que as instituições financeiras fornecem recursos a terceiros e se tornam credoras. São exemplos de operações ativas o contrato de mútuo e o desconto bancário. A segunda espécie são as operações passivas, em que as instituições financeiras são depositárias de recursos financeiros e se tornam devedoras. Como exemplo, o contrato de depósito bancário.

2.3.1 Depósito bancário

O depósito bancário é operação bancária passiva. Pelo contrato de depósito bancário, celebrado com instituição financeira obrigatoriamente, o banco figura no polo passivo como depositário e tem a obrigação de restituir a quantia depositada por uma pessoa depositante em data determinada ou mediante requerimento.

Realizado o contrato de depósito, com a entrega dos valores à instituição financeira, essa deverá guardá-los até o momento em que convencionado ou solicitado pelo depositante a sua restituição. Juntamente com os valores depositados, a instituição financeira poderá ter que remunerar o depositante com juros sobre os valores depositados conforme convencionado no próprio contrato de depósito.

O contrato de depósito é considerado contrato real. Não basta a convenção das partes contraentes. O contrato somente se aperfeiçoa com a entrega do dinheiro à instituição financeira depositária.

O depósito pode ser classificado em três espécies.

O depósito à vista, em que o banco deverá restituir as quantias depositadas ao depositante, mediante mero requerimento desse e a qualquer tempo.

O depósito a pré-aviso. O depósito deverá ser restituído mediante solicitação do depositante, a qual, entretanto, por regra contratual previamente estipulada, permite ao banco determinado prazo a partir da solicitação para o cumprimento.

O depósito a prazo fixo. Nesse, a restituição apenas poderá ser solicitada à instituição financeira depositária após determinado prazo delimitado no contrato.

2.3.2 Mútuo bancário

O contrato de mútuo bancário, também conhecido por empréstimo bancário, é característico como operação ativa da instituição financeira, a qual ocupa a posição como credora na relação jurídica contratual celebrada.

O contrato de mútuo bancário é contrato real. Ele apenas se aperfeiçoa com a entrega de determinados valores pela instituição financeira a determinada pessoa, a qual terá a obrigação de devolver o valor entregue, acrescido de juros e demais encargos contratualmente convencionados.

O contrato de mútuo é a principal operação ativa da instituição financeira. Por meio desse contrato e dos juros celebrados, a instituição financeira fornece recursos às pessoas, recursos próprios e os decorrentes das operações passivas por ela celebradas e que lhe permitiram o depósito de recursos.

A diferença entre os juros convencionados nas operações passivas e os juros convencionados nas operações ativas, o chamado *spread bancário*, é parte do que resultará nos lucros obtidos pela instituição financeira.

Quanto aos juros, o art. 591 do CC determina que, "destinando-se o mútuo a fins econômicos, presumem-se devidos juros, os quais, sob pena de redução, não poderão exceder a taxa a que se refere o art. 406, permitida a capitalização anual". Por seu turno, o art. 406 do Código Civil determina que os juros moratórios não convencionados serão fixados segundo a taxa que estiver em vigor para a mora do pagamento de Impostos devidos à Fazenda Nacional. Pelo art. 161, § 1°, do Código Tributário Nacional, sobre o crédito não integralmente pago no vencimento será acrescido juros de mora à taxa de 1% ao mês.

O contrato de mútuo bancário, entretanto, não se submete a essa limitação legal. Pela Lei n. 4.595/64, os juros contratuais das operações de mútuo celebradas por instituições financeiras ficam sob a regulação, conforme art. 4°, IX, do Conselho Monetário Nacional. Nesse sentido, a Súmula 596 do Supremo Tribunal Federal determinou que: "as disposições do Decreto n. 22.626/33 não se aplicam às taxas de juros e aos outros encargos cobrados nas operações realizadas por instituições públicas ou privadas, que integram o Sistema Financeiro Nacional".

2.3.3 Desconto bancário

O contrato de desconto bancário é contrato pelo qual a instituição financeira antecipa ao contratante o pagamento de determinados créditos vincendos, detidos pelo contratante contra si próprio ou terceiros. Em contraprestação, o contratante se obriga a transferir os referidos títulos ao banco.

Pelo contrato, a instituição financeira antecipa créditos detidos e cujo vencimento e pagamento o empresário não poderá esperar. O crédito antecipado e cedido pode consistir em qualquer instrumento jurídico. Geralmente, todavia, é documentado por meio de um título de crédito, como o cheque, a nota promissória ou uma duplicata mercantil.

Ao antecipar o valor do referido crédito na operação de desconto bancário, a instituição financeira deduz do valor total sua remuneração.

Trata-se de contrato real. O contrato somente se aperfeiçoa com a transmissão do crédito ao banco.

Característica do contrato de desconto bancário, outrossim, é o direito de regresso da instituição financeira. No desconto bancário, o contratante que transmitiu o crédito à instituição financeira se obriga perante essa a satisfazer o valor do crédito transmitido caso o devedor original não satisfaça a obrigação.

Caso o crédito esteja instrumentalizado em um título de crédito, sua transmissão, a ponto de assegurar o direito de regresso, é feito por meio do endosso do título à instituição financeira. Na hipótese de inadimplemento do débito pelo sacado, nesses termos, a instituição financeira endossatária poderá, após o protesto do título, cobrar os demais endossantes da cártula, solidariamente.

Como titular do crédito descontado, a instituição financeira poderá executar a cártula em face do devedor principal, dos coobrigados em regresso ou, inclusive, redescontando o título.

O contrato de desconto bancário não se confunde com o *factoring*. Ao contrário desse, no desconto bancário não há a gestão do faturamento do contratante, o contrato é celebrado exclusivamente com instituição financeira, que exerce papel de intermediação no empréstimo de recursos e há, ainda, direito de regresso em face do contratante na hipótese de inadimplemento do devedor principal.

2.3.4 Abertura de crédito

O contrato de abertura de crédito é também contrato tipicamente bancário. Pelo contrato, a instituição financeira disponibiliza ao contratante determinados valores que ficarão à disposição do cliente caso necessite para o desenvolvimento de sua atividade. É conhecido como contrato de cheque especial.

Ainda que contratada a disponibilização dos recursos à conveniência do cliente contratante, em regra, esse somente pagará juros sobre o montante pela efetiva utilização dos recursos da instituição financeira. Nada impede que seja cobrada eventual taxa pela disponibilização dos recursos à utilização do cliente contratante, embora normalmente, na prática, não se exija essa remuneração.

O contrato de abertura de crédito, caso não seja satisfeito pelo devedor o montante convencionado, não permite a imediata execução, ainda que acompanhado de extrato pormenorizado do débito. Nos termos da Súmula 233 do STJ: "o contrato de abertura de crédito, ainda que acompanhado de extrato da conta-corrente, não é título executivo".

Ainda que não seja título caracterizado como título executivo extrajudicial, o contrato de abertura de crédito, acompanhado do extrato, é documento escrito para embasar pedido monitório. Conforme Súmula 247 do STJ: "o contrato de abertura de crédito em conta-corrente, acompanhado do demonstrativo de débito, constitui documento hábil ao ajuizamento da ação monitória".

2.4 Contrato de factoring

O contrato de *factoring* é contrato atípico no direito brasileiro e não se caracteriza como contrato tipicamente bancário, por não envolver a intermediação de recursos financeiros de terceiros para os contratantes nem exigir a presença de uma instituição financeira em um dos polos da relação jurídica contratual.

No contrato de *factoring*, uma das partes, o faturizador, presta serviços de administração e assessoria para o faturamento de operações de fomento mercantil, inclusive podendo financiar o desenvolvimento da atividade. O faturizador assessora o faturizado no recebimento dos créditos de uma determinada carteira e poderá financiar a operação.

O faturizado, em contraprestação, cede ao faturizador créditos em face de terceiros. Seja por endosso de títulos de créditos, seja por meio da cessão de direitos creditícios não materializados em títulos, o faturizador torna-se credor e exige o pagamento dos direitos creditórios em face dos devedores principais das obrigações.

O faturizador não precisa ser instituição financeira. Ele não emprega, em sua atividade, recursos de terceiros para o financiamento da atividade do contratante, mas desenvolve sua atividade com recursos próprios. Outrossim, por não ser considerado contrato tipicamente bancário, sujeita-se à limitação legal dos juros, os quais não poderão ultrapassar 12% ao ano.

Pelo contrato, o risco é inerente à operação de *factoring*. O faturizador será remunerado pelas comissões contratadas para a cobrança e administração dos créditos cedidos, o que é feito pelo desconto dos valores entregues ao faturizado pela transferência dos créditos. Porém, assumirá o faturizador o risco de inadimplemento dos títulos, pois não poderá exigir o ressarcimento do montante devido ao faturizado.

Ainda que os créditos estejam materializados em títulos de crédito e a transmissão ocorra por endosso, diante da impossibilidade de cobrança do faturizado, entende-se que os endossos são realizados sem garantia. O faturizador, assim, ao administrar a carteira de devedores do empresário com quem contrata, assume o risco de eventual inadimplemento desses em relação ao contratante.

O financiamento da atividade do empresário não é obrigatório no contrato de *factoring*. O faturizador poderá antecipar o pagamento dos créditos transferidos pelo contratante e que deverá administrar ou poderá simplesmente administrar a carteira do devedor, com a devolução a esse dos valores após o desconto de suas comissões pelo serviço. Diante disso, podem ser apontadas duas espécies de contratos de *factoring*: o *conventional factoring* e o *maturity factoring*.

Na primeira espécie, há a antecipação dos valores dos créditos que lhe foram transferidos. O faturizador antecipa o valor dos títulos que lhe foram transferidos, com a natural dedução dos valores decorrentes de seu serviço de administração e risco de inadimplemento.

Na segunda espécie, o *maturity factoring*, não há antecipação de valores. O faturizador apenas satisfaz os valores dos créditos que lhe foram cedidos por ocasião dos respectivos vencimentos e presta serviços de administração da carteira de crédito. No *maturity factoring*, como espécie do contrato de factoring, a assunção do risco pelo faturizador, sem o repasse ao faturizado, é essencial.

2.5 Contrato de arrendamento mercantil ou leasing

O contrato de arrendamento mercantil é também conhecido como contrato de *leasing*. Trata-se de contrato atípico. A Lei n. 6.099/74 cuida do tratamento tributário das operações de arrendamento mercantil, embora forneça elementos para a definição do contrato.

Conforme art. 1º, parágrafo único, da Lei n. 6.099/74, "considera-se arrendamento mercantil, para os efeitos desta lei, o negócio jurídico realizado entre pessoa jurídica, na qualidade de arrendadora, e pessoa física ou jurídica, na qualidade de arrendatária, e que tenha por objeto o arrendamento de bens adquiridos pela arrendadora, segundo especificações da arrendatária e para uso próprio desta".

O contrato de *leasing* é considerado misto. Suas prestações envolvem diversas prestações típicas de outros contratos em sua celebração, como a locação de bens e a possibilidade de compra ao final do período.

Pelo contrato de arrendamento mercantil, o arrendatário arrenda o bem do arrendador. Ao término do contrato, é característica a tripla opção do arrendatário: ele pode optar pela aquisição do bem, com o desconto do valor pago pela locação, o chamado *valor residual*; pode rescindir o contrato; ou, ainda, pode renovar a contratação, com a substituição do bem arrendado.

Na hipótese de aquisição do bem ao final do contrato, o arrendatário deverá satisfazer o valor residual. Esse consiste, conforme art. 11, § 2º, da Lei n. 6.099/74, no "total das contraprestações pagas durante a vigência do arrendamento, acrescido da parcela paga a título de preço de aquisição". Esse valor será convencionado pelas partes em consideração ao preço do bem por ocasião da contratação e sua desvalorização durante o prazo do contrato.

A vantagem da contratação pelo arrendatário é decorrente da possibilidade de utilizar coisa que pode estar sujeita a grande depreciação, como bens tecnológicos, ou de forma a não precisar despender montante para adquiri-la.

O arrendatário remunera o arrendador apenas pelo valor do arrendamento, valor inferior à aquisição do bem, além de ter a opção de compra ou de renovação ao final do período.

No contrato de *leasing* podem figurar como parte arrendatária qualquer pessoa, física ou jurídica. Como arrendadora, entretanto, exige-se que figure pessoa jurídica, obrigatoriamente, para se beneficiar do tratamento tributário previsto pela Lei n. 6.099/74. Nesse aspecto, a pessoa jurídica arrendadora, ainda, deverá ter por objeto principal de sua atividade a prática de operações de arrendamento mercantil, pelos bancos múltiplos com carteira de arrendamento mercantil e pelas instituições financeiras que estejam autorizadas a contratar operações de arrendamento com o próprio vendedor do bem ou com pessoas jurídicas a ele coligadas ou interdependentes (art. 1º do Anexo da Resolução Bacen n. 2.309/96).

O objeto a ser arrendado, por seu turno, poderá ser qualquer bem, tanto móvel quanto imóvel.

2.5.1 Espécies de contrato de *leasing*

O contrato de arrendamento mercantil poderá ser de três espécies, conforme a origem do bem submetido ao arrendamento.

A primeira delas consiste no *leasing financeiro*. É a espécie de contratação mais utilizada na prática e caracteriza-se pela aquisição do bem da fabricante pela arrendadora para que possa arrendar à arrendatária. Nesse ponto, o valor exigido pela arrendadora para o arrendamento do bem deverá refletir o custo de sua aquisição e a obtenção de remuneração pelo capital investido ao longo do contrato.

Conforme o art. 5º do Anexo da Resolução Bacen n. 2.309/96, no *leasing* financeiro, os pagamentos devidos pela arrendatária devem ser suficientes para que a "arrendadora recupere o custo do bem arrendado durante o prazo contratual da operação e, adicionalmente, obtenha um retorno sobre os recursos investidos". As despesas com manutenção e assistência técnica do bem fica sob responsabilidade da arrendatária.

A segunda modalidade é o *leasing* operacional. Nessa espécie, o contrato é celebrado por aquele que fabrica o próprio bem que se destina ao arrendamento, por meio de sociedades de arrendamento mercantil do próprio grupo econômico ou bancos múltiplos. Por seu turno, como a arrendadora é a própria fabricante do bem, os serviços de manutenção ou de assistência técnica podem ser de responsabilidade da arrendadora ou da arrendatária.

No *leasing* operacional, conforme art. 6º do Anexo da Resolução Bacen n. 2.309/96, o valor de arrendamento não poderá custar mais do que 90% do "custo do bem"; e o preço para o exercício da opção de compra deverá ser o valor de mercado do bem arrendado.

Por fim, a terceira espécie é o *leasing back*. Consistente essa modalidade na alienação do bem pelo próprio arrendatário ao arrendador, para obter capital de giro necessário para o desenvolvimento de sua atividade empresarial. O adquirente do bem, além de pagar a aquisição, por seu turno, arrenda o bem ao arrendatário e antigo proprietário, com a opção de compra ao final do contrato.

Por essa modalidade de *leasing*, a posse direta do bem continua com o arrendatário enquanto o contrato de *leasing* for satisfeito. O arrendatário poderá utilizar-se do bem que era originalmente de sua propriedade e terá o direito de recomprá-lo ao final da contratação. A posse indireta, entretanto, foi transferida ao arrendador.

2.5.2 O valor residual garantido (VRG)

O valor residual não se confunde com o valor residual garantido (VRG). O valor residual é o valor da opção do arrendatário pela aquisição do bem arrendado ao final do contrato. Consiste ele no preço de aquisição do bem, com a dedução dos valores decorrentes do pagamento do aluguel já realizado.

Ainda que o montante seja decorrente da opção de pagamento ao final do contrato, nada impede que o valor tenha o pagamento antecipado durante a vigência do contrato. A antecipação e o parcelamento do pagamento, contudo, não descaracteriza o contrato para compra e venda e o montante antecipado como opção de aquisição do arrendatário ao final do contrato. Nesses termos, a Súmula 293 do STJ, que determina que "a cobrança antecipada do valor residual garantido não descaracteriza o contrato de arrendamento mercantil".

Questão pertinente versa sobre a rescisão do contrato de arrendamento quanto esse previa a antecipação do VRG. Como o VRG seria opção de pagamento pelo arrendatário para a aquisição do bem ao final do contrato, o valor residual pago antecipadamente deveria ser devolvido pelo arrendador ao arrendatário, na hipótese de o contrato ser rescindido.

O VRG, por seu turno, é o montante suficiente para que a "arrendadora recupere o custo do bem arrendado durante o prazo contratual da operação e, adicionalmente, obtenha um retorno sobre os recursos investidos" (art. 5º do Anexo da Resolução Bacen n. 2.309/96). No *leasing* financeiro, é a remuneração do arrendador pela aquisição do bem do fabricante para o arrendamento ao arrendatário.

Por conta dessa diferenciação, nos contratos de arrendamento mercantil financeiro, o STJ determinou, pela Súmula 564, que, na hipó-tese de pagamento do valor residual antecipado, o valor a ser devolvido ao arrendatário, na hipótese de rescisão do contrato, dependerá do valor de venda do bem, com a transmissão do risco da aquisição do bem e de sua deterioração ao arrendatário. Em suma, determinou o STJ que, como o contrato foi motivado pelo próprio arrendatário, que exigiu a aquisição do bem pelo arrendador em face de terceiro fabricante, o arrendador não poderia suportar os custos dessa aquisição, caso o valor do bem, por ocasião de sua venda, não atingisse o mínimo estabelecido pelo contrato para que fosse adquirido.

Nesses termos, determina a Súmula 564 do STJ que, no caso de reintegração de posse em arrendamento mercantil financeiro, quando a soma da importância antecipada a título de valor residual com o valor da venda do bem ultrapassar o total do VRG previsto contratualmente, o arrendatário terá direito de receber a respectiva diferença, cabendo, porém, se estipulado no contrato, o prévio desconto de outras despesas ou encargos pactuados.

2.6 Alienação e cessão fiduciária em garantia

Os contratos de alienação fiduciária em garantia e de cessão fiduciária em garantia são espécies de contratos que provocam a constituição da propriedade fiduciária[21]. Por propriedade fiduciária entende-se a propriedade que é transferida com base na confiança de que será restituída ao devedor fiduciante pelo credor fiduciário.

Trata-se de contrato acessório a um contrato principal. Na alienação e cessão fiduciária em garantia, haverá a transferência da propriedade fiduciária pelo devedor fiduciante ao credor fiduciário em garantia da satisfação de uma obrigação principal, como um contrato de mútuo ou de financiamento.

A propriedade transferida fiduciariamente é resolúvel. O bem volta ao domínio do devedor fiduciante assim que a obrigação principal for satisfeita.

Nesse ponto, ressalta-se que a propriedade fiduciária, e não o contrato que gera a obrigação de sua transferência, seja ele de que tipo de negócio fiduciário for, é excluída pela LRF da recuperação judicial e da falência[22]. A relevância de sua constituição é justamente pela sua não submissão ao regime concursal do devedor, na medida em que o art. 49, § 3º, da Lei n. 11.101/2005 exclui o credor titular da posição de proprietário fiduciário de bens móveis ou imóveis da submissão aos efeitos da recuperação judi-

---

21 MOREIRA ALVES, José Carlos. *Da alienação fiduciária em garantia.* 3. ed. Rio de Janeiro: Forense, 1987. p. 3.
22 CALÇAS, Manoel de Queiroz Pereira e PEREIRA e SILVA, Ruth Maria Junqueira de Andrade. Da cessão fiduciária de crédito na recuperação judicial: análise da jurisprudência. In: *Cadernos Jurídicos – Direito Empresarial,* ano 16, n. 39. São Paulo: Escola Paulista da Magistratura, janeiro-março de 2015, p. 12.

cial, de forma a prevalecer os direitos de propriedade sobre a coisa alienada fiduciariamente.

Os elementos para a constituição da propriedade fiduciária variam conforme os bens sobre os quais pretendem os contratantes a transferência para garantia. A disciplina legal variará se os bens forem coisas móveis infungíveis, fungíveis ou imóveis.

2.6.1 Alienação fiduciária em garantia de coisas móveis infungíveis

Em seus arts. 1.361 e seguintes, o Código Civil disciplinou a propriedade fiduciária de coisas móveis infungíveis.

Ao se referir à sua constituição, restringiu-se ao termo *coisa*. Conforme redação, assim dispôs: "considera-se fiduciária a propriedade resolúvel de *coisa móvel infungível* que o devedor, com escopo de garantia, transfere ao credor". Sua regulamentação, dessa forma, restringiu-se aos bens materiais ou corpóreos e infungíveis.

Ainda que verse exclusivamente sobre coisas móveis infungíveis, não há restrição para as coisas serem obrigatoriamente atuais ou existentes. A alienação fiduciária poderá versar sobre bem futuro ou de terceiro. Embora possa versar sobre coisas não existentes ou não de propriedade do devedor no momento da contratação, a coisa precisa passar a existir ou ser adquirida para que a garantia se torne eficaz. Nos termos do art. 1.361, § 3º, do Código Civil, a propriedade superveniente, adquirida pelo devedor, torna eficaz, desde o arquivamento, a transferência da propriedade fiduciária.

Apesar de se restringir a disciplinar os contratos sobre as coisas móveis infungíveis, o Código Civil é norma supletiva às demais espécies de formação da propriedade fiduciária. Conforme art. 1.368-A do Código Civil, as demais espécies de propriedade fiduciária ou de titularidade fiduciária submetem-se à disciplina específica da respectiva legislação especial, mas o Código será aplicado, no que não for incompatível com a referida legislação, supletivamente.

A propriedade fiduciária em garantia poderá ser constituída por quaisquer pessoas físicas ou jurídicas. O credor fiduciário, que receberá a coisa fiduciariamente em garantia da satisfação do crédito principal, poderá ser qualquer pessoa, sem que haja qualquer exigência[23]. Tampouco há requisitos ou impedimentos à posição de devedor fiduciante, que contrai a obrigação principal em face do credor, a quem transfere a propriedade.

O contrato para sua constituição deverá indicar o total da dívida decorrente da obrigação principal, ou, caso não tenha valor líquido, sua estimativa,

---
23 FARIAS, Cristiano Chaves de. *Direitos reais*. Rio de Janeiro: Lumen Juris, 2009. p. 381.

bem como o prazo e época em que as prestações deverão ser satisfeitas e o juros incidentes. Para que se possa ter certeza quanto o bem transferido fiduciariamente, a coisa infungível deverá ser identificada.

Para que a propriedade em garantia possa ser transferida, não basta o contrato e o preenchimento de seus requisitos essenciais. A propriedade fiduciária, para que possa produzir os efeitos *erga omnes* imanente aos direitos reais, exige para sua constituição o registro do contrato no Registro de Títulos e Documentos do domicílio do devedor, a menos que veículo, pois o registro deverá ser feito na repartição competente para o licenciamento, com a concomitante anotação no certificado de registro.

Embora a propriedade da coisa seja transmitida fiduciariamente, a posse direta do bem conserva-se com o devedor. É o chamado desdobramento da posse. Com a alienação fiduciária da propriedade, há a transmissão da posse indireta ao credor fiduciário.

O devedor fiduciante permanecerá com a posse direta sobre o bem e poderá usar a coisa, desde que segundo sua destinação. Como, entretanto, apenas tem a posse direta, mas não a propriedade, é considerado depositário do bem enquanto a dívida principal não for satisfeita. Por conta disso, deverá empregar na guarda da coisa a diligência exigida por sua natureza.

Caso se torne inadimplente, sua posse direta considera-se ilegítima e o bem de propriedade fiduciária do devedor deverá a ele ser entregue. Ainda que não possa mais ser preso caso, regularmente intimado a entregar a coisa, não o faça e se constitua como depositário infiel, poderá sofrer ação de busca e apreensão pelo credor, sem prejuízo de eventual ação de execução pelo montante devido.

Entregue ou apreendida a coisa, o credor não poderá adjudicá-la. O pacto comissório, cláusula que permitiria ao proprietário fiduciário ficar com a coisa alienada em garantia, se a dívida não for paga no vencimento, é nula no direito brasileiro.

Diante do inadimplemento, a coisa alienada em garantia deverá ser vendida pelo credor fiduciário, judicial ou extrajudicialmente. O produto da venda será utilizado para saldar o débito do devedor fiduciante, em conjunto com as despesas de cobrança.

Satisfeito o débito com o produto da alienação, o saldo remanescente do valor da venda será devolvido ao devedor. Todavia, caso remanesça débito, o montante restante poderá ser ainda cobrado do devedor mediante ação de execução.

Por conta da possibilidade de execução do valor restante devido, exceto se houver anuência do credor fiduciário, o débito principal não será extinto pela mera entrega da coisa em garantia.

2.6.2 Alienação fiduciária em garantia de imóveis

A alienação fiduciária de coisa imóvel e a cessão fiduciária de direitos creditórios decorrentes de contratos de alienação de imóveis são disciplinados pela Lei n. 9.514/97 como formas de se garantir as operações de financiamento imobiliário.

Pelo contrato transfere-se a propriedade de um determinado bem ao credor fiduciário, com o escopo de garantia de um débito principal a que está obrigado o devedor fiduciante. A transferência da propriedade do imóvel faz-se de forma resolúvel, até que haja a adimplemento do contrato principal pelo devedor.

Na alienação fiduciária de imóveis, há o desdobramento da posse. Transferida a propriedade do bem ao credor fiduciário, esse conserva consigo a posse indireta da coisa. A posse direta, entretanto, ficará com o devedor fiduciante.

Para a celebração desse contrato, poderão figurar como partes contratantes tanto a pessoa física, quanto a pessoa jurídica. Não há limitação para que as contratações sejam exclusivas com entidades do Sistema de Financiamento Imobiliário.

O contrato deverá ainda especificar todos os elementos do débito principal, bem como indicar com precisão o bem dado em garantia. Nesse aspecto, o art. 24 da Lei n. 9.514 exige que o contrato especifique o valor do principal da dívida; o prazo e as condições de reposição do empréstimo ou do crédito do fiduciário; a taxa de juros e os encargos incidentes; a cláusula de constituição da propriedade fiduciária, com a descrição do imóvel objeto da alienação fiduciária e a indicação do título e modo de aquisição; a cláusula assegurando ao fiduciante, enquanto adimplente, a livre utilização, por sua conta e risco, do imóvel objeto da alienação fiduciária; a indicação, para efeito de venda em público leilão, do valor do imóvel e dos critérios para a respectiva revisão.

A celebração do contrato, contudo, não basta para a constituição da propriedade fiduciária. A propriedade fiduciária de coisa imóvel se constitui, expressamente pelo art. 23 da Lei n. 9.514, mediante o registro no Cartório de Registro de Imóveis do contrato.

Pago o montante integral do débito principal, a propriedade se resolve e volta a ser de titularidade do devedor fiduciante. Caso a obrigação, vencida, não seja paga, o devedor fiduciante poderá ser constituído em mora.

Vencido e não satisfeito o débito, o devedor poderá ser intimado pelo oficial do competente Registro de Imóveis para satisfazer, no prazo de quinze dias, a prestação vencida e as que se vencerem até a data do pagamento, com todos os demais encargos contratuais e demais despesas de cobrança. Se, intimado, fizer o pagamento, o contrato de alienação fiduciária convalescerá e a propriedade se resolve, com o retorno ao devedor fiduciante.

Se não houver purgação da mora, por outro lado, consolida-se a propriedade do imóvel em nome do fiduciário, com a averbação na matrícula do imóvel. Para a realização da consolidação, ficará o credor fiduciário responsável pelo pagamento do imposto de transmissão inter vivos, o ITBI, que passa a incidir sobre a transferência da propriedade imobiliária.

Com a propriedade consolidada, o credor fiduciário deverá obrigatoriamente promover o leilão público para a alienação do imóvel. No primeiro leilão, o bem somente poderá ser alienado por lance igual ou superior ao valor do imóvel, conforme previsto no contrato, devidamente atualizado. Em segundo leilão, a alienação deverá ser feita por lance igual ou superior ao valor da dívida, das despesas, dos prêmios de seguro, dos encargos legais, inclusive tributos, e das contribuições condominiais.

Arrematada a coisa e satisfeito o débito, eventual saldo remanescente será devolvido ao devedor. Se infrutífero também o segundo leilão público, por outro lado, a dívida do devedor fiduciante será extinta, com a exoneração do devedor, mas também do credor em face da obrigação de devolver qualquer valor em razão da diferença do montante do bem em relação ao débito.

2.6.3 Alienação fiduciária em garantia de coisas fungíveis e direitos

A terceira espécie de propriedade fiduciária é disciplinada pela Lei n. 4.728/65, em seu art. 66-B. O dispositivo legal regula a propriedade fiduciária de coisas móveis fungíveis e a cessão fiduciária de direitos, fungíveis ou infungíveis: "é admitida a alienação fiduciária de coisa fungível e a cessão fiduciária de direitos sobre coisas móveis, bem como de títulos de crédito [...]".

Pela alienação fiduciária, podem ser transferidas coisas fungíveis em garantia de uma determinada obrigação principal. Pela cessão fiduciária, há também espécie de negócio jurídica que provoca a constituição da propriedade fiduciária. Como já se definiu anteriormente, "consiste em negócio jurídico pelo qual o cedente transfere ao cessionário a titularidade de direitos (cessão de direitos creditórios) ou títulos de crédito (cessão fiduciária de títulos de crédito) em face de terceiro com a finalidade de garantir a satisfação de uma dívida"[24].

Da mesma forma que das outras espécies de propriedade fiduciária, o credor fiduciário, em garantia à satisfação de uma obrigação principal anterior, receberá a propriedade sobre uma coisa fungível ou a titularidade de um direito, de forma resolutiva até a satisfação da obrigação principal. Satisfeita a dí-

---

24 SACRAMONE, Marcelo e PIVA, Fernanda Neves. Cessão fiduciária de créditos na recuperação judicial: requisitos e limites à luz da jurisprudência. In: *Revista de Direito Bancário e do Mercado de Capitais*, ano 19, v. 72. São Paulo, Revista dos Tribunais, abril-junho de 2016, p. 133-155.

vida principal, a propriedade é automaticamente resolvida e a coisa retorna ao alienante ou cedente fiduciário.

Nessa espécie de propriedade fiduciária, não há o desdobramento da posse, ao contrário das demais. Os bens móveis fungíveis e os direitos transferidos fiduciariamente provocam a transmissão da posse indireta, mas também direta quanto aos bens, exceto convenção em contrário (art. 66-B, § 3º, da Lei n. 4.728/65). Em virtude dessa posse direta, o art. 19, IV, da Lei n. 9.514/97, possibilitou maiores direitos ao credor fiduciário. Por força da aplicação do art. 19 da Lei n. 9.514/97, aplicável à alienação fiduciária de bens fungíveis e à cessão fiduciária regulada na Lei n. 4.728/65 (art. 66-B, § 4º), o cessionário poderá conservar e recuperar a posse dos títulos que instrumentalizam o crédito cedido ou poderá promover as ações de cobrança e execução a que o cedente teria direito. Poderá, inclusive, conforme art. 19, IV, da Lei n. 9.514/97, dar quitação aos devedores pela satisfação das obrigações.

Na cessão fiduciária de direitos, o cessionário poderá, ainda, utilizar diretamente as importâncias recebidas dos devedores dos créditos para amortizar o débito do cedente. O cessionário poderá creditar ao devedor cedente os valores recebidos, até a final liquidação da dívida e encargos (art. 19, § 1º, da Lei n. 9.514/97).

Quanto aos bens móveis fungíveis, entretanto, na hipótese de inadimplemento ou mora da obrigação garantida, o credor cessionário "poderá vender a terceiros o bem objeto da propriedade fiduciária independentemente de leilão, hasta pública, ou qualquer outra medida judicial ou extrajudicial, devendo aplicar o preço da venda no pagamento do seu crédito e das despesas decorrentes da realização da garantia, entregando ao devedor o saldo, se houver, acompanhado do demonstrativo da operação realizada" art. 66-B, § 3º, da Lei n. 4.728/65).

Ressalta-se que, enquanto não ocorrer a satisfação da obrigação principal, os bens fungíveis ou os direitos não mais pertenceriam à esfera patrimonial do devedor principal e, por essa razão, não se submeteriam ao concurso de credores do devedor ou à sua recuperação, conforme art. 49, § 3º, e art. 85 da Lei n. 11.101/2005[25].

---

25 Súmula 59 do Tribunal de Justiça de São Paulo: "Classificados como bens móveis, para os efeitos legais, os direitos de crédito podem ser objeto de cessão fiduciária"; STJ, REsp 1.202.918, 3ª Turma, rel. Min. Ricardo Villas Boas Cuêva, j. em 07.03.2013. No mesmo sentido: REsps 1.412.529 e 1.559.457, 3ª Turma, rel. Min. Marco Aurélio Bellizze, j. em 17.12.2015. Também é essa a interpretação das Câmaras Especializadas do TJSP (v., a esse respeito: AI 2273783-85.2015.8.26.0000, 1ª Câmara Reservada de Direito Empresarial, rel. Des. Francisco Loureiro, j. em 09.05.2016; AI 0250023-49.2012.8.26.0000, 1ª Câmara Reservada de Direito Empresarial, rel. Des. Maia da Cunha, j. em 12.03.2013).

2.6.3.1 Requisitos para a constituição

Disciplinada pela Lei do Mercado de Capitais, a constituição da propriedade fiduciária sobre a coisa móvel fungível ou os direitos cedidos em garantia exige que o credor fiduciário seja submetido à fiscalização pelo Banco Central. Para a doutrina[26] e a jurisprudência[27], diante da aplicação da Lei do Mercado de Capitais para disciplinar essa espécie de propriedade, a legitimidade para figurar como credor fiduciário é restrita às instituições financeiras, às sociedades a elas equiparadas e entidades estatais ou paraestatais.

Além das partes, o objeto precisa ser lícito, possível e determinado ou determinável. Dentro desses, os bens ou direitos poderão ser, ainda, tanto já existentes quanto futuros.

O direito de crédito, como o mais utilizado, é, na nomenclatura econômica, chamado de recebível, que poderá ser 'a performar' ou 'performado'. O recebível performado é o crédito já existente, mas ainda não satisfeito, por ocasião do contrato de cessão fiduciária. Por outro lado, o recebível a performar é o crédito ainda não contraído, mas apenas cuja constituição é esperada por ocasião da celebração do contrato.

Para uma parte da doutrina, a cessão fiduciária de recebíveis a performar, em razão de sua indeterminação, não poderia ser constituída. Nesse sentido, Cláudia Patrícia Borges de Azevedo e Paulo Calheiros, para quem: "em primeiro lugar, não parece possível estabelecer uma garantia sobre algo incerto. O cliente da empresa mutuária pode inadimplir o título contra ele emitido. Ou, ainda, por causa alheia como divergências comerciais, o título pode deixar de ser performado. Esta incerteza não se coaduna com as garantias em geral, em especial aos limites legais específicos previstos para o caso de alienação fiduciária [...]. Devem ainda as partes se ater a outras exigências próprias para que o contrato que envolva garantia fiduciária obedeça à regularidade formal necessária, como o registro perante o cartório competente e a individualização pormenorizada dos títulos dados em garantia – algo que é bastante difícil quando se trata de títulos de crédito, ao menos em comparação com outros bens móveis"[28-29].

---

26 MOREIRA ALVES, José Carlos. Op. cit. p. 120.
27 STF, RE 111.219, 2ª Turma, rel. Min. Aldir Passarinho, j. em 10.12.1987; STF, RE 92.736, 1ª Turma, rel. Min. Thompson Flores, j. em 24.06.1980.
28 AZEVEDO, Patrícia Borges de; CALHEIRO, Paulo. "A relação entre as empresas em recuperação e a atividade bancária". In: LAZZARINI, Alexandre Alves; KODAMA, Thais e CALHEIROS, Paulo (org.). *Recuperação de empresas e falência:* aspectos práticos e relevantes da Lei n. 11.101/2005. São Paulo: Quartier Latin, 2014. p. 116-117.
29 O posicionamento doutrinário fora também seguido por parte substancial da jurisprudência. Nesse sentido: "RECUPERAÇÃO JUDICIAL. Agravo de instrumento contra a decisão que determinou a restituição de valores descontados de contas bancárias de recuperandas. (...) Não há dúvida de que, em relação aos créditos performados, tem a recuperanda livre disposição sobre estes bens. O mesmo não se pode afirmar em relação aos créditos a performar, que sequer existiam, no

Pelo Código Civil, contudo, nada impede a constituição da propriedade fiduciária sobre um bem futuro, desde que seja determinável. O art. 458 do Código Civil assegura a possibilidade de realização de contratos aleatórios, em que as coisas ou fatos futuros são objeto da contratação.

O crédito futuro, outrossim, também pode ser determinável e, nesse ponto, poderá ser especificado no contrato[30]. A especificação é imprescindível para a constituição da garantia e a tutela não apenas das partes contratantes, quanto de terceiros indiretamente afetados pela redução do patrimônio do devedor.

A especificação ou a determinação do objeto da propriedade fiduciária deve ser feita a ponto de permitir a identificação dos créditos quando vierem a existir. Isso não exige o apontamento de todas as características individuais de cada um dos créditos, mas simplesmente que os créditos possam ser identificáveis quando forem constituídos[31].

O contrato de alienação fiduciária ou de cessão fiduciária deverá ainda conter todos os demais requisitos definidos no Código Civil para os contratos de alienação fiduciária de bens móveis infungíveis, além dos juros, cláusula penal, correção monetária e demais encargos.

---

momento da celebração do ajuste. Na constituição de garantias, devem ser observados princípios básicos, dentre eles, o princípio da especialização, que exige perfeita individualização do valor garantido, o que não se pode verificar nos créditos a performar, cuja existência sequer pode ser confirmada, visto que podem, ou não, vir a existir. Também cumpre observar que os créditos a performar têm destinação específica no desenvolvimento e na manutenção futuros da empresa. No caso em exame os créditos a performar estão atrelados ao pagamento de fornecedores da recuperanda, que já entregaram os bens de consumo adquiridos pelos clientes no Supermercado. Não há dúvida, portanto, de que estes créditos têm afetação na rotina da empresa, isto é, estão vinculados de maneira direta e imediata à atividade empresarial essencial – oferecimento de bens de consumo no mercado. (...) Recurso parcialmente provido apenas para afastar a imposição de multa diária referente à obrigação pecuniária – restituição dos valores indevidamente retidos pelo agravante, mantida a multa no que se refere ao cumprimento da obrigação de não fazer – não desconto dos créditos pretendidos das contas bancárias, considerando-se, ademais, a nulidade da garantia referente aos créditos a performar" (TJSP, AI 2029505-80.2015, 2ª Câmara Reservada de Direito Empresarial, rel. Des. Carlos Alberto Garbi, j. em 11.11.2015).

30 Para Pontes de Miranda, o crédito futuro poderá ser perfeitamente cedido, desde que especificado (PONTES DE MIRANDA, José Cavalcanti. *Tratado de direito privado*. 3. ed. São Paulo: Revista dos Tribunais, 1984. t. XXIII. p. 275). No mesmo sentido, para Jorge Lobo, os créditos garantidos por cessão fiduciária de recebíveis podem ser tanto os créditos presentes (performados), quanto os futuros (a performar), pois não haveria qualquer diferenciação entre eles pelo Código Civil. LOBO, Jorge. Cessão fiduciária em garantia de recebíveis performados e a performar. In: ABRÃO, Carlos Henrique; ANDRIGHI, Fátima Nancy; BENETI, Sidnei (coords.). *10 anos de vigência da lei de recuperação e falência*. São Paulo: Saraiva, 2015. p. 87-88.

31 Nesse sentido já decidiu o Tribunal de Justiça de São Paulo: "Se não há nenhuma dúvida de que pode haver alienação fiduciária de direitos sobre coisas móveis, creio que também não pode haver dúvida de que a alienação fiduciária pode ter por objeto coisas ou fatos futuros, visto que o atual Código Civil, assim como o revogado, dedica uma seção ao contrato aleatório, ou seja, aquele que diz respeito a coisas ou fatos futuros (arts. 458 a 461 do atual Código Civil e arts. 1.118 a 1.121 do revogado Código Civil de 1916)". TJSP, AI 6276594300, 1ª Câmara Reservada de Direito Empresarial, rel. Des. Romeu Ricupero, j. em 28.07.2009. Em sentido idêntico, TJSP, AI 2021503-92.2013.8.26.0000, rel. Des. Teixeira Leite, j. em 06.02.2014.

Quanto a esses requisitos, a doutrina e jurisprudência controvertem sobre a necessidade do registro para a constituição da garantia, como exigido pelo Código Civil à propriedade fiduciária de bens infungíveis.

Embora a Súmula 60 do Tribunal de Justiça de São Paulo preveja que "a propriedade fiduciária *constitui-se* com o registro do instrumento no registro de títulos e documentos do domicílio do devedor"[32], há posicionamento diverso do Superior Tribunal de Justiça pela dispensabilidade do registro[33].

Para o órgão superior, o registro não teria sido exigido pela Lei de Mercado de Capitais, de modo que seria inaplicável a exigência estabelecida como norma geral pelo Código Civil, o qual somente seria aplicável a essa espécie de propriedade fiduciária supletivamente. A propriedade fiduciária se constituiria com base na celebração do contrato e seria independente do registro, na medida em que a publicidade apenas asseguraria a tutela dos interesses diante de terceiros[34].

Todavia, a exigência de registro para a constituição da propriedade fiduciária parece ser de rigor. O primeiro argumento, formal, é o de que o Código Civil é norma aplicada supletivamente diante de lacuna legal da Lei de Mercado de Capitais. Na omissão dessa, o Código Civil estabelece que o registro é requisito não apenas de eficácia perante terceiros, mas da própria transferência da propriedade ao cessionário-fiduciário[35-36].

---

32 Uma breve análise dos julgados das Câmaras Reservadas de Direito Empresarial permite concluir que, para a Corte Paulista, o registro do instrumento de cessão fiduciária é essencial à exclusão do crédito dos efeitos da recuperação judicial. Nas hipóteses em que não havia registro do contrato, o crédito era considerado quirografário.

33 STJ, REsp 1.412.529, 3ª Turma, rel. Min. Marco Aurélio Bellizze, j. em 17.12.2015; STJ, REsp 1.559.457, 3ª Turma, rel. Min. Marco Aurélio Bellizze, j. em 17.12.2015.

34 Nas palavras do relator do acórdão prolatado no julgamento do REsp 1.412.529, Min. Marco Aurélio Bellizze: "como assinalado, todos os direitos e prerrogativas conferidos ao credor fiduciário, decorrentes do contrato de cessão fiduciária (suficiente, em si, a perfectibilizar a propriedade fiduciária, concebida como direito real em garantia) são exercitáveis imediatamente à sua contratação, ostentando, desde então, a condição de titular resolúvel do crédito dado em garantia".

35 São inúmeros os julgados das Câmaras Especializadas do TJSP nesse sentido: "RECUPERAÇÃO JUDICIAL. Crédito garantido por cessão fiduciária em garantia, e que, por tal razão, estaria excluído dos efeitos da recuperação judicial. Propriedade fiduciária que se constitui pelo registro junto ao Cartório de Registro de Títulos e Documentos do domicílio do devedor. Providência levada a efeito pelas partes. Assim, dá-se provimento ao recurso, com observação, ou seja, para autorizar a devolução dos valores discutidos até o limite da garantia, o que deverá ser observado pelo juízo" (TJSP, AI 2011883-85.2015.8.26.0000, 1ª Câmara Reservada de Direito Empresarial, rel. Des. Enio Zuliani, j. em 26.08.2015). No mesmo sentido: TJSP, AI 2059568-59.2013.8.26.0000, 2ª Câmara Reservada de Direito Empresarial, rel. Des. Ramon Mateo Jr., j. em 29.06.2015; TJSP, AI 2044851-71.2015.8.26.0000, 1ª Câmara Reservada de Direito Empresarial, rel. Des. Pereira Calças, j. em 08.04.2015.

36 Nesse mesmo sentido é a doutrina de Cesar Amendolara, para quem "uma polêmica que permeia a cessão fiduciária refere-se à necessidade ou não do registro do instrumento de cessão para a constituição da garantia. A nosso ver, à medida em que o art. 66-B da Lei n. 10.931/2004 considera os requisitos do Código Civil de 2002 como também requisitos do contrato de alie-

Por seu turno, é efeito imanente ao direito real ser oponível *erga omnes*, a todas as pessoas. Isso porque o titular da propriedade deverá ter direito de sequela, ou seja, o de poder perseguir o bem onde quer que esteja e reivindicá-lo de qualquer pessoa que injustamente o possua. A publicidade garantiria esse efeito perante terceiros, de modo que a falta de registro impediria a própria constituição da propriedade fiduciária[37].

2.7 Contrato de seguro

O contrato de seguro é celebrado entre as partes para mitigar o risco de ocorrência de um determinado evento, o sinistro. Pela análise atuarial, consistente na verificação da probabilidade de ocorrência do fato de que a parte segurada procura se proteger, o segurador calcula o valor que precisa receber (prêmio) para garantir o ressarcimento definido ao beneficiário caso o evento realmente ocorra.

Por outro lado, o segurador não assume o risco do sinistro, mas apenas se obriga a ressarcir patrimonialmente o beneficiário de suas consequências. A não assunção é decorrente da necessária partilha das consequências econômicas do sinistro entre diversos outros segurados sujeitos ao mesmo risco. A mutualidade, consistente no grupo de segurados, com o pagamento do prêmio ao segurador, assegura o ressarcimento patrimonial por esse caso qualquer dos segurados seja afetado pela ocorrência do sinistro de que procuram se assegurar.

Por conta da partilha desses riscos, não há a possibilidade de contratação de um único seguro por parte da seguradora. É essencial ao contrato de seguro a fragmentação do risco. A atividade da seguradora deve necessariamente envolver a contratação do seguro com coletividade de segurados expostos ao mesmo risco e de forma a partilhar entre todos, mediante o pagamento do prêmio, o ressarcimento pecuniário das consequências advindas do sinistro ocorrido a alguns.

---

nação fiduciária e que o Código Civil de 2002, por sua vez, no § 1º do art. 1.361 dispõe que o registro é um requisito de constituição de garantia, não há dúvidas quanto à sua necessidade" (AMENDOLARA, Cesar. "Alienação fiduciária como instrumento de fomento à concessão de crédito". In: FONTES, Marcos Rolim Fernandes; WAISBERG, Ivo (Coords.). *Contratos bancários*. São Paulo: Quartier Latin, 2006, p. 189).

37 A esse respeito, ensina MOREIRA ALVES: "Ora, ao acentuar que a alienação fiduciária somente valerá contra terceiro se tiver seu instrumento arquivado, por cópia ou microfilme, no Registro de Títulos e Documentos, estabeleceu o referido dispositivo legal que a propriedade fiduciária (que é a garantia real resultante do contrato de alienação fiduciária) necessita desse registro para ser oponível contra terceiros. (...) Antes do registro, o contrato de alienação fiduciária em garantia é apenas título de constituição da propriedade fiduciária, que ainda não nasceu, porquanto seu nascimento depende do competente registro desse título. E não se constituindo, ainda, a propriedade fiduciária, inexiste para o credor garantia real" (MOREIRA ALVES, José Carlos. Op. cit. p. 78 e 81.)

2.7.1 Sistema Nacional de Seguros Privados

Por envolver diversos contratantes para pulverizar os riscos e afetar grande quantidade de pessoas, a atividade de seguro é regulada pelo Estado. No Brasil, o Decreto-lei n. 73/66 instituiu o Sistema Nacional de Seguros Privados, integrado pelo Conselho Nacional de Seguros Privados e com competência para disciplinar a atividade securitária, com a fixação das diretrizes e normas da política de seguros privados, fixação das características gerais dos contratos de seguro, delimitar o capital das sociedades seguradores, estabelecer diretrizes gerais das operações de resseguro etc. (art. 32 do Decreto-lei n. 73/66).

O Sistema é também integrado pela Superintendência de Seguros Privados (Susep), que possui a função de execução da política e de controle das atividades securitárias. Dentre suas atribuições, previstas no art. 36 do Decreto-lei n. 73/66, estão a de processar os pedidos de autorização para constituição, organização, funcionamento, fusão, encampação, grupamento, transferência de controle acionário e reforma dos Estatutos das Sociedades Seguradoras; baixar instruções e expedir circulares relativas à regulamentação das operações de seguro, de acordo com as diretrizes do CNSP; fixar condições de apólices, planos de operações e tarifas a serem utilizadas obrigatoriamente pelo mercado segurador nacional; fiscalizar as operações das Sociedades Seguradoras; proceder à liquidação das Sociedades Seguradoras que tiverem cassada a autorização para funcionar no país, dentre as mais importantes.

Instituída ainda a Agência Nacional de Saúde Suplementar, a ANS, para a fiscalização e disciplina das atividades securitárias especificamente ligadas ao seguro saúde, diante de sua grande relevância.

2.7.2 Classificação do contrato de seguro

O contrato de seguro está definido no art. 757 do Código Civil. Trata-se de contrato em que "o segurador se obriga, mediante o pagamento do prêmio, a garantir interesse legítimo do segurado, relativo a pessoa ou a coisa, contra riscos predeterminados".

Trata-se de contrato consensual, por adesão, oneroso, comutativo, não solene.

Como contrato consensual, o contrato de seguro se aperfeiçoa pela mera declaração de consentimento das partes quanto ao valor do prêmio a ser pago e o sinistro a ser assegurado.

Contrato sob a forma de adesão, o contrato de seguro pressupõe a socialização dos riscos pela seguradora através da contratação com a mutualidade exposta a riscos semelhantes. Da socialização dos riscos resulta que a seguradora deverá celebrar muitos outros contratos, bem como que deverá padronizar suas cláusulas como forma de se permitir a partilha do ressarcimento da ocorrência do sinistro entre todos. Por essa razão, as tratativas e negociações individuais para a celebração do contrato são excepcionais e restritas, em regra, a seguros sobre bens de grande valor.

Trata-se de contrato oneroso. Tanto o segurado quanto o segurador deverão realizar prestações. O segurado é obrigado a arcar com o pagamento do prêmio. O segurador deverá pagar a indenização contratada na hipótese de advento do sinistro determinado.

O contrato de seguro também tem a natureza de comutativo ou não aleatório. De fato, a álea é elemento do contrato de seguro. Nem o segurador nem o segurado sabem ao certo se o sinistro efetivamente ocorrerá ao segurado. É justamente em virtude do risco desse sinistro que o segurado celebra o contrato para se assegurar de seus efeitos adversos.

Todavia, pelo contrato de seguro, o segurador se obriga a garantir o legítimo interesse do segurado em face dos riscos predeterminados desde o momento da convenção do contrato. Sua prestação não é a de simplesmente satisfazer a indenização na hipótese de ocorrência do sinistro, o que é aleatório, decerto, mas a de assegurar que o risco de ele ocorrer está protegido durante toda a contratação. Por essa posição consagrada pelo Código Civil no art. 757, o contrato de seguro é comutativo, de forma que a seguradora deve, mesmo que o sinistro não ocorra, regularmente administrar os fundos constituídos pelos prêmios pagos para que possa indenizar os segurados caso o sinistro ocorra.

O contrato é também não solene. O art. 758 do Código Civil determina que o contrato de seguro se prova com a exibição da apólice ou do bilhete do seguro, e, na falta deles, por documento comprobatório do pagamento do respectivo prêmio. Com carga apenas probatória, a apólice, que deverá ser precedida de proposta escrita com a declaração dos elementos essenciais do interesse a ser garantido e do risco, não é da essência do contrato. Ela caracteriza apenas elemento de prova e que poderá ser suprida por qualquer documento que demonstre o pagamento do prêmio. Por essa razão, o contrato de seguro poderá ser realizado verbalmente ou por escrito, sem que haja qualquer solenidade para a sua celebração.

No tocante às partes, exige-se, apenas, que o segurador seja entidade para tal fim legalmente autorizada, embora como segurado ou beneficiário possa figurar qualquer pessoa.

2.7.3 Elementos do contrato de seguro

2.7.3.1 A proposta e a aceitação

A negociação para a celebração do contrato de seguro inicia-se pela apresentação de proposta pelo segurado, que o art. 759 determinou que fosse por escrito. A proposta escrita deverá conter a declaração do bem a ser assegurado e do risco.

Ao identificar os principais elementos do risco e da própria coisa, o segurado deverá agir com estrita boa-fé e veracidade, pois os elementos são imprescindíveis para que a seguradora realize o seu cálculo atuarial e fixe o valor do prêmio a ser exigido em face do risco assegurado.

Conforme definido no art. 766 do Código Civil, "se o segurado, por si ou por seu representante, fizer declarações inexata ou omitir circunstâncias que possam influir na aceitação da proposta ou na taxa do prêmio, perderá o direito à garantia, além de ficar obrigado ao prêmio vencido". Entende-se como tal as declarações ou omissões dolosas do segurado para reduzir o prêmio dele exigido ou para permitir que a seguradora celebrasse o contrato diante de seu escopo de contratação do seguro.

Se as declarações inexatas ou omissões não forem resultado da má-fé do segurado, mas apenas de sua culpa, o segurador poderá resolver o contrato ou cobrar, mesmo após o sinistro, a diferença do preço.

A aceitação da proposta é realizada pela seguradora após a análise dos riscos e a convenção a respeito do valor do prêmio exigido. Com o consentimento de ambas as partes quanto ao risco e ao prêmio exigido, o contrato de seguro é considerado como celebrado.

O contrato de seguro poderá ser demonstrado pela apólice ou bilhete de seguro. Conforme Franco, "a apólice não é o contrato, e sim o instrumento que evidencia o contrato de seguro"[38]. Na sua falta e do bilhete de seguro, o contrato de seguro pode ser demonstrado por documento comprobatório de pagamento do prêmio.

Na apólice ou bilhete de seguro deverão constar os riscos assumidos, o início e o fim do contrato de seguro, o limite da garantia e o prêmio devido, e, quando for o caso, o nome do segurado e do beneficiário.

A apólice, ainda que mero instrumento do contrato de seguro, facilita o cumprimento da obrigação pela seguradora e poderá ser nominativa, à ordem ou ao portador, com exceção do seguro de pessoas, cujas apólices não poderão ser ao portador.

Referidas formas permitem a transferência do contrato de seguro, embora possam ser exigidos outros requisitos. Nesses termos, nos contratos de seguro de dano, a transferência do contrato a terceiro exige a alienação ou cessão do interesse segurado. Se a apólice for nominativa, exige-se aviso escrito assinado pelo cedente e pelo cessionário. Se apólice ou o bilhete forem à ordem, exige-se para a transferência, o endosso em preto, com a assinatura do endossante e do endossatário (art. 785 do Código Civil).

---

[38] FRANCO, Vera Helena. Op. cit. p. 335.

2.7.3.2 O interesse segurado

O contrato de seguro não tem por objeto assegurar uma determinada coisa ou pessoa sobre os riscos. O que é objeto do contrato de seguro é o interesse do segurado em relação à determinada coisa ou pessoa. Por essa razão, no art. 757 do Código Civil, faz-se a referência "ao interesse legítimo do segurado relativo à pessoa ou à coisa, contra riscos determinados".

Nem todo interesse, contudo, é segurável. Para ser segurável, o interesse deverá ser próprio do segurado. Esse contrata a proteção dos riscos em relação ao seu próprio interesse e não a de terceiro, ainda que possa ser outrem o beneficiário.

O interesse precisa, ainda, ser lícito. O objeto do contrato deverá ser lícito, nos termos do art. 166, II, do Código Civil, sob pena de nulidade.

2.7.3.3 O risco

O contrato de seguro preserva o interesse legítimo do segurado contra riscos determinados. Por risco deve-se entender um evento futuro e incerto e que afete o interesse do segurado sobre a coisa ou a pessoa.

A incerteza não precisa, entretanto, ser absoluta. Ainda que se saiba que o risco ocorrerá, como a morte, a circunstância de não se saber quando o evento ocorrerá é suficiente para a caracterização do risco necessário ao contrato de seguro.

O contrato de seguro visa justamente a proteção do interesse legítimo do segurado em face do risco sobre determinado bem ou pessoa. Para que haja a socialização do ressarcimento, a seguradora exige da mutualidade de segurados a cobrança do prêmio de acordo com os riscos atuarialmente calculados.

Sem o risco, o contrato de seguro é nulo. É o que especifica o art. 762 do Código Civil, ao estabelecer que "nulo será o contrato para garantia de risco proveniente de ato doloso do segurado, do beneficiário, ou de representante de um ou de outro". Como o ato doloso seria o voluntariamente praticado pela parte contratante ou beneficiário, não haveria risco da ocorrência do sinistro, mas simples decisão do segurado ou do beneficiário.

Se a seguradora emitir a apólice sobre contrato à tutela de risco que sabe não mais existir, deverá pagar em dobro o valor do prêmio estipulado (art. 773 do Código Civil). Por seu turno, se houver falta de informações ou informações inexatas apresentadas pelo segurado, de má-fé, e que influenciem na avaliação do risco segurado, o contratante perderá o direito à garantia, embora fique obrigado ao pagamento do prêmio vencido (art. 766 do Código Civil).

Existente o risco por ocasião da contratação, ainda que o sinistro não ocorra durante a vigência do contrato, o prêmio será integralmente devido pelo segurado. Isso porque a contraprestação do segurador é justamente a garantia de satisfação da indenização determinada, caso o sinistro ocorra.

Como o prêmio é fixado em virtude do risco assegurado, se houver redução considerável do risco durante o contrato, o segurado poderá exigir a revisão do prêmio, ou a resolução do contrato. A redução do risco, entretanto, deverá ser considerável, sob pena de não poder ocorrer a redução do prêmio ou a resolução (fls. 770 do Código Civil).

Se houver, por outro lado, agravamento do risco, o segurado é obrigado a comunicar todo o agravamento do risco, sob pena de perder a garantia se não tiver comunicado de má-fé. Para a verificação das consequências do agravamento, deve-se diferenciar o agravamento intencional e o não intencional do segurado.

No agravamento intencional, o segurado perderá o direito à garantia. No agravamento não intencional, o segurador poderá, em 15 dias do aviso de agravação do risco, rescindir o contrato de seguro, com a restituição de eventual diferença do prêmio. A não garantia e a possibilidade de rescisão do contrato são decorrentes de o prêmio ser medido conforme o risco a que a coisa ou pessoa se submete. Permite-se a não garantia ou a rescisão como forma de não prejudicar a mutualidade dos demais segurados em razão da possibilidade de insuficiência do fundo comum para pagamento dos sinistros.

2.7.3.4 O prêmio

A prestação a ser satisfeita pelo segurado em razão da contraprestação de garantia pelo segurador do seu interesse em face do risco sobre um bem ou sobre uma pessoa chama-se prêmio. É a prestação do segurado no contrato do seguro para que seu interesse seja garantido pela seguradora.

O contrato de seguro é comutativo. O prêmio é pago justamente para garantir a cobertura do risco pela seguradora. Contudo, no contrato de seguro, o prêmio e a contraprestação de garantia devem ser entendidos como inseridos dentre de uma coletividade de segurados que repartem, entre si, o risco de ocorrência do sinistro.

A não satisfação do prêmio, por isso, gera não apenas a resolução do contrato individual, como compromete o sistema de compartilhamento de risco entre todos os segurados. Por essa razão, determina o art. 763 do Código Civil que "não terá direito à indenização o segurado que estiver em mora no pagamento do prêmio, se ocorrer o sinistro antes de sua purgação".

O pagamento do prêmio será definido na apólice, que deverá fixar o seu valor e o momento em que devido.

2.7.3.5 Indenização pela ocorrência do sinistro

Para se precaver com relação à ocorrência do sinistro, a seguradora deverá formar reservas advindas do pagamento dos prêmios por toda a mutualidade de segurados.

Ocorrido o sinistro, como o evento futuro e incerto previsto no contrato e que prejudicaria o interesse legítimo do segurado, a seguradora deverá indenizar o beneficiário. O pagamento deverá ser feito em dinheiro, a menos que as partes tenham convencionado a reposição da coisa sobre a qual ocorreu o sinistro (art. 776 do Código Civil).

O termo indenização, contudo, deve ser compreendido. Na hipótese de seguro de dano, o valor tem o intuito de reparar o prejuízo patrimonial sofrido em razão do evento danoso. Diante de sua natureza indenitária, de ressarcimento do prejuízo sofrido, nos seguros de dano o montante indenizável é limitado, embora não precise com esse coincidir e pode ser contratada em valor inferior, ao valor do dano patrimonial sofrido.

No seguro de pessoas, por seu turno, o prejuízo patrimonial não é mensurável. Nos seguros de vida, por conta dessa limitação, o valor da indenização é o convencionado pelas partes por ocasião da contratação.

2.7.4 Espécies de contratos de seguro

Os contratos de seguro podem ser agrupados em duas espécies distintas: os seguros de dano e os seguros de pessoa.

2.7.4.1 Seguro de dano

Nos seguros de dano, procura-se resguardar interesse patrimonial do segurado em relação a determinado bem ou à pessoa. O seguro protege o segurado das consequências patrimoniais adversas decorrentes do sinistro, de forma que a prestação da seguradora é justamente para o ressarcimento total ou parcial desses efeitos patrimoniais danosos.

Dentre os diversos elementos do contrato de seguro de dano, podem ser apontados o interesse legitimamente protegido, o risco e a indenização.

O primeiro dos elementos do contrato de seguro de dano é o interesse legitimamente protegido pelo contrato.

O seguro de dano poderá ser contratado em relação ao interesse do segurado em preservar seu patrimônio. O patrimônio poderá sofrer efeitos diretos de perda ou dano a algum bem do devedor, como o furto ou colisão de automóvel, incêndio de residência, dentre os mais comuns.

Poderá, também, ser contratado seguro para proteção do patrimônio em relação aos efeitos indiretos sofridos. É o que ocorre com os seguros de responsabilidade pelo exercício da atividade e que poderá afetar indiretamente o patrimônio do segurado em razão de eventual obrigação de ressarcimento de terceiros.

O segundo dos elementos do contrato de seguro de dano é o risco. Como define Franco, "o risco é todo evento futuro e incerto apto a afetar o patrimônio do segurado, causando-lhe um dano. A incerteza, *in caso*, é absoluta, já que não se sabe se ou quando o risco vai ocorrer"[39].

Para compartilhamento da eventual indenização com toda a mutualidade e definição do prêmio para constituir o fundo comum de prêmios, o risco a motivar o sinistro deverá ser apenas o definido no contrato pelas partes. Por disposição legal expressa, não se inclui na garantia do risco o sinistro provocado por vício intrínseco da coisa segurada (art. 784 do Código Civil). Contudo, o risco compreenderá todos os prejuízos resultantes ou consequentes, como os estragos ocasionados para evitar o sinistro, minorar o dano ou salvar a coisa.

Por fim, o último dos elementos é a indenização devida.

Como o objetivo é o ressarcimento patrimonial do dano sofrido, diretamente ou indiretamente sobre o patrimônio do segurado, a indenização convencionada não poderá ser superior ao valor do interesse segurado no momento do contrato (art. 778 do Código Civil), pois impossível a verificação do dano no momento da contratação. Contudo, para que não haja enriquecimento indevido do segurado, ou seja, benefício em virtude do sinistro, a indenização na hipótese do sinistro fica restrita ao dano efetivamente sofrido.

A avaliação do valor do interesse segurado por ocasião da ocorrência do sinistro, e não mais da contratação, permite a verificação do efetivo dano causado para fins de aferição do limite da indenização. O valor do interesse segurado será o limite desde que inferior ao montante de garantia assegurada pelo contrato, sob pena de se restringir a esse último. É o que define o art. 781 do Código Civil: "a indenização não pode ultrapassar o valor do interesse segurado no momento do sinistro, e, em hipótese alguma, o limite máximo da garantia fixado na apólice, salvo em caso de mora do segurador".

Pela mesma razão, caso sejam contratados mais de um seguro sobre o mesmo interesse e contra o mesmo risco, a soma total das garantias contratadas não poderá ultrapassar o valor do interesse segurado. O segurado é obrigado a comunicar o primeiro segurador de sua intenção de contratar o segundo seguro para demonstrar que foi observado o limite do valor do interesse segurado.

---

39 FRANCO, V. H. M. Op. cit. p. 363.

Em relação ainda à indenização do seguro de dano, o ressarcimento pela seguradora dos prejuízos causados e decorrentes do sinistro fazem com que a seguradora se sub-rogue nos direitos do segurado na medida do valor efetivamente satisfeito. Pela sub-rogação, a seguradora poderá promover todas as ações para tutelar o direito como se fosse o segurado, de forma a se ressarcir em face do autor do dano pelo montante pago ao segurado, exceto se o autor do dano for o cônjuge do segurado, seus descendentes ou ascendentes, consanguíneos ou afins (art. 786, § 1º, do Código Civil).

Em função da sub-rogação, qualquer ato praticado pelo segurado que diminua ou extinga os direitos da seguradora em face do autor do dano é ineficaz. Outrossim, na hipótese de seguro de responsabilidade, em que o ato lesivo em face de terceiro pode ter sido causado pelo próprio segurado, esse estará proibido de reconhecer sua responsabilidade ou confessar a ação, bem como transigir com o terceiro prejudicado ou indenizá-lo, sem que haja anuência expressa do segurador.

Nessas hipóteses, protege-se o direito da seguradora de mitigar o dano ao segurado ou de ser ressarcida pelos valores efetivamente pagos. À seguradora, que se sub-roga nos direitos do segurado em virtude do pagamento, é assegurado o direito de pretender judicialmente a cobrança do terceiro que causou o sinistro, na hipótese de seguro de dano direto, bem como se tutela seu direito de tentar mitigar o prejuízo sofrido pelo segurado em face de seus atos perante terceiros, na hipótese de seguro de dano indireto.

2.7.4.2 Seguro de pessoas

Além do seguro de dano, a segunda espécie em que os diversos contratos podem se agrupar é o seguro de pessoas. Nessa espécie de contrato de seguro, asseguram-se os riscos que possam afetar a pessoa do segurado, sua vida, integridade física, bem-estar, capacidade laboral etc.

Ao contrário do seguro de dano, o seguro de vida não tem natureza indenitária. O valor da prestação da seguradora não tem a função de ressarcir os danos patrimoniais sofridos pelo segurado ou beneficiário. Sequer o sinistro precisa corresponder a um prejuízo efetivo do segurado.

Sua finalidade é a de garantir ao segurado uma prestação pecuniária em virtude de determinado evento ocorrido e como forma de lhe garantir determinadas condições de vida.

Como a natureza não é indenitária, não há limite ao valor da garantia nem à contratação dos seguros. O capital segurado é livremente estipulado pelo proponente, assim como podem ser contratados mais do que um contrato de seguro sobre o mesmo interesse, com o mesmo ou diversos seguradores (art. 789 do Código Civil).

A natureza não indenitária ou indenizatória também impede que haja sub-rogação da seguradora nos direitos do segurado. Como o pagamento do sinistro pela seguradora não refletiria o ressarcimento de um prejuízo causado pelo sinistro, necessariamente, a seguradora não teria direito de promover ações em face do causador do dano para cobrá-lo do montante pago ao segurado ou beneficiados.

Ao cumprir sua prestação diante do sinistro, o segurador não ressarce dano causado por ato lesivo, de modo que não poderá exercer os direitos do segurado, por sub-rogação, em face do causador do dano. Por outro lado, como o seguro não visa à reparação do dano, o segurado pode processar o agente do ato lesivo pelos eventuais prejuízos causados normalmente.

Podem-se caracterizar algumas subespécies dentro dos seguros de pessoas. Além do seguro de assistência à saúde, disciplinado por lei especial, Lei n. 9.656/98, podem ser apontados, também pela importância, o seguro de vida e o seguro de acidentes pessoais.

2.7.4.2.1 Seguro de vida

No seguro de vida, protege-se do risco a vida do próprio contratante ou de terceiro. O risco assegurado, no seguro de vida, é a morte do segurado ou sua sobrevida depois de uma determinada data.

Como diversos riscos poderão causar a morte do segurado, são cobertos pelo contrato de seguro de vida apenas aqueles disciplinados no contrato de seguro. Todavia, por disposição expressa da lei, ainda que tenha sido o risco excluído da apólice, o acréscimo de risco por comportamento do próprio segurado intencionalmente em alguns casos excepcionalmente não o fará perder a garantia, para que tais comportamentos não sejam desestimulados. É o que ocorre com a morte ou incapacidade do segurado decorrente de utilização de meio de transporte mais arriscado, de prestação de serviço militar, da prática de esporte ou de atos de humanidade em auxílio de outrem não poderão impedir o pagamento dos valores contratados (art. 799 do Código Civil).

Na hipótese do evento morte ser causado pelo próprio segurado, intencionalmente, a lei estipulou que os valores estipulados não seriam devidos em razão da falta de incerteza quanto ao sinistro, desde que ocorrido nos dois primeiros anos da contratação. Todavia, caso o suicídio seja cometido no período posterior a dois anos da celebração do contrato ou de sua recondução depois de suspenso, determinou o Código Civil, em seu art. 798, que deverá obrigatoriamente ser coberto pela seguradora. Isso porque pressupôs a lei que, decorrido o prazo de dois anos, a intenção do agente em suprimir a própria vida não persistiria desde o momento da contratação do seguro, que não poderia ser reputado fraudulento. Outrossim, que retirar a própria vida revelaria mais um comprometimento das faculdades mentais do próprio segurado do que propriamente sua intenção de cometer o ato. Será considerada nula qualquer cláusula contratual que exclua o pagamento do capital pelo suicídio após esse prazo.

Como o que se protege é o interesse relacionado ao bem sujeito ao risco, permite-se que o segurado, ou seja, aquele cuja vida sob risco é objeto do contrato, seja diverso do proponente do contrato (contratante e responsável pelo pagamento do prêmio) e, inclusive, não coincida com o beneficiário de eventual pagamento em razão do sinistro.

Na hipótese de o segurado ser terceiro que não se identifica com o contratante, exige-se que o contratante seja obrigado a declarar o seu interesse na preservação da vida do terceiro segurado. A exigência assegura o legítimo interesse do contratante, bem como protege também o terceiro em relação ao risco sobre a sua vida e que passaria a ser relevante para o pagamento do seguro a outrem. A prova do legítimo interesse, entretanto, é presumida *juris tantum* na hipótese de o terceiro ser cônjuge, ascendente ou descendente do proponente (art. 790 do Código Civil).

O beneficiário de seguro de vida, por seu turno, também poderá ser terceiro diverso do contratante. Nesse aspecto sua indicação poderá ser realizada por ato entre vivos ou de última vontade, como no testamento, e não depende da aceitação do beneficiário.

Caso não seja apontado o beneficiário pelo contratante ou se o apontamento não prevalecer, dispõe o art. 792 do Código Civil que "o capital segurado será pago por metade ao cônjuge não separado judicialmente, e o restante aos herdeiros do segurado, obedecida a ordem de vocação hereditária". Na falta dessas pessoas, o pagamento será pago àquele que demonstrar que a morte do segurado o privou dos meios necessários à subsistência.

O prêmio, por seu turno, é o montante a ser pago pelo contratante em razão do risco assegurado. O prêmio será composto pelas quantias necessárias de toda a mutualidade para constituir o fundo comum de reserva, com a soma de todas as reservas individuais, para ressarcimento dos sinistros. O valor será calculado em razão da probabilidade de ocorrência do sinistro, conforme os cálculos atuariais realizados pela seguradora. No prêmio, também, estarão inseridos os custos necessários à gestão do seguro.

O inadimplemento do prêmio não permite à seguradora a cobrança dos valores devidos pelo contratante. A falta de pagamento acarretará a resolução do contrato e a restituição das reservas individuais formadas, conforme os termos da apólice, não a soma das restituições dos prêmios satisfeitos. Pode, ainda, na hipótese de resolução, ocorrer a redução do capital garantido proporcionalmente ao prêmio pago (art. 796 do Código Civil).

2.7.4.2.2 Seguro de acidentes pessoais

Na subespécie seguro de acidentes pessoais, o contrato assegura a lesão física ou mental do segurado em razão de acidente. Por acidente se compreende evento externo e violento que produza o referido efeito sobre o segurado.

O risco não pode ser decorrente de comportamento voluntário do próprio segurado, como uma mutilação. O ato voluntário, que busca causar o determinado resultado lesivo, impede o elemento indispensável ao contrato de seguro e que consiste na incerteza do evento danoso.

Por seu turno, a doença do segurado, por ser evento interno, intrínseco ao agente, não pode ser considerada como acidente para fins do sinistro.

REFERÊNCIAS

ALMEIDA, Amador Paes de. *Curso de falência e recuperação de empresa*. 26. ed. São Paulo: Saraiva, 2012.

AMENDOLARA, Cesar. Alienação fiduciária como instrumento de fomento à concessão de crédito. In: FONTES, Marcos Rolim Fernandes; WAISBERG, Ivo (Coords.). *Contratos bancários*. São Paulo: Quartier Latin, 2006.

ARCANGELI, Ageo. *La società in accomandita semplice*. Torino: Fratelli Bocca Editori, 1903.

ASCARELLI, Tullio. *Princípios e problemas das sociedades anônimas*. Problemas das sociedades anônimas e direito comparado. Campinas: Bookseller, 2001.

_____. O contrato plurilateral. In: *Problemas das Sociedades Anônimas e direito comparado*. São Paulo, Saraiva, 1969.

ASQUINI, Alberto. Profili dell'imprese. In: *Rivista del Diritto Commerciale*, Milão, v. 43, primeira parte, 1943.

AZEVEDO, Patrícia Borges de; CALHEIRO, Paulo. A relação entre as empresas em recuperação e a atividade bancária. In: LAZZARINI, Alexandre Alves; KODAMA, Thais e CALHEIROS, Paulo (Orgs.). *Recuperação de empresas e falência*: aspectos práticos e relevantes da Lei n. 11.101/2005. São Paulo: Quartier Latin, 2014.

BARRETO FILHO, O. *Teoria do estabelecimento comercial*. São Paulo: Max Limonad, 1969.

BETTI, Emilio. *Teoria geral do negócio jurídico*. Trad. Fernando Miranda. Coimbra: Coimbra Editora, 1969. t. I.

BEZERRA FILHO, Manoel Justino. *Lei de recuperação de empresas e falência*. 8. ed. São Paulo: Revista dos Tribunais, 2013.

BORGES, J. Eunápio. Sociedades de pessoas e sociedades de capital: a sociedade por cotas de responsabilidade limitada. In: *Revista Forense*, Rio de Janeiro, Forense, n. 128, 1950.

BOSCO, Gennaro. Rivista critica bibliografica a A. Arcangeli. La società in accomandita semplice. In: *Rivista di Diritto Commerciale*, Milano, Francesco Vallardi, v. 1, 1903.

BRUNETTI, Antonio. *Trattato del diritto delle società*. Milano: Giuffrè, 1946.

BULGARELLI, W. Apontamentos sobre a responsabilidade do administrador das companhias. In: *Revista de Direito Mercantil, Industrial, Econômico e Financeiro*, São Paulo, Revista dos Tribunais, n. 50, 1983.

_____. *Manual das sociedades anônimas*. 12. ed. São Paulo: Atlas, 2001.

CALÇAS, Manoel de Queiroz Pereira e PEREIRA E SILVA, Ruth Maria Junqueira de Andrade. Da cessão fiduciária de crédito na recuperação judicial: análise da jurisprudência. In: *Cadernos Jurídicos – Direito Empresarial*, ano 16, n. 39. São Paulo: Escola Paulista da Magistratura, janeiro-março de 2015.

CARVALHO DE MENDONÇA, José Xavier. *Tratado de direito comercial brasileiro*. Rio de Janeiro: Freitas Bastos, 1960. v. VII.

_____. *Tratado de direito empresarial*. São Paulo: Freitas Bastos, 1945. v. I.

CARVALHOSA, Modesto. *Acordo de acionistas*. 4. ed. São Paulo: Saraiva, 1984.

_____. *Comentários à lei das sociedades anônimas*. 4. ed. São Paulo: Saraiva, 2009. v. III, p. 197.

_____. *Responsabilidade civil de administradores e de acionistas controladores perante a Lei das S/A*. São Paulo, Revista dos Tribunais, 1994. v. 6.

COASE, Ronald. The nature of the firm. In: *The firm, the market and the law*. Chicago: The University of Chicago Press, 1990.

COELHO, Fábio Ulhoa. *Comentários à nova lei de falências e recuperação de empresas*. São Paulo: Saraiva, 2005.

_____. *Curso de direito comercial*. 13. ed. São Paulo: Saraiva, 2012. v. 3.

_____. *Manual de direito comercial*. 12. ed. São Paulo: Saraiva, 2000.

_____. *Manual de direito comercial*. 28. ed. São Paulo: Revista dos Tribunais, 2016.

_____. *Princípios do direito comercial*. São Paulo: Saraiva, 2012.

_____. *Curso de direito comercial*. 17. ed. São Paulo: Revista dos Tribunais, 2016. v. 3.

COMPARATO, Fábio Konder. Estado, Empresa e Função Social. In: *Revista dos Tribunais*, v. 732, ano 85, 1996.

COTTINO, Gastone. *Diritto commerciale*. Padova: Cedam, 1976. v. 1.

CRUZ, ANDRÉ SANTA. *Direito empresarial*. 9. ed. Rio de Janeiro: Forense; São Paulo: Método, 2019.

DEL NERO, João Alberto Schützer. O Significado Jurídico da Expressão "Função Social da Propriedade". In: *Revista da Faculdade de Direito de São Bernardo do Campo*, São Bernardo do Campo, n. 3, 1997.

DINIZ, Gustavo Saad. *Curso de direito comercial*. São Paulo: Atlas, 2019.

EIZIRIK, Nelson. '*Insider trading*' e responsabilidade de administrador de companhia aberta. In: *Revista de Direito Mercantil, Industrial, Econômico e Financeiro*. São Paulo, Revista dos Tribunais, n. 50.

FARIAS, Cristiano Chaves de. *Direitos reais*. Rio de Janeiro: Lumen Juris, 2009.

FERREIRA, W. M. *Instituições de direito comercial*. 5. ed. São Paulo: Max Limonad, 1957. v. I, t. II.

FERREIRA, Waldemar. *Tratado de direito comercial*. São Paulo: Saraiva, 1961. v. 3.

FORGIONI, Paula A. *A evolução do direito comercial brasileiro*. Da mercancia ao mercado. 2. ed. São Paulo: Revista dos Tribunais, 2012.

_____. *Teoria geral dos contratos empresariais*. São Paulo: Revista dos Tribunais, 2009.

FRANCO, V. H. M. *Manual de direito comercial*. São Paulo: Revista dos Tribunais, 2001. v. I.

FRONTINI, Paulo Salvador. Responsabilidade dos administradores em face da nova Lei das Sociedades por Ações. In: *Revista de Direito Mercantil, Industrial Econômico e Financeiro*, São Paulo, Revista dos Tribunais, n. 26.

GALIZZI, Gustavo Oliva; CHAVES, Natália Cristina. O menor empresário. In: *Direito de empresa no novo Código Civil*. Frederico Rodrigues Viana (Coord.). Rio de Janeiro: Forense, 2004.

GODOY, Cláudio Luiz Bueno de. *Função social do contrato*. 4. ed. São Paulo: Saraiva, 2012.

_____. *Código Civil comentado*. Cezar Peluso (Coord.). 2. ed. Barueri: Manole, 2008.

GOLDSCHMIDT, Levin. *Storia universale del diritto commerciale*. Torino: Editrice Torinese, 1913.

GOMES, Fábio Bellote. *Manual de direito empresarial*. São Paulo: Revista dos Tribunais, 2012.

GOMES, Orlando. *Contratos*. 24. ed. Rio de Janeiro: Forense, 2001.

GONÇALVES NETO, Alfredo Assis. Comentário ao art. 26. In: CORRÊA-LIMA, Osmar Brina; CORRÊA-LIMA, Sérgio Mourão (Coord.). *Comentários à nova lei de falência e recuperação de empresas*. Rio de Janeiro: Forense, 2009.

GRAU, Eros Roberto. *A ordem econômica na Constituição de 1988*. 7. ed. São Paulo: Malheiros, 2002.

_____. Função Social da Propriedade (Direito Econômico). In: *Enciclopédia Saraiva do Direito*. São Paulo: Saraiva. v. 39.

IRTI, Natalino. *L'ordine giuridico del mercato*. 4. ed. Roma: Laterza, 2001.

_____. Concetto giuridico di mercato e doveri di solidarietà. In: *L'ordine giuridico del mercato*. 4. ed. Roma: Laterza, 2001.

LEÃES, Luiz Gastão Paes de Barros. A disciplina do direito de empresa no novo Código Civil brasileiro. In: *RDM*. São Paulo, Malheiros, n. 128, 2002.

LOBO, Jorge. Cessão fiduciária em garantia de recebíveis performados e a performar. In: ABRÃO, Carlos Henrique; ANDRIGHI, Fátima Nancy; BENETI, Sidnei (Coords.). *10 anos de vigência da lei de recuperação e falência*. São Paulo: Saraiva, 2015.

LUCCA, Newton. Comentário ao art. 6º. In: CORRÊA-LIMA, Osmar Brina; CORRÊA-LIMA, Sérgio Mourão (Coords.). *Comentários à nova lei de falência e recuperação de empresas*. Rio de Janeiro: Forense, 2009.

MARCONDES, Sylvio. *Problemas de direito mercantil*. São Paulo: Max Limonad, 1971.

_____. *Questões de direito mercantil*. São Paulo: Saraiva, 1977.

MARTINS, Fran. *Títulos de crédito*. 13. ed. Rio de Janeiro: Forense, 2002. v. I.

_____. Prescrição da ação de responsabilidade civil contra administradores de sociedades anônimas. In: *Novos estudos de direito societário*. São Paulo, Saraiva, 1988.

MONTANARI, M. Medioevo del diritto: all'origine delle società personali. In: *Rivista delle Società*, Milano, Giuffrè, f. 5-6, 1988.

MOREIRA ALVES, José Carlos. *Da alienação fiduciária em garantia*. 3. ed. Rio de Janeiro: Forense, 1987.

MOSSA, L. *Trattato del nuovo diritto commerciale*. Milano: Società Editrice, 1942. v. I.

NEGRÃO, Ricardo. *Curso de direito comercial e de empresa*. São Paulo: Saraiva, 2019. v. 3.

NETO, Alfredo Assis Gonçalves.Comentário ao art. 26. In: CORRÊA-LIMA, Osmar Brina; CORRÊA-LIMA, Sérgio Mourão (Coord.). *Comentários à nova lei de falência e recuperação de empresas*. Rio de Janeiro: Forense, 2009.

NORONHA, Fernando. *O direito dos contratos e seus princípios fundamentais (autonomia privada, boa-fé, justiça contratual)*. São Paulo: Saraiva, 1994.

OPPO, Giorgio. *Contratti parasociali*. Milano: Francesco Vallardi, 1942.

_____. Le convenzioni parasociali tra diritto delle obbligazioni e diritto delle società. In: *Rivista di Diritto Civile*, Padova, Antonio Milani, n. 6, 1987.

PERIN JÚNIOR, Écio. *Curso de direito falimentar e recuperação de empresas*. 4. ed. São Paulo: Saraiva, 2011.

PIMENTEL, Carlos Barbosa. *Direito empresarial*. 8. ed. Rio de Janeiro: Elsevier, 2010.

PITOMBO, Antonio Sérgio A. de Moraes. In: SOUZA JÚNIOR, Francisco Satiro de (Coord.). *Comentários à lei de recuperação de empresas e falências*. São Paulo: Revista dos Tribunais, 2005.

PONTES DE MIRANDA, F. C. *Tratado de direito privado*. 4. ed. São Paulo: Revista dos Tribunais, 1974. t. III.

_____. *Tratado de direito privado*. 3. ed. São Paulo: Revista dos Tribunais, 1984. t. XLIII.

PROENÇA, José Marcelo Martins. *Regime jurídico do uso de informações privilegiadas no mercado de capitais* – insider trading. Tese de doutorado apresentada à Faculdade de direito da Universidade de São Paulo, São Paulo, 2004.

REHME, Paul. *Historia universal de derecho mercantil*. Trad. Gomes Orboneja. Madrid: Editorial Revista de Derecho Privado, 1941.

RENNER, Karl. *Gli istituti del diritto privato e la loro funzione sociale* – un contributo alla critica del diritto *civile*. Trad. Cornelia Mittendorfer. Bologna: Il Mulino, 1981.

REQUIÃO, Rubens. *Curso de direito comercial*. 22. ed. São Paulo: Saraiva, 2000. v. 2.

_____. *Curso de direito comercial*. 24. ed. São Paulo: Saraiva, 2000. v. 1.

_____. *Curso de direito comercial*. 33. ed. São Paulo: Saraiva, 2014. v. 1.

RIBEIRO, Renato V. *Dever de diligência dos administradores de sociedades*. São Paulo: Quartier Latin, 2006.

RIOS GONÇALVES, M. G. V. P.; RIOS GONÇALVES, V. E. *Direito empresarial*. São Paulo: Saraiva, 2012. v. 21.

RIPERT, G.; ROBLOT, R. *Traité de droit commercial*. 17. ed. Paris: Librairie Générale de Droit et de Jurisprudence, 1998, t. I.

ROSENVALD, Nelson. Comentários ao art. 421 do Código Civil. In: *Código Civil comentado*. Cezar Peluso (Coord.). 2. ed. Barueri: Manole, 2008.

SACRAMONE, Marcelo Barbosa. *Comentários à lei de recuperação de empresas e falência*. São Paulo: Saraiva, 2018.

_____; PIVA, Fernanda Neves. Cessão fiduciária de créditos na recuperação judicial: requisitos e limites à luz da jurisprudência. In: *Revista de Direito Bancário e do Mercado de Capitais*, ano 19, v. 72, Revista dos Tribunais, São Paulo, abril-junho de 2016.

SCIALOJA, A. Sull'origine delle società commerciali. In: *Saggi di vario diritto*. Roma: Società Editrice del Foro Italiano, 1927.

SILVA, Jane. Comentário ao art. 182. In: CORRÊA-LIMA, Osmar Brina; CORRÊA-LIMA, Sérgio Mourão (Coord.). *Comentários à nova lei de falência e recuperação de empresas*. Rio de Janeiro: Forense, 2009.

SOPRANO, E. Natura Giuridica dell'Atto Costitutivo delle Società Commerciale. In:*Studi in onore di Federico Cammeo*. Padova, CEDAM, 1933. v. II.

SPINELLI, Luis Felipe. *Exclusão de sócio por falta grave na sociedade limitada*. São Paulo: Quartier Latin, 2015.

SZTERLING, Fernando. *A Função Social da Empresa no Direito Societário*. Dissertação apresentada para a obtenção do título de mestre em direito comercial na Faculdade de Direito da Universidade de São Paulo, São Paulo, 2003.

TEIXEIRA, Egberto Lacerda. *Das sociedades por quotas de responsabilidade limitada*. São Paulo: Quartier Latin, 2006.

_____; GUERREIRO, José Alexandre Tavares. *Das sociedades anônimas no direito brasileiro*. São Paulo: Bushatsky, 1979. v. I.

THEODORO JÚNIOR, Humberto. *1938 – O contrato e sua função social*. 4. ed. rev., atual. e ampl. Rio de Janeiro: Forense, 2014.

TOLEDO, Paulo Fernando Campos Salles de. *Comentários à lei de recuperação de empresas e falência*. São Paulo: Saraiva, 2005.

_____. *O conselho de administração na sociedade anônima*. São Paulo: Atlas, 1997.

TOMAZETTE, Marlon. *Curso de direito empresarial*. 2. ed. São Paulo: Atlas, 2012. v. 3.

_____. *Curso de direito empresarial*. 4. ed. São Paulo: Atlas, 2012. v. 1.

TZIRULNIK, Luiz. *Direito falimentar*. 7. ed. São Paulo: Revista dos Tribunais, 2005.

VALVERDE, T. M. *Comentários à lei de falências*. 4. ed. Rio de Janeiro: Forense, 1999. v. 1.

_____. *Sociedades por ações*. 3. ed. Rio de Janeiro: Forense, 1959. v. I.

VARGAS, Beatriz. Comentário ao art. 183. In: CORRÊA-LIMA, Osmar Brina; CORRÊA-LIMA, Sérgio Mourão (Coord.). *Comentários à nova lei de falência e recuperação de empresas*. Rio de Janeiro: Forense, 2009.

VERÇOSA, H. M. D. *Curso de direito comercial*. São Paulo: Malheiros, 2008. v. I.

VIVANTE, Cesare. *Trattato di diritto commerciale*. 5. ed. Milano: Dottor Francesco Vallardi, 1935. v. 2.

_____. *Trattato di diritto commerciale*. 5. ed. Milano: Dottor Francesco Vallardi, 1935. v. 3.

<http://www.inpi.gov.br/menu-servicos/marcas/arquivos/inpi-marcas-marcas-de-alto--renome-em-vigencia-06-08-2019_padrao.pdf>. Acesso em: 18. nov. 2019.

<http://www.inpi.gov.br/menu-servicos/indicacao-geografica/pedidos-de-indicacao--geografica-no-brasil>. Acesso em: 18. nov. 2019.

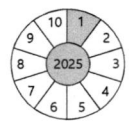